HISTÓRIA DA VIDA PRIVADA 1

HISTÓRIA DA VIDA PRIVADA
Coleção dirigida por
Philippe Ariès e Georges Duby

1. *Do Império Romano ao ano mil*
organizado por Paul Veyne

2. *Da Europa feudal à Renascença*
organizado por Georges Duby

3. *Da Renascença ao Século das Luzes*
organizado por Philippe Ariès (†) e Roger Chartier

4. *Da Revolução Francesa à Primeira Guerra*
organizado por Michelle Perrot

5. *Da Primeira Guerra a nossos dias*
organizado por Antoine Prost e Gérard Vincent

Este livro foi publicado com o apoio do Ministério Francês da Cultura — Centro Nacional do Livro. No âmbito do programa de auxílio à publicação Carlos Drummond de Andrade, contou com o apoio do Ministério Francês das Relações Exteriores e Europeias.

França.Br 2009 O Ano da França no Brasil (21 de abril-15 de novembro) é organizado, na França, pelo Comissariado Geral Francês, pelo Ministério das Relações Exteriores e Europeias, pelo Ministério da Cultura e da Comunicação e por Culturesfrance; no Brasil, pelo Comissariado Geral Brasileiro, pelo Ministério da Cultura e pelo Ministério das Relações Exteriores.

Ouvrage publié avec le concours du Ministère Français Chargé de la Culture — Centre National du Livre. Publié dans le cadre de du Programme d'Aide à la Publication Carlos Drummond de Andrade, bénéficie du soutien du Ministère Français des Affaires Etrangères et Européennes.

França.Br 2009 *l'Année de la France au Brésil (21 avril-15 novembre) est organisée, en France, par le Commissariat Général Français, le Ministère des Affaires Etrangères et Européennes, le Ministère de la Culture et de la Communication et Culturesfrance; au Brésil, par le Commissariat Général Brésilien, le Ministère de la Culture et le Ministère des Relations Extérieures.*

HISTÓRIA DA VIDA PRIVADA 1

Do Império Romano ao ano mil

Organização
Paul Veyne

Tradução
Hildegard Feist

Consultoria editorial
Jônatas Batista Neto

9ª reimpressão

COMPANHIA DE BOLSO

Grafia atualizada segundo o Acordo Ortográfico da Língua Portuguesa de 1990, que entrou em vigor no Brasil em 2009.

Título original
Histoire de la vie privée — Vol. 1: De l'Empire romain à l'an mil

Na versão de bolso, foram suprimidas imagens que constam na primeira edição da série, que vem sendo publicada pela Companhia das Letras desde 1989.

Capa
Jeff Fisher

Preparação
Isabel Jorge Cury

Revisão
Diana Passy
Vivian Miwa Matsushita

Índice remissivo
Verba Editorial

Dados Internacionais de Catalogação na Publicação (CIP)
(Câmara Brasileira do Livro, SP, Brasil)

História da vida privada, 1 : do Império Romano ao ano mil / organização Paul Veyne ; tradução Hildegard Feist ; consultoria editorial Jônatas Batista Neto. — São Paulo : Companhia das Letras, 2009.

Título original: Histoire de la vie privée : vol. 1 : de l'Empire romain à l'an mil.
Vários autores.
Bibliografia.

ISBN 978-85-359-1378-1

1. Europa — Civilização 2. Europa — História 3. Europa — Usos e costumes I. Veyne, Paul. II Batista Neto, Jônatas.

08-11750 CDD-940.1

Índice para catálogo sistemático:
1. Europa : Vida privada : Civilização : História 940.1

EDITORA SCHWARCZ S.A.
Rua Bandeira Paulista, 702, cj. 32
04532-002 — São Paulo — SP
Telefone: (11) 3707-3500
www.companhiadasletras.com.br
www.blogdacompanhia.com.br

SUMÁRIO

PREFÁCIO À *HISTÓRIA DA VIDA PRIVADA*

Georges Duby

A ideia, a excelente ideia de apresentar a um público vasto uma história da vida privada provém de Michel Winock. Philippe Ariès aproveitou-a e deu início à tarefa. Todo o trabalho que realizamos — durante alguns anos com ele e depois infelizmente sem ele, lamentando seu brusco desaparecimento — deve ser dedicado à memória desse historiador generoso que, como um cavalheiro, livremente, sob o impulso de suas penetrantes intuições, conduziu as pesquisas cuja fecundidade e ousadia conhecemos, aventurando-se sempre em primeiro lugar, como um explorador, nos setores da história moderna aparentemente impenetráveis, abrindo caminhos, conclamando outros pioneiros a se engajarem para melhor sentir o que foram, na Europa dos séculos XVII e XVIII, a infância, a vida em família, a morte. Ao entusiasmo de Ariès, a essa audácia mais intensa, já que ele não estava preso às rotinas universitárias, devemos o fato de não termos perdido a coragem e levado sua obra até o fim, guiados por suas reflexões, pelos conselhos que deu nas reuniões preparatórias, durante o colóquio que nos reuniu, medievalistas, em Sénanque em setembro de 1981, e no que conduziu em Berlim, última etapa de seu itinerário científico.

O percurso na verdade foi singularmente arriscado. Em terreno inteiramente virgem. Não havia predecessores que tivessem selecionado ou pelo menos indicado o material de pesquisa. À primeira vista este parecia abundante, mas disperso. Precisávamos abrir as primeiras brechas no emaranhado, marcar o terreno e — como esses arqueólogos que, num espaço inexplorado que sabem ser de grande riqueza, mas que se revela extenso demais para ser vasculhado sistematicamente em toda a sua extensão, limitam-se a cavar algumas valas de referência — tínhamos de nos contentar com sondagens sem alimentar a ilusão de poder separar os conjuntos. Obrigados a avançar tateando, desde o início nos conformamos em apresentar aos leitores não um balanço, mas um programa de pesquisa. O que se segue apresenta, com efeito, mais perguntas que respostas. Esperamos ao menos que aguce as curiosidades e incite outros pesquisadores a continuar o trabalho, desbravar novos trechos, se aprofundarem naqueles que superficialmente aplainamos.

Havia outro obstáculo, menos aparente porém mais difícil. Decidíramos estender nossas pesquisas à história da civilização ocidental em toda a sua extensão. Por conseguinte, tratava-se de aplicar a mais de dois milênios, e do Norte ao Sul, por entre múltiplas províncias de costumes e modos de vida bastante diversos, um conceito — o da vida privada — que, sabíamos, sob a forma pela qual o conhecemos realmente adquiriu consistência em tempos bem recentes, no século XIX, em algumas regiões da Europa. Como esboçar sua pré-história? Como definir, em suas variações, as realidades que encobriu ao longo do tempo? Ainda era preciso delimitar o tema com exatidão, não se desviar uma vez mais para a vida cotidiana — a casa, por exemplo, o quarto, o leito —, não cair numa história do individualismo, numa história da intimidade.

Partimos, portanto, da evidência de que, sempre e por toda parte, se exprimiu no vocabulário o contraste, claramente detectado pelo senso comum, que opõe o privado ao público, aberto à comunidade do povo e submetido à autoridade de seus magistrados. De que uma área particular, claramente delimitada, é atribuída a essa parte da existência que todas as línguas denominam privada, uma zona de imunidade oferecida ao recolhimento, onde todos podemos abandonar as armas e as defesas das quais convém nos munirmos quando nos arriscamos no espaço público; onde relaxamos, onde nos colocamos à vontade, livres da carapaça de ostentação que assegura proteção externa. Esse lugar é de familiaridade. Doméstico. Íntimo. No privado encontra-se o que possuímos de mais precioso, que pertence somente a nós mesmos, que não diz respeito a mais ninguém, que não deve ser divulgado, exposto, pois é muito diferente das aparências que a honra exige guardar em público.

Naturalmente inscrita no interior da casa, da morada, encerrada sob fechaduras, entre muros, a vida privada parece, portanto, enclausurada. No entanto, por dentro e por fora dessa "clausura", cuja integridade as burguesias do século XIX pretenderam defender a todo custo, constantemente se travam combates. Voltado para o exterior, o poder privado deve sustentar os assaltos do poder público. Deve também, do outro lado da barreira, conter as aspirações dos indivíduos à independência, pois o recinto abriga um grupo, uma formação social complexa, na qual as desigualdades, as contradições parecem atingir o ápice, o poder do homens se choca mais intensamente do que fora com o poder das mulheres, o dos velhos com o dos jovens, o poder dos amos com a indocilidade dos criados.

Desde a Idade Média, todo o movimento de nossa cultura tornou mais agudo esse duplo conflito. O fortalecimento do Estado provocou intrusões mais agressivas e penetrantes, enquanto a abertura das iniciativas econômicas, a decadência dos rituais coletivos, a interiorização das atitudes religiosas tendiam a valorizar, a liberar a pessoa, ajudavam a fortificar — fora da família, da casa — outros grupos de convívio, levando, assim, a diversificar o espaço privado. Progressivamente para os homens e a princípio nas cidades e nos vilarejos, tal espaço distribuiu-se em três partes: a morada, onde se confinava a existência feminina; as áreas de atividades também privatizadas — a oficina, a loja, o escritório, a fábrica; e, finalmente, os lugares propícios às cumplicidades e ao lazer masculinos, como o bar ou o clube.

A ambição desses cinco volumes é precisamente tornar perceptíveis as mudanças, lentas ou bruscas, que, ao longo do tempo, afetaram a noção e os aspectos da vida privada. Com efeito, os traços da vida privada se transformam incessantemente. Em cada etapa "alguns provêm de um passado distante", anotou Philippe Ariès num dos documentos de trabalho que nos deixou. Outros, acrescentou ele, "mais recentes, estão destinados a evoluir, desenvolvendo-se, abortando ou modificando-se a ponto de se tornarem irreconhecíveis". Mais consciente dessa mobilidade que associa de modo permanente a continuidade e a inovação, o leitor talvez se sinta menos desorientado em face da evolução que se processa diante de seus olhos e cujo ritmo, ao acelerar-se, de algum modo o perturba. Não vê se estiolarem, entre o lar e o local de trabalho, os espaços intermediários da sociabilidade privada? Não assiste à rápida e perturbadora eliminação da diferença entre masculino e feminino, que a história nos mostra fortemente ancorada na distinção entre o exterior e o interior, entre o público e o privado? Não percebe que hoje em dia é urgente procurar salvaguardar a própria essência da pessoa, pois, demolindo as últimas muralhas da vida privada, o fulgurante progresso técnico desenvolve essas formas de controle estatal que, se não tomarmos cuidado, logo reduzirão o indivíduo a um número no meio de um imenso e aterrador banco de dados?

INTRODUÇÃO

Paul Veyne

De César e Augusto a Carlos Magno, e até a ascensão dos Comneno ao trono de Constantinopla, este livro abrange oito ou mesmo dez séculos de vida privada. Não deixa de haver lacunas, que são intencionais; um inventário completo não teria atrativos para um leitor erudito. Conhecem-se muitos séculos através de uma documentação tão pobre que não tem vida; o tecido desse milênio está crivado de lacunas esparsas. Nesse manto excessivamente grande preferimos recortar fragmentos mais ou menos coerentes, cujas imagens ainda se animam.

Primeiro fragmento: o Império Romano na época do paganismo, relatado com detalhes suficientes para ressaltar o contraste da cristianização; devemos agradecer ao grande historiador Peter Brown por ter se encarregado de colocar tal ácido no reagente. Esse quadro de duas faces — paganismo e cristianismo — articula-se, portanto, como um drama: o drama da passagem do "homem cívico" ao "homem interior".

Segundo fragmento: o quadro material da vida privada; a casa, na Antiguidade pagã e cristã, é estudada em detalhe, menos na materialidade do que nas funções, na arte e na vida; parece-nos que se trata de um estudo muito novo: esperamos que os leitores se contentem duplamente por termos nos estendido sobre o assunto. De início quisemos equiparar a abordagem da arquitetura privada ao estudo da arquitetura pública urbana que, na *Histoire de la France urbaine*, ocupa amplo espaço no texto. Nossa segunda razão é o grande interesse do público atual pela arqueologia; no verão vemos os turistas se aglomerarem em grande número nos sítios de pesquisa, com o guia nas mãos. O guia, porém, não é tudo: não pode ensinar a ver, a interpretar pobres restos, a reconstruir mentalmente as paredes, os andares e o telhado de uma casa reduzida aos alicerces, a imaginar os habitantes, suas ocupações, sua circulação dentro da casa, sua promiscuidade ou seu distanciamento.

Terceiro fragmento: a Alta Idade Média ocidental e o Oriente bizantino. No século V de nossa era, o Império Romano perde suas províncias ocidentais, onde os bárbaros delimitam reinos. Reduzido à metade oriental, o Império Romano continua; a civilização bizantina não é outra coisa senão a continuação da Antiguidade romana, transformada pouco a pouco apenas pela força do tempo que passa. Dois quadros contrastados fazem ver, no espírito da "nova história", a vida do Ocidente merovíngio e carolíngio e do Império Bizantino na época da dinastia macedônia.

Diante disso, o leitor da presente história da vida privada pode perfeitamente nos perguntar: por que começar com os romanos? Por que não com os gregos?

Por que os romanos? Porque sua civilização seria o fundamento do Ocidente moderno? Não sei. Não se tem certeza de que seja tal fundamento (importam muito mais o cristianismo, a tecnologia e os direitos do homem); não percebemos bem o sentido exato que devemos dar ao termo "fundamento" para evitar que uma discussão sobre o assunto conduza a meras divagações de conotações políticas ou didáticas. Enfim, podemos achar que um historiador não tem necessariamente como função reconfortar arrivistas em suas ilusões genealógicas. A história, essa viagem ao outro, deve servir para nos fazer sair de nós, tão legitimamente quanto nos confortar em nossos limites. Os romanos são prodigiosamente diferentes de nós e, em matéria de exotismo, nada têm a invejar aos ameríndios e aos japoneses. Essa foi uma primeira razão para começar a presente história por eles: para mostrar um contraste, e não o futuro Ocidente se delineando. A "família" romana, para falar só dela, parece-se tão pouco com sua lenda ou com o que chamamos de família...

Mas, então, por que não os gregos? Porque os gregos estão em Roma, são o essencial de Roma; o Império Romano é a civilização helenística nas mãos brutais (também aqui, nada de sermões humanistas) de um aparelho de Estado de origem italiana. Em Roma, a civilização, a cultura, a literatura, a arte e a própria religião provieram quase inteiramente dos gregos ao longo do meio milênio de aculturação; desde sua fundação, Roma, poderosa cidade etrusca, não era menos helenizada que outras cidades da Etrúria. Se o alto aparelho de Estado — imperador e Senado — permaneceu, no principal, estranho ao helenismo (tal era a vontade de poder entre os romanos), em contrapartida o segundo nível institucional, o da vida municipal (o Império Romano formava um corpo cujas células vivas consistiam em milhares de cidades autônomas), era inteiramente grego. Desde o século II antes de nossa era, a vida de uma cidade do Ocidente latino era idêntica à de uma cidade da metade oriental do Império. E na essência essa vida municipal, completamente helenizada, servia de quadro para a vida privada.

Assim, pois, quando se inicia a presente história, uma civilização universal (na medida do universo então existente) reina de Gibraltar ao Indo: a civilização helenística. Um povo à margem, também helenizado — os romanos —, conquista essa área cultural e acaba de helenizar-se. Pois decide participar dessa civilização que não via como estrangeira e grega, mas como a própria civilização, da qual os gregos foram apenas os primeiros detentores; e os romanos estavam determinados a não lhes deixar a exclusividade. Roma tornou-se grega, exatamente como o Japão contemporâneo se tornou um país do Ocidente. Este primeiro volume descreve inicialmente a vida privada no império que chamamos romano e também chamaríamos com acerto de helênico. Tal é a base de nossa história: um velho império abolido.

Para a comodidade dos leitores, sacrificamos a poesia dos topônimos antigos aos nomes modernos. A verdadeira escala do mapa é a seguinte: nesse vasto império, a velocidade das viagens terrestres era de trinta a sessenta ou mais quilômetros por dia, exceto para os correios oficiais. Por mar, segundo os ventos, eram necessários quinze dias para ir de Roma à Síria, e às vezes bem mais: sempre que possível, evitava-se sair ao mar entre novembro e março. Viajava-se muito, mas devia-se organizar a vida em função disso. As cidades mais importantes, depois de Roma, eram Cartago, Alexandria, Antióquia da Síria e Éfeso. As regiões mais

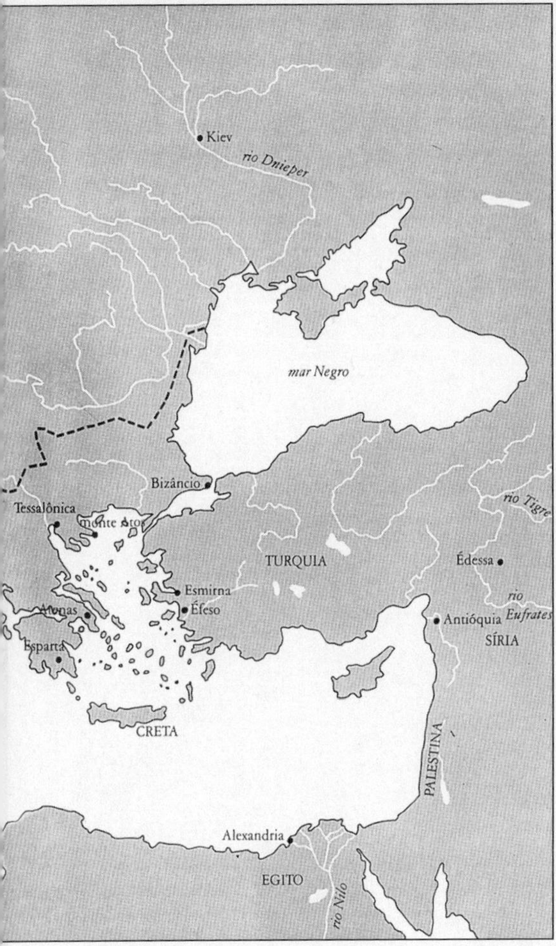

prósperas: Tunísia, Síria e Turquia. A originalidade desse império era ser bilíngue: na metade ocidental, a língua dos poderes públicos, do comércio e da cultura era o latim; na metade oriental, o grego. População: 50 milhões de habitantes ou, no máximo, o dobro. As grandes cidades têm 100 mil habitantes ou o dobro, mais a população rural de seu território. Roma tem 500 mil habitantes, talvez o dobro. O nível de vida, variável conforme as províncias, devia oscilar entre o de um país mais pobre e o de um país mais rico dos atuais Oriente Próximo e Médio.

1
O IMPÉRIO ROMANO

Paul Veyne

Pintura de Pompeia, casa dita de Terêncio Neo: retrato de um casal, anterior a 79 a. C. No Egito romano, os célebres "retratos de Fayum" são iguais a este. (Nápoles, Museu Arqueológico)

Com eles o gelo logo se rompe: para conhecê-los basta fitá-los nos olhos; eles mesmos nos olham assim. Em todas as suas épocas a arte do retrato não comporta semelhante troca de olhares.

Esse homem e essa mulher não são objetos, pois nos veem; porém nada fazem para nos provocar, seduzir, convencer ou entremostrar alguma interioridade que não mais ousaríamos julgar. Percebem menos nossa presença do que se oferecem tranquilamente aos olhos do mundo: nossa presença é natural, e eles mesmos se acham naturais; são o que nós somos, e os olhares se trocam com igualdade por um valor comum.

Durante muito tempo essa humanidade greco-romana foi clássica: natural, atemporal, ampla. O pai de família e sua esposa não fazem pose nem mímica; a roupa de ambos não ostenta sinais sociais nem símbolos políticos — a roupa não faz a pessoa; o cenário é vazio: diante desse fundo neutro, o indivíduo é ele mesmo e seria o mesmo em qualquer lugar. Verdade, universalidade, humanidade. A mulher concentrou a elegância no penteado e não usa joias.

Hoje em dia acreditamos na arbitrariedade dos costumes, no tempo da história e na finitude. Para nos despertar do sonho humanista em que eles estão mergulhados basta um primeiro argumento, ainda exterior: esse homem e essa mulher eram ricos o bastante para mandar pintar seu retrato. Também são indivíduos apenas na aparência; seu retrato, que poderíamos tomar por uma foto instantânea, como que por acaso lhes fixou a identidade na faixa dos quarenta anos, em que se acabou de crescer e ainda não se começou a envelhecer. Não são seres de carne e osso, captados num momento qualquer de sua vida, mas os tipos individualizados de uma sociedade que quer ser ao mesmo tempo natural e ideal. O instante coincide com uma verdade sem idade, e o indivíduo é uma essência.

O marido e a mulher detêm os atributos menos contestáveis e mais pessoais de sua superioridade social; não a bolsa ou a espada, atributos da riqueza e do poder, mas um livro, tabuinhas de escrever e um estilete. Esse ideal de cultura é natural: o livro e o estilete visivelmente são para eles instrumentos familiares, que o casal não ostenta. Coisa bastante rara na arte antiga, que não aprecia os gestos familiares, o homem expectante apoia o queixo no livro (em forma de rolo), e a mulher pensativa leva o estilete aos lábios: procura um verso, pois a poesia também é uma arte das damas. Um Michelangelo há de gostar dos gestos "autísticos" (seu Moisés distraidamente acaricia a própria barba): revelam nele a sombra de uma dúvida ou de um sonho. Mas aqui ninguém sonha: eles meditam e estão seguros de si, pois o gesto autístico prova a intimidade da cultura; não são privilegiados, têm livros porque os apreciam. A sutileza e a naturalidade dessas belas mentiras constituem a grandeza do mundo greco-romano que vamos visitar. Burgueses ou senhores? Elegantes. Se a amizade e o luto têm seus direitos, então tenho a permissão de dedicar as páginas seguintes à memória de Michel Foucault, um homem tão forte que com ele se sentia o prazer que se experimenta junto a uma montanha. Perda de uma fonte de energia.

It is a strange courage
You give me, ancient star.
Shine alone in the sunrise
Toward which you lend no part.

DO VENTRE MATERNO AO TESTAMENTO

SER ACEITO OU ABANDONADO

O nascimento de um romano não é apenas um fato biológico. Os recém-nascidos só vêm ao mundo, ou melhor, só são recebidos na sociedade em virtude de uma decisão do chefe de família; a contracepção, o aborto, o enjeitamento das crianças de nascimento livre e o infanticídio do filho de uma escrava são, portanto, práticas usuais e perfeitamente legais. Só serão malvistas e, depois, ilegais, ao se difundir a nova moral que, para resumir, chamamos de estoica. Em Roma um cidadão não "tem" um filho: ele o "toma", "levanta" (*tollere*); o pai exerce a prerrogativa, tão logo nasce a criança, de levantá-la do chão, onde a parteira a depositou, para tomá-la nos braços e assim manifestar que a reconhece e se recusa a enjeitá-la. A mulher acaba de dar à luz (sentada, numa poltrona especial, longe de qualquer olhar masculino) ou morreu durante o trabalho de parto, e o bebê foi extraído de seu útero incisado: isso não basta para decidir a vinda de um rebento ao mundo.

A criança que o pai não levantar será exposta diante da casa ou num monturo público; quem quiser que a recolha. Igualmente será enjeitada se o pai, estando ausente, o tiver ordenado à mulher grávida; os gregos e os romanos sabiam que uma particularidade dos egípcios, dos germanos e dos judeus consistia em criar todas as suas crianças e não enjeitar nenhuma. Na Grécia era mais frequente enjeitar meninas que meninos; no ano I a. C., um heleno escreveu à esposa: "Se (bato na madeira!) tiveres um filho, deixa-o viver; se tiveres uma filha, enjeita-a". Mas não é certo que os romanos tivessem a mesma parcialidade. Enjeitavam ou afogavam as crianças malformadas (nisso não havia raiva, e sim razão, diz Sêneca: "É preciso separar o que é bom do que não pode servir para nada"), ou ainda os filhos de sua filha que "cometeu uma falta". Entretanto, o abandono de filhos legítimos tinha como causa principal a miséria de uns e a política patrimonial de outros. Os pobres abandonavam as crianças que não podiam alimentar; outros "pobres" (no sentido antigo do termo, que hoje traduziríamos por "remediados") enjeitavam os filhos "para não vê-los corrompidos por uma educação medíocre que os torne inaptos à dignidade e à qualidade", escreve Plutarco; a classe média, os simples notáveis, preferia, por ambição familiar, concentrar esforços e recursos num pequeno número de rebentos. Contudo, mesmo os mais ricos podiam rejeitar um filho indesejado cujo nascimento pudesse perturbar disposições testamentárias já estabelecidas. Dizia uma regra de direito: "O nascimento de um filho (ou filha) rompe o testamento" já selado anteriormente, a menos que o pai se conforme com deserdar de antemão o rebento que poderia vir a ter; talvez se preferisse nunca mais ouvir falar nele a deserdá-lo.

O que acontecia com as crianças enjeitadas? Raramente sobrevivem, escreve o Pseudo-Quintiliano, que estabelece uma distinção: os ricos desejam que a criança nunca mais apareça, enquanto os miseráveis, pressionados pela pobreza, fazem de tudo para que o bebê seja recolhido. Por vezes o enjeitamento não passava de uma encenação: às escondidas do marido, a mulher confiava o filho a vizinhos ou subordinados que o criavam secretamente; depois ele se tornava escravo e eventualmente liberto de seus educadores. Em casos raríssimos a criança chegava um dia a ter reconhecido seu nascimento livre; essa foi a história da esposa do imperador Vespasiano.

Decisão legítima e refletida, o enjeitamento podia tomar a aparência de uma manifestação de princípio. Um marido que suspeita da fidelidade da esposa enjeita a criança que considera adulterina; assim foi abandonada na porta do palácio imperial a filha de uma princesa, "inteiramente nua". Bem como manifestação político-religiosa: à morte de Germânico, um príncipe muito amado, a plebe, manifestando-se contra o governo dos deuses, dilapidou seus templos e alguns pais ostensivamente enjeitaram os filhos em sinal de protesto; após o assassinato de Agripina por seu filho Nero, um desconhecido "abandonou em pleno foro um bebê com um cartaz em que se lia: 'Não te crio com medo de que mates tua mãe'". Sendo uma decisão privada, por que o enjeitamento não seria público, conforme as circunstâncias? Certo dia correu pela plebe um boato: informado pelos adivinhos de que um rei nasceria naquele ano, o Senado queria obrigar o povo a abandonar todas as crianças nascidas no mesmo ano. Como não pensar no massacre dos inocentes (que, diga-se de passagem, provavelmente é um fato autêntico e não uma lenda)?

Em Roma a "voz do sangue" falava muito pouco; o que falava mais alto era a voz do nome de família. Ora, os bastardos tomavam o nome da mãe, e não havia legitimação ou reconhecimento de paternidade; esquecidos pelo pai, os bastardos praticamente não desempenharam nenhum papel social ou político na aristocracia romana. Havia escravos libertos, geralmente ricos e poderosos, que conseguiam às vezes introduzir os filhos na ordem dos cavaleiros ou até no Senado: a oligarquia dirigente reproduzia-se através de seus filhos legítimos e dos filhos de seus antigos escravos... Pois os libertos tinham o sobrenome do amo que os liberara da escravidão; continuavam seu nome. Assim se explica a frequência das adoções: a criança adotada tomava o nome do novo pai.

NATALIDADE E CONTRACEPÇÃO

As adoções e a ascensão social de certos libertos compensavam a fraca reprodução natural, pois a mentalidade romana é bem pouco naturalista. Aborto e contracepção eram práticas usuais, mas o que deturpa o quadro feito pelos historiadores é que os romanos abrangiam sob o termo aborto métodos cirúrgicos que também chamamos como tal e outros que denominamos de contracepção... Pois em Roma pouco importa o momento em que a mãe se livra de um futuro filho indesejado.

Nem os moralistas mais severos podiam impor à mãe o dever de guardar seu fruto: nem sequer pensaram em reconhecer ao feto o direito de viver. O recurso a um método de contracepção é difuso em todas as classes da população; santo Agostinho refere-se a "amplexos nos quais se evita a concepção" não como uma coisa rara e os condena, mesmo que ocorram com a esposa legítima; ele distingue contracepção, esterilização por meio de drogas e aborto e os condena igualmente. Alfred Sauvy escreveu: "Pelo que hoje sabemos sobre o poder multiplicador da espécie humana, a população do Império teria se multiplicado muito mais e ultrapassado seus limites".

Qual era o procedimento utilizado? Plauto, Cícero e Ovídio aludem ao costume pagão da lavagem após o ato sexual, e um vaso em relevo encontrado em Lyon mostra um servo com um cântaro correndo para um casal muito ocupado na cama; mascarado de higiênico, o costume podia ser contraceptivo. Tertuliano, polemista cristão, considera que, uma vez emitido, o esperma já é uma criança (e assimila a *fellatio* à antropofagia); ora, em *O véu das virgens*, faz uma alusão, obscura com tanta truculência obscena, às falsas virgens para as quais parto e concepção são a mesma coisa: paradoxalmente, elas recusam ao mundo crianças semelhantes ao pai e com essa recusa as matam; alusão a um pessário. Na carta XXII, são Jerônimo fala das moças "que degustam de antemão a própria esterilidade e matam o ser humano antes mesmo de ele ser semeado": alusão a uma droga espermicida. Quanto ao ciclo menstrual, o médico Soranos prescrevia, a partir de posições teóricas, que as mulheres concebessem logo antes ou logo após as regras — doutrina que felizmente permaneceu esotérica. Todos esses procedimentos estão a cargo da mulher; não há nenhuma alusão ao *coitus interruptus*.

Quantos filhos eles têm? A lei concedia um privilégio às mães de três filhos, entendendo que elas haviam cumprido seu dever, e esse número parece ter predominado; as indicações de epitáfios são difíceis de interpretar com certeza; os textos, em contrapartida, falam com particular frequência de famílias de três filhos. E falam até por provérbio. Um epigramatista quer criticar uma mulher que, por avareza, deixa os filhos passarem fome? Escreverá: "seus três rebentos". Um pregador estoico perguntará: "Acreditamos que já fizemos muito ao pôr no mundo, para assegurar a perpetuação da raça, dois ou três fedelhos?". Tal malthusianismo constituía uma estratégia dinástica; como escreveu Plínio a um de seus correspondentes, quando já se tem um rebento, é preciso encontrar um genro ou uma nora abastados para o segundo. Não se desejava, portanto, fragmentar as sucessões. É verdade que a moral antiga ignorava tais cálculos e, ainda na época de Plínio, era a moral de certos pais de família antiquados que "não deixavam em repouso a fecundidade da esposa, embora em nosso tempo a maioria das pessoas julgue que um filho único constitui já uma carga pesada e é uma vantagem não se carregar de posteridade". Mudariam as coisas à medida que se aproxima o final do século II de nossa era, no qual se instala a moral estoica e cristã? O orador Frontão, mestre de Marco Aurélio, "perdeu cinco filhos" por mortalidade juvenil; devia ter muitos mais; o próprio Marco Aurélio teria nove filhos e filhas. Depois de três séculos renascia a idade de ouro em que Cornélia, mãe dos Graco e mulher exemplar, dera à pátria doze filhos.

EDUCAÇÃO

Assim que vem ao mundo, o recém-nascido — menino ou menina — é confiado a uma nutriz: havia passado a época em que as mães amamentavam os próprios filhos. Porém a "nutriz" faz muito mais que dar o seio: a educação dos meninos até a puberdade é confiada a ela e a um "pedagogo", também chamado "nutridor" (*nutritor*, *tropheus*), encarregado de sua boa educação; o de Marco Aurélio ensinou-o a cuidar de si mesmo com as próprias mãos e a não se apaixonar pelas corridas do circo. As crianças vivem com eles, com eles tomam suas refeições, porém jantam com os pais e seus convidados — jantar que tinha algo de cerimonial. Nutriz e pedagogo sempre contarão muito; Marco Aurélio falará com a conveniente devoção de seu pai natural, do pai adotivo e do "nutridor", e o imperador Cláudio conservará um ódio duradouro por seu pedagogo, que abusava do chicote. Quando uma moça se casa, sua mãe e sua nutriz vão juntas, na noite de núpcias, dar os últimos conselhos ao jovem esposo. Pedagogo, nutriz e irmão de leite são uma vice-família, livre para ter todas as indulgências, até mesmo as complacências, e ignorar a lei do mundo; para assassinar a mãe, Agripina, Nero terá seu "nutridor" como cúmplice; abandonado por todos, acuado pelos súditos revoltados, encontrará consolo somente em sua nutriz; ela o sepultará após seu suicídio, com a ajuda de Acteia, concubina do imperador. E no entanto Nero se portou severamente com relação a seu irmão de leite, pelo qual deveria ter sentido também algum afeto. Ao fazer um sermão sobre o amor da família, um filósofo estoico explicou que esse amor corresponde à Natureza, que é também a Razão, e que, por conseguinte, as crianças amavam a mãe, a nutriz e o pedagogo.

Nas casas ricas, a vice-família saudavelmente mora no campo, longe das tentações, sob a direção de uma velha e severa parenta. "A suas virtudes comprovadas e seguras confiava-se toda a progênie da mesma casa. Ela conduzia os estudos e os deveres das crianças e também suas brincadeiras e distrações." Assim foram criados César e Augusto; o futuro imperador Vespasiano "foi criado sob a direção da avó paterna nas terras de Cosa", embora ainda tivesse mãe viva. Com efeito, uma avó paterna devia ser severa, enquanto à avó materna cabia ser indulgente; a mesma divisão existia entre os tios, cujos nomes eram respectivamente símbolos de severidade e de complacência.

A realidade de uma educação pode não corresponder ao desejo dos educadores, e um professor romano nos dá um indício; fala, é bem verdade, com particular severidade, como exige sua profissão (em Roma, os filósofos, e por vezes também os retóricos, têm um lugar à parte na sociedade, um pouco como os padres entre nós). Segundo ele, a criança, que supõe educada na casa dos pais, recebe do ambiente apenas lições de "indolência"; usa vestes tão luxuosas quanto as dos adultos e, como estes, desloca-se em liteiras; os pais se extasiam com suas palavras mais impudentes; nos jantares, ela ouve brincadeiras ousadas, canções levianas; percebe que existem na casa concubinas e favoritos. Mais adiante veremos como em Roma as mentes estavam impregnadas de uma doutrina de senso comum que condenava como pervertido e decadente o mundo tal como se encontrava; considerava-se que a moralidade consistia menos em amar a virtude ou em habituar-se a ela do que em ter a energia de resistir ao vício; a base do indivíduo era, pois, uma força de resistência. Teoricamente a educação tinha por objetivo temperar o caráter a tempo para que os indivíduos pudessem resistir, depois de adultos, ao micróbio do luxo e da decadência, que, devido ao vício dos tempos atuais, está em toda parte; mais ou menos como hoje fazemos com que os adolescentes pratiquem esporte porque sabemos que passarão o resto da vida sentados num escritório. Ora, praticamente, o contrário da indolência é a atividade, a *industria*, que fortifica os músculos do caráter, enquanto a indolência os atrofia; Tácito nos fala, por exemplo, de um senador proveniente "de uma família plebeia, porém muito antiga e considerada; agradava mais por algo de bonachão que pela energia, e no entanto o pai o criara com severidade".

Somente a severidade, que aterroriza os apetites tentadores, desenvolve o caráter. Também, diz Sêneca, "os pais forçam o caráter ainda flexível dos bebês a suportar o que lhes fará bem; podem chorar e se debater que mesmo assim são rigidamente enfaixados, com medo de que seu corpo ainda imaturo se deforme ao invés de crescer direito e em seguida se lhes inculca a cultura liberal recorrendo ao terror, se a recusam". Tal severidade faz parte do papel do pai, enquanto a mãe defende a causa da indolência; uma criança bem-educada só dirige a palavra ao pai chamando-o de "senhor" (*domine*). Os novos-ricos imitavam bem esse costume aristocrático. A distância entre pais e filhos era vertiginosa. O professor de retórica ao qual já nos referimos perdeu um filho de dez anos a quem adorava e que, conforme escreveu, o preferia às nutrizes e à avó que o educavam; esse filho estava destinado à mais bela carreira de eloquência judiciária (tal gênero de eloquência constituía então a parte vistosa, mundana, agitada da vida literária, como o teatro entre nós); os dons excepcionais do filho justificam o luto público do pai. Como se sabe, o pretenso instinto materno ou paterno mistura casos individuais de amor de eleição (que tem tantas oportunidades de se produzir entre pai e filho quanto entre dois indivíduos quaisquer reunidos pelos acasos da existência) e casos sem dúvida mais numerosos de sentimento parental "induzido" pela moral reinante; esta última ensinava os pais a amar os filhos como os continuadores do nome da família e da grandeza da linhagem. Sem vãos enternecimentos. Era legítimo chorar a ruína das esperanças familiares.

ADOÇÃO

Nosso professor tinha mais uma razão para chorar seu filho bem-amado: um alto personagem, um cônsul, acabara de adotá-lo, o que prometia ao menino uma fulgurante carreira pública. Na verdade, a frequência de adoções constitui outro exemplo do pouco naturalismo da "família" romana. Visivelmente dava-se uma criança em adoção como se dava uma filha em casamento, sobretudo em se tratando de um bom casamento. Há dois meios de se ter filhos: gerando-os ou adotando-os; este podia ser um modo de impedir a extinção de uma estirpe e também de adquirir a condição de pai de família exigida por lei dos candidatos a honras públicas e aos governos das províncias: tudo que o casamento propicia é propiciado igualmente pela adoção. Assim como um testador tornava seu continuador aquele a quem instituía herdeiro, assim também, ao adotar um jovem bem escolhido, elegia-se um sucessor digno de si. O futuro imperador Galba é viúvo e seus dois filhos morreram; desde algum tempo ele percebeu os méritos de um jovem nobre chamado Pisão; redige seu testamento, instituindo-o herdeiro, e acaba por adotá-lo. Também se podia adotar mesmo tendo filhos vivos, como fez Herodes Ático. Os textos históricos falam da existência de uma adoção por testamento, da qual não há vestígio nos textos jurídicos. O mais belo caso de herança combinada com adoção é o de um certo Otávio, que, transformado em filho e herdeiro de César, um dia se tornará, por esse meio, o imperador Otávio Augusto. Outras vezes, a adoção, como as bodas, constituía um meio de controlar o movimento dos patrimônios; um sogro que aprecia a deferência com que o genro o trata adota tal genro quando este, ficando órfão, recebe uma herança: eis que o sogro se torna dono dessa herança, pois colocou sob seu poder o genro transformado em filho. Em troca, propiciará ao filho adotivo uma bela carreira no Senado: a adoção regula também a carreira.

Essas crianças deslocadas como peões no tabuleiro de xadrez da riqueza e do poder não são criaturinhas amadas e mimadas: tais cuidados competem à criadagem. A criança aprendeu a falar com a nutriz; nas casas ricas, a nutriz era grega, para que a criança aprendesse no berço essa língua da cultura. Ao pedagogo cabia ensiná-la a ler.

ESCOLA

A alfabetização constituía um privilégio da classe alta? Três certezas decorrem dos papiros do Egito: havia iletrados que faziam os outros empunharem a pena; havia gente do povo que sabia escrever; havia textos literários, clássicos, nos mais ínfimos vilarejos (eis aí essa "cultura" da qual tanto se orgulhava o mundo antigo). Os livros dos poetas em voga imediatamente chegam ao fim do mundo: a Lyon. O resto são nuanças (bem o sabem os historiadores do *Ancien Régime*). Num romance, um ex-escravo orgulha-se de saber ler as maiúsculas; portanto, não conseguia ler o texto dos livros, dos papéis particulares, dos documentos, mas podia decifrar as placas das lojas ou dos templos e as tabuletas referentes a eleições, espetáculos, casas de lazer ou leilões, sem esquecer os epitáfios. Por outro lado, se os preceptores só eram acessíveis às famílias muito ricas, havia, diz Ulpiano, "nas cidades e nos burgos professores que ensinavam os rudimentos da escrita"; a escola era uma instituição reconhecida, o calendário religioso decidia as férias escolares, e o período da manhã era o dos estudantes. Descobrimos uma porção de documentos escritos pela mão de gente simples: contas de artesãos, cartas ingênuas, grafites murais, tabuinhas de feitiços... Só que escrever para si mesmo é uma coisa, e saber escrever para alguém mais culto é outra: para isso precisa-se conhecer o belo estilo e, para começar, a ortografia (que os grafites ignoram). De modo que, para redigir um documento público, uma petição, até um simples contrato, gente que a rigor só sabia ler e escrever sentia-se "iletrada" e procurava um escrivão público (*notarius*). Uma parte mais ou menos considerável das crianças romanas frequentou a escola antes de completar doze anos, as meninas não menos que os meninos (confirma-o o médico Soranos); melhor ainda, as escolas eram mistas.

Aos doze anos os destinos de meninos e meninas se separam, assim como os destinos dos ricos e dos pobres. Somente os meninos, se pertencem a uma família abastada, continuam a estudar: sob o chicote de um "gramático" ou professor de literatura, estudam os autores clássicos e a mitologia (na qual não se acreditava absolutamente, mas cujo conhecimento identificava as pessoas cultas); como exceção, algumas meninas contavam com um preceptor que lhes ensinava os clássicos. Cabe dizer que aos doze anos uma menina estava na idade núbil, que algumas eram dadas em casamento nessa tenra idade e que o casamento se consumava; em todo caso, aos catorze anos a menina era adulta: "Os homens então a chamam de 'senhora' [*domina*, *kyria*], e, vendo que nada mais lhes resta senão partilhar o leito de um homem, elas se põem a se enfeitar e não têm outra perspectiva"; o filósofo que escreveu essas linhas conclui "que seria melhor fazê-las sentir que nada as tornará mais estimáveis do que se mostrarem pudicas e reservadas". Nas famílias ricas, a partir desse momento as moças são encerradas na prisão sem grades dos trabalhos de fuso, que serve para demonstrar que elas não passam o tempo fazendo o que não devem. Se uma mulher adquire uma cultura de salão — sabe cantar, dançar e tocar um instrumento (canto, música e dança estavam ligados) —, tais talentos serão louvados e apreciados, porém logo se acrescentará que ela é uma mulher honesta. Por fim, cabe ao marido eventualmente cuidar da educação de uma jovem de boa família. Um amigo de Plínio tinha uma esposa de cujo talento epistolar se vangloriava: ou o marido é o verdadeiro autor dessas cartas, ou então soube formar o belo talento dessa "moça que ele esposou virgem", e, consequentemente, esse talento constitui um mérito seu. Em contrapartida, a mãe de Sêneca foi impedida pelo marido de estudar filosofia, pois ele considerava tal matéria um caminho para a libertinagem.

Durante esse tempo, os meninos estudam. Para se tornarem bons cidadãos? Para aprender seu futuro ofício? Para adquirir os meios de compreender alguma coisa do mundo em que vivem? Não, mas para adornar o espírito, para se instruírem nas belas-letras. Constitui estranho erro acreditar que a instituição escolar se explica, através dos séculos, pela função de formar o homem ou, ao contrário, adaptá-lo à sociedade; em Roma não se ensinavam matérias formadoras nem utilitárias, e sim prestigiosas e, acima de tudo, a retórica. É excepcional na história que a educação prepare o menino para a vida e seja uma imagem da sociedade em miniatura ou em germe; no mais das vezes, a história da educação é a história das ideias sobre a infância e não se explica pela função social da educação. Em Roma decorava-se com retórica a alma dos meninos, assim como no século XIX vestia-se essas criaturinhas de marinheiros ou militares; a infância é um período que se disfarça para embelezar e fazê-la encarnar uma visão ideal da humanidade.

Deixamos de lado a educação nas partes gregas do Império, que diferia em vários aspectos. Aqui devemos acreditar em Nilsson; enquanto a escola romana é produto de importação e, como tal, permanece separada da rua, da atividade política e religiosa, a escola grega constituía parte da vida pública. Tinha por cenário a palestra e o ginásio, pois este era um segundo lugar público aonde todos podiam ir e onde não se fazia apenas ginástica. Mas também se fazia ginástica, e a meu ver a grande diferença entre a educação grega e a educação romana é que o esporte ocupava a metade da primeira; mesmo as matérias literárias (a língua materna, Homero, a retórica, um pouco de filosofia e muito de música, ainda sob o Império) eram ensinadas num canto do ginásio ou da palestra. A esse ensinamento, que se prolongava até cerca dos dezesseis anos, sucediam-se sem interrupção um ou dois anos de efebia, cujo programa era o mesmo.[1]*

Além do caráter público, da música e da ginástica, havia outra diferença. Nenhum romano de bom nascimento pode se dizer culto se não aprendeu com um preceptor a língua e a literatura gregas, enquanto os gregos mais cultos não se davam ao trabalho de aprender latim e soberbamente ignoravam Cícero e Virgílio (com exceções individuais, como a do funcionário Apiano). Os intelectuais gregos que, como os italianos do século XVI, iam alugar seus talentos no estrangeiro exerciam naturalmente sua sabedoria médica ou filosófica em grego, língua de suas ciências; em Roma acabavam aprendendo, pela força do uso, um pouco de latim. No final da Antiguidade, os gregos só passarão a aprender metodicamente latim para fazer carreira de jurista na administração imperial.

ADOLESCÊNCIA

Aos doze anos o pequeno romano de boa família deixa o ensino elementar; aos catorze, abandona as vestes infantis e tem o direito de fazer tudo que um jovem gosta de fazer; aos dezesseis ou dezessete, pode optar pela carreira pública, entrar no Exército — como Stendhal, que aos dezesseis anos resolveu ser hussardo. Não existe "maioridade" legal nem idade de maioridade; não há menores, e sim impúberes, que não mais

* As notas estão reunidas no final desta parte, p. 210.

o são quando o pai ou o tutor considera que estão na idade de tomar as vestes de homem e cortar o primeiro bigode. Um filho de senador, por exemplo: aos dezesseis anos completos, torna-se cavaleiro; aos dezessete, ocupa seu primeiro cargo público: cuida da polícia de Roma, manda executar os condenados à morte, dirige a Moeda; sua carreira não se deterá mais, ele será general, juiz, senador. Onde aprendeu? No exercício de suas funções. Com os mais velhos? Com os subordinados, melhor dizendo: tem bastante arrogância nobiliária para dar a impressão de que decide quando o fazem decidir. Aos dezesseis anos esse jovem nobre era coronel, sacerdote do Estado e já estreara no tribunal.

À aprendizagem no exercício das coisas cívicas e profissionais acrescenta-se o estudo escolar da cultura (o povo *tem* uma cultura, mas não a ambição de se tornar culto); a escola é o meio dessa apropriação e, ao mesmo tempo, modifica tal cultura: começa a haver escritores "clássicos", assim como com as "leis" do turismo haverá lugares que será necessário visitar, monumentos que não se poderá deixar de ver. A escola forçosamente ensinará a todos os notáveis atividades prestigiosas para todos, mas que interessam a pouca gente, mesmo entre aqueles que admiram de longe. E, como uma instituição logo se considera um fim em si mesma, ensinará principalmente, e dirá clássico, o que é mais facilmente ensinável; desde os tempos de Atenas clássica, a retórica soube elaborar uma doutrina mastigada e pronta para ser ensinada. Assim, os jovens romanos de doze a dezoito ou vinte anos aprendiam a ler seus clássicos, depois estudavam a retórica. E o que é a retórica?

Não uma coisa útil, que contribui com algo para a "sociedade". A eloquência da tribuna e também a do tribunal desempenharam um grande papel na República romana, porém seu prestígio provinha muito mais do brilho literário que da função cívica: Cícero, que não era filho de oligarca, terá a rara honra de ser admitido no Senado porque seu brilho literário de orador só podia aumentar o prestígio de tal assembleia. Ainda no Império, o público acompanhava os processos como hoje acompanhamos a vida literária, e a glória dos poetas não tinha a auréola de larga popularidade que cingia a fronte dos oradores de talento.

Essa popularidade da eloquência permitiu que a arte retórica — ou a eloquência com receitas — se tornasse a matéria única da escola romana, depois do estudo dos clássicos; todos os meninos aprendiam, pois, os planos-tipo de discursos judiciários ou políticos, desenvolvimentos-modelo, efeitos catalogados (são nossas "figuras de retórica"). Aprendiam, portanto, a arte da eloquência? Não, pois logo a retórica tal como era ensinada na escola se tornou uma arte à parte, com o conhecimento de suas regras. Assim, entre a eloquência e o ensino da retórica nas classes houve um abismo, que a Antiguidade não parava de lamentar, ao mesmo tempo que se deleitava. Os temas de discurso propostos aos pequenos romanos nada tinham a ver com o mundo real; ao contrário, quanto mais estapafúrdio fosse um tema, mais matéria fornecia à imaginação; a retórica tornava-se um jogo de sociedade. "Suponhamos que uma lei decide que uma mulher seduzida poderá escolher entre fazer seu sedutor ser condenado à morte e esposá-lo; então, na mesma noite, um homem violenta duas mulheres; uma pede sua morte; a outra quer esposá-lo": esse tema, dado como exercício de eloquência, propiciava livre curso ao virtuosismo, ao gosto pelo melodrama e pelo sexo, ao prazer do paradoxo e a uma cumplicidade de humor. Passada a idade escolar, os amadores muito adestrados continuavam a exercitar-se nesses jogos, em casa, diante de um auditório de *connaisseurs*. Essa foi a genealogia do ensino antigo: da cultura à vontade de cultura, desta à escola, e daí ao exercício escolar transformado num fim em si mesmo.

O FIM DA JUVENTUDE

Enquanto "dá a Sila o conselho de abdicar a ditadura" ou delibera sobre o que a jovem violentada deve escolher, o pequeno romano torna-se púbere. Começam os anos de indulgência.

Todos sabem: mal colocam pela primeira vez as vestes viris, já vão tratando de comprar os favores de uma serva ou correm para o Suburra, o bairro devasso de Roma; a menos que uma dama da alta sociedade ponha os olhos neles e tenha o capricho de torná-los menos inocentes (a liberdade de costumes da aristocracia romana equiparava-se à do nosso século XVIII). Para os médicos, Celso ou Rufo de Éfeso, a epilepsia é uma doença que se cura sozinha na puberdade, ou seja, no momento em que as meninas têm a primeira menstruação e os meninos fazem amor pela primeira vez; o que significa que puberdade e iniciação sexual são sinônimos para os meninos — a virgindade das meninas continua sacrossanta. Entre a puberdade e o casamento os meninos gozavam, portanto, um período em que a indulgência dos pais era admissível; Cícero, Juvenal, moralistas severos, e o imperador Cláudio, em suas funções de censor, admitiam que se devia conceder alguma coisa ao calor da juventude. Durante cinco ou dez anos, o jovem frequentava prostitutas, tomava amantes; com um grupo de adolescentes, forçava a porta de uma mulher da vida para uma violação coletiva.

A isso se acrescenta um fato folclórico semioficial: a organização dos jovens numa instituição que lhes é particular. Bem conhecidas na parte grega do Império, as associações de jovens (*collegia juvenum*) existiam também na metade latina, embora seu papel exato continue obscuro, sem dúvida porque era múltiplo e ultrapassava (já que a juventude tem o sangue quente) as atividades às quais se pretendia limitá-las. Esses moços praticavam esporte, esgrima, caça; sua associação ocorria no anfiteatro para caçar feras, causando grande admiração aos compatriotas. Infelizmente não se atinham a essas louváveis atividades físicas, trasladadas da educação esportiva cara à civilização grega: abusavam de seu nome e de sua posição oficial para promover desordens públicas. Em Roma sempre se reconheceu como um privilégio dos rapazes ricos percorrer as ruas aos bandos, à noite, para espancar ou maltratar os burgueses e destruir um pouco as lojas (o jovem Nero não faltou a tal costume, tanto que quase foi arrebentado por um senador que o bando agrediu e que não reconheceu o imperador entre seus agressores); as associações de jovens pareciam ter reivindicado esse direito folclórico. "Volta de teu jantar o mais cedo possível, pois um grupo muito excitado de moços das melhores famílias saqueia a cidade", lê-se num romance latino. Os mesmos jovens serviam de claque e torcida para as equipes de gladiadores e cocheiros entre as quais se dividiam as preferências do público, cuja paixão esportiva ia até as batalhas organizadas. "Alguns, que usualmente se denominam os Jovens", escreve um jurista, "em certas cidades se tornam torcedores das aclamações turbulentas do público; se sua falta se limitar a isso, primeiro o governador deverá admoestá-los e, se reincidirem, deverão ser açoitados e soltos."

São privilégios da juventude e também privilégios do grupo constituído de jovens. Na hora do casamento, acabam-se as amantes, acabam-se as relações com os favoritos: ao menos é o que afirmam os poetas que compõem os epitalâmios e, nesses cantos nupciais, não têm o menor prurido de evocar as desordens passadas do jovem esposo, garantindo que por ser a noiva tão bela tudo isso terminou.

Tal foi ao menos a primeira moral romana. Mas, ao longo do século II de nossa era, pouco a pouco se difunde a nova moral, que teoricamente pôs fim à outra; fortalecida por lendas médicas (não esqueçamos que a medicina antiga tem mais ou menos a mesma seriedade científica da medicina na época de Molière), essa moral trata de confinar a sexualidade ao casamento, até para os rapazes, e de incitar os pais a conservá-los virgens até o dia das núpcias. O sexo certamente não é um pecado, mas um prazer; só que os prazeres constituem um perigo, assim como o álcool. Portanto, pela saúde, é necessário limitar seu uso e, ainda mais prudente, abster-se por completo. Não se trata de puritanismo, e sim de higiene. Já os prazeres conjugais são outra coisa: confundem-se com a instituição cívica e natural do casamento e consequentemente constituem um dever. Os germanos, que Tácito descreve como Bons Selvagens, "só conhecem o amor tardiamente, tanto que as forças de sua juventude não se esgotam", como ocorre entre nós. Os filósofos, racionalistas por vocação, apoiam o movimento, e um deles escreve: "No que concerne aos prazeres do amor, é preciso, tanto quanto possível, guardar-se puro até o casamento"; Marco Aurélio, imperador e também filósofo, se felicitará por "haver salvaguardado a flor de sua juventude, por não ter feito cedo demais ato de virilidade e ter até mesmo passado do tempo" por não ter tocado nem em seu escravo Teódoto nem em sua serva Benedira, embora sentisse vontade. Os médicos prescrevem a ginástica e os estudos filosóficos para tirar dos jovens a energia venérea. Deve-se evitar a masturbação: não que ela propriamente tire as forças, mas faz amadurecer muito cedo uma puberdade que será um fruto imperfeito porque precoce.

MATAR O PAI

A essa nova moralidade acrescentam-se argumentos tirados da velha moral, cívica e zelosa do patrimônio; razões que ao longo dos séculos do Império farão nascer uma nova ideia, a da maioridade. A passagem à idade de homem já não será um fato físico reconhecido por um direito habitual, e sim uma ficção jurídica: de impúbere passa-se a menor legal. Civismo: um jovem que abusou da indulgência em relação a seus prazeres terá perdido a oportunidade — que não encontrará mais — de temperar o caráter; o severo imperador Tibério, ainda por cima estoico, rapidamente mandou seu sobrinho Druso comandar um regimento "porque ele gostava demais dos prazeres da capital"; casar cedo equivalia também a um certificado de juventude não depravada. Os juristas sempre se preocuparam mais com patrimônio que com moral; ora, se a herança paterna demora, um púbere de catorze anos pedirá empréstimos a juros para pagar seus prazeres, pois tem capacidade jurídica para tanto, e acabará devorando de antemão seu patrimônio: os usurários (ou seja, em Roma, todo mundo) "procurarão créditos de jovens que acabam de vestir a toga viril mas ainda vivem sob a rude autoridade do pai". Leis várias vezes renovadas decidiram então que aqueles que emprestassem dinheiro a filhos de família perderiam o direito de exigir seus créditos, mesmo após o falecimento do pai; ninguém poderia pedir empréstimos antes de completar 25 anos. Havia outras soluções ocasionais: um avô ou um tio paterno podia manter à força um órfão púbere sob a autoridade de seu pedagogo, se soubesse demonstrar autoridade. Permanecia, no entanto, o princípio de que todo menino púbere órfão de pai se tornava senhor de si mesmo; Quintiliano conta, sem grande espanto, que um nobre de dezoito anos teve tempo de fazer da amante sua herdeira antes de morrer na flor da idade.

Chegamos a um ponto que parece importante e talvez o seja: uma particularidade do direito romano que surpreendia os gregos era que, púbere ou não, casado ou não, um menino permanecia sob a autoridade paterna e só se tornava inteiramente romano, "pai de família", após a morte do pai; ainda mais: este era seu juiz natural e podia condená-lo à morte por sentença privada. Ademais, a capacidade de testador era quase infinita e o pai podia deserdar os filhos. Consequência: um jovem de dezoito anos e órfão institui a amante como herdeira, enquanto um homem de idade madura não pode realizar nenhum ato jurídico com sua própria autoridade se ainda tem pai vivo: "Tratando-se de um filho de família", escreve um jurista, "as dignidades públicas nada contam: ainda que ele seja cônsul, não terá o direito de pedir dinheiro emprestado". Essa é a teoria. E a prática? A prática é moralmente pior.

Juridicamente, sem dúvida, o poder paterno atenuava-se. Não é todo mundo que deserda os filhos, e para isso é necessário primeiro não morrer intestado; o filho privado da sucessão pode tentar anular o testamento nos tribunais; de qualquer modo, só pode ser deserdado em três quartas partes. Quanto à morte do filho por sentença paterna, que desempenha um grande papel na imaginação romana, os últimos exemplos datam de Augusto e indignaram a opinião pública. Continua verdadeiro que uma criança não tem fortuna própria e que tudo que ganha ou recebe em herança pertence ao pai. Mas o pai pode lhe conceder certo capital, o "pecúlio", do qual disporá como quiser. E depois o pai pode simplesmente decidir emancipá-lo. O filho, portanto, tinha razões para esperar e meios para agir.

Tais meios, porém, não passam de expedientes, e essas esperanças constituem outros tantos riscos; psicologicamente a situação de um adulto com pai vivo é insuportável. Ele não pode fazer um gesto sem o pai: concluir um contrato, libertar um escravo, elaborar seu testamento. Tudo que possui, a título precário, é seu pecúlio, exatamente como um escravo. A essas humilhações acrescenta-se o risco de ser deserdado, que é real. Vamos folhear a correspondência de Plínio: "Fulano instituiu o irmão como seu herdeiro universal, em detrimento da própria filha"; "Sicrana deserdou o filho"; "Beltrano, deserdado pelo pai"... A opinião pública, tão poderosa sobre os espíritos da classe alta, veremos, não censurava automaticamente: julgava. "Tua mãe teve uma razão para te deserdar que era legítima", escreve o mesmo Plínio. Sabemos qual é a demografia de toda sociedade antes de Pasteur: a mortalidade multiplica os viúvos, as viúvas, as mulheres mortas de parto e os novos casamentos; e, como o pai tem liberdade quase total de testar, os filhos do primeiro leito temem uma madrasta.

Servidão final: o filho não pode fazer carreira sem o consentimento do pai; sempre poderá ser nomeado senador, se for nobre, e, sendo um simples notável, senador do Conselho de sua cidade. Mas como pagar as consideráveis despesas que tais honras exigiam numa época em que todo homem público fazia carreira pelo pão e pelo circo? Assim, ele só tratará de se tornar senador ou conselheiro com ordem do pai, que arcará com as despesas necessárias usando o patrimônio da família. Em muito edifício público da África romana, construído à custa dos conselheiros a título de suas honras, lê-se uma inscrição informando que o pai despendeu o dinheiro pelo filho. A consequência disso era que o pai decidia soberanamente entre os filhos; o número de postos no Senado e nos Conselhos das cidades era limitado, e poucas famílias podiam pretender que mais de um de seus filhos neles ingressassem; além do mais, a despesa era considerável. O filho que teria a custosa honra de fazer carreira era aquele que o pai escolhesse; não se deixava de exaltar o sacrifício dos outros, felizes por cederem lugar ao irmão. Cabe esclarecer que o direito de primogenitura não existia; em contrapartida, o costume ensinava os mais novos a se curvarem à anterioridade dos mais velhos.

TESTAMENTO

A morte do pai anunciava a herança dos filhos, exceto azar, e, em todo caso, o fim de uma espécie de escravidão; os filhos tornavam-se adultos e a filha, se não fosse casada ou divorciada, tornava-se herdeira, livre para casar-se com quem bem quisesse (pois o consentimento das moças ao casamento, requerido pelo direito, ao mesmo tempo sempre era pressuposto pelo direito, tanto que a filha só tinha de obedecer ao pai). Ainda era preciso que a herdeira não caísse sob outra autoridade, a do tio paterno; essa severa figura procurará proibi-la de ter amantes secretos e a ocupará nos trabalhos forçados da roca e do fuso. O poeta Horácio ternamente as lamenta.

Assim, não nos surpreenderemos com a obsessão pelo parricídio e sua relativa frequência: era um grande crime razoavelmente explicável, e não um prodígio freudiano. "Durante as guerras civis e suas proscrições", conta o historiador Veleio, época em que choviam as denúncias, "a lealdade das esposas foi máxima, a dos libertos foi média, a dos escravos não foi nula e a dos filhos foi igual a zero, tanto é duro suportar o adiamento de uma esperança!"

Os romanos plenamente homens são, portanto, só os cidadãos livres que, órfãos ou emancipados, são "pais de família", casados ou não, donos ou não de um patrimônio. O pai de família tem um lugar à parte na moral vigente, e Aulo Gélio diz isso, ao relatar a seguinte discussão: "'Deve-se sempre obedecer ao pai?' Alguns respondem: 'Sim, sempre'. Mas e se vosso pai vos mandar trair a pátria? Outros respondem sutilmente que não o obedecem jamais, pois é a moral que se obedece, moral cujas ordens ele exprime". Aulo Gélio replica inteligentemente que existe uma terceira ordem de coisas, que não são nem impostas pelo bem nem imorais, tais como casar ou permanecer celibatário, abraçar este ou aquele ofício, ir ou ficar, procurar ou não as honras públicas. É sobre essa terceira ordem de coisas que se exerce a autoridade paterna.

A autoridade da família e a dignidade social dos pais de família têm o testamento como arma e como símbolo. Pois o testamento constitui uma espécie de confissão em que o homem social se revelava inteiramente e pelo qual seria julgado. Havia nomeado como herdeiro o mais digno? Legara alguma coisa a todos os seus fiéis? Falava da mulher em termos que fossem para ela um certificado de boa esposa? "Quanto tempo passamos a deliberar em nosso foro íntimo para saber a quem legaremos alguma coisa e quanto! Nunca vasculhamos tanto nossas decisões como nesse momento." Todos os membros da família, próximos ou distantes, devem receber alguma coisa, e também o pessoal da casa: os escravos que o merecem são libertados pelo testamento, os libertos que permaneceram fiéis e os clientes não são esquecidos.

A leitura pública do testamento era o acontecimento público do momento, pois as disposições e heranças não eram tudo e o testamento adquiria valor de manifesto. O costume de designar "herdeiros substitutos", que não tocariam num centavo (a não ser que o herdeiro principal recusasse a sucessão), permitia escrever todos os nomes próprios que o testador quisesse, cada qual aquinhoado com uma fração teórica da herança, que dava a medida da estima do defunto em relação a cada um deles. O falecido também podia insultar *post-mortem* aqueles a quem havia detestado secretamente e reconhecer os valores: os nobres tinham o hábito de deixar um legado aos grandes escritores do momento. Plínio, então um orador célebre, que ia a todas as aberturas de testamento, observava com satisfação que sempre lhe legavam a mesma soma destinada a seu rival e amigo, o orador Tácito (ele não mente, e os epigrafistas encontraram um testamento em que é nomeado). A política imiscuía-se: um senador sempre tido como homem sério perdeu tal reputação por causa de seu testamento, no qual tecia loas a Nero (evidentemente para evitar que lhe anulassem o testamento e confiscassem a sucessão); outros, ao contrário, insultavam os todo-poderosos ministros do soberano e até se referiam em termos pouco amenos ao próprio imperador, quer este se chamasse Nero ou Antonino Pio... Um testamento era algo tão grandioso, do qual todos se orgulhavam tanto, que muitos dificilmente resistiam ao desejo de iniciar a leitura depois de beber, para agradar de antemão aos legatários e se fazerem estimar.

Sabemos da importância que em outras sociedades tinham o ritual do leito de morte e o das últimas palavras. Em Roma substituíam-nos o testamento, em que se manifestava o indivíduo social, e depois, como veremos, o epitáfio, em que se manifestava o que devemos chamar de indivíduo público.

O CASAMENTO

Na Itália romana, um século antes ou depois de nossa era, 5 ou 6 milhões de homens e mulheres são livres e cidadãos; vivem em centenas de territórios rurais (*civitas*) que têm como centro uma cidade (*urbs*) com seus monumentos e casas ou *domus*. Contam-se ainda 1 ou 2 milhões de escravos, que são ou domésticos, ou trabalhadores agrícolas. Sobre seus costumes sabemos apenas que a instituição privada do casamento lhes era proibida e como tal permanecerá até o século III. Consta que essa gente vivia em estado de promiscuidade sexual, com a exceção de um punhado de escravos de confiança que administravam a casa do senhor ou que, servindo ao próprio imperador, eram os funcionários da época. Esses privilegiados tomavam por longo tempo uma concubina exclusiva ou a recebiam das mãos do senhor.

COMO SABER SE ALGUÉM É CASADO?

Voltemos pois aos homens livres. Entre eles alguns nasceram livres das justas núpcias de um cidadão e uma cidadã; outros são bastardos nascidos de uma cidadã; outros ainda nasceram escravos mas foram libertados: nenhum deles é menos cidadão e todos podem recorrer à instituição cívica do casamento. Tal instituição é paradoxal a nossos olhos: o casamento romano é um ato privado, um fato que nenhum poder público deve sancionar: ninguém passa diante do equivalente a um juiz ou a um padre; é um ato não escrito (não existe contrato de casamento, mas apenas um contrato de dote... supondo que a prometida possua um dote) e até informal: nenhum gesto simbólico, por mais que se diga, era obrigatório. Em suma, o casamento era um fato privado, como entre nós o noivado. Então, como um juiz, em caso de litígio por uma herança, podia decidir se um homem e uma mulher eram legitimamente casados? Na falta de gesto ou escrito formais, decidia pelos indícios, como um tribunal para estabelecer um fato. Que indícios? Por exemplo: atos inequívocos, tais como uma constituição de dote, ou gestos que provavam a intenção de ser esposo: o suposto marido sempre havia qualificado de esposa a mulher com quem vivia; ou ainda testemunhas podiam atestar que haviam assistido a uma pequena cerimônia de evidente caráter nupcial. Em última instância, somente os cônjuges podiam saber se, em seu pensamento, estavam casados.

Era fundamental determinar se os cônjuges estavam unidos em justas núpcias; pois o casamento, instituição privada, não escrita e até não solene, era uma situação de fato que criava efeitos de direito: os filhos de tais núpcias são legítimos; tomam o nome do pai e continuam a linhagem; com a morte do pai, sucedem-no na propriedade do patrimônio... se não foram deserdados. Resta precisar ainda uma coisa, para encerrar as regras do jogo: o divórcio. Do ponto de vista do direito, é tão fácil para a mulher como para o marido, e tão informal quanto o casamento: basta que o marido ou a mulher se afaste com a intenção de se divorciar. Às vezes os juristas hesitavam legitimamente: simples desavença ou verdadeira separação? Não era sequer estritamente necessário prevenir o ex-cônjuge, e havia em Roma maridos divorciados de sua única esposa sem o saberem. Quanto à mulher, quer tome a iniciativa do divórcio, quer seja repudiada, deixa o lar conjugal levando seu dote, caso o tenha. Em contrapartida, os filhos, se existem, parece que sempre ficam com o pai.

A cerimônia nupcial implicava a presença de testemunhas, úteis em caso de contestação. Existia o costume dos presentes de casamento. A noite de núpcias desenrolava-se como uma violação legal, da qual a esposa saía "ofendida contra o marido" (que, habituado a usar suas escravas, não percebia bem a iniciativa da violação); comumente ocorria que na primeira noite o recém-casado se abstinha de deflorar a mulher, em consideração à sua timidez; nesse caso, porém, tinha a compensação de... sodomizá-la: Marcial e Sêneca pai o dizem proverbialmente e a *Casina* o confirma. A China também conhecia esse estranho derivativo. Estando grávida, a esposa abstém-se do amplexo conjugal durante toda a gravidez; Eliano e o Pseudo-Quintiliano consideravam natural esse pudor, pois os animais também o têm. Sendo legítimos os prazeres conjugais, os convidados têm o direito e até o dever de enaltecê-los alegremente no dia das bodas. Um poeta chega a prometer em seu epitalâmio uma tarde de amor ao novo esposo: ousadia perdoável no dia seguinte às núpcias; do contrário, fazer amor sem ser à noite constituiria descarada libertinagem.

Por que as pessoas se casavam? Para esposar um dote (era um dos meios honrosos de enriquecer) e para ter, em justas bodas, rebentos que, sendo legítimos, recolheriam a sucessão; e perpetuariam o corpo cívico, o núcleo dos cidadãos. Os políticos não falavam exatamente em natalismo, futura mão-de-obra, mas em sustento do núcleo de cidadãos que fazia a cidade perdurar, exercendo a "função de cidadão" ou devendo exercê-la. Um senador tão pomposo quanto qualquer outro, Plínio, o Jovem, acrescentava na ocasião que havia um segundo modo de fortalecer o núcleo cívico: libertar os escravos que o merecessem e, assim, transformá-los em cidadãos. Imaginemos hoje um ministério da natalidade que naturalizasse os imigrantes...

MONOGAMIA E CASAL

Justas núpcias ou concubinato, a monogamia reina sozinha. Mas monogamia e casal não são a mesma coisa. Não perguntaremos aqui como realmente decorria a vida cotidiana de maridos e esposas, e sim como a moral vigente, nas diferentes épocas, exigia que um marido considerasse a mulher: como uma pessoa, sua igual, a rainha fazendo par com o rei (mesmo que a dita rainha lhe servisse de criada sob um nome mais honroso)? Ou como uma criaturinha eternamente menor, cuja única importância consistia em ser a instituição do casamento personificada? A resposta é simples: no século I antes de nossa era um romano deve considerar-se um cidadão que cumpriu todos os seus deveres cívicos; um século depois, deve considerar-se bom marido e oficialmente respeitar a mulher. Em outros termos, chegou um momento em que se interiorizou numa moral essa instituição cívica e dotal que era o casamento monogâmico. Por que tal mudança? Michel Foucault acha que o papel dos homens, dos machos, muda quando o Império sucede a República e as cidades gregas independentes; os membros da classe dirigente, cidadãos militantes que eram, tornam-se notáveis locais e fiéis súditos do imperador. O ideal greco-romano de autodomínio, de autonomia, estava ligado à vontade de exercer também um poder sobre a vida pública (ninguém é digno de governar se não sabe se governar); no Império, a soberania sobre si mesmo deixa de ser uma virtude cívica e torna-se um fim em si: a autonomia proporciona a tranquilidade interior e a independência em relação à Fortuna e ao poder imperial. Esse era eminentemente o ideal do estoicismo, a mais difundida das seitas de sabedoria, ou "filosofias", que exercia então tanta influência quanto as ideologias ou a religião entre nós. Ora, o estoicismo pregou à exaustão a nova moral do casal. Uma ressalva: tudo que vamos contar vale apenas para um vigésimo ou um décimo da população livre, para a classe rica, que se presumia também culta; a documentação não nos permite ir além. Nos campos italianos, os camponeses livres, pequenos proprietários ou meeiros dos ricos, eram casados: não se sabe mais sobre eles; civismo ou estoicismo, tais opções não lhes diziam respeito.

Moral cívica, depois moral do casal. Quando se passou de uma à outra, em um século ou dois, o que mudou foi menos a conduta das pessoas (não sejamos demasiado otimistas), ou mesmo o conteúdo das normas que se devia seguir, do que uma coisa mais formal e contudo mais decisiva: a condição pela qual cada moral se arrogava o direito de dar ordens e ao mesmo tempo a maneira como considerava as pessoas: soldados do dever cívico ou criaturas morais responsáveis. E essas formas comportavam o conteúdo. A primeira moral dizia: "Casar-se é um dos deveres do cidadão". A segunda: "Quem quer ser um homem de bem só deve fazer amor para ter filhos; o estado do casamento não serve aos prazeres venéreos". A primeira moral não questiona a fundamentação das normas: como apenas as justas núpcias permitem gerar cidadãos de modo regulamentar, deve-se obedecer e casar. A segunda, menos militarista, quer descobrir um embasamento das instituições; como o casamento existe e sua duração ultrapassa em muito o dever de gerar filhos, deve ter outra razão de ser; fazendo com que dois seres racionais, o esposo e a esposa, vivam juntos durante toda a sua existência, ele é, portanto, uma amizade, uma afeição duradoura entre duas pessoas de bem, que só hão de fazer amor para perpetuar a espécie. Em suma, a nova moral queria dar prescrições justificadas a pessoas racionais; sendo incapaz de ousar criticar as instituições, cabia-lhe descobrir um fundamento não menos racional no casamento. Essa mistura de boa vontade e conformismo gerou o mito do casal. Na velha moral cívica, a esposa era apenas um instrumento da função de cidadão e chefe de família; fazia filhos e aumentava o patrimônio. Na segunda moral, a mulher é uma amiga; tornou-se "a companheira de toda uma vida". Só lhe resta continuar racional; quer dizer, conhecendo sua inferioridade natural, obedecer; o esposo a respeitará como um verdadeiro chefe respeita seus auxiliares devotados, que são seus amigos inferiores. Em suma, o casal chegou ao Ocidente no dia em que a moral decidiu se perguntar por que boa razão um homem e uma mulher deviam passar a vida juntos e não mais aceitou a instituição como uma espécie de fenômeno natural.

O CASAMENTO COMO DEVER A CUMPRIR

Essa nova moral formulava-se assim: "Eis o dever de um homem casado". A formulação da moral cívica, ao contrário, era a seguinte: “Casar-se é um dos deveres do cidadão”. Resultado: essa maneira de expressar-se incitava os pregadores de ética a recordar a existência de tal dever; por volta do ano 100 antes de nossa era, um censor disse à assembleia de cidadãos: “O casamento é uma fonte de confusão, todos sabemos; mas é necessário se casar por civismo”. E cada cidadão era incitado a perguntar-se expressamente se decidiria cumprir esse dever. O casamento não era algo implícito, mas explicitava: o que criou a ilusão de uma crise da nupcialidade, de uma difusão do celibato (sabemos o que são essas obsessões coletivas, que nenhuma prova estatística consegue eliminar); os romanos tiveram tal ilusão antes que seus historiadores também a tivessem, e o imperador Augusto decretará leis especiais para incitar os cidadãos a se casarem.

O casamento, portanto, era tido como um dever entre outros, uma opção. Não é o “fundamento de um lar”, o eixo de uma vida, e sim uma das numerosas decisões dinásticas que um senhor deverá tomar: entrar na carreira pública ou permanecer na vida privada a fim de aumentar o patrimônio dinástico, tornar-se militar ou orador etc. A esposa será menos a companheira desse senhor que o objeto de uma de suas opções. Tanto será um objeto que dois senhores poderão repassá-la amigavelmente: Catão da Útica, modelo de todas as virtudes, emprestou a esposa a um amigo e mais tarde casou-se novamente com ela, abiscoitando de passagem uma herança imensa; um certo Nero “prometeu” (era o termo consagrado) sua esposa Lívia ao futuro imperador Augusto.

O casamento é apenas um dos atos da vida, e a esposa não passa de um dos elementos da casa, que compreende igualmente os filhos, os libertos, os clientes e os escravos. “Se teu escravo, teu liberto, tua mulher ou teu cliente ousam replicar, tu te enraiveces”, escreve Sêneca. Os senhores, chefes de uma casa, resolvem as coisas entre si, como de poder a poder, e se um deles deve tomar uma grave decisão reúne o “conselho de amigos” em vez de discutir com a mulher.

Senhor e senhora formam um “casal”? O senhor permite

que os visitantes vejam a senhora, como os ocidentais atuais, ou a senhora se retira rapidamente, como nos países islâmicos? E quando se convidar o senhor para jantar convém convidar também a senhora? As raras indicações dos documentos não me permitiram chegar a uma conclusão clara: a única coisa clara é que a senhora, bem acompanhada, tem o direito de visitar as amigas.

A mulher é uma criança grande da qual se deve cuidar por causa do dote e do nobre pai. Cícero e seus correspondentes comentam os caprichos dessas eternas adolescentes, que aproveitam, por exemplo, a ausência do marido, nomeado governador de uma província distante, para se divorciarem e casar de novo. Tais infantilidades desconcertantes são realidades que acarretam consequências nas relações políticas entre senhores. Não é preciso dizer que essas criaturinhas não colocariam em ridículo seu amo e senhor: o tema molieriano da infidelidade feminina era desconhecido e, se assim não fosse, Catão, César e Pompeu teriam sido cornudos ilustres. Um marido é senhor tanto da esposa como dos filhos e dos domésticos; o fato de sua mulher ser infiel não constitui um ridículo, e sim uma desgraça, nem maior nem menor do que se sua filha engravidasse ou um de seus escravos faltasse ao dever. Se a esposa o engana, criticam-no por falta de vigilância ou de firmeza e por deixar o adultério florescer na cidade. Assim como repreendemos os pais muito fracos e que mimam os filhos, os quais acabarão caindo na delinquência, aumentando a insegurança pública. O único meio de um marido ou um pai prevenir tal dano era ser o primeiro a denunciar publicamente a má conduta dos seus. O imperador Augusto detalhou num edito os amores de sua filha Júlia; Nero fez o mesmo com o adultério de sua esposa, Otávia. A fim de confirmar que não tinham "paciência" — ou seja, complacência — com o vício. A opinião pública se perguntava se devia admirar ou censurar o silêncio estoico de outros esposos.

Como os maridos enganados são mais ultrajados que ridículos e as divorciadas levam seu dote consigo, há na classe alta grande frequência de divórcios (César, Cícero, Ovídio, Cláudio casaram-se três vezes) e talvez também na plebe citadina. Em Juvenal, vemos uma mulher do povo consultar um adivinho itinerante para saber se deve deixar seu taberneiro para se casar com um comerciante de roupas usadas (profissão próspera nessa época, em que a vestimenta popular era comprada de segunda mão). Nada mais estranho aos romanos que o sentido bíblico da apropriação de uma carne; não os repugnava esposar uma divorciada ou, como o imperador Domiciano, aceitar de volta uma esposa que durante algum tempo havia sido a mulher de outro homem. Constituía um mérito conhecer somente um homem ao longo da vida, mas apenas os cristãos procurarão transformar isso em dever e tentarão impedir que as viúvas se casem novamente.

FALSO NASCIMENTO DO CASAL

Sendo o casamento um dever cívico e uma vantagem patrimonial, tudo que a velha moral exigia dos esposos era que executassem uma tarefa definida: ter filhos, cuidar da casa. Consequentemente a moralidade compreenderá duas esferas: de um lado, esse dever estrito, e, de outro, uma esfera facultativa — mérito suplementar ou oportunidade —, a de formar um casal unido. É aqui que o casal realizará no Ocidente uma entrada falsa. No casamento os esposos terão o dever estrito de cumprir suas respectivas tarefas. Se, além disso, se entenderem bem, será um mérito adicional, não uma pressuposição. As pessoas ficavam contentes de saber que dois esposos se davam bem, como Ulisses e Penélope no passado, ou até se adoravam, como Filêmon e Báucis segundo a lenda; mas sabiam que não era sempre assim. A realidade do casamento não se confundia com o sucesso do casal.

O amor conjugal era sorte, não base do casamento nem condição do casal. Todos sabiam que o desentendimento era um flagelo difundido por toda parte e resignavam-se; os moralistas diziam que, aprendendo a suportar as falhas e os humores de uma esposa, o homem se formava para afrontar as penas do mundo; em numerosos epitáfios o marido fala de sua "caríssima esposa", mas em outros epitáfios, não menos numerosos, diz: "Minha esposa, que nunca me deu motivo para queixa" (*querella*). Os historiadores elaboravam listas de casais unidos até a morte; o que não impedia que, ao cumprimentar um recém-casado, se dissesse, como Ovídio: "Possa tua mulher igualar o marido na incansável bondade! Que raramente uma cena doméstica perturbe vossa união!". Com tais palavras esse poeta fino e cortês não cometia uma gafe, não constrangia ninguém.

Não sendo obrigatório, maior era o mérito de tratar bem a esposa, ser "bom vizinho, anfitrião amável, meigo com a mulher e clemente com o escravo", diz o moralista Horácio. O ideal da ternura entre esposos sempre se acrescentou, desde Homero, à estrita obrigação matrimonial; os baixos-relevos mostram marido e mulher dando-se as mãos, e não se tratava de um símbolo de casamento, diga-se o que se disser, e sim dessa desejável concórdia suplementar. Ovídio, exilado, deixa a mulher em Roma, onde ela administrará seu patrimônio e tentará obter perdão para o poeta, e ele lhe escreve que duas coisas os unem: o "pacto marital", mas também "o amor que nos torna dois associados". Entre o dever e essa meiguice suplementar pode ocorrer um conflito: o que fazer se a esposa amada é estéril? "O primeiro que repudiou a mulher por causa da esterilidade tinha nisso um motivo aceitável, mas não escapou à censura da opinião [*reprehensio*], porque mesmo o desejo de ter filhos não deveria suplantar o apego duradouro a uma esposa", escreve o moralista Valério Máximo.

A NOVA ILUSÃO

O casal já teria chegado ao Ocidente? Não: mérito não é dever. Nuança! Exalta-se o entendimento onde é constatado, mas ninguém o coloca como norma pressuposta da instituição, e o desentendimento passa mais por chocante que por previsível. Esse será o caso na nova moral, aparentada com o estoicismo, em que o ideal do casal se torna um dever. Resultado: ilusão; contemplar a hipótese de um desentendimento entre cônjuges agora passará por maledicência ou derrotismo. Assim como o sintoma que permite reconhecer facilmente os paladinos da nova moral do casal é seu estilo edificante: quando Sêneca ou Plínio falam de sua vida conjugal, é em tom sentimental, virtuoso, exemplar. Consequência prática: o lugar teoricamente reservado à esposa já não é o mesmo. Na antiga moral, ela se classificava entre os domésticos, nos quais mandava, por delegação marital. Na nova moral, eleva-se o nível dos amigos, que tanta importância têm na vida social greco-romana; para Sêneca, o laço conjugal é comparável ao pacto de amizade. Disso resultaram muitas consequências práticas? Duvido. Deve ter mudado, sim, o estilo em que os maridos falavam da mulher numa conversação geral ou se endereçavam a elas na presença de terceiros.

Ocorre com essa transformação moral o mesmo que com toda a história das ideias: depois de um século de sociologia da cultura, mais e mais historiadores confessam-se incapazes de explicar as mudanças culturais e admitem não ter a menor ideia da possível explicação causal nessa matéria. Digamos apenas que a causa não foi o estoicismo; a nova moral teve paladinos também entre os inimigos do estoicismo e entre os neutros.

Plutarco, o filósofo platônico, preocupou-se muito em se desvencilhar do estoicismo, esse rival ainda triunfante que o novo platonismo desafiava. Elabora a teoria do amor conjugal, tido como variedade superior da amizade. O senador Plínio não pertencia a nenhuma seita: escolhera a eloquência mais que a sabedoria. Em suas cartas pinta a si mesmo como homem de bem e decide sobre todas as coisas com a autoridade que os senadores tinham em Roma; resolve, assim, que é louvável um novo casamento, mesmo se um dos cônjuges estiver numa idade que impeça a procriação como finalidade da união: pois o verdadeiro objetivo do casamento é a ajuda e amizade que os esposos proporcionam um ao outro. Ele mesmo declara ter com a mulher relações elegantes e sentimentais e demonstrar o maior respeito, profunda amizade e todas as virtudes; o leitor moderno precisa se esforçar para lembrar que a referida esposa, casada por conveniência de carreira e de patrimônio, era uma mulher-criança, tão cedo transformada em esposa que, ao engravidar, sofreu um aborto. Outro neutro, o senador Tácito, admite, contra a tradição republicana, que uma mulher pode acompanhar o marido quando este parte para governar uma província, embora se trate de uma função quase militar e o sexo feminino esteja banido da caserna; uma esposa está ali para o alívio moral do marido, e sua presença, longe de enfraquecer, reconfortará o guerreiro.

É, portanto, pouco surpreendente que os estoicos tenham retomado a nova moral, tida já como segura por ser vitoriosa. Só que, sendo numerosos e com uma voz potente, parecem erroneamente ter sido seus propagadores mais que suas vítimas.

Vítimas, efetivamente, pois nada em sua doutrina lhes impunha pregar a submissão à moral vigente, ao contrário. Em sua primeira versão, o estoicismo ensinava o indivíduo a tornar-se o equivalente mortal dos deuses, autônomo e indiferente como eles aos golpes do acaso, se, graças a sua razão crítica, identificava a inclinação natural quc levava a essa autarcia e a seguia corajosamente. O indivíduo só devia se submeter aos papéis sociais compatíveis com a inclinação para a autarcia e com a simpatia não menos natural que impele cada homem a se interessar por seus semelhantes. O que podia levar, e no início levou, a uma crítica das instituições políticas e familiares. Mas o estoicismo foi vítima de seu êxito num meio de letrados ricos e poderosos e tornou-se uma versão douta da moral corrente: os deveres do homem em relação a si mesmo e a seus semelhantes são identificados com as instituições, que essa doutrina degenerada procura interiorizar como moral; o casamento é uma amizade (desigual) entre marido e mulher. Vai longe a época em que os estoicos especulavam sobre o desejo de beleza e o amor dos meninos (tomado como tipo de amor em geral).

Além desse conformismo voluntarista em que se transformou, havia uma afinidade mais autêntica entre o estoicismo e a nova moral conjugal. Esta já não prescrevia executar com doçura certo número de tarefas conjugais, mas viver como casal ideal, por meio de um sentimento de amizade constantemente posto à prova que bastaria para ditar deveres. Ora, o estoicismo era uma doutrina da autonomia moral, do controle do indivíduo racional sobre si mesmo, do interior; só é preciso que esse indivíduo preste incessante atenção em todos os detalhes da rota da vida.

Disso decorrem duas consequências: o conformismo estoico vai retomar em todo o seu rigor a instituição matrimonial e agravá-la, exigindo dos esposos que controlem o menor gesto e que antes de ceder ao menor desejo possam demonstrar que tal desejo se fundamenta na razão.

Base da instituição: é preciso casar, ensina Antipater de Tarso, para dar cidadãos à pátria e porque a propagação da espécie humana está em conformidade com o plano divino do universo. O fundamento do matrimônio, ensina Musônio, é a procriação e a ajuda mútua entre os esposos. O adultério constitui um roubo, ensina Epicteto; roubar a mulher do próximo é tão indelicado quanto tirar a porção de porco servida ao vizinho de mesa. "Quanto às mulheres, é a mesma coisa: as porções foram distribuídas entre os homens." O casamento, diz Sêneca, consiste em uma troca de obrigações, desiguais, talvez, mas diferentes, sendo a da mulher obedecer. Marco Aurélio, imperador estoico, congratula-se por haver encontrado na imperatriz "uma esposa tão obediente". Sendo os dois cônjuges agentes morais e havendo um contrato mútuo, o adultério do marido será considerado tão grave quanto o da mulher (ao contrário da velha moral, que julgava as falhas não segundo o ideal moral, e sim de acordo com a realidade cívica, na qual se inscrevia o privilégio dos machos).

Agravamento da instituição, como vemos. Pois, sendo o casamento uma amizade, os esposos devem fazer amor apenas para ter filhos e sem se acariciarem demais; não se deve tratar a esposa como amante, assevera Sêneca, depois citado e aprovado por são Jerônimo. E seu sobrinho Lucano era da mesma opinião. Escreveu uma epopeia, espécie de romance histórico realista, em que relata, a sua maneira, a guerra civil entre César e Pompeu. Mostra Catão, modelo de estoico, despedindo-se da esposa (a mesma que fora emprestada temporariamente a um amigo), pois parte para a guerra: na véspera de tal separação, não fazem amor — Lucano tem o cuidado de registrar e explicar o significado doutrinal. E o próprio Pompeu, quase grande homem, também não se deita com a esposa no momento da despedida, embora não fosse estoico. Por que tal abstinência? Porque um homem de bem não vive de maneira inconsequente e vigia seus menores gestos; ora, ceder ao desejo é um gesto imoral; só há um motivo razoável para se deitarem juntos: a concepção. Trata-se menos de ascetismo que de racionalismo. A razão se pergunta: "Por que fazer isso?". Contraria sua natureza planificadora dizer: "Afinal, por que não fazer?". O *planismo* estoico tem, portanto, enganosa semelhança com a ascese cristã. No entanto o cristianismo não é um monólito; em seus primeiros séculos evoluiu muito mais que o estoicismo. Além disso, é muito diverso. O cristão Clemente de Alexandria foi influenciado pelo estoicismo a ponto de recopiar prescrições conjugais do estoico Musônio, sem mencionar o verdadeiro autor. São Jerônimo teria achado essa doutrina demasiadamente sensual. Quanto a santo Agostinho, um dos mais prodigiosos inventores de ideias que o mundo já conheceu, achou mais simples inventar sua própria doutrina do casamento.

Como vemos, não é preciso raciocinar por imagens e opor a moral do paganismo à moral cristã; as verdadeiras cisões estão alhures: entre uma moral de deveres matrimoniais e uma moral interiorizada do casal; esta última, nascida não se sabe onde no interior do paganismo, é comum ao paganismo a partir do século II de nossa era e à parte do cristianismo que se acha sob influência estoica; o estoicismo julgou que essa moral, sendo a moral por excelência, era necessariamente a sua. Afirmar, com razão, a identidade da moral pagã tardia e de quase toda a moral cristã não significa confundir paganismo e cristianismo, mas volatilizá-los a um e outro; não se deve refletir sobre essas grandes máquinas de imagens, e sim abri-las para ver funcionar no seu interior os mecanismos mais ardilosos, que não concordam com os cortes tradicionais.

Há mais: uma moral não se reduz ao que manda fazer; mesmo que as regras conjugais de uma parte do paganismo e de uma parte do cristianismo sejam textualmente as mesmas, o jogo não se realizou. Em certa época, pagãos e cristãos igualmente dizem: "Não façais amor a não ser para ter filhos". Tal proclamação no entanto não tem as mesmas consequências se é feita por uma doutrina de sabedoria que dá a indivíduos livres, para sua autonomia neste mundo, conselhos que seguirão como pessoas autônomas, caso os achem convincentes; e se a mesma proclamação é feita por uma Igreja todo-poderosa que entende governar as consciências para sua salvação no além e deseja legislar sobre todos os homens, sem exceção, estejam eles convencidos ou não.

OS ESCRAVOS

O ESCRAVO É UM SER HUMANO

De todos os lados, diz Sêneca, a morte pode te surpreender: um naufrágio, bandidos, "e, para não falar de um poder mais alto, o último de teus escravos tem um direito de vida e morte sobre ti". Plínio, inquieto, alerta a um de seus correspondentes: seu amigo, o cavaleiro Robusto, viajou acompanhado de alguns escravos e desapareceu; ninguém mais o viu; "foi vítima de uma agressão por parte de sua gente?". Em Mogúncia, um epitáfio imortaliza o trágico fim de um amo de trinta anos que o escravo assassinou antes de se jogar no Main para encontrar a morte. Os romanos viviam num medo surdo dos escravos, como nossos contemporâneos que têm dobermanns. Pois o escravo, esse ser naturalmente inferior, é um familiar, a quem se "ama" e pune paternalmente e pelo qual cada um se faz obedecer e "amar". Tanto que sua relação com o senhor é perigosa, pois ambivalente: o amor de repente pode se transformar em ódio; os anais da criminologia moderna relatam vários casos de bruscos furores sanguinários por parte de criadas que até então apresentaram toda a aparência de dedicação. A escravidão antiga é um tema para Jean Genet.

Por mais que se diga algumas vezes, o escravo não era uma coisa: consideravam-no um ser humano. Até os "maus senhores", que os tratavam desumanamente, impunham-lhes o dever moral de serem bons escravos, de servir com dedicação e fidelidade. Ora, não se impõe moral a um animal ou a uma máquina. Só que esse ser humano é igualmente um bem, cuja propriedade seu amo detém; nessa época, duas espécies de seres podiam ser assim apropriados: as coisas, os homens. "Meu pai", escreve Galeno, "sempre me ensinou a não encarar tragicamente as perdas materiais; se me morre um boi, um cavalo ou um escravo, não faço disso um drama." Platão, Aristóteles e Catão não se expressaram de forma diferente; hoje em dia um oficial diria que perdeu uma metralhadora e vinte homens.

Sendo um bem que se possui, um escravo é um inferior. E como essa inferioridade de um homem faz de outro homem seu proprietário, um chefe, esse amo, seguro de tal grandeza, a consagrará considerando natural a inferioridade do escravo: um escravo é um sub-homem por destino, e não por acidente; a escravidão antiga tem por analogia psicológica menos remota o racismo. Enfim, como o poder do amo sobre esse instrumento humano não é regulamentar, e sim total e direto, o escravo não será um assalariado pontual, mas um homem dedicado que obedece do fundo da alma, e não em virtude de regulamentos e horários definidos. A relação entre escravo e senhor é ao mesmo tempo desigual e inter-humana; portanto, o senhor "amará" seu escravo, pois qual senhor não ama também seu cão, qual patrão não ama seus bons operários, qual colono não ama seus fiéis indígenas? O oficial que perdeu vinte homens os amava e se fazia amar. A escravidão antiga foi uma estranha relação jurídica, induzindo banais sentimentos de dependência e de autoridade pessoal, relações afetivas e pouco anônimas.

Não foi, ou não foi somente, uma relação de produção. Os diferentes escravos, em sua inferioridade comum, desempenhavam os mais diversos papéis na economia, na sociedade, até na política e na cultura; um punhado deles é infinitamente mais rico ou poderoso que a maioria dos homens livres. Não é por causa de sua origem étnica; a escravização dos povos vencidos e o tráfico nas fronteiras do Império proporcionavam apenas uma pequena fração da mão-de-obra servil: os escravos provinham principalmente do rebanho servil, do abandono de crianças e da venda de homens livres em condição de cativeiro. Os filhos de escravas, quem quer que fosse seu pai, eram propriedade do senhor, assim como a cria de seus rebanhos; o amo decide criá-los ou, ao contrário, enjeitá-los ou até afogá-los como fazemos com os gatinhos. Um romance grego relata as preocupações de uma escrava que estremece à ideia de que seu senhor e amante talvez venha a matar o recém-nascido que ela traz no ventre; numa coletânea de blagues, o *Philogelôs*, lemos uma muito boa que é a seguinte: "O Distraído teve um filho de uma de suas escravas e o pai do Distraído o aconselhou a matar a criança; o Distraído retorquiu: 'Começa por matar os teus e depois poderás me aconselhar a matar os meus!'". Quanto ao enjeitamento, constituía uma prática usual, e não só entre os pobres; os mercadores de escravos iam recolher os enjeitados nos santuários ou nos monturos públicos. Enfim, a pobreza impelia os sem-recursos a venderem seus recém-nascidos a traficantes (que os compravam ainda "sanguinolentos", mal saídos do ventre da mãe, que assim não teria tempo de vê-los e de amá-los); muitos adultos se vendiam para não morrer de fome. Alguns ambiciosos faziam isso para se tornarem administradores de algum nobre ou tesoureiros imperiais: essa foi, em minha opinião, a história do todo-poderoso e riquíssimo Pallas, descendente de uma nobre família da Arcádia, que se vendeu como escravo para ser administrador de uma dama da família imperial e acabou como ministro das Finanças e eminência parda do imperador Cláudio.

A VERDADEIRA NATUREZA DA ESCRAVIDÃO

Nesse império, os que entre nós se chamariam Colbert ou o superintendente Fouquet eram escravos ou libertos do imperador; a multidão dos que chamamos funcionários igualmente o eram: trabalhavam nos negócios administrativos do príncipe, seu amo. Na extremidade inferior da escada, uma parte da mão-de-obra rural compõe-se de escravos. Certamente vai longe a época da "escravidão de plantação" e da revolta de Espártaco, e não é verdade que a sociedade romana repousa sobre a escravidão; o sistema da grande propriedade cultivada por bandos de escravos foi, aliás, peculiar a certas regiões, sul da Itália ou Sicília: o escravagismo não é um traço essencial da Antiguidade romana mais do que a escravatura no Sul dos Estados Unidos antes de 1865 constitui uma característica do Ocidente moderno. Fora dessas regiões de eleição e passada sua época, a escravidão é apenas uma das relações de produção agrícola, ao lado dos sistemas de meeiro e assalariado; algumas províncias praticamente ignoram a escravidão rural (é o caso do Egito). Um grande proprietário usa escravos para cultivar a parte de suas terras que ele explora ou manda explorar, em lugar de entregá-la a meeiros; esses escravos vivem em dormitórios, sob a autoridade de um administrador também escravo, cuja companheira cozinha para todos. Um pequeno proprietário também pode ser ajudado por escravos; Filóstrato conta a história de um modesto vinhateiro que se resignara a trabalhar a vinha com as próprias mãos porque seus poucos escravos lhe custavam caro demais.

No setor do artesanato a mão-de-obra, ao que parece, é basicamente servil; escravos e libertos compõem a totalidade do pessoal nas olarias de Arezzo (onde numerosas pequenas empresas, todas independentes, contam de um a 65 trabalhadores). A agricultura compreende principalmente pequenos camponeses independentes e meeiros que trabalham para grandes proprietários. Mas também comporta uma mão-de-obra extra, que compreende ou diaristas assalariados de condição livre porém muito miserável, ou "escravos na corrente", que, a meu ver, são "maus" escravos punidos pelo senhor com a revenda mediante a condição de o comprador mantê-los nessa situação de prisioneiros privados. A escravaria acrescenta-se a um imenso campesinato já existente; para que a relação de produção servil se tornasse preponderante, seria preciso que os romanos escravizassem esse campesinato livre. Em comparação com o país, os escravos constituíam a quarta parte da mão-de-obra rural na Itália. Nesse império em que os camponeses são os burros de carga da sociedade, a condição dos escravos rurais certamente era a mais dura.

Não sendo camponês, geralmente um escravo é doméstico; um romano da classe alta tem em casa dezenas de servos; um romano da classe média (evidentemente bastante rico para viver sem fazer nada) tem um, dois ou três. "Em Pérgamo havia um gramático", conta Galeno, "que tinha dois escravos; todo dia o gramático ia ao banho com um deles [que o vestia e despia] e deixava o segundo trancado em casa para guardar a propriedade e fazer a comida." A condição dos escravos varia consideravelmente, desde a doméstica encarregada dos trabalhos mais duros até o todo-poderoso administrador que, conta Galeno também, gere todos os negócios do amo e recebe os cuidados dos maiores médicos quando adoece. Suas relações com o senhor variam na mesma proporção, e o escravo cúmplice, o escravo que leva o dono pela coleira, não é apenas um tipo de comédia (a menos que o amo, num momento de furor, o envie aos trabalhos forçados de seus domínios no dia em que se inverter essa relação ambivalente). O dono e a dona da casa encarregam os escravos de confiança de espionar a conduta dos "amigos" ou clientes e dos preceptores, filósofos e outros domésticos de condição livre; esses escravos cochicham ao ouvido do dono os ridículos e escândalos secretos da casa. Para certas vocações, a condição servil era o meio usual de se colocar a serviço de uma importante figura e adquirir uma posição estável: um gramático, um arquiteto, um cantor, um comediante serão escravos do senhor que utiliza seus talentos; a intimidade de um grande é menos sórdida que um salário no dia-a-dia, e mais cedo ou mais tarde o amo lhes dará a liberdade.

Quem é o homem que geralmente sucede o médico romano? Um escravo que esse médico instruiu (não havia escolas de medicina) e depois libertou. Não se concebe o assalariamento como uma relação neutra e regulamentar, mas como uma ligação feita de desprezo, pois não se trata de um vínculo pessoal. Só que a intimidade desse vínculo é desigual, e nisso as diversas condições de todos os escravos, tão desiguais entre si, têm algo de idêntico que impede a escravidão de ser uma palavra vã; poderosos ou miseráveis, todos os escravos são tratados no mesmo tom e com os mesmos termos dirigidos às crianças e aos seres inferiores. A escravidão é extraeconômica e também não constitui uma simples categoria jurídica, mas — coisa incompreensível e revoltante aos olhos dos modernos — é uma distinção social que não se fundamenta na "racionalidade" do dinheiro, e por isso a comparamos ao racismo; nos Estados Unidos, ainda há meio século, um negro podia ser um cantor célebre ou um rico empresário: os brancos dirigiam-lhe a palavra num tom de voz familiar e sempre o chamavam pelo primeiro nome, como a um criado. Como diz Jean-Claude Passeron, pode existir uma hierarquia, visível pelos sinais de estima, que nada tem a ver com riqueza ou poder. Assim a escravidão, o racismo, a nobreza.

A ESCRAVIDÃO É INCONTESTÁVEL

O escravo é inferior por natureza, não importa quem seja e o que faça; isso acompanha uma inferioridade jurídica. Se o amo resolve mandá-lo negociar, para recolher os lucros, o escravo imediatamente dispõe de uma espécie de patrimônio chamado pecúlio, de plena autonomia financeira, do direito de assinar contratos por iniciativa própria e até mover uma ação judicial, desde que se trate dos negócios do senhor e este não retome seu pecúlio. Apesar desses úteis simulacros de liberdade, o escravo é e continua sendo um homem que a qualquer momento pode ser vendido; se seu amo, que tem o direito de castigá-lo à vontade, decidir que ele merece o derradeiro suplício, alugará os serviços do carrasco municipal, fornecendo-lhe a resina e o enxofre para queimar o infeliz. O escravo poderá ser torturado perante os tribunais públicos para confessar os crimes do amo, enquanto os homens livres não eram ameaçados de tortura.

A divisão estanque que separava os homens dos sub-homens devia ser insuspeitável. Não era decente lembrar que este ou aquele escravo nascera livre e se vendera voluntariamente, nem especular sobre a eventualidade de um homem livre se vender dessa maneira: tinha-se o direito de comprar bens futuros, como por exemplo uma colheita "para a época do amadurecimento", mas não se tinha o direito de comprar um cidadão "para a época em que ele será vendido como escravo". Da mesma forma que no *Ancien Régime*, um silêncio pudico envolvia os numerosos rebentos de nobres empobrecidos que obscuramente perdiam a nobreza. E, como não devia haver nenhum equívoco entre a liberdade e a servidão, o direito romano tem uma norma — a do "favor para a liberdade" — segundo a qual, na dúvida, um juiz deve decidir em favor da presunção de liberdade; por exemplo, se a interpretação de um testamento pelo qual o defunto parecia libertar seus escravos é duvidosa, optar-se-á pela interpretação mais favorável: a liberdade. Outra norma era que, uma vez tendo libertado um escravo, não se podia voltar atrás nessa decisão, pois "a liberdade é o bem comum" de todas as ordens de homens livres, como o Senado reafirmará no ano 56 de nossa era; questionar a libertação de um só escravo equivaleria a ameaçar a liberdade de todos os homens livres. Esse grande princípio de optar pela solução mais humana só tem de humanitarista a aparência; da mesma forma, suponhamos que existe um princípio tal que se num júri há tantas vozes pela libertação como pela guilhotinha vencerá a libertação: esse princípio não quererá dizer que se tem má consciência ao condenar mesmo os culpados comprovados; trata-se de um princípio formulado no interesse dos inocentes e não dos culpados. Percebemos também o paradoxo: deve-se favorecer a liberdade, porém somente na dúvida; ninguém se preocupa com os escravos cuja servidão é inequívoca. Detestar os erros judiciários não significa contestar a santidade da justiça, ao contrário.

A escravidão era uma realidade incontestável; o humanitarismo não consistia em libertar os escravos de todos os seus senhores, mas em se comportar pessoalmente como bom senhor. Os romanos estavam tão seguros de sua superioridade que consideravam os escravos crianças grandes; geralmente os chamavam de "pequeno", "menino" (*pais*, *puer*) mesmo quando eram velhos, e os próprios escravos se tratavam dessa forma entre si. Como as crianças, os escravos estão sujeitos ao tribunal doméstico que constitui o arbítrio do senhor; e se seus erros demandam os tribunais públicos, receberão castigos físicos, dos quais estão isentos os homens livres. Criaturinhas sem importância social, não têm nem esposa nem filhos, pois seus amores e proles são como os dos animais de um rebanho: o dono ficará contente de ver o rebanho crescer, só isso. Os nomes próprios que o amo lhes dá compõem uma classe diversa daquela dos homens livres (como entre nós os nomes dos cães) e são de origem grega, ao menos em aparência (na verdade não passam de meros pastichos romanos de nomes gregos, fabricados *ad hoc*). Sendo os escravos crianças, sua revolta constituiria uma espécie de parricídio; quando relega ao pior lugar de seu inferno "os que participaram de guerras ímpias e renegaram a fé devida a seus amos", Virgílio está pensando em Espártaco e seus seguidores.

A vida privada dos escravos é um espetáculo pueril que se olha com desdém. No entanto esses homens tinham vida própria; por exemplo, participavam da religião, e não apenas da religião do lar que, afinal, era o seu: fora de casa um escravo podia perfeitamente ser aceito como sacerdote pelos fiéis de alguma devoção coletiva; podiam também se tornar padres dessa Igreja cristã que nem por um momento pensou em abolir a escravidão. Paganismo ou cristianismo, é possível que as coisas religiosas os tenham atraído muito, pois bem poucos outros setores estavam abertos para eles. Os escravos também se apaixonavam pelos espetáculos públicos do teatro, do circo e da arena, pois, nos dias de festa, tinham folga, assim como os tribunais, as crianças das escolas e... os burros de carga.

Tudo isso fazia sorrir ou irritava; os sentimentos dos escravos não são os de gente grande e, por exemplo, seria tão engraçado imaginar um escravo apaixonado quanto atribuir a uma camponesa de Molière as emoções e os ciúmes racinianos. Aonde se chegaria, se além de tudo os senhores tivessem de levar em conta os caprichos sentimentais de seus servos? "Agora os escravos se apaixonam neste país?", pergunta, surpreso e chocado, o herói de uma comédia feérica de Plauto. Um escravo deve viver para seu serviço, mais nada; Horácio pode muito bem divertir os leitores contando-lhes a vida privada de seu escravo Davo, que frequenta as prostitutas baratas nas ruas quentes e arregala os olhos diante das pinturas que imortalizavam as grandes lutas de gladiadores: os juristas riam menos; fanatismo religioso, exagerada inclinação para o amor, gosto imoderado pelos espetáculos e pelas pinturas (hoje diríamos cartazes), tais são os defeitos que um mercador de escravos deve declarar ao comprador. "Defeitos" no sentido em que falamos dos defeitos de fabricação de uma mercadoria? Não: o escravo é um homem, e esses defeitos são falhas morais e vieses psicológicos.

Todos sabem, com efeito, que a psicologia dos servos não é a dos senhores: toda a psicologia de um escravo se reduz a ser próprio ou impróprio para o serviço e ter sentimentos de fidelidade para com o amo; historiadores e moralistas relatam com aprovação e estima os casos de escravos que levaram o dever ao ponto de um humilde heroísmo e se deixaram matar para salvar seu senhor ou segui-lo na morte. Mas também existem muitos "maus escravos", e a expressão diz tudo: um mau escravo não é uma criatura com certos defeitos, como um encanador guloso ou um notário preguiçoso; é um escravo impróprio para o uso, como uma "má ferramenta", um escravo que realmente não é escravo.

Assim como em relação às crianças, a psicologia do escravo se explica pelas influências que ele sofre, pelos exemplos que recebe: sua alma não tem autonomia. Diz-se que a imitação de maus servos pode torná-lo jogador, bêbado ou vadio e o exemplo de um amo vicioso pode torná-lo vagabundo ou preguiçoso. Também o direito proporciona um recurso contra terceiros que tenham estragado um escravo; constitui um delito abrigar conscientemente um servo fugitivo ou encorajar com palavras seu intento de fugir. Para falar a verdade, a vítima em geral é o primeiro culpado; um senhor que deseja se fazer respeitar, diz Platão, não deve brincar com os servos e todas as manhãs deve ser o primeiro a se levantar; muitos são fracos demais, e a maldade pública não ignora isso. Um gramático romano fornece-

-nos uma informação curiosa: "Nas comédias ligeiras os poetas podem colocar em cena escravos mais sábios que seu amo, o que não seria suportável nas comédias mais formais"; pois na comédia ligeira imagina-se um mundo maliciosamente revirado, enquanto a comédia realista deve mostrar a nobre verdade.

EVIDÊNCIA DA ESCRAVIDÃO

Como os escravos suportavam tanta miséria e humilhação? Com raiva contida ou revolta dissimulada, anunciadora de explosões e guerras civis? Com resignação? Seria esquecer que entre esta última passividade e a ativa luta social existe um meio-termo, que é comum em nossos dias: a reatividade; como quem dorme numa baia desconfortável, tomavam uma posição mental que lhes permitia sofrer menos e consistia em amar o senhor que não podiam eliminar. Esse amo que em seu jargão chamavam de "ele mesmíssimo" (se é possível traduzir assim o termo *ipsimus* ou *ipsissimus*). "Fui escravo durante quarenta anos", relata um liberto a Petrônio, "sem ninguém saber se eu era escravo ou livre; fiz de tudo para dar plena satisfação a meu senhor, que era um homem honrado e digno. E em casa lidava com gente que não queria outra coisa além de me passar uma rasteira. Enfim, consegui sobreviver, graças sejam dadas a meu amo! Esses são méritos verdadeiros, pois, para nascer livre, não é difícil." Esse arrivismo vê na condição servil uma carreira onde poderá fazer melhor que os outros.

Na falta de outras perspectivas, os escravos partilham os valores do senhor, admiram-no, servem-no zelosamente; observam-no viver com a mistura de admiração e desforra zombeteira que faz dos servos os vigias de seus amos. Tomam seu partido, defendem-lhe a vida, são os fiéis guardiães de sua honra; em caso de tumulto ou até de guerra civil, são seu braço direito, seus guerreiros. O senhor pode muito bem exercer sobre eles ou suas concubinas o direito ao hímen; os escravos se adaptam por meio de um provérbio: "Não há vergonha em fazer o que o amo ordena"; quando o senhor vai visitar sua fazenda, a companheira do administrador naturalmente se encontra em sua cama nessa noite. Saber obedecer é a seus olhos padrão de virtudes e eles criticam os indisciplinados: "Os imbecis de teus senhores não sabem te fazer obedecer", diz um velho escravo a um mau escravo. Percebe-se como esse amor, uma vez frustrado ou ferido, podia se transformar em fúria sanguinária contra um senhor indigno. Quanto às guerras servis de Espártaco e seus êmulos, a gênese era diferente; os desfavorecidos não pensavam em combater para construir uma sociedade menos injusta, da qual seria banido o escândalo da escravidão, mas sim em escapar da miséria lançando-se numa aventura mais ou menos comparável à dos mamelucos ou dos flibusteiros: estabelecer seu próprio reino em terras romanas. Uma geração antes de Espártaco, por ocasião da grande revolta de escravos na Sicília, os rebeldes já haviam instituído uma capital, Enna, e escolhido um rei, que cunhou moeda; é difícil acreditar que nesse reino de antigos escravos a escravidão fosse proibida: por que seria?

Nenhum homem jamais pôde estender os olhos além dos cenários cambiantes dos dramas históricos nos quais é figurante e perceber enfim o fundo nu dos bastidores, pois não existe fundo; nenhum escravo, nenhum senhor soube questionar a evidência da instituição servil. O que os escravos, ou pelo menos a maioria deles, desejavam (pois era melhor servir que ser livre e morrer de fome) era escapar individualmente à servidão e serem libertados. Os próprios amos achavam decente libertar escravos. No *Satyricon*, Trimálquio declara, depois de beber: "Meus amigos, os escravos também são homens e mamaram o mesmo leite que nós, ainda que a Fatalidade os tenha vencido; provarão a água da liberdade antes que seja tarde (mas não tentemos o azar falando nisso, pois desejo continuar vivo!); enfim, em suma, libertei todos em meu testamento". Assim falando e agindo, um senhor se honrava e, longe de desmentir a legitimidade da escravidão, tirava consequências lógicas de sua autoridade paterna sobre essas crianças grandes. Um senhor que ama seus escravos será levado a libertá-los, pois é o que eles mais desejam; isso não prova que a escravidão seja a seus olhos mais uma injustiça que uma desgraça fatal, porém apenas demonstra que o próprio senhor quer ser um bom amo.

Libertar escravos constitui um mérito, mas não um dever. Um rei está em seu direito quando condena à morte um criminoso e é adorável se o perdoa; contudo o perdão é gratuito, e o rei não age erradamente se não perdoa. O prazer que um senhor sente ao libertar confirma a autoridade em virtude da qual ele poderia também não fazer isso; ele comanda com amor, e o amor não tem lei. O subordinado não deve esperar a clemência como algo que lhe é devido. Dupla imagem de pai: castiga, perdoa; seu perdão, não sendo um dever, não poderá ser solicitado pelo próprio escravo, e sim apenas por uma terceira pessoa, nascida livre como o senhor; essa terceira pessoa se honrará fazendo a imagem paterna clemente suceder à imagem severa e ao mesmo tempo honrará a autoridade dos senhores em geral sobre seus escravos em geral.

AS DUAS IMAGENS DO SENHOR

Um homem livre solicita a um senhor que perdoe um de seus escravos: eis um episódio típico da realidade romana, que os escritores e mesmo a *Digesta* pintaram com deleite, pois sentia-se obscuramente que seu saber paradoxal dava a chave da autoridade escravagista. Ovídio aconselha ao amante astuto fazer a mulher que ele cobiça desempenhar o papel de tia indulgente junto a um pai justo porém severo: "Quando poderias fazer muito bem sozinho alguma coisa que de qualquer modo deves fazer, trata de obtê-la sempre através de tua amante; prometeste a liberdade a um de teus servos? Age de modo que ele rogue a tua amante para interceder junto a ti em seu favor. Livras um escravo de um castigo? Que ela obtenha de ti o que farias de qualquer maneira". O direito romano não considerava fugitivo o escravo que se refugiara junto a um amigo de seu amo para pedir-lhe que solicitasse a indulgência do senhor. Acima das severidades particulares paira assim um entendimento universal da classe dos senhores. Pois somente entre pares se pede e se decide clemência; o escravo que a solicitasse teria a fatuidade de prejulgar qual das duas imagens paternas o senhor escolheria encarnar.

Assim como a indulgência do senhor não constituía uma homenagem que o escravagismo prestava à humanidade, e sim um mérito individual, também os exemplos de senhores cruéis, até atrozes, constituíam deméritos que lhes eram pessoais. A crueldade com relação aos escravos nada tinha de excepcional; percebe-se isso lendo os conselhos de Ovídio em seu manual de sedução; a mulher que arranha a penteadeira ou a espeta com a agulha não dará de si uma imagem sedutora, escreve ele. Certo dia, o imperador Adriano, homem refinado, enfiou o estilete no olho de um de seus escravos secretários e o cegou; em seguida chamou o escravo e perguntou-lhe que presente preferia, em compensação pelo que lhe acontecera; a vítima não respondeu; o imperador repetiu a pergunta e acrescentou que o escravo teria tudo que quisesse. A resposta foi: "Só quero meu olho". Pouco antes do triunfo definitivo do cristianismo, o Concílio de Elvira condenou as senhoras cristãs que "por ardente furor tanto espancavam a serva que esta morria, se a morte ocorresse pelo menos quatro dias depois".

Um senhor cruel ou enraivecido desconsidera-se moralmente e causa dano material a si mesmo; muitas vezes se arrependerá, passada a fúria. Eis um relato de vida e viagem no século II de nossa era. O médico Galeno deixara Roma para voltar a sua pátria, Pérgamo (junto à costa turca), e tinha como companheiro de viagem um cretense que possuía algumas virtudes: simples, amável, honesto, generoso nas despesas diárias. Mas o cretense igualmente era sujeito a acessos de fúria, durante os quais chegava a castigar os escravos com as próprias mãos, dando-lhes pontapés, batendo-lhes com um chicote ou um bastão. Os viajantes chegam ao istmo de Corinto e no porto de Cencreias despacham suas bagagens para Atenas por via marítima; alugam um carro para eles e os escravos a fim de chegar a Atenas pela estrada costeira e Mégara. Ao passarem por Elêusis, o companheiro de Galeno percebe que seus escravos confiaram ao barco uma parte da bagagem que deveriam levar pela estrada e fica furioso; sem nada à mão para espancar os infelizes, tira do cinto o punhal embainhado e assenta-o nos escravos; a bainha se rompe, e dois escravos são feridos na cabeça, um deles gravemente. Acabrunhado, o amo passa de um extremo ao outro: entrega um chicote a Galeno, despe-se e pede ao médico que lhe bata "a fim de puni-lo pelo que fizera sob o império dessa maldita fúria". Galeno riu-lhe na cara, fez-lhe um sermão filosófico sobre a raiva (pois era médico filosófico) e tirou para os leitores a moral seguinte: um senhor nunca deve castigar seus escravos com as próprias mãos e sempre deve deixar para o dia seguinte a decisão de puni-los.

Esse episódio permite compreender a que se reduz uma ideia tida como certa, a de uma humanização progressiva da escravidão sob a influência do estoicismo durante os três séculos do Alto Império; tal humanização pretendida foi na verdade uma moralização, devida não a alguma tendência "natural" da humanidade civilizada, mas a uma evolução particular que já descrevemos ao tratar do nascimento do casal. Tal moralização do senhor e também do escravo nada teve de humanitário, não questionou a legitimidade da escravidão nem constituiu um ardil ou uma capa ideológica com vistas a salvar essa instituição ameaçada por alguma luta de escravos; se deixarmos de pensar através dessas rígidas e inábeis generalidades, facilmente verificaremos que a moralização da escravatura não atenuou a escravidão. Ela tampouco se deve à legislação dos imperadores; a pretensa melhora legal da sorte do escravo reduz-se a uma única medida cujo verdadeiro sentido não é aquele: sob Antonino, quem matar o próprio escravo será passível de morte ou deportação se não puder provar que tinha um motivo justo para matá-lo, cabendo ao juiz julgar. Compreendamos que, para um senhor, matar o escravo opõe-se a condená-lo arbitrariamente à morte perante o tribunal doméstico que outro não é senão o próprio senhor. A decisão de Antonino apenas lembra a velha distinção entre um assassinato puro e simples e um assassinato legal. Se um senhor furioso condena à morte seu escravo com um mínimo de formalidades, ninguém tem nada a criticar-lhe; mas se em seu furor ele o mata com uma punhalada, deverá se dar ao trabalho de explicar ao juiz que tal furor era legítimo (tão legítimo que se ele tivesse tido tempo de se constituir em juiz doméstico seguramente teria condenado à morte o escravo que acabara de apunhalar). Respeitadas as formalidades, cada qual pune os escravos como bem quiser e ninguém poderá criticá-lo: Antonino o confirma. Adriano condenou um pai que matara o filho durante uma caçada e pretendia pôr esse assassinato na conta de sua jurisdição paterna.

E A MORAL, AINDA POR CIMA

Outras medidas visaram a moralizar a condição do escravo, se não a melhorá-la; pois a legislação imperial tornou-se cada vez mais pudibunda, e aqui temos um parágrafo de história da moral sexual. Ainda essa proteção moral do escravo só pode ser exercida pelo senhor, a título de seu poder paterno. Era comum revender um escravo acompanhando a transação de uma cláusula particular (vimos que assim se podia estipular que um mau escravo fosse mantido nas correntes pelo comprador); podia-se também vender uma escrava esclarecendo que o novo senhor não teria o direito de prostituí-la: se mesmo assim ele resolvesse fazer isso, o imperador decidia que a escrava ficaria livre *ipso facto* e o adquirente perderia seu bem. Um aspecto menos evidenciado da ordem moral é o costume novo de casar os escravos (Tertuliano o menciona por volta do ano 200). Antes era impensável que essas criaturinhas se tornassem uma espécie de pais de família. Porém depois, o casamento, considerado menos um sinal de poder do que um penhor de moralidade, abriu-se aos escravos, e as menções de escravos casados são mais numerosas na *Digesta* do que imaginaríamos. Michel Foucault encontrou a menção mais antiga em Musônio. Lembramos que o casamento consiste de uma decisão e uma cerimônia privadas, e a instituição do casamento servil resulta mais de uma evolução dos costumes do que de uma revolução jurídica.

De uma evolução da moral. Os homens livres começaram a ser duros tanto consigo mesmos como com os escravos porque seu senso de dever se baseava no estatuto cívico, sem a interposição, ilusória mas delicada, de uma consciência moral. Havia, pois, tantas éticas diferentes quantos estatutos, e a moral de um escravo não era a de um cidadão. "Ter complacências", dizia um orador, "constitui uma infâmia por parte de um homem livre; por parte de um liberto em relação ao amo é o efeito de um justo reconhecimento; por parte de um escravo é seu dever puro e simples." Agora, a moral parece derivar da consciência humana em geral; o escravo continua escravo, mas a ética se torna universalista.

O elo servil pode, com efeito, ser concebido sucessivamente de várias maneiras muito diferentes e continuar sendo tirânico. Os escravocratas do Sul dos Estados Unidos mandavam batizar os negros porque a seus olhos todas as criaturas de Deus tinham alma; e continuavam tratando-os autoritariamente. Sob o Império Romano, a moral vigente passa pouco a pouco de uma concepção do "homem político" à de um "homem interior"; estoicismo e cristianismo formarão de diversas maneiras essa evolução que afeta também a ideia que se fazia do escravo. Este não é mais um ser humano cuja psicologia se limita a sentir seu dever de submissão em relação ao senhor; torna-se um ser humano dotado de consciência moral, tanto que obedece ao amo menos por fidelidade a seus deveres para com ele do que por senso de dever moral em geral. Surge assim o escravo munido de deveres para com a mulher, pois agora ele se casa, e também para com os filhos, pois começa a tê-los moralmente, embora tais filhos continuem sendo propriedade de seu senhor. Podemos acompanhar nos textos jurídicos e literários a crescente tendência dos senhores de não separar os escravos que compõem uma família, de não vender o marido sem a mulher ou o filho. Poderíamos também acompanhar nos epitáfios latinos e gregos a crescente tendência de sepultar os escravos conforme o uso em vez de jogar o corpo no lixo ou deixar que os companheiros de escravidão se encarregassem de sepultar um dos seus.

A instituição da escravatura sofreu assim modificações internas porque tudo se agitava a sua volta: seria otimista demais considerar tais modificações efeito de escrúpulos humanitários, e seria escolástico querer explicá-las como válvulas de segurança; elas testemunham uma mudança autônoma da moral vigente. O mais chocante é a incapacidade da sociedade romana de questionar por um só momento a instituição em si ou mesmo de abrandá-la. Reconduzir o pai de família a seus deveres de juiz que deve respeitar os usos, casar os escravos, é belo e bom, mas não mudava em nada a crueldade dos castigos, a má nutrição, a miséria material e moral, a tirania.

Os moralistas, inclusive os estoicos, não fizeram mais; o que por vezes se fala da atitude de Sêneca com relação à escravidão é apenas uma projeção de nossa própria forma de moralismo. A seus olhos, a escravidão não é um produto da "sociedade", e sim uma infelicidade individual, e essa infelicidade pode ocorrer a nós também, pois somos homens como eles e sujeitos aos mesmos caprichos da Fortuna que esses infelizes: durante as guerras, os mais nobres personagens reduziram-se à escravidão. Pois é a Fortuna que decide a sorte de cada homem. Ora, qual é o dever de um homem de bem? Fazer o que tem a fazer no lugar onde o colocou seu destino, seja ele rei, cidadão ou escravo. Se tem o destino de senhor, deverá portanto se conduzir como bom senhor; os romanos sempre tiveram mais estima pelos bons senhores ou pelos bons maridos do que pelos maus; desse mérito de alguns a filosofia faz o dever de todo homem que queira ser sábio. Sêneca ensina, portanto, seu discípulo a comportar-se como bom senhor com relação a esses "humildes amigos" que são seus servos; se tivesse se dignado dar lições aos escravos, igualmente os teria ensinado a se comportarem como bons escravos — o que são Paulo e Epicteto fizeram.

A CASA E SEUS LIBERTOS

A LENDA DA FAMÍLIA ROMANA

Escravos domésticos ou ex-escravos agora libertos, o pai de família, sua mulher, esposada em justas bodas, dois ou três filhos e filhas compõem o pessoal de uma casa, ao qual devemos acrescentar algumas dezenas de homens livres: os fiéis ou "clientes" que a cada amanhecer vão desfilar na antecâmara de seu protetor ou "patrono" para lhe fazer uma rápida visita de homenagem. Só que um punhado de gente dentro de uma casa não constitui uma família "natural": as afeições que suscita são tão estereotipadas quanto as nossas e mais pitorescas.

Apesar de uma lenda que Yan Thomas se encarregou de destruir, não se trata de um clã, uma grande família patriarcal, a *gens*, ou um enfraquecimento e fragmentação dessa vasta unidade arcaica. O pai de família não deixou pouco a pouco de ser seu monarca, pois nunca o foi: a Roma arcaica não era um grupo de clãs, cada qual sob a autoridade de um ancestral, mas uma cidade etrusca, uma das maiores, e não nos leva a um estágio arcaico do desenvolvimento da humanidade. Deixemos, pois, esses mitos políticos de origem e vejamos: o pai de família é um esposo, dono de patrimônio, senhor de escravos, patrono de libertos e clientes; por uma espécie de delegação que lhe faz a cidade, exerce direito de justiça sobre os filhos e filhas e esse conglomerado de poderes heterogêneos não saiu de uma unidade primeira.

Todo filho de família, uma vez órfão e emancipado, torna-se chefe de uma nova família, e nada, exceto sentimentos ou estratégia familiar, o liga aos irmãos ou tios: a família é conjugal. Saber se os irmãos habitarão juntos algum casarão ancestral é apenas uma questão de comodidade e dinheiro; cada pai de família prefere ter sua própria casa e esse é também o desejo dos filhos de família; o filho de Cícero ou o de seu amigo Célio alugaram um apartamento para não viver com os pais. Se causassem danos aos vizinhos, o direito previa que seriam pessoalmente responsáveis e seu pai nada teria a ver com isso; tais jovens viviam sua própria vida: o pai de família é sobretudo um proprietário de patrimônio e de direitos patrimoniais; mantém os filhos pelo dinheiro e pela esperança de herdar. Mas não os guarda a seu alcance, e cada novo casal preferirá ter sua casa pessoal, se dispuser de meios.

SENHORA

Em princípio o pai de família conduz a casa. É ele que, de manhã, dá ordens aos escravos e distribui as tarefas; seu intendente presta-lhe contas. E a dona da casa? Era um ponto de atrito: alguns maridos, mas não todos, deixavam à esposa a direção (*cura*) da casa, bem como as chaves do cofre-forte, pois a julgavam digna de tanto. Um dia a cunhada de Cícero fez uma cena: tinham-na por uma estranha, pois um criado recebera o encargo de organizar o almoço. A divisão do comando doméstico provocava frequentes querelas, a dar-se crédito aos Padres da Igreja, inimigos do casamento: casar é submeter-se à autoridade da esposa ou ter de aguentar suas recriminações. Os médicos, por sua vez, recomendavam a primeira solução, pois é higiênico que uma esposa tenha alguma atividade: "Vigiar o escravo padeiro, vigiar o intendente e medir os mantimentos de que ele precisa, dar um giro pela casa a fim de verificar se tudo está em ordem". O que não é nada, pois normalmente uma dama rica não tem o que fazer com os dez dedos, a não ser se ocupar da roca e do fuso para matar o tempo de forma honesta e tradicional.

Essa gente tem sempre um escravo à mão para antecipar-se a seus menores gestos e nunca fica sozinha. Vestir-se e calçar-se está excluído (mas lavar os próprios dentes é tarefa do senhor, não do escravo). A frase evangélica: "Não sou digno de desatar uma tira de sua sandália", quer dizer exatamente: "Eu não seria digno nem de servi-lo como escravo". As vastas casas romanas que visitamos em Pompeia, Vaison e centenas de outros lugares não ofereciam a seus proprietários as delícias do espaço vazio: eram mais povoadas que uma habitação de aluguel moderado. Ao menos ficavam sozinhos na alcova conjugal? Nem sempre: um amante surpreendido na referida alcova fingiu que ali se achava não pela dama, e sim pela serva que dormia no mesmo aposento; a dama dorme sozinha, mas não longe da cama tem uma ou várias escravas. Em geral os escravos dormem diante da porta dos esposos, montando guarda. "Quando Andrômaca cavalgava Heitor", conta um satírico, "seus escravos, orelha colada à porta, masturbavam-se." Parece que os escravos dormem em todo canto da casa; quando os amos desejam uma noite sem testemunhas, mandam-nos colocar suas enxergas bem longe.

A onipresença dos escravos equivale a uma vigilância perpétua. É verdade que um escravo não se leva em conta e que sua presença acaba passando despercebida. O poeta Horácio diz: "Tenho o hábito de passear sozinho"; cinco versos adiante, ficamos sabendo que um de seus três escravos o acompanha. Os amantes não sabiam onde se encontrar secretamente: na casa dele?, na dela? Os domésticos saberiam de tudo e iriam contando de uma casa a outra. A única solução era pedir emprestada a casa de um amigo complacente (que se arriscava a ser acusado de cumplicidade no adultério) ou alugar o quartinho de um sacristão, obrigado por seu caráter sagrado a um leal silêncio. A decência e a preocupação com a posição social obrigam uma dama a sair com as servas, as damas de companhia (*comites*) e um servo cavaleiro (*custos*), dos quais falam muito os poetas eróticos; essa prisão móvel que a segue por toda parte equivale ao harém monogâmico, ou gineceu, onde as damas gregas, preocupadas com a reputação, exigiam que os esposos as trancassem a chave durante a noite. Os meninos também não saíam sem seu *custos*, pois temia-se tanto por sua virtude como pela do sexo oposto. De resto, as damas à moda antiga, para demonstrar reserva, saíam o mínimo possível e só apareciam em público semiveladas.

Ser mãe de família constitui uma honrosa prisão e uma dignidade um tanto estreita em que o orgulho de uma jovem nobre se colocará no devotamento. Ora, uma jovem nobre herda o orgulho do pai, que de certo modo a emprestou ao marido (em Roma uma esposa descontente não deixava o marido para "voltar para a casa da mãe", mas para a casa do pai). Ao orgulho aristocrático acrescenta-se o da fortuna; ela geralmente possui riquezas que não passam para o marido. Ela se iguala aos homens perante o direito sucessório e a capacidade de testar; tem seu dote. Algumas, mais nobres e mais ricas que o marido, recusavam a autoridade deste; outras até desempenharam um grande papel político, pois, a título de herança, recolheram junto com o patrimônio todas as clientelas hereditárias de sua estirpe. Houve damas que, não contentes com a dedicação ao marido, mostravam a qualidade de sua raça seguindo-o no exílio e até no suicídio (Sêneca, muito cioso de sua ascendência sobre os que o rodeavam, no suicídio quis exercer sobre a esposa e também sobre seu discípulo Lucílio uma verdadeira chantagem moral); elas eram muito capazes de tomar a defesa dos interesses maritais se o esposo era exilado ou precisava se esconder. Mas também podiam adotar um belo dia uma atitude bem menos louvável e sintomática do impasse em que se encontravam: pretextar uma dor, a perda de um filho, para renunciar a toda vida de representação e se enclausurar num luto perpétuo. Isso ocorria também sob Luís XIV, e uma página curiosa de La Rochefoucauld relata o fato.

VIÚVAS, VIRGENS E CONCUBINAS

Suponhamos, porém, que nossa rica herdeira seja viúva — ou melhor, *vidua*, sem homem: viúva ou divorciada. Suponhamo-la até virgem, mas "mãe de família" porque seu pai morreu. Os parentes se apressarão a fortalecer-lhe a virtude dando-lhe um *custos*; uma lei imperial comparava os amores de uma *vidua* ao adultério e ao estupro, mas não era aplicada.

Essa moça ou essa mulher torna-se a dona da casa e do patrimônio; a viúva rica é uma personagem da época; não coquete como Célimène mas "imperiosa", pois não tem senhor. Ela se casará de novo ou terá um amante; essa ligação, às vezes decentemente revestida de uma promessa de casamento, muitas vezes era conhecida e quase confessada. As ligações das moças, em contrapartida, deviam permanecer em segredo; sempre se suspeitava de uma e gostava-se de acreditar que seu amante era seu escravo administrador, pois como uma mulher poderia gerir a própria vida sem um amo e senhor? Os Padres da Igreja falarão muito mal dos costumes das viúvas e órfãs, e não dirão calúnias; de outro modo, onde Ovídio teria encontrado o rico viveiro de mulheres abastadas e independentes a quem seu *Manual de amor* ensina a pecar? Tais mulheres tinham a melhor condição feminina que havia em Roma. Seus amantes deviam cuidar de lhes dar prazer na cama, para grande indignação de Sêneca ou Marcial.

Suponhamos agora a situação inversa: o pai de família ficou viúvo. Pode usar suas servas, pode se casar de novo, mas também pode tomar uma concubina, pois o termo concubina tinha dois sentidos diversos: de início pejorativo, acabou adquirindo também um sentido honroso, como entre nós. Inicialmente chamavam-se concubinas a mulher (ou as mulheres) com a qual um homem, casado ou não, dormia habitualmente; os imperadores, mesmo casados, tinham no palácio um harém de concubinas escravas, e o imperador Cláudio deitava-se com duas ao mesmo tempo. Mas a opinião acabou se tornando indulgente com as relações com uma concubina desde que fossem duradouras e exclusivas, como um casamento, e que somente a inferioridade social da mulher impedisse o homem de transformar a ligação em legítimas núpcias. Os juristas cerravam fileiras; para eles o concubinato constituía um estado de fato, porém honroso, que não rebaixava a mulher ao nível daquelas que se devia desprezar; o concubinato precisava também se parecer em tudo com o casamento; a concubina — no segundo e no único sentido honroso da palavra — devia ser livre (pois as escravas não poderiam se casar) e a união devia ser monogâmica: era impensável ter uma concubina sendo casado ou ter duas concubinas ao mesmo tempo. O concubinato é, em suma, um casamento impossível; o caso típico era o de um homem que tinha uma ligação com sua liberta e não queria transformar em núpcias legítimas uma união tão desigual. Assim, ao enviuvar, o imperador Vespasiano tomou como concubina sua secretária, uma liberta imperial, e "tratou-a quase como esposa". Conhecemos uns quinze casos em que um defunto mandou erguer um epitáfio para si mesmo, para a falecida esposa e para a concubina que tomara em seguida; também em outros epitáfios o marido honra a memória das duas esposas com as quais se casou sucessivamente.

Diferentemente das bodas legítimas, o concubinato não cria consequências de direito: apesar de sua indulgência, os juristas não transigiram nesse ponto; as crianças nascidas de um concubinato honroso serão livres, pois saíram de uma mulher livre; mas, como essa mulher não é casada, seus filhos serão bastardos e levarão apenas seu nome: herdam da mãe, não do pai natural. Assim, o concubinato tem apenas sua honorabilidade; confere à concubina uma dignidade que ela não teria se as relações com o concubino não fossem estáveis e monogâmicas. E se, para concluir, um senhor resolve se casar em justas núpcias com sua liberta e concubina, apesar de suas repugnâncias iniciais? Ela ficaria orgulhosa de ser tida como digna de envergar a veste tradicional das verdadeiras "mães de família", mas, consciente de sua definitiva inferioridade, sempre dará ao esposo em seu epitáfio os títulos de "senhor e marido", como se a primeira condição fosse indelével e a afeição conjugal não pudesse eliminar a mancha servil. São essas, pois, as famílias da ala esquerda, compostas de um homem, sua concubina e seus filhos naturais; porém a realidade compreendia outras combinações ainda mais irregulares, das quais não se ocupavam os juristas: um homem, suas servas e "queridinhos". Para explicar isso, é preciso antes penetrar nos arcanos do escravagismo e dizer que o Império Romano, como o Brasil colonial, foi o império da mestiçagem.

BASTARDOS IGNORADOS

Quando perdeu a culta concubina da qual já falamos, Vespasiano contentava-se em fazer a sesta com uma ou outra de suas numerosas servas. Podia ocorrer a mesma coisa com qualquer um que tivesse escravas; a ocasião fazia a tentação. Havia um termo para qualificar os maridos que cediam à facilidade: "frequentador de servas" (*ancillariolus*), e as esposas se desesperavam. Um senhor abusivo importunou tanto seus escravos que eles perderam a paciência e o assassinaram e, para completar, o castraram: deviam ter boas razões; quando a sangrenta notícia se espalhou pela casa, "suas concubinas acorreram gritando e soluçando". Por outro lado, o escravagismo também tinha seu lirismo: Horácio cantou com delicadeza e até poeticamente as emoções do senhor seguindo com o olhar uma de suas jovens escravas que não estava longe da idade na qual poderá conhecer homem e saboreando de antemão esse momento. Em suma, entre os bebês que nasciam de suas servas e aumentavam-lhe o rebanho servil, o senhor podia ter razões para crer que alguns eram seus filhos. Mas nem ele nem ninguém devia dizer isso; a liberdade, bem sabemos, deve ser insuspeitável e separada da condição servil por uma fronteira inequívoca; com mais forte razão estava excluído que o senhor procurasse reconhecer o pequeno escravo como filho; essa era uma das leis tácitas do escravagismo. Mas todo mundo sabia: "Acontece de um escravo ser um filho que o senhor teve de uma de suas escravas", diz um jurista. Sempre se poderá libertá-lo, evitando dizer por que o favorece dessa forma, na falta de poder reconhecê-lo, ou adotá-lo: o direito o impedia.

Um costume curioso permitia fazer mais, salvando as aparências. Os romanos gostavam de ter em casa um menino ou uma menina, jovem escravo ou criança encontrada, que criavam (*alumnus*, *threptus*) porque o "mimavam" (*deliciae*, *delicatus*) e o achavam engraçadinho; tinham-no consigo durante os jantares, brincavam com ele, suportavam-lhe os caprichos; às vezes davam-lhe uma educação "liberal", reservada, em princípio, aos homens livres. A vantagem desse costume consistia em ser perfeitamente equívoco: o queridinho pode servir como brinquedo, mas também como favorito; pode ser uma espécie de filho adotivo, sem que se deva pensar mal, e pode ser igualmente um rebento que se favorece em segredo; sem esquecer o batalhão de aparato composto de adolescentes que se chamariam pajens, se fossem de bom nascimento: mas também são escravos.

Favorito? Ter um constituía um pecado menor de pessoas de qualidade, do qual o povo sorria de modo respeitoso. Bruto, o assassino de César, amava um favorito tão belo que um escultor o retratou, havendo reproduções da escultura por toda parte; o favorito do terrível imperador Domiciano e o de Adriano, o célebre Antínoo, era louvado pelos poetas cortesãos, como seus distantes sucessores celebrarão madame de Pompadour. Ciumenta do favorito marital, a esposa não tolerava que o marido lhe desse beijos em sua presença. O marido fazia mais, longe dos olhares? Uma convenção mundana exigia que ninguém formulasse a pergunta. Em geral esse favorito atuava como escudeiro ou escanção do senhor; dava-lhe de beber, a exemplo de Ganimedes, favorito de Júpiter. Precisamente o batalhão de "pajens" (*paedagogium*) era um rebanho de meninos bonitos que tinham como única função servir a mesa, para o encanto dos olhares e a nobreza do cerimonial. Quando o amo saía, seguiam em bando sua liteira, à maneira do batalhão de belos pajens que cerca a liteira do chanceler Séguier num quadro de Le Brun, no Louvre. O grave momento de sua vida é o do primeiro bigode. Como o pretexto de um sexo ainda impreciso desaparecia e se tornaria escandaloso tratar como objeto passivo um macho adulto, o favorito, chorando, perdia sua função: o amo fazia-o cortar os longos cabelos de moça, para grande alívio da dona da casa. Os obstinados mantinham seu favorito mesmo depois que este parava de crescer (*exoletus*), o que constituía uma conduta malvista.

O senhor pode ter motivos mais inocentes para se deliciar com seu queridinho. Este pode ser um simples brinquedo com o qual, à mesa, o amo se diverte afetuosamente, como com um animal doméstico; pois nessa época os brinquedos mais apreciados eram vivos: pássaros, cães, coelhos para as meninas (ainda não se domesticara o gato). Mas o amo também pode sentir um afeto verdadeiro pela criança escrava. "Acontece", escreve Plutarco, "que pessoas irredutivelmente contrárias ao casamento e à concepção se vejam consumidas pelo remorso e chorem covardemente um filho de seus domésticos ou o bebê de uma concubina que cai doente e morre." Nem sempre porque acreditam que tal criança seja sua; podem satisfazer com um bebê de pai desconhecido uma autêntica vocação para a paternidade e abrigar sob sua asa a criança que nasce em sua casa; os beijos com que cobre o queridinho não devem suscitar malícias. De início muito contestado, o beijo na boca, como sinal de fiel dedicação, estava na moda entre os homens, e Marco Aurélio adolescente os trocava muito sentimentalmente com seu preceptor Frontão. O poeta Estácio deixou versos não menos sensíveis sobre a morte de uma criança tão querida a quem libertou ao nascer: "Mal nascera, ele me dirigiu seu vagido, envolveu-me com isso, traspassou-me; ensinei-o a usar as palavras, acalmei-lhe as dores e as penas na idade em que engatinhava pelo chão e me abaixava para pegá-lo nos braços e beijá-lo; enquanto ele viveu, não desejei filhos". São seus melhores versos. É ele o pai desse bebê? Não se sabe ao certo; o gosto da paternidade devia desabrochar mais pateticamente num menino sem importância social que no filho legítimo que era preciso criar com severidade, como continuador da família e inimigo secreto do atual detentor de sua futura herança. Em outros poemas do mesmo Estácio ou de Marcial, o queridinho ou queridinha indubitavelmente é o rebento secreto do pai de família. Tanto que são tratados como homens livres: vestidos como príncipes, cobertos de joias, não saem sem um cortejo; falta-lhes apenas a veste dos adolescentes de nascimento livre (*praetexta*): o poeta tem o cuidado de avisar; essas crianças são libertas e deverão continuar como tais.

Sem dúvida, mas de que o queridinho será libertado? Que nos perdoem esse culto da precisão: ele vai nos levar a penetrar em outro círculo do inferno, o das relações de parentesco incoerentes entre os libertos. Portanto, o amo fez um filho na serva. Suponhamos que liberta a mãe — tarde demais: concebido de uma escrava, o bebê nascerá escravo do pai. E se o pai libertar o recém-nascido? O pequeno liberto terá como amo o pai natural. Mas poderá acontecer que a mãe, rica liberta, compre o filho do amo; então terá o próprio filho como escravo ou liberto; também não era raro o filho, movido pela piedade, comprar a mãe que permanecera escrava: a mãe será então escrava ou liberta do filho. Os epitáfios e os textos jurídicos mostram que, longe de serem teóricas, tais situações eram muito frequentes. A partir do que tudo se tornava possível: que o filho, transformado em liberto da mãe, tivesse como escravo o próprio pai, a quem teria comprado, ou ainda que o irmão fosse o liberto do irmão... Gostaríamos que o sentimento familiar tivesse gritado mais alto que os estatutos jurídicos; tal sentimento devia lutar contra a autoridade que o direito conferia a quem houvesse comprado o próprio pai ou o próprio filho, contra a lembrança do pesado sacrifício em que consentira para essa compra, contra as regras do direito das sucessões. A vida familiar dos ex-escravos devia ser o inferno do conflito, da ambivalência, do ressentimento; o pai não perdoa o filho por esmagá-lo com sua boa ação, e o filho não perdoa o pai por se comportar como um ingrato.

Os libertos dos quais falamos geralmente não moram na casa do antigo amo, embora continuem a visitá-la para lhe prestar homenagem em domicílio. Estabelecidos por sua conta como artesãos ou negociantes, formam uma percentagem da população total que se contaria nos dedos de uma só mão e no entanto é socialmente muito destacada e economicamente muito importante. Se nem todos os negociantes são libertos, todos os libertos têm negócio. O que conferia ao grupo dos libertos uma fisionomia única, capaz de atrair o ódio por um grupo de ladrões exploradores do povo. Tanto mais que esses ex-escravos eram mais ricos — e às vezes bem mais ricos — do que a maioria da população livre, que se via esmagada pela prosperidade de indivíduos que não nasceram livres; era difícil admitir uma opulência que se consideraria legítima e admirável num senhor. A categoria dos libertos encontra-se numa situação ambivalente: eles são ao mesmo tempo superiores e inferiores à multidão dos homens. Sofrem com isso e em consequência estabelecem seus próprios costumes, sobre os quais devemos dizer uma palavra.

Parece, por exemplo, que os libertos viviam mais comumente em estado de concubinato que de casamento; é a conclusão em que podemos nos deter, depois de confrontar os argumentos de Plassard e Rawson. A razão evidentemente não era a inferioridade social da companheira. Durante seus anos de servidão, muitos escravos viveram a dois, sobretudo os mais afortunados, administradores de um grande proprietário ou escravos imperiais, quer dizer, jovens funcionários. Podia-se chamar de concubina a serva que tinha, assim, um companheiro habitual. Sendo ambos libertos, sua união, transformada em ligação de pessoas livres, deverá ser levada em consideração e tida como honrosa. Só que esse casal teve filhos antes de ser liberto e tais filhos são ou bastardos, ou escravos do proprietário da mãe; mesmo que os dois libertos se casem em legítimas núpcias, o pai não poderá reconhecer seu filho natural; ainda que comprem o pequeno escravo, não poderão fazer dele seu filho, mas apenas seu liberto. Em Ancona está o túmulo do liberto Tício Primo, personagem destacado em sua cidade, que encarregou o marmorista de representá-lo com a toga, transformada em veste de cerimônia; à sua direita, mandou esculpir sua "concubina" (a palavra é utilizada no epitáfio), uma mulher livre chamada Lucania Benigna, sem dúvida uma liberta, com um bebê nos braços; a criança chama-se Chloé e, como só tem esse nome, é uma escrava: nasceu quando a mãe ainda não passava de simples serva. O pai não pôde fazer mais por ela do que tomá-la como "queridinha" (*delicium*), e o epitáfio não lhe dá outro título: a natureza e o afeto nada podem contra sua condição. À direita, outra liberta (tal agrupamento não surpreenderá: os túmulos de família eram usuais). Não haveria interesse desse casal em unir-se em legítimas núpcias; trata-se de uma segunda variedade de concubinato, decorrente de uma indiferença ao casamento.

O INFERNO SOCIAL DOS LIBERTOS

Encontramos em toda parte o que constitui o tormento dos libertos, sua incerteza quanto ao lugar que realmente ocupam na sociedade; a escala das condições sociais não se confundia com a hierarquia dos estatutos, e os libertos se situam nesse desajuste. Sofrem de falta de legitimação. Têm a vida luxuosa que lhes permite sua opulência; em Roma os túmulos custosos, com retratos esculpidos, eram seus, quando não dos nobres; em suas vestes, clientes, escravos, libertos, jantares, imitam a alta sociedade, mas com a impossibilidade de nela ingressar, pois, semicidadãos que são, não têm tal direito. O *Satyricon* de Petrônio pinta com cruel lucidez sua existência de imitação. A falta de cultura (as crianças escravas não estudam) trai para sempre sua baixa origem. Não são arrivistas, como se diz, e sim "oriundos", cuja tara original impede de forçar as portas da alta sociedade: a barreira que separava as posições sociais os proíbe. E a alta sociedade acha que sua imitação é sempre falha e ridiculamente lhes trai a pretensão e a tara: a esnobe, esnobe e meio. O pior é que eles nem sequer constituem uma classe social digna desse nome que pudesse se fortalecer na humilde altivez de sua especificidade; pois não poderiam fundar dinastias burguesas: a condição de liberto existe apenas na primeira geração, e o filho de liberto é cidadão por inteiro. Não tomemos por uma classe social o que não passa de um grupo em mutação. Melhor ainda, a classe alta, em Roma, renovava-se em grande parte com a entrada de filhos de ricos libertos e filhos de libertos imperiais: muito senador era neto de liberto. Considerando-se tudo, as oportunidades de ascensão social eram muito menos ínfimas entre os escravos do que entre os homens nascidos livres porém pobres.

As oportunidades de promoção dos libertos provinham da riqueza resultante de sua vocação para o comércio, e tal vocação explica-se pelas condições de sua libertação; tanto e mais que as relações de produção, pequenos fatos como esses, com consequências geralmente inesperadas, explicam uma estrutura social. Os nobres romanos preferiam seus libertos a seus concidadãos pobres porque os primeiros lhes continuavam fiéis, como veremos, e os nobres os conheciam pessoalmente.

O que podia levar um senhor a libertar seus escravos? Pelo menos três coisas. O escravo está à morte e o amo quer lhe dar o consolo de morrer em liberdade e de saber que terá direito à sepultura de homem livre. Quando morrem, os senhores com um só gesto liberam, pelo testamento, alguns de seus servos, ou até todos, para deixar-lhes a liberdade como legado, assim como distribuem legados a todos os outros fiéis. Além disso, sendo o testamento uma espécie de manifesto, o amo assim demonstra ter sido um bom senhor e ter dado a seus escravos a liberdade que tanto desejavam. Por fim, a libertação muitas vezes constitui um arranjo financeiro; o senhor negocia por intermédio de um escravo com o qual partilha os lucros e concorda em vender-lhe a liberdade a determinado preço; ou ainda a liberdade é uma recompensa que permite ao escravo continuar se ocupando dos negócios do amo com a dignidade de liberto. Parece raro que os escravos libertos fossem jogados na vida sem algum recurso; ao libertar velhos servos que o mereçam, o testador deixa-lhes uma terra ou uma pequena pensão (*alimenta*), como fazíamos antigamente; estava já garantido o futuro de um escravo como negociante. Enfim, suponho que muitos libertos não deixavam a casa do senhor: continuavam a viver ali, fazendo o que sempre faziam, porém com mais dignidade. Alguns eram enviados a outros lugares para exercer uma profissão ou um negócio cujos lucros partilhavam com o ex-senhor para pagar-lhe a liberdade. Todos os arranjos eram concebíveis. Resta que, talvez na maioria dos casos, só se libertavam escravos capazes de ganhar dinheiro.

Havia uma exceção: o tesoureiro que manejava os capitais do amo nunca era libertado; mesmo que esse amo fosse o imperador em pessoa e o escravo, grão-tesoureiro do Império; a liberdade, promoção com que os funcionários públicos contavam em certo estágio de sua carreira, não fora feita para ele, pois queria-se poder torturar esse escravo caso desviasse o dinheiro do amo e exercer sobre ele o direito de justiça privada.

Alguns libertos permanecem, pois, na casa do senhor e a seu serviço; outros, ao contrário, estabelecem-se alhures por conta própria e são inteiramente independentes. Entretanto, num caso como no outro, os libertos conservam um elo simbólico com a casa do amo, transformado em seu "patrono"; são obrigados a fazer-lhe a corte (*obsequium*), da qual o patrono tanto gosta. Devem-lhe essa corte, para agradecer-lhe a boa ação de libertá-los da escravidão; se negligenciarem tal dever de reconhecimento (ao qual é difícil obrigá-los materialmente), a voz de um povo inteiro os estigmatizará com o rótulo de "libertos ingratos": um dos grandes temas de indignação dos romanos, um dos grandes problemas da época. Os libertos só deviam deixar a casa do amo para cercá-lo de uma auréola de obsequiosidade que provaria a todos a grandeza de tal casa; era idêntico o papel dos "clientes". É dessa camada exterior à casa do senhor que trataremos agora.

Os romanos estavam divididos entre sua concepção cívica da sociedade e sua concepção de uma sociedade fundamentada numa relação de fidelidade de homem para homem. Por um lado, devendo a liberdade ser insuspeitável, um senhor não deve sobrecarregar de obrigações o escravo que libertou; por outro lado, esse liberto deve alguma coisa ao antigo dono e torna-se para sempre seu fiel. Do contrário, o patrono terá fundamentos para puni-lo como puder, tirá-lo da lista de seus legatários, proibir que seja sepultado na tumba da família. Ou administrar-lhe uma série de bastonadas; em princípio, não se deve levantar a mão para um homem livre; entretanto, "não se poderia suportar que um indivíduo que ainda ontem era apenas um escravo venha se queixar de seu senhor que o expulsou, bateu-lhe um pouco ou aplicou-lhe uma correção". Afinal, o bastão é um símbolo! Em contrapartida, os interesses de família e o dinheiro de uma liberdade, mesmo recente, serão sagrados; um patrono não deve mais exigir trabalho que não tenha combinado antes nem carregar a libertação de cláusulas tão pesadas que o ex-escravo só seria livre no nome; não pode fazer um liberto prometer não se casar ou não ter filhos a fim de conservar seus direitos sobre a sucessão de seus libertos; nem pode, ao menos como regra geral, proibi-lo de desempenhar o mesmo ofício que ele e tornar-se seu concorrente.

CLIENTELA

Materialmente livre dentro dos limites da convenção, o ex--escravo permanece simbolicamente sob a dependência do patrono, e os romanos, que gostavam dos trocadilhos paternalistas, repetiam que um liberto tem deveres de filho para com o ex--senhor, cujo nome de família se tornou o seu; tem para com ele deveres de "devoção". A obrigação imposta aos libertos de ir duas vezes por dia à casa do amo dar-lhe bom-dia e boa-noite caiu em desuso. Em contrapartida, a devoção queria que fizessem visitas de respeito, e a *Cistellaria* mostra como a cena era tensa: o liberto exaspera-se por sentir sobre si o peso de um poder que não tem mais como obrigá-lo e no entanto ainda existe; o patrono, por sua vez, sabe que seu tempo passou, que o liberto o odeia, ao mesmo tempo que o teme, e assim mesmo se faz de importante. Tais relações muito prolongadas eram ainda mais pesadas quando o escravo obtinha a liberdade à custa de trabalhos determinados que executaria para o patrono após a libertação (*operae libertorum*). Ao que parece, um liberto não era obrigado, como os clientes, a fazer ao patrono uma visita protocolar (*salutatio*) todas as manhãs; em contrapartida, muitas vezes era convidado a jantar e encontrava-se à mesa não tão longe dos clientes. Consta que não eram raras as rixas entre essas duas espécies desiguais de fiéis: para um cliente pobre era difícil sofrer a concorrência, junto ao patrono, de um ex-escravo próspero; os poetas Juvenal e Marcial, reduzidos a cortejar os grandes para viver, odiavam tanto os libertos ricos como os clientes de nacionalidade grega, pois uns e outros eram seus concorrentes.

Com a "corte que lhe fazem os clientes e os libertos laboriosos e não ingratos", como diz Frontão, uma casa brilha na cena pública da notoriedade, condição necessária e suficiente para que a considerem digna de pertencer à classe que governa: "Tive muitos clientes", escreve um liberto riquíssimo para ilustrar seu sucesso. O que é um cliente? Um homem livre que vem fazer a corte ao pai de família e orgulhosamente se proclama seu cliente; é rico ou pobre, poderoso ou miserável, às vezes mais poderoso que o patrono ao qual saúda. Podemos enumerar pelo menos quatro espécies de clientes: os que desejam fazer carreira pública e contam com a proteção do patrono; gente de negócios cujos interesses o patrono servirá com sua influência política e com maior boa vontade se estiver associado a eles, como frequentemente ocorre; pobres-diabos, poetas, filósofos que em geral vivem das esmolas do patrono (entre eles, muitos gregos) e que, não sendo gente do povo, achariam desonroso trabalhar ao invés de viver da proteção dos grandes; e, por fim, aqueles que são bastante poderosos para pertencer ao mesmo mundo do patrono e legitimamente aspirar a ser incluídos em seu testamento em agradecimento a suas homenagens (entre eles encontram-se tanto os mais altos personagens do Estado quanto libertos do imperador, administradores todo-poderosos): um velho rico sem descendência tinha muitos clientes desse tipo.

Tal é a multidão que todas as manhãs faz fila diante da porta do patrono, na hora em que cantam os galos e os romanos se levantam. São algumas dezenas, às vezes centenas. Celebridades locais também são assediadas, embora por grupos mais reduzidos; longe de Roma, através das cidades, os mais poderosos notáveis também têm sua clientela. Nada há de surpreendente no fato de um homem rico ou influente viver cercado de protegidos e amigos interessados, mas entre os romanos tal evidência tornou-se uma instituição e um rito. "A arraia-miúda", escreve Vitrúvio, "são aqueles que fazem visitas e não recebem ninguém." Quem é cliente de alguém não deixa de dizê-lo abertamente para se vangloriar e manifestar a influência do patrono; declara-se "cliente de Fulano", "íntimo da casa de Beltrano"; quem não pertence à plebe ignara manda construir à própria custa uma estátua do patrono em praça pública ou na casa dele; a inscrição, na base, enumera as funções públicas do patrono, do qual o autor da homenagem se declara cliente, com todas as letras. Um patrono afável protestou em semelhante caso que a palavra amigo seria mais justa; tanto que "amigo" se tornou sinônimo lisonjeiro de cliente.

A saudação matinal é um rito; faltar-lhe equivaleria a renegar o laço de clientela. Os visitantes fazem fila em veste de cerimônia (*toga*) e cada um recebe simbolicamente uma espécie de gorjeta (*sportula*), que permite aos mais pobres ter o que comer nesse dia; tanto que a gorjeta foi substituída pela pura e simples distribuição de alimentos... Os clientes são admitidos na antecâmara segundo uma ordem implacavelmente hierárquica em que se encontram as posições da organização cívica; é a mesma coisa nos jantares, em que as diferentes categorias cívicas de convivas se veem recebendo pratos diferentes e vinhos de qualidade diversa conforme sua respectiva posição; tudo destaca a hierarquia. Em outras palavras, o pai de família não recebe as saudações individuais de certo número de amigos, mas admite em sua casa um fragmento da sociedade romana, que o visita em bloco, com seus níveis e desigualdades públicas, e sobre o qual ele tem autoridade moral; sempre sabe a seu respeito mais que os clientes. "Um rico patrono", escreve Horácio, "vos governa como faria uma boa mãe e exige de vós mais sabedoria e virtude do que ele próprio tem."

AUTORIDADE MORAL

O poder econômico que a casa exerce sobre seus camponeses, mantidos pelo contrato de meeiros, comporta igualmente uma autoridade moral. Na época das perseguições da Igreja, os proprietários cristãos que, assustados, decidiam sacrificar aos ídolos carregavam consigo na apostasia rendeiros e clientes (*amici*), os quais sacrificavam como eles; outros senhores, com um toque de varinha mágica, convertiam todos os habitantes de seu domínio, resolvendo que, dali em diante, o culto rústico celebrado por seus camponeses seria oferecido ao verdadeiro Deus, mandando demolir o santuário pagão que se erguia em suas terras e construindo no local uma igreja. A auréola de prestígio que envolve a casa constitui também uma área de autoridade. Três séculos antes, Catilina arrastara seus meeiros numa insurreição contra o Senado; e Cícero, ao partir para o exílio, tivera o consolo de ouvir os amigos colocarem a seu serviço "a própria pessoa, os filhos, os amigos, os clientes, os libertos, os escravos e os bens".

A casa exerce um poder material e moral sobre os que a compõem e sobre os que a cercam; ora, na mente de todos, seu poder sobre esse pequeno círculo a qualifica também como membro da classe que governa cada cidade ou até o Império todo. Mesmo em Roma, escreve Tácito, "a parte sã do povo via tudo pelos olhos das grandes casas". Ser rico e ter autoridade sobre um pequeno círculo (era realmente um) qualificava também politicamente. Claro que a consciência coletiva não sofria materialmente o poder que cada casa exercia em seu pequeno círculo! Era uma ideia subentendida que assegurava a transição: governar os homens não é uma função especializada, mas o exercício do direito natural que os animais de grande porte têm de governar os menores. Grandeza social e legitimação política andando juntas, o exercício das funções públicas não era uma função especializada, como no mundo de hoje, no qual, mesmo que as "duzentas famílias" governem, não se sentam em pessoa nos bancos do Parlamento. No mundo romano os nobres e os notáveis compunham fisicamente o Senado e os conselhos de todas as cidades, ainda que nessas assembleias o número de cadeiras fosse limitado e nem todos os notáveis encontrassem lugar.

Poder social e político: há ainda outra coisa, menor e mais

geral; quem possui um nome importante deve estar presente em tudo que interessa às pessoas e desempenhar um papel honorífico. É um dos aspectos, o mais anódino, do fenômeno polimorfo que era a clientela. O Império Romano, esse governo indireto, consistia em uma federação de cidades autônomas; todo membro da nobreza, fosse senador ou cavaleiro, devia receber ou merecer o título de patrono de uma dessas cidades ou, se possível, de várias. Na verdade, não passava de um título honorífico; tinha como causa ou consequência algum benefício ou serviço que o patrono prestara à comunidade: doar uma soma ao Tesouro municipal, construir ou restaurar um edifício, defender a cidade em alguma querela de fronteira. Em troca, o patrono podia afixar em sua antecâmara uma carta oficial honorífica que a cidade lhe dirigia; seus lutos familiares tornavam-se eventos locais; a comunidade protegida, a qual ele não deixava de informar, endereçava-lhe em resposta um decreto de consolação; se ele chegava à cidade, era recebido oficialmente e fazia uma entrada solene, à maneira de um soberano. A clientela urbana constituía assim um dos caminhos abertos a essa ambição pelos símbolos; mesmo as inumeráveis associações (*collegia*) pelo prazer do convívio tinham seus nobres patronos; o objetivo principal desses colégios era banquetear-se; o patrono não recebia outro poder efetivo além daquele de decidir, talvez, sobre o cardápio do festim que oferecia a sua custa. A ambição pelos símbolos foi uma das paixões dominantes do mundo greco-romano.

Com algumas nuanças regionais. A Itália é o reino da clientela. Em terra grega, sofre-se como por toda parte a influência, o poder econômico e as altas relações dos ricos, aliados naturais dos romanos, donos do país. Poderosos personagens de tempos em tempos tiranizam sua cidade. Em contrapartida, as pompas, vaidades e saudações da clientela são desconhecidas. Os libertos não chegam à primeira fila (em Atenas compõem a metade dessa multidão de semicidadãos que não se incluem no demo em seu epitáfio) nem glorificam o ex-senhor. No entanto, o mecenato, essa ruinosa ambição pelos símbolos, reinava ainda na Grécia mais que na Itália, que recebera seu exemplo dos próprios gregos, e que os modernos chamam de "evergetismo".

ONDE A VIDA PÚBLICA ERA PRIVADA

O que um romano possui? O que perde se é exilado? O patrimônio, a mulher e os filhos, os clientes e também as "honras": Cícero e Sêneca o repetem; as "honras" são os cargos públicos, geralmente anuais, dos quais estava revestido e cuja lembrança permanece como uma espécie de título de nobreza. Os nobres romanos tinham um senso agudo da autoridade e da majestade de seu Império, mas o que chamamos de senso de Estado ou serviço público era-lhes desconhecido. Distinguiam mal funções públicas e dignidade privada, finanças públicas e bolsa pessoal. A grandeza de Roma era propriedade coletiva da classe governante e do grupo senatorial dirigente; assim como cada uma entre os milhares de cidades autônomas que formavam o tecido do Império era coisa dos notáveis locais.

COOPTAÇÃO

Tanto nessas cidades como em Roma, o poder cabe legitimamente à elite governante, diferenciada por sua opulência: só ela está qualificada a julgar que família deve ser recebida em seu seio. Os critérios legais, como a eleição ou a posse de determinada fortuna, não passam de um engodo, uma condição necessária mas totalmente insuficiente; para um único senador havia milhares de proprietários que poderiam ambicionar ingressar no Senado se fortuna fosse o verdadeiro critério. A realidade da vida política estava na cooptação: o clube que era o Senado decidia se um homem tinha o particular perfil social que o tornava admissível em seu seio e se traria sua cota ao prestígio coletivo que os membros desse clube dividiam entre si. Só que a cooptação não era efetuada diretamente pelo corpo de senadores; passava por uma das numerosas redes do clientelismo político. As funções públicas eram tratadas como dignidades privadas e o acesso a tais dignidades passava por um elo de fidelidade privada.

Esquecendo que Roma não é um Estado moderno, muitos historiadores consideraram esses princípios antigos como uma perversão dos princípios modernos; proclamaram que em Roma havia corrupção, propina e clientelismo por toda parte ou ainda não diziam nada, julgando que tais "abusos" só tivessem interesse anedótico. Segundo os modernos, um homem público não serve realmente ao Estado se se aproveita de suas funções para encher os bolsos ou coloca sua ambição pessoal na frente do interesse geral. É esquecer que o Estado moderno não constitui a única forma eficaz de dominação: um mercado negro, uma máfia também o são. A Máfia que protege e explora os imigrantes italianos de uma grande cidade americana ou os trabalhadores imigrados de uma cidade francesa preenche uma função "pública"; faz justiça entre esses recém-chegados e os protege contra o resto da população por solidariedade nacional; deve dedicar-se a seus compatriotas, sob pena de perder toda a credibilidade; faz o bem deles e por conseguinte os comanda paternalmente. Preenche seu papel tanto mais conscientemente quanto o dinheiro que extorque dos imigrantes tem o seguinte preço: quem protege controla e quem controla pilha. Como um velho romano, o menor "patrono" da Máfia tem expressões elevadas sobre sua dedicação à causa comum e entende que sua relação com cada um dos protegidos seja pessoal e confiante. Um nobre romano, ou mesmo um simples notável, parecia-se mais com esse "padrinho" do que com um moderno tecnocrata; enriquecer através do serviço público nunca impediu de ter o serviço público por ideal: o contrário seria surpreendente.

O funcionário íntegro constitui uma singularidade do Ocidente moderno; em Roma cada superior pilha seus subordinados, como ocorria também nos impérios chinês ou turco, onde tudo funcionava na base da propina e no entanto deram provas de uma capacidade multissecular de dominação. O Exército romano não era menos capaz, mesmo tendo costumes curiosos: "Os soldados tradicionalmente pagavam aos oficiais pela isenção de serviço, tanto que o quadro de efetivos de cada regimento ou quase vadiava pelo campo ou se refestelava nos quartéis: desde que o oficial tivesse recebido sua parte... Os soldados arrumavam o dinheiro necessário através do roubo, de banditismo ou do trabalho em tarefas de escravo. Se um soldado era um pouco mais rico, seu oficial cobria-o de trabalho e de pancada até que comprasse a dispensa"; parece que estamos lendo não Tácito, mas as *Nouvelles asiatiques* de Gobineau. Toda função pública era uma falcatrua em que os prepostos faziam os subordinados pagarem e todos juntos exploravam os administrados; foi assim na época da grandeza de Roma e foi assim em seu declínio.

A menor função pública (*militia*), de escrivão ou simples bedel, era vendida pelo antigo titular ao candidato à sucessão, pois se tratava de uma espécie de renda que comportava vantagens; o recém-chegado devia além disso dar ao chefe uma gorjeta substancial (*sportula*). No Baixo Império os mais altos dignitários, designados pelo imperador, darão gorjeta... ao Tesouro imperial; desde os inícios do Império, toda dignidade que cabia ao imperador nomear — consulado ou simples grau de capitão — comportava para o eleito o dever moral de deixar um legado ao soberano benfeitor, sob pena de ver seu testamento anulado por ingratidão e sua sucessão confiscada em proveito do Tesouro imperial. E, como toda nomeação se fazia por recomendação de "patronos" bem-vistos na corte, as recomendações (*sufragia*) eram vendidas ou pelo menos pagas; se o patrono não mantinha a palavra, a vítima não hesitava em apresentar queixa aos tribunais. Corretores (*proxenetae*) especializavam-se nas transações de recomendações e de clientelas (*amicitiae*), mas seu trabalho recebia críticas.

O IMPÉRIO DA PROPINA

Tudo valia dinheiro. Os postos militares que garantiam a polícia dos campos e ali preenchiam os cargos administrativos faziam os povoados votar-lhes gratificações (*stephanos*). Todo funcionário dava um jeito para que lhe molhassem a mão a fim de executar a menor tarefa; a necessidade de tosar os animais sem os esfolar muito levou à divisão equânime dos lucros: as propinas acabaram sendo oficialmente tabeladas e o preço de cada etapa foi afixado nos escritórios. Os administrados tinham o cuidado de se apresentar diante de um funcionário ou de um alto dignitário com um presente na mão; afinal, tratava-se de reconhecer com um símbolo substancial a superioridade dos chefes sobre os comandados.

Às propinas acrescentavam-se as extorsões praticadas pelos altos mandarins. Depois da conquista romana da Grã-Bretanha, a administração militar obrigava as tribos submetidas a levarem suas cotas de trigo a celeiros públicos muito distantes, depois cobrava pela permissão de entregá-lo em celeiros mais próximos. Exigir pagamentos ilegais constituía o grande negócio dos governadores de província, que compravam o silêncio dos inspetores imperiais e dividiam os lucros com seus oficiais e chefes de departamento. O poder central fazia vista grossa, bastava-lhe receber sua parte. Pilhar as províncias como governador era, diz Cícero, "o caminho senatorial de enriquecimento"; um caso fenomenal como o de Verrès, que trouxe sua província da Sicília a rédea curta e estabeleceu ali um terror sangrento, é comparável ao gangsterismo de Estado de alguns presidentes da América Central — Duvalier, Batista, Trujillo. Em menor escala, o princípio do governo de província como empresa econômica privada subsistiu durante todo o Império. Ninguém fazia mistério disso. Os poetas eróticos esperavam impacientemente que os maridos deixassem a esposa para ir enriquecer longe durante um ano de província; declaravam que, por sua parte, viviam apenas para o amor e desdenhavam os cuidados com a carreira e a preocupação de fazer fortuna. Um romano enriquecia em parte à custa dos cofres públicos; um governador recebia escusamente colossais quantias para sua missão e jamais prestava contas; sob a República, tais quantias representavam a maior parte do orçamento do Estado. Quanto ao resto, além das extorsões, o governador negociava; o último século antes de nossa era viu os negociantes italianos se apoderarem de todas as posições econômicas no Oriente grego com a ajuda interessada dos governadores ali estabelecidos. Por isso os governadores romanos apoiavam os mercadores romanos: corrupção, e não "imperialismo econômico".

Até o último século era honesto enriquecer como governante. Em *A cartuxa de Parma*, quando o conde Mosca deixa o ministério, pode dar ao grão-duque uma prova incontestável de sua honestidade: tendo chegado aos negócios públicos com 130 mil francos, ao sair possui apenas 500 mil; Cícero, depois de um ano de governo de província, ganhou o equivalente a 1 milhão de francos e pôde vangloriar-se: era bem pouco. Os antigos sistemas administrativos têm em comum com o que chamamos de administração apenas o nome; durante milênios, os soberanos extorquiram impostos ou subjugaram as populações servindo-se de uma máfia chamada administração, exatamente como os reis da França, à guisa de Marinha de guerra, concediam cartas de navegação a piratas que batizavam de corsários e que dividiam com eles os lucros do corso. Ninguém servia o Estado, porém dele se servia — concepção censurável talvez, mas psicologicamente um corsário não é um oficial da Marinha de alma corrompida.

Não se tratava de ser íntegro, mas de ter tato, como um comerciante que não deve deixar a clientela perceber que vende apenas em seu próprio interesse. Ora, enquanto os governantes se servem servindo ao imperador, as populações oprimidas querem poder acreditar que esses senhores paternais as oprimem para seu próprio bem. "Sê obediente e o governador te amará", escreve são Paulo. Assim, é preciso enriquecer sem que atitudes muito explícitas impossibilitem tal crença; o interesse dos funcionários nos benefícios do poder não deve desmentir o desinteresse do próprio poder. De tempos em tempos um processo público dava um exemplo e a cabeça de um governante caía, ou pelo menos sua carreira: esse desastrado manifestara sentimentos cinicamente interessados; encontrou-se uma carta na qual escrevia à sua amante: "Alegria! Alegria! Venho a ti livre de minhas dívidas, depois de colocar à venda a metade de meus administrados" (é uma das três ou quatro cartas de amor que nos chegaram da Antiguidade). Quanto ao imperador e seus altos funcionários, provavam o desinteresse do poder desmentindo os próprios subordinados; o imperador ostensivamente criticava o fisco — que outra coisa não era senão o administrador dos domínios imperiais —; de quando em quando atendia a uma súplica de camponeses que se queixavam das exações de seus agentes e expedia um edito suprimindo a corrupção: "Que as mãos dos funcionários deixem de ser ávidas, que deixem, repito", escrevia. Quanto aos altos funcionários, fixavam as propinas, o que os legalizava.

A "DIGNIDADE"

Funcionários, militares e governantes não se sentiam membros de um grupo cuja reputação deviam defender por espírito de solidariedade, mas parte de uma elite não especializada, pois superior em tudo. O que cria degraus entre os indivíduos que compõem tal elite são os cargos públicos mais ou menos elevados dos quais estão revestidos, seja no aparelho de Estado, seja, como no caso dos notáveis, numa entre os milhares de cidades autônomas que compunham o tecido do Império. Um homem em seu posto dizia-se: "Servindo o imperador ou minha cidade, com esse cargo de um ano definitivamente aumentei minha 'dignidade' e a de minha casa e hei de figurar em vestes oficiais em minha galeria de ancestrais". "Dignidade", essa é a grande palavra! Não se tratava de uma virtude de respeitabilidade, mas de um ideal aristocrático de glória; todo grande se apaixona por essa dignidade que possui, como o Cid se apaixona por seu ponto de honra. A dignidade se adquire, aumenta e pode ser perdida. Exilado, Cícero se desespera: sua dignidade desapareceu, ele não é mais nada; chamado de volta a Roma, recebe novamente a dignidade. Sendo essa dignidade pública uma propriedade privada, admitia-se que quem assumia uma função pública se vangloriasse disso e defendesse seu bem tão legitimamente quanto um rei defende sua coroa: tinha desculpa absolutória; ninguém podia querer mal a César quando ele cruzou o Rubicão, marchou contra a pátria e mergulhou-a na guerra civil: o Senado pretendera cercear-lhe a dignidade, embora César informasse que preferia a dignidade a tudo e à própria vida. Tampouco se podia querer mal ao Cid por matar em duelo o melhor general do rei a fim de salvar a própria honra.

Algumas características externas permitiam reconhecer um membro da classe governante; a distinção das maneiras não era a principal nessa sociedade pouco mundana; menos estetas que os gregos, os romanos desconfiavam da elegância e não lhe conferiam um sentido social. A severidade das maneiras e da linguagem mostrava melhor o homem de autoridade; todo notável deve ser reconhecido também pela boa educação (*pepaideumenos*), que culmina na cultura literária e no conhecimento da mitologia. Preferia-se nomear senador ou mesmo chefe de departamento pessoas conhecidas por sua cultura, sob pretexto de que saberiam escrever os papéis oficiais em bela prosa; as escolas de retórica tornaram-se viveiros de administradores, pois a cultura elevava a seus próprios olhos o conjunto da classe governante. Os primeiros gregos que, naturalizados, chegaram ao Senado eram aristocratas de cultura renomada. O efeito produzido sobre os administrados foi mais duvidoso e as consequências para o andamento dos negócios foram catastróficas; desde o século I os editos imperiais são redigidos num estilo tão anfigúrico e numa língua tão arcaizante que são pouco compreensíveis, até mesmo inaplicáveis, pois redatores tão cultos evitavam os termos técnicos até para redigir um decreto de finanças.

AS DUAS CLIENTELAS

Em suma, a classe governante procura recrutar menos governantes capazes que indivíduos que lhe mostrem num espelho o conjunto das qualidades privadas que ela aprecia em si mesma: opulência, educação, autoridade natural. Prefere julgar tais qualidades com os olhos, pois não saberia defini-las com critérios regulamentares; por isso a cooptação continua sendo o princípio que tacitamente domina o ingresso nessa classe e as promoções em dignidade. Só que não é a classe em bloco que procede à escolha dos eleitos: cada um de seus membros tem sua fileira de protegidos, que recomenda aos confrades, mediante a troca do mesmo bom procedimento; o próprio imperador nomeia para altos cargos de acordo com tais recomendações. O sistema assegura a cada personagem importante o prazer de reinar sobre um rebanho de postulantes. Clientela, portanto; mas tomemos cuidado com esse termo vago e enganoso. Há duas espécies de clientela: ora é o cliente que precisa de um patrono; ora é o patrono que corre atrás do cliente para sua própria glória. No primeiro caso, o patrono realmente exerce poder; no segundo, disputa com seus pares os clientes, que são os verdadeiros senhores. É então o patrono que precisa do cliente.

Nem toda clientela, infelizmente, era da mesma espécie. "Em Ístria", conta Tácito, "a casa dos Crassus sempre tinha clientes, terras e um nome sempre popular." Nos campos reinava por toda parte um patronato comparável ao caciquismo sul-americano; por toda parte os grandes proprietários tiranizavam e protegiam os camponeses dos arredores; aldeias inteiras entregavam-se a um desses protetores, para ao menos estar ao abrigo de outras. Às vezes o patronato constituía mais uma aposta sobre o futuro que um efeito do estado de coisas; durante uma guerra civil, conta o mesmo Tácito, a cidade de Fréjus uniu-se ao bom partido para seguir um de seus filhos, que se tornou personagem importante; assim agiu "por zelo de compatriotas e na esperança de que um dia ele fosse poderoso".

A bem da verdade, "clientela" e "patronato" são palavras que os romanos usam a torto e a direito; com elas pensam as mais diferentes relações. Uma nação protegida será "cliente" de um Estado poderoso, um acusado será defendido na justiça pelo patrono, a menos que inversamente não reconheça como patrono o homem que se dispõe a defendê-lo. Não há nada mais falacioso que os estudos de vocabulário. Ora se protege porque se domina de outro modo; ora se é escolhido como patrono a fim de proteger. O segundo caso é o do patronato das carreiras: o jovem ambicioso que procura uma promoção não pertence à classe dos pobres coitados que sofrem a influência de algum vizinho poderoso, amam-no, servem-no e recorrem a seu apoio. Esse jovem se pergunta que patrono deve escolher: um compatriota?, um velho amigo bem posicionado?, o homem que protegeu os primeiros passos de seu pai na carreira? O protetor assim eleito o recomendará pela única razão de que o jovem, ainda na véspera talvez um desconhecido, se confiou a ele, sabendo que, se não aceitar essa fidelidade que lhe é oferecida, outro a receberá. Os romanos costumavam transformar uma relação geral em relações individuais ritualizadas; a geração ascendente dividia-se em mil clientelas e todas as manhãs ia saudar os patronos.

Em troca de sua proteção o patrono ganhava o prazer de não ter menos protegidos que seus pares. A circulação das elites políticas se processava através de canais de conhecimento pessoal que criavam deveres de homenagens verbais e pecados de ingratidão. Os patronos tinham a ilusão de construir por pura amizade a carreira de jovens respeitosos; tinham prazer em aconselhá-los (Cícero assume com o jovem Trebácio um tom condescendente que não se permite com seus outros correspondentes); escreviam numerosas cartas de recomendação a seus pares. Transformadas quase em gênero literário, tais cartas em geral são vazias: basta informar o nome do protegido; cada patrono confia em seus pares e troca com eles sua parte de influência, sem dúvida à custa de uma censura preliminar que cada um exercia sobre si mesmo: sob pena de perder todo crédito, devia-se recomendar apenas os postulantes que a opinião da classe governante podia aceitar. Ora, o crédito faz tudo: quem tem muitos protegidos e postos para distribuir recebe todas as manhãs a saudação de uma pequena multidão. Em contrapartida, quem renuncia a qualquer papel público será abandonado por todos, "não terá mais séquito, nem escolta ao redor de sua liteira, nem visitantes em sua antecâmara". Uma clara divisão entre a vida pública e a vida privada não decorria nem da lei nem do costume; só a prudência podia decidir. "Deixa, pois, teus clientes e vem jantar tranquilamente em minha casa", diz a um amigo o sábio Horácio.

NOBREZA DE FUNÇÃO

Pela mesma indistinção do público e do privado, quando se queria designar alguém caracterizava-se sua pessoa pelo lugar que ocupava no espaço cívico, pelos títulos e dignidades políticas ou municipais, caso as tivesse; isso fazia parte de sua identidade, como entre nós a patente junto ao nome de um oficial ou os títulos de nobreza. Ao introduzir um personagem, um historiador ou romancista especificava se era escravo, plebeu, liberto, cavaleiro, senador. Neste último caso podia ser pretoriano ou consular, segundo a dignidade mais elevada à qual fora designado na escala das honras fosse o consulado ou apenas o pretório. Tratando-se de um militar de vocação, que preferia o comando de um regimento numa província ou nas fronteiras e adiava a preocupação de investir-se em Roma de uma dessas dignidades anuais, recebia o título de "o jovem Fulano" (*adulescens*), mesmo que fosse quadragenário embaixo da couraça: ainda não havia ingressado na verdadeira carreira. Isso com relação à nobreza senatorial; quanto aos notáveis de cada cidade, Censorino assim caracteriza para uso dos leitores o protetor (*amicus*) ao qual tudo deve e dedica seu livro: "Cumpriste até o fim a carreira municipal, recebeste a honra de ser sacerdote dos imperadores entre os homens principais de tua cidade e te elevas além do nível provincial por tua dignidade de cavaleiro romano". Pois a vida municipal também tinha sua hierarquia. Quem não era plebeu e pertencia ao Conselho local (*curia*), como verdadeiro notável, era um curial; até mesmo um "homem principal", se tivesse desempenhado na ordem todas as funções anuais até as mais elevadas, que eram também as mais custosas.

Pois "levar vida política" — ou "exercer funções públicas" — não constituía uma atividade especializada: era a realização de um homem plenamente digno desse nome, de um membro da classe governante — que se considerava apenas humana —, de uma pessoa privada ideal; não ter acesso aos cargos públicos, à vida política da cidade, equivalia a ser mutilado, homem de baixa condição. Para que o leitor sorria com um paradoxo divertido, os poetas eróticos gabavam-se de desprezar a carreira política e só querer militar na carreira do amor (*militia amoris*); para a maioria dos filósofos, conselheiros com segundas intenções, a vida política (*bios politikos*) só podia ser sacrificada, sendo preciso sacrificá-la, à vida filosófica, na qual cada um se consagra por inteiro ao estudo da sabedoria. Na prática, os cargos públicos municipais e, com maior razão, os senatoriais eram acessíveis apenas às famílias ricas; porém esse privilégio também constituía um ideal e quase um dever. O conformismo estoico identificará a vida política à vida harmonizada com a Razão. Não adiantava nada um romano ser rico se não estava entre os "primeiros de nossa cidade", se não se projetara na cena pública — supondo que as outras famílias ricas lhe deixassem a possibilidade de permanecer à margem e que a população da cidade não tivesse ido tirá-lo da solidão de suas terras para, com suave violência, impeli-lo para as funções municipais a fim de que lhe desse os caros prazeres públicos ligados ao exercício de cada uma dessas dignidades, que duravam um ano e conferiam uma posição vitalícia.

Pois cada uma dessas dignidades custava muito caro ao indivíduo assim honrado pela vida: a indistinção dos fundos públicos e dos patrimônios privados não funcionava em mão única. É a curiosa instituição que se chama "evergetismo". Quem recebia a nomeação de pretor ou cônsul devia desembolsar alguns milhões para dar ao povo de Roma espetáculos públicos, representações teatrais, corridas de carros no circo, até dispendiosos combates de gladiadores na arena do Coliseu; depois o novo pretor ou cônsul ia ressarcir-se dos gastos no governo de uma província. Tal era o destino de uma família de nobreza senatorial, ou seja, uma família em 10 mil ou 20 mil. Mas é entre os notáveis municipais — ou uma família em vinte, talvez — que o evergetismo assume sua verdadeira dimensão, sem encontrar compensações para os sacrifícios financeiros que lhes impunha.

EVERGETISMO

Na menor cidade do Império, quer a população fale latim ou grego, quer fale mesmo celta ou siríaco, talvez a maioria dos edifícios públicos que os arqueólogos vasculham e os turistas visitam foi construída pelos notáveis locais com dinheiro do próprio bolso. Além disso, tais notáveis financiavam os espetáculos públicos que anualmente alegravam a cidade, desde que tivessem o suficiente, pois quem alcançava uma dignidade municipal devia pagar. Tal dignitário doava uma soma ao Tesouro da cidade, financiava os espetáculos do ano em que estava no cargo ou ainda empreendia a construção de um edifício. Caso estivesse em dificuldades financeiras, formulava por escrito a promessa pública de fazer isso um dia, pessoalmente ou por intermédio de seus herdeiros. E havia mais: independentemente de qualquer função pública, os notáveis ofereciam a seus concidadãos, de livre e espontânea vontade, edifícios, combates de gladiadores, banquetes ou festas; essa espécie de mecenato era ainda mais frequente que nos Estados Unidos de hoje, com a diferença de que seus objetos se referiam quase exclusivamente à ornamentação da cidade e a seus prazeres públicos. A grande maioria dos anfiteatros, essas enormes riquezas petrificadas, foi oferecida livremente por mecenas, que, assim, imprimiam à cidade sua marca definitiva.

Tais liberalidades deviam-se à generosidade privada? A uma obrigação pública? A ambas. A dose variava de indivíduo para indivíduo e só havia casos particulares. Pois as cidades pouco a pouco transformaram em dever a tendência dos ricos à generosidade ostentatória; obrigavam-nos a fazer sempre o que a preocupação com a posição os levava a fazer algumas vezes. Mostrando-se liberais, os notáveis confirmavam que pertenciam à classe governante, e os poetas satíricos caçoavam da pretensão dos novos-ricos, que se apressavam a oferecer espetáculos a seus concidadãos. As cidades adquiriram o hábito de um luxo público que passaram a exigir como um direito. A nomeação dos dignitários anuais fornecia a oportunidade; todo ano, em cada cidade desenrolavam-se pequenas comédias: era preciso encontrar novas fontes de financiamento. Cada membro do Conselho declarava-se mais pobre que seus pares e dizia que em compensação Fulano de Tal era um homem feliz, próspero e tão magnânimo que seguramente aceitaria naquele ano uma dignidade que acarretava o dever de garantir à própria custa a água quente dos banhos públicos. O interessado protestava que já passara por isso. O mais teimoso ganhava. Se não se via saída, o governador da província interferia; ou a plebe da cidade, zelosa de sua água quente, intervinha pacificamente: aclamava a vítima designada, levava às nuvens sua generosidade espontânea e elegia-a dignitário erguendo as mãos ou por aclamações unânimes. A menos que, espontaneamente, pois também havia espontaneidade, um mecenas imprevisto se levantasse para declarar que desejava beneficiar a cidade; ela lhe agradecia fazendo o Conselho nomeá-lo alto dignitário local e conceder-lhe um título de honra excepcional, como "patrono da cidade", "pai da cidade" ou "benfeitor magnânimo e espontâneo", que ele inscreveria em sua lápide; ou então votando-lhe uma estátua, pela execução da qual ele espontaneamente pagava.

Por isso foi que os dignitários locais pouco a pouco deixaram de ser eleitos pelos cidadãos para ser designados pela oligarquia do Conselho, que os escolhia em seu próprio meio: o problema era mais a falta que o excesso de candidatos; consistindo a função mais em pagar do que em governar, deixava-se ao Conselho a decisão de imolar um de seus membros, e o melhor candidato era aquele que aceitasse pagar. A classe dos notáveis tinha, assim, a equívoca satisfação de dizer que a cidade lhe pertencia, pois era ela quem pagava; em troca podia repartir os impostos do Império em seu proveito, fazendo-os recair o máximo possível sobre o campesinato pobre. Cada cidade se dividia em dois campos: os notáveis que davam e a plebe que recebia; além das obrigações inerentes às dignidades anuais, só se podia ser uma estrela local promovendo, uma vez na vida, a construção de um edifício ou a realização de um banquete público. Assim se formou uma oligarquia dirigente. Será preciso dizer hereditária? É menos simples: as dignidades do pai criavam um dever moral para o filho, vítima designada das próximas prodigalidades, pois era o herdeiro. Entre os ricos do lugar, pensava-se primeiro em depenar aqueles cujo pai já alcançara as dignidades (*patrobouloi*), esperando que o filho quisesse imitar a generosidade paterna; na falta de candidatos bastante ricos entre os filhos de dignitários, o Conselho se conformava em aceitar em seu seio o representante de uma família de comerciantes para impeli-lo às custosas dignidades.

Os notáveis tinham interesse em se sujeitar a tal sistema apenas porque o costume o impunha; pois se rebelavam tão frequentemente quanto se prestavam a ele de bom grado. O poder central também hesitava. Ora, para mostrar-se popular, impunha aos notáveis uma obrigação formal de dar ao povo prazeres que "o distraíssem da tristeza"; ora fazia a política dos notáveis e tentava refrear as exigências da plebe; ora, por fim, fazia sua própria política e tentava proteger os ricos contra sua tendência às suntuosidades ostentatórias: não seria melhor oferecer à cidade um cais de porto em lugar de uma festa? Pois o povo recebia prazeres que o divertiam ou edifícios que lisonjeavam a vaidade do mecenas; somente nos anos de penúria a plebe pensava em pedir a seus dirigentes que lhe vendessem a preços módicos o trigo armazenado em seus celeiros. Ofereciam-se prazeres aos concidadãos por civismo e edifícios à cidade por ostentação; essas são as duas raízes do evergetismo, que confundem, elas também, o homem público e o homem privado.

CIVISMO NOBILIÁRIO

Quem diz ostentação diz espontaneidade; quem diz civismo diz dever. Um dever paradoxal, esse de dar à cidade mais do que lhe é devido. Os cidadãos de um Estado moderno, que são administrados, limitam-se a pagar seus impostos e nem um centavo a mais; porém as cidades gregas (e, a seu exemplo, as romanas) tinham um princípio, ou pelo menos um ideal, mais exigente: quando podiam, tratavam os cidadãos como um partido moderno trata os militantes; estes últimos não devem medir seu zelo de acordo com uma cota, e sim fazer pela causa tudo que estiver a seu alcance. As cidades esperavam a mesma dedicação de seus cidadãos ricos. Demoraríamos muito para explicar que tal dedicação se aplicava principalmente a despesas com amenidades (a despesa que um dignitário menos podia recusar era aquela que a devoção também lhe exigia: quando, em nome de seu cargo, celebrava uma festa ou um espetáculo em honra aos deuses da cidade, não deixava de acrescentar alguma coisa de sua bolsa aos créditos públicos).

Ao que se soma a ostentação nobiliária. Os ricos sempre se sentiram figuras públicas; convidavam os concidadãos às bodas de sua filha; na morte de seu pai, toda a cidade era chamada ao banquete funerário e aos combates fúnebres de gladiadores. Logo se fez disso uma obrigação. Em todo o Império, um notável que se casava de novo ou cujo filho adolescente tomava as vestes de homem devia alegrar a cidade ou doar-lhe uma soma em dinheiro; caso se recusasse, precisaria se refugiar numa de suas terras para celebrar as próprias bodas. Mas isso significava privar-se da existência pública e cair no esquecimento; ora, o orgulho nobiliário quer perdurar. Assim, em vez de um prazer fugaz, ele oferece à cidade um edifício sólido, no qual é gravado seu nome. Pode também criar uma fundação perpétua, segundo outra moda da época: em seu aniversário a cidade se banqueteará em sua memória com os rendimentos de um capital que ele deixou com tal intenção ou celebrará uma festa que levará seu nome.

Tudo isso são meios de confirmar, vivo ou morto e honrado, uma condição de estrela social. Ora, uma estrela não é mais uma pessoa privada, o público a devora. Ademais, a relação de um benfeitor de cidade com seu público era física, face a face, como fora a dos políticos da República romana que tomavam decisões diante dos olhos do povo, em pé na frente do palanque, visíveis como os generais de outrora no campo de batalha. Encerrados em seus palácios, os imperadores desejarão dar a impressão de que continuam esse republicanismo tomando a precedência pessoalmente no circo ou no anfiteatro de Roma, onde a plebe vigiava sua atitude e os queria atentos e complacentes aos desejos do público, o único juiz verdadeiro.

Os notáveis municipais têm a mesma sorte. Numa cidadezinha da Tunísia encontrou-se um mosaico no qual um grande homem chamado Magério celebra a própria generosidade; o mosaico decorava sua antecâmara. Vê-se o combate de quatro bestiários contra quatro leopardos; o nome de cada combatente está inscrito ao lado de sua imagem, bem como o de cada animal: o mosaico não está ali como ornamento, mas como a descrição rigorosa de um espetáculo que Magério ofereceu com seus denários. Ao longo do mosaico leem-se as aclamações e reclamações do público, que sanciona o zelo benfeitor escandindo slogans em sua homenagem: "Magério! Magério! Que teu exemplo se torne instrutivo para o futuro! Que os benfeitores precedentes entendam a lição! Onde e como se fez tanto bem? Tu dás um espetáculo digno de Roma, a capital! Tu o dás a tua custa! Este dia é teu grande dia! Magério é o doador! Essa é a verdadeira riqueza! Sim, essa mesma! Já que terminou, despede os bestiários com uma paga suplementar!". Magério concordou com esta última vontade, e veem-se no mosaico os quatro sacos de moedas de prata (com a cifra inscrita sobre cada um) que entregou aos bestiários na arena.

Aos aplausos do povo sucediam-se normalmente títulos honoríficos, distinções de honra concedidas pelo Conselho para a vida toda; a cidade agradece, mas é ela quem julga; o notável só se distingue entre seus pares prestando-lhe homenagem. Compreendemos que os títulos honoríficos de um benfeitor, assim como as dignidades públicas que ele carrega, tiveram uma importância tão considerável como os títulos de nobreza no *Ancien Régime* e suscitaram paixões igualmente intensas. O Império Romano apresenta o seguinte paradoxo: um civismo nobiliário. Tal civismo ostentatório deve confirmar sua presunção hereditária com uma proeza de liberalidade que o distinga, mas no interior do quadro cívico: superior à plebe de seu vilarejo, o notável é grande em sua cidade porque mereceu aos olhos desta e no benefício desta; ela é beneficiária e juiz da dedicação de seu filho. A plebe percebia tão bem esse equívoco que saía do espetáculo sem saber se o benfeitor a havia honrado ou humilhado; uma frase que Petrônio empresta a um espectador expressa tal ressentimento: "Ele me ofereceu um espetáculo, mas eu o aplaudi: estamos quites, uma mão lava a outra".

Ao mesmo tempo dedicação patriótica e busca de glória pessoal (*ambitus*). Já na República romana os membros da classe senatorial procuravam tornar-se populares oferecendo espetáculos e banquetes públicos, e era mais para agradar à plebe do que para corromper os eleitores; continuaram assim depois da supressão da eleição às dignidades. Como diz Georges Ville, "por trás da ambição materialmente interessada pode esconder-se uma ambição por assim dizer desinteressada, que procura o favor da multidão por si mesmo e com ele se contenta".

O EVERGETISMO NÃO SE PARECE COM NADA

Deixemos de falar de "burguesia" romana: como a clientela, o evergetismo não se explica pelo interesse de classe, mas por um espírito nobiliário que inutilmente ergue edifícios públicos e estátuas honoríficas que cantam a glória de uma dinastia e resultam de um imaginário nobre; é uma arte do brasão. Falar de maquiavelismo, redistribuição, despolitização, cálculo interessado na colocação de simbólicas barreiras de classe equivale a achatar e racionalizar um fenômeno cujos custo e desenvolvimento simbólico ultrapassam em muito o que era socialmente necessário. O que nos engana é que essa nobreza, com sua simbologia aparentemente cívica, seus edifícios "públicos" e seus títulos de magistratura não se parece com a nobreza de sangue e títulos do *Ancien Régime*: é uma formação histórica original que canta a própria glória no velho vocabulário da cidade antiga, em vez de louvar a grandeza de sua raça.

Os curiais não eram a mesma coisa que a classe proprietária apenas porque o número de cadeiras no Conselho municipal em geral se limitava a cem. Assim como no *Ancien Régime* não bastava enriquecer para obter um título de nobreza, e o título de acadêmico na França limita-se a quarenta pessoas, célebres ou menos célebres. O Conselho municipal era um clube nobre onde nem todos os homens de posses entravam: as leis imperiais insistiam em que em caso de necessidade financeira fossem admitidos de favor vulgares comerciantes ricos. O clube dos ricos nobres preferia pressionar um de seus membros para que se arruinasse pela cidade. E às vezes os nobres se conformavam em fugir às suaves violências de seus pares: refugiavam-se em suas terras, na casa de seus lavradores (*coloni praediorum*), diz o último livro da *Digesta*; pois o poder público afundava ao tentar sair das cidades e penetrar no campo, onde cristãos como são Cipriano se abrigariam das perseguições.

Classe nobiliária também, pela antiguidade dessas famílias. Dinastias de novos-ricos são admitidas, é um fato comprovado, porém um fato não menos comprovado é a existência secular dessas famílias, seus intercasamentos, sua endogamia. Os intercasamentos entre as grandes famílias de uma cidade foram trazidos à luz por Philippe Moreau a partir do *Pro Cluentio* de Cícero; na Grécia, a abundante epigrafia imperial permite seguir muita família nobre ao longo de dois ou três séculos, particularmente em Esparta, na Beócia, em outros lugares ainda: foi possível estabelecer árvores genealógicas que ocupam páginas in-fólio em nossas coletâneas de inscrições gregas do período imperial. O Império é uma época de estabilidade nobiliária.

O evergetismo foi um ponto de honra nobiliário em que o orgulho de casta acionou todas as motivações cívicas e liberais sobre as quais os historiadores se estenderam habilmente, mas também com demasiada exclusividade: civismo, prazer de dar, desejo de se destacar... Essas árvores sentimentais e cívicas esconderam-lhes a floresta do orgulho nobre e a existência de uma nobreza patrimonial, hereditária de fato. Cada nobre quer ser superior aos outros e gosta de poder dizer que foi "o primeiro" ou "o único" a gastar com tal liberalidade inédita: os dignitários precedentes gratuitamente distribuíram óleo para o banho do povo, mas eis que um novo paladino distribui óleo perfumado...

"Quero ganhar dinheiro", declara um herói de Petrônio, "e ter uma morte tão bela que meus funerais se tornarão proverbiais"; sem dúvida prescreverá aos herdeiros que ofereçam um banquete à cidade por ocasião de seu enterro. Pão e circo, ou melhor, edifícios e espetáculos: a autoridade ainda era mais a projeção de um indivíduo do que uma capacidade pública ou privada de obrigar; era monumentalização e teatralização. O evergetismo não era tão virtuoso como creem seus últimos comentaristas nem tão maquiavélico como dizem os comentaristas precedentes, imbuídos de vago marxismo. A nobreza residia, ao pé da letra, num "jogo de competição", tão irracional, política e economicamente, quanto o esbanjamento por mera ostentação. Isso ia muito mais longe que a necessidade de "preservar a posição" ou marcar as barreiras de classe, e não há como conciliar o fenômeno fundamental da competição de esbanjamento com explicações sociais ao gosto dos modernos; tampouco se pode atribuí-lo às explicações dos antigos — patriotismo, festa e banquete, generosidade etc. É um fenômeno tão curioso como esse *potlatch* que intriga os etnógrafos que o encontram entre tantos povos "primitivos"; uma paixão tão devoradora como aquelas que, entre os povos "civilizados", só se desencadeiam pelo poder "político" e pela riqueza "econômica". Pelo menos para quem nisso acredita.

“TRABALHO” E ÓCIO

LOUVÁVEL OCIOSIDADE

A economia romana comportava um importante setor servil; havia também a prisão por dívidas, em que um credor sequestrava o devedor com a mulher e os filhos para fazê-los trabalhar; e um setor do Estado em que os condenados, os escravos do fisco (ou seja, de inumeráveis domínios imperiais) penavam sob as chibatadas dos guardas; muitos cristãos conheceram tal destino. Mas o setor principal continuava juridicamente livre. Pequenos camponeses independentes penavam para pagar os impostos; como escreveu Peter Brown, “o Império Romano deixava o terreno livre para as oligarquias locais de notáveis e confiava-lhes o cuidado de garantir as tarefas administrativas; exigia-lhes pouca coisa pela via fiscal e evitava mostrar-se muito curioso quanto à maneira como os impostos eram extorquidos do campesinato; é a espécie de governo displicente que constituiu o princípio de muita dominação colonial num período recente”. Outros camponeses eram meeiros desses notáveis. Trabalhadores agrícolas, assalariados, artesãos cujos serviços eram comprados para determinada tarefa tinham com os empregadores um pacto de compromisso que raramente assumia a forma de contrato escrito (à exceção de casos em que havia um contrato de aprendizagem). Assim como o Código Napoleônico acata a palavra do senhor nas contestações relativas aos salários dos criados, assim também um empregador romano faz justiça se os assalariados o roubam, como se fossem escravos. As cidades são essencialmente os lugares onde os notáveis, como a “nobreza citadina” da Renascença italiana, distribuem os lucros da terra: oposição completa com a Idade Média francesa e sua nobreza de castelões. Ao redor desses notáveis urbanos vivem artesãos e comerciantes que são os fornecedores de tais ricos; era isso uma "cidade" romana (que com uma cidade moderna só tem em comum o nome). Como se reconhecia uma cidade? Pela presença de uma classe ociosa, a dos notáveis. A ociosidade é a peça principal de sua "vida privada"; a Antiguidade foi a época da ociosidade tida como mérito.

Por volta de 1820, dizia um astrólogo ao jovem herói de *A cartuxa de Parma*: "Dentro de talvez um século não se há mais de querer ociosos". Tinha razão. Em nosso século XX ninguém confessa de bom grado que vive de rendas. Desde Marx e Proudhon a noção de trabalho tornou-se um valor social universal, um conceito filosófico. Tanto que o antigo desprezo pelo trabalho, as declarações de desdém não disfarçado pelos que trabalham com as próprias mãos, a exaltação do ócio como condição necessária para uma vida de homem "liberal" digno do nome de homem, tudo isso nos choca. O trabalhador era não apenas socialmente inferior mas também visto como um tanto ignóbil. A partir disso muitas vezes concluímos que uma sociedade que desconhecia a tal ponto os verdadeiros valores devia ser uma sociedade mutilada, obrigada a pagar o preço de sua mutilação: não seria o desprezo pelo trabalho que explicaria o atraso econômico dos antigos, sua ignorância das máquinas? A menos que uma praga se explique por outra praga e o desprezo pelo trabalho tenha sua explicação nesse outro escândalo que foi a escravidão...

E, no entanto, se formos sinceros encontraremos em nós uma das chaves desse enigma. Sim, o trabalho nos parece respeitável e não ousaríamos nos gabar de ser ociosos; isso não impede que sejamos muito sensíveis às distinções de classe e, sem confessar, vejamos os operários e artesãos como gentinha; não gostaríamos que nós e nossos filhos caíssemos a esse nível e nos envergonhamos um pouco de tal sentimento.

Essa é a primeira das seis chaves das atitudes antigas diante do trabalho: o desdém pelo valor trabalho era desdém social pelos trabalhadores. Esse desdém perdurou até a época de *A cartuxa de Parma*, mais ou menos; depois, para manter a hierarquia das classes sociais reduzindo os conflitos de classes, foi preciso enaltecer no trabalho um valor verdadeiro e o valor de todos; foi a paz social dos corações hipócritas. O mistério do desprezo antigo pelo trabalho consiste simplesmente no fato de que os acasos da guerra social não conduziram a esse provisório armistício da hipocrisia. Uma classe social orgulhosa de sua superioridade canta a própria glória (é isso a ideologia).

RIQUEZA É VIRTUDE

1º) Primeira chave, pois: a diferença dos grupos sociais é valorizada de acordo com seus recursos. Em Atenas, na época clássica, quando os poetas cômicos qualificavam um homem por seu ofício (Eucrates, o comerciante de estopa; Lisicles, o comerciante de carneiros), não era precisamente para honrá-los; só é homem por inteiro quem vive no ócio. Segundo Platão, uma cidade bem-feita seria aquela na qual os cidadãos fossem alimentados pelo trabalho rural de seus escravos e deixassem os ofícios para a gentalha: a vida "virtuosa", de um homem de qualidade, deve ser "ociosa" (logo veremos que é a vida de um proprietário de bens de raiz, que não "trabalha" no sentido de se ocupar em dirigir suas terras). Para Aristóteles, escravos, camponeses e negociantes não poderiam ter uma vida "feliz", quer dizer, ao mesmo tempo próspera e cheia de nobreza: podem-no somente aqueles que têm os meios de organizar a própria existência e fixar para si mesmos um objetivo ideal. Apenas esses homens ociosos correspondem moralmente ao ideal humano e merecem ser cidadãos por inteiro: "A perfeição do cidadão não qualifica o homem livre, mas só aquele que é isento das tarefas necessárias das quais se incumbem servos, artesãos e operários não especializados; estes últimos não serão cidadãos, se a Constituição conceder os cargos públicos à virtude e ao mérito, pois não se pode praticar a virtude levando-se uma vida de operário ou de trabalhador braçal". Aristóteles não quer dizer que um pobre não tenha meios ou oportunidades de praticar certas virtudes, mas, sim, que a pobreza é um defeito, uma espécie de vício. Para Metternich, o homem começava no barão; para os gregos e romanos, começava no proprietário de terras, que vivia de rendas. Os notáveis do mundo greco-romano não se consideravam superiores à média da humanidade, como os nobres do *Ancien Régime*: consideravam-se a humanidade plena e inteira, a humanidade normal; portanto, os pobres eram moralmente inferiores: não viviam como se devia viver.

Riqueza constituía virtude. Num processo em que era acusado e a multidão ateniense atuava como juiz, Demóstenes jogou na cara do adversário as seguintes críticas: "Sou melhor que Esquines e mais bem-nascido; não gostaria de dar a impressão de insultar a pobreza, mas devo dizer que meu quinhão foi, quando criança, frequentar boas escolas e ter bastante fortuna para que a necessidade não me obrigasse a trabalhos vergonhosos. Tu, Esquines, foi teu destino, quando criança, varrer como um escravo a sala de aula onde teu pai lecionava". Demóstenes ganhou triunfalmente o processo.

Os pensadores gregos confirmaram os romanos nessa convicção natural. "As artes do vulgo, as artes sórdidas", escreveu Sêneca, "são, segundo o filósofo Posidônio, as dos trabalhadores braçais, que empregam todo o seu tempo em ganhar a vida; tais ofícios nada têm de belo e em nada se parecem com o Bem." Cícero não teve de aprender com o filósofo Panaitios, cujo conformismo apreciava, que "todo salário é sórdido e indigno de um homem livre, pois constitui o preço do trabalho, e não de uma arte; todo artesanato é sórdido e o comércio de revenda [por oposição ao alto negócio] também o é". A igualdade democrática, o ideal socialista e a caridade cristã não existiam para ordenar a esse desprezo espontâneo que tivesse algum pudor.

A Antiguidade celebrava a condição de quem vivia de rendas com o mesmo despudor com que o *Ancien Régime* considerava indigente quem não era nobre. Uma classe de ricos notáveis mais ou menos cultos e que deseja reservar para si as alavancas políticas exaltava sua afortunada ociosidade como possibilidade de uma cultura liberal e de uma carreira política. Os trabalhadores, dizia Aristóteles, não saberiam governar a cidade, e acrescentava que não podem, não devem e, de resto, não pensam nisso. Na verdade muitos ricos, no dizer de Platão, não se imiscuíam nos negócios públicos e tratavam principalmente de se divertir e aumentar seu patrimônio. Os ricos, escreverá o místico Plotino, geralmente são decepcionantes; pelo menos têm o mérito de não precisar trabalhar e, assim, "formam uma espécie que guarda alguma reminiscência da virtude"; quanto à "massa dos trabalhadores braçais, é uma desprezível multidão, destinada a produzir objetos necessários à vida dos homens virtuosos".

Sem dúvida os ricos não precisam trabalhar; só que, escreve Platão, cometem o erro de trabalhar assim mesmo: por cobiça. Seu amor às riquezas "não lhes deixa um momento de descanso para se ocuparem de outra coisa além de suas propriedades privadas; a alma de cada cidadão hoje se acha presa a seu enriquecimento e nunca pensa em outra coisa senão fazer que cada dia traga seu lucro; cada um está disposto a aprender qualquer técnica, a praticar qualquer atividade que lhe dê lucro, e não lhe importa o resto".

LUTA DE CLASSES

Nossos historiadores muitas vezes estudaram as ideias antigas sobre o trabalho agindo como se elas fossem doutrina, obras de pensadores e juristas. Na verdade tratava-se de confusas representações coletivas que eram também representações de classe. Não estabeleciam princípios, não decretavam, por exemplo, que só haveria trabalho se se trabalhasse para outrem ou mediante salário; mas tais representações visavam globalmente a grupos sociais inferiores, reduzidos a viver de salário ou a se colocar a serviço de alguém. Não pretendiam organizar a conduta de todos segundo as regras, e sim exaltar ou depreciar uma classe social onde tudo é mais ou menos verdadeiro ao mesmo tempo: para uns, servidão doméstica; para os irmãos de classe, trabalho assalariado. Todos são acusados de trabalhar, de modo que a classe inteira seja mergulhada no desprezo, mas não os desprezam porque trabalham. E exaltarão a classe dos notáveis, que é rica, culta e dirigente, dizendo indiferentemente que ela tem o mérito de não precisar trabalhar ou de comandar a cidade. As "ideias antigas sobre o trabalho" eram menos ideias que valorizações, positivas para os poderosos, negativas para os humildes; o importante era valorizar: o detalhe dos argumentos continuava indiferente.

2º) Ao fazer avaliações de classe, lançava-se mão de todos os argumentos. Xenofonte explica que os ofícios manuais tornam efeminados os que os exercem, "pois obrigam-nos a ficar sentados à sombra e por vezes até a passar o dia inteiro junto ao fogo"; além disso, os artesãos "não têm tempo de se ocupar dos amigos e cuidar da salvação da cidade"; o cultivo dos campos, ao contrário, ensina a suportar o calor e o frio, a levantar cedo e a defender a terra que alimenta.

Se quisermos admitir que o interesse de classe desempenha um papel na história, resolveremos sem dificuldade um enigma histórico: o da desvalorização mais ou menos geral do comércio através da história, até a Revolução Industrial do século XIX; a chave disso está no fato de que as fortunas comerciais eram fortunas de novos-ricos, enquanto a riqueza antiga provinha da terra. A riqueza ancestral defende-se contra o negócio atribuindo ao comerciante todos os vícios: é um homem sem raízes, age apenas por cobiça, traz em si o germe de todos os males, engendra o luxo e a indolência e distorce a natureza, pois se desloca para terras distantes das quais nos separa a barreira natural dos mares e de onde traz produtos que a natureza não quis que crescessem entre nós. Tais ideias se sucedem desde a Grécia e a Índia arcaicas até Benjamin Constant e Maurras. Em Roma os cidadãos classificavam-se em "ordens" cívicas (simples cidadãos, decuriões, cavaleiros, senadores), e a classificação baseava-se na riqueza; mas, para avaliar esta, os recenseamentos só levavam em conta os bens de raiz; um rico negociante não se elevará à sociedade cívica a menos que compre terras. Segundo Cícero, se um comerciante, cansado de enriquecer, aspira a entrar no porto e aplica sua fortuna em propriedades rurais, então não terá mais nada de desprezível e deverá ser louvado.

A desvalorização da riqueza não proveniente de terras constitui uma rejeição ao arrivista. Pois, enquanto a principal riqueza era o solo cultivado e a agricultura constituía igualmente a fonte mais importante de renda, ser rico significava possuir a terra: era a aplicação financeira universal. O comércio não passava de um caminho pelo qual um homem se tornava rico; a propriedade de terras distinguia assim o herdeiro e o arrivista. O comércio era um meio de adquirir; a terra, riqueza adquirida. Consequência: mais adiante veremos que um herdeiro já rico e proprietário de terras não será visto como comerciante se começar também a fazer negócios; o importante é não partir do comércio.

O QUE É TRABALHAR?

O comércio é sórdido, repete Cícero, "se não passa de um pequeno comércio em que só se compra para revender diretamente; mas sendo um alto negócio, grande comércio, nada mais tem de muito desprezível". E, se todos os ofícios artesanais são sórdidos, acrescenta, as profissões liberais, como a arquitetura ou a medicina, são honrosas; não conviriam a pessoas do mais alto nível, porém os indivíduos que não pertencem à cúpula da sociedade podem muito bem exercê-las.

3º) Mas as profissões liberais constituem um "trabalho"? O que significa essa palavra? Ela não tem equivalente exato nem em latim nem em grego. Um escritor é um trabalhador? E um ministro? E uma dona de casa? Um escravo não "trabalhava": obedecia, fazia o que o amo mandava. E, entre nós, um soldado é um "trabalhador"? Ele obedece a ordens. Nas *Leis*, Platão estabelece que um verdadeiro cidadão não deve trabalhar e, duas páginas adiante, que o mesmo cidadão deve "velar algumas horas, à noite, para terminar suas tarefas políticas, se ocupa função pública, ou, se não ocupa nenhuma, suas tarefas econômicas", a saber, a gestão de seus domínios, que os escravos cultivam. O médico e filósofo Galeno fala de um de seus professores que precisou renunciar ao ensino da filosofia "porque não tinha mais ócio: seus concidadãos o levaram a aceitar ocupações políticas"; nem uma coisa nem outra era trabalho.

Consideremos os "filósofos, retóricos, músicos, gramáticos" dos quais fala Luciano, "todos aqueles que julgam dever engajar-se numa casa para dar aulas mediante salário" sob o pretexto de que são pobres (ou, no sentido antigo do termo, que não têm suficiente fortuna pessoal): eles trabalham? Não. Conforme o humor, dir-se-á que exercem uma profissão verdadeiramente digna de um homem livre e têm uma dignidade "liberal", ou que são "amigos" (esse era o termo delicado) do senhor que lhes paga, ou ainda que não passam de pobres-diabos, reduzidos a ganhar o pão, e no fundo levam uma vida de escravos: seu tempo não lhes pertence e, como os escravos domésticos, obedecem ao toque do sino que indica o começo e o fim dos trabalhos em todas as casas ricas. Estranha "amizade, que provoca muito trabalho e muito cansaço!"; ela não lhes permite sequer que se tornem homens realmente livres, ou seja, adquirir um patrimônio suficiente: "Seu salário, supondo que o recebem, e que o recebem inteiro, é consumido forçosamente até o último cêntimo: eles nunca poderão economizar nada". Profissão liberal, amizade ou trabalho assalariado? É inútil perguntar o que os romanos e mesmo seus juristas pensavam sobre isso no fundo: não havia fundo, e eles pensavam as três coisas ao mesmo tempo, surpreendendo-se com o paradoxo que fazia com que uma atividade tão liberal como a erudição (ou "gramática") pudesse coroar um pobre coitado sem fortuna; desprezavam e ao mesmo tempo respeitavam o gramático doméstico, preceptor de seus filhos. Amigo ou mercenário? Nessa sociedade ninguém era trabalhador: consideravam-se todas as relações a partir da relação de amizade ou comando.

Restam as atividades que constituem um alto cargo e uma dignidade pessoal: as funções públicas. Aqui também, no entanto, a definição é o conjunto de preconceitos e tradições históricas. Tratando-se de um senador que parte para governar a província da África mediante faustoso salário, não há equívoco: tal homem ocupa um glorioso cargo público, em conformidade com o célebre ideal da vida política. Mas se, também mediante salário, um romano vai governar a província do Egito, já não detém uma função pública. A razão é a seguinte: os governadores da África provinham do antigo Senado, enquanto os governadores do Egito eram recrutados num corpo de altos "funcionários" imperiais criado no início do Império (pensamos no desprezo de um Saint-Simon, proclamando-se da velha nobreza, pelos ministros de Luís XIV).

Os funcionários, como diríamos, serviam o Estado e seu príncipe? Seus adversários afirmavam que eles não passavam de escravos todo-poderosos do amo imperador, o qual contava com a ajuda dos próprios domésticos tanto para gerir o Império como para explorar seus domínios privados; mas um desses altos funcionários, o escritor Luciano, que foi grão-tesoureiro do Egito, replicava em nome de todos que a diferença era nula entre eles e um senador governador. Tinha razão, porém não é a razão que guia os julgamentos coletivos; o médico Galeno, que cuidou de um funcionário imperial, via nele apenas uma espécie de escravo, pois esse homem trabalhava para seu amo imperador o dia inteiro e "só voltava a ser ele mesmo, separado do senhor, ao cair da noite". O mesmo equívoco com relação a um dos papéis importantes dessa época, o de administrador de uma grande família rica: geralmente o cargo era confiado ao filho de uma família arruinada. Plutarco fala nisso com um tom de comiseração: é um irmão inferior.

JULGAMENTOS A PARTIR DO EXTERIOR

4º) O que determina que um governador do Egito seja um homem público ou um mero assalariado? Sua função? Não. Seu "estilo de vida", conforme aja senhorialmente ou tenha atitudes submissas? Também não. A classificação não se deve ao que ele é ou faz, mas é imposta de fora. Na concepção antiga do trabalho, encontramos assim toda uma série de "julgamentos a partir do exterior". Meditemos sobre uma analogia: como determinar se a poderosa casa dos Médici era uma família de nobres ou de banqueiros? Eram banqueiros que viviam nobremente ou nobres que faziam negócios bancários? É seu estilo de vida que decide isso, como dizia Max Weber? Não. O julgamento provém do exterior, não importa o que eles façam; os contemporâneos concordam ou não em alinhá-los entre as nobres famílias. E, se os alinham entre elas, o banco deixará de ser sua profissão para se tornar um detalhe anedótico. Tais "classificações a partir do exterior" constituem uma armadilha para os historiadores; os notáveis antigos se diziam homens de ócio, mas isso não nos permite deduzir que não se dedicavam ao banco ou ao comércio...

Entre nós, ainda hoje, um duque proprietário de uma fundição continua sendo um duque que possui uma fundição, enquanto um dono de fundição que não é duque será identificado por sua qualidade de dono de fundição. Na Antiguidade, um notável não se identificava com um armador ou um explorador agrícola; era um homem e, se ousamos falar uma linguagem anacrônica, nada escrevia "em seu cartão de visita". Pois aos olhos de todos ocupar-se de terras constituía uma necessidade prosaica, que não os definia mais do que a necessidade de se vestir pela manhã. Se voltássemos à Roma antiga e perguntássemos ao homem da rua o que acha de tal dinastia de armadores que domina sua cidade, ele nos responderia: "São notáveis, poderosos, ricos; participam dos negócios públicos e, com suas benfeitorias públicas, fazem muito bem a nossa cidade e a dotam de jogos magníficos". Na sequência da conversa, sem dúvida ficaríamos sabendo que eles armavam muitos navios. Sem com isso passar por armadores. Recentemente um historiador mostrou que a Antiguidade reprovava os ganhos comerciais, frutos do vício da cobiça, dizia a um nobre que era um mérito saber enriquecer por todos os meios, inclusive o comércio, desprezava os negociantes de profissão e considerava os nobres homens políticos ou homens de ócio. Contraditório? Sim, aos olhos da lógica. Mas os romanos não eram sensíveis à contradição; um notável que negociava não era classificado como negociante, e sim colocado entre os vertebrados mais poderosos, os notáveis. Certamente havia uma lei que proibia aos senadores o comércio marítimo, porém a violavam sem escrúpulos, pois o importante era *não estar no ramo* dos negócios; resguardadas as aparências, os senadores *faziam* negócios.

Um notável ou nobre não é definido pelo que faz, não importa o que seja; mas um pobre é sapateiro ou operário diarista. Para ser apenas ele mesmo, um romano deve possuir um patrimônio; quando um notável se proclama em seu epitáfio "bom agricultor" quer dizer que teve talento para bem cultivar suas terras, e não que foi agricultor de profissão; quando dizemos que a senhora condessa tem talentos de dona de casa, não queremos dizer que sua profissão seja a de governanta. O que se escreve, pois, no epitáfio de um notável? Primeiro, as dignidades políticas de que se investiu (veremos que correspondem aos títulos de nobreza do *Ancien Régime*); depois, eventualmente, as atividades liberais que, por gosto, ele transformou em "profissão", ou seja, às quais se dedicou, como mais tarde se fará profissão de uma vocação monástica; notáveis e nobres se honram consagrando-se à filosofia, à eloquência, ao direito, à poesia, à medicina e, entre os gregos, ao atletismo. Por isso sua cidade ergue-lhes estátuas: as "profissões" são publicamente reverenciadas. Um romano se definia por elas; dizia-se, por exemplo, "antigo cônsul, filósofo"; esse é o sentido do título que Marco Aurélio conservou na história; "imperador [e] filósofo". Quer dizer que à sua dignidade política acrescentou a coroa da profissão filosófica.[2]

ELOGIO DO TRABALHO

5º) Desprezar socialmente a gentinha que trabalha é uma coisa, mas quem pertence a uma classe dirigente deve também atribuir um preço ao trabalho do povo, útil à cidade.

Mais precisamente esse trabalho assegura a paz social: "Nos velhos tempos", afirma Isócrates, "as pessoas de baixa condição eram dirigidas ao cultivo da terra e ao comércio, pois sabia-se que a indigência nasce da preguiça, e o crime, da indigência". O pensamento antigo não diz que um Estado é uma "sociedade" organizada para que cada um atue em benefício de todos os outros; afirma, antes, que uma "cidade" é uma instituição que se acrescenta à sociedade natural dos homens para fazê-los levar uma existência mais elevada. É melhor que os pobres trabalhem, mas não para que deem sua contribuição à sociedade, e sim para que a miséria não os incite a perturbar criminosamente a instituição cívica. Estou enganado: um pensador antigo considerou que o trabalho, ou pelo menos o comércio, prestava serviço a todos os cidadãos, distribuindo entre eles os bens necessários; surpreendeu-se com o desprezo que em geral se votava ao ofício de comerciante, enquanto se tinha em alta conta outras atividades que contribuíam igualmente para o bem-estar comum. Essa cabeça política outra não era senão a de Platão, o mesmo Platão que vimos desdenhando da gente de pouca dignidade social. É bem verdade que aqui também Platão não diz que a sociedade vive do trabalho de todos, lavradores, artesãos e comerciantes: fala apenas do comércio; a seus olhos, com efeito, cada cidadão vive de seu patrimônio (cultivado por escravos) e esse recurso é tão "natural" quanto o ar que se respira; o homem só começa a prestar serviço ao homem quando precisa adquirir bens que não obtém naturalmente; o comércio completa os patrimônios.

O trabalho constitui o único recurso de toda uma multidão; o imperador sabia disso e, como "honesto gerente" da sociedade italiana, tentava garantir a cada grupo seus recursos tradicionais; assim, César ordenou que um terço dos pastores fosse de homens livres (pois o trabalho servil os reduzia à inatividade); Augusto cuidava de atender ao mesmo tempo aos interesses dos lavradores e dos negociantes; Vespasiano recusou-se a utilizar máquinas na construção do Coliseu, pois elas reduziriam à fome a arraia-miúda de Roma. A política em Roma compreendia dois domínios: um visava à segurança ou ao poder do aparelho de Estado, que era preciso salvar ou aumentar através dos escolhos da política interna e externa; e outro domínio era a *cura*: o imperador agia como "curador" ou tutor de toda a sociedade romana ou uma parte dela; mantinha em situação próspera o estado de coisas tradicional, como um tutor que, sem perturbar nada, mantém os negócios de seu pupilo.

6º) Até aqui vimos a opinião dos notáveis e dos políticos sobre o trabalho: desprezavam ou poupavam os inferiores; mas a opinião dos inferiores era diferente.

No romance escrito por Petrônio, o rico liberto Trimálquio fez fortuna nas especulações do comércio marítimo, depois se retirou dos negócios e, como notável, vive da renda de suas terras e dos juros de seus empréstimos. Nem notável, nem homem do povo, ele se orgulha de uma fortuna que fez segundo os valores de seu subgrupo: zelo e habilidade, senso de risco. Ordena a um escultor que represente em sua tumba o banquete que como mecenas público ofereceu a todos os cidadãos de seu vilarejo. Mais rico que seus pares, Trimálquio procura ser "reconhecido", se não pela classe superior, ao menos pelo corpo cívico de sua cidade; mesmo que os notáveis o desprezem e os mais pobres o denigram às escondidas, o fato é que, aceitando comer e beber a sua custa, concederam-lhe nesse dia os signos exteriores do respeito.

Outros, mais numerosos, acreditavam sem reservas nos valores de seu subgrupo — atividade, prosperidade e boa reputação profissional —, sem tentar fazer com que os reconhecessem superiores reais ou uma ficção momentânea de consciência coletiva. Os arqueólogos encontraram centenas de pedras tumulares em que os defuntos se fizeram retratar em sua loja ou barraca. Como quase tudo que é cultural em Roma, esses túmulos de gente de ofício são de inspiração grega; pois já na Atenas do século V os artesãos tinham uma "consciência de classe" que lhes era peculiar.

Não suspeitaríamos; ao lado do ideal de ócio e política que caracterizava a sociedade antiga, uma ideia mais positiva do trabalho transparece em documentos de origem popular. É assim que em Pompeia os proprietários de certas belas casas decoradas com pinturas e estátuas de mármore eram padeiros, pisoeiros ou fabricantes de louça e se vangloriavam de seu ofício; e alguns deles pertenciam ao Senado municipal de sua cidade. No epitáfio em versos que encomendara a um poeta, um rico agricultor da África conta como fez fortuna com seu trabalho. Pois todos esses ricos comerciantes e artesãos ou grandes agricultores (um epitáfio custava caro) gostam de mencionar sua profissão no epitáfio; informam que trabalharam "laboriosamente", foram "cambista muito conhecido", "renomado comerciante de carne de porco e de boi". Cabe acrescentar que nessa época um oleiro ou padeiro era socialmente mais elevado que em nossos dias (um forno representava um investimento relativamente alto). No *Satyricon* de Petrônio um jovem letrado é posto em seu devido lugar por um liberto negociante que faz uma profissão de fé em si mesmo e em seus iguais: "Sou um homem entre os homens, caminho de cabeça erguida, não devo nada a ninguém, nunca recebi uma intimação e nunca ninguém me falou no foro: 'Paga o que me deves'; consegui comprar alguns pedaços de terra, economizar alguns cêntimos e sustentar vinte pessoas, sem falar em meu cão. Vem comigo ao foro e pecamos que nos emprestem dinheiro: logo verás se não tenho crédito, apesar de meu anel de ferro de simples liberto". Por isso as lápides dos vendeiros detalham o interior de sua barraca, com as mercadorias expostas, o bonito balcão, a bela senhora que examina os tecidos, as ferramentas ou máquinas do ofício. Mercadorias e instrumentos constituíam um capital custoso: sinais de riqueza, e não insígnias de uma profissão. Essas esculturas funerárias não declinam simplesmente a profissão do defunto, como o estado civil: celebram sua qualidade de proprietário de uma loja ou oficina. Em contrapartida, nenhuma representa o falecido trabalhando.

O DESDÉM ESTETA

Restam aqueles que trabalhavam mesmo e compunham quatro quintos da sociedade. Na dura luta pela existência que era seu destino, sua moral sem dúvida se reduzia à de são Paulo: "Quem não trabalha não terá o que comer". É ao mesmo tempo uma lição que dão a si mesmos e uma advertência ao preguiçoso que quiser partilhar a ração ganha com o suor de seu rosto.

Pouco sabemos sobre essa multidão laboriosa — lavradores, pescadores, pastores, escravos ou livres. Pelo menos sabemos como os via a classe alta: com o olho com que se vê uma espécie pitoresca; assim fazem a poesia bucólica, que só tem o nome em comum com a pastoril dos modernos, e a escultura de gênero de tradição helenística.

A moderna pastoril toma senhores e os traveste em pastores bem-educados; a bucólica antiga era escravagista, assim como a opereta negra para uso dos brancos nos Estados Unidos era racista: tomava escravos, deixava-lhes a língua com seus gracejos (idealizando-a um pouco, polindo-a) e os disfarçava de namorados e poetas. Quer se trate de negros ou de escravos, os brancos ou os senhores por um momento sonham com um pequeno mundo ingênuo, tocante, tão subalterno que tudo se torna inocente e eles podem pensar num destino idílico: considera-se que essas criaturinhas vivem num estado de facilidade e promiscuidade sexuais que é um sonho edênico...

A escultura de gênero, que ornava belas casas e jardins, representava pitorescamente tipos populares convencionais: o velho pescador, o lavrador, o jardineiro, a velha bêbada... Representava-os com um verismo brutal, exagerado: as veias e os músculos do velho pescador são tão salientes que seu corpo ressequido nos faz pensar num descarnado para estudo de anatomia; sua fisionomia é tão transtornada que durante muito tempo essa estátua foi tida como uma imagem de Sêneca moribundo. Esse pitoresco está a meio caminho entre o expressionismo e a caricatura; a velhice e a miséria não passam aqui de um espetáculo para um esteticismo indiferente que fica na superfície dos seres e não sai de seu desdém. A deformidade dos corpos serve para fazer sorrir, como se ria dos anões e dos monstros das feiras; esse verismo é um humor condescendente. Sem nenhum escrúpulo. O filósofo Sêneca era uma alma escrupulosa e achava que um senhor se rebaixava ao tratar duramente seus escravos. Ora, um dia esse mesmo Sêneca pôs os olhos num escravo que lhe guardava a porta e achou-o tão pouco vistoso que se voltou para seu mordomo e disse: "De onde saiu esse decrépito? Fizeste bem de colocá-lo na saída, pois não falta muito para ele trocar a casa por sua última morada! Onde encontraste esse morto vivo?". Ao ouvir isso, o escravo replicou ao filósofo: "Mas, senhor, então não me reconheces? Sou Felicion, com quem te divertias quando eras pequeno". Sêneca refletiu a respeito: escreveu uma meditação sobre a devastação que a idade operara em sua própria pessoa e disso tirou uma lição de sabedoria e de ontologia da temporalidade.

Pertencer à classe alta, ou antes à humanidade plenamente humana e não mutilada, é em primeiro lugar ser bastante rico para exibir os sinais de riqueza que revelam a condição de membro de uma humanidade plena. É também, no nível individual, não obedecer a ninguém, ser o dono de seus atos, pois a humanidade digna de tal nome compõe-se de agentes independentes entre si. Resta que o melhor meio de preencher as três condições ainda é ter um patrimônio, mais que uma oficina ou uma loja: um patrimônio garante posição, independência e comando.

Ricos e pobres: o que nos teria saltado aos olhos era o contraste de luxo e miséria de um país subdesenvolvido; a Aquitânia, escreve resumidamente Amiano Marcelino, "é uma província próspera, pois as pessoas do povo não andam esfarrapadas como em outros lugares". Com os pobres se vestindo no belchior (*centonarius*), o luxo começava no uso de roupas novas.

PATRIMÔNIO

ELOGIO DO ENRIQUECIMENTO

Todos os homens são iguais em humanidade, até os escravos, porém os que possuem um patrimônio são mais iguais que os outros. Esse mesmo patrimônio desempenha na economia antiga um papel tão central quanto o da empresa entre nós, o da sociedade anônima; no entanto, para bem compreendê-lo precisamos deixar de lado ideias que seriam mais verdadeiras com relação ao *Ancien Régime*. Fazer negócios em Roma não significava aviltar-se; a usura e o comércio não eram apanágio exclusivo de uma classe ou ordem especializadas, burguesia, libertos ou cavaleiros; a nobreza e os notáveis não eram todos proprietários absenteístas, senhores indolentes; a autarcia, o mito filosófico, não constituía a finalidade de sua gestão, e eles não se limitavam a explorar superficialmente seus domínios para tirar aquilo com que mantinham sua posição: queriam aumentar seu patrimônio, ganhar dinheiro por todos os meios. A grande palavra não era autarcia, nem indolência, nem rebaixamento, mas negocismo nobre; o patrão, o chefe de empresa, nessa época, era o "pai de família", expressão em que o termo família significa casa e patrimônio. Um negocismo patrimonial.

E é porque a economia pertencia à vida privada, o que absolutamente não é o caso hoje em dia quando se fala em legítimo capitalismo anônimo. Entre nós, os atores econômicos são pessoas morais chamadas firmas ou sociedades; existem, portanto, máquinas anônimas que produzem dinheiro e pessoas privadas se empoleiram sobre esses recursos. Entre eles, os atores econômicos eram as próprias pessoas privadas, os pais de família. Entre nós, uma firma de importação-exportação continua sendo o que era se os acionistas mudam e revendem seus títulos a outros. Entre os romanos, um patrimônio continuava sendo o que era se seu proprietário abandonava o comércio marítimo e aplicava toda a fortuna em bens de raiz. Disso não decorre, como veremos, que a racionalidade do pai de família se limitasse a assegurar o futuro de sua casa em lugar de procurar o lucro à maneira da racionalidade capitalista: a diferença estava alhures.

"Ajamos como bons pais de família", escreve Sêneca a Lucílio, falando por provérbio: "aumentemos o que recebemos como herança; que a sucessão passe ampliada por mim a meus herdeiros." Esbanjar o patrimônio equivale a destruir a dinastia e cair na subumanidade: os nobres arruinados eram descontentes, conspiradores em potencial, cúmplices de qualquer Catilina; ao contrário, o filho de um arrivista, de um liberto enriquecido, poderá ingressar na ordem dos cavaleiros e ambicionar ver o próprio filho senador. As virtudes aquisitivas eram nobres; de acordo com Cícero, se um filho da classe alta não for um inútil, entrará na carreira pública ou pelo menos aumentará o patrimônio da família. Essa aprendizagem dos interesses patrimoniais é uma parte pouco conhecida da educação romana. Em 221 antes de nossa era, o povo romano ouviu a oração fúnebre de um grande senhor chamado Cecílio Metelo; um de seus méritos reconhecidos foi o de ter sabido "ganhar muito dinheiro por meios honestos". Sem dúvida não havia desonra em ser "pobre", o que, evidentemente, era a condição mais comum; alguns até tiravam disso uma sabedoria, como Horácio.

O problema é que a palavra "pobre" não tem o mesmo sentido em latim e em francês [e em português], onde ganha seu significado em relação à sociedade inteira, que compreende uma maioria de pobres e um punhado de ricos; em latim, essa maioria não conta, e a palavra "pobre" tem um significado no seio da minoria que chamaríamos de rica: os pobres eram os ricos que não eram muito ricos. Horácio fazia da pobreza virtude e se declarava pronto para consolar-se caso suas ambições naufragassem: a pobreza sempre lhe serviria de barco salva-vidas. O dito barco consistia de dois domínios, um em Tívoli e outro em Sabina, onde a casa do senhor ocupava uma área de seiscentos metros quadrados. A pobreza no sentido cristão e moderno do termo ultrapassava o horizonte do que ele podia conceber.

Enriquecer, ou pelo menos se ocupar do próprio patrimônio e dos negócios, não significava romper com o ócio? Não. O negocismo, como vimos, era uma realidade que continuava não sendo essencial à identidade de um notável (assim como Paul Éluard, que vivia de especulações imobiliárias em Saint-Denis, foi poeta, e não corretor de imóveis). A gestão de um patrimônio de bens de raiz implicava que o dono supervisionasse o cultivo de suas terras, vigiasse seu administrador ou escravo intendente, vendesse pelo melhor preço os produtos da propriedade; devia também emprestar dinheiro a juros para nunca deixá-lo parado. Tudo isso, porém, apenas decorria do direito de propriedade e constituía seu exercício. Quanto aos outros meios de "ganhar muito dinheiro", por meios honestos ou não, referiam-se ao exercício ou abuso de direitos civis ou honras cívicas: esposar um dote, atrair heranças ou legados, pilhar seus administrados e os fundos públicos.

UMA CLASSE INCLASSIFICÁVEL

Só quem trabalhava era a gentinha; as pessoas de bem exerciam em todas as coisas uma atividade de direção, chamada *cura* ou *epimeleia*, que poderíamos traduzir por "governo" no sentido em que Olivier de Serres falava do governo doméstico de um domínio. Era a única atividade digna de um homem livre, pois constituía o exercício de um comando. Dizia-se isso sobre a gestão do patrimônio pelo pai de família, sobre uma missão pública confiada a um delegado e até sobre o governo imperial — pelo menos o diziam os pensadores que gostavam de imaginar o imperador como um soberano patriarcal. Pouco importava que, governando suas terras, Cipião, o Africano, tivesse manobrado pessoalmente a charrua, como Cincinato no passado: nem por isso deixava de ser o senhor. Em tal condição, constituía um mérito ser "trabalhador" enérgico; esse qualificativo, porém, indicava uma qualidade moral, não uma identidade. Quando Virgílio escreve que o trabalho triunfa sobre tudo, não diz que é a santa lei do mundo, mas que um zelo intenso rompe todos os obstáculos. Não ser preguiçoso era uma virtude, nascida das necessidades; de todas as necessidades: nunca se ativar, negligenciar os amigos, os cuidados com a própria glória e com os negócios públicos é viver como uma ostra, diz Plutarco. Um alto funcionário é um homem enérgico que, da manhã à noite, passa seu ano de trabalho examinando linha por linha as contas do fisco. Não se deixar enferrujar: uma máxima de Catão, esse verdadeiro grande homem.

Como vemos, é impossível encontrar um equivalente medieval ou moderno para essa classe que, na falta de termo melhor, chamamos de notáveis, nobres, *middle class* ou *gentry*; altivos como nossos nobres, universalistas como os burgueses, negocistas como eles, proprietários de terras como nossa nobreza, trabalhadores, mas considerando-se classe ociosa. E há mais. No mundo romano não encontramos a equivalência que nos é familiar entre classes sociais e atividades econômicas; não existiu burguesia romana porque a classe que possuía o solo também realizava, sem se vangloriar, atividades mais burguesas; se procurarmos em Roma uma classe de negociantes, fabricantes, especuladores, usurários, agricultores em geral, nós a encontraremos em toda parte: entre os libertos, entre os cavaleiros e também entre os notáveis municipais e entre os senadores. Para saber se Catão, o Velho, participava do comércio marítimo ou se tal família de grandes notáveis municipais fazia negócios até nas fronteiras do Danúbio, precisamos investigar não a classe social a que pertencem, mas seus caprichos individuais e também a geografia, pois as heterogeneidades pessoais e regionais eram consideráveis; o senador Catão, por seu turno, "investiu capitais em negócios sólidos e seguros: comprou lagos piscosos, fontes de água termal, terrenos para instalar estabelecimentos de pisoeiros, fábricas de resina, terras com prados naturais e florestas; também praticou o empréstimo marítimo, que é a mais execrada forma de usura: consistia em formar uma companhia de cerca de cinquenta pessoas e tomar uma parte de capital por intermédio de seu liberto Quintio". A essas iniciativas pessoais devemos acrescentar as tradições locais; tal cidade vive encerrada em si mesma e não passa de um amontoado de camponeses, como vemos hoje no sul da Itália ou na Hungria; mas, a vinte quilômetros, a cidade de Aquileia é uma Veneza ou uma Gênova da Antiguidade, tem como notáveis negociantes marítimos e mantém relações com o extremo do mundo.

Posse de terra, investimentos individuais, empresas familiares: nesse povo tão ávido de ganho, precisamos levar em conta ainda a empresa ocasional, praticada pelos mais ricos e não pelos pequenos comerciantes; se um nobre romano é informado pelos amigos de que há um modo de ganhar muito dinheiro, imediatamente se põe a agir, mesmo que deva improvisar em tal negócio e nunca tenha praticado esse gênero de tráfico: agarrará a oportunidade que uma informação confidencial lhe fornece ou encarregará disso um de seus escravos. A falta de mercado geral multiplicava as oportunidades de realizar tais negócios, assim como a circulação sofrível de informação e a importância dos apoios políticos: havia, na classe dirigente e proprietária, uma cumplicidade de especuladores que tinham por privilégios a informação e a influência, mais poderosas que as leis do mercado. A economia patrimonial não era precisamente patriarcal e muito menos liberal.

A natureza das atividades econômicas depende evidentemente da riqueza, mas, em lugar de se especializar em classes sociais, varia de acordo com os indivíduos, os lugares e os momentos. Por fim, como saber de que se compunha a fortuna de um romano? Duas hipóteses. Suponhamos que Juvenal fale satiricamente de um boiadeiro, que o jovem Virgílio zombe de um muleteiro; não devemos concluir disso que o primeiro tocasse os bois com a própria mão e o segundo puxasse uma mula pela rédea: a sequência do texto prova que um dirigia uma empresa de serviços de transporte feito com mulas pelos caminhos lamacentos da planície do Pó e o outro era proprietário de vastos rebanhos. Assim também, M. de Charlus, desdenhoso da burguesa América, falava da sra. Singer como de uma mulher que com as próprias mãos fabricava máquinas de costura. Se o boiadeiro em questão tivesse apenas um boi ou dois, os textos nem falariam dele, pelo menos não para caçoar.

EMPRESÁRIOS

Segunda hipótese: um texto fala de um romano designando-o por seu nome próprio, sem classificá-lo numa profissão. De que se compõe então o patrimônio desse notável e de onde provém? De todos os lados, pois a economia patrimonial é também uma economia não completamente profissionalizada; para ser mais exato, um rico "pai de família" tem como intermediários alguns de seus libertos e também seus escravos: concedeu a estes últimos uma autonomia financeira e uma capacidade jurídica que lhes permitem atuar nos negócios como homens livres, mas por conta do senhor. Esse estado-maior negocista passa o tempo ampliando o patrimônio do senhor; assim eram os verdadeiros homens de negócios dessa época; acrescentemos outro herói balzaquiano: o administrador, livre e geralmente escravo, que dirige as terras, vende os produtos do solo e até gere a totalidade das atividades econômicas do senhor. A economia romana repousava sobre eles.

Frequentemente o administrador nasceu livre e se vendeu como escravo a fim de fazer carreira. O senhor confiava nele. A contabilidade da época não era a nossa; o administrador não prestava contas a intervalos determinados: o senhor e ele ficavam anos sem fazer um balanço. Seu dever era manter uma anotação honesta das entradas e saídas para prestar contas quando por qualquer razão resolvessem pedi-las: morte do senhor e sucessão, afastamento do escravo, venda, fúria do dono. Azar do administrador que nesse dia não pudesse apresentar uma soma líquida significativa da diferença entre o total das entradas e o total das saídas! Se, ao contrário, estivesse em condições de equilibrar o balanço (*pariari*), merecia o belo nome de *pariator*, que figuraria em seu epitáfio. Também com os arrendatários o proprietário ficava anos sem acertar contas; com sua morte, ou se havia vendido seus bens, era preciso calcular o restante devido (*reliqua colonorum*). Não que os arrendatários estivessem sistematicamente endividados: as contas é que não estavam em dia. Método semelhante era certamente favorável à ideia de que a dívida constitui um laço de clientela e o devedor que pretende saldá-la é um infiel que deseja se separar de seu benfeitor.

Um notável é onipresente na vida econômica. Pode ser o chefe de uma empresa rural ou comercial (alguns não hesitavam em transformar sua residência em loja e expor aos compradores as mercadorias que acabavam de receber). Como proprietário, pode ser uma espécie de financiador das empresas de seu administrador. Pode participar nas firmas de comércio ou no recebimento dos impostos públicos. Pode por fim, mais humildemente, atuar sozinho; o médico Galeno tinha entre seus pacientes um homem que não se preocupava em adquirir cultura e andava pelas ruas a fazer negócios; "comprava, vendia e frequentemente brigava, tanto que tinha uma transpiração por demais abundante".

NEGOCISMO NOBRE

Trata-se, pois, de uma economia com instituições e sociologia tão diferentes da nossa que a diríamos arcaica; teve um nível de produção elevado e era tão dinâmica e dura quanto o capitalismo, pois esses aristocratas, que se distinguiam pela cultura e pelo gosto do conhecimento, tinham a paixão do ganho. Os senhores mais importantes falavam de negócios; o senador Plínio, em suas cartas que se pretendem exemplares, cita como exemplo sua própria conduta de rico proprietário. Se um senhor desejar se livrar de velhos móveis ou de material de construção, organizará um leilão público desse excesso (pois o leilão era, para os particulares, a maneira normal de vender seus objetos usados, e os próprios imperadores organizavam leilões no palácio quando queriam se livrar de um mobiliário indesejável). O dinheiro precisava trabalhar. Tudo era a juros: amigos e parentes emprestavam a juros entre si (mas constituía um mérito não fazê-lo); um genro cobrava juros do sogro que demorasse a lhe entregar o dote combinado. A usura fazia parte da vida cotidiana de todos, e nossos antissemitas poderiam tomar a Roma antiga, mais que os judeus, como tema obsessional e pela mesma razão: em Roma o empréstimo a juros e o comércio não eram exclusivamente atividades de profissionais nem restritas a determinada classe social. Todo esforço merecia salário, mesmo que fosse um prazer. Um traço pitoresco dos costumes galantes era o seguinte: na mais alta sociedade toda ligação amorosa acarretava um pagamento da amada pelo amante; a matrona que enganava o marido recebia do amante uma grande soma, quando o galã não lhe concedia uma renda anual. Havia uns grosseirões que retiravam a doação em caso de rompimento, e os juristas se viam obrigados a intervir. Não se tratava de prostituição, mas de salário: a matrona não se dava porque lhe pagavam, mas recebia porque se dera, e a mais amorosa era a mais bem recompensada. Assim, as mulheres perseguiam o salário do adultério, enquanto os homens corriam atrás dos dotes.

Esse negocismo universal eliminava não só os limites entre classes sociais ou "ordens" cívicas, mas também as distinções entre categorias econômicas. Os mesmos homens se dedicavam tanto a empresas ocasionais como a atividades habituais: simultaneamente especuladores e profissionais (com ou sem o nome); os mesmos homens enriqueciam tanto se apoderando de fortunas já constituídas — o que é um procedimento arcaico — quanto criando novas riquezas através de investimentos — o que é bem moderno. Enriqueciam por vias econômicas, produção e venda, ou por processos extraeconômicos, legais ou não: herança, dote, propina, violência, trapaça; apoiavam-se tanto na lei da oferta e da procura quanto na influência política e nas cumplicidades entre "gente da sociedade". E, como os notáveis eram os principais proprietários de bens de raiz, seu negocismo fazia com que houvesse, de um lado, um imenso campesinato pobre e, de outro, uma rica classe urbana com atividades múltiplas que confere à nossa imagem da vida antiga sua diversidade e seu brilho. Na época em que medicina custava caro, Galeno tinha como clientes apenas notáveis, ainda por cima do sexo masculino; moravam na cidade, supervisionando o administrador, suavam nos negócios, exerciam, como o próprio Galeno, alguma profissão, participavam da direção dos assuntos públicos da cidade, ficavam em casa para ler ou copiar os textos filosóficos de sua seita favorita; quando velhos, retiravam-se para suas terras. E, ao morrerem, verificava-se que sua sucessão comportava três componentes principais: imóveis (terras ou construções), seus instrumentos agrícolas ou o mobiliário e créditos (*nomina debitorum*). Quanto à conta bancária, conhecida na República e no Baixo Império, não há testemunho no Alto Império.

Os usurários da época não eram banqueiros, mas notáveis e senadores. Todo pai de família tinha em casa um cofre, chamado *kalendarium*, contendo um calendário dos pagamentos, títulos de crédito e também as somas destinadas a empréstimos a juros e à espera de quem as pedisse: "destinar uma soma a empréstimos" era "colocá-la no *kalendarium*". Cada um tinha sua estratégia: emprestar uma parte grande ou pequena do patrimônio, emprestar pouco a muitos ou muito a alguns grandes devedores. Os créditos facilmente passavam de mão em mão, fosse por dação formal, fosse, mais simplesmente, por uma venda pura e simples; constituíam um instrumento de liberação de um débito e um objeto de especulação. Uma espécie de moeda escritural. Podia-se legar o *kalendarium* e, junto, os direitos sobre os devedores, assim como os capitais destinados à usura.

OUTROS MEIOS DE ENRIQUECER

Pois a usura era tida como uma maneira nobre de enriquecer, da mesma forma que a agricultura, os dotes e também os legados. Cortejar um velho rico na expectativa de seu testamento era uma conduta tão comum como é, entre nós, ser atencioso com um patrão ou um superior: todo mundo caçoava disso, e todo mundo adotava tal conduta. Vimos que a decência queria que um testador multiplicasse os legados, para honrar todos os amigos, recompensar todos os fiéis; graças a esse costume vivia cercado de uma corte de gente atenciosa sem a qual um verdadeiro romano não poderia se ter na conta de um homem com alguma importância.

Um homem ou uma mulher lucram não tendo filhos, diz Tácito: eles são mais rodeados de amabilidades. Ora, os demógrafos nos ensinam que, no *Ancien Régime*, uma família francesa média tinha quatro ou cinco filhos, dos quais apenas dois chegavam à idade de vinte anos; a família romana média tinha em geral três filhos. Deduzimos que os velhos que viram morrer todos os filhos e filhas não constituíam, portanto, raridade: as presas eram numerosas; tanto mais que a liberdade do testador, segundo a lei e o costume, era grande. A cada geração punha-se em jogo novamente uma fração importante do patrimônio nacional: quem a receberia? Povo versado em trapaças, os romanos sabiam como agir. Uma mãe divorciada institui o filho herdeiro, mas, sabendo que o ex-marido é um indivíduo pouco recomendável, determina que o filho só receberá a herança sob a condição de não estar sob o poder do pai no momento de abrir-se a sucessão (pois nesse caso a herança passaria ao pai); em outros termos, o filho só herdará se o pai já tiver morrido. Infelizmente este ainda vive, porém encontra uma boa solução: emancipa o filho, que assim escolhe a sucessão. Esse pai vale mais que sua reputação? A história não terminou: ele se põe a bajular o próprio filho, a cobri-lo de brinquedos e animais domésticos — em suma, a caçar-lhe o testamento — e vence: o filho mimado morre deixando-lhe a célebre herança.

A opinião pública não condenava um tipo de conduta proveitosa; limitava-se a matizar suas apreciações. "Depois de viver cercado de caçadores de herança, Fulano morreu deixando tudo à filha e aos netos; a opinião pública hesita: uns o consideram hipócrita, ingrato, esquecido dos amigos; outros, ao contrário, ficam encantados com esse velho que frustrou as esperanças de pessoas interesseiras" — é um senador quem diz isso, e portanto tem razão.

A busca da riqueza por vezes seguia caminhos bem mais difíceis. O mundo romano não contava com uma verdadeira polícia; soldados do imperador (como o centurião Cornélio, do qual fala o Evangelho) reprimiam os tumultos e acossavam os briguentos, mas não se ocupavam da insegurança cotidiana, que ofendia menos a "imagem distintiva" que o Estado romano queria dar de sua autoridade soberana; quando necessário, os notáveis das cidades organizavam milícias cívicas. A vida cotidiana era a mesma do faroeste americano: sem polícia nas ruas, sem guardas nos campos, sem promotor público. Cada um que se defendesse e fizesse justiça, e o único meio eficaz para os pequenos e os menos grandes era colocar-se sob a proteção de um grande. Mas quem protegia esse grande e quem protegia os grandes uns dos outros? Sequestros, usurpações, prisões privadas para devedores eram moeda corrente; cada cidade vivia com medo dos tiranetes locais ou regionais, às vezes protegidos o bastante para se atreverem a desafiar um personagem tão poderoso quanto o governador da província. Um poderoso não hesitava em tomar posse da terra de um de seus pobres vizinhos; e não hesitaria em atacar a fazenda de outro grande liderando seus escravos. O que fazer contra esse homem que enriqueceu à custa de outros? As probabilidades de obter justiça dependiam da boa vontade de um governador de província muito ocupado, obrigado a poupar os poderosos por razões de Estado e aliado a esses poderosos por uma rede de amizades e interesses. Sua justiça, se a exercia, seria um episódio da guerra dos clãs, uma reviravolta das relações de força.

À violência pura e simples se acrescentava a violência judiciária. Os romanos passam por inventores do direito; é verdade que escreveram muitos livros de direito notáveis e achavam glorioso e aprazível conhecer e praticar os enigmas e os meandros do direito civil; era uma cultura, um esporte e um tema de orgulho nacional. Disso não podemos deduzir que a legalidade efetivamente reinava em sua vida cotidiana; o legalismo apenas introduzia no caos uma complicação suplementar e até uma arma: a trapaça. Em país grego sob o Império a chantagem judiciária e as extorsões paralegais levavam o velho nome de "sicofantismo".

Suponhamos que as terras de um grande senhor despertam a inveja de outro senhor e que o primeiro desagrada à família imperial; o segundo terá o recurso de acusar o primeiro de crime de lesa-majestade: pela delação, receberá uma parte do patrimônio do outro, previamente executado. Suponhamos agora que longe do palácio um notável vê se frustrarem as esperanças que colocara no testamento de um velho rico; terá o recurso de afirmar que o velho não morreu de boa morte, mas suicidou-se ou, ainda, foi envenenado e seus herdeiros não perseguiram o assassino nem trataram de vingar o sangue de seu benfeitor. Em ambos os casos, anulava-se o testamento e a sucessão revertia ao fisco, menos o prêmio devido ao delator. Muito mais que um fiscalismo, o fisco era o conjunto dos domínios que o imperador confiscara como sucessões vacantes ou irregulares; o fisco tinha sua própria jurisdição, na qual era juiz e parte; por esse meio, o imperador rapidamente se tornou o maior proprietário de seu império. O fisco, portanto, estava muito disposto a acreditar nos delatores, que lhe davam a oportunidade de confiscar mais uma sucessão. Tanto se sabia disso que alguns testadores, desejosos de frustrar seus herdeiros, inscreviam o imperador como co-herdeiro: o fisco agia de modo a se apoderar da herança inteira. Em suma, o direito tornava-se uma arma na luta pelos patrimônios; a posse e a transmissão pacífica dos bens nunca eram garantidas. Se um recém-casado está deslumbrado com o dote da esposa, parentes invejosos o acusarão de ter usado de magia negra para seduzi-la.

As vias de enriquecimento mais propriamente econômicas também nos fazem pensar num modo desordenado onde tudo é possível: obter dos poderes públicos algum direito de exploração, comumente acompanhado de um monopólio; serpentear por entre as incoerências de um mundo econômico caótico;

montar uma empresa de transportes da qual todos precisavam e para a qual ninguém tomara a iniciativa, por falta ou de capital ou de interesse... Esse é o espetáculo que oferece hoje mais de uma economia do Terceiro Mundo. Não nos surpreenderemos ao ver muito notável à frente de uma variedade de negócios e explorações perfeitamente incoerentes reunidos em suas mãos pelo acaso das boas oportunidades: bens de raiz, venda de tecido, tinturaria, transporte de mercadorias pelo Reno; agricultura, transporte marítimo pelo mar Egeu e... ensino da retórica mediante honorários, importações de produtos do Egito para Atenas. Não imaginemos um alto personagem dessa época como a pura imagem de um senhor, simples como a paz dos campos e dos trabalhos rudes; tal personagem tem o colorido de um notável sul-americano, mas, como ele, nessa sociedade que brutalmente opõe os ricos — os senhores — à massa dos pobres, tem um porte nobre e não se assemelha a suas vias de enriquecimento.

A TERRA

Toda essa múltipla atividade tem como cofre-forte e fonte de investimento a propriedade do solo. Esta é igualmente composta de pedaços e fragmentos, dispersos por vezes pelas províncias mais distantes. Porém tudo é consignado no livro de contas desse pai de família, e tal livro (*rationes*, *libellus*) comprova a organização que o dono conferiu a seu patrimônio. Os banhos fazem parte de sua casa ou constituem uma exploração distinta? Saberemos verificando que o aluguel dos banhos está anotado fora das contas da casa propriamente dita. O imposto será pago pelo proprietário ou por seus meeiros? Qual é a "lei" ou o "costume" fixado pelo proprietário? O livro o mostrará. Saberemos ainda se os rendeiros são arrendatários, que vendem os produtos do solo, ou meeiros, que entregam a justa parte ao proprietário, e se, neste último caso, o pai de família se encarrega de garantir a venda ou delega tal cuidado ao administrador.

A propriedade do solo é bem mais ampla que a agricultura; um terreno pode ser cultivado, mas a parte construída, podendo ser alugada em bloco ou em apartamentos, também constitui um capital. O solo comporta, assim, empresas de toda espécie, e não é impossível que os notáveis possuíssem não só a terra cultivada, mas ainda a segunda grande riqueza: as habitações urbanas. Em seus terrenos constroem portos, tabernas, lupanares, "celeiros" (ou seja, docas que alugavam para armazenagem de mercadorias e também objetos preciosos e documentos que se desejava resguardar dos incêndios urbanos); desdobram-se para obter do imperador o privilégio (ou "benefício do príncipe") de ter um mercado em sua propriedade e cobrar uma taxa antecipada sobre as transações; exploram minas e pedreiras, uma espécie de atividade anexa à agricultura, assim como a indústria: olarias ou fábricas de louças funcionam no domínio, dirigidas ou arrendadas pelo proprietário, e os trabalhadores da terra são empregados ali durante a estação ociosa dos trabalhos rurais. Recentemente se encontrou no Egito um contrato de dois anos de trabalho entre um oleiro e um proprietário de terras que tinha fornos em seus domínios; o oleiro deveria fabricar 15 mil jarras por ano, mas o financiador lhe forneceria a argila (era comum fornecer aos pedreiros ou artesãos os materiais necessários ao trabalho encomendado).

Tal diversidade não deve, contudo, nos iludir: de um lado estava a agricultura e, do outro, todo o resto, condicionado às produções do solo. A terra não tinha produtividade suficiente para ser o que é hoje nos países desenvolvidos: um recurso tão abundante que emprega apenas uma fração da população, e o perigo consiste mais na superprodução que na escassez. Na Antiguidade, a agricultura não produzia o bastante para permitir um largo exercício da indústria; a grande maioria da população devia trabalhar a terra para garantir a própria subsistência e a dos raros não-lavradores. Veremos que isso condicionava a estratégia privada dos proprietários de patrimônio.

Cada homem que cultivava a terra com as próprias mãos alimentava duas ou três pessoas, não mais: a própria família e o notável dono das terras. Não era o suficiente para abastecer as massas trabalhadoras, mas bastava para os ricos transformarem o excesso nesse adorno monumental que é a marca das sociedades de classes antes da Revolução Industrial. No entanto os ricos só podem operar essa transformação se vendem o produto do solo e se o comércio é ativo: precisam trocar trigo por colunas e estátuas. Se o mundo romano tivesse sido esse império sem trocas de bens de consumo ponderáveis que alguns imaginam, os turistas e arqueólogos não teriam tantas ruínas para visitar e vasculhar. Longe de se opor ao comércio, a agricultura constituía seu sinônimo.

A terra é ao mesmo tempo reservatório de riqueza, fonte de subsistência e fonte de trocas. Uma das estratégias dos ricos será a de especular sobre os bens de subsistência; seus celeiros estão cheios de trigo e eles esperam as más colheitas e a carestia para vendê-lo ao preço mais alto: "Recusam-se a vender os produtos do solo a preço justo", escreve o jurista Ulpiano, "e, como esperam os anos de escassez, com isso provocam a alta dos preços". Outra estratégia consistia na especialização regional; os arqueólogos estão convencidos de que certas regiões do mundo romano (como o Sahel tunisiano, então bem irrigado e fértil) produziam exclusivamente, para exportação, uma ou outra das principais riquezas da agricultura mediterrânea: trigo, vinho ou azeite — divisão inter-regional do trabalho, orientação agrícola do mercado. Mesmo vendendo a preços ínfimos ou enfrentando interrupção das trocas, o patrimônio continua e o domínio se limita a uma economia de subsistência: o proprietário, aliás, tem o cuidado de não ocupar a totalidade de suas terras com trigais ou vinhedos, culturas especulativas e caras; todo domínio comporta uma parte de floresta, que não custa nada e serve de poupança. Para falar de um tolo que faz tudo ao contrário, um provérbio dizia que ele se parecia com um homem endividado que venderia os bosques em vez de vender as vinhas. Por fim o importante é possuir o solo, que sempre conservará seu valor; ninguém é obrigado a cultivá-lo; é necessário perder tempo dirigindo os escravos, os trabalhadores agrícolas ou os meeiros, por mais agradável que seja? Segundo Plutarco, Catão acabou "vendo na agricultura um divertimento, tanto e mais que uma fonte de renda": pouco interessado em se divertir, preferia as terras produtivas mas não cultivadas, pois nelas existiam: "lagos piscosos, fontes de água termal, estabelecimentos de pisoeiros, pastagens naturais, florestas"; disso "tirava uma renda que não estava sujeita aos azares do bom ou do mau tempo".

INVESTIMENTOS

Qualquer que seja a organização da empresa patrimonial, o importante é dirigi-la "como bom pai de família"; a expressão é menos patriarcal do que parece, e o direito comercial moderno ainda a aplica à sadia gestão das sociedades por ações. Um pai de família, diziam os juristas romanos, deve ser "diligente e honesto", e lembramos que Cícero e Sêneca consideram um mérito aumentar o patrimônio. Os romanos refletiram sobre essa "diligência" do bom chefe de empresa; para ser um pai de família digno de tal nome, não basta se conduzir de modo neutro e ter como única ambição transmitir aos herdeiros um patrimônio não diminuído; recomenda-se-lhe investir com todo o discernimento desejável e sabendo comparar os custos do investimento ao aumento de renda que se pode esperar.

Pois, no último livro da *Digesta*, o jurista Paulo distingue claramente as despesas "necessárias, que impedem um bem de perecer ou perder o valor"; as despesas de prazer, como jardins, pinturas ou incrustações de mármore; e as despesas "úteis", que chamamos de investimentos e "poderiam não ser feitas sem que o fundo perdesse o valor, mas que o aprimoram produzindo mais renda"; por exemplo, "plantar mais vinhas do que o necessário para manter um vinhedo em boa condição", ou acrescentar à propriedade docas, um moinho, um forno de pão, ou ainda "proporcionar um aprendizado aos escravos". Paulo lembra que o custo de tais investimentos não deve finalmente reduzir a renda líquida do conjunto do domínio. Para os juristas, que muitas vezes deviam julgar questões desse tipo, o problema consistia em saber quem tinha o direito de decidir um investimento e quando; pois essa importante decisão não podia ser tomada, em boa justiça, senão pelo proprietário: um tutor tem como único dever entregar a seu pupilo um patrimônio que não tenha sofrido redução; mas um pai de família terá um mérito contrário ao do tutor, e seu ideal será aprimorar o patrimônio.

Um tutor não deve ter zelo excessivo: não lhe compete tomar a decisão de investir e fazer o pupilo correr riscos; tampouco deve cometer liberalidades em nome do pupilo, mesmo que seja para ampliar a reputação social dessa criança; ao contrário, o tutor terá como primeiro dever colocar à venda os bens perecíveis (casas mobiliadas, que podem pegar fogo, e escravos, que podem morrer) para aplicar o dinheiro nos únicos valores seguros: bens de raiz e ouro, que emprestará a juros (pois não convém principalmente entesourá-lo: seria uma falta de diligência por parte do tutor, como do servo do Evangelho). Mas o pai de família não deve justamente conservar essa atitude demasiado neutra; nada mais errado que imaginá-lo como uma espécie de tutor de um patrimônio do qual sua descendência será a verdadeira proprietária ou como usufrutuário passageiro de um bem do qual toda a sua dinastia teria a propriedade eminente.

Melhor ainda, o simples usufrutuário, no direito romano, tem o direito de fazer investimentos, de "aprimorar", o que é o mérito de um pai de família; e o marido que administra os bens dotais da esposa também tem esse direito. No livro XXIII da *Digesta*, o jurista Javoleno conta a história de um homem que abriu pedreiras de mármore em terreno dotal; ele se divorcia e a mulher retoma o dote, como de praxe; mas ela não deveria reembolsá-lo pela abertura dessa pedreira, que aumentou o valor das terras? Os pensadores da velha escola achavam que não, pois tal despesa não havia sido "necessária" e, longe de "aprimorar" a propriedade, o marido a despojara do mármore que ela guardava no subsolo. Mas Javoleno replica que as despesas simplesmente "úteis" são permitidas, mesmo em terreno dotal; a única condição é que o mármore da pedreira seja do tipo que não morre, porém "continua a crescer": então a esposa nada terá perdido, o marido nada mais fez além de colher os frutos da pedreira (a crença de que o mármore ou o ouro crescem como plantas encontra-se entre todos os povos e está na base do direito romano de minas e pedreiras).

Finalmente, o que um bom pai de família administrador deve fazer lê-se nas entrelinhas ao longo de tudo que um usufrutuário tem o direito de fazer. Diferentemente do pai de família, o usufrutuário seguramente não deve modificar a destinação do domínio ou de suas partes; não substituirá jardins de lazer por plantações produtivas. Feita essa ressalva, escreve Ulpiano no livro VII, ele pode "aprimorar a situação da propriedade", por exemplo, iniciando a exploração de pedra, areia ou giz (o giz servia para lustrar e engomar roupas), de minas de ouro, prata, enxofre ou ferro, "que o pai de família poderia começar a explorar ou já estar explorando". Mas com algumas condições: não prejudicar com isso as culturas vizinhas; as minas renderem mais que as vinhas ou olivais destruídos; não esgotar o subsolo enquanto dele usufrui e deixar o vazio atrás de si; enfim, o novo investimento não deve ser ruinoso para o resto do domínio e, levando-se em conta o custo da mão-de-obra suplementar, a renda do conjunto não deve ser diminuída.

MENTALIDADE NEGOCISTA

Esses textos são sintomáticos: ao lê-los, achamos inútil a oposição muitas vezes feita entre a racionalidade capitalista, que visaria a maximizar os lucros, e uma racionalidade patrimonial, que se limitaria a transmitir intacta ou aumentada uma riqueza vinda dos ancestrais. Os romanos pretendiam transmitir um patrimônio se possível aumentado e pensavam em si mesmos antes de pensar em seus descendentes. Dizer que uma firma capitalista não tem outra estratégia além de maximizar seria reduzir a política à arte de adquirir novas províncias; na verdade a política das empresas modernas é tão complexa como a dos Estados e tão variável de uma empresa a outra como a política exterior da Suécia e a de um grande império. Deixemos também de lado a retórica de púlpito sobre os romanos, povo de camponeses. Os notáveis eram os empresários que visavam a enriquecer; não entesouravam as terras como as moedas de ouro dos avaros, mas investiam, aplicavam, especulavam. Seu gosto do ganho é um traço étnico original que os diferencia de muitos outros povos. Pois a uma estrutura econômica e a interesses de classe semelhantes podem corresponder, de um povo a outro, dinamismos muito desiguais, assim como há etnias mais laboriosas, mais artísticas ou mais guerreiras que outras; o fato está aí, e essas "mentalidades" desiguais não se fabricam nem se induzem à vontade: os economistas que procuraram desenvolver algumas economias do Terceiro Mundo infelizmente verificaram que não basta governar as variáveis da econometria nem criar possibilidades de interesse de classe para que as pessoas de fato se interessem; existe uma "mentalidade" que não se molda como se quer e que nem se sabe por onde moldar; Galbraith acaba de extrair a lição que os historiadores devem reter. Concluamos que a "mentalidade" romana era economicamente muito dinâmica; se queremos imaginar como era feito um "pai de família", não devemos julgar segundo as estruturas econômicas nem os evidentes interesses de classe, mas segundo essa variável autônoma que é a mentalidade: um romano rico tinha alma de negociante e sabia muito bem enriquecer. As consequências favoráveis ao nível de produção são evidentes: quanto à divisão, é outro problema.

Para terminar, digamos que um traço inesperado confirma esse dom dos romanos para os negócios: como os judeus, os gregos de hoje e de outrora e os chineses, os romanos não foram exclusivamente agricultores, chefes e soldados, mas também um povo de diáspora; durante os dois séculos que precederam nossa era, e mesmo antes, estabeleceram-se em todo o Oriente grego, na África e nas fronteiras do mundo bárbaro, como negociantes, banqueiros e também como plantadores. Com a ajuda de sua influência política, tomaram as boas terras da África ou da Turquia central e drenaram em seu proveito a atividade comercial das cidades gregas. A cidade de Roma abrigava uma multidão de intelectuais gregos dos quais tinham inveja os intelectuais romanos e, ao mesmo tempo, Mitilene ou Esmirna estavam repletas de negocistas italianos a quem os gregos tinham excelentes razões para odiar.

CENSURAS E UTOPIAS

A EXPRESSÃO EXPLÍCITA DA CONDIÇÃO

Eis, pois, uma imagem compósita da pessoa privada: um cidadão livre nascido em liberdade, opulento e cuja riqueza não é recente, negociante bem-educado e até culto, homem do ócio, mas com uma dignidade política. Como os diferentes detalhes de sua bela vestimenta, cada um de seus traços é um legado dos acasos do passado histórico greco-romano. Não era preciso que as coações impusessem esse ideal: tratava-se de uma evidência.

A arte funerária reflete essa imagem imperiosa, pois fala menos frequentemente de um além do que da condição do falecido e o diz numa linguagem compreensível a todos. De um túmulo a outro, segundo o capricho do talhador de pedra e as preferências do comprador, destaca-se esse ou aquele componente: a opulência do defunto, que faz suas contas, recebe a homenagem dos arrendatários, manda cortar o trigo com ceifadeira mecânica — recente maravilha da engenhosidade humana — ou fica em sua loja; o luxo da defunta, sentada numa poltrona de espaldar alto, onde se enfeita diante de um espelho que uma serva lhe estende e escolhe joias num cofre que outra escrava segura. Muitas vezes a imagem se reduz a uma espécie de emblema: uma sombrinha esculpida no lado de uma lápide informará aos passantes que a falecida dispunha de uma escrava para segurá-la e de ócio para dar seus passeios. Por vezes, antes da toalete, a defunta ergue devotamente a mão, em sinal de homenagem, diante de uma estatueta de Vênus, símbolo do casamento, que uma serva retirou do nicho de imagens sacras (*lararium*) e lhe apresenta. Sarcófagos de senadores justapõem a vida pública e a vida privada do falecido; no centro, ele dá a mão à esposa; nos lados, com a couraça de general, sentado em sua cadeira baixa e dobrável de dignitário, recebe a submissão dos chefes bárbaros que derrotou (ou poderia ter derrotado, conforme suas funções). Outros relevos funerários representam uma distribuição de moedas ou a luta de gladiadores que o notável oferecera a seus concidadãos. Os cargos senatoriais ou municipais do defunto, desiguais em dignidade, transparecem no número de "feixes" de açoites que levam os "litores", esses bedéis e carrascos que o precederam por toda parte durante seu ano de vida pública. Pois nessa sociedade sem direito penal todo dignitário importante exercia segundo a própria consciência um puro e simples direito de coerção.

A cada qual seu papel: na face esquerda — a mais honrosa — de uma lápide o marido exerce sua profissão: examina o enfermo, nu e de pé à sua frente; à direita, a esposa demonstra a virtude feminina da devoção: seguida pelas escravas, ergue a mão diante da imagem de um deus para agradecer-lhe determinado favor; um escravo levanta um cartaz em que sua senhora mandou escrever tal favor a fim de que todos os passantes conhecessem o mérito da divindade. Pois algumas tumbas, em vez de celebrar a opulência, o ócio, a dignidade ou a profissão, exaltam componentes mais delicados, como a devoção da falecida e a cultura do defunto. A dama oferece aos deuses a homenagem de um pouco de incenso num perfumador; o homem, em sua poltrona, lê um livro — quer dizer, um rolo — ou o segura enrolado, prova de que fez esses bons estudos que coroam um membro da boa sociedade.

Imagens pouco igualitárias e pouco individualistas: originalidade, orgulho, alegria, leveza e graça não são termos muito úteis para falar dos romanos. A arte funerária o sublinha pesadamente: sua sociedade não era apenas desigual de fato e desigualitária porque distinguia "ordens" (no sentido das três ordens de 1789), mas, além disso, saltavam aos olhos e aos ouvidos as diferenças entre indivíduos. Constituía demonstração de louvável "franqueza" (*parrhesia*) falar aos humildes com o insulto na boca, e os "amigos" dos grandes personagens — incluindo os dos Graco, dois reformadores sociais célebres da velha República — eram classificados em níveis desiguais, como os cortesãos em Versalhes; um grande não saía sem cortejo; se chegava a um vilarejo que lhe concedera o título de "patrono" porque dele recebera um benefício, fazia uma solene entrada pública. "Ontem recebi para jantar gente de posição mais alta que vós", diz Trimálquio a seus convidados, com o único defeito de se expressar numa linguagem pretensiosa sendo um vulgar liberto e de convidar pessoas de nível superior ao seu. As pessoas simples são mais sensíveis à "simplicidade" que alguns poderosos sabem demonstrar. "Esse dignitário tão respeitável nos trouxe a salvação", dizia uma delas. Convinha-lhes dirigir-se com humildade aos mais poderosos. Tudo indicava o que MacMullen chama "a expressão explícita da condição".

INDIVIDUALISMO DO DIREITO

Obrigações não menos expressas, ou seja, ideias morais, somavam-se a essas evidências, fosse para impô-las melhor, fosse para tentar dourá-las (quando, por exemplo, os administrados citavam como modelo a virtude privada da "doçura" de que o governador dera provas); todo mundo julgava os outros lembrando-lhes seus deveres públicos e privados. "A tirania da opinião — e que opinião! — é tão tola nas cidadezinhas da França como nos Estados Unidos", escrevia o individualista Stendhal, pensando no puritanismo americano de sua época. O civismo pagão, pois, teria sido não menos inquisidor das vidas privadas?

E no entanto Roma, a mãe do direito pelo que se diz, deveria ser um Estado em conformidade com o direito, no qual ninguém seria obrigado a fazer o que a lei não prescreve e no qual a justiça pública substituiria o arbitrário. Ademais, o direito romano pode ser qualificado de individualista: a liberdade de divórcio é igual para os dois sexos, a propriedade pode ser livremente alienada, a liberdade do testador é muito ampla; não se impõe nenhuma crença religiosa, a cidade e cada indivíduo têm seus deuses favoritos, o braço secular deixa aos deuses — se o podem — o cuidado de vingar as injúrias que lhes são feitas, e o respeito devido aos deuses que a cidade escolheu venerar limita-se à observância dos feriados; o direito de mudar de domicílio e de atividade econômica é incontestado. Acrescentemos que uma divertida indulgência em relação aos pecados sexuais, mesmo femininos, fora erigida em doutrina pelo próprio Senado. No entanto, também é verdadeiro, como observa Bleicken, que tacitamente esse liberalismo não faz senão "decorrer de um sentimento aristocrático da vida privada" e que Roma, não mais do que a Grécia, jamais garantiu de modo formal a liberdade em seu direito; este se considerava antes como o estabelecimento dos deveres piedosos para com as relações da casa, obrigações de fidelidade, responsabilidades patrimoniais e diferenças de legislação pessoal.

"Privado" em oposição a "público" é um dos adjetivos mais empregados da língua latina, porém não delimita positivamente a vida privada; seu sentido é negativo: qualifica o que um indivíduo pode fazer sem atentar contra seus deveres e suas atitudes de homem revestido de uma função pública; não erige um santuário no interior do direito privado, que não se sentia obrigado a respeitar o que respeitava de fato. Mera nuança formal, explicável pelos acasos históricos (nossas liberdades e direitos de homem nasceram de uma revolta contra o soberano)? Sem dúvida, porém essa ausência de garantia deixava a porta aberta a todos os perigos; semelhantes a tempestades, estes fizeram intrusões momentâneas, das quais a mais sangrenta foi a perseguição dos cristãos ou dos maniqueus.

A que se acrescentam, sob certos imperadores e por obra sua, pressões de ordem moral. Em princípio os soberanos romanos, diferentemente de seus homólogos chineses e japoneses, não tinham o que Maurice Pinguet chama de "o velho hábito confuciano de medir o poder proporcionalmente à ordem moral". Alguns, porém — Augusto, Domiciano, os Severo ou Constantino —, quiseram corrigir os costumes por meio de decreto; Augusto tomou medidas severas, ao menos na aparência, contra o adultério da mulher; Domiciano obrigou os amantes a regularizarem sua união, mandou enterrar viva uma vestal que falhara em seu voto de castidade e proibiu aos poetas satíricos o uso de termos obscenos; os Severo fizeram do adultério do marido um delito e do aborto um crime contra o esposo e a pátria; a legislação de Constantino substitui por um rigorismo mais popular que verdadeiramente cristão o velho laxismo aristocrático... Esse moralismo era uma coisa muito particular: no mundo greco-romano, um legislador podia tentar revolucionar a sociedade por decreto; as leis nem sempre tinham a prudência de não se atrasar muito nem avançar demais com relação aos costumes. Pois a cidade era considerada não como um efeito de forças naturais de sociabilidade, mas, antes, como uma instituição nascida da lei e que se degradaria se o legislador não lhe desse sustentação contra forças naturais inimigas; o cidadão era um aluno preguiçoso que só respeita a disciplina sob a palmatória do mestre. Assim também as crises de ordem moral tinham como objetivo principal provar a todos que o imperador reinante era um senhor, pois, não contente de fazer reinar a ordem pública, que os vícios privados não ameaçavam absolutamente, pretendia governar a consciência moral de cada um; depois que cada cidadão se compenetrava de tal ideia, a lei revolucionária deixava de ser aplicada e era esquecida no reinado seguinte. Somente a de Constantino se manteria e marcaria a Idade Média.

O DIREITO ROMANO EXISTE?

Esqueçamos tais tempestades. Em época normal, os costumes romanos são traduzidos com bastante exatidão pelo direito civil, cujo cordão umbilical com a moral vigente nunca foi realmente cortado; a técnica desse direito, mais verbal que conceitual e ainda menos dedutiva, permitia a seus profissionais entregar-se a exercícios de virtuosismo. Tal direito realmente permitia obter justiça? Fazia respeitar as regras do jogo quando os indivíduos as violavam para oprimir o próximo? Numa sociedade tão desigual, desigualitária e atravessada por redes de clientelas, não é necessário dizer que os direitos mais formais não eram reais e que um fraco pouco tinha a ganhar processando os poderosos. E mais: mesmo quando não era violada, a justiça abria vias legais eficazes para obter o cumprimento do direito? Bastará um exemplo, no qual veremos que o poder público organiza a vendeta privada e não faz nada para impedi-la.

Suponhamos que um devedor não quer pagar o dinheiro que tomou emprestado; ou ainda que temos como única fortuna um pequeno sítio, ao qual nos apegamos porque nossos ancestrais ali viveram ou porque a região é agradável. Um poderoso vizinho cobiça nosso bem; à frente de seus escravos armados, invade a propriedade, mata nossos escravos que tentavam nos defender, nos mói de pancadas, nos expulsa e se apodera do sítio como se lhe pertencesse. O que fazer? Um moderno diria: apresentar queixa ao juiz (*litis denuntiatio*), obter justiça e recuperar nosso bem através da autoridade pública (*manu militari*). Sim, as coisas serão mais ou menos assim no final da Antiguidade, quando os governantes de província terão finalmente feito triunfar em todas as coisas seu ideal de coerção pública. Mas, na Itália dos dois ou três primeiros séculos de nossa era, a situação era diferente.

A agressão de nosso poderoso vizinho constitui um delito puramente civil e não implica coerção penal; cabe-nos, pois, garantir o comparecimento do adversário perante a justiça; para isso precisamos agarrar esse indivíduo no meio de seus homens, arrastá-lo e acorrentá-lo em nossa prisão privada até o dia do julgamento. Se não pudermos levá-lo à presença do juiz, não haverá processo (*litis contestatio*). Mas conseguimos e, graças à intervenção de um homem poderoso que nos aceitou como cliente, obtivemos justiça: a sentença diz que o direito está a nosso favor; nada mais nos resta senão executar pessoalmente a sentença, desde que tenhamos os meios. Trata-se aparentemente de lutar para reaver a terra de nossos ancestrais? Não. Por uma bizarrice inexplicável, um juiz não pode condenar um acusado a simplesmente restituir a coisa roubada. Abandonando nosso sítio à própria sorte, ele nos autorizará a tomar posse de todos os bens e domínios de nosso adversário, que venderemos em leilão; guardaremos uma soma de dinheiro igual ao valor que o juiz atribuiu ao sítio (*aestimatio*) e entregaremos o restante a nosso adversário.

Quem, pois, podia se dar ao trabalho de recorrer a uma justiça que se parecia tão pouco com um árbitro encarregado de sancionar as faltas cometidas na luta social? Provavelmente duas categorias de pessoas. Poderosos personagens obstinados que disputam uma terra querem ter razão e levar sua querela ao público, numeroso, que acompanha o processo com a paixão dos romanos pela trapaça ou o gosto literário da eloquência judiciária; esvaziarão sua disputa perante o tribunal, assim como em outras épocas a esvaziariam no campo fechado de um duelo diante de suas testemunhas. Ou ainda um credor processará um devedor faltoso que não oferece resistência; apoderar-se-á dele após um jogo de esconde-esconde: o jurista Ulpiano nos fala do devedor que evita aparecer na praça do mercado para não encontrar seu credor; se o vê, logo se esconde atrás das colunas do pátio que rodeia a praça ou atrás de uma das barracas que o recobrem. O direito não era, portanto, senão um dos golpes possíveis na luta social, e algumas pessoas podiam até suplicar que não o descarregassem contra elas. "Nunca um jurisconsulto nesse caso" (*Juris consultus abesto*).

O direito é uma estratégia, mas também uma das matérias da velha cultura romana; recorrer à via judiciária e seguir o direito civil em seus meandros mais doutos constitui uma conduta refinada. Um exemplo. Em teoria uma romana não pode comparecer perante a justiça sem um representante masculino (porém essa obrigação caiu em desuso); uma habitante não-romana do Império — grega ou egípcia — pode ainda menos. E no entanto verificamos nos papiros que frequentemente ela comparece perante a justiça sem um representante masculino. Então, qual é a regra? É forçoso reconhecer que não existe regra. Verificamos também que algumas romanas inutilmente tomam um representante que poderiam muito bem dispensar: se não existe regra, há elegâncias judiciárias, até pedantismos.

Esse direito secretamente desconcertante apresenta também alguns remanescentes de justiça popular e privada. Ainda sob o Império, não era raro o espetáculo dessa justiça de rua. O meio mais simples de obrigar um devedor a pagar consistia em surpreendê-lo fora de sua casa e "fazer uma gritaria" (*convicium*): o credor seguia-o cobrindo-o de insultos ou cantando-lhe uma canção zombeteira em cujo refrão reclamava a dívida; os juristas só exigiam que não se despisse totalmente o devedor e que as palavras da canção não fossem obscenas: devia-se respeitar a coletividade tomada como testemunha. Por seu turno, o devedor tentava comover a opinião; vestia-se de luto e não cortava mais os cabelos em sinal de total desolação.

O medo da opinião pública desempenhava um grande papel na vida privada, da qual o povo se considerava legítimo juiz. Nas cidades pequenas, a algazarra o provava ao recalcitrante: a multidão apoderava-se dele, empoleirava-o num carro fúnebre e, chorando e rindo, acompanhava o cortejo do falso morto antes de deixá-lo fugir. Também insultava os verdadeiros mortos se seu testamento não fosse aprovado pela consciência pública. Fazia a mesma coisa com os herdeiros que por avareza não lhe ofereciam, em memória do defunto, as lutas de gladiadores às quais ela julgava ter direito ao morrer um notável: num vilarejo da Ligúria a plebe deteve em praça pública o cortejo de um ex-oficial que a família só pôde levar à pira depois de prometer um espetáculo fúnebre.

PUBLICIDADE DA TUMBA

Pois existe um direito de todos sobre a conduta de cada um. Notável, plebeu e até senador, um romano não pode ter intimidade pessoal; todos podem se dirigir a todos e julgar a todos; todo mundo se conhece, ou tal presume. O menor particular pode, portanto, dirigir-se ao "público", que, afinal, não passa de determinado número de particulares como ele. Pode, por exemplo, fazer graça para divertir a plateia: todos são cúmplices. Hoje em dia conhecemos o humor dos célebres grafites de Nova York, através dos quais qualquer indivíduo revela aos transeuntes e aos passageiros do metrô suas ideias, seus amores ou simplesmente seu nome e sua existência, escrevendo nas paredes tudo que lhe passa pela cabeça. Fazia-se a mesma coisa em Pompeia: as paredes dessa cidadezinha entre outras estão cobertas de grafites traçados pelos transeuntes que queriam divertir outros transeuntes dando-lhes algo para ler.

Curiosamente, idêntica publicidade triunfava também no que é o equivalente antigo de nossos cemitérios: a beira de estrada, que não pertencia a ninguém, e era ali, na saída das cidades, que se erguiam os túmulos. Tão logo cruzava a porta da cidade, o viajante passava entre duas fileiras de sepulturas que procuravam chamar-lhe a atenção. A tumba não se dirige à família, ou aos próximos, mas a todos. Pois a cova, embaixo da terra, era uma coisa, objeto de homenagens fúnebres que a família anualmente prestava ao defunto; a tumba com epitáfio era outra coisa: destinava-se aos passantes. Não vamos raciocinar sobre a enganosa analogia dos epitáfios modernos, essas celebrações sem destinatário que falam diante do céu. Os epitáfios romanos diziam: "Lê, transeunte, qual foi meu papel neste mundo. [...] E agora que me leste, boa viagem. — Salve, tu também." (pois a resposta do transeunte está gravada na pedra). Testemunhos comprovam que quando um antigo queria ler um pouco, bastava-lhe caminhar até uma das saídas da cidade; era menos difícil ler um epitáfio que a escrita cursiva de um livro. Deixo de lado um fato mais tardio, as necrópoles e também as catacumbas pagãs.

As vias de saída das cidades, com sua dupla fileira de cartazes funerários, se assim ousamos dizer, fazem vagamente pensar numa exposição de publicidade funerária de alguma Broadway do além; certos epitáfios procuram atrair a atenção do transeunte entre seus vizinhos; oferecem-lhe um campo de esporte e repouso, a sua disposição no recinto fúnebre. E todos falam não da dor dos íntimos, mas do papel social do defunto e de sua fidelidade aos deveres para com os seus, que os epitáfios atestam para o passante, a quem compete julgar. Conversar com alguém durante um jantar sobre seu futuro sepulcro não significava, pois, passar-lhe ideias fúnebres; tratava-se, antes, de garantir que sua dignidade e suas virtudes ficariam publicamente asseguradas; depois de beber, o interessado nem sempre hesitava em ler seu epitáfio, elaborado por ele mesmo e com tanto cuidado como se fosse seu testamento. Uma cidade não podia agradecer melhor a um benfeitor público do que especificando as honras oficiais que enalteceriam seus funerais; uma dama teve assim a alegria de saber que seus concidadãos dariam açafrão (então um perfume muito apreciado) para perfumar a pira funerária por ocasião da cremação.

Os arqueólogos encontraram uma centena de milhares de epitáfios, e MacMullen notou que sua multiplicação fora moda, alcançando o auge a partir do século I para extinguir-se pouco a pouco a partir do século III. Como se surpreender? Eles não derivam de uma ideia elementar da morte, mas de um reinado da palavra pública e do controle público e não se restringem aos grandes: os simples particulares, se não eram personagens públicos, pelo menos viveram em público, aos olhos de seus semelhantes. Por isso mesmo ocorre-lhes deixar ao público alguma mensagem tanto no epitáfio como no testamento: "Vivi avaramente o tanto que me foi dado viver, por isso vos aconselho a gozar os prazeres mais do que eu. Assim é a vida: chegamos aqui, e não mais longe. Amar, beber, ir aos banhos, essa é a verdadeira vida: depois não há mais nada. Nunca segui os conselhos de um filósofo. Desconfiai dos médicos, foram eles que me mataram". O morto tira a lição de sua vida para os vivos e as raras menções a um além — que receberam muita atenção dos historiadores influenciados pelo cristianismo — desconhecem a função pública da tumba antiga. Pois o epitáfio exerce, quando é o caso, um papel de censura; o defunto expõe à execração pública aqueles que lhe deram motivos de queixa. Um patrono amaldiçoa, como se fazia nos testamentos, um liberto ingrato, trata-o de salteador de estrada; um pai informa a todos que deserdou uma filha indigna; uma mãe atribui a morte de seu bebê aos malefícios de uma envenenadora. Para nós, gravar esse tipo de coisa num túmulo equivaleria a macular a majestade da morte. Mas os romanos não lavavam roupa suja em casa: faziam limpeza pública. Em Pompeia, na estrada de Nocera, um epitáfio entrega um amigo ingrato à ira dos deuses do céu e dos infernos.

CENSURA PÚBLICA

Tanto se ouvia por toda parte a censura coletiva da conduta privada como se lia por toda parte o chamamento das normas; havia no ar um peso de chamados à ordem, uma vontade de ser respeitoso. Um notável de Pompeia mandou pintar em sua sala de refeições o seguinte regulamento: "Usa de amabilidade e refreia teus propósitos de briga, se possível; se não, que teus passos te conduzam de volta a tua casa; desvia teus olhos doces e teus ares lascivos da mulher de outrem e que o pudor esteja sobre teu rosto". Os convidados não achavam que tais admoestações lhes concernessem injuriosamente; viam antes com prazer os valores da virtude enaltecerem sua honesta assembleia. E o incenso que a consciência pública queimava à virtude era digno de estontear um boi. Ovídio, poeta delicado sobre o qual um dia se abate o drama do exílio, presta homenagem, chorando, à esposa dedicada que deixa em Roma: ela não o engana. Horácio deixa a modéstia de lado ao fazer seu próprio elogio; na juventude, graças às sábias admoestações de seu pai, não foi o "queridinho" de ninguém. A um viúvo, seu mecenas, Estácio faz o elogio da cara falecida: era tão pudica que por nada no mundo o teria traído, mesmo se lhe propusessem uma grande soma de dinheiro. Era excessivo louvar uma esposa que não se vende e um adolescente que não foi o "queridinho" de ninguém. O mesmo Estácio felicita um adolescente por não ter dedicado a juventude aos amores de efebo, embora fosse órfão. Uma censura vigilante só louvava com rudeza.

Reviravam-se os segredos com pouca consideração; tudo era bom para opor a virtude ao vício. Continuando seu panegírico, Estácio nos informa que o mesmo adolescente, seu protegido, sofreu infelicidades: a mãe era uma envenenadora que tentou mandá-lo à sepultura, mas o imperador a puniu com trabalhos forçados. Se o poeta assim faz publicamente justiça, é porque a opinião pública a fizera antes dele com igual leviandade. Pois a consciência coletiva comentava a vida de cada um sem o menor pudor: não se tratava de mexericar, e sim de exercer uma censura legítima, que se chamava *reprehensio*. Pesava-se cada casamento, divórcio ou testamento. As cartas de Cícero o provam e a correspondência de Plínio o atesta ainda mais, pois só foi escrita para ser publicada: é e pretendia ser um manual do perfeito senador romano ensinado pelo exemplo de seu autor; ora, sempre que fala de um testamento e de um divórcio, Plínio relata cuidadosamente o que se pensava a respeito e, se as opiniões se dividiam, aponta a opção correta. A opinião da classe dirigente sente-se abalizada em controlar a vida privada de seus membros no interesse de todos. Se essa opinião é afrontada, encontra caçoístas para vingá-la: canções injuriosas e anônimas repetem-se de boca em boca (*carmen famosum*); panfletos (*libelli*) circulam contra o faltoso e o cobrem de insultos obscenos e de sarcasmos para lhe provar que ele não é o mais forte. Quando um senador resolveu se casar com a amante durante uma tempestade de ordem moral, Estácio, que era seu protegido, esclareceu a situação: "Calem-se as insinuações mentirosas dos panfletos: esse amor indisciplinado acaba de submeter-se às leis, e os cidadãos puderam ver com seus próprios olhos os beijos de que falavam". Há hipocrisia nesse puritanismo cívico que não hesita em denunciar os que não estão de acordo; um gênero literário — a sátira — teve aí suas raízes.

Ninguém está isento de prestar contas de sua vida privada diante da opinião pública, nem mesmo os imperadores — desde que sejam "bons" imperadores. Quando Cláudio soube da má conduta da imperatriz Messalina, foi arengar a guarda imperial, detalhou as infidelidades da esposa e prometeu-lhe que "jamais se casaria de novo, pois decididamente não tinha sorte no casamento". Ao saber da má conduta da filha e depois da neta, que pretendiam viver como grandes damas livres, e não como membros exemplares da família reinante, Augusto detalhou seus escândalos numa mensagem ao Senado e num manifesto (*edictum*) ao povo. Quanto aos "maus" imperadores, faziam a mesma coisa, só que em sentido inverso; expunham seus adultérios e seus "queridinhos" para mostrar que um potentado está acima da opinião pública.

Para um pai de família digno desse nome o meio de não ser criticado consistia em reunir um conselho de pares e amigos a fim de submeter à sua aprovação toda decisão privada importante: punir um filho em virtude de sua autoridade paterna, libertar um jovem escravo, casar-se, repudiar uma esposa indigna, casar-se de novo com ela, suicidar-se — assim o suicídio não seria considerado covardia. No mesmo conselho de amigos um romano dá parte das indignidades das quais é vítima: um cidadão injustamente deserdado pelo irmão leu em público o testamento deste e o seu e o contraste entre os dois despertou a indignação geral. Esse conselho tem algo de solene; nas velhas famílias, se alguém se desentende com um amigo e não quer mais sua presença no conselho, basta lhe comunicar expressamente (*renuntiare amicitiam*).

Pois, no interior da classe governante, não reina nenhuma cumplicidade de silêncio; os erros públicos e privados são expostos aos olhos dos governados. Plínio, que se pretende modelo das virtudes delicadas, denuncia os ridículos de seus pares — ou, antes, seus defeitos (em Roma não é o ridículo que mata) — e publica trechos de cartas íntimas que arrasam um governante muito ladrão. Falando como senador, Sêneca detalha as perversões sexuais que permitiram a um de seus pares ser nomeado cônsul. Os governantes não hesitam em falar mal de seus pares porque nunca falam como pessoas privadas: todo cidadão é em algum nível um homem público, um militante. Essa legitimidade reconhecida à opinião dirigente levava a uma curiosa liberdade da imprensa oral a título retrospectivo: tinha-se o direito de tratar de tirano um imperador falecido, de acusá-lo de querer suprimir a livre expressão (*parrhesia*, *libertas*) da opinião nobre — desde que se acrescentasse cuidadosamente que o imperador reinante era o contrário do tirano, elogiando-o com expressão não menos livre.

A AUTORIDADE MORAL

Com efeito, um senador não é um homem como os outros: tudo que diz é público e merece crédito; ele julga os atos públicos e privados de seus pares, assim como, entre nós, diplomatas e generais sancionam em suas memórias os méritos e os erros públicos e privados dos homens que estavam na cúpula. A classe governante comandava legitimamente, menos em virtude dos títulos oficiais de que estavam revestidos seus membros do que em nome de uma "autoridade" (*auctoritas*) de classe que lhe pertencia naturalmente, sem outro fundamento: era assim. E essa autoridade recaía tanto sobre a moral privada como sobre a vida pública: um senador dizia como devia viver um cidadão digno desse nome. Se o senador é também historiador ou filósofo, seus livros não serão lidos como os dos simples mortais. Sendo historiador, dirá o que se deve pensar do passado romano, para ilustrar as verdades políticas, morais e patrióticas de que o Senado era o conservatório ou a academia; os historiadores de origem humilde repetirão lealmente essa versão edificante; ou, ainda, como gente de baixa condição, se contentarão, nos limites do respeito, em ver as coisas pela óptica do camareiro e divertir seus leitores com futilidades relativas à vida privada dos grandes. Sendo filósofo, como Cícero ou Sêneca, o senador terá o direito de dizer como se aplica a filosofia à política, para encontrar nos livros de sabedoria os velhos princípios de Roma, dos quais é guardião.

Assim, todo nobre deve ser circunspecto, pois é uma pessoa de peso (*gravis*); não deve gracejar em público: seria bufonaria de sua parte. Só que há uma hora para ser grave e uma hora para relaxar (*non intempestive lascivire*): saber gracejar e ser simples entre quatro paredes constitui mérito suplementar de um senador; a vida privada é aquela em que as pessoas se divertem. Cipião, tão rígido em público, mostrava-se muito "civil" com os íntimos. Roma teve uma tradição de fineza aristocrática em que a censura de outrem deixava de ser mordaz para tornar-se ironia maliciosa; as sátiras do nobre Lucílio guardam algo de uma cumplicidade mundana quase esotérica: as alusões zombeteiras tornam-se mais delicadas sem perder a mordacidade. O mesmo Lucílio ria com Cipião e outros pares; quando estavam juntos num de seus castelos no campo (*villae*), a rigidez imposta pelo código aristocrático deixava de ser necessária, e esses grandes personagens dedicavam-se a um dos brinquedos infantis de sua época: brincar de pegador em volta dos leitos de refeição; a civilidade na vida privada permitia-lhes tornarem-se crianças grandes (*repuerascere*).

Por um momento comportavam-se como a gente do povo fazia o tempo todo, pois essa gente podia cantar em público enquanto colhia uvas ou consertava coisas. Assim, Sêneca pôde escrever: "Um pobre ri mais vezes e mais espontaneamente". Os romanos não tinham a orgulhosa elegância helênica, que fundamentava a vida pública e as atitudes privadas numa igual distinção de maneiras. Dois séculos antes de nossa era, Roma, desde sempre cidade semi-helenizada, pela primeira vez estabeleceu relações diplomáticas com os reinos helenísticos, que ainda eram a potência mundial da época. Um embaixador romano encontrou-se em presença do rei grego Antíoco, o Grande, o homem mais célebre de seu tempo, e somente pela rigidez soube exprimir sua elevada ideia da pátria; suas palavras foram, pois, excessivas. O rei mostrou-lhe que tal arrogância de semibárbaro não o impressionava e acrescentou que perdoava o embaixador porque era muito jovem e também porque era belo.

Não importa o que possamos dizer, Roma não foi um Estado segundo o direito civil ou público, mas um Estado que obedecia em tudo a uma realidade desconcertante para o sociologismo moderno: uma classe governante; o direito público de Roma se esclarece quando paramos de procurar normas e sabemos que tudo se decidia golpe a golpe, segundo as relações de força em cada momento. Coisa mais curiosa ainda, Roma nada tinha de um Estado tradicionalista, regido pelo respeito ao costume, à maneira inglesa; a confusão das instituições romanas sempre foi meio fluida. Um autoritarismo sem regra do jogo; a célebre "boa-fé" romana é fidelidade a um homem, não a um pacto. A não menos célebre invocação perpétua da "tradição ancestral", dos "hábitos dos antigos" (*more majorum*) é não menos especiosa e não implica autoridade de costume. Essa tradição só era invocada com relação às instituições públicas; por isso se encontrava apenas na boca dos grandes, únicos autorizados a falar de política; e era invocada como objeção; quer dizer, só a mencionavam quando estava para ser violada. Alegava-se a tradição ancestral para impedir um rival de inovar em proveito próprio ou para autorizar-se a fazer algo inesperado, que se introduzia como uma volta ao costume esquecido. E a essa tradição ancestral opunha-se não menos expressamente o costume atual, não menos digno de ser alegado. Antiga ou recente, a tradição não passava de um argumento; atribuía-se a ela tudo que se queria.

SABEDORIA POPULAR

A vida pública obedecia à vontade dos membros da classe governante, e a vida privada, a seu "o que os outros vão dizer". Quanto às massas, sua vida privada naturalmente se enquadrava nos costumes explicitados numa sabedoria, numa doutrina popular oral, comparável aos livros sapienciais do Velho Testamento.

A opinião senatorial lembrava em cada ocasião o que cada indivíduo deveria fazer. Por seu turno, a sabedoria popular ensinava: "O sábio faz isso, o louco faz aquilo". O homem do povo dava lições teóricas aos filhos antecipando-se às falhas dos outros e fazendo um díptico do bem e do mal e também da imprudência e da prudência na conduta. A arrogância aristocrática não precisava de lições de sabedoria: ela própria era a lei tão logo abria a boca; os provérbios eram bons para o povo. O rico liberto que foi pai do poeta Horácio mandou o filho à escola a fim de receber a educação liberal que lhe havia faltado, mas ensinou-lhe pessoalmente a doutrina da sabedoria: para incitá-lo a fugir do vício e dos amores adúlteros, citava-lhe o caso de Fulano que fora pilhado em flagrante delito e perdera a reputação; para ensinar-lhe a prudência na gestão do patrimônio, mostrava-lhe como Beltrano acabara a vida na miséria. Pois um homem do povo teme tanto a imprudência quanto a imoralidade: "Como ignorar", dizia-lhe, "que tal ação é ou imoral ou desvantajosa quando o indivíduo que a comete só consegue que falem mal dele?". E citava como exemplo positivo a conduta de um grande personagem oficialmente reconhecido como homem de bem, pois fora nomeado jurado: "Eis aí uma autoridade", dizia. Poeta e pensador, o filho sentia algum parentesco entre essa doutrina oral e as lições escritas da filosofia. O povo também o percebia. Quando lemos nos epitáfios: "Ele nunca seguiu as lições de um filósofo" ou "Aprendeu sozinho todas as veneráveis verdades", não se trata de desprezo pela cultura, e sim de reivindicação de uma cultura igual: o defunto não teve necessidade da filosofia para viver como filósofo, para saber onde estavam o bom e o útil.

A INDOLÊNCIA

Não é tudo. Além dessa sabedoria popular, Roma tinha também doutrinas orais, "bons sensos", comuns a todas as classes da sociedade e cuja envergadura se aplicava a todos os problemas possíveis; eram, pois, verdadeiras filosofias, à maneira do marxismo ou da psicanálise, principais bons sensos do Ocidente atual. Como estes, as doutrinas orais explicavam e desmistificavam tudo; mostravam que a realidade na qual se vivia era radicalmente adulterada, que deveria ser diferente e que disso provinham todos os males privados e públicos. A falha não era da sociedade de classes, e sim de algum defeito fundamental que afetava praticamente todos os homens: a indolência, quando não a tendência ao excesso. Todos partilhavam tais evidências, e os filósofos julgavam encontrá-las em suas doutrinas e as acrescentavam a elas de boa-fé. Durante bem meio milênio gregos e romanos viveram, pois, na convicção de que sua sociedade estava em decadência, a famosa "decadência de Roma". Pois o bom senso, as filosofias orais, são filhos dos acasos da história das ideias, e não o imutável reflexo funcional da realidade: são livres criações, e sua relação com a realidade varia de uma para outra; algumas são conformistas e outras, desmistificadoras.

A indolência liquefaz os indivíduos e põe a perder as sociedades, que não passam de agregados de indivíduos. Mas o que é a indolência? Menos um defeito que um sintoma capaz de permitir uma análise da psique. De início parece apenas um defeito entre outros, identificado ou mesmo reduzido a detalhes pouco viris: inflexões de voz efeminadas, gestos afetados, jeito lânguido de andar etc. Mas o puritanismo greco-romano examinava com lupa tais detalhes e atribuía-lhes desmesurada importância; achava-se que essa indolência visível era sintoma de outra mais profunda, de uma fraqueza do caráter todo. Ora, assim como um organismo muito fraco não oferece resistência às mais diversas doenças, um caráter desprovido de resistência cede ao assalto de todos os vícios, inclusive — e talvez principalmente — dos vícios que menos se pareceriam com a indolência. Esta explicava, pois, o luxo e a luxúria, designados com uma só palavra, *luxuria*, e que consistiam em não se recusar nada e achar que tudo é permitido. Nessa época amar demais as mulheres e fazer amor em excesso provava que um homem era efeminado. Então, como lutar contra a indolência? Lutando contra a ociosidade que a engendra. Não que aos olhos dos antigos a preguiça fosse a mãe de todos os vícios porque lhes deixava o terreno livre: sua crítica da ociosidade não decorria da ideia moderna sobre a energia excessiva, que será disponível para o amor se não for investida no trabalho. Os antigos viam a ociosidade como a avó dos vícios, porque um caráter que não faz nada perde a musculatura, o treino, e não mais oferece resistência às doenças da alma. Havia também na vida greco-romana uma atitude viril que condenava com rigor clerical os prazeres, a dança, a paixão, e infiltrava o veneno da suspeita nas relações do indivíduo consigo mesmo. Daí os ímpetos de intolerância com relação a certas vidas privadas quando um imperador ou a opinião pública tinham acessos de ordem moral.

O EXCESSO

Quanto à outra antropologia filosófica, a do excesso, permitia condenar em seu princípio o homem como ele é e o mundo como ele anda. O homem é talvez um animal racional, mas na realidade todos os homens são loucos: uma espécie de mania de grandeza leva-os a querer ter mais do que é naturalmente útil ter; daí a ambição e a cobiça, mães do luxo, de todos os conflitos e da decadência dos Estados. Reconhecemos nisso a sabedoria de Horácio, que não consistia, como lhe atribuem, em recomendar o meio-termo aos espíritos sábios, mas em deplorar que uma recomendação tão evidente não seja seguida e que por fatalidade haja no homem alguma coisa radicalmente falsa; contra essa falsidade universal uma sabedoria muito organizada luta com a energia do desespero.

Essa condenação universal aplicou-se principalmente a tentar fazer ver com outros olhos o excesso mais comum: a cobiça, a vontade de enriquecer. Basta um honesto bem-estar; para que querer ir além da condição de arrendatário? A loucura dos humanos consiste em não se contentar e querer ser milionários; eis aí, como vemos, uma concepção bastante particular da pobreza... Como diz Galeno, para que ter quinze pares de calçados? Bastam dois, sendo um para troca; uma casa, alguns escravos, um mobiliário confortável, e seremos felizes. De Prodicos a Musônio e além, todos os pensadores fizeram com prazer o paradoxal elogio da "pobreza", e esse paradoxo em geral agradava: Sêneca nos informa que no teatro, espetáculo muito popular, o público aplaudia as tiradas contra os avaros, os cobiçosos, que fazem mal a si mesmos esforçando-se para possuir sempre mais. Os economistas gregos ensinavam que o verdadeiro objetivo da produção deveria ser a autarcia, que consistia em reduzir as necessidades para não mais depender da economia; a partir dessa ideologia, alguns historiadores modernos julgaram possível concluir que os antigos não tinham mentalidade produtiva e que, consequentemente, as economias greco-romanas não deviam ser muito desenvolvidas. Tais historiadores não entenderam bem a filosofia oral do excesso: ela condenava a realidade e não a descrevia.

É preciso saber se contentar com pouco, diz Epicuro, mas acrescenta: se necessário. Condenando a riqueza ou a indolência, o bom senso antigo tem um mesmo objetivo: garantir a segurança da pessoa privada censurando as fraquezas ou apetites que a expõem às tempestades da vida; censura os que se arriscam com muita vela ao vento. São doutrinas de tranquilização. Ao excesso que expõe o indivíduo, a religião, as sabedorias e as ideias sobre o além opunham essa tranquilidade; à condenação teórica da indolência, a realidade opunha a oferta dos prazeres.

PRAZERES E EXCESSOS

O IDEAL LIBERAL

Havia um provérbio: "O banho, o vinho e Vênus consomem o corpo, mas são a verdadeira vida". Em Esparta — sim, em Esparta — um epitáfio comentava um relevo funerário erótico (existia isso).

Eis o que se chama um templo
Eis o lugar de teus mistérios
Eis o que um mortal deve fazer
Quando vê onde a vida acaba.

Havia um tempo para cada coisa, e o prazer não era menos legítimo que a virtude; para dizê-lo numa imagem, gostavam de representar Hércules em seus momentos de fraqueza, fiando ao pé de sua ama Ônfale ou embriagado de vinho, mal se mantendo em pé, o olhar perdido, o rosto alegre.

A urbanidade constitui um dever de bem viver. Um homem educado (*pepaideumenos*), como é por definição todo nobre, comporta-se com seus pares sem baixeza nem afetação: o respeito pelo outro deve ser praticado com o desembaraço de uma alma liberal; a deferência a um superior nunca deve se afastar de uma simplicidade familiar que é o tom da altivez cívica de um homem livre. É bom para "os bárbaros se petrificarem diante dos reis" e para os supersticiosos tremerem perante os deuses como um escravo na presença dos senhores. Aos olhos da classe governante, a "liberdade" impera e o soberano é um "bom imperador" se fala em tom liberal aos cidadãos da classe alta, dá ordens de igual para igual, não se faz de deus vivo — de potentado, como os bárbaros — e não leva a sério a própria divinização, concessão feita aos entusiasmos populares. O estilo político do Alto Império é um estilo de alta-roda; a vida pública deve ter o desembaraço liberal dos interlocutores dos diálogos filosóficos de Cícero, e assim também a vida religiosa: nada mais distante do estilo familiar das relações com o divino no cristianismo: o amor filial pelo Pai devia causar nos pagãos o efeito de uma intimidade um tanto repulsiva e de uma humildade servil; devia parecer plebeu.

Ainda hoje a impressão que nos deixa o mundo antigo antes da "decadência" do "Baixo Império" — essa impressão de classicismo, humanismo, clareza, razão e liberdade — resulta do estilo das relações humanas na vida privada da classe governante; tal estilo era o mesmo das cartas privadas e da arte da prosa, inclusive dos epitáfios. Tal impressão resulta também da arte: ela é realista. As pinturas das catacumbas, escreve Gombrich, ou a "Bíblia em imagens" dos escultores medievais representarão as lendas com seus componentes e seu ensinamento numa montagem convencional. A arte pagã clássica mostra um episódio de uma lenda que se supõe conhecida como uma fotografia poderia captá-la de repente: o homem e o real em pé de igualdade. Os retratos de imperadores no final da Antiguidade darão ao soberano os traços de um inspirado ou de um hierarca mussoliniano; mas os retratos imperiais do Alto Império atribuem ao príncipe uma cabeça de belo jovem, de intelectual ou de honesto cidadão de traços individualizados: de um homem entre outros. Nada é ideológico, didático.

Para esse ideal liberal a amizade era o valor que, ao contrário da paixão, resumia a reciprocidade das relações entre indivíduos e a liberdade interior que cada um desejava preservar; amor era escravidão, amizade era liberdade e igualdade. Mesmo que, na realidade, a palavra amizade muitas vezes (mas não sempre) quisesse dizer "clientela".

No fim da Antiguidade tudo muda: a cena é ocupada por uma negra retórica expressionista e um estilo político autoritário e sublime; esse tom caricatural e exagerado é responsável pela reputação de "decadência" do Baixo Império; e durante muito tempo levou os historiadores a imaginarem um declínio da população, da vida urbana, da produção, da economia monetária e do poder político. Tão grande é o poder de ilusão de um estilo.

O IDEAL URBANO

O estilo dos dois ou três primeiros séculos do Império era feito, portanto, de urbanidade e também de urbanismo. Os notáveis, já sabemos, constituíam uma nobreza citadina, que só morava em suas terras nos calores do verão. Da natureza esses urbanos apreciavam sobretudo os prazeres (*amoenitas*); percorriam suas profundezas selvagens, em pesadas expedições de caça, somente para demonstrar "virtude", coragem. A natureza segundo seu coração humaniza-se em parques, em jardins; uma paisagem será valorizada se um pequeno santuário na colina ou na ponta do cabo acolher o voto latente do local. Os homens só são plenamente eles mesmos na cidade, e uma cidade não se compõe de ruas familiares e multidões calorosas ou anônimas, e sim de comodidades materiais (*commoda*), como os banhos públicos, e edifícios que a enalteçam no espírito de seus moradores e dos viajantes e a tornem bem mais que um vulgar conjunto de habitações. "Pode-se chamar de cidade", pergunta Pausânias, "um lugar que não tem edifícios públicos, nem ginásio, nem teatro, nem praça, nem adução de água a nenhuma fonte e onde as pessoas vivem em cabanas iguais às choças (*kalybai*) penduradas na borda de um barranco?" Um romano não podia ser realmente ele mesmo no campo, só se sentia em casa na cidade. Principalmente se a cidade era cercada de muralhas: caso para a psicologia; os muros são o mais belo enfeite de uma cidade, porque, nesse cinturão, as pessoas se sentem como num *home* coletivo; as muralhas resultavam então da mentalidade privada. Mesmo não vivendo com medo de ladrões, preferimos aferrolhar a porta à noite; a cidade que tem muros pode igualmente se trancar ao escurecer; em consequência, toda entrada ou saída noturna era suspeita; os mal-intencionados não ousavam apresentar-se à guarda que detinha as chaves de cada porta e viam-se obrigados a descer com a ajuda dos cúmplices, num grande cesto, do alto de uma parte mal vigiada das muralhas.

BANQUETES

O muro é penhor de civilidade; o banquete é cerimônia de civilidade. Assim que se vê em suas terras, em seu caro retiro, Horácio convida uma amiga para jantar, sem dúvida uma liberta, cantora ou atriz conhecida. Pois o banquete, para todos os usos, é a circunstância em que o homem privado desfruta do que ele de fato é e o mostra veridicamente a seus pares. O banquete tinha tanta importância quanto a vida dos salões no século XVIII e mesmo quanto a corte no *Ancien Régime*. Os imperadores não tinham corte; viviam em seu "palácio" na colina do Palatino, à maneira dos nobres de Roma em suas mansões, cercados de escravos e libertos (tanto que o palácio abrigava os diferentes serviços ministeriais); mas, caída a noite, jantavam com seus convidados, que eram senadores ou simples cidadãos cuja companhia apreciavam. Acabavam-se as honras "públicas" e o "governo" do patrimônio: à noite o homem privado desabrochava no banquete; até os pobres (*hoi penêtes*) — ou seja, nove décimos da população — tinham suas noites de festim. O homem privado esquecia tudo durante o banquete, menos sua eventual "profissão"; um indivíduo que fez voto de consagrar a vida à busca da sabedoria não festejava da mesma forma que o profano vulgo, e sim como filósofo.

O banquete constituía uma arte. A etiqueta parece ter sido menos elaborada e rigorosa que a nossa. Em compensação, jantava-se com clientes e amigos de toda posição, tanto que a ordem de precedência era rigorosamente observada na distribuição dos leitos ao redor da mesa onde ficavam os pratos. Não havia verdadeiro festim sem leito, mesmo entre os pobres: só se comia sentado nas refeições comuns (nas casas simples a mãe de família, de pé, servia o pai à mesa). A comida nos pareceria ora oriental, ora medieval. Contém muitos temperos e molhos complicados. A carne é fervida antes de cozinhar ou assar — tanto que perde o sangue — e adoçada. A gama dos sabores favoritos situa-se no agridoce. Para beber, poderíamos escolher entre um vinho com gosto de marsala e um resinado, como hoje em dia na Grécia, todos cortados com água. "Reforça a dose", ordena a um escanção um poeta erótico de coração partido. Pois a melhor parte do jantar, a mais longa, é aquela em que se bebe; durante a primeira metade do jantar nada se faz senão comer sem beber; a segunda parte, em que se bebe sem comer, constitui o banquete propriamente dito (*comissatio*). É mais que um festim: uma pequena festa, onde cada qual deve manter seu personagem. Em sinal de festa, os convivas portam chapéus de flores ou "coroas" e usam perfume, quer dizer, estão untados de óleo perfumado (desconhecendo-se o álcool, o óleo era o solvente dos perfumes): os banquetes eram untuosos e brilhantes, assim como as noites de amor.

O banquete era muito mais que um banquete, e esperavam-se considerações gerais, temas elevados, recapitulações de atos pessoais; se o dono da casa tem um filósofo doméstico ou um preceptor dos filhos, ordena-lhe que tome a palavra; os interlúdios musicais (com danças e cantos), executados por profissionais contratados para a ocasião, podem dar mais vida à festa. O banquete constitui uma manifestação social equivalente ao prazer de beber — ou até maior — e por isso inspirou um gênero literário, o do "banquete", em que os homens de cultura, filósofos ou eruditos (*grammatici*), abordam temas elevados. Quando a sala de festim oferece desse modo um espetáculo mais de salão que de refeitório, o ideal do banquete se realiza e a confusão com um festejo popular já não é possível. "Beber" designava então os prazeres da mundanalidade, da cultura, e às vezes os encantos da amizade; pensadores e poetas também podiam filosofar sobre o vinho.

CONFRARIAS

O povo conhecia com menos ostentação o prazer de estar junto; havia a taberna e os "colégios", ou confrarias. Como hoje em dia num país muçulmano, as pessoas encontravam seus semelhantes no barbeiro, nas termas e na taberna. Em Pompeia as tabernas (*cauponae*) são muito numerosas; ali se encontravam viajantes de passagem, se aquecem as refeições (nem todos os pobres têm fogão em casa) e cortejam-se as taberneiras enfeitadas com joias rutilantes; os desafios amorosos são inscritos nas paredes. Essas práticas populares não eram de bom-tom, e um notável perdia a reputação se o viam jantando numa taberna; não era sério viver na rua (citava-se um filósofo de antanho tão desregrado que nunca saía sem dinheiro: queria poder comprar todo prazer que lhe aparecesse). O poder imperial moveu uma guerrinha de quatro séculos às tabernas para impedir que servissem também de restaurante (*thermopolium*), pois era mais moral comer na própria casa.

Quanto às confrarias (*collegia*), o imperador desconfiava, pois reuniam muitos homens e seus objetivos não eram claramente definíveis; errado ou certo, ele temia tais núcleos de poder. Em princípio, os "colégios" eram livres associações privadas às quais aderiam, se o desejassem, homens livres e escravos que exerciam a mesma profissão ou queriam venerar o mesmo deus. Praticamente em todas as cidades havia um ou vários colégios: aqui se formara uma associação de tecelões e outra de adoradores de Hércules; na cidade vizinha havia uma confraria de ferreiros e uma associação de comerciantes de roupas adoradores de Mercúrio. Pois cada uma dessas confrarias se estabelecia numa só cidade: compunha-se visivelmente de pessoas do local que se conheciam. E essas pessoas eram exclusivamente homens: nada de mulheres nos colégios. Enfim, fosse seu objetivo religioso ou profissional, os diferentes colégios eram organizados nos moldes de uma cidade; cada qual tinha seu conselho, seus magistrados anuais, seu evergetismo; e seus membros votavam belos decretos em honra dos respectivos mecenas, a redação rigorosamente calcada no texto dos decretos municipais. Simulacros de cidade, onde se reuniam pessoas do povo de um mesmo lugar, a pretexto religioso ou profissional.

Por que esse fenômeno associativo? Que necessidade sentiam os carpinteiros de tal cidade, ou os adoradores de Hércules de outra, para se reunirem dessa forma? Uma coisa é certa: os colégios em nada se parecem com os sindicatos modernos nem chegam a ser sociedades operárias de ajuda mútua; são um lugar onde os homens se encontram, sem as mulheres, e encontram também um pouco de calor humano. Se o colégio for religioso, o deus a venerar será pretexto para um banquete; se for profissional, pessoas do mesmo ofício se encontrarão com prazer, pois o remendão gosta de frequentar o remendão, e o carpinteiro tem o que dizer ao carpinteiro. Cada novo membro pagava pelo direito de ingresso; somadas aos recursos do evergetismo, essas rendas da confraria permitiam-lhe banquetear-se alegremente e garantir a seus membros funerais decentes, seguidos também de um banquete (para os escravos, os colégios constituíam o meio de não serem enterrados como cães). O paralelo com as confrarias operárias e devotas do *Ancien Régime* é incontestável. Em Florença, conta Davidsohn, confrarias religiosas e artesanais formavam-se ao redor de uma devoção à Virgem ou a algum santo; celebravam com muito aparato os funerais de seus membros, que acompanhavam até o túmulo coletivo construído por elas; eram igualmente reputadas por seu imoderado amor aos banquetes, muitas vezes destinados a comemorar a lembrança de fundadores que lhes deixaram dinheiro a fim de que bebessem em sua memória (esse evergetismo funerário e esses túmulos de confraria encontram-se nos "colégios" romanos). O banquete e a sepultura, escreve são Cipriano, são os dois objetivos das confrarias; às vezes o gosto pelo banquete não se disfarça sob nenhum pretexto, e em Fano, no Adriático, existia uma confraria "de *bons vivants* que jantam juntos".

A multiplicação dos colégios transformou-os no quadro principal da vida privada plebeia, e era por isso que o poder público imperial desconfiava. Não sem razão, pois uma associação tende a ultrapassar seus objetivos oficiais e até seus fins inconscientes; quando se reúnem para qualquer coisa, os homens aproveitam para apresentar outros assuntos que interessam a cada um deles. No final da República, os candidatos às eleições bajulavam os colégios não menos que as cidades. Mais tarde, em Alexandria, cidade politicamente muito agitada, formaram-se clubes religiosos onde, "sob o pretexto de participar de um sacrifício, bebia-se e na embriaguez deblaterava-se sobre a situação política"; de tanto deblaterar acabava-se saindo à rua, a chamado de um notável que defendia os privilégios dos gregos de Alexandria contra o governador romano e que de tanto evergetismo conseguira ser nomeado presidente dessas confrarias, equivalentes antigos do bar onde falamos de política.

Os bares aonde vamos apenas para beber com os amigos são, porém, mais numerosos. O gosto pelas associações era tão grande que elas se formavam até no interior das casas e também, a pretexto da devoção, na melhor sociedade. Os escravos e libertos de uma casa, os meeiros e escravos de uma propriedade compunham um colégio, cotizavam-se para se garantirem uma sepultura e protestavam contra sua ligação à família do amo, erguendo um pequeno santuário doméstico aos gênios protetores da propriedade ou da casa. Como sempre, esses colégios imitavam a organização política de uma cidade.

IDEOLOGIA BÁQUICA

Lembramos que nas cidades o evergetismo dava à população oportunidades de comer e beber à larga. Era importante que se encontrassem todos juntos; importante reunir-se para se banquetear, o que ritualizava a sociabilidade e o prazer de beber; importante reunir-se em data estabelecida ou em ocasiões raras, o que criava uma espera e solenizava o prazer. Não menos importante era pensar na tumba. Ora, havia uma crença, a de Baco, que simbolizava e glorificava tudo isso. Crença é um termo excessivo: ainda que acreditasse ingenuamente em sua existência, o povo não o venerava, e esse deus era célebre principalmente por suas lendas; era um deus da mitologia; algumas seitas místicas tinham-no por um grande deus verdadeiro, como veremos, porém os romanos em geral se dirigiam a divindades mais autênticas a seus olhos quando precisavam da proteção divina e ninguém lhe dedicava um ex-voto. E no entanto a lenda báquica era mais que uma lenda; era um conjunto de imagens presente por toda parte cujo sentido não escapava a ninguém e que se exibia nos mosaicos, nas pinturas das casas ou das tabernas, nas baixelas, nos objetos domésticos de todo tipo. E até nos sarcófagos. Nenhuma imagem se difundiu tanto, nem mesmo a de Vênus. Suas imagens adequavam-se a todo lugar, pois evocavam apenas ideias agradáveis. Deus do prazer e da sociabilidade, Baco está sempre acompanhado do cortejo de seus familiares bêbados e suas adoradoras extasiadas: os amáveis excessos de todo tipo lhes são prometidos; deus benfazejo, civilizador, que acalma os espíritos, levou às extremidades da Terra um triunfo pacífico e sabe domar a fúria dos tigres, que, mansos como carneiros, são atrelados a seu carro; suas adoradoras são tão belas e pouco vestidas como sua linda amante Ariadne. As imagens báquicas certamente não tinham sentido religioso e místico, mas também não eram decorativas: afirmavam a importância da sociabilidade e do prazer e conferiam-lhe uma garantia sobrenatural; era uma ideologia, uma afirmação de princípio. Tinham como contrapartida a imagem de Hércules, símbolo da "virtude" cívica e filosófica.

Para o povo, Baco era um deus do qual não se duvidava: pretexto suficiente para que se formassem confrarias populares de adoradores de Baco, em que a principal preocupação (atestam-no seus regulamentos) consistia em beber a essa amável divindade; na Idade Média veneravam-se não menos alegremente determinados santos. A classe culta considerava suas imagens como lenda, amável fantasia, porém achava que Baco talvez existisse, ou fosse um dos numerosos nomes da divindade, ou ainda um personagem sobre-humano que vivera em tempos remotos e cujos feitos autênticos a lenda teria encoberto. Mas era o bastante para que alguns espíritos especulassem sobre esse deus e para que se formassem certas seitas, pequenos grupos isolados nos quais se encontravam lado a lado devoção refinada, gosto de mundanalidade e, em alguns membros, autêntico fervor religioso. Para compreender essa mistura de esnobismo e misticismo, basta pensar no prestígio social e no brilho espiritual da primeira maçonaria, na época de *A flauta mágica*; como entre os maçons, havia nas seitas báquicas ritos secretos, uma iniciação (ou "mistérios") e uma hierarquia da qual as mulheres não estavam excluídas. É excepcionalmente raro a picareta dos arqueólogos cavar no local autêntico de uma dessas seitas de mistérios (isso aconteceu uma ou duas vezes); e no entanto devia-se dizer algo a respeito, pois o fenômeno das seitas, populares ou não, constitui outro traço dessa época, e o fervor nelas bebia nada menos que a sociabilidade; em suas especulações reside uma das origens da revolução espiritual no fim da Antiguidade.

FESTA E RELIGIÃO

A festa e a devoção podiam coexistir nas seitas ou confrarias porque o paganismo era uma religião de festas: o culto não passava de uma festa, com a qual os deuses se divertiam pois nela encontravam o mesmo prazer que os homens. As religiões têm a vocação de confundir a emoção do divino e a solenização: cada fiel tira um ou outro desses bens e aproveita-se da confusão, da qual não se conscientiza. Como decidir, na Antiguidade, se o uso de uma coroa indica festa ou participação numa cerimônia religiosa? A devoção consiste em prestar aos deuses as devidas homenagens; a festa religiosa oferece o duplo prazer de ser também um dever. A confusão só se desfaz quando se resolve ordenar ao fiel que confesse seus sentimentos, o que o paganismo não exigia. Para ele a homenagem prestada aos deuses solenizava o prazer; porém, felizes aqueles que, além disso, sentiam mais que os outros a presença da divindade e se emocionavam!

O ato principal do culto, ninguém o ignora, era o sacrifício, ao qual se assistia com grande recolhimento. Não devemos esquecer, porém, que num texto grego ou latino o termo sacrifício sempre implica festim: todo sacrifício era seguido de uma refeição em que se comia a vítima imolada depois de cozê-la no altar (os grandes templos tinham cozinhas e forneciam os serviços dos cozinheiros aos fiéis que iam imolar um animal); aos assistentes, a carne da vítima; aos deuses, a fumaça. Os restos do festim ficavam sobre o altar, e os mendigos (*bômolochoi*) iam recolhê-los. Quando se sacrificava assim, não no altar da casa, mas num templo, queria a norma que se pagasse pelos serviços dos sacerdotes com uma determinada porção da vítima; os templos obtinham proventos vendendo essa carne aos açougueiros (quando quer dizer ao imperador que chegou a extirpar o cristianismo da província da qual é governador, Plínio, o Jovem, escreve-lhe: "Encontra-se novamente à venda a carne de vítimas", o que prova que os sacrifícios foram retomados). Na verdade, come-se a vítima imolada ou imola-se aos deuses um animal que se deseja comer? Depende. O termo que designa um homem que frequentemente oferece sacrifícios (*philothytès*) acabou por designar não um devoto, mas um anfitrião em cuja casa se come bem.

O calendário religioso, diferente de uma cidade para outra, periodicamente restaurava festas religiosas; essas festas eram feriados. A religião determinava assim a distribuição irregular dos dias de descanso ao longo do ano (a semana, de origem mais astrológica que judaico-cristã, só entrou em uso no final da Antiguidade). Nesses dias um romano convidava os amigos a assistirem ao sacrifício que oferecia em sua casa, o que os honrava ainda mais que simplesmente convidá-los para jantar. Conta Tertuliano que a casa desprende vapores de incenso nessas grandes ocasiões: as festas nacionais dos imperadores e de alguns deuses, o primeiro do ano e o primeiro dia de cada mês; pois um costume caro aos romanos que tinham meios para tanto era sacrificar no começo do mês um leitão aos gênios protetores da casa (*Lares*, *Penates*). Uma grande festa anual, celebrada com real fervor, era o aniversário do pai de família, que, nesse dia, se banqueteava em homenagem a seu gênio protetor (uma espécie de dublê divino de cada indivíduo; na verdade, sua existência resumia-se a permitir a cada um dizer: "Que meu gênio me proteja!", ou "Juro por teu gênio que obedeci a tuas ordens"). Os pobres ofereciam vítimas menos caras; curados de uma doença pelo deus, iam sacrificar uma ave doméstica a Esculápio diante de seu templo e comê-la em casa; ou então depositavam no altar doméstico um simples bolo de trigo (*far pium*).

Um meio mais simples de santificar as refeições era, creio, o que Artemidoro chama de "theoxenies": para convidar deuses a jantar (*invitare deos*), instalavam-se na sala de refeições suas estatuetas, retiradas do nicho sagrado da casa, e diante delas colocavam-se pratos de comida; depois do jantar esse alimento abandonado fazia as delícias dos escravos, que assim participavam do regozijo. Esse deve ser o sentido dos seguintes versos de Horácio: "Ó noites, ó jantares de deuses em que meus amigos e eu comemos diante do gênio da casa e alimento com pratos consagrados meus escravos incitados à alegria". Pois a festa os incita à alegria, e está de acordo com a norma. Os camponeses, que têm suas festas sazonais segundo um calendário rústico, celebram-nas não menos alegremente; com os presentes que os meeiros lhe entregam, o grande proprietário sacrifica aos deuses dos campos o dízimo dos produtos da terra e depois todos comem, bebem e dançam; por fim (Horácio o diz e Tibulo deixa entender), chegada a noite, é um direito ou até um dever fazer amor para encerrar dignamente esse dia em que todos exultaram para melhor honrar os deuses. Alguém repreendeu Aristipo, filósofo e teórico do prazer, por viver indolentemente. "Se fosse errado", replicou ele, "por que seria assim nas festas dos deuses?"

OS BANHOS

Além dos fervores e das delícias do calendário religioso, havia outros prazeres que nada tinham de sagrado e só eram encontrados na cidade; faziam parte das vantagens (*commoda*) da vida urbana e eram proporcionados pelo evergetismo. Tais prazeres consistiam nos banhos públicos e nos espetáculos (teatro, corridas de carros no circo, lutas de gladiadores ou de caçadores de feras na arena do anfiteatro ou, em terra grega, no teatro). Banhos e espetáculos eram pagos, pelo menos em Roma (a questão é pouco conhecida e devia depender da generosidade de cada mecenas), mas o preço do ingresso era módico; ademais, havia lugares gratuitos para os espetáculos e na noite anterior às apresentações formavam-se filas. Homens livres, escravos, mulheres, crianças, todo mundo tinha acesso aos espetáculos e aos banhos, inclusive os estrangeiros; vinha gente de longe para ver os gladiadores numa cidade. A melhor parte da vida privada transcorria em estabelecimentos públicos.

O banho não era uma prática de higiene, e sim um prazer complexo, como a praia entre nós. Os pensadores e os cristãos recusavam tal prazer; não tinham a fraqueza de ser limpos e só se banhavam uma ou duas vezes por mês; a barba suja de um filósofo constituía prova de austeridade, da qual ele se orgulhava. Não havia casa de rico (*domus*) em que um banho não ocupasse várias salas especialmente arranjadas, com o aquecimento instalado sob o piso; não havia cidade sem pelo menos um banho público e, se necessário, um aqueduto para alimentá-lo e alimentar as fontes públicas (a água em domicílio constituía uma contravenção). O gongo (*discus*) que diariamente anunciava a abertura dos banhos públicos era, diz Cícero, mais doce aos ouvidos que a voz dos filósofos na escola.

Por alguns cêntimos, os pobres passavam horas num ambiente luxuoso que constituía uma homenagem das autoridades — imperador ou notáveis. Além das complicadas instalações de banhos frios e quentes, os pobres encontravam passeios e campos de esporte ou de jogo (o banho greco-romano era também um ginásio e, em terra grega, conservava tal nome). Os sexos eram separados, ao menos como regra geral. As escavações de Olímpia permitem acompanhar a evolução desses estabelecimentos por mais de sete séculos; a princípio modestos edifícios funcionais em que se encontravam uma piscina fria, banheiras ordinárias para banhos quentes e um banho de vapor, as "termas" acabaram tornando-se estabelecimentos de prazer; segundo uma expressão conhecida, são, como os anfiteatros, as catedrais do paganismo. Desde a época helenística sua função é não apenas permitir a higiene, mas realizar um modo de vida desejável entre todos. A grande novidade (por volta do ano 100 antes de nossa era em Olímpia, antes ainda em Gortys na Arcádia) foi o aquecimento do subsolo e até das paredes: já não bastava aquecer a água das banheiras e de uma piscina; proporcionava-se à multidão um local fechado e quente. Nessa época em que, não importava a intensidade do frio, mal havia braseiros e as pessoas ficavam em casa tão agasalhadas como na rua, os banhos eram o lugar aonde se ia em busca de calor. Nas termas de Caracala isso levará a uma "climatização" de todo o prédio por convexão do ar. Segunda evolução: do edifício funcional ao palácio de sonho, no qual esculturas, mosaicos, pinturas, arquiteturas suntuosas oferecem a todos o esplendor de um ambiente real. Nessa vida de praia artificial, o maior prazer era estar em multidão, gritar, encontrar pessoas, escutar as conversas, saber de casos curiosos que seriam objeto de anedotas e exibir-se.

OS ESPETÁCULOS

A paixão pelas corridas do circo e pelas lutas de arena, lamenta Tácito, concorre com o aprendizado da eloquência junto aos jovens de boa família. Pois os espetáculos interessavam a todos, inclusive a senadores e pensadores; os gladiadores e os carros não eram prazeres unicamente populares. Sua censura em geral platônica partia do bom senso utópico que aprendemos a conhecer; no teatro, as chamadas pantomimas (o termo mudou de sentido entre nós: tratava-se de uma espécie de ópera) eram criticadas por favorecer atitudes efeminadas e às vezes proibidas, ao contrário dos gladiadores, que, por infames que fossem, tinham o mérito de fortalecer a coragem dos espectadores. Contudo até suas lutas e as corridas de carros encontravam censores: tais espetáculos resultavam da tendência humana a complicar a natureza simples e a preocupar-se com futilidades. Em terra grega, os intelectuais condenavam os concursos atléticos pelas mesmas razões, que não eram de distinção social; ao que outros intelectuais replicavam que os atletas davam uma lição de resistência, vigor moral e beleza.

O que não impedia que os intelectuais assistissem aos espetáculos como todo mundo. Cícero, que se gabava de aproveitar os dias de espetáculos para escrever seus livros, ia vê-los e relatava-os a seus nobres correspondentes; quando sentia uma sombra de melancolia penetrar-lhe a alma, Sêneca ia ao anfiteatro para se alegrar um pouco; Mecenas, nobre epicurista sofisticado, pedia a seu fiel Horácio o programa das lutas. Porém Marco Aurélio, como bom filósofo, só assistia aos gladiadores para cumprir seu dever de imperador: achava que tais combates eram quase sempre a mesma coisa. A paixão coletiva ia mais longe; a juventude rica e o bom povo dividiam-se em facções rivais que apoiavam determinado ator, uma equipe de cocheiros, tal categoria de gladiadores, e seu zelo ia até graves perturbações públicas, sem nenhum fundo político-social e nenhuma distinção de classe; às vezes era necessário exilar um ator ou um cocheiro por haver sublevado a multidão contra ou a seu favor.

Em Roma e em todas as cidades, os espetáculos constituem o grande acontecimento, que, em terra grega, são os concursos atléticos — os grandes (*isolympicoi*, *periodicoi*); os médios (*stephanitai*), aos quais acorrem todos os gregos e que propiciam também uma feira; e os pequenos (*themides*). São também as lutas de gladiadores, que os gregos ardorosamente plagiaram dos romanos. Atletas, atores, cocheiros e gladiadores eram estrelas; o teatro ditava moda: o povo cantava as canções de sucesso que ouvira em cena.

No espetáculo o prazer torna-se uma paixão cujo excesso os sábios reprovam, como também o farão os cristãos: "O teatro é lascívia, o circo é excitação e a arena, crueldade". Crueldade dos próprios gladiadores, a seu ver: os gladiadores são voluntários ao assassinato e ao suicídio (e de fato eram todos voluntários; de outra forma o espetáculo seria medíocre). A crítica que nos vem à mente, a do sadismo dos espectadores, não ocorreu a nenhum romano, filósofo ou não. Assim, os gladiadores introduzem na vida romana uma forte dose de prazer sádico plenamente aceito: prazer de ver cadáveres, prazer de ver um homem morrer. Pois o espetáculo não era uma luta de esgrima com riscos reais: todo o interesse estava na morte de um dos combatentes ou, melhor ainda, na decisão de degolar ou poupar um gladiador que, exausto, enlouquecido, fora reduzido a pedir piedade. As mais belas lutas eram as que terminavam assim, no cansaço, na decisão de vida ou morte tomada pelo mecenas que proporcionava o espetáculo e pelo público. Uma multiplicidade de imagens — nas lâmpadas, nas baixelas, nos objetos domésticos — reproduz esse grande momento; o mecenas que proporcionou o espetáculo e decidiu a morte também tinha de que se vangloriar: mandava representar a execução em mosaico, pintura ou escultura para adornar-lhe a antecâmara ou o túmulo; se havia comprado os condenados do fisco imperial para executá-los nos entreatos das lutas, mandava representar também esses condenados entregues às feras. Evergetismo obriga. E em terra grega nos concursos atléticos a morte de um boxeador não era um "acidente do esporte", mas uma glória para o atleta, morto tanto na arena como no campo de honra; o público exaltava-lhe a coragem, a resistência, a vontade de vencer.

Não devemos deduzir a partir disso que a cultura greco-romana era sádica; não se admitia o prazer de ver sofrer em termos gerais, e durante os combates reprovava-se quem visivelmente se deliciava com os massacres, como o imperador Cláudio, em lugar de assistir ao espetáculo com objetividade, como uma exibição de coragem; no *Ancien Régime* a massa assistia aos suplícios com a mesma objetividade de princípio. A literatura e a imaginária greco-romana não são sádicas em geral, ao contrário, e o primeiro cuidado dos romanos, quando iam colonizar um povo bárbaro, era proibir os sacrifícios humanos. Uma cultura é feita de exceções cuja incoerência escapa aos interessados, e em Roma os espetáculos constituíam uma dessas exceções; as imagens de supliciados só figuram na arte romana porque tais infelizes foram mortos num espetáculo, instituição consagrada. Entre nós, as imagens sádicas figuram nos filmes de guerra sob a capa do dever patriótico e são desaprovadas: devemos ignorar que exultamos. Os cristãos censurarão esse prazer mais do que a atrocidade da instituição.

VOLÚPIA E PAIXÃO

Tais incoerências e limitações inexplicáveis, que são de todos os séculos, encontram-se em outro prazer: o amor. Se há uma parte da vida greco-romana falseada pela lenda, é essa; acreditamos erroneamente que a Antiguidade foi o paraíso da não-repressão, não tendo ainda o cristianismo colocado o verme do pecado no fruto proibido. Na verdade o paganismo foi paralisado por interdições. A lenda da sensualidade pagã tem como origem contrassensos tradicionais: o famoso relato da devassidão do imperador Heliogábalo não passa de um embuste de letrados, autores de um falso tardio, a *Historia Augusta*; é uma página cujo humor se situa entre *Bouvard e Pécuchet* e Alfred Jarry; não consideremos Ubu um verdadeiro imperador. A lenda provém ainda da inépcia das próprias proibições; "nas palavras o latim afronta a honestidade", precisamente: para essas almas cândidas bastava pronunciar um "palavrão" para causar o impacto do exagero e, pelo constrangimento, provocar gargalhadas. Ousadias de colegiais.

Como se reconhecia um autêntico libertino? Pela violação de três proibições: fazer amor antes do cair da noite (amar durante o dia devia continuar sendo privilégio dos recém-casados logo após as núpcias); fazer amor sem criar penumbra (os poetas eróticos tomavam como testemunha a lâmpada que brilhara sobre seus prazeres); fazer amor com uma parceira que ele havia despojado de todas as vestes (só as mulheres perdidas amavam sem sutiã, e nas pinturas dos bordéis de Pompeia as prostitutas conservavam esse último véu). A libertinagem se permite até carícias, desde que sejam feitas com a mão esquerda, ignorada pela direita. Um homem honesto só teria oportunidade de vislumbrar a nudez da amada se a lua passasse na hora certa pela janela aberta. Cochichava-se que tiranos libertinos — Heliogábalo, Nero, Calígula, Domiciano — violaram outras interdições; fizeram amor com damas casadas, virgens de boa família, adolescentes de nascimento livre, vestais, a própria irmã.

Esse puritanismo também constituía uma escravidão. A atitude emblemática do amante não é levar a amada pela mão, pela cintura ou, como na Idade Média, com o braço ao redor do pescoço, mas de rolar sobre essa serva como sobre um divã; são costumes de serralho. Pode-se confessar também um ligeiro sadismo: bater nessa escrava na cama sob pretexto de se fazer obedecer. A parceira está a serviço do prazer de seu senhor e vai ao ponto de realizar todo o trabalho; se "cavalga" o amante imóvel é para servi-lo.

Tal escravagismo constitui um machismo: possuir e não ser possuído; os jovens se desafiavam num estilo fálico. Ser ativo era ser macho, qualquer que fosse o sexo do parceiro passivo; havia, pois, duas infâmias supremas: o macho que leva a fraqueza servil a ponto de colocar a boca a serviço do prazer de uma mulher e o homem livre que não se respeita e leva a passividade (*impudicitia*) ao ponto de se deixar possuir. A pederastia, sabemos, constituía um pecado menor, desde que fosse a relação ativa de um homem livre com um escravo ou um homem de baixa condição; as pessoas divertiam-se com isso no teatro e vangloriavam-se disso na alta sociedade. Como qualquer indivíduo pode ter prazer sensual com o próprio sexo, a tolerância antiga levou a pederastia a difundir-se bastante e superficialmente: muitos homens com vocação heterossexual tinham assim um prazer epidérmico com os meninos; também se repetia proverbialmente que os meninos proporcionam um prazer tranquilo que não agita a alma, enquanto a paixão por uma mulher mergulha o homem livre em dolorosa escravidão.

Escravagismo machista e recusa à escravidão passional: fronteiras do amor romano. Os excessos amorosos coletivos atribuídos a certos tiranos eram a exploração do escravagismo e têm a falsa ousadia de uma encenação sádica. Nero, tirano fraco mais que cruel, organizava em seu serralho a própria passividade; Tibério organizava as complacências obrigadas de seus pequenos escravos, e Messalina punha em cena sua servilidade, imitando o privilégio masculino de medir a força pelo número de penetrações. Era menos exceder as interdições que falsear os termos das proibições e também planejar o próprio prazer, o que é de uma fraqueza insuportável; pois, como o álcool e todos os prazeres, a volúpia é perigosa para a energia viril e não se deve abusar dela; a gastronomia não prepara para uso moderado os prazeres da mesa.

A paixão amorosa é ainda mais temível, pois torna um homem livre escravo de uma mulher, ele a chamará "senhora" e, como uma serva, lhe estenderá o espelho ou a sombrinha. A paixão amorosa não era, como para os modernos, um refúgio da imaginação individual, no qual os amantes têm a impressão de estar logrando alguém porque se afastam da sociedade. Roma recusou a tradição de amor cortês das paixões efébicas gregas, pois nisso via uma exaltação da paixão pura, nos dois sentidos do adjetivo (os gregos fingiam crer que o amor por um efebo de nascimento livre era platônico). Quando um romano se apaixonava loucamente, seus amigos e ele mesmo consideravam ou que perdera a cabeça por uma mulherzinha devido a um excesso de sensualidade, ou que moralmente caíra em escravidão; e, dócil como bom escravo, nosso enamorado oferecia-se a sua senhora para morrer, se ela assim lhe ordenasse. Tais excessos tinham a negra magnificência da vergonha, e nem os poetas eróticos ousavam enaltecê-los abertamente; levavam o leitor a desejá-los cantando-os com uma engraçada inversão da normalidade, um paradoxo humorístico.

Na Antiguidade a exaltação petrarquiana da paixão teria escandalizado, se não tivesse feito sorrir. Os romanos ignoram essa exaltação medieval do objeto amado, tão sublime que deve permanecer inacessível; ignoram também esse subjetivismo que é o gosto moderno da experiência, em que, num mundo mantido à distância, escolhe-se viver alguma coisa para saber que efeito provoca, e não porque seu valor objetivo ou o dever obrigam a isso; ignoram até o verdadeiro paganismo, o da Renascença, suas graças, seus belos momentos. A complacência, a terna inclinação aos prazeres dos sentidos, que se tornam delícias da alma, não são antigas. As cenas báquicas antigas nada têm da audácia senhorial de Jules Romain no palácio do Tê em Mântua. Os romanos conheciam apenas uma variedade de individualismo, que confirmava a regra parecendo negá-la: o paradoxo do indolente enérgico; citavam com secreto prazer os casos de senadores cuja vida privada era de uma indolência detestável, mas que davam provas da maior energia em sua atividade pública: assim Cipião, Sila, César, Petrônio e até Catilina. Esse paradoxo constituía um segredo entre iniciados que dava à elite senatorial ares reais e a suspeita de estar acima das leis comuns interpretadas ao pé da letra, confirmando-as em seu verdadeiro espírito; o indolente enérgico era reprovável, mas lisonjeiro.

Eis os romanos tranquilizados; de fato, seu individualismo não se chamava experiência vivida, autocomplacência ou devoção privada, mas tranquilização.

TRANQUILIZAÇÕES

AS CATEGORIAS DELES E AS NOSSAS

Como livrar o indivíduo das inquietações da existência? As diferentes sabedorias, a que chamamos filosofia antiga, não se propunham em princípio outro objetivo, e a religião, por sua vez, não procurava outra coisa, pois geralmente não visava à salvação do além. Esse além era muitas vezes negado ou concebido tão vagamente que não passava da tranquilidade da tumba, do repouso da morte. Filosofia, devoção e além suscitavam poucas angústias. Não é tudo: as respectivas fronteiras desses três domínios eram tão diferentes das que possuem entre nós que essas três palavras não tinham o mesmo sentido de hoje. Quem somos? Que devo fazer? Para onde vamos e o que posso esperar? Essas questões modernas nada têm de natural; nem o pensamento nem a devoção antigos as colocavam; elas nasceram da resposta cristã. O problema antigo e suas subdivisões eram diferentes.

Entre nós a filosofia é uma matéria universitária e uma parte da cultura; é um saber que os estudantes aprendem e pelo qual se interessam com curiosidade as pessoas cultas. Os exercícios espirituais e as regras de vida pelas quais um indivíduo pode ordenar sua existência constituem uma parte eminente da religião; o além é outra parte: a ideia de não haver nada após a morte é eminentemente irreligiosa a nossos olhos. Ora, entre os antigos, normas de vida e exercícios espirituais formavam a essência da "filosofia", não da religião, e a religião estava mais ou menos separada das ideias sobre a morte e o além. Havia seitas, mas eram filosóficas, pois a filosofia era a matéria de seitas que propunham convicções e normas de vida a quem isso pudesse interessar; um indivíduo se tornava estoico ou epicurista e se conformava mais ou menos a suas convicções, assim como entre nós se é cristão ou marxista, com o dever moral de viver a própria fé e militar. Um bom paralelo seria a China antiga, onde seitas doutrinais, confucionismo e taoísmo, propunham suas teorias e normas de vida aos interessados; ou o Japão atual, onde o mesmo homem pode se interessar por uma seita desse gênero e continuar a observar, como todo mundo, as práticas do xintoísmo e onde se casa segundo o rito xintoísta, porém morre e é sepultado conforme o rito budista, como se adotasse implicitamente as consoladoras crenças do budismo referentes a um além no qual jamais pensara durante sua existência.

O QUE ERA UM DEUS?

O paganismo greco-romano é uma religião sem além nem salvação, mas não necessariamente fria nem indiferente à conduta moral dos homens: a tal respeito pode enganar o fato de que essa religião sem teologia nem Igreja é, se assim ousamos dizer, uma religião *à la carte*: cada um venera particularmente os deuses que quiser e imagina-os como pode. Em lugar do "partido único" que é uma Igreja, trata-se de "livre empresa" religiosa: cada um fundava o templo que desejasse e pregava o deus que bem entendesse, como abriria um hotel ou lançaria um produto novo, e cada um se tornava o cliente de seu deus favorito, não necessariamente o mesmo que a cidade elegera como tal: a escolha era livre.

Assim era porque só existe o nome em comum entre o que o paganismo entendia por "deus" e o que entendem os judeus, os cristãos e os muçulmanos. O deus dessas três religiões do Livro é um ser gigantesco infinitamente superior ao mundo — o qual, aliás, ele criou —; não existe senão como ator de um drama cósmico em que a humanidade põe em jogo sua salvação. Os deuses do paganismo vivem sua vida, e sua existência não se reduz a um papel metafísico, pois fazem parte do mundo;

são uma das três raças que povoam o mundo. Há os animais, nem racionais nem imortais; os homens, mortais e racionais; e os deuses, racionais e imortais. A raça divina tanto constitui uma fauna que cada deus é macho ou fêmea. Segue-se que os deuses de todos os povos são verdadeiros. Duas possibilidades: ou os povos estrangeiros têm conhecimento de deuses cuja existência os greco-romanos ainda ignoravam, ou adoram deuses já conhecidos, mas traduzem-lhes os nomes para sua língua: Júpiter é Júpiter em toda parte, assim como um leão é leão onde quer que seja, porém chama-se Zeus em grego, Taranis em gaulês, Yaô em hebraico; os nomes dos deuses se traduzem de uma língua a outra, como os nomes comuns e os nomes dos planetas. Só se deixava de acreditar nos deuses estrangeiros se eram produto de uma superstição ridícula, a mesma que leva a crer nos bestiários fantásticos; ria-se dos deuses com corpo de animal que o Egito adorava. Os crentes da Antiguidade viveram na mesma tolerância que as seitas hinduístas entre elas: interessar-se particularmente por um deus não significa negar os outros deuses.

Isso acarretava consequências para a ideia que um homem podia ter sobre sua qualidade de homem. Para nossa demonstração imaginemos um círculo que representará o mundo segundo as religiões do Livro; por sua importância no drama cósmico, o homem ocupará pelo menos a metade desse círculo. E Deus? É tão elevado e gigantesco que ficará bem acima do círculo; assim nos limitaremos a fazer partir do círculo uma seta apontando para o alto e ao lado colocaremos o signo do infinito. Passemos agora ao mundo segundo o paganismo: desenhemos um espaço dividido em três degraus horizontais, uma espécie de escada. A faixa inferior será a dos animais; a segunda, a dos homens; e o degrau mais alto, o dos deuses. Para se tornar deus não seria necessário ir muito alto: os deuses estão logo acima dos homens, tanto que em latim e em grego muitas vezes nos interessa traduzir por "sobre-humano" o termo que significava "divino". Epicuro, diz um de seus sectários, "foi um deus, sim, um deus": compreendamos que foi um gênio sobre-humano. Eis por que o cosmos era qualificado de divino: nele se produzem efeitos sobre-humanos dos quais o homem seria incapaz. Eis por que foi possível divinizar os reis e os imperadores; era uma hipérbole ideológica, mas não um absurdo: saltava-se um degrau, não se fugia para o infinito. E eis por que as seitas estoica e epicurista puderam propor aos indivíduos que se tornassem, sob o nome de sábios, os iguais mortais dos deuses; que se tornassem "super-homens"...

Como com os animais, a raça humana está em relação com a fauna divina e, sendo esta superior, deve-lhe homenagens; prestam-se aos deuses as mesmas honras (*colere*, *timân*) que aos homens superiores, aos soberanos. Os deuses têm seus costumes e seus defeitos, dos quais não é proibido sorrir respeitosamente, como nos divertimos com os caprichos de poderosos estrangeiros, ricos o bastante para se permitirem tudo; o povo se divertia com os incontáveis amores do grande Júpiter, assim como os súditos do bom Henrique IV falavam alegremente dos amores de seu rei, que respeitavam e temiam: o humor sobre o sagrado supõe uma fé ingênua e firme. As relações dos homens e dos deuses são recíprocas: o fiel que promete a Esculápio um galo para sarar de uma doença espera que a raça divina ponha em seus contratos com os humanos a mesma boa-fé que um homem de bem deve ter em suas transações. Ainda que muitas vezes se decepcione: "Essa é toda a tua boa-fé, Júpiter?". A conduta dos deuses é por vezes decepcionante e criticada como hoje criticam os governos: "Júpiter, tem piedade dessa filha enferma; se a deixares morrer, hão de te criticar". Ao morrer um príncipe amado, Germânico, a multidão romana foi apedrejar os templos, como os manifestantes que lançam pedras contra uma embaixada estrangeira. Podia-se romper com os deuses: "Já que os deuses não me pouparam, tampouco os pouparei", escreve um infeliz furioso.

RELAÇÕES COM OS DEUSES

Pois as relações dos homens com as divindades eram análogas às existentes com os poderosos, reis ou patronos. O primeiro dever era saudar os deuses com a mão ao passar diante de sua imagem. A oração mais frequente atiçava o amor-próprio dos deuses quanto a seu poder: "Júpiter, acode-me, pois tu o podes"; se o deus não atendia, arriscava-se a levantar suspeitas de que não era tão poderoso como se acreditava. Tentava-se vencer os deuses pela fadiga, cansar com muita prece sua altiva indiferença de patronos (*fatigare deos*). "Frequentava-se seu templo" para saudá-los todas as manhãs, como os clientes que iam cumprimentar o patrono; homenageava-se particularmente o deus cujo templo era vizinho à casa em que se morava, pois um vizinho poderoso é o protetor mais indicado. A desenvoltura liberal, a serenidade ingênua do paganismo resultavam, assim, do fato de ter concebido as relações com os deuses segundo o modelo das relações políticas e sociais; caberia ao cristianismo concebê-las segundo o modelo das relações familiares e paternalistas, e por isso o cristianismo, diferentemente do paganismo, seria uma religião de obediência e amor: a genialidade de santo Agostinho, a sublimidade de santa Teresa constituem desenvolvimentos gigantescos da relação familiar. E também a angústia de Lutero diante do arbítrio todo-poderoso do Pai. Havia outra metáfora que os pagãos sensatos reprovavam: a relação servil. O homem que a todo instante treme à ideia dos deuses como diante dos senhores caprichosos e cruéis faz destes uma imagem indigna deles e de um homem livre. O medo dos deuses (*deisidaimonia*) é o que os romanos entendiam por "superstição"; deixavam a gente do povo, nesse Oriente habituado a obedecer a potentados, imaginar que devoção significava proclamar-se escravo, servidor de um deus. No fundo a relação clássica com os deuses é nobre e livre: é de admiração.

A verdadeira devoção consiste em imaginar os deuses benfazejos e justos, benévolos, providenciais: super-homens de bem. Nem todos os homens se elevam a esse nível, pois cada qual se comporta com os deuses segundo seu próprio caráter. Alguns se limitam a achar que bons negócios fazem bons amigos: propõem um contrato a um deus ("cura-me e receberás uma oferenda"), pagam se ficam satisfeitos e oferecem um ex-voto como quitação da dívida. Alguns julgam os deuses indelicados como eles mesmos: "Tornai-me mais rico que meu vizinho"; não ousam pronunciar o pedido em voz alta, diante de outros fiéis, e escrevem-no num papel que depositam lacrado sobre o altar. No entanto os verdadeiros devotos são mais delicados e sabem que a divindade prefere às oferendas caras o bolo humilde que lhe oferece um coração puro. Se multiplicam os votos solenes e procuram os deuses quando se encontram em dificuldade, é mais por amor a eles que por um cálculo interesseiro; pois um devoto gosta de estar em relação direta com a divindade o mais frequentemente possível: promessas, peregrinações, aparições de deuses nos sonhos. A devoção não estava numa fé, em obras ou na contemplação, e sim na multiplicação de práticas que só parecem interesseiras porque o deus patrono que se ama é um protetor. Doença, viagem, parto, todas as ocasiões são boas para lhe demonstrar fiel confiança.

Algumas dessas práticas são consagradas pelo hábito. Como se reconhecia um ímpio? Uma passagem pouco conhecida de Apuleio diz:

> Nunca dirigiu pedido solene a nenhum deus, nunca frequentou o templo; quando passa diante de alguma capela, julgaria pecar se levantasse a mão aos lábios em sinal de adoração; nunca ofereceu aos deuses de seus domínios, que o alimentam e vestem, as primícias de suas colheitas e as crias de seus rebanhos; nas terras onde tem sua casa de campo não há nenhuma capela, nenhum canto dedicado aos deuses, nenhum bosque sagrado.

A conduta de um homem pio é muito diferente: em viagem, ele "para ao passar diante de uma capela ou um bosque sagrado e formula um voto, deposita um fruto no altar e fica sentado um momento junto aos deuses". A doação e o voto, essa troca de proteção divina por doação humana, eram tão importantes quanto a prece. Se Deus é Pai, só se pode pedir; mas com deuses-patronos havia antes essas relações de troca de doações e contradoações que alimentam e simbolizam uma amizade entre parceiros desiguais que, cada um com sua vida, só estabelecem relações confiantes por seus respectivos interesses. Se o parceiro humano levasse mais longe a familiaridade, seria ingenuidade pouco liberal: os antigos sorriam ao ver mulheres se sentarem no templo de Ísis para relatar à deusa seus penares; intimidade popular: um homem livre sabe guardar distância dos outros homens e dos representantes da raça divina. Não se rebaixa tampouco à domesticidade; deixa a gente do povo passar o dia inteiro num templo servindo o deus como escravos, imitando durante horas, diante da estátua, os gestos do cabeleireiro ou da camareira.

Todas essas práticas de religião privada, que lembram o culto popular dos santos na Idade Média, eram duplamente tranquilizadoras. Os temperamentos pouco religiosos, que teriam sido descrentes em outra sociedade, procuravam nas relações com os deuses uma semitranquilização mágica contra os perigos e as dores da vida real; as práticas piedosas equivaliam para eles a um talismã. Os espíritos religiosos nelas encontravam essa presença de uma realidade "outra". Fazendo com que o real não seja tudo, o divino o desvaloriza; esse vasto recurso em que o devoto se apoia reduz o tamanho proporcional do real e faz com que ele não seja mais o único a nos ocupar. Nas cartas privadas, das quais se encontrou um bom número no Egito, frequentemente se questionam os deuses (mas nunca, para ser exato, a divindade do imperador).

As duas tranquilizações, a mágica e a divina, não se distinguiam, pois gestos ou símbolos indistintamente as lembravam por toda parte (a "religião" é uma dessas coisas paradoxais que têm como essência o próprio confusionismo); uma capela na paisagem evocava a possibilidade de um recurso; a mais simples conduta piedosa — derramar no altar doméstico as primeiras gotas da taça que se vai beber (*libatio*) — atestava que nem tudo se limita ao útil. O próprio imperador recebia as homenagens da devoção privada e tinha seu lugar no nicho de imagens sagradas de cada casa. Isso ocorria porque o tomavam por um deus? Não: ninguém lhe dirigia um voto nem imaginava que esse mortal tivesse o poder de curar as doenças ou de fazer encontrar os objetos perdidos. Capa religiosa do patriotismo e da submissão? Não. Culto da personalidade de um ditador carismático? Também não: ao erguer um brinde à imagem sagrada, o romano elevava-se a essa outra esfera, sem maiores definições, que lhe engrandecia o espaço e da qual dava provas venerando-a.

"OS DEUSES"

Mas a religião privada desempenhava também um terceiro papel (não tão bem, é verdade, quanto as sabedorias e mais tarde o cristianismo): servir de garantia imparcial às convicções éticas e aos interesses que se pretendem desinteressados. Até aqui vimos a religião em suas relações com os diferentes deuses do panteão — Júpiter, Mercúrio, Ceres etc. Porém os greco-romanos não menos frequentemente citavam "os deuses" em bloco. Em lugar desse plural, acontecia também de falar do divino, no gênero neutro, ou ainda do "deus", quer dizer, do deus em geral (no sentido em que um filósofo fala do "homem") ou mesmo de "Júpiter". Ora, o plural "os deuses", assim como esses sinônimos, designava de fato outra coisa que não a soma dos diferentes deuses: "os deuses" tinham uma função e virtudes que cada deus não tinha ou nem sempre tinha. Prestava-se culto só aos diferentes deuses; "os deuses" não eram venerados. Em contrapartida, invocava-se sua vontade: "Os deuses" certamente não deixariam de ser providenciais, recompensadores e vingadores; "os deuses" amavam os homens virtuosos, fariam triunfar a boa causa, dariam com certeza a vitória. "Os deuses" punirão meu perseguidor, dizia um oprimido, castigarão esse celerado no além, não permitirão tal coisa; "os deuses" protegem nossa cidade... "Os deuses" eram a providência de toda esperança. Dizia-se que "os deuses" governavam os acontecimentos ou que dispuseram o mundo para o homem. Na verdade, o devoto não sabia como eles agiam nessas intervenções, mas também não devia se perguntar: o fiel reconhecia ou esperava sua intervenção somente nas coisas que considerava louváveis e negligenciava o resto; dizer que um acontecimento se devia à mão dos deuses equivalia a dizer que era indiscutivelmente louvável e o próprio Céu com certeza ratificava esse julgamento objetivo. Com "os deuses", no plural, o paganismo tinha uma Providência, que invocava sem adorar.

Não é tudo: "os deuses", essa providência, e também os diferentes deuses do panteão, esses super-homens de bem, eram como tais favoráveis à boa moralidade; eram pela virtude e contra o crime. Certo, a raça divina existia por si mesma e não se definia no papel de legislador ou vingador; mas com os deuses acontecia como com os homens de bem: aprovavam a virtude, odiavam o vício, e os malvados que lhes atribuíam o próprio imoralismo cedo ou tarde constatariam seu engano. Tal é a resposta matizada à questão muito discutida e sumariamente colocada: o paganismo era uma religião ética como o cristianismo? Os deuses também gostam que os homens lhes sejam devotos. Porque têm interesse em receber oferendas? Não, mas porque a devoção é uma virtude e eles, como os homens, amam a virtude. "Só eu escapei", conta o sobrevivente de um naufrágio, "porque sou um homem piedoso"; mais adiante, refaz seu relato: "Só eu me salvei porque nunca cometi uma má ação em toda a minha vida". Os deuses, dizíamos, são uma fauna divina: seres masculinos ou femininos, cujas genealogias e aventuras estão na mitologia e que se situam numa época anterior e heterogênea à nossa, a época das fábulas; pois agora já nada lhes acontece e eles não envelhecem mais, assim como os heróis de nossas histórias em quadrinhos. Ora, esses seres de ficção desempenham também o papel de divindade metafísica, de Providência e de Bem ético; era assim desde os poemas homéricos. Aqui se separam, desde vários séculos, a religião popular, que acabamos de descrever, e a religião da classe culta, da elite proprietária, que podia acreditar num divino metafísico, mas não nos deuses do panteão mitológico, sem chegar, porém, a separar-se claramente destes.

A FÉ DOS DOUTOS

Não houve nenhuma irreligião popular em Roma: o povo nunca deixou de crer e rezar. Mas em que um romano culto — um Cícero, um Horácio, um imperador, um senador, um notável — podia crer dentro dessa fantasmagoria dos deuses ancestrais? A resposta é categórica: não podia crer em nada; leu Platão e Aristóteles, que, quatro séculos antes, tampouco acreditavam. Virgílio, alma religiosa, acredita na Providência, mas não nos deuses de seus próprios poemas — Vênus, Juno ou Apolo. Cícero e o solene enciclopedista Plínio não têm suficientes sarcasmos: esses seres etéreos, escrevem, têm figura humana, a acreditar nos escultores e nos fiéis ingênuos; portanto há estômago, intestinos, partes sexuais no interior dessa figura? Mas o que esses eternos bem-aventurados fazem com seus órgãos? Nas histórias da religião romana, a crença da classe governante mereceria um capítulo inteiro que, em lugar de falar de Mercúrio ou de Juno, se intitularia: "Providência, Acaso ou Fatalidade". Pois todo o problema religioso consistia nisso. Era preciso crer numa Providência, como as almas devotas e cultas e os seguidores do estoicismo? Numa Fatalidade, como os que estudaram a física e a astronomia (que era também uma astrologia)? Ou ver apenas o Acaso na confusão deste mundo, como os numerosos ímpios que negam toda Providência? No entanto todos se punham de acordo para rir das mulheres do povo que adoravam a deusa Latona em seu templo, atribuíam-lhe os traços que lhe emprestou o escultor, achavam-na feliz por ser a mãe de uma deusa tão bela como Diana e desejavam ter uma filha igualmente linda. Na ordem senatorial, guardiã da religião pública e viveiro de sacerdotes públicos, a doutrina consagrada era um ceticismo sorridente que aflorava nas cerimônias oficiais e na ingênua piedade popular.

E no entanto... Se era impossível acreditar ao pé da letra na velha religião, também não se podia livrar-se dela; não por ser oficial e reinar sobre o povo, mas por possuir um núcleo de verdade: esse politeísmo girava se não ao redor do monoteísmo que os acasos do futuro deviam fazer triunfar, pelo menos ao redor da simplicidade de uma abstração (ora, as palavras abstratas são essencialmente usadas no singular...): a Providência, o Bem, entidades das quais os filósofos trataram extensivamente. Um homem culto se dizia mais ou menos isto: "Existe uma Providência, faço questão de acreditar; o núcleo de verdade das fábulas sobre os deuses deve ser esse. Mas há ainda outra realidade em Apolo, em Vênus? São nomes da Divindade única? Emanações desta? O nome de suas virtudes? Um princípio abstrato, porém ao mesmo tempo vivo? Ou nada além de fábula vã?". Tinha certeza do essencial, da Providência divina, mas não conseguia esclarecer o resto. O que autorizava a participar da religião popular, em parte por condescendência, pois as fábulas dizem a verdade numa linguagem ingenuamente falsa, e em parte por prudência intelectual, pois quem sabe se Apolo, mais que um nome vazio, não é uma Emanação, apesar das fábulas que o rodeiam? Isso autorizava também a empregar a linguagem da velha religião sem cair no ridículo. Tendo escapado de um acidente (uma árvore quase o esmagou), o cético Horácio agradeceu aos deuses do panteão segundo as formas tradicionais: estava certo de que devia sua salvação à Divindade e não sabia como agradecer, senão pela via das velhas cerimônias. E, ao ver sua serva oferecer um bolo aos gênios protetores do lar, compreendia que representava o que ele mesmo acabara por pensar: apesar dos ateus, os Acasos do mundo são também uma Providência que deseja que nos conformemos ao Bem.

O ALÉM

Uma preocupação está curiosamente ausente de tudo isso: o além, a imortalidade da alma. Como a maioria de nossos contemporâneos, ninguém se preocupava com tal questão. A seita epicurista não acreditava nisso, como tampouco a estoica, e a religião não interferia: as crenças no além formavam um campo à parte. A opinião mais difundida, inclusive entre o povo, era que a morte era um nada, um sono eterno, e repetia-se que a ideia de uma vaga sobrevivência das Sombras não passava de fábula. Existiam numerosas especulações que falavam com grandes detalhes de uma sobrevivência da alma e de seu destino no além, porém se restringiam a pequenas seitas; nenhuma doutrina difundida ensinava que na morte havia outra coisa além do cadáver. Os romanos não têm doutrina comum, não sabem o que pensar e em consequência não supõem nem creem em nada.

Em compensação, os ritos fúnebres e a arte dos túmulos multiplicavam as afirmações de todo tipo destinadas a reduzir a angústia que se antecipa ao momento de morrer; sem confiar muito, apreciava-se sua intenção consoladora. Um sarcófago encontrado em Simpelveld, inteiramente esculpido, é uma verdadeira maquete do interior de uma casa, onde a defunta repousa, apoiada sobre o cotovelo. Isso é fiar a metáfora além do ponto em que as Parcas cortaram o fio: o túmulo é a eterna morada onde tudo se prolonga quando tudo cessou e onde o nada toma as aparências consoladoras de uma identidade monótona. No exterior de numerosos sarcófagos de crianças, um *putto* [figura de menino ou anjinho] adormecido oscila entre o sono e a morte. Em numerosos túmulos a imagem de um navio ou de um viajante a cavalo ou de carro não ilustra uma viagem ao além, mas a viagem que é a vida; o porto da morte ou o fim da estrada são seu termo natural. Ideia consoladora: a morte é o repouso após uma longa viagem; ideia resignada: esta vida é apenas um breve trajeto. Em outros sarcófagos compara-se a morte às corridas do circo: os carros realizam sete pequenas voltas e desaparecem.

Os romanos celebravam os mortos de 13 a 21 de fevereiro, quando levavam oferendas às sepulturas de seus próximos; porém não acreditavam que os mortos se alimentavam com isso, assim como não depositamos flores nos túmulos para que nossos mortos venham vê-las e aspirar seu perfume. Em terra grega, durante muito tempo colocavam-se nas tumbas figurinhas de terracota ("tanagras", como se diz) que representavam Amores, Vitórias, Sereias; a religião cotidiana falava muito pouco desses gênios fúnebres: elaboravam-se, pois, crenças específicas sobre os funerais. Distintas da maioria das crenças, elas deviam soar aos espíritos mais como uma afirmação de circunstância que como uma evidência, na falta de um ensinamento mais sólido; na época imperial tais crenças parecem esquecidas: as tumbas gregas, como as romanas, incluem somente pequenos objetos de homenagem, lâmpadas, peças de vidro, frascos de perfume. As ideias consoladoras sobre o além derivavam do desejo de crer, e não da autoridade de uma religião estabelecida; assim, a coerência dogmática lhes era estranha. Acontecia, observou Rohde, de um mesmo epitáfio afirmar duas verdades ao mesmo tempo: uma esperança sublime e uma total incredulidade. A que se acrescenta outra dificuldade de interpretação para quem quer passar das imagens às mentalidades de antigamente: muitas vezes uma imagem conta menos pelo que representa que pela esfera à qual pertence; um baixo-relevo funerário báquico afirma menos a crença nesse deus que a existência de uma esfera de ideias religiosas em geral, sem maior precisão. Tomemos uma analogia moderna: muitos quadros religiosos do século XVI ao XVIII não hesitam em expor atrativos bem seculares, santas bonitas demais, até seminudez; no entanto o espectador, ainda que fosse membro da nobreza "filósofa" e libertina, reconhecia um quadro religioso e situava-o numa esfera mais elevada que os nus de Boucher.

Baco, divindade feliz, personagem marginal, disponível a toda inovação, deus sobretudo mitológico, que a religião corrente ignorava e que as imaginações podiam moldar segundo seu desejo, foi o favorito dessas teologias fúnebres de circunstância; sua lenda e seus ritos são representados em numerosos sarcófagos e, em particular, em túmulos de crianças: o desaparecimento de uma criatura jovem inspira as poetizações consoladoras; num epitáfio de adolescente lemos: "Foi criado por Baco para ser seu iniciado e companheiro". Salvo acaso, esses sarcófagos não são os de membros de uma das seitas báquicas, e sua decoração não ilustra convicções que lhes eram próprias. Tampouco ilustram uma religião báquica que teria então se difundido. Tal decoração, no entanto, não é puramente decorativa: nessa época nunca se tinha certeza de que não houvesse alguma verdade nas fábulas ou de que a doutrina de alguma seita não fosse verídica. Baco, deus do além, era um *talvez* consolador do qual se ouvira falar.[3]

Os epitáfios e a arte funerária têm o tato de sugerir somente ideias consoladoras; mas Platão, Epicuro, Lucrécio e outros ainda nos repetem que a alma dos agonizantes era muitas vezes agitada pela lembrança de suas faltas e crimes e que eles se angustiavam com a perspectiva de logo se apresentarem diante dos deuses que os castigariam; essas afirmações nos parecem compreensíveis. Os moribundos não temiam os castigos mitológicos nesses infernos de fantasia que ninguém jamais levou ao pé da letra; temiam, sim, "os deuses", pois sabiam que "os deuses" eram justos, providenciais e vingadores, sem precisar se perguntar como agiam concretamente: estavam ali para vingar a consciência humana. "Esse celerado", escreve Valério Máximo, "expirou pensando em suas perfídias e em sua ingratidão; sua alma foi dilacerada como por um carrasco, pois ele sabia que passava dos deuses do céu, que o odiavam, aos deuses subterrâneos, que o execravam."

Não acreditamos que o epicurista Lucrécio tenha exagerado ao descrever os tormentos de consciência dos agonizantes a fim de apresentar como indispensável a filosofia tranquilizadora de sua seita. Ele dizia a verdade: o paganismo, religião de festa, dispunha de prolongamentos éticos, fontes de ansiedade que não podia aquietar; pois não era uma religião de salvação, que tranquiliza seus fiéis fornecendo-lhes um plano de organização de sua existência neste mundo, sob o pretexto de lhes garantir a salvação no outro mundo. Era das sabedorias, das filosofias dos epicuristas e dos estoicos, e de outras ainda, que se devia exigir semelhante plano de organização; pois essas sabedorias propunham poupar o indivíduo da angústia, torná-lo feliz — quer dizer, tranquilo.

SEITAS FILOSÓFICAS

Num livro célebre, porém mais erudito que perspicaz, Max Pohlenz surpreende-se com o fato de a filosofia dos antigos, diferentemente daquela dos modernos, ter feito a obrigação moral repousar sobre um fim interessado, a felicidade. Estranha falta de senso histórico; não se percebe muito bem como os antigos poderiam ter feito de outro modo, pois o que entendiam por filosofia não se propunha, como em Kant, investigar o fundamento da moral: uma filosofia propunha-se dar aos indivíduos um método de felicidade. Uma seita não era uma escola aonde se ia aprender ideias gerais; aderia-se a ela porque se buscava um método racional de tranquilização. A moralidade fazia parte dos remédios prescritos por algumas seitas, que explicavam a receita racionalmente; donde a confusão dos modernos.

A seita epicurista e a dos estoicos propunham a mesma coisa a seus adeptos: uma receita baseada na natureza das coisas (quer dizer, filosoficamente baseada) para viver sem temer os homens, os deuses, o acaso e a morte, e para tornar a felicidade individual independente dos caprichos da sorte: para resumir seu objetivo idêntico, as duas seitas proclamavam que queriam fazer dos homens os iguais mortais dos deuses, tão tranquilos como estes. As diferenças estavam nas nuanças e nas metafísicas que justificavam esses remédios. O estoicismo — que só tem o nome em comum com o que Vigny entenderá por isso — prescrevia que, à força de exercícios de pensamento, o adepto se instalasse num estado de espírito heroico e inatingível; o epicurismo considerava que o indivíduo precisa basicamente se libertar de angústias ilusórias. Ao desdém da morte as duas medicinas acrescentam os dos desejos vãos; o dinheiro e as honras, bens perecíveis, não podem proporcionar uma segurança inquebrantável. O epicurismo ensinava a se liberar de falsas necessidades; recomendava viver de amizade e água fresca. Os estoicos justificavam seu método pela existência de uma razão e de uma providência que constituem suas bases, enquanto o atomismo epicurista libertava o homem dos medos vãos que nascem de suas superstições. Outra diferença era a seguinte: para os estoicos nossa natureza nos dita uma afeição inata pela família e pela cidade, tanto que, se não cumpríssemos nossos deveres para com elas, seríamos mutilados e infelizes; para os epicuristas, ao contrário, nossa felicidade só nos prescreve respeitar os pactos de amizade que firmamos por um cálculo de interesse bem compreendido. Uma e outra seita preveem que, se um homem enfermo ou perseguido não pode mais levar uma existência humana em seu grupo ou em sua cidade, o suicídio é o remédio autorizado ou até mesmo recomendado.

As seitas não impunham a seus membros imperativos morais: elas lhes prometiam a felicidade; um letrado teria aderido livremente a uma seita se nela não encontrasse uma vantagem pessoal? Pela mesma razão, estoicismo e epicurismo eram intelectualismos: como tornar o homem heroico, como livrá-lo de suas angústias e de seus desejos vãos? Convencendo-lhe o intelecto. Sua vontade seguirá se lhe derem boas razões. Com efeito não percebemos bem que autoridade um diretor de consciência antigo poderia exercer sobre seus livres discípulos senão aquela da verdadeira persuasão: eles não eram submetidos a sua disciplina.

É sensível a diferença entre essas seitas e a escola. Todos os membros da boa sociedade foram à escola na juventude e estudaram retórica; num momento qualquer de sua existência, alguns deles se "convertem" (era o termo empregado) à doutrina de alguma seita. Além desse punhado de ricos convertidos que vivem no ócio, a seita compreende também um punhado de convertidos provenientes da pequena burguesia; têm poucas rendas e devem aumentar seus magros recursos tornando-se preceptores de filosofia junto aos grandes, clientes de personagens poderosos ou conferencistas itinerantes. Fizeram profissão de se consagrar à filosofia e comprova-o a austeridade de sua vestimenta, quase um uniforme de filósofo. Entre os ricos, ao contrário, para os quais a profissão não constitui um ganha-pão, a profundidade do envolvimento comporta degraus; só os convictos levam sua profissão de fé ao ponto de usar a veste filosófica e a longa barba descuidada; a maioria dos convertidos abastados contenta-se com mudar detalhes simbólicos em seu modo de vida, ler as obras dos autores de sua seita e manter um preceptor de filosofia que lhe ensina os dogmas e com a simples presença atesta sua elevação espiritual.

Por que hesitam em se entregar inteiramente à sabedoria? Repetem que não têm tempo, que o estado de seu patrimônio ou os deveres de seu cargo os absorvem inteiramente. Mas não será importante, indaga Sêneca, que consagrem seus pensamentos à doutrina, se cerquem de amigos filósofos e ocupem seu ócio conversando com seu filósofo doméstico? A um alto funcionário atraído pelo estoicismo Sêneca aconselha ater-se à leitura e aos exercícios de pensamento e abster-se de práticas mais ostensivas que sinceras, como usar a veste e a barba, recusar-se a jantar com baixelas de prata, dormir no chão. Para muitos espíritos, mudar de vida era uma preocupação terrivelmente séria, senão possível de realizar.

IMPREGNAÇÃO FILOSÓFICA

A gente simples zombava dos convertidos e apontava o contraste entre suas convicções e seu modo de vida, sua riqueza, sua mesa abundante e suas amantes. Zombarias ditadas pela inveja, pois o tipo humano do filósofo gozava de admiração e autoridade consideráveis; sem se rebaixar, um senador podia se vestir e escrever como filósofo, e assim também um imperador. Nenhum literato, poeta ou erudito romano desempenhou o papel de consciência pública; este reservava-se a tais intelectuais, com a condição de que seu modo de vida e sua aparência provassem que viviam de acordo com a respectiva doutrina. Têm o direito de repreender e aconselhar, e uma das suas missões consistia em dar conselhos de alta moralidade às cidades que visitavam: ao pregar no Areópago de Atenas, são Paulo seguiu-lhes o exemplo. No fundo esses intelectuais compõem um clero leigo, e os zombeteiros inventam histórias jocosas sobre eles, como fariam na Idade Média com relação aos costumes dos clérigos. Determinado senador, condenado à morte, marcha para o suplício acompanhado de seu filósofo doméstico, que até o fim lhe prodigaliza exortações; outro mantém no leito de morte doutas conversações com um filósofo da seita cínica; um terceiro grande personagem, gravemente enfermo, ouve os conselhos de um estoico que o exorta ao suicídio e se deixa morrer de fome.

Pois todo convertido a uma doutrina torna-se seu propagandista e esforça-se para atrair novos membros: Fulano é rebelde, mas o caso de Beltrano não é desesperador, pode-se ainda ganhá-lo para a sabedoria. Os cristãos emprestaram das seitas filosóficas as palavras conversão, dogma e heresia. Estoicismo, epicurismo, platonismo, cinismo, pitagorismo, cada seita continuava a doutrina de seu fundador e era ou se julgava fiel a seus dogmas; a ideia de livre procura era desconhecida. Cada seita transmitia a doutrina como um tesouro e polemizava ardorosamente contra a doutrina das outras seitas; as modificações, às vezes consideráveis, que ao longo dos séculos se introduziam nos dogmas eram involuntárias e escapavam aos próprios autores. Livres grupos de convictos, sem nenhuma hierarquia nem organização, as seitas tinham o sectarismo de seus dogmas.

Dogmas que servem como norma de vida ao punhado de convictos que se consideram membros da seita. Pierre Hadot mostrou-o bem: uma filosofia antiga existe não para ser considerada interessante ou verdadeira, mas para ser posta em prática, mudar uma existência, ser profundamente assimilada por meio de exercícios de pensamento, que servirão de modelo para os exercícios espirituais do cristianismo. Esses exercícios são cotidianos, são de todos os instantes: "Remete sem cessar ao espírito as verdades que muitas vezes ouviste e ensinaste"; é preciso meditar sobre os dogmas, rememorá-los, aplicá-los aos pequenos fatos da vida cotidiana, procurar com os olhos algum objeto que dê a oportunidade de repensar, recapitular as verdades, repeti-las em silêncio, se há terceiros presentes, e em voz alta, caso se esteja sozinho, ouvir ou pronunciar conferências públicas.... Deve-se anotar esses exercícios: Hadot acaba de mostrar que os *Pensamentos* de Marco Aurélio não são o diário íntimo que se julgaria; longe de reunir pensamentos esparsos e reflexão livre, esse livro consiste na aplicação muito metódica de um plano de meditação em três pontos.

A influência da doutrina não se limita ao círculo da seita; ao preço de mudanças de função, difunde-se em toda a vida social, quando não política. O estoicismo torna-se uma ideologia bem pensante que todo mundo respeita; os estoicos põem tanto vigor em seu conformismo que parecem seus autores. Mais comumente, entre as pessoas cultas a filosofia deixa de ser método de vida e torna-se objeto de curiosidade intelectual. Cultura e ideologia: isso era a filosofia para um Cícero, que vivia mais como senador letrado que como filósofo; a filosofia desempenhou um papel considerável em sua vida intelectual e um papel quase nulo em sua vida pessoal, como entre os modernos. Ninguém pode se dizer culto se não tem algum conhecimento dos dogmas; médicos e arquitetos se dividem ao perguntar se sua arte deve ser filosófica ou ater-se ao empirismo. E sobretudo as doutrinas filosóficas fornecem material à retórica: um estudante ou um amador de arte retórica brilhará se enriquecer sua argumentação com razões filosóficas; os professores de eloquência indicavam as doutrinas mais úteis para um aprendiz de orador. A filosofia acabou sendo uma parte da vida cultural, de suas pompas e de suas obras, e todos acorriam às muito eloquentes conferências públicas de certos grandes tenores do pensamento. Parte integrante da cultura, dessa *paideia* que os letrados fixavam como finalidade ideal de sua vida ociosa; nos sarcófagos, a imagem do letrado lendo conviria indiferentemente a um filósofo, a um amante das belas-letras ou a um retórico. O gabinete de trabalho é um santuário da vida privada, guarnecido com obras de escritores e pensadores e decorado com seus bustos ou retratos.

A impregnação filosófica da classe letrada, mesmo entre os membros que as seitas não atraem, é proporcional a sua capacidade de reflexão sobre si mesma, a um desdobramento; um traço dos costumes prova o sucesso dessa aculturação: a frequência dos suicídios refletidos. Suicídio do senador que sabe que o imperador se prepara para o acusar e condenar à morte; suicídio do enfermo ou do velho que deseja uma morte digna ou mais branda que suas enfermidades: tais mortes voluntárias eram admitidas e até admiradas; a coragem do enfermo que foge ao sofrimento no repouso eterno era altamente louvada pelos próprios filósofos, pois o suicida firmara com seu sangue uma ideia filosoficamente exata: só conta o valor do tempo vivido, que sua extensão não multiplica. A vida privada encontrava refúgio no autocontrole, nos dois sentidos da palavra: ter a força de dispor da própria vida e reconhecer seu direito soberano sobre ela, em lugar de submeter-se à decisão da natureza ou de um deus. No repouso eterno da morte, o suicídio sela o ideal de uma tranquilidade privada feita de renúncia aos bens ilusórios.

A PREOCUPAÇÃO CONSIGO MESMO

A busca de um jardim privado não configura um recuo em relação às normas éticas e sociais, mas sim uma "preocupação consigo mesmo", que era preocupação com segurança, à custa de certa diminuição da envergadura do eu. Em outras sociedades, a vida privada será secessão ou consistirá em soltar as velas de navegador solitário ou de corsário ao vento dos desejos, do sonho ou da fantasia individual.

Tudo isso ao preço de uma falta de abandono e de narcisismo. Já se reparou como o sorriso é raro na arte greco-romana? A tranquilidade se obtém pela tensão e pela renúncia: nisso o mundo pagão é tão tipificado como o dos samurais ou o da rainha Vitória. Ora, tudo isso nos parece um pouco pobre: moralistas, pensadores e poetas antigos parecem ingenuamente superestimar as possibilidades da autocensura, subestimar o censurado, ter uma visão estreita do homem. O exemplo mais rasteiro será o mais convincente. "Cada ser tem seu segredo; no devaneio, sem os outros saberem, ele encontra a paz, a liberdade, o arrependimento; há uma solidão entre amigos, entre amantes, entre todos os homens" — uma frase moderna tão simples seria impensável na Antiguidade. A partir do século II, um estilo novo, interiorizado, passa à hipocondria e à afetação; Élio Aristides é obcecado por sua saúde, Frontão troca as mais ternas cartas (e sem nada de equívoco) com seu discípulo Marco Aurélio, futuro imperador; Herodes Ático faz de seu luto mais sincero um ritual de dor; toda espontaneidade, com a ajuda da cultura, erige-se em doutrina e arte de viver.

Mas o paganismo também foi outra coisa, que continua fazendo sonhar os cérebros humanos; censura também quer dizer elegância; sua arte, seus livros, até sua escrita, tudo é belo; comparemos uma inscrição grega ou latina do século I, com sua grafia digna de nossos maiores tipógrafos, e uma inscrição do Baixo Império ou da Idade Média... É no século II que se inicia a grande reviravolta; o mundo torna-se cada vez mais feio enquanto o homem interior já não se recusa o conhecimento não estilizado de seus sofrimentos, impotências e abismos. Ele não é mais um tolo elegante, um conselheiro não pagante. O cristianismo jogou e ganhou graças à antropologia menos estreita e distinta que inventou a partir dos Salmos. Será mais compreensivo, mais popular, porém mais autoritário: durante quinze séculos o autoritarismo pastoral, o comando das almas suscitariam mais apetites e revoltas, fariam correr mais sangue do que, tudo somado, a luta de classes ou o patriotismo.

SARCÓFAGOS BELOS DEMAIS

O Império Romano era propriedade de uma nobreza de cidades, se não por um direito de sangue, ao menos pelo patrimônio e também por um espírito nobiliário que não se revela de imediato porque se investiu de signos cívicos. Esses notáveis, tão loucos por vaidades como os contemporâneos de Saint-Simon, hesitam ainda entre o ideal de *homo civicus* e o novo ideal de *homo interior*, e sua hesitação perdura por muito tempo.

Prova disso, paradoxalmente, é um conjunto de imagens em que os numerosos discípulos de Frantz Cumont julgaram ler o contrário, o dos ricos sarcófagos com decoração mitológica: sejam essas imagens as últimas que o leitor levará da cidade antiga. A partir do século II de nossa era, os romanos ricos passaram a ser sepultados em sarcófagos decorados com baixos-relevos. Ora, esses baixos-relevos nada têm de funerário: representam as mais diversas lendas da mitologia; o estilo é ainda menos fúnebre que o tema: tem o academismo próprio dos "antigos", o humanismo gracioso e sereno da arte grega; quando as figuras da lenda recebem do escultor uma animação patética, tal emoção é a mesma que um bom narrador sabe dar a seus relatos. A decoração desses sarcófagos fala de outra coisa que não a morte e o falecido: conta uma história que nada tem a ver com a questão. Temos no Louvre a nudez de Diana surpreendida no banho pelo indiscreto caçador Acteão, a quem a deusa pudica manda seus cães devorarem.

O que fazem nas tumbas essas imagens graciosas e gratuitas? Como nada é mais fácil e tentador que as interpretações simbólicas, F. Cumont emprestou a tal mitologia um significado escatológico; ainda no Louvre, a lenda de Júpiter levando para o céu o belo Ganimedes a fim de transformá-lo em seu favorito e a de Castor e Pólux raptando as filhas do rei Leucipo seriam, assim, alegorias da alma do morto conduzido ao céu para a imortalidade. O problema é que essas interpretações engenhosas só são possíveis para algumas lendas, não necessariamente as mais representadas; o problema também é que elas brigam com o estilo.

Então, se a decoração mitológica dos sarcófagos não é simbólica, devemos crer que seja apenas decorativa? Não: a iconografia, segundo Panofsky, tem seus limites, o significado de uma imagem não é somente conceitual e doutrinal. Longe de apenas adornar os sarcófagos, a mitologia servia para mergulhar os espectadores numa atmosfera não prosaica e não realista. Pouco importava a lenda representada: o importante é que os romanos fugiam da morte no mito em geral; as belas imagens míticas (tão diferentes do *pathos* da arte do retrato na mesma época) propunham-se estetizar a morte, não entristecê-la; nisso eram cheias de significado: nelas floresce pela última vez o ideal apolíneo da velha Grécia. Diante de um sarcófago de decoração mitológica, qual é a primeira reação do espectador? Sentir o medo da morte eclipsado atrás do maravilhoso, do fabuloso, do voluptuoso e da humanidade carnal. Ricos sarcófagos, desenvoltura moral diante do além: esses privilégios iam bem juntos. Ideal apolíneo feito de autocensura, virtude da riqueza satisfeita, quietismo e estetismo desejados e secretamente puritanos — há todo um mundo lá dentro.

NOTAS

1. A importância da ginástica e da música na educação à maneira grega ainda sob o Império (cf. Marco Aurélio, I, 6) foi confirmada por Louis Robert nas atas do Congresso Internacional de Epigrafia realizado em Atenas em 1982 (vol. I, p. 45); aliás, o livro básico sobre a educação helenística e romana é agora o de Ilsetraut Hadot, *Arts libéraux et philosophie dans la penseé antique, Paris, Études Augustiniennes*, 1984.

2. Pode ser... Mas Pierre Hadot me diz com palavras persuasivas que as coisas são menos simples no caso de Marco Aurélio, mesmo que essa ligação íntima do trono com a filosofia não seja absolutamente a que a historiografia hagiográfica moderna de Marco Aurélio tão facilmente imagina.

3. As imagens báquicas são mais que decorativas e menos que religiosas no sentido pleno. A chave do problema é uma ideia de Jean-Claude Passeron, cuja importância teórica nos parece grande: a linguagem das imagens não é

assertiva; o que uma imagem apresenta aos olhos ela não pode *afirmar*, nem negar ou dizer "um pouco", "talvez", "amanhã" etc. As imagens báquicas são sedutoras proposições que não exigem resposta e deixam na indecisão o peso de sua realidade. Não que, como se diz, todo simbolismo seja fluido, admita mil interpretações: ela não exige nem que se responda sim ou não, que se saiba o que se pensa de Baco. A imagem, estando aquém da afirmação, não toma partido e não exige que se tome partido. Mas não ser assertativa não significa que uma imagem seja apenas decorativa.

2

ANTIGUIDADE TARDIA

Peter Brown

Em quatro séculos, entre o reinado de Marco Aurélio (161-180) e o de Justiniano (527-565), o mundo mediterrâneo passa por uma série de mudanças profundas que afetam os ritmos de vida, as sensibilidades morais e, simultaneamente, o sentimento do eu dos habitantes de suas cidades e dos campos circundantes. Estas páginas procuram descrever e explicar algumas mudanças mais significativas. Para conseguir isso no espaço limitado de um ensaio, o autor deve começar explicando claramente algumas de suas opções. Assim, apesar do título da série, o que chamamos de "vida privada" na acepção bastante vaga geralmente aceita numa sociedade ocidental contemporânea — a experiência privada do indivíduo e a vida privada da família — não foi escolhido como único tema do ensaio. Agir assim equivaleria a desviar o leitor para o anacronismo fatal que consiste em isolar o mundo do "privado" do contexto público que lhe deu sentido ao longo dos séculos. O tema único dissimularia o fato de que a principal mudança durante esse período da Antiguidade tardia é a lenta evolução de uma forma de comunidade pública a outra, da cidade antiga à Igreja cristã. O fio condutor destas páginas é o seguinte: como a vida de cada um, a vida de família, como até setores tão íntimos quanto a percepção do próprio corpo puderam mudar quando os contextos sociais em que eram percebidos se modificaram com o surgimento de novas formas de vida comum.

O ELITISMO PAGÃO

Para que se avaliem a natureza e a extensão da transformação que começa com o homem "cívico" da época dos Antoninos e termina com o bom cristão, membro da Igreja católica da Idade Média ocidental, este ensaio deve poder vagar, como um rio que serpenteia, por toda a extensão da sociedade romana mediterrânea. Ele divaga entre margens variadas. Aborda temas tão íntimos e "privados", no sentido moderno, como o significado cambiante do casamento, da sexualidade e da nudez. Entretanto o fluxo desse rio era alimentado ao longo dos séculos por uma preocupação estranha aos modernos: quer se trate da vida dos notáveis numa cidade antonina ou dos costumes de um cristão do Império Romano tardio, a cada curva encontramos a necessidade ancestral de uma comunidade pública em que a existência do indivíduo privado é totalmente impregnada pelos valores da comunidade e, nas condições ideais, completamente translúcida a esses valores públicos. Por isso o presente ensaio em nada se parece com uma *História da vida cotidiana* e menos ainda com uma *História do sentimento religioso*, embora inclua elementos próprios a esses dois tipos de obra. Ele se esforça para apresentar ao leitor um curto capítulo daquilo que nossos predecessores do século XIX teriam chamado de uma história das morais europeias de Augusto a Carlos Magno (estou pensando em meu compatriota William Lecky, que em 1869 publicou um livro com tal título). Descrever como, nos contextos sociais específicos do mundo romano, os homens e as mulheres conduzem sua existência, à luz das noções flutuantes da comunidade pública à qual têm a sensação de pertencer: é esse que parece ao autor um caminho seguro (evidentemente há outros) em direção ao qual poderão se orientar os que estiverem tentados a escrever uma história mais detalhada da vida privada dos europeus do Ocidente.

OS "BEM-NASCIDOS"

Vamos começar por humildes realidades. Alguns traços do mundo mediterrâneo mantêm-se surpreendentemente constantes ao longo desses séculos. Topograficamente nosso relato não mudará de cenário. Raramente deixaremos as cidades. Cada uma delas constitui em si um pequeno mundo, definido pela intensa consciência de sua posição perante as cidades vizinhas semelhantes. "Mamãe, as outras cidades têm uma lua tão grande como a nossa?", pergunta um menino num livro cômico do século III. A posição exige uma relação íntima e duradoura com a cidade: no mesmo livro cômico, um rico proprietário de terras suprime barreiras na estrada que conduz a sua *villa* para diminuir a distância entre seus domínios e *sua* cidade! Qualquer que seja a classe, praticamente não existe o anonimato próprio da cidade moderna. Toda mulher cujo marido foi crucificado recebe dos rabinos o conselho de partir, a menos que more numa cidade tão grande como Antióquia. Quanto às elites, a norma pela qual pautam seus atos é a sociedade de sua *civitas*, em que o confronto é permanente.

Seja qual for a cidade, o fato fundamental da sociedade do Império Romano é a convicção de que existe uma distância social intransponível entre os notáveis "bem-nascidos" e seus inferiores. A evolução mais sensível do período romano é a discreta mobilização da cultura e da educação moral para afirmar tal distância. As classes superiores procuram diferenciar-se das inferiores através de um estilo de cultura e vida moral cuja mensagem mais vibrante é que não pode ser partilhado pelos outros. Elas criaram uma moral da distância social, estreitamente ligada à cultura tradicional posta à disposição das elites em suas cidades. No próprio seio dessa cultura e da moral que a acompanha reside a necessidade de assimilar as regras concretas do intercâmbio entre pessoas das classes superiores na condução dos negócios públicos da *civitas*.

A educação confia a criança à cidade, não à escola. Fisicamente o *paedagogus* [preceptor] primeiro conduz o menino de sete anos de sua casa ao foro. Seus professores sentam-se ao redor do foro em salas de aula ficticiamente delimitadas que se abrem para o foro, centro principal da vida urbana. Ali o estudante será integrado ao grupo de seus pares, jovens da mesma condição com relação aos quais sempre terá tantas obrigações como para com seu professor. O conteúdo da educação, bem como a forma e o lugar em que lhe é inculcado, visa a formar um homem versado nos *officia vitae* [misteres da vida], experiente nas técnicas tradicionais e solenes que devem preencher a vida de um indivíduo da classe superior.

Considera-se a educação literária como parte de um processo de educação moral mais íntimo e exigente. Acredita-se também que a assimilação meticulosa dos clássicos literários acompanha um processo de formação moral: a forma correta dos intercâmbios verbais testemunha a capacidade das pessoas da classe superior de adotar a forma correta dos intercâmbios interpessoais com seus pares na cidade. Ao menos tanto quanto o controle da linguagem, o controle muito estudado da postura constitui a marca do homem "bem-nascido" na cena pública. Traços de comportamento que nossos contemporâneos tenderiam a rejeitar como insignificantes — o controle atento dos gestos, dos movimentos dos olhos e até da respiração — são cuidadosamente observados pelos homens desses séculos, pois indicam conformidade às normas morais da classe superior. Da época helenística ao reinado de Justiniano, a sequência ininterrupta de epítetos lisonjeiros prodigalizados nas lápides da Ásia Menor aos "bem-nascidos" trai mais que um voto piedoso; o papel central dos adjetivos que ressaltam relações comedidas e harmoniosas com os pares e a cidade, praticamente excluindo outros valores, revela o fardo das expectativas que pesaram sobre o indivíduo bem-sucedido.

Aquilo que quase se poderia chamar de "hipocondria moral" forma uma sólida barreira entre as elites e seus inferiores. A pessoa harmoniosa, formada por uma longa educação e moldada pela pressão constante de seus pares, vive perigosamente, supõe-se. Está exposta à ameaça sempre presente de "contágio moral" por emoções anormais e por atos tidos como inadequados a sua posição pública, mas bem-aceitos como habituais na sociedade inculta de seus inferiores. Uso de propósito o termo "hipocondria": é a época dos grandes médicos, dentre os quais o mais eminente é Galeno (129-199); suas obras circulam amplamente entre os "bem-nascidos".

Uma imagem específica do corpo, feita de um amálgama de noções herdadas do longo passado da medicina grega e de filosofia moral, é apresentada como a sede fisiológica do código moral dos "bem-nascidos".

Segundo esse modelo, saúde pessoal e conduta pública convergem com perfeita facilidade. O corpo é representado como um equilíbrio delicadamente mantido de humores complementares. Perturbam a saúde perdas excessivas de reservas necessárias ou demasiada retenção de excessos prejudiciais. Ademais, as emoções que parecem destruir ou comprometer o equilíbrio cuidadosamente mantido do comportamento do homem bem-educado podem reduzir-se em grande parte a consequências de tais distúrbios. Por isso considera-se o corpo como o indicador mais sensível e evidente de um comportamento correto, e o controle harmonioso desse corpo pelos métodos gregos tradicionais (exercício, regime alimentar e banhos) constitui sua mais íntima garantia.

Baseada na posição e na autovigilância, a qualidade de uma moral, arraigada na necessidade de uma pessoa da classe superior de provar a distância social por meio de um código excepcional de comportamento, imediatamente aparece nas preocupações morais da época antonina. Tomemos dois exemplos: as relações com os inferiores e as relações sexuais. Veremos que são igualmente regulamentadas por um exigente código de comportamento público.

Condena-se espancar um escravo num acesso de raiva. Não porque se trata de cometer um ato desumano contra um irmão humano, mas porque tal rompante representa uma ruptura da autoimagem harmoniosa do homem "bem-nascido". A irrupção de uma violência anormal constitui uma forma de "contágio moral" que leva o senhor a comportar-se com um escravo de modo tão incontrolado quanto o do próprio escravo.

MEDO DO PRAZER

Preocupações similares determinam as atitudes frente às relações sexuais. Não se estabelece distinção entre amor homossexual e amor heterossexual; o prazer físico é visto como uma continuidade subjacente entre os dois; o prazer sexual, enquanto tal, não coloca nenhum problema para o moralista da classe superior. Em compensação, julga-se — e muito severamente — o efeito que tal prazer pode exercer sobre o comportamento público e as relações sociais do homem. A vergonha que pode estar ligada a uma relação homossexual reside apenas no "contágio moral" que pode levar um homem das classes superiores a submeter-se ou fisicamente, adotando uma posição passiva no ato sexual, ou moralmente, entregando-se a um inferior de qualquer sexo. As relações entre homens e mulheres estão sujeitas às mesmas limitações. As inversões da verdadeira hierarquia — da qual constitui um exemplo típico a prática da sexualidade oral com uma parceira — são as mais reprovadas e (será preciso dizer?) estimulantes formas de degradação, sob o efeito do "contágio moral" de uma pessoa inferior: a mulher. O medo da efeminação e da dependência emocional, fundamentado na necessidade de manter a imagem pública de um homem realmente integrado à classe superior, e não em escrúpulos relativos à sexualidade em si, determina o código moral segundo o qual a maioria dos notáveis conduz sua vida sexual.

Nos dois casos o medo da sujeição social a um inferior é sutilmente apoiado por uma ansiedade fisiológica convergente. Um homem é um homem porque evolui com eficácia no mundo público. E evolui porque seu feto "cozinhou" no calor do ventre mais completamente que o de uma mulher; também seu corpo é um reservatório dos "calores" preciosos dos quais depende a energia masculina. Embora se possa estabelecer seguramente a diferença entre homens e mulheres — no caso da mulher pelo baixo nível de "calor" e pela consequente fraqueza moral de seu temperamento —, o homem ativo não se beneficia de semelhante segurança. Sempre pode perder "calor". Uma descarga sexual excessiva pode "resfriar-lhe" o temperamento, e a perda de seus recursos se revelaria então com impiedosa clareza, através de uma perda de entusiasmo na cena pública. Assim, a voz plena e musical do homem público, que Quintiliano e seus contemporâneos tanto gostam de ouvir ressoar pelos barulhentos espaços públicos da cidade, é o fruto precioso de uma masculinidade cuidadosamente preservada pela "abstinência sexual". O puritanismo bem real das morais tradicionais das classes superiores nos mundos grego e latino pesa muito sobre aqueles que as adotaram. Não depende da sexualidade em si, mas baseia-se, antes, na sexualidade como fonte possível de "contágio moral". Através da "efeminação", supostamente resultante de prazeres sexuais excessivos com parceiros de ambos os sexos, a complacência sexual pode com efeito corroer a superioridade incontestada do "bem-nascido".

BOM PARA O POVO

Daí também o particularismo restritivo dos códigos sexuais da época, que não se aplicam a todos. Os notáveis tendem a se submeter e a submeter suas famílias a um código de austero puritanismo masculino, mais próximo do que ainda se pratica nas regiões islâmicas do que do puritanismo da Europa setentrional moderna. Entretanto, envoltos em suas atitudes obrigatórias, os notáveis são mais livres para manifestar a outra face de seu eu público, sua *popularitas* [vontade de agradar ao povo]. Nas relações com os inferiores, como distribuidores das boas coisas da vida urbana, prodigalizam, àqueles que a seu ver devem desfrutá-los, prazeres mais vulgares que os seus: uma sucessão de espetáculos, comodidades e decorações cujas crueza e franca obscenidade contrastam de modo flagrante com o autocontrole altaneiro que esses homens se arrogaram com o sinal de sua condição superior dentro da cidade. Aristocratas muito cultos patrocinam as medonhas carnificinas das lutas de gladiadores nas cidades gregas da época antonina. E a ascensão do cristianismo não muda muito esse aspecto de sua vida pública. Se um leitor contemporâneo se lembra do imperador Justiniano, possivelmente é por causa da descrição que Procópio faz da carreira juvenil de sua esposa, Teodora, uma dançarina de striptease do teatro público de Constantinopla, onde os gansos iam comer grãos em suas partes íntimas diante de milhares de cidadãos. É importante reter na mente a precisão venenosa desse detalhe: trata-se de uma mulher do povo, e as restrições morais dos códigos das classes superiores simplesmente não lhe dizem respeito. Sob todos os aspectos, Teodora é a antítese das respeitáveis mulheres casadas da classe superior, que, nessa época, se velam sobriamente e vivem reclusas em Constantinopla. Não obstante, como notáveis, os maridos dessas damas respeitáveis durante séculos financiaram tal gênero de exibições para a glória eterna de sua pessoa e de sua cidade.

Também não deve nos surpreender a longa sobrevivência da indiferença com relação à nudez na vida pública romana. Essa sociedade não está presa à generalização implícita da vergonha sexual. A nudez do atleta continua sendo um indício de posição para os "bem-nascidos". O papel essencial dos banhos públicos como pontos de reunião da vida cívica faz da nudez entre os pares e diante dos inferiores uma experiência cotidiana inevitável. Como vimos, os códigos de comportamento também concernem ao corpo; por isso as roupas das classes superiores na época antonina, embora caras, não têm a magnificência cerimonial daquelas dos períodos ulteriores. A postura de um homem, nu ou vestido, é a verdadeira marca de sua condição, uma marca tanto mais convincente quanto minimizada. Para as mulheres, a vergonha social que haveria em se exibir de modo inconveniente constitui uma preocupação, não o simples fato de se mostrar nua: a nudez diante dos escravos é moralmente tão insignificante quanto a nudez diante dos animais; e a exibição física das mulheres das classes inferiores constitui outro sinal de sua desregrada inferioridade em relação aos poderosos.

Nas cidades da época dos Antoninos, as realidades do poder pesam como uma atmosfera carregada ainda que impalpável sobre os súditos da classe superior de um império mundial. Por íntima que seja a vida de uma cidade média, Roma é um império fundado na violência e protegido pela violência. A crueldade dos combates de gladiadores é exibida como parte da celebração oficial do imperador em todas as grandes cidades do Mediterrâneo. Esses espetáculos fazem compreender a vontade sanguinária de governar da elite italiana. Mesmo os jogos a que se dedicam os humildes quando lançam dados nos recantos do foro são jogos guerreiros; os lances significam: "Os partos estão mortos; os bretões estão conquistados; os romanos podem jogar". Não se dissimula o fato de que a política das cidades pequenas, que continuam sendo a principal escola do caráter dos notáveis em todas as regiões, desenrola-se doravante "sob vigilância": está submetida à constante intervenção do governador romano ladeado por sua guarda de honra militar, que empunha o gládio e o dardo do legionário. Para que a vida das cidades continue, a disciplina e a solidariedade das elites locais e sua capacidade de controlar seus administrados devem ser mobilizadas ainda com mais consciência do que antes. Um sentimento de disciplina pública é levado a penetrar mais profundamente nas vidas privadas dos notáveis: é o preço a pagar para manter o *status quo* da ordem imperial. Daí a profunda mudança da atitude com relação aos cônjuges no decorrer do século II.

AS MULHERES

Ao longo das gerações precedentes, no final da República e no começo do Império, as mulheres dos homens públicos eram tratadas como seres periféricos que não contribuíam em nada — ou bem pouco — para o papel público de seus maridos. A conduta dessas "criaturinhas" e as relações com o esposo não tinham grande interesse para o mundo exclusivamente masculino dos políticos. Elas podiam minar o caráter de seu homem pela sensualidade; podiam até lhe inspirar uma imprudência heroica por um amor autêntico; muitas vezes revelavam-se poderosas fontes de coragem e de bom conselho nos tempos difíceis, porém a relação conjugal em si mesma pesava pouco na cena pública. O que chamamos "emancipação" das mulheres nos círculos da alta sociedade de Roma no começo do Império era essencialmente uma liberdade nascida do desdém. As "criaturinhas" podiam fazer o que quisessem desde que não interferissem no jogo sério da política masculina. O divórcio era rápido: embora pudesse, segundo as circunstâncias, desencadear uma vingança selvagem contra a mulher ou o amante, o adultério em nada afetava a posição pública do marido.

Na época antonina desmorona o sentimento da neutralidade relativa dos arranjos conjugais da classe dirigente. Destacam-se a *concordia* e a *homonoia* [união] do bom casamento — muitas vezes como uma revivescência deliberada da suposta disciplina do passado romano arcaico — para servir de símbolo novo e vibrante de todas as outras formas da harmonia social. As moedas que celebram a *concordia*, virtude política e social crucial em Roma, mostravam outrora políticos masculinos unindo a mão direita em sinal de aliança; no tempo de Marco Aurélio é sua própria esposa, Faustina, a Jovem, que aparece a seu lado nas moedas, associada na *concordia*. Em Óstia espera-se que os casais jovens se reúnam para oferecer sacrifícios "em razão da concórdia excepcional" do casal imperial. Pouco antes, em seus *Preceitos conjugais*, Plutarco descrevia como o marido devia usar hábeis conselhos pessoais, próprios do filósofo, para levar sua jovem esposa — sempre considerada uma criaturinha provocante, mais interessada no vigor sexual do parceiro que em sua seriedade filosófica — a se conformar ao comportamento público dos homens das classes dirigentes. O casamento deve ser uma vitória da missão civilizadora do comportamento dos "bem-nascidos" sobre a franja indisciplinada de sua própria classe: suas mulheres. Os contornos da acrópole pública são tanto mais claramente delimitados que se incluem até as mulheres no círculo mágico da excelência da alta sociedade. Em consequência, os cônjuges aparecem em público como uma miniatura da ordem cívica: a *eunoia* [benevolência], a *sympatheia* [comunidade de sentimentos] e a *praotes* [doçura] das relações de homem e mulher refletem a cortesia grave e a lealdade incondicional por sua classe com as quais o homem poderoso deve ao mesmo tempo abraçar amorosamente sua cidade e controlá-la com firmeza.

PAPEL DO FILÓSOFO

Situamos num contexto preciso o papel do filósofo e das ideias morais oriundas dos círculos filosóficos durante o século II: a necessidade que as classes superiores sentem de uma solidariedade mais estreita e de meios de controle mais íntimos sobre seus inferiores. O filósofo é o "missionário moral" do mundo romano. Afirma dirigir-se à humanidade em seu conjunto. É "o mestre e o guia dos homens para todas as coisas que convêm aos homens, de acordo com a natureza". Na realidade não é nada disso. Ele é o representante de uma "contracultura" prestigiosa no interior da própria elite; e aos membros da elite dirige em primeiro lugar sua edificante mensagem.

O filósofo não considerou seriamente a ideia de dirigir-se às massas. Deleita-se positivamente na alta condição moral que lhe vale sua prédica aos não convertíveis entre seus pares. Os filósofos tentaram convencer os dirigentes do mundo, tão cheios de segurança, a viverem à altura de seus próprios códigos e, fazendo isso, incitaram-nos a olhar um pouco além dos estreitos limites de seus horizontes sociais imediatos. Na exortação estoica, o homem da classe superior era encorajado a viver de acordo com a lei universal do cosmos, sem se deixar encerrar nem limitar pelas particularidades frágeis e pelas paixões ardentes da sociedade unicamente humana. Tal prédica tem como efeito acrescentar restrições, reservas, dimensões adicionais e até elaborações *a fortiori*, conscientemente paradoxais, aos códigos morais bem conhecidos: os termos "também" e "até" retornam nessas obras com uma frequência reveladora. O homem público deve se ver como um cidadão de sua cidade mas "também" do mundo. O filósofo, celibatário confirmado, sente que deve "até" reconhecer a nova condição conferida ao casamento, "pois tal união é bela". O homem casado "também" deve evitar enganar a esposa, "até com sua própria serva [...], coisa que alguns consideram nada censurável, pois um senhor deve deter o poder de usar de suas escravas como desejar". O homem público deve estar consciente de que, por trás de sua face pública e além das expectativas de seus pares, sua consciência guardiã, constantemente presente, conhece-lhe "também" os motivos interiores.

Como porta-voz da "contracultura dos bem-nascidos", o filósofo desfruta de uma posição paradoxal, ao mesmo tempo bufão e "santo da cultura". Embora as obras desses filósofos ocupem bom lugar nas bibliotecas modernas, não é certo que enchessem as prateleiras dos homens públicos na época de seus autores. Fragmentos de papiros encontrados no Egito mostram que Homero continuava sendo o verdadeiro "espelho da alma" do grego "bem-nascido". Pode-se reconstituir vários exemplares da *Ilíada* e da *Odisseia* com os fragmentos recolhidos nas residências dos notáveis do período que nos ocupa. Mas não sobreviveu nem um pedaço de papiro — ou quase — dos textos dos moralistas filósofos dos séculos II e III. Rivais entre si, argumentadores, irremediavelmente desligados do mundo, quando não são hipócritas que escondem seus apetites e ambições sob rudes vestimentas e longas barbas hirsutas, os filósofos expõem-se à zombaria e ao desprezo da maioria das pessoas. Nas paredes dos banheiros públicos, em Óstia, afrescos mostram esses filósofos, que se fazem chamar mestres na arte de viver, oferecendo aos clientes sentados severos conselhos gnômicos sobre a maneira correta de defecar!

FILOSOFIA CRISTÃ

Entretanto, *verba volant, scripta manent* [as palavras voam, os textos permanecem]; basta que a prédica dos filósofos se transfira de seu contexto original, altamente específico e apoiado numa classe, para um grupo social diferente, dotado de uma experiência social diferente e de preocupações morais significativamente diferentes, para que os "até" e os "também" das exortações filosóficas dirigidas às classes superiores tranquilamente desapareçam. O que os filósofos apresentavam como um novo anexo, acrescentado a título de experiência à antiga moral introspectiva da elite, torna-se, nas mãos dos mestres cristãos, os fundamentos da construção de um edifício inteiramente novo cujas exigências dizem respeito a todas as classes. As exortações filosóficas que escritores como Plutarco e Musônio Rufo dirigiam aos leitores da classe superior são retomadas com entusiasmo pelos guias cristãos da alma, como Clemente de Alexandria, no final do século II, e transmitidas deliberadamente a respeitáveis comerciantes e artesãos citadinos. As exortações filosóficas autorizam Clemente a apresentar o cristianismo como uma moral realmente universalista, arraigada num sentimento novo da presença de Deus e da igualdade de todos os homens diante de Sua lei. A "democratização" surpreendentemente rápida da contracultura dos filósofos da classe superior pelos dirigentes da Igreja cristã é a mais profunda revolução do período clássico tardio. Toda pessoa que se debruçou sobre os escritos cristãos ou sobre os papiros cristãos, como os textos encontrados em Nag Hammadi, percebe que a obra dos filósofos, embora pudesse ser vastamente ignorada pelo notável citadino médio, adensou-se através da prédica e da especulação cristãs para formar um sedimento profundo de noções morais difundidas entre milhares de pessoas humildes. No final do século III é posta à disposição dos habitantes das grandes regiões do Mediterrâneo, nas línguas faladas pelas classes inferiores dessas regiões, ou seja, o grego, o copta, o siríaco e o latim. Para compreender como isso pôde se produzir, devemos retroceder alguns séculos e examinar uma região muito diferente, a Palestina de Jesus. Depois voltar sobre nossos passos, através das frações muito diversas da sociedade romana, para seguir o crescimento das Igrejas cristãs desde a missão de são Paulo até a conversão de Constantino, em 312.

A NOVA ANTROPOLOGIA

Passar das elites do período antonino do século II e do começo do século III d. C. ao mundo do judaísmo tardio a partir do século II a. C. equivale a deixar para trás uma moral tranquilamente arraigada no sentimento da distância social e penetrar no mundo de uma nação aflita. Já não são as fronteiras que separam uma elite incontestada e coerente de seus inferiores tradicionais situados no núcleo da ansiedade moral, mas a sobrevida da totalidade de um grupo muito distinto.

DA SOLIDARIEDADE...

A perpetuação das tradições de Israel, a lealdade constante dos judeus para com essas tradições e entre si constituem a questão central, comum a personalidades judias tão variadas como os discípulos de Jesus de Nazaré, são Paulo e os sábios rabinos ulteriores, sem falar das experiências comunitárias dos essênios e de Qumran. Raramente se encontra na história do mundo antigo um sentimento tão explícito da necessidade de mobilizar todo o eu a serviço de uma lei religiosa e da necessidade concomitante de mobilizar de modo pleno um sentimento de solidariedade entre os membros de uma comunidade ameaçada.

Mas agora os justos foram reunidos,
e os profetas adormeceram,
e nós também deixamos a terra,
e o Sião nos foi arrancado,
e doravante nada mais temos,
exceto o Todo-Poderoso e Sua lei.

Mais raramente ainda se encontra na literatura antiga a expressão clara e persistente do lado sombrio da preocupação de lealdade e de solidariedade, o medo permanente de que os participantes não consigam se dedicar totalmente a uma empreitada tão exigente. Pois somente por essa lealdade se poderia inverter a infelicidade de Israel:

> *Se, pois, governarmos e ordenarmos nossos corações,*
> *receberemos tudo que perdemos.*

O "coração", no qual repousa tão grande esperança, torna-se o objeto de exames melancólicos e minuciosos. Como engenheiros que, diante da massa incerta de um edifício, se concentram nas menores fendas, observam com atenção as estruturas cristalinas ainda não examinadas dos metais que a sustentam, assim os escritores judeus antigos perscrutam com constante atenção o coração humano. Ainda como engenheiros, atentos ao desgaste e aos pontos de ruptura de seus metais, esses autores notam com inquietação e minuciosa precisão as "zonas de intimidade negativa", as perigosas opacidades do coração que ameaçam suplantar as exigências de Deus e dos correligionários judeus (ou cristãos) com relação à coerência interna do eu.

... À INTIMIDADE

O que emerge desses séculos de insistente interesse na solidariedade de um grupo ameaçado é um sentimento violentamente negativo da intimidade. O que há de mais privado no indivíduo, os sentimentos e motivações mais recônditos, os motivos da ação que permanecem impenetráveis para o grupo, os "pensamentos do coração" são examinados com uma atenção particular como fonte possível de tensões que só podem provocar fendas na solidariedade ideal da comunidade religiosa.

É um modelo diferente da pessoa humana. O ponto de partida é o "coração", apresentado como um núcleo de motivações, reflexões e objetivos imaginários; idealmente deve ser simples e unívoco, quer dizer, transparente às exigências de Deus e do próximo. O coração, como facilmente se percebe, o mais das vezes é duplo: as pessoas de coração duplo se apartam de Deus e do próximo retirando-se para essas zonas pérfidas da intimidade negativa que as subtraem a suas exigências. Daí as características agudas das relações do judeu — e, mais tarde, do cristão — com o mundo sobrenatural. Protegido do olhar dos homens pela "intimidade negativa", o coração parece ser completamente público ao olhar de Deus e seus anjos:

> *Quando alguém comete uma transgressão em segredo,*
> *é como se rechaçasse a Presença divina.*

Durante o século I d. C., esse modelo foi escorado, com diversos graus de urgência e rigidez, pela firme crença de que através da ação de Deus um estado social atualmente governado pelas opacidades destrutivas da "duplicidade de coração" cederia lugar entre os autênticos herdeiros de Israel a um tempo de transparência absoluta com relação aos outros e a Deus. Em tal comunidade, verdadeira e resgatada, as tensões do "coração malvado" foram eliminadas. Reforçada por uma crença viva no fim dos tempos e no Juízo Final, essa grande esperança afirma que um estado de solidariedade completa e de transparência aos outros é o estado predestinado e natural do homem social, um estado infelizmente perdido ao longo da história, mas que será reconquistado no fim dos tempos. Numerosos grupos acreditam que as condições ideais que serão definitivamente adquiridas no fim dos tempos já se anunciam numa comunidade religiosa atual. Um grupo como a primeira comunidade cristã crê na presença do Espírito Santo entre os autênticos herdeiros de Israel. Seus adeptos podem esperar experimentar — ainda que sob a forma confusa e fugaz da posse — esses momentos solenes em que "as coisas ocultas do coração" são reveladas, assim como a comunhão dos "santos" se mantém inteira, corações desvendados, na presença de Deus. Essa é a visão de uma solidariedade sem falha (e, por conseguinte, da permeabilidade total da pessoa privada às exigências da comunidade religiosa) que obceca o mundo antigo em seus últimos séculos.

UMA COMUNIDADE COM PROBLEMAS

Quando mencionamos a ascensão do cristianismo nas cidades mediterrâneas, falamos de uma fração do judaísmo das seitas cujas estruturas são excepcionalmente lábeis e instáveis. A missão de são Paulo (de 32 a 60, aproximadamente) e dos outros "apóstolos" consiste em "reunir" os gentios num novo Israel colocado à sua disposição no fim dos tempos pelo messianismo de Jesus. Na prática esse novo Israel compõe-se primeiro de pagãos atraídos, segundo variáveis graus de envolvimento, para as comunidades judias influentes das cidades da Ásia Menor e do mar Egeu e pela vasta comunidade judia de Roma. O novo Israel se vê como uma "reunião": Jesus enquanto Messias "lançou por terra" os "muros de separação".

Paulo enumera em suas cartas a lista tradicional dos grupos antagonistas — judeus e gentios, escravos e homens livres, gregos e bárbaros, homens e mulheres — para declarar que todas as categorias foram apagadas no interior da nova comunidade. A iniciação ao grupo, um simples banho purificador, consiste, segundo Paulo, em despojar-se das "vestes" de todas as categorias religiosas e sociais anteriores e "revestir-se" de Cristo; com isso Paulo entende a aquisição de uma identidade única e não estanque, comum a todos os membros da comunidade, como convém aos "filhos de Deus" recém-adotados "em Cristo".

É a miragem poderosa de uma comunidade unida numa nova solidariedade obtida graças à miraculosa eliminação de todas as formas precedentes de diferenciação. Mas vacilam no horizonte grupos de mulheres e homens cuja presente situação na sociedade romana faz da obtenção de tal solidariedade uma esperança inacessível e que, por isso, a têm mais dramaticamente incrustada no centro de suas preocupações morais. Aos primeiros cristãos convertidos falta a situação social que teria viabilizado o poderoso ideal de Paulo: uma solidariedade indiferenciada "em Cristo". Os protetores e os discípulos de Paulo e de seus sucessores não são almas simples, nem humildes e oprimidos, como deseja a romântica imaginação moderna. Se o fossem, o ideal de Paulo teria se realizado mais facilmente. São, antes, pessoas medianamente ricas e que em geral viajaram muito; por isso acham-se expostas a um leque de contatos sociais e de ocasiões de escolha e, daí, ao conflito potencial da "duplicidade de coração" em domínios muito mais numerosos que os pobres rurais do "movimento Jesus" da Palestina, por exemplo, ou os membros da colônia judia sedentária e fechada de Qumran. "Seguir Jesus", indo de aldeia em aldeia na Palestina e na Síria, ou "escolher a Lei", abandonando "a vontade do próprio espírito", num grupo monástico instalado nos confins do deserto da Judeia, expõe os crentes a escolhas evidentemente mais restritas que as daqueles que afrontam os homens e as mulheres das "assembleias de santos" nas grandes cidades prósperas, como Corinto, Éfeso e Roma. Ao longo da história das Igrejas cristãs dos dois primeiros séculos, descobrimos um veio muito rico de material humano, sensivelmente diverso tanto dos "bem-nascidos" das cidades como dos aldeões dos Evangelhos.

HERMAS

Basta observar a comunidade cristã de Roma por volta do ano 120 tal como a revelam as visões reunidas no *Pastor* de Hermas para compreender o que isso significa. Esse grupo religioso contém todos os elementos que o estudioso de religiões antigas percebe que são contrários a uma comunidade "pauliniana" urbana; e tal foi o caso.

Hermas é um profeta obcecado pelo desejo de preservar a solidariedade do "coração simples" entre os crentes. Com pungente ardor deseja que em sua comunidade reine uma inocência "infantil", livre de astúcia, de ambição e da ansiedade própria dos "corações divididos". Entretanto, os receios de Hermas revelam um grupo cujos pecados são proporcionais a seu sucesso na sociedade. Em Roma a Igreja é mantida por ricos protetores cujos contatos com a comunidade pagã em seu conjunto lhe valeram proteção e prestígio. Conforme se podia prever, o coração dos cristãos influentes está dividido entre as exigências de solidariedade e intercâmbios sinceros entre cristãos e a preocupação com a condução de seus negócios, e, pois, de seus contatos com os amigos pagãos. A opulência de sua casa e o futuro de seus filhos os preocupam. Embora sejam uma perpétua fonte de ansiedade e da tensão inerente aos "corações divididos", Hermas não duvida que tais homens desempenham um papel crucial numa comunidade cristã próspera: são a madeira seca e sólida ao redor da qual se enrosca a vinha luxuriante de uma comunidade religiosa próspera e bem articulada.

"Paciente, pouco dado à indignação, sempre sorridente", Hermas, o profeta, não é, contudo, um "coração simples". Escravo próspero e corrompido de uma residência citadina, experimentou uma atração sexual por sua senhora, que, apesar de boa cristã, sempre esperava que ele a ajudasse a sair nua de seu banho no Tibre! Hermas testemunhou devastações provocadas pelas ardilosas relações dos "corações divididos" entre os ricos protetores cristãos, os padres e os profetas rivais. No entanto redige boa parte de sua mensagem num cenário de idílio arcádico; e, embora desprezando o contágio da riqueza no "coração dividido", recebe suas visões numa pequena e bem cuidada propriedade vitícola que possui nos arredores de Roma.

Como bem o disse Ortega y Gasset, "as virtudes que não possuímos são as que mais contam para nós". Grande parte da história das primeiras Igrejas cristãs é a história da urgente procura de um equilíbrio entre pessoas cujo ideal — a lealdade do "coração simples" com relação aos outros e a Cristo — é constantemente atacado pela complexidade objetiva de sua inserção na sociedade mediterrânea. Vejamos rapidamente o que a busca de solidariedade significa nas comunidades cristãs citadinas anteriores ao ano 300, dispensando especial atenção à maneira como a moral sexual cristã suporta a carga de representar, no âmbito da Igreja e diante do mundo exterior, um novo ideal de solidariedade numa nova forma de comunidade religiosa.

INVENÇÃO DA DISCIPLINA

Na primavera do ano 54 provavelmente, Paulo escrevia à comunidade de Corinto que "Deus não é gerador de confusão, mas de paz; como em todas as Igrejas dos santos [...]". Como acontece com frequência, Paulo escreve para impor sua interpretação de uma situação extremamente complexa; nesse caso, para sublinhar a necessidade de pregar as Escrituras em línguas inteligíveis para todos. Conforme vimos, as Igrejas cristãs nas cidades dependem de chefes de família respeitáveis e prósperos. Membros de sua família podem acolher favoravelmente certos rituais da solidariedade indiferenciada. No entanto, a menos que seja permanentemente vivida no meio dos desgarrados e dos marginais, o que não é o caso nas comunidades cristãs urbanas dos três primeiros séculos, a vida num ambiente urbano não pode se basear em momentos tão fortes. Se a "simplicidade do coração" deve sobreviver nas Igrejas cristãs e sobreviver, num mundo pagão desconfiado, na cena da vida cotidiana feita de confrontos permanentes, somente sobreviverá na fixação de uma vida de grupo conscientemente estruturada segundo normas muito condescendentes.

Daí o paradoxo da ascensão do cristianismo como força moral num mundo pagão. Essa ascensão altera profundamente a textura moral do mundo romano tardio. Contudo os dirigentes cristãos pouco inovam em matéria de moral. O que fazem é muito mais crucial. Criam um novo grupo cuja excepcional insistência na solidariedade em face de suas tensões internas garante que seus membros pratiquem o que os moralistas pagãos e judeus já começaram a pregar. Essa "simplicidade do coração", à qual Hermas aspirava na comunidade próspera de Roma, será alcançada menos através das obras indiferenciadas do Espírito que pela disciplina íntima de um grupo estreitamente coeso, cujas atitudes morais de base não diferem daquelas de seus vizinhos pagãos e judeus senão pela insistência com que são adotadas e postas em prática.

Desde já, porém, é importante notar a diferença crucial entre a moral geral, que os grupos cristãos fizeram sua, e os códigos de comportamento vigentes entre as elites cívicas. Muito do que se reivindica como deliberadamente "cristão" na moral das primeiras Igrejas é, na verdade, a moral distintiva de uma fração da sociedade romana diferente daquelas que conhecemos através da literatura dos "bem-nascidos".

É a moral do homem socialmente vulnerável. Nas casas modestas, agir com autoridade não constitui um modo de controlar os escravos e as mulheres. Daí serem maiores as preocupações relativas à ordem íntima, às reservas íntimas de comportamento, à fidelidade entre esposos e à obediência dentro da casa, obtidas "na simplicidade do coração temente a Deus". A obediência por parte dos domésticos, as boas relações entre parceiros e a fidelidade dos esposos contam muito mais para homens suscetíveis de ser mortalmente feridos pela infidelidade sexual, pelas trapaças e pela insubordinação do pequeno número de seus escravos do que para os homens verdadeiramente ricos e poderosos. Fora da família desenvolve-se um sentimento de solidariedade com um número maior de concidadãos; contrasta fortemente com a atitude dos notáveis cívicos que durante algum tempo continuam a ver o mundo através das estreitas janelas de sua definição "cívica" tradicional da comunidade urbana. Um sentimento de solidariedade constitui o complemento natural de uma moral do homem socialmente vulnerável. Por conseguinte, nada há de estranho e ainda menos de especificamente cristão na inscrição gravada no túmulo — sem dúvida pagão — de um imigrante grego, mercador de pérolas, na Via Sacra de Roma: "[Aqui] jazem encerrados os ossos de um homem bom, um homem de misericórdia, um apaixonado pelo pobre".

Por isso a divergência das atitudes de doação e partilha com outrem entre as classes superiores e os cidadãos médios oferece um contraste singularmente gritante. Os cidadãos notáveis "alimentam" sua cidade: espera-se deles que gastem largas somas para manter o sentimento de contínua alegria e prestígio dos cidadãos normais. Se tais generosidades por acaso aliviam alguma aflição dos pobres da cidade, o fato é visto como um efeito secundário puramente acidental do alívio do qual se beneficia o corpo cívico no conjunto, tanto os ricos como os pobres, pelo fato de serem cidadãos. Grande número dos habitantes da cidade — e mais comumente os verdadeiros pobres, como os escravos e os imigrantes — não se beneficia de tais larguezas. E sobretudo elas são dadas à "cidade" e a seus "cidadãos" para enaltecer a condição do corpo cívico no conjunto mais do que para aliviar um estado particular de aflição humana numa categoria especial de "pobres". Tais doações individuais podem ser comparadas a magníficos fogos de artifício: celebram as grandes ocasiões, o poder e a generosidade dos protetores, o esplendor da cidade. A ideia de um fluxo regular de doações, sob a forma de esmolas, para a categoria permanente dos aflitos, os pobres, ultrapassa o horizonte desses homens.

O modo de ver das pessoas socialmente vulneráveis é mais realista. A cada dia elas percebem que existe uma relação entre o "supérfluo" de que desfruta a gente modesta e a "falta de meios" dos seus vizinhos mais pobres. Melhor ainda, tal desequilíbrio pode ser eliminado, ou pelo menos atenuado, com a redistribuição de pequeninas somas, ao alcance de qualquer modesta família citadina ou de um próspero cultivador entre os pobres rurais. Como muito antes haviam observado as comunidades judaicas, as comunidades cristãs sabem que para os humildes a manutenção de uma margem de independência financeira num mundo hostil é possível graças a modestas medidas de ajuda mútua. Oferecendo esmolas e uma oportunidade de emprego aos membros mais desprovidos de sua comunidade, judeus e cristãos podem proteger seus correligionários do empobrecimento e, portanto, de uma vulnerabilidade total perante os empregados ou os credores pagãos. Nesse contexto bem definido compreendemos melhor como a prática da esmola aos pobres logo se torna um sinal evidente da solidariedade dos grupos ameaçados de crentes. A substituição final de um modelo de sociedade urbana, que ressaltava o dever de os "bem-nascidos" "alimentarem" *sua* cidade, através de um modelo baseado na noção de solidariedade implícita dos ricos com relação aos pobres na desgraça permanece como um dos mais claros exemplos da transformação de um mundo clássico num mundo pós-clássico cristianizado. Essa transformação iniciou-se no século II entre as comunidades cristãs.

De resto, independentemente das Igrejas cristãs, podemos detectar a lenta emersão, paralela aos códigos "cívicos" dos notáveis, de uma moral de fato diferente, baseada num mundo diverso de experiência social. Já no começo do século III, muito antes do estabelecimento da Igreja cristã, aspectos da lei romana e da vida de família são afetados por uma sutil mudança das sensibilidades morais da maioria silenciosa dos provincianos do Império. Uma vida conjugal respeitável torna-se uma norma que inclui até as famílias de escravos. Os imperadores posam como guardiães da moral privada. Até o suicídio, essa orgulhosa asserção do direito do "bem-nascido" de dispor da própria vida, se necessário, é aviltado como um "distúrbio" contra a natureza.

NOVA MORAL SEXUAL

Entretanto é a Igreja cristã que se apossa dessa nova moral e a submete a um sutil processo de mudança, tornando-a ao mesmo tempo mais universal em sua aplicação e muito mais íntima em seus efeitos sobre a vida privada do crente. Os cristãos adotam uma variante melancólica de moral popular para facilitar a busca obstinada de novos princípios de solidariedade que visam a incutir ainda mais profundamente no indivíduo o sentimento do olhar de Deus, o medo do julgamento divino e um forte sentimento de compromisso na coesão da comunidade religiosa.

Basta que nos voltemos para as famílias cristãs e examinemos as estruturas do casamento e da disciplina sexual que surgem ao longo dos séculos II e III para avaliar a extensão das mudanças nos ideais morais ocorridas nas Igrejas.

Observador das comunidades cristãs do fim do século II, o médico Galeno se surpreende com sua austeridade sexual: "Seu desprezo pela morte a cada dia nos é evidente, assim como sua moderação em matéria de coabitação. Pois elas se constituem não só de homens como também de mulheres que durante toda a vida se abstêm de coabitar; contam-se entre eles igualmente indivíduos que, pela autodisciplina e pelo autocontrole, se elevam à altura de autênticos filósofos".

Ao que parece, os cristãos praticam uma moral sexual austera, facilmente reconhecível e bem-aceita pelos pagãos: renúncia sexual completa para alguns, ênfase na harmonia conjugal (que já começou a impregnar a conduta pública das elites, embora por motivos muito diversos), severa desaprovação de um segundo casamento. É um lado das coisas que constantemente se oferece aos pagãos. Fronteiras rituais precisas, como as que a circuncisão e as regras dietéticas fornecem ao judaísmo, não existem entre os cristãos; estes procuram fazer com que sua excepcional disciplina sexual atinja seu objetivo: exprimir a diferença que os separa do mundo pagão. A mensagem dos apologistas cristãos é semelhante àquela dos futuros admiradores do celibato clerical, como Nietzsche o descrevia; invocam "a crença segundo a qual uma pessoa que constitui uma exceção nesse ponto igualmente constituirá uma exceção em outros aspectos".

Por essa razão é importante ser claro a propósito das novas estruturas internas que suportam o que pareceria apenas uma moral austera, admirada pelo homem médio. Os fatos ordinários da disciplina sexual são sustentados por uma estrutura mais profunda de preocupações especificamente cristãs. Desde são Paulo espera-se dos parceiros casados que constituam um análogo em microcosmo da solidariedade "simples de coração" do grupo. Mesmo se às vezes são perigosamente perturbadas pelas obras do Espírito Santo nas "assembleias dos santos" indiferenciadas, as relações entre marido e mulher e entre senhor e escravo reafirmam-se de modo inequívoco na família cristã; pois tais relações investem-se do sentimento de que semelhantes fidelidade e obediência manifestam de forma singularmente transparente o ideal muito apreciado de uma "simplicidade de coração" que de modo algum é fingida.

PRIMEIRA RAZÃO DA CASTIDADE

Com o entusiasmo moral característico de um grupo que ativamente procura oportunidades para testar sua vontade de coesão, as comunidades cristãs urbanas abandonam os modos nos quais os homens judeus e pagãos se fiavam para disciplinar e satisfazer suas mulheres. Rejeitam o divórcio e desaprovam um segundo casamento de viúvas. As razões que invocam, frequentemente emprestadas das máximas dos filósofos, satisfariam a Plutarco: uma moral conjugal excepcional, praticada doravante por homens e mulheres modestos, testemunha uma vontade de ordem excepcional: "Um homem que se divorcia de sua esposa admite que não é capaz nem de governar uma mulher".

As comunidades cristãs poderiam ter se contentado com isso. A moral conjugal podia ser apresentada como uma manifestação particularmente reveladora da vontade do grupo de alcançar a "simplicidade do coração", sendo o adultério e as intrigas sexuais entre parceiros casados sintomas por excelência da "zona de intimidade negativa" ligada à "duplicidade do coração". Sem o espaço de tolerância que a cidade antiga proporcionava aos homens das classes superiores, autorizados a procurar um exutório para suas pulsões adolescentes numa prática relativamente livre da sexualidade, os jovens púberes se casariam o mais cedo possível a fim de controlar, graças a uma vida conjugal lícita, as tensões explosivas da atração sexual. As mulheres e — conforme as circunstâncias também se deseja isso — os homens seriam disciplinados por um casamento precoce e pelo sentimento de que o olhar penetrante de Deus devassa os recantos da alcova. Evitando um segundo casamento, a comunidade poderia garantir-se uma reserva permanente de veneráveis viúvos e viúvas disponíveis e suscetíveis de dedicar suas energias e tempo ao serviço da Igreja. Menos expostos que os notáveis às tensões ligadas ao exercício do verdadeiro poder — corrupção, perjúrio, hipocrisia, violência e furor —, esses tranquilos cidadãos de "condição mediana" poderiam testemunhar sua preocupação com ordem e coesão na esfera mais doméstica da autodisciplina sexual.

Ademais, a perturbadora facilidade com que os sexos se misturam nas assembleias dos cristãos constitui uma fonte de sincera repugnância para os pagãos respeitáveis. Esses estranhos evitam falar aos cristãos por essa razão, e um cristão contemporâneo de Galeno solicita ao governador de Alexandria permissão para se castrar: somente esse meio lhe permitirá, assim como a seus correligionários, livrar-se da acusação de promiscuidade! Num nível mais modesto, a dificuldade de arranjar os futuros casamentos dos jovens e sobretudo das moças cristãs numa comunidade preocupada em evitar os casamentos mistos com pagãos fazia com que as medidas de controle sexual fossem postas em prática com maior intensidade que em comunidades mais bem assentadas e que a moral resultante fosse mais bem compreendida pelos estranhos e mais rigorosamente aplicada pelos crentes.

O CELIBATO COMO MARCADOR

Tais pressões explicam em grande parte a tonalidade moral da comunidade cristã média da Antiguidade tardia. O que elas não podem explicar é a revolução suplementar pela qual a renúncia sexual — tanto a virgindade desde o nascimento como a castidade adotada após o casamento pelos cônjuges ou pelos viúvos — se torna o fundamento da dominação masculina na Igreja cristã. Nesse ponto a cristandade escolheu *il gran rifiuto*. Precisamente ao longo dos séculos em que o rabinato adquire sua preeminência no judaísmo aceitando o casamento como critério quase obrigatório de sabedoria, os dirigentes das comunidades cristãs se orientam num sentido diametralmente oposto: o acesso aos cargos de direção nessas comunidades identifica-se com o celibato quase obrigatório. É raro que uma estrutura de poder se erija com tal rapidez e acuidade sobre um ato tão íntimo como a renúncia sexual. O que Galeno havia percebido no fim do século II é o que distinguira a Igreja cristã do judaísmo e do islã ao longo de todos os séculos vindouros.

Comecemos por descartar uma explicação muito difundida desse estado de coisas. Diz-se que já se divulgara amplamente pelo mundo pagão uma forte aversão ao corpo humano. A partir disso supõe-se que, quando a Igreja cristã se afastou de suas raízes judaicas, nas quais prevaleciam atitudes otimistas com relação à sexualidade e ao casamento, considerados partes da criação divina, boa no conjunto, os cristãos adotaram os sombrios princípios de seu ambiente pagão. Tal visão não se sustenta. O fácil contraste entre o pessimismo pagão e o otimismo judaico negligencia a importância da renúncia sexual como meio de chegar à "simplicidade do coração" no judaísmo radical do qual surgiu a cristandade. Ademais, as origens possíveis de tal tendência podem ser extremamente diversas, mas, em si, não explicam sua função, quer dizer, a constelação distintiva de ideias que a renúncia sexual cristalizará como um sinal de dominação especificamente masculina nas comunidades cristãs dos séculos II e III.

Em vez de nos perguntarmos por que o corpo humano foi considerado com tal inquietação no decorrer da Antiguidade tardia, façamos a pergunta inversa: por que o corpo foi escolhido e apresentado como o lugar recôndito de motivações especificamente sexuais e como centro de estruturas sociais que são apresentadas em termos sexuais, quer dizer, como sendo formado sobretudo de uma energia fatal e especificamente sexual, orientada para o casamento e a gestação? A partir daí podemos nos perguntar por que se admitiu que essa constelação particular de percepções do corpo pesasse tanto sobre os primeiros círculos cristãos. É a intensidade e a particularidade da "carga" de significado que contam, e não o fato indubitável de que esse significado frequentemente se exprimia em termos tão negativos que despertam a atenção do leitor moderno, chocado, como imaginamos, com tal linguagem.

É aí que se torna mais evidente a linha divisória entre cristandade e judaísmo. Tal como os rabinos preferem apresentá-la, a sexualidade constitui um complemento permanente da personalidade. Se bem que *a priori* impulsiva, ela é suscetível de moderação, assim como as mulheres são ao mesmo tempo honradas como necessárias à existência de Israel e firmemente impedidas de interferir nos assuntos sérios da sabedoria masculina. É um modelo baseado no controle e no isolamento de um aspecto irritante porém necessário da existência. Entre os cristãos ocorre exatamente o contrário: a sexualidade torna-se um ponto de referência de forte carga simbólica precisamente porque se julga possível seu desaparecimento no indivíduo comprometido e porque tal desaparecimento deve provar, de modo mais significativo que qualquer outra transformação humana, as qualidades necessárias à direção de uma comunidade religiosa. A supressão da sexualidade ou, mais humildemente, a retirada da sexualidade significa um estado de disponibilidade decidida com relação a Deus e ao outro, ligado ao ideal da pessoa de "coração simples".

A IGREJA

O NOVO ESPAÇO PÚBLICO

A ascensão da dominação do homem celibatário na Igreja cristã nos leva ao reinado de Constantino e além. O que as diversas formas de celibato têm em comum desde o primeiro período é a vontade de criar um espaço "público" firmemente traçado no seio da vaga federação de famílias que compõem a comunidade cristã. Um espaço "público" criado no próprio corpo dos dirigentes. De qualquer modo que se estabeleça, o celibato significa para a comunidade cristã a supressão do que ela considera uma das fontes mais íntimas de motivações e a que desmantela os laços sociais mais privados dos quais dependem a continuidade e a coesão de uma sociedade normal. Tem como efeito situar a sociedade na Igreja, dirigida e representada em público por homens celibatários, perante a sociedade "do mundo", na qual imperam o orgulho dos homens de "coração dividido", a ambição e as solidariedades tenazes de família e parentesco.

Tal celibato frequentemente assume a forma da abstinência sexual dos cônjuges. Em geral é adotado em idade madura e mais tarde será imposto aos padres com mais de trinta anos. É sob essa forma que o celibato se torna a norma esperada do clero citadino médio no período da Antiguidade tardia. Não se trata de uma renúncia excessivamente impressionante. Os homens da Antiguidade consideram a energia sexual uma substância volátil, rapidamente esgotada nos "calores" da juventude. As duras realidades da mortalidade numa sociedade antiga asseguram uma reserva permanente de viúvos sérios, disponíveis desde o início da idade madura e livres para se entregar, "esgotada toda paixão", às alegrias mais públicas do cargo clerical. Assim, o celibato designa de modo inequívoco a existência de uma classe de pessoas que ocupam o centro da vida "pública" da Igreja, precisamente porque se subtraíram em definitivo ao que é considerado o mais privado na vida do leigo médio "no mundo". Inspirado em uma lembrança errônea do *Pastor* de Hermas, um século mais tarde Orígenes compara o homem "casado" — e não mais simplesmente o homem rico — à madeira sólida e estéril ao redor da qual se enrosca a vinha da Igreja.

No sentido estrito da entrada num estado de abstinência sexual permanente, o celibato não é habitual aos homens públicos do mundo romano. Em Milão, pensando em si mesmo como um homem no vigor da idade, cuja posição social naturalmente lhe dá acesso à satisfação sexual, Agostinho admite que, não obstante a enorme influência e o acesso aos grandes, que inveja em Ambrósio, o bispo cristão, "seu estado de celibatário parecia a coisa mais dura de suportar". Para que homens ativos venham a criar um espaço "público" em seu próprio corpo renunciando ao casamento, esse espaço deve ser concreto e até atraente, e a necessidade que a comunidade sente de um espaço público definido de maneira tão caracterizada na pessoa de seus dirigentes deve realmente ser muito forte.

A IGREJA NO PODER

Certamente foi o caso da Igreja cristã do século III. Por volta do ano 300 de nossa era, a Igreja torna-se uma instituição à qual só falta essa denominação. Em 248, a Igreja de Roma dispõe de um clero de 155 membros e mantém cerca de 1500 viúvas e pobres. Tal grupo, independentemente dos religiosos regulares, é tão numeroso como a mais importante corporação da cidade. É na verdade um grupo enorme numa cidade em que as agremiações culturais e as confrarias funerárias contam seus membros às dúzias. Mais revelador, talvez, o papa Cornélio apresenta essas estatísticas impressionantes como uma das justificações de seu direito a ser considerado o bispo da cidade. Cipriano, seu partidário, tem o cuidado de sublinhar "a delicadeza moral da castidade virginal" de Cornélio, que se repugna de conservar um alto cargo. Estando em jogo em cada grande cidade do Império responsabilidades e recursos tão impressionantes, o celibato e a linguagem do poder devem se aliar ostensivamente na cena mais vasta da vida urbana romana. Porque são celibatários e por isso "desligados do mundo", no final do século III os bispos cristãos e o clero tornam-se, aos olhos de seus admiradores, uma elite igual em prestígio às elites tradicionais dos notáveis citadinos.

É a essa Igreja, conduzida com firmeza por tais dirigentes, que a conversão do imperador Constantino, em 312, confere uma posição inteiramente pública, que se revelará decisiva e irreversível ao longo do século IV. Mas primeiro voltemos atrás para considerar a transformação das elites cívicas e de suas cidades ao longo do período precedente, que culmina durante os longos reinados de Constantino e seus filhos.

UMA NOBREZA DE SERVIÇO

O Império que Constantino governa como cristão declarado de 312 a 337 difere profundamente da sociedade citadina "clássica" da época antonina. A realidade esmagadora de um império de porte mundial, sensível desde as origens, torna-se sensível demais às cidades. Depois de 230, os consideráveis aumentos dos impostos são necessários para manter a unidade e a defesa do Império. Nas economias da Antiguidade, tais aumentos representavam muito mais que um aumento da proporção do excedente do qual o governo imperial se apropriava. A classe superior deve ser reestruturada para obter livre acesso a tal excedente. As antigas exonerações locais e a velha repugnância em comprometer a posição dos ricos com impostos diretos são rejeitadas. A intervenção direta nos negócios das cidades torna-se a norma para a administração imperial.

Esses impostos, no entanto, não significam o desaparecimento das cidades, muito menos a eliminação das elites tradicionais. São essas elites que mudam de estruturas. Agora os que desejam dominar sua sociedade o fazem acrescentando à sua posição anterior de notáveis locais novos papéis de servos do imperador. Sustentados pelas imensas vantagens do acesso à administração imperial, esses homens se consideram doravante muito menos "concidadãos" que rivalizam num círculo de iguais, segundo a velha tradição, para alimentar "sua dulcíssima cidade". São os *potentes*, os poderosos que controlam a cidade em nome do imperador distante, de modo espalhafatoso e bem estranho ao comportamento reservado do grupo dos pares "bem-nascidos". Notamos na época antonina as enormes pressões exercidas sobre o cidadão notável médio pela exigência de uma cultura dividida e sobretudo de uma moral da distância social. Atribuindo tanta importância às diferenças intransponíveis entre sua classe e qualquer outra, os "bem-nascidos" da época antonina eram capazes de se considerar parte do grupo de membros intercambiáveis de uma elite. No decorrer dos séculos II e III, essa exigência efetivamente mascarara as desigualdades crescentes no interior das classes superiores e a franca dominação, no interior da classe superior, daqueles cuja posição dependia do serviço do imperador. No final do século III, entretanto, esses fatos são aceitos como o esquema de base segundo o qual a sociedade romana deve se organizar para sobreviver. O Império Romano tardio é uma sociedade dominada explicitamente por uma aliança entre os servidores do imperador e os grandes proprietários de terras que colaboram para controlar os camponeses sujeitos ao imposto e para impor a lei e a ordem nas cidades. A franca dominação de alguns à custa de seus pares "bem-nascidos" é um fato estabelecido sem ambiguidade pelos *potentes* dos reinados de Constantino e seus sucessores. Os códigos de conduta do homem público mudam de maneira espetacular. Visto por um moderado que gosta de se lembrar dos velhos códigos, o homem público, o *potens*, desabrocha com indecência. A veste discreta e uniforme da época clássica, comum a todos os membros das classes superiores — a toga de harmonioso drapeado, símbolo da dominação inconteste de uma classe de *nobiles* [nobres] intercambiáveis —, é abandonada em favor de uma roupa concebida como uma heráldica, criada para expressar as divisões hierárquicas no seio das classes superiores. As novas indumentárias se escalonam da ondulante veste de seda dos senadores e da roupa, próxima do uniforme, dos servidores do imperador, bordada de motivos que indicam sua exata posição oficial, até a túnica voluntariamente anônima que de modo não menos explícito usa o bispo cristão. Antes era o corpo que por seu porte, incluída a nudez no interior dos banhos públicos, melhor simbolizava a participação natural numa classe específica. Doravante o corpo reflete o nível social de seu proprietário, sob a forma de vestes pesadas e adequadas em que cada ornamento traduz uma posição na hierarquia que culmina na corte imperial.

Quanto à cidade, na maioria das regiões do Império, as condições econômicas impedem que se torne um lugar de expansão, um cenário no qual os impulsos competitivos dos notáveis possam se expressar sob forma de edifícios, espetáculos e outras suntuosas prodigalidades públicas. Entretanto, tais aspectos não desaparecem. São mantidos, e muitas vezes esplendidamente, nas grandes residências imperiais — Trier, Sirmium e sobretudo Constantinopla — e nas grandes cidades como Roma, Cartago, Antióquia, Alexandria e Éfeso. Mas o esplendor urbano agora é mantido pelo imperador e, em seu nome, pelos *potentes*. Depois de ter sido a cena deslumbrante e autônoma em que se desdobravam as energias locais, a cidade torna-se um microcosmo da ordem e da segurança do Império em seu conjunto.

A CIDADE OU O PALÁCIO

A cidade do século IV não constitui um pálido reflexo de seu passado clássico. Grande parte da decoração pública foi cuidadosamente mantida, inclusive as imponentes fachadas dos velhos templos pagãos. Em numerosos centros urbanos o governo imperial continua a prover distribuições de alimentos — limitadas, como nos séculos precedentes, aos cidadãos, independentemente de sua riqueza ou pobreza pessoais. A mesma autoridade mantém vastos banhos públicos em todas as grandes cidades. O circo, o teatro — muitas vezes remanejado nessa época para receber espetáculos ainda mais grandiosos, como batalhas navais e caça a feras — e o célebre hipódromo de Constantinopla substituem os espaços antigos tradicionalmente associados à idolatria pagã, lugares nos quais a lealdade da cidade para com seus dirigentes e sua própria sobrevivência se expressa de modo solene. As associações culturais, que fazem questão de que as cerimônias sérias se realizem conforme o ritual, reúnem-se para assistir a elas com tanto fervor como antigamente, por ocasião das cerimônias religiosas nos templos pagãos. Em Trier, em Cartago ou em Roma, três cidades ameaçadas e massacradas pelos bárbaros ao longo do século V, o povo permanece convencido de que a realização, dentro das normas, dos jogos solenes do circo assegura a sobrevivência da cidade, graças a seu misterioso poder oculto.

Os *potentes* aparecem no foro com menor frequência. Tendem agora a dominar "sua" cidade de seus palácios opulentos e de suas *villas*, um pouco afastados do centro tradicional da vida pública. Palácios e *villas* não são lugares de retiro, mas, antes, o foro que se tornou privado. As peças reservadas dos apartamentos das mulheres têm ao lado grandes salas para as recepções de cerimônia, e muitas vezes possuem numa extremidade uma abside para os pequenos banquetes. Assembleias solenes do grupo de iniciados que dirige a cidade, essas recepções diferem muito dos magníficos banquetes cívicos abertos sem discriminação aos clientes, aos libertos, aos amigos e concidadãos, como aqueles em que Plínio, o Jovem, três séculos antes, prodigalizava aos amigos e libertos suas reservas de vinho medíocre. Muitas obras-primas da estatuária clássica que outrora se erguiam ao redor ou no interior do foro instalaram-se sem incidente nos vastos pátios de entrada desses palácios. Indicam o direito dos *potentes* de tomar e preservar, segundo suas próprias condições, o melhor da cidade clássica. Será necessário convencer esses homens e seus subordinados de que o bispo cristão e sua comunidade religiosa em rápido crescimento também podem oferecer um espetáculo de um mundo urbano, restaurado e mantido graças ao exercício sincero de seu poder e do poder de seu senhor, o imperador. Não é certo que, ao longo do século IV, a nova Igreja cristã imporá à cidade antiga suas próprias noções de comunidade na última cena cuidadosamente restaurada de sua longa existência.

UMA IGREJA RICA E MARGINAL

Na nova cena urbana o bispo cristão e sua Igreja não passam de um elemento. Agora pode-se construir numerosas e magníficas igrejas graças às doações imperiais e segundo o novo modelo imperial, a *basilica*, edifício muito semelhante à "sala de audiência" do imperador e ao trono do juízo de Deus, o imperador invisível da cidade. O clero pode se beneficiar com exonerações e alocações de alimento a título de privilégio. O bispo tem acesso aos governadores e aos *potentes*; intervém sobretudo em favor dos pobres e oprimidos. Agostinho nota, porém, que muitas vezes o fazem esperar na antecâmara dos grandes e que gente mais importante entra antes dele. Por impressionante que pareça, a Igreja do século IV continua marginal em relação ao *saeculum*, a um "mundo" cujas estruturas principais evoluem sob as fortes pressões do poder e da necessidade de segurança e hierarquia. O cristianismo é periférico a esse *saeculum*, mesmo que agora seja a fé nominal dos poderosos.

A comunidade cristã permanece unida através de uma miragem muito particular: a da solidariedade, que doravante pode exprimir-se abertamente no decorrer de cerimônias na basílica do bispo. Assim, conquanto não constitua realmente uma "assembleia dos santos", a basílica cristã é um lugar do qual estão francamente ausentes as estruturas do *saeculum*. A hierarquia do século é menos nítida na basílica do que nas ruas da cidade. Apesar da nova importância do clero, apesar da cuidadosa segregação de homens e mulheres — o mais das vezes apartados de um lado e outro das grandes naves da basílica —, apesar da consumada habilidade dos poderosos para se destacarem da massa obscura dos inferiores com suas espetaculares vestes domingueiras bordadas com cenas dos Evangelhos, as basílicas cristãs permanecem uma reunião de homens e mulheres e pessoas de todas as classes, igualmente expostos, sob a tribuna do bispo na abside, ao olhar inquisidor de Deus. Sabemos que João Crisóstomo, quando estava em Constantinopla, se tornou deliciosamente impopular graças a seu hábito de acompanhar com os olhos cada um dos grandes proprietários de terras e os cortesãos que deambulavam dentro e fora da basílica durante os sermões; seu olhar penetrante os designava publicamente como os autores dos pecados e das injustiças sociais que ele denunciava do alto de sua tribuna. É a velha "liberdade de expressão" do filósofo, crítico dos grandes, que doravante pesa sobre toda uma comunidade urbana, reunida por seu clero na "sala de audiência" de Deus. Uma comunidade conduzida dessa maneira e por tais pessoas não podia deixar de tentar transformar a cidade antiga numa comunidade moldada segundo uma imagem, insólita, que lhe fosse própria.

Ao olhar de seus dirigentes, a Igreja é uma nova comunidade pública unida pela extraordinária importância atribuída a três temas, delimitados com uma acuidade até então inexistente no mundo antigo: o pecado, a pobreza, a morte. Esses três sombrios conceitos, aparentemente abstratos e estreitamente interligados, habitam o horizonte do cristão da Antiguidade tardia. Apenas afrontando-os de maneira definida já sem equívocos pelo clero é que o homem e a mulher comuns poderão ganhar a "cidade de Deus", cujas delícias e prazeres francamente sensuais os mosaicos cristãos da Antiguidade tardia evocam. Neles os cristãos dessa época contemplam o rosto eternamente belo e tranquilo dos santos, dos homens e mulheres agradáveis a

Deus, que os colocou não no "além" asséptico e etéreo, nascido da imaginação moderna, mas no antigo "paraíso das delícias", "um lugar fertilizado pelas águas refrescantes e de onde desapareceram a dor, o sofrimento e as lágrimas".

O PECADO

A basílica cristã abriga uma assembleia de pecadores iguais em sua necessidade da misericórdia de Deus. As fronteiras mais firmes no interior do grupo são aquelas que o pecado traça. Não se deve subestimar o elemento de novidade de uma tal definição da comunidade. Questões tão profundamente íntimas como os *mores* [costumes] sexuais ou as opiniões pessoais sobre o dogma cristão podem ser julgadas pelos membros do clero e justificar um ato público e vibrante de exclusão da Igreja cristã. Um sistema inteiramente público de penitência impera nesse período. A excomunhão acarreta a exclusão pública da eucaristia, e seus efeitos só podem ser revogados por um ato igualmente público de reconciliação com o bispo. Assim, na basílica do século IV, a solidariedade pública está normalmente ligada à consequência do pecado e ao "crime por pensamento" de heresia, com uma nitidez que desaparecerá nas épocas posteriores. O acesso à eucaristia implica uma série de atos plenamente visíveis de separação e adesão. O rebanho dos catecúmenos é expulso do edifício ao iniciar-se a liturgia principal da eucaristia. A cerimônia começa pelo movimento dos crentes que colocam suas oferendas no altar. Por ocasião da solene subida dos fiéis para participarem do "alimento místico", evidencia-se a hierarquia estabelecida no grupo cristão: os bispos e o clero são os primeiros a se adiantar, seguidos pelos fiéis castos dos dois sexos; os últimos de todos são os leigos casados. Num espaço especialmente designado no fundo da basílica, muito longe da abside, ficam os "penitentes", cujos pecados os excluíram dos atos de participação tão concretos. Moralmente humilhados, vestidos com mais simplicidade do que sua posição autoriza e com a barba por fazer, esperam, sob o olhar da assistência, o gesto público de reconciliação de seu bispo. Às vezes a hierarquia do *saeculum* e a igualdade perante o pecado se chocam, e as consequências são memoráveis: em Cesareia, Basílio recusa as oferendas do imperador herético Valente; em Milão, Ambrósio coloca o imperador Teodósio no meio dos penitentes — o senhor do mundo despojado de seu manto e do diadema — por haver ordenado o massacre da população de Tessalônica.

A POBREZA

Os pobres também chamam a atenção. Estropiados, indigentes, vagabundos e imigrantes de campos muitas vezes assolados, aglomeram-se às portas da basílica e dormem sob os pórticos que rodeiam seus pátios internos. Sempre se fala dos pobres no plural, em termos que não têm mais relação nenhuma com a classificação "cívica" precedente da sociedade dividida em cidadãos e não-cidadãos. São o anônimo rebotalho humano da economia antiga. Tal anonimato precisamente os transforma em remédio para os pecados dos membros mais afortunados da comunidade cristã. Pois a esmola aos pobres constitui uma parte essencial da longa reparação dos penitentes e o remédio normal para os pecados "veniais", como a preguiça e os pensamentos impuros e fúteis, que não demandam penitência pública.

A condição miserável dos pobres recebe pesada carga de significados religiosos. Eles representam o estado do pecador que diariamente precisa do perdão de Deus. A equação simbólica entre o pobre e o pecador miserável e abandonado por Deus retorna com insistência na linguagem dos Salmos, que formam a coluna vertebral da literatura da Igreja e especialmente das cerimônias penitenciais. Tal simbolismo era indispensável para despertar a empatia graças à qual o citadino, habituado a ver essas desagradáveis ruínas humanas como exceções ameaçadoras para a regra da antiga comunidade cívica de cidadãos, concede ao pobre a privilegiada posição de símbolo da miserável condição da humanidade da qual participa seu eu que é pecador. A esmola torna-se uma analogia poderosa da relação de Deus com o homem pecador. Os gemidos que os mendigos dirigem aos fiéis que entram na basílica para rezar preludiam os apelos desesperados dos fiéis à misericórdia divina. "Quando estiveres cansado de rezar e não receber", diz João Crisóstomo, "pensa no número de vezes em que escutaste um pobre pedir e não lhe deste ouvidos." "Não é erguendo as mãos [na atitude de rezar do *orans* suplicante] que serás ouvido. Estende a mão não para o Céu, mas para o pobre."

O anominato do pobre efetivamente ajuda a manter o sentimento da solidariedade indiferenciada dos pecadores na Igreja. O ideal cívico, segundo o qual os grandes são obrigados a dar generosamente, desempenha um papel atuante na Igreja cristã, pois implica também que as prodigalidades estabeleçam a evidência do direito dos poderosos de controlarem *sua* comunidade. Afinal, poucas basílicas teriam sido construídas sem tal retorno. As mais espetaculares são oferecidas pelo imperador ou pelos dirigentes do clero; são os atos de homens muito desejosos de provar à maneira antiga que têm o direito de "alimentar" e portanto de controlar as congregações cristãs que ali se reúnem. Os nomes dos que levam as oferendas ao altar são lidos em voz alta durante as orações solenes que precedem a eucaristia e muitas vezes aclamados, como na bela época da munificência cívica. Graças à noção de pecado, pode-se esperar reduzir essa audaciosa pirâmide de patronato e dependência. Os bispos, portanto, insistem no fato de que cada membro da comunidade cristã, homem ou mulher, é pecador e que toda esmola, por modesta que seja, é bem-vinda para os verdadeiros pobres. Por conseguinte, o aspecto ostensivo do patronato dos grandes, que se expressa em pedras, mosaicos, tapeçarias de seda e candelabros reluzentes, de cima para baixo à maneira da antiga munificência cívica, é velado pela garoa leve mas persistente das esmolas cotidianas do cristão pecador aos desgraçados anônimos.

AS MULHERES RICAS

Com efeito, a miséria real dos pobres os torna clientes ideais para um grupo desejoso de evitar as tensões causadas por relações de patronato com uma verdadeira clientela. De todas as formas de patronato às quais o clero notoriamente foi exposto durante muito tempo, a mais perigosa e aviltante aos olhos dos pagãos é a estreita dependência com relação a mulheres ricas. Desde Cipriano, a pobreza e o papel das mulheres influentes na Igreja são preocupações estreitamente ligadas. A fortuna de numerosas virgens, viúvas e diaconisas cria laços de patronato e de obrigação humilhante entre o clero e as mulheres que, no final do século IV, são membros dirigentes da aristocracia senatorial. Tal riqueza e o patronato que lhe é associado tocarão de modo muito mais certo os pobres, que, como todos sabem, não podem retribuir prestando serviço, e sua clientela não vale nada. Ademais, códigos estritos de segregação entre os sexos vetaram o acesso das mulheres ao poder público dentro da Igreja. Toda infração a esses códigos provoca um escândalo que se procura alimentar desde que desponte a ameaça de mulheres virem a exercer influência na Igreja graças a sua fortuna, cultura ou coragem superior. Esses tabus, no entanto, não se aplicam ao papel público de uma mulher que socorre pobres farrapos humanos. Como protetoras dos pobres, através da esmola e dos cuidados com os doentes e os estrangeiros nos hospitais, as mulheres abastadas desfrutam de uma verdadeira posição pública nas cidades da região mediterrânea, posição excessivamente rara nos outros aspectos da vida pública dos poderosos sob o Império tardio, vida hierarquizada e dominada pelos homens.

O BISPO

Patrono dos pobres e protetor das mulheres influentes, cujas energias e fortuna coloca a serviço da Igreja, diretor espiritual de vastos grupos de viúvas e virgens, o bispo adquire importância na cidade do século IV; deliberadamente se associa em público a essas categorias de pessoas cuja existência fora ignorada pelo antigo modelo "cívico" dos notáveis urbanos. Segundo os termos dos *Cânones* de santo Atanásio: "Um bispo que ama os pobres é rico, e a cidade e sua circunscrição o honrarão". Dificilmente se podia desejar um contraste mais agudo com a imagem "cívica" que os notáveis ostentavam dois séculos antes.

A comunidade cristã que cresce paralela à cidade antiga, onde está longe de ser dominante no século IV, criou, todavia, através de suas cerimônias públicas, seu tipo pessoal de uma nova forma de espaço público, dominado com segurança por um novo tipo de personagem público: apoiados com firmeza por mulheres celibatárias, os bispos celibatários fundamentam seu prestígio sobre sua capacidade de "alimentar" uma nova categoria de pessoas, a categoria anônima e profundamente anticívica dos pobres sem raízes e abandonados. No século V, as cidades do Mediterrâneo passam por novas crises. As gerações que precedem e seguem imediatamente o ano 400 conhecem importantes catástrofes urbanas, como o saque de Roma pelos visigodos em 410 e o surgimento de bispos influentes: Ambrósio em Milão, Agostinho em Hipona, o papa Leão em Roma, João Crisóstomo em Constantinopla e o implacável Teófilo em Alexandria. A questão que se coloca para tais gerações é saber como a fachada restaurada da antiga cidade romana corre o risco de desmoronar, deixando o bispo cristão, munido por sua própria definição "não cívica" da comunidade, livre para intervir como o único ator representativo da vida urbana nas margens do Mediterrâneo.

A MORTE

No exterior das cidades estende-se a solidariedade mais tranquila e definitiva dos túmulos cristãos. Em qualquer museu moderno, passar das salas pagãs às cristãs equivale a penetrar num mundo de claros significados gerais. A diversidade pouco clara dos sarcófagos da classe social superior dos séculos II e III — os eruditos não acabaram de interrogá-los — deixa lugar a um repertório de cenas facilmente reconhecíveis, inscritas, com poucas variações, em todas as tumbas cristãs. A surpreendente variedade de inscrições funerárias pagãs e da arte funerária pagã testemunha uma sociedade pouco rica em opiniões comuns referentes à morte e ao além. A tumba era então um lugar privado porém privilegiado. A pessoa morta, sustentada por seus grupos tradicionais — a família, os pares, os associados funerários e, no caso dos grandes, a própria cidade —, devia, em sua linguagem peculiar, explicar aos vivos o sentido de sua morte. Daí a extraordinária proliferação de associações funerárias entre os humildes, o papel crucial do mausoléu de família entre os abastados e a bizarra diversidade das declarações do defunto ou a propósito do defunto. Pensamos num notável grego, Opramoas, que cobriu seu túmulo com cartas de governadores romanos elogiando-lhe as generosidades cívicas, e na mensagem de um humilde pedreiro que pede desculpa pela qualidade dos versos de seu epitáfio! Esses túmulos constituem a alegria dos leitores de epitáfios gregos e romanos, mas o desespero do historiador das religiões que gostaria de retirar deles uma doutrina coerente sobre o além. No mundo pagão dos séculos II e III nenhuma comunidade religiosa amplamente difundida interferiu para sufocar tantas vozes privadas, e tão diferentes, surgidas do além-túmulo.

Com a ascensão da cristandade, a Igreja se introduz entre o indivíduo, a família e a cidade. O clero afirma ser o grupo mais capaz de preservar a memória dos mortos. Uma sólida doutrina cristã sobre o além, pregada pelo clero, esclarece os vivos sobre o sentido da morte do defunto. As celebrações tradicionais no cemitério permanecem habituais, porém já não bastam. Oferendas, no momento da eucaristia, garantem que durante as orações o nome dos mortos será lembrado em toda a comunidade cristã, apresentada como a mais vasta parentela artificial do crente. Festas anuais em memória dos mortos e em benefício de suas almas — oferecidas, como sempre, em favor dos pobres (esse eterno pretexto) — desenrolam-se nos átrios das basílicas e mesmo em seu interior. Pois a Igreja, e não mais a cidade, celebra a glória dos desaparecidos. E, uma vez introduzida no recinto da basílica, a democracia do pecado estende-se para além do túmulo de modo inconcebível para os pagãos. O clero pode recusar as oferendas feitas em nome de membros não convertidos da família, de pecadores não arrependidos e de suicidas.

A TUMBA

Uma nova acepção da expressão "terra consagrada" persistentemente atrai os mortos à sombra das basílicas. Grandes cemitérios cristãos, administrados pelo clero, existiram em Roma desde o início do século III. Comportavam galerias subterrâneas cuidadosamente construídas e concebidas de tal modo que grande número de pobres encontrava sepultura. Talhados em nichos superpostos nas catacumbas, tais túmulos constituem ainda hoje os testemunhos silenciosos da determinação do clero de agir como patrono dos pobres. Até na morte os pobres são mobilizados: as fileiras de túmulos humildes situadas a uma distância decente do mausoléu dos ricos testemunham a solicitude e a solidariedade da comunidade cristã.

No final do século IV, a difusão da prática do *depositio ad sanctos* — o privilégio de ser enterrado perto do túmulo dos mártires — garante que, se a comunidade cristã exigia uma hierarquia de estima entre seus membros, o clero, que controlava o acesso a esses lugares consagrados, erigia-se em árbitro de tal hierarquia. Virgens, monges e membros do clero são agrupados mais perto de numerosas tumbas de mártires nos cemitérios de Roma, Milão e outros lugares. Essas novas elites da Igreja urbana são seguidas de leigos humildes, admitidos ali em recompensa de sua boa conduta cristã. "Probiliano [...] a Hilaritas, uma mulher cuja castidade e bondade natural eram conhecidas de todos os vizinhos [...]. Em minha ausência ela permaneceu casta durante oito anos; por isso repousa neste lugar santo."

Integrados de modo bem visível nas Igrejas cristãs, os mortos são imperceptivelmente retirados de sua cidade. A fim de assegurar o repouso e a permanente reputação de seus defuntos, a família cristã doravante trata apenas com o clero. As formas cívicas de testemunho passam a segundo plano. É só nas pequenas cidades italianas tradicionais que o aniversário de um personagem público ainda constitui ocasião para um grande banquete cívico para os notáveis e seus concidadãos. No século IV a corte imperial celebra publicamente o luto do "primeiro cidadão", Petrônio Probo, o maior dos *potentes* de Roma. Mas, em seguida, sua memória é confiada à tumba de são Pedro. Um esplêndido sarcófago de mármore proclama a certeza da nova intimidade de Probo com Cristo na corte celeste. O grande homem repousou a alguns metros de são Pedro até que, no século XV, alguns operários encontram seu sarcófago cheio dos fios de ouro com os quais fora tecida sua veste derradeira. Quanto ao clero e aos cristãos mortos santamente, os mosaicos os mostram longe da cidade antiga, caminhando sobre a relva verde do paraíso de Deus, sob as palmeiras orientais, cercados de um grupo de pares de modo nenhum clássico:

> *E agora [ele vive] entre os patriarcas,*
> *entre os profetas que claramente veem o futuro,*
> *na companhia dos apóstolos*
> *e dos mártires, homens de grande poder.*

O MONASTICISMO

O MODELO DO SOLITÁRIO

Um dia Constantino escreveu a santo Antônio, sem impressionar em nada o velho. Antônio havia deixado sua cidade de Fayum na época em que nascia o imperador e fazia algum tempo que estava instalado no deserto da Tebaida. Pacômio também instalara seus primeiros mosteiros antes que Constantino se tornasse imperador do Oriente. O édito de Constantino, tão familiar às cidades, constitui novidade para o mundo dos ascetas. Os monges, os *monachoi* — quer dizer, os "homens solitários" —, prolongam uma tradição cristã muito diferente que quase se poderia qualificar de arcaica. Suas atitudes espirituais e morais inspiram-se na experiência de um ambiente sobretudo rural, muito diverso daquele dos cristãos citadinos. No século IV os monges do Egito e da Síria conhecem um sucesso de estima e escândalo no mundo mediterrâneo. A *Vida de Antônio*, de Atanásio, aparece imediatamente após a morte do santo, em 356. Entre 380 e 383, João Crisóstomo se retira — o tempo de um período curto porém formador — para viver com os ascetas nas colinas que circundam Antióquia. Uma "viagem em pensamento rumo ao cume da montanha na qual Cristo se transfigurou" é o sonho pungente de João Crisóstomo, o mais citadino dos retóricos cristãos. Em agosto de 386 a história de santo Antônio bruscamente arranca Agostinho de seus projetos matrimoniais e o impele a uma trajetória que ao cabo de alguns anos o leva a ser ordenado bispo de Hipona, onde viveu durante seus últimos 35 anos. No final do século IV o papel da Igreja cristã nas cidades é eclipsado por um modelo radicalmente novo da natureza humana e da sociedade humana, criado pelos "homens do deserto".

O prestígio do monge reside no fato de ser um "homem sozinho". Em sua pessoa ele resume o velho ideal da "simplicidade do coração". A isso chegou através de dois caminhos. Primeiro renunciou resolutamente ao mundo, e da maneira mais visível. Por um ato de *anachôrésis*, retirou-se para a vida no deserto: é um "anacoreta", um homem definido por esse único e elementar movimento. Os eremitas solitários ou os grupos de eremitas se instalam nas terras inexploradas porém nem sempre hostis que rodeiam as cidades e os vilarejos do Oriente Próximo. São conhecidos como os homens do *erémos*, do deserto — "eremitas". Esse deserto sempre esteve em violento contraste com a vida "mundana". Os que ali se instalam muitas vezes permanecem ao alcance da vista e a pequena distância das comunidades estabelecidas que abandonaram e rapidamente se tornam os heróis e guias espirituais dos aldeões.

A GLÓRIA DE ADÃO

Os monges evoluem, portanto, numa zona marginal, claramente vista como despojada das definições e dos sustentáculos habituais da vida organizada em sociedade. Estabelecem-se no equivalente social do continente ártico, um espaço considerado vazio desde tempos imemoriais no mapa da sociedade mediterrânea; essa *no man's land*, situada fora da cidade e que despreza a cultura organizada, propõe uma opção outra que não a de uma existência implacável e disciplinada nas aldeias superpovoadas.

Em seguida, assim agindo, o monge individual ficou livre para alcançar por si mesmo, diante de Deus e entre seus companheiros, o ideal de "simplicidade do coração". Liberto das tensões inerentes à sociedade estabelecida, lenta e penosamente purificado das sugestões sussurradas pelos demônios, o monge almeja possuir o "coração do justo", intacto, tão livre dos nódulos das motivações privadas próprias do coração dividido quanto o núcleo sólido e leitoso da palmeira.

Os admiradores do monge estão convencidos de que agindo dessa forma o "solitário" reconquistou, fora da sociedade estabelecida, uma parte da majestade original do homem. Séculos de especulação sobre a "glória de Adão" cristalizam-se ao redor de sua pessoa. Como Adão, ele se ergue na adoração sincera de Deus no paraíso. A melancólica paisagem não social do deserto constitui uma imagem remota do paraíso, a primeira, a verdadeira casa da humanidade, o lugar onde Adão e Eva moravam em toda a sua majestade antes do assalto sutil e todo-poderoso das egoísticas preocupações da vida humana na sociedade estabelecida: antes que o casamento, a avidez carnal, o trabalho da terra e as preocupações esmagadoras da sociedade humana presente fossem arrancá-los de seu deslumbramento. Totalmente simples de coração e, por essa razão, unida à legião dos anjos no louvor ininterrupto e indiviso de Deus, a vida do monge é um espelho na Terra da vida dos anjos. Ele é um "homem angélico": "Muitas vezes Ele me mostrava", diz o velho Anub, "as legiões de anjos que se perfilavam a sua frente; muitas vezes percebi a companhia gloriosa dos justos, dos mártires e dos monges que outro objetivo não têm senão honrar e louvar a Deus com toda a simplicidade de coração". O paradigma monástico não é novo. Engloba os aspectos mais radicais da contracultura filosófica pagã, em particular o estilo de vida magnificamente não social dos cínicos e o longo passado judaico-cristão. A originalidade do paradigma reside antes em sua mudança de ponto de vista radical. Ele assimila o "mundo" a um fenômeno claramente identificável — a sociedade estabelecida, tal como existe no presente — e através dele vê transparecer a ordem verdadeira, quer dizer, angélica, do estado primeiro do homem. A pregação de João Crisóstomo, em seus sermões *Sobre a virgindade*, datados de cerca de 382, ainda hoje nos faz sentir a alegria que se ligava à sua visão de uma raça humana postada no limiar de uma nova era. A vida de uma cidade como Antióquia, as realidades da sexualidade, do casamento e do nascimento, por poderosas e imemoriais que possam parecer, até aos olhos de cristãos clássicos, doravante surgem como um turbilhão confuso e muito secundário na torrente que rapidamente rola do paraíso para a Ressurreição. A sociedade e a natureza humana, tal como a modelam os imperativos atuais dessa sociedade, constituem um acidente imprevisto e não permanente da história. "O tempo presente chega a seu termo; as coisas da Ressurreição agora estão próximas." Todas as estruturas humanas, todas as sociedades humanas, "as artes e os edifícios", "as cidades e as casas" e até a própria definição social dos homens e das mulheres como seres sexuados destinados ao casamento e à reprodução estão prestes a se imobilizar na imensa calma da presença de Deus. Os que adotaram a vida dos monges e das virgens na periferia da cidade antecipam a aurora da verdadeira natureza do homem. Estão "prontos para receber o Senhor dos anjos". O instante de adoração extasiada, no momento forte da liturgia da eucaristia tal como é celebrada em Antióquia, quando os crentes unem suas vozes às dos anjos para cantar: "Santo, santo, santo!" ao Rei dos reis, enquanto Ele mesmo, invisível, se aproxima do altar, revela durante um instante fugaz o verdadeiro estado indiviso do homem. Cidade, casamento e cultura, os "supérfluos necessários" da vida estabelecida são apenas um interlúdio passageiro, diante desse estado límpido, despojado das "preocupações com esta vida". Os monges nas colinas fora da cidade esforçam-se para que tal momento dure toda uma vida.

ALÉM DA CIDADE ANTIGA

O paradigma monástico efetivamente nos apresenta um mundo despojado de suas estruturas conhecidas. Os enclausuramentos, as hierarquias e as distinções precisas nas quais continua a basear-se a vida da cidade foram misturados e nitidamente atenuados graças aos impressionantes rituais comunitários que se desenrolam nas basílicas cristãs. Contudo, essas basílicas continuam sendo espaços engastados nas estruturas sólidas da cidade. As estruturas sociais podem ser suspensas durante os momentos de crise, porém nunca são inteiramente banidas do espírito dos crentes, que, ao sair da basílica após o término da cerimônia, se encontrarão de novo no duro mundo da cidade antiga tardia. Homens como João Crisóstomo desejam que elas se dissipem no crescente esplendor da nova era. A aurora das "coisas da Ressurreição" já se ergue sobre os pequenos estabelecimentos de "homens angélicos" nas colinas ao redor de Antióquia. Pode espalhar-se e banhar a cidade adormecida. Tal é o sonho de João Crisóstomo, que morreu no exílio em 407, alquebrado pelo poder do "mundo". Entretanto, a acolhida ao paradigma monástico e a suas numerosas variantes por tantas altas figuras cristãs trai o sentimento da vulnerabilidade das cidades tais como se reestruturaram durante a geração de Constantino. O século V é a época das invasões bárbaras no Ocidente, do reforço da organização social, do crescimento da população e, por conseguinte, da miséria no Oriente. As estruturas recém-criadas das cidades romanas da Antiguidade tardia são expostas a dissoluções ainda mais graves. O paradigma monástico radical faz que os dirigentes clarividentes da comunidade cristã prevejam as destruições ligadas ao definitivo desaparecimento do perfil clássico da cidade. Os monges e seus admiradores são, com efeito, os primeiros cristãos do Mediterrâneo a olhar deliberadamente além da cidade antiga. Os monges veem uma sociedade nova, e sua preocupação pessoal com novas formas de disciplina pessoal, que compreendem a renúncia à sexualidade, garante que um sabor muito diferente impregnará a vida privada da família cristã nessa sociedade.

No paradigma monástico a cidade perde sua proeminência como unidade social e cultural distinta. Em numerosas regiões do Oriente Próximo, o avanço do monasticismo marca o fim do esplêndido isolamento da cidade helenística em relação ao campo circundante. Agora os citadinos que partem aos bandos para buscar o conselho e a bênção dos santos homens estabelecidos na vizinhança o mais das vezes encontram robustos aldeões iletrados que, quando muito, falam um dialeto grego. Na região do Mediterrâneo os monges unem-se aos pobres anônimos para formar uma nova "classe universal", sem ligação com o campo ou a cidade, mas igualmente dependente da misericórdia divina, seja qual for o ambiente.

POBRES REAIS, POBRES CERIMONIAIS

Também o simbolismo antes ligado aos pobres, tristes espelhos da miserável condição humana, é enaltecido desmesuradamente pelas pequenas colônias de pobres voluntários estabelecidos ao redor das cidades. Com efeito, os verdadeiros pobres não se beneficiam do avanço do monasticismo. Os leigos preferem — e é bastante natural — dar esmola aos monges, novos "pobres cerimoniais", cujas preces eficazes são conhecidas, e não aos mendigos ruidosos e repulsivos que rodeiam as basílicas. Entretanto, os monges funcionam como uma solução química no laboratório do fotógrafo: sua presença destaca com maior acuidade do que antes os novos traços de uma imagem cristã da sociedade. Essa imagem ignora as cidades, ignorando as divisões tradicionais entre cidade e campo, entre cidadão e não-cidadão; concentra-se, em contrapartida, na divisão universal entre ricos e pobres, tanto na cidade como no campo.

Tomemos um exemplo claro. Até o fim do século III, a cidade provinciana egípcia de Oxyrhynchos se beneficiara, a título de privilégio, de distribuição de alimentos. Tais aprovisionamentos eram distribuídos a todos que podiam pretender descender da classe dos cidadãos, independentemente de sua fortuna ou pobreza. As genealogias registradas para estabelecer os direitos dos cidadãos remontam os séculos até o começo da ordem urbana romana no Egito. No final do século IV as antigas estruturas são definitivamente suplantadas. A cidade é cercada de mosteiros e conventos muito povoados. Enquanto cristãos, os notáveis rivalizam agora nas doações caridosas destinadas aos pobres e aos estrangeiros, e não mais "à muito resplandescente cidade de Oxyrhynchos". O notável cristão já não é o *philopatris*, o "apaixonado por sua cidade", e sim o *philoptôchos*, o "apaixonado pelos pobres"; contudo, é sempre de joelhos que o homem humilde deve se aproximar. Quanto aos pobres, embora sua miséria tenha sido desnudada, graças ao simbolismo cristão do pecado e de sua reparação, não desapareceram. Eles tremem na noite fria do deserto e se amontoam junto à basílica ao redor de uma refeição dominical que lhes servem os monges "por parte das almas" das "mais brilhantes famílias" que sempre controlam a cidade de Oxyrhynchos e o campo circundante. Doravante tais famílias não têm mais necessidade de expressar um amor particular por sua cidade: como se esta diferisse em alguma coisa da massa indistinta dos humildes que elas controlam tanto na cidade como no campo! "Apaixonados pelos pobres", os grandes protegem os infelizes sem distinção, sejam nativos da cidade, sejam do campo.

A EDUCAÇÃO MONÁSTICA

O paradigma monástico não só varreu a especificidade da cidade; ele ameaça enfraquecer sua influência sobre os notáveis num dos aspectos mais íntimos. Coloca em questão o papel dos espaços públicos da cidade como lugares principais da socialização dos meninos. Seria erro grave crer que os monges são todos heróis iletrados de uma anticultura. Entre os convertidos ao ascetismo, muitos são homens cultos que encontraram no deserto — ou numa ideia do deserto — uma simplicidade em oposição à grande corrupção. Sob a tutela de um Basílio de Cesareia ou de um Evagro do Ponto, técnicas de educação moral e modelos de comportamento e de disciplina espiritual, antes praticados só pelas elites das cidades, florescem com novo vigor nos mosteiros. Essa cultura não se restringe aos homens maduros. Na metade do século IV os estabelecimentos monásticos já recrutam rapazes muito jovens. Famílias citadinas ou aldeãs abastadas consagram seus filhos ao serviço de Deus, o mais das vezes para preservar a herança familiar ameaçada por filhos numerosos demais e sobretudo pelas filhas excessivas. Esses monges muito jovens não desaparecem no deserto.

Tendem a ressurgir anos depois inclusive nas cidades, como membros de uma nova elite de abades e de eclesiásticos de formação ascética. Assim, o mosteiro torna-se a primeira comunidade preparada para oferecer uma formação plenamente cristã desde a juventude. Assimilação de uma cultura literária inteiramente baseada na liturgia e na Bíblia, formação do comportamento segundo os códigos de conduta afinados pela prática monástica e, sobretudo, formação de rapazes e moças pelo treinamento monástico e pela lenta penetração em sua alma da terrível "certeza da presença do Deus invisível": por seu conteúdo e mais ainda pelas emoções às quais apela no processo de socialização, o paradigma monástico significa o fim do ideal da educação pela cidade. Até o final do século IV estava implícito que todos os rapazes, cristãos ou pagãos, estariam sujeitos à instrução publicamente dispensada pelo retórico nas cercanias do foro. Essa forma de instrução, que apostava no respeito humano e na competição entre pares, pode desaparecer.

Na verdade, um paradigma de educação tão deliberadamente novo influiu pouco na educação pública dos jovens membros das classes superiores nesse período: eis um sintoma eloquente do vigor da cidade antiga tardia. Os ideais educativos da cidade não são absolutamente eliminados pelos do mosteiro. Entretanto, o efeito do paradigma monástico consiste em revelar muito claramente uma fenda, suscetível de ampliar-se no futuro, entre a cidade e as famílias cristãs urbanas. A cidade antiga, onde as disciplinas íntimas haviam modelado as identidades pública e privada dos membros de classes superiores ao longo de séculos, ameaça dissolver-se numa simples federação de famílias em que cada uma das quais assegura para si mesma, em colaboração com homens da Igreja ou com monges que vivem perto da cidade, a verdadeira educação — quer dizer, cristã — de seus jovens. Lendo os sermões de João Crisóstomo, tem-se a impressão de que as portas das casas cristãs se fecham lentamente sobre o jovem crente. Sua adolescência já não pertence à cidade. Uma cultura clássica, ferramenta privilegiada do intercâmbio entre pares das classes superiores, sempre lhe pode vir das escolas do centro tradicional da cidade. Mas já é uma cultura "morta": derivada dos textos antigos, é sempre considerada necessária para escrever e falar corretamente, porém seus laços com a vida cotidiana foram rompidos, pois os códigos de comportamento dos jovens cristãos não derivam mais das mesmas fontes, como ocorria dois séculos antes. O comportamento do crente cristão agora se revela mais claramente através do estilo de vida dos monges; o que conduz a uma educação no temor a Deus. Pode-se observar nos círculos monásticos contemporâneos que tal educação penetra mais profundamente a personalidade do que o medo "cívico" à moda antiga de incorrer na reprovação dos "bem-nascidos". Ela é transmitida num ambiente mais íntimo e estável do que aquele que oferecia o grupo dos jovens da classe superior. João Crisóstomo arranca de sua cidade o jovem de Antióquia para entregá-lo ao medo sutil do próprio pai. Grande psicólogo do temor religioso, João Crisóstomo considera o temor a Deus — instilado dia após dia no menino pela pesada presença do pai cristão — a base de um novo código cristão de comportamento. De repente percebemos a primeira Antióquia bizantina tal como já podia ser. Não é mais uma cidade helenística; a conduta de seus cidadãos dirigentes já não é sutilmente moldada pelos códigos derivados da vida em seus antigos centros públicos. Os antigos espaços públicos são ignorados, o teatro e o foro estão ausentes. Vias estreitas e tortuosas levam da basílica cristã, que abriga as grandes reuniões religiosas, a pátios retirados; ali, numa intimidade protegida, o pai crente transmite aos filhos a arte religiosa do temor a Deus. Trata-se de um esboço da futura cidade islâmica.

Mas, claro, o esboço é enganador. Se passamos dos sermões de João Crisóstomo aos epitáfios gregos e latinos de seus contemporâneos, apreendemos uma visão muito diferente do cristão citadino. Até o fim ele permaneceu o homem do espaço público. Se não é mais "apaixonado por sua cidade", é "apaixonado pelo povo de Deus" ou "apaixonado pelos pobres". Com exceção de alguns túmulos de monges e clérigos, não há inscrições que sublinhem a força motriz íntima do temor a Deus no crente cristão. O leigo cristão continuou sendo um homem de outrora, cujo orgulho permanece visível nos antigos adjetivos que lhe elogiam as relações com seus iguais. Ele se preocupa muito menos em expor à posteridade temas que fariam seus heróis, os monges, vibrar e suspirar por toda a vida num terror salutar.

O PARADIGMA MONÁSTICO E A CARNE

De todos os aspectos da vida da comunidade estabelecida sobre a qual o paradigma monástico impõe uma carga tão pesada quanto impalpável, o mais íntimo está ligado ao casamento, às relações sexuais no casamento e ao papel da sexualidade na pessoa humana. A família cristã deve se opor a que o foro e o teatro sejam os lugares de educação de seus filhos. Mas ela é intimada a se abrir a uma consciência nova da natureza da sexualidade, tal como despontou entre os "homens do deserto", adeptos da castidade. As diversas reações das famílias a essa injunção ou, para ser mais preciso, as diversas expectativas de seus bispos, clérigos e conselheiros espirituais sobre esse ponto estão na origem do contraste entre a sociedade cristã de Bizâncio e a do Ocidente católico durante a Idade Média.

Teríamos dificuldade para compreender o conceito de "intimidade" da sociedade ocidental moderna, que gravita com tanta insistência ao redor das noções de sexualidade e casamento, sem a intervenção decisiva do paradigma monástico que abraçaram as elites organizadas da Igreja cristã no final do século IV e começo do V. O controle da sexualidade, um dos símbolos mais simples e íntimos que existem, torna-se também um dos mais poderosos para traduzir, sob a forma que será finalmente a da Alta Idade Média, o velho ideal tenaz de uma vida privada que esteja sempre sujeita às injunções públicas da comunidade religiosa.

O casal cristão casado no Ocidente tornou-se permeável, ao menos em teoria, às sombrias e graves ideias sobre a sexualidade elaboradas por santo Agostinho, um bispo citadino, enquanto no Oriente a família cristã manteve a antiga resistência aos ideais desenvolvidos com igual rigor teórico pelos monges do deserto; isso é um fato que marca uma virada decisiva e em grande parte inexplicável da história da cristandade. O que estava em jogo era nada menos que a autoridade dos dirigentes espirituais da Igreja sobre a vida privada das famílias da comunidade religiosa. Por trás das escolhas feitas nas diferentes regiões do mundo mediterrâneo ao longo dos séculos V e VI pressentem-se os contornos de duas sociedades diferentes, com atitudes diferentes com relação à natureza da vida citadina, com relação a sua antítese, o deserto, e com relação ao exercício do poder clerical nas cidades. É por esse contraste que devemos concluir.

ORIENTE E OCIDENTE: A CARNE

O GRANDE MEDO DA CARNE

O paradigma monástico colocou um ponto de interrogação no casamento, na sexualidade e até na diferenciação dos sexos. Pois no paraíso Adão e Eva eram seres assexuados. Se perderam seu estado "angélico" de adoradores exclusivos de Deus foi porque, ao menos indiretamente, caíram na sexualidade; e dessa queda na sexualidade começa a deriva de homens e mulheres rumo a um mundo de preocupações próprias dos corações divididos e ligadas ao casamento, ao nascimento de crianças e à dura labuta necessária para alimentar bocas esfaimadas.

Expressa nesses termos, a história da queda da humanidade, representada por Adão e Eva, é um espelho fiel da alma do asceta da época: tremendo diante do envolvimento com as obrigações desastrosas da vida "no mundo", ele resolve optar pela vida "angélica" do monge. Pois tanto no mundo rígido das aldeias do Oriente Próximo como nas famílias austeras dos cristãos citadinos, a entrada "no mundo" começa na prática por um casamento que os pais arranjam para os jovens casais desde o início da adolescência.

Expresso de forma radical, como designando o caminho de um "paraíso reconquistado" no deserto, o paradigma monástico ameaça varrer alguns dos mais sólidos sustentáculos da vida "mundana" no Oriente mediterrâneo. Implica que os cristãos casados não podem esperar entrar no paraíso porque o paraíso só é acessível àqueles que durante toda a vida adotaram a abstinência sexual de Adão e Eva antes da queda na sexualidade e no casamento. Se a vida do monge pressagia realmente o estado paradisíaco de uma natureza humana assexuada, o homem e a mulher, enquanto monge e virgem cuja sexualidade é eliminada pela renúncia, podem vagar juntos pelas sombrias encostas das montanhas da Síria, assim como Adão e Eva outrora viviam nas vertentes floridas do paraíso, preservados da fecundidade e das agitações e dos tormentos do sexo.

A ameaça de uma anulação dos sexos e da indiferença que daí decorreria, em face da sexualidade transformada em algo temível nas relações entre homens e mulheres, constitui o grande medo do mundo oriental do século IV. Provoca reações imediatas por parte dos monges e do clero. Uma virulenta misoginia é a primeira impressão que o leitor moderno observa na literatura monástica; a citação da Escritura "Toda carne é como a erva" é interpretada da seguinte forma: os homens e as mulheres, enquanto seres irremediavelmente sexuados, são sempre suscetíveis de combustão instantânea! Espera-se do bom monge que cuidadosamente envolva a própria mãe em seu manto antes de tomá-la nos braços para atravessar um riacho, "pois o contato da carne de uma mulher é como o fogo". Por trás dos relatos ferinos está o desafio permanente de uma alternativa radical. Nos grupos de ascetas cristãos radicais a negação do valor do casamento acompanha uma negação da própria sexualidade, a qual, por sua vez, implica uma negação da divisão entre o "mundo" e o "deserto". Pois aqueles cujos pés já pisam as encostas do paraíso, uma vez que optaram pela existência "angélica" do monge ou da virgem, podem atravessar com os olhos inocentes da criança os campos, as aldeias e as grandes cidades e misturar-se sem constrangimento com homens e mulheres. Sobre esse ponto Atanásio deve questionar os discípulos de Hierax no Egito. Pensador ascético e respeitado, Hierax se pergunta se as pessoas casadas têm um lugar no paraíso, mas, ao mesmo tempo, espera de seus austeros discípulos que sejam servidos sem perigo por companheiras virgens. João Crisóstomo prega contra as "associações espirituais" de monges e virgens na cidade de Antióquia. Mais tarde a agitação dos messalianos — monges dedicados à vida errante e à oração perpétua e notoriamente indiferentes à presença de mulheres em seus bandos miseráveis — tornou-se epidêmica na Síria e na Ásia Menor oriental.

Em consequência da necessidade de dominar o radicalismo implícito do paradigma monástico, o Oriente mediterrâneo torna-se uma sociedade explicitamente organizada e de modo ainda mais agudo que antes em termos de generalização da vergonha sexual. Desde os chefes de famílias das classes sociais superiores até os heroicos "homens do deserto", todos devem partilhar um código de abstenção sexual, independentemente da classe e da profissão. Em Antióquia, por exemplo, João Crisóstomo ousa atacar os banhos públicos, ponto de reunião social por excelência da sociedade cívica da classe social superior. Critica o hábito das mulheres da aristocracia de exibirem a uma multidão de servos suas carnes bem nutridas, cobertas apenas de pesadas joias que constituem a marca de sua elevada posição. Em Alexandria os farrapos dos pobres devem provocar no crente visões perturbadoras: medo inconcebível nos séculos anteriores, em que essa nudez parcial era tida como indigna, mas dificilmente como fonte de inelutável perigo moral.

No tocante aos casais cristãos do Oriente mediterrâneo, nesse período e nos seguintes, deparamos com um paradoxo. Os heróis e os conselheiros espirituais dos *kosmikoi*, ou "homens no mundo", muitas vezes são os "homens do deserto". Os *kosmikoi* gostam muito de visitar os "homens do deserto" ou de receber esses homens cujo corpo exala "o doce olor do deserto". Como vimos, a literatura monástica, obra dos "homens do deserto", suscitou uma inquietação excepcional no que se refere à abstinência sexual. Apresenta o impulso sexual como potencialmente atuante no sentido do mal em todas as situações sociais que reúnam homens e mulheres. Contudo, apesar disso, a preocupação dos "homens do deserto" quanto à sexualidade não interferiu na dos homens casados "no mundo".

Os mestres espirituais do deserto, em especial Evagro e João Cassiano, seu intérprete latino, tratam os fatos sexuais como o indicador privilegiado da condição espiritual do monge. As visões sexuais e as manifestações do impulso sexual através dos sonhos e das poluções noturnas são examinadas com uma atenção inimaginável nas tradições anteriores de introspecção e sem levar em conta eventuais contatos com o sexo oposto. Encarar a sexualidade dessa forma constitui uma mudança revolucionária. Depois de ter sido considerada fonte de "paixões", cujas incitações anormais podiam romper a harmonia da pessoa bem-educada se fosse desencadeada por objetos de desejo sexual — homens e mulheres sedutoras —, a sexualidade doravante é tratada como um sintoma que trai as paixões. Torna-se a janela privilegiada através da qual o monge pode perscrutar as regiões mais privadas de sua alma. Na tradição de Evagro, as visões sexuais são estudadas minuciosamente, pois devem revelar de modo concreto (ainda que vergonhoso!) a presença na alma de impulsos ainda mais mortais porque identificáveis com menor facilidade: o frio aguilhão da raiva, do orgulho e da avareza. Por isso é que a diminuição das visões sexuais e até a modificação das poluções noturnas são observadas de perto como um índice dos progressos que o monge realizou rumo ao estado de transparência de um coração dedicado ao amor de Deus e do próximo. "Pois vós possuístes minhas partes mais íntimas", escreve João Cassiano ao relatar palavras de Abba Chaeremon: "E assim será encontrado à noite como é durante o dia, tanto em seu leito como em oração, sozinho ou rodeado pela multidão". A lenta pacificação dos objetivos intensamente privados, ligados aos sonhos sexuais, proclama o desaparecimento da cólera e do orgulho, monstros muito mais temíveis cujos passos pesados ressoam na alma sob a forma de visões sexuais. Feito isso, o monge vedou a última fenda, fina como uma lâmina, que subsistia no "coração simples".

NO ORIENTE: A VIDA CONJUGAL

A doutrina da sexualidade como sintoma privilegiado da transformação pessoal é a mais importante transferência jamais alcançada do velho e ardente desejo, judeu e cristão, de um "coração simples". Tal qual foi desenvolvida por um intelectual como Evagro, é a aproximação mais original da introspecção que nos vem do mundo antigo tardio. Entretanto, mal se refere à experiência dos leigos. As portas da família cristã, que vimos se interporem silenciosamente entre o jovem cristão e sua cidade, considerada fonte de direção moral, fecham-se também ao estranho novo sentido da sexualidade que os "homens do deserto" aprofundaram para seu uso; a moral conjugal e sexual dos primeiros cristãos bizantinos é austera, porém não coloca problemas. Suas regras fornecem indicações claras aos jovens que desejam permanecer "no mundo". Em todo o Oriente Próximo bizantino as normas da vida conjugal são tão familiares e inabaláveis na aparência quanto as estruturas da lei secular e da administração que, na época de Justiniano, sempre encerram o Oriente Próximo no sentimento de um império com fronteiras tão "firmes como estátuas de bronze".

Na moral cristã oriental os fatos sexuais não são apresentados pelo clero como particularmente misteriosos. Ou se vive com eles, como pessoa casada e "no mundo", ou se renuncia a eles para que o corpo se impregne "do doce olor do deserto". Esta segunda escolha deve ser feita bem cedo. Terminou a época das tempestuosas conversões da maturidade. Desde o ano 500 é importante que o rapaz e sobretudo a moça optem por uma ou outra via, a favor ou contra o fato de viver "no mundo" como pessoa casada, antes que as pesadas obrigações sociais do noivado recaiam sobre elas ao redor da idade de treze anos. Passado esse momento, a incerteza fatalmente leva às consequências devastadoras acarretadas por um desejo do deserto insatisfeito ao longo da vida conjugal que se seguirá. Muito frequentemente a escolha que um dos pais poderia ter feito é adiada por uma geração e recai sobre um dos filhos. O século VI é aquele das crianças santas, dos recrutas infantis da vida ascética. Assim, Marta, a piedosa mãe de Simeão, o Jovem de Antióquia, cria o filho de modo que ele se torne o famoso estilista, empoleirado em sua coluna. Santo aos sete anos de idade! A própria Marta se casara contra a vontade com um novo-rico, o companheiro artesão de seu pai. O jovem Simeão é o substituto encarregado de realizar o desejo de santidade de Marta — desejo reprimido, como ocorria frequentemente, por um casamento de conveniência.

No mundo mediterrâneo oriental, evitam-se as mulheres com maior cuidado ainda do que antes. As antigas fronteiras imaginárias entre os sexos reforçam-se em numerosos pontos. Isso exige que as mulheres menstruadas sejam excluídas da eucaristia. Nas cidades bizantinas, entretanto, as pessoas comuns viviam em apartamentos muito próximos, em geral ao redor de um pátio central, e a segregação devia ser meramente teórica. A arquitetura do harém, que prevê uma separação total dos aposentos das mulheres, no século VI ainda não se manifesta nas cidades cristãs do Oriente Próximo. Entre os homens sabe-se que os "calores" da juventude podem muitas vezes aliviar-se graças a relações sexuais pré-maritais. Nesse ponto a única contribuição da tradição ascética é a tendência a perguntar, mesmo aos penitentes masculinos, se "perderam a virgindade" e em que circunstâncias. Três séculos antes a mesma pergunta teria parecido muito estranha a um homem para quem a "virgindade" era questão exclusiva de suas irmãs e filhas.

A REALIDADE BIZANTINA...

O casamento precoce é proposto aos jovens de ambos os sexos como um quebra-mar que protege o homem cristão das vagas agitadas da promiscuidade adolescente. Entretanto, até um moralista tão convicto quanto João Crisóstomo não encontra nada de problemático no ato sexual realizado nas águas tranquilas da vida conjugal legal. As antigas restrições sempre limitam as relações, porém se referem principalmente ao quando e como se realizam. A norma que se queria manter sobre a menstruação e a gravidez conjuga-se com a obrigação de conservar a abstinência durante as festas da Igreja. Todavia, quando autorizada, a experiência das relações entre parceiros casados é considerada, sem nenhuma reserva, implícita. E mais: os médicos continuam afirmando que só a realização apaixonada e agradável para os dois parceiros de um ato de amor voluptuoso pode garantir a concepção, assim como a qualidade do "temperamento" da criança, esse equilíbrio entre os humores quentes e frios que faz dela um menino ou uma menina, um indivíduo doentio ou cheio de saúde.

Voltemos pela última vez para a sociedade dos primeiros "homens no mundo" bizantinos, agora cercados, mesmo que a uma prudente distância, pelos imponentes "homens do deserto": uma sociedade urbana muito antiga vê seus derradeiros dias.

Fora das portas da basílica e das paredes da casa cristã, a cidade permanece violentamente profana e sexualmente indisciplinada. Agora pode ser mantida por notáveis cristãos em nome de um imperador cristão ostensivamente piedoso. Na cidade, contudo, as moças nuas das classes sociais inferiores continuam fazendo as delícias dos cidadãos das classes superiores de Constantinopla. Elas se entregam durante os grandes espetáculos náuticos em Antióquia, Gerasa e outros lugares. Na "cidade bendita" de Edessa, a mais velha cidade cristã do Oriente Próximo, as ágeis dançarinas de pantomima continuam turbilhonando no teatro. Uma estátua de Vênus nua ergue-se diante dos banhos públicos de Alexandria; diz-se que faz o vestido das adúlteras levantar-se acima da cabeça; finalmente será retirada não por um bispo, mas pelo governador muçulmano, no fim do século VII. Ainda em 630, em Palermo, trezentas prostitutas provocam um motim contra o governador bizantino quando ele entra nos banhos públicos; conhecemos esse incidente porque o governador, um bom bizantino que esperava do clero que cumprisse seu dever para com a cidade, satisfizera seu pedido nomeando o bispo para o cargo de inspetor imperial dos bordéis, o que lhe valeu uma reprimenda do papa ocidental, chocado. O que resta da cidade antiga no Oriente bizantino não se enquadrou visivelmente, em todos os aspectos, com os códigos morais cujo exemplo os monges dão aos leigos.

... NO OCIDENTE: O PARAÍSO RECONQUISTADO

Deixemos agora o "deserto" e o "mundo" de Bizâncio para considerar esses problemas da sexualidade do modo como os viram santo Agostinho e o clero latino que o sucedeu. Ao longo dos escritos do bispo de Hipona, elaborados nos decênios que precedem sua morte, em 430, um espírito de uma poderosa individualidade impõe um sentido novo à sexualidade e nos faz pressentir os contornos do mundo que se formará ao redor dos bispos da Igreja católica nas províncias do Ocidente após o fim do Império.

Primeiro, é evidente que o paradigma monástico, baseado no sentimento da glória de um Adão e de uma Eva anteriores ao mundo social e à sexualidade, que tanto perturbou e torturou os bispos do Oriente mediterrâneo, não atinge o bispo do Ocidente latino. Agostinho afasta firmemente esse postulado. A sociedade humana, que compreende o casamento e a sexualidade, não é de modo nenhum a pior de todas, uma etapa transitória da humanidade que a nostalgia de uma majestade "angélica" e perdida do homem torna impraticável. Para ele, Adão e Eva nunca foram seres assexuados. Usufruíram no paraíso de uma existência plenamente conjugal. A alegria de se perpetuar por meio dos filhos lhes foi concedida, e Agostinho não vê nenhuma razão para que tais filhos não tenham sido concebidos no decorrer de um ato sexual acompanhado de sensações de intenso e sério prazer. Para o bispo de Hipona o paraíso não é uma antítese cintilante da vida "no mundo". É "um lugar de paz e alegrias harmoniosas", não a ausência de uma sociedade estabelecida, como o deserto, mas, sim, uma sociedade estabelecida como deveria ser, quer dizer, livre das tensões inerentes a suas condições atuais. O paraíso e a experiência de Adão e Eva no paraíso fornecem um paradigma de intercâmbios concretos sociais e sexuais. A conduta sexual dos leigos casados será julgada em relação a esse paradigma e considerada fraca, pois a condição humana decaiu. Pois, se o paraíso pode ser apresentado como um estado plenamente social, a sombra do paraíso reconquistado pode ser vista não só, como em Bizâncio, nos vastos silêncios do deserto, longe de toda vida humana organizada, mas também na solene hierarquia do serviço e da autoridade, nas basílicas da Igreja católica das cidades. E uma parte desse paraíso reconquistado pode estar ligada não simplesmente ao abandono público e total do casamento pelo deserto, e sim ao intenso esforço privado dos cônjuges para elevar sua conduta sexual à altura da harmoniosa inocência da qual Adão e 1deram o exemplo com sua sexualidade conjugal.

Em tal perspectiva, a sexualidade não constitui mais uma anomalia cuja importância diminui até a insignificância, se comparada à anomalia muito maior que representa a queda do homem, decaído do estado "angélico". Contrariamente a Evagro e a João Cassiano, portanto, Agostinho não pode esperar que a sexualidade desapareça da imaginação de alguns "corações simples", educados nas vastas solidões do deserto. Agostinho não pode também concordar com o chefe de família bizantino e seus guias espirituais, que tratam a sexualidade no casamento como sem interesse desde que respeite as formas tradicionais da moderação social. Pois, sendo pouca coisa diante da evidência muito mais ampla da morte, a sexualidade coloca poucos problemas. A João Crisóstomo e outros bispos gregos era possível reduzir as relações sexuais a um meio desordenado porém absolutamente necessário de assegurar a continuidade pela concepção de filhos e de apresentá-las como tais. João Crisóstomo até podia considerá-las uma vantagem positiva: Deus concedera a sexualidade a Adão depois da queda para que os humanos, uma vez decaídos de sua majestade "angélica" original com a morte, pudessem ao menos perseguir a sombra fugaz da eternidade gerando filhos semelhantes a eles. Para Agostinho, ao contrário, a sexualidade tal como se observa atualmente constitui um sintoma tão íntimo da queda de Adão e Eva quanto a mortalidade: sua natureza atual incontrolável resulta da queda de Adão e Eva tão imediata e seguramente como o contato glacial da morte.

A anomalia da sexualidade, por conseguinte, reside nas experiências concretas da própria sexualidade. Essas experiências marcam com triste precisão o abismo que separa a sexualidade da qual teriam desfrutado Adão e Eva caso não tivessem decaído e a sexualidade do casal cristão atual e decaído. Com a perspicácia de um velho retórico apresentando suas conclusões como uma exposição de evidências conhecidas de todos os homens de coração e inteligência, pagãos e cristãos, Agostinho desvenda os aspectos do ato sexual que parecem trair uma profunda ruptura entre a vontade e o instinto. A ereção e o orgasmo prendem-lhe a atenção, pois a vontade aparentemente não atua sobre um e outro: nem o impotente nem a frígida podem provocar essas sensações por ato da vontade e, quando elas se manifestam, não conseguem fazer com que a vontade as controle. Para Agostinho trata-se de sinais evidentes e irreversíveis em todos os seres humanos — homens e mulheres, casados ou castos — da cólera de Deus frente ao frio orgulho de Adão e Eva quando contrariaram sua vontade. Uma *concupiscência da carne*, sem idade, sem rosto e proteiforme, capaz de se manifestar através desses sintomas muito precisos nas relações sexuais de pessoas casadas e requerendo uma constante vigilância moral por parte de pessoas castas, é o sinal da ruptura fatal da profunda harmonia que anteriormente reinava entre o homem e Deus, o corpo e a alma, o homem e a mulher, e da qual Adão e Eva usufruíram por algum tempo no paraíso. Ali viveram não como celibatários assexuados, e sim como um casal humano plenamente casado, tão representativos de uma sociedade humana *in nuce* como qualquer chefe de família de Hipona. A justaposição de um estado humano casado ideal com a vida conjugal presente de um leigo era uma comparação eficaz, repetida sem cessar e forçosamente ofensiva para o casal médio.

Essas ideias ou suas variantes tornaram-se de tal modo parte integrante do universo mental da cristandade ocidental que é preciso recuar um pouco para sentir sua estranheza e avaliar a especificidade da situação que levou Agostinho e seus sucessores a modificar de modo tão significativo o paradigma monástico que herdaram do Oriente.

Para o leigo cristão está em jogo uma nova interpretação do significado do sexo. A nova interpretação implica também o desuso dos códigos de comportamento arraigados num modelo fisiológico específico da pessoa humana. Os códigos e a fisiologia haviam conspirado na época antonina para submeter as energias da paixão sexual a um modelo específico de sociedade. Os médicos e os moralistas dessa época procuraram integrar a sexualidade na boa ordem da cidade. Achavam natural que uma vigorosa descarga de "calor fecundo", mobilizado no corpo em seu conjunto, no homem e na mulher, e acompanhado de nítidas sensações de prazer físico, fosse a condição *sine qua non* da concepção: concepção e paixão não podiam ser dissociadas. O único problema para o moralista era que tal paixão não minasse o comportamento público do homem que a ela se entregasse de modo frívolo e excessivo na intimidade. Mais ainda, muitos acreditavam que as relações sexuais de acordo com as normas do decoro — que de algum modo eram o prolongamento dos códigos de comportamento — produziriam crianças mais perfeitas que aquelas concebidas em relações nas quais se desprezavam tais normas, entregando-se a preliminares orais, adotando posições inadequadas ou aproximando-se de uma mulher menstruada. Assim, o ato sexual em si podia ser apresentado como o sinal mais íntimo da "moral da distância social", ligada à manutenção dos códigos de decoro público específicos da classe superior.

Agostinho desmonta por completo esse modelo, e suas concepções implicam uma imagem do corpo totalmente nova. A paixão sexual já não é apresentada essencialmente como um "calor" físico, difuso e indiferente, que culmina nas relações. A atenção, ao contrário, volta-se para as zonas precisas de sensação especificamente sexual: para os homens, o processo de ereção e o detalhe da ejaculação. São fraquezas que todos os humanos partilham. Em consequência, as formas mais brutais de misoginia se atenuam, se não na prática cotidiana no Ocidente no começo da Idade Média, ao menos no pensamento de Agostinho. Já não é possível dizer que as mulheres têm mais sexualidade que os homens, ou que elas minam a razão dos homens provocando-os à sensualidade. Agostinho acha evidente que os homens são tão profundamente passíveis de fraqueza moral sexual quanto as mulheres. Todos levam em seu corpo insubmisso o sintoma fatal da queda de Adão e Eva. O fato de que num e noutro o espírito consciente seja vencido durante o orgasmo eclipsa o velho terror romano da "efeminação", de um enfraquecimento da pessoa pública devido a uma dependência passional com relação a inferiores de um ou outro sexo.

O EMBARGO DA IGREJA

A crença surpreendentemente tenaz de que o decoro das classes sociais superiores observado nas relações sexuais contribui para gerar crianças "bem concebidas", cheias de saúde, dóceis e de preferência do sexo masculino, reveste-se de uma concepção nova do ato sexual como um momento de disjunção inevitável com os aspectos racionais, ou sociais, da pessoa. A *concupiscência da carne*, tal como se revela no ato sexual, é um traço da pessoa humana que claramente desafia uma definição social e só pode ser alcançado do exterior pela obrigação social. Para o leigo, homem ou mulher, as obrigações normais nas relações sexuais, que eram principalmente de natureza exterior e social, devem incluir a concepção nova de uma profunda brecha na textura do próprio ato sexual. Afinal, Deus cria e forma a criança; e o ato sexual, graças ao qual os parceiros lhe fornecem o material de seu ato criador, não deve rigorosamente nada às disciplinas sutis e convictas da cidade.

Saber se pensamentos tão tristes e originais muitas vezes ensombreceram as relações sexuais dos casais no final do Império Romano do Ocidente é outra questão. Suspeita-se que não, o que, em si, constitui um silencioso testemunho da força dos antigos modos de vida diante da dominação clerical cristã. Os casais cristãos continuam a crer em seus médicos; de qualquer modo, só um ato de amor caloroso e agradável pode lhes dar as crianças que justificam os fatos sexuais aos olhos do clero celibatário. Doravante os cristãos evitam com cuidado as relações sexuais nos dias proibidos pela Igreja — principalmente o domingo, a vigília das grandes festas religiosas e durante a Quaresma —, pois temem os efeitos genéticos de tais infrações ao novo código de decoro público. Entretanto, a insistência de Agostinho no papel do pecado venial nas relações sexuais entre pessoas casadas — embora descrito sem a menor lascívia e com muito mais tolerância do que nos autores da Antiguidade tardia (que de hábito condenavam sem exceção todos os atos sexuais realizados fora de um projeto consciente e sério de conceber filhos "para a cidade") — implica uma noção de que há algo indecoroso no próprio âmbito do amor conjugal. Um dia, na sociedade muito diferente da Alta Idade Média, pensar-se-á que o amor conjugal pode ser também conscientemente controlado para minimizar seus aspectos inadequados, modificando de modo deliberado o elemento de alegria subjetiva na relação, graças ao controle de algumas formas de carícias, por exemplo. Então se há de considerar que a doutrina agostiniana abriu nas defesas da família cristã uma brecha tal que bizantino nenhum jamais teria ousado imaginar; por essa brecha soprará um forte vento frio; terá como origem os canonistas e seus leitores, os padres confessores da Idade Média mais tardia.

OBSESSÃO OCIDENTAL DO SEXO

As ideias de Agostinho impuseram um rigor e uma consciência ascéticos da fraqueza moral do homem aos humildes chefes de família "no mundo". Ele mesmo reuniu o "mundo" e o "deserto" na Igreja católica. Nesse ponto será seguido durante a silenciosa ascensão da Igreja católica na Europa Ocidental. Na Gália, na Itália e na Espanha, os bispos católicos das cidades — e não os "homens do deserto" — tornam-se os árbitros do paradigma monástico tal como Agostinho o modificou de modo sutil e irreversível para que englobe até a sexualidade "no mundo". Sob essa forma o "deserto" penetra a cidade pelo cume. "Deserto" e "mundo" já não se distinguem estritamente, como ainda é o caso em Bizâncio. Ao contrário, estabelece-se uma nova hierarquia: formado com frequência, como na época de Agostinho, nas comunidades monásticas urbanas, o clero casto governa os leigos essencialmente disciplinando-os e aconselhando-os quanto à anomalia perpétua e partilhada de uma sexualidade decaída.

À parte essa hierarquia clara e única, vemos uma estrutura social laminada sob o olhar do velho bispo de Hipona. Os homens e as mulheres, os "bem-nascidos", seus inferiores e os "homens do deserto", de maneira menos sinistra porém tão inelutável quanto os homens casados "no mundo", todos participam de uma fraqueza universal e primitiva: uma natureza sexual herdada de Adão e Eva sob sua forma desmembrada. Nenhuma renúncia pode elevar alguém acima dessa natureza; nenhum código laboriosamente interiorizado pode mais do que contê-la. E tal desmembramento agora é apresentado como um sintoma privilegiado, porque singularmente íntimo e apropriado, da condição humana: o homem, como ser sexual, tornou-se o menor denominador comum da grande democracia dos pecadores reunidos na Igreja católica.

Chegando a esse ponto, encontramo-nos diante de uma última encruzilhada. Por volta de 1200, um autor menor de um manual de confissão declarava: "De todas as batalhas dos cristãos, o combate pela castidade é o maior. Aqui a luta é constante e a vitória, rara. Com efeito, a continência é a grande guerra. Pois, como disse Ovídio [...], e como nos lembram Juvenal e Claudiano [...], assim fizeram são Jerônimo e santo Agostinho".

Em todos os escritos ulteriores da Igreja latina, a brilhante poesia amorosa da Roma antiga e as sombrias predições dos escritores cristãos de nosso período se misturam para comunicar o sentimento muito singular de que a preocupação prioritária, o horror e as delícias do europeu ocidental, são sobretudo a sexualidade, e não, como para os bizantinos sempre assombrados pela miragem de um paraíso reconquistado nas profundezas do deserto, o orgulho e a violência mais negros e impessoais do "mundo".

É talvez em direção a tais etapas, passando através de tais temas — e, de fato, através de muitos outros —, que a história da vida privada na Antiguidade tardia pode conduzir os que escolherem estudá-la mais profundamente do que é possível em algumas páginas. Começamos com o homem e a cidade; terminamos com a Igreja e "o mundo". Qual dessas antíteses mais contou na criação da cultura ocidental que partilhamos? Deixo ao leitor a decisão.

3

VIDA PRIVADA E ARQUITETURA DOMÉSTICA NA ÁFRICA ROMANA

Yvon Thébert

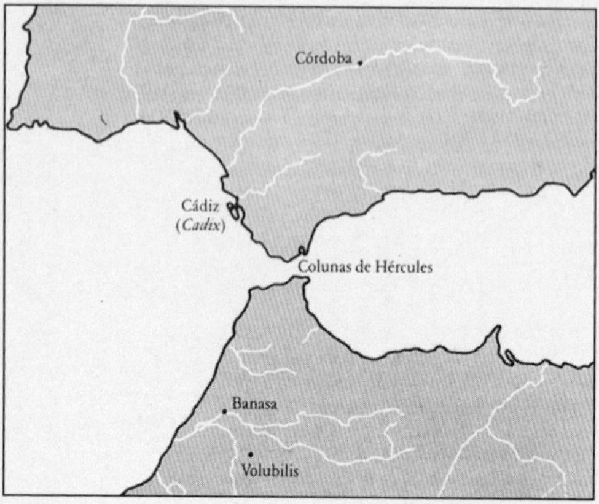

Córdoba
Cádiz
(Cadix)
Colunas de Hércules
Banasa
Volubilis

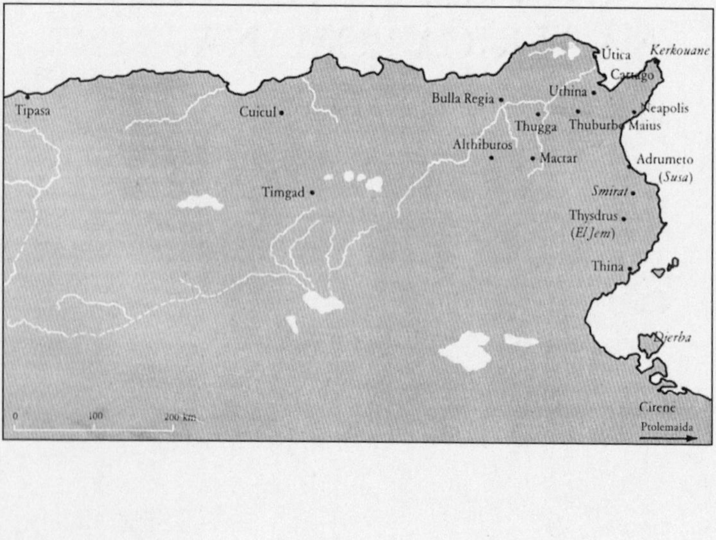

Útica
Kerkouane
Uthina
Bulla Regia
Tipasa
Cuicul
Neapolis
Thugga
Thuburbo Maius
Althiburos
Mactar
Adrumeto
(Susa)
Timgad
Smirat
Thysdrus
(El Jem)
Thina
Djerba
Cirene
Ptolemaida
0
100
200 km

A CASA: ÁGUA, CHAMAS, CORES, LUZ, VAZIO

Nada de água corrente em domicílio, exceto para raríssimos privilegiados; os aquedutos alimentam as fontes e os banhos públicos.

Exceto para não menos raros privilegiados, ninguém — cidadão ou estrangeiro — tem permissão para se deslocar a cavalo ou de carro no interior de uma cidade: isso seria insultar a dignidade da civitas. *Os sulcos que vemos nas ruas de Pompeia guiavam apenas carroças transportando materiais ou mercadorias e às vezes os carros rituais de alguma procissão religiosa.*

Poucas vidraças: as janelas são fechadas com venezianas frequentemente articuladas ou com elementos vazados de pedra ou terracota. Sentir frio, ou encerrar-se na obscuridade ou no foco estreito de luz intensa das numerosas lâmpadas de azeite.

Nada de chaminés, nada de fogões. O calor da lareira em que crepitava um belo fogo cuja fumaça saía por um buraco no teto constituía paradoxalmente um dos celebrados prazeres da rude existência rural, quando a neve cobria os campos. Todavia, em certas regiões do Império, a arquitetura rural criara tipos de moradia com aquecimento ambiental eficaz (como em Pérgamo, na Turquia, segundo detalhado testemunho de Galeno). Mas na Itália, nas cidades, era como ainda é na atual Pompeia, neste rude inverno de 1984, em que as portas das lojas ficam negligentemente abertas porque faz frio tanto dentro como fora. Então, como hoje, vivia-se agasalhado, na rua ou em casa, e ia-se para a cama inteiramente vestido (os poetas eróticos se queixam das cruéis que não tiram o manto nem mesmo na cama). No entanto, como hoje, no interior das casas urbanas, braseiros ardem cá e lá; não conseguem aquecer o ambiente, mas de vez em quando as pessoas procuram o círculo estreito de seu calor.

As latrinas são coletivas, e um relato terrível e vulgar da vida do poeta Lucano situa seus heróis nas latrinas coletivas do palácio do imperador. As dos homens são maiores e mais suntuosas que as das mulheres (assim no templo de Esculápio, em Pérgamo, ou na magnífica villa recém-descoberta em Opluntis, ou seja, em Torre Annunziata, perto de Nápoles).

Pouco mobiliário. A família canônica e poética de nossos móveis, essas arquiteturas de madeira em miniatura que são nossos armários, cômodas, baús, "bufê dos velhos tempos que conhece muitas histórias", não existe. Alguns leitos para dormir ou fazer as refeições, mesinhas redondas de três pés, alguns armários, cadeiras, prateleiras; de madeira (há alguns pobres restos em Herculano e também na Inglaterra), pedra, mármore ou bronze. E lampadários. Parecem-se mais com nossos móveis de jardim do que com mobília de interiores.

A arquitetura privada da classe proprietária, essas domus que são mais "palacetes" que "casas", é uma das mais belas criações da arte grega e romana. A morada é antes de tudo um amplo espaço vazio que percebemos ao penetrar no centro do edifício e às vezes já desde o limiar: uma fileira não de salas fechadas, mas de espaços: pátio coberto, átrio (ou "pórtico"), jardim com jorros de água; mais espaços vazios do que cheios. Espaço, perspectivas: "a casa samnita" de Herculano desvenda sua estrutura interna ao primeiro olhar e respira-se à vontade em seu volume vazio. Ao redor desse vazio claramente se dispõem quartos tão pequenos que surpreendem pelo tamanho; cada um se retira para sua cela para dormir ou ler, mas todos vivem nos vazios centrais, para os quais se abrem em toda a sua amplidão as salas de refeições como caixas às quais se retirou uma das quatro faces.

Há mais. Seja a casa rica ou não, uma decoração de cores vivas recobre os pisos, as paredes e os tetos com mosaicos, estuques e pinturas decorativas ou mitológicas; fantásticas arquiteturas pintadas abrem nas paredes espaços imaginários. Não imaginemos o esplendor de aposentos principescos, mas antes o feérico colorido de um teatro para contos de fadas; aqui reina a imaginação, não a pompa. Ora é de um mau gosto gritante (ó fontes de mosaicos e conchas incrustadas!), ora de uma harmonia suntuosa na audácia. Quando pensamos no que foi tal sociedade, em suas relações sociais, em seu civismo pesado e em seu comportamento rígido, nada é mais imprevisível que essas festas domésticas da imaginação e da cor, em que seria supérfluo procurar *significados alegóricos: vivia-se tal festa sem detalhá-la com o olhar. E a decoração contava mais que o mobiliário. Acrescentavam-se esculturas de interior em tamanho reduzido; nossos museus estão cheios delas.*

O espaço inútil constituía outro luxo. Essa arquitetura soube casar a amplidão do conjunto com a possibilidade de recolhimento nos pequenos quartos sem recorrer a uma rede de corredores estreitos: o espaço central permite os isolamentos. Em Pesto, um modesto burguês, dono de dois ou três escravos quando muito, habitou uma casinha de uns cem metros quadrados, com uma cozinha e três pequenos quartos; mas estes são tirados das margens de um amplo pátio que ocupa com seu vazio quase que a moradia inteira. O visitante que batia na porta de tal casa (com o pé, pois era assim que se batia nas portas), mal transpunha a soleira, encontrava-se num amplo espaço e, diante desse simples sinal, sabia que seu morador não era um plebeu. No final da Antiguidade, no século III ou no IV, no sudoeste da Gália, uma magnífica villa *ainda bem pouco visitada, a de Montmaurin, não longe de Saint-Gaudens, articula uma enfiada de espaços vazios ao redor dos quais circula agradavelmente um labirinto de quartinhos e escadas onde a imaginação se confunde sem jamais se perder de fato; para chegar enfim ao santo dos santos, ao fundo da casa, onde se assenta, numa sala também minúscula, o dono da casa.*

Em Éfeso, na Turquia, ou em Karanis, no Egito, a onipresença da arte e das imagens nas casas constitui uma surpresa para os modernos. Um último choque: relevos e estátuas eram sempre pintados com cores berrantes, e o ideal da escultura antiga era o das estátuas de gesso pintado de nossas igrejas de aldeia. As cidades antigas nunca foram brancas; em Pompeia, as colunas de um templo eram pintadas de amarelo e branco e os capitéis de vermelho, azul e amarelo; o Partenon era pintado, para tirar-lhe o brilho do mármore, e a ponte do Gard era vermelha.

Paul Veyne

Aqui examinaremos a vida privada a partir das informações que o exame da arquitetura doméstica pode fornecer. No entanto, é necessário delimitar melhor a questão atendo-nos a um quadro geográfico definido, a África romana, e a uma categoria bem precisa de moradias, o habitat urbano das classes dirigentes. Tais limites impostos ao tema decorrem do estado da documentação e da necessidade de circunscrever nosso propósito a fim de evitar a simples repetição de generalidades. De resto, a África romana representa um campo de estudo privilegiado, pois trata-se de uma das mais importantes províncias do Império: concentrando nossos esforços num setor geográfico preciso, será possível captar os princípios gerais válidos na escala do Império e particularidades regionais que, embora secundárias, permitem apreender melhor as realidades cotidianas.

Mas tentar compreender a vida privada através do quadro em que se devem localizar as atividades dela resultantes não resolve todo o problema. Trata-se apenas de uma tentativa, não de uma teoria da vida privada, que, todavia, não podemos desprezar se queremos entender o que as ruínas nos mostram. Está claro que se produzem evoluções. Na cidade grega clássica, a arquitetura e a decoração das residências privadas confinam-se estreitamente em limites modestos: o majestoso e o luxuoso só convêm ao setor público, à cidade que repousa na fusão do indivíduo com a comunidade, na adequação do privado e do público. Nesse quadro, o indivíduo deve tudo — inclusive sua condição de súdito dotado de uma vida privada — ao fato de pertencer à comunidade política. Na época helenística, a crise da cidade clássica sublinha uma mudança em que é fácil ler uma evolução que se pode resumir numa extensão notável da esfera privada à custa do público. Para nos ater estritamente ao campo aqui escolhido, destacaremos o luxo crescente das moradias ou o desenvolvimento das coleções particulares, fenômeno paralelo à afirmação da obra de arte como mercadoria.

Resta saber como se pode ler esse fenômeno. Devemos interpretá-lo numa perspectiva evolutiva, insistindo no fato de que assistimos então à emergência da vida privada? Tratar-se-ia assim de um dos momentos-chave de uma longa história, a constituição progressiva da esfera do privado diante do público, cujo fio se seguiria, com avanços e recuos, através dos séculos. De fato, o problema não parece se colocar de modo quantitativo, e sim qualitativo. Não se trata tanto de saber qual é a parte do privado diante do público, mas de reconhecer a maneira como essas duas esferas se articulam, como se definem mutuamente. A história do privado não é a de um nascimento, depois de uma longa e difícil afirmação diante de restrições públicas. Na verdade, a natureza do privado é específica de cada sociedade: é o produto das relações sociais e faz parte da definição da formação social considerada. Disso resulta que pode ser o objeto de redefinições radicais e que seria ilusório querer traçar-lhe uma história contínua, além das rupturas que sublinham os outros setores da vida social. Parece, pois, particularmente temerário partir de nossa concepção atual da vida privada e contentar-nos com retraçar sua gênese lendo todo o passado através desse prisma. Seríamos levados assim a situar numa época relativamente próxima o nascimento do privado, o que não passaria da afirmação de concepções burguesas modernas.

Segue-se igualmente que as relações entre o público e o privado não podem ser pensadas simplesmente no quadro de uma abordagem psicológica da questão, partindo de um indivíduo dotado de uma identidade que seria reconhecível através de estratégias que ele define com relação ao exterior. Nessa linha, as duplas indivíduo/sociedade, interioridade/exterioridade se superpõem aos termos privado/público cujas relações se assemelham a um jogo, a uma representação: a dimensão igualmente social dos dois polos é assim expulsa em proveito de uma dicotomia entre o indivíduo e a sociedade que não interessa ao historiador. Nossas preocupações minimizam ao contrário a preocupação de certos sociólogos que recusam esse papel determinante da interioridade e insistem nas interferências do privado e do público cujo estudo é abordado pelo viés das práticas.[1*]

Essas observações têm consequências decisivas para o presente estudo. Implicam efetivamente que o espaço doméstico não se organiza em função de uma lógica decorrente de necessidades privadas tidas como autônomas, mas é em si mesmo um produto social. Não deixa de ser interessante notar que essa realidade está bem presente na única reflexão de conjunto sobre a arquitetura que nos legou a Antiguidade, a saber, o texto de Vitrúvio: nele encontramos com efeito a afirmação do elo existente entre a planta das moradias e a condição social do proprietário. De modo ainda mais significativo, o autor recoloca o surgimento da casa não no âmbito da afirmação de necessidades individuais, e sim no do nascimento da sociedade: agrupando-se num mesmo lugar ao redor do fogo doméstico, os homens inventam coletivamente a linguagem e a arte de construir um abrigo.

Essas observações implicam também que o espaço doméstico só pode ser coerente. A casa romana é com efeito a sede de atividades aparentemente muito heterogêneas, algumas das quais parecem hoje depender por excelência da vida pública: é o caso, por exemplo, da cerimônia, em geral cotidiana, em que o dono da casa recebe a visita do vasto círculo de seus clientes. O próprio Vitrúvio usa a expressão "lugares públicos" para designar as partes da moradia abertas às pessoas de fora, e será cômodo, no estudo dos diferentes componentes da casa, empregar essa dicotomia privado/público para caracterizar de modo significativo a natureza diversa dos locais. Como nas moradias de todas as épocas, são, portanto, graus muito variados de "opacidade" que caracterizam os diferentes espaços

* As notas estão reunidas no final desta parte, p. 400.

domésticos, mas no caso da moradia romana tal diversidade toca os limites da heterogeneidade. Seria, no entanto, um erro quebrar a coerência dos lugares considerando que se compõem de domínios justapostos, essencialmente privados ou essencialmente públicos. Essa parte reservada ao exterior dentro do espaço doméstico não constitui nem uma contradição nem a marca de uma associação irracional: a arquitetura permite, ao contrário, captar a definição mesma da vida privada das classes dominantes da época, caracterizada por uma formidável dilatação. Esse fenômeno essencial explica que certas atividades, cuja dimensão social é evidente, naturalmente tenham sede nas moradias. Não se trata nem de um mal irremediável nem de uma usurpação de poder em detrimento do domínio público.

Constatamos de fato que a casa dos notáveis africanos, como a dos outros notáveis do Império, acolhe vários níveis, várias modalidades da vida privada. Evidentemente abriga, como é usual, lugares de recolhimento individual e lugares destinados à família no sentido estrito e moderno do termo: o dono da casa, sua esposa — que, casando-se, *convenit in manum*, isto é, passa ao poder paterno do marido — e seus filhos. Ademais, essa estrutura familiar é dotada de uma notável capacidade de dilatação: não só está apta a englobar a mulher estrangeira casada, como ainda o poder paterno — de resto bem enfraquecido tendo em vista a evolução dos costumes — continua a constituir o quadro teórico no qual se inserem os múltiplos elementos que vêm acrescer o pessoal da casa, a saber, além eventualmente dos parentes, o conjunto dos domésticos e escravos designado pelo termo característico de *familia* e no qual se distinguem os *vernaculi*, os que nasceram na casa. Esse vocabulário familiar traduz, no nível da língua, a capacidade de integração no mundo familiar de relações sociais que em outros períodos eram independentes deste. O fenômeno é idêntico no tocante às relações entre patronos e clientes, estreitamente calcadas sobre aquelas que unem o pai aos filhos, ou à mentalidade religiosa. De fato, os sacerdotes pagãos são identificados com os pais, e os discípulos, com os filhos (Apuleio, *Metamorfoses*, XI, 21): a seita cristã, concebida igualmente sobre um modelo familiar, apenas perpetua uma longa tradição. Todos esses fenômenos ilustram à sua maneira o lugar central que a esfera do privado ocupa no mundo romano a partir dos últimos séculos da República: a política se faz então tanto e mais na casa de César ou de Pompeu bem como no Senado. A riqueza das atividades que caracterizam a moradia remete, pois, à natureza da sociedade e só se explica por esta: manifesta de forma particularmente espetacular o novo tipo de articulação entre privado e público que caracteriza o mundo romano (os senadores não são os *patres*?), que se afirma no final da República no quadro de uma evolução geral do mundo mediterrâneo e que perdura, sob diferentes formas, ao longo do Império.

É pelo viés da arquitetura doméstica que gostaríamos de contribuir para esta história da vida privada das elites africanas e, através delas, das elites do mundo romano. Tal ponto de vista implica que privilegiaremos sistematicamente não só as ricas moradas urbanas mas também os autores africanos; estes constituem uma fonte de informações muito menos rica que a literatura italiana — mas também menos explorada sob essa óptica — e, junto com as ruínas locais, formam um conjunto coerente. Nosso ponto de vista implica igualmente que partiremos sobretudo das reflexões sugeridas pelos vestígios dessas *domus* — quer dizer, de realidades materiais esparsas, incompletas, nas quais o que é singular e o que tem um significado mais amplo só são perceptíveis mediante uma operação de classificação e cotejo. São esses dados arqueológicos concretos que eventualmente suscitarão os textos literários, comparações com outras províncias ou até com outras épocas, e não o inverso. Tal procedimento pode fornecer informações mais imediatas que os textos, que ao mesmo tempo interpretam a vida privada e testemunham sobre ela: coteja igualmente a análise de numerosos pesquisadores que, em contato direto com o "terreno", muito contribuíram para recolocar em questão uma visão literária demais e excessivamente idealizada do mundo antigo, na qual cada objeto se tornava uma obra de arte carregada de significados simbólicos. No entanto, essa salutar operação de desmitificação não deixa de comportar riscos: às vezes desemboca num hipercriticismo que leva a considerar com prudência demasiada a qualidade e o significado do quadro de vida de tais elites. O estudo do espaço doméstico será, pois, também a ocasião de tentar captar sua real natureza. Para tanto, parece essencial definir melhor o papel desempenhado pelo comanditário em sua elaboração: as ruínas das casas podem se revelar muito instrutivas em relação a isso.

NATUREZA DA ARQUITETURA DOMÉSTICA DAS CLASSES DIRIGENTES

UMA ARQUITETURA INTERNACIONAL

A natureza do mundo mediterrâneo antigo condiciona diretamente a da arquitetura própria de suas elites. Basta lembrar que há séculos existe uma comunidade cultural repousando sobre uma intensa circulação de homens, ideias, mercadorias — comunidade cujo núcleo dinâmico durante muito tempo foi constituído pelo mundo grego e cuja coesão se reforçou consideravelmente nas transformações da época helenística. Acima de incessantes conflitos, a imagem que prevalece não é a de um mundo dividido em blocos irredutíveis, mas, ao contrário, a de um conjunto cujas partes constitutivas se articulam com o todo de forma original e decisiva. Essa unidade fundamental se manifesta com maior clareza no nível das elites sociais cujas escolhas políticas são diretamente condicionadas por essa realidade e cuja cultura se refere abertamente a uma civilização comum que leva a marca determinante da Grécia.

A arquitetura das classes dirigentes africanas ilustra perfeitamente tal realidade. A história do habitat mediterrâneo é, com efeito, marcada por uma inovação decisiva: a introdução, no centro da morada, de um peristilo, ou seja, de um pátio rodeado de pórticos em torno do qual se distribuem as diferentes partes da casa. Ora, essa criação grega é rapidamente adotada no mundo púnico: prova-o o exemplo da casa de colunas de Kerkouane, cidade do cabo Bom destruída e abandonada em meados do século III antes de nossa era. As elites africanas imediatamente retomam por sua conta um tipo de planta que convém mais do que qualquer outro a seu prestígio na medida em que introduz no centro da moradia uma composição arquitetônica de uma amplidão até então reservada aos monumentos públicos.

Em compensação, desconhece-se na África a tradicional casa itálica de *atrium* — ou seja, provida de uma sala de recepção descoberta na parte central e à qual se acede diretamente a partir do vestíbulo de entrada. Longos debates esclareceram de modo considerável essa questão, em particular graças à adoção de um critério numérico: a proporção das áreas cobertas e descobertas. Essa maneira de abordar o problema permitiu evidenciar o fato de que a enorme maioria dos pátios com colunata das casas africanas, com seu vasto espaço central descoberto, é originária da concepção arquitetônica do peristilo. Na realidade, é possível esclarecer melhor: a importância relativa das áreas cobertas e descobertas varia não em função da natureza arquitetônica do local, mas apenas em função da área disponível. Basta percorrer o quadro traçado por R. Étienne para as casas do rico bairro nordeste de Volubilis[2] para notar que os peristilos cuja área descoberta é proporcionalmente mais restrita são aqueles cuja área total é menor, sendo o inverso também verdadeiro. Assim, um cálculo de proporções mascara um fator essencial e restritivo que torna totalmente inútil o recurso à noção de átrio mesmo para interpretar locais em que o pátio permanece com modesta extensão.

Na realidade, tais critérios arquitetônicos seriam de qualquer modo insuficientes para identificar um átrio, pois o termo implica uma função muito específica do lugar. Ora, a simples posição desses pátios de colunata na planta das casas africanas e a natureza das relações assim mantidas com as outras salas bastam para demonstrar que elas não podiam desempenhar sempre um papel idêntico. Assim, pode-se concluir pela inexistência de átrio na África, a não ser em eventuais exceções cujo significado de ordem histórica indica tratar-se, com toda a probabilidade, de um átrio bem distanciado de suas origens itálicas. Pelo menos é o que se pode concluir dos textos africanos, nos quais essa palavra aparece apenas uma vez na descrição de uma construção excêntrica (Apuleio, *Metamorfoses*, II, 4) e de ruínas cuja interpretação não sugere de maneira convincente o recurso a esse termo.

Essas conclusões impõem duas observações. A primeira refere-se à forma como os notáveis africanos podiam acolher os numerosos visitantes que faziam questão de receber, dado que sua residência não dispunha do átrio que, na Itália, assumia por excelência tal função: deveremos voltar a essa importante questão. A segunda refere-se à natureza das relações mantidas pela arquitetura doméstica africana com o mundo mediterrâneo. A ausência de átrio mostra, com efeito, que esta não é um simples subproduto da arquitetura itálica. Ela vive de forma específica suas relações com a cultura dominante dessa parte do mundo: não adotou o tipo de casa de átrio, não espera a conquista romana para conhecer o peristilo. A integração da África ao mundo romano só intensifica relações já existentes, não as cria.

UMA ARQUITETURA TEÓRICA

A arquitetura doméstica africana, como a das outras províncias romanas, é fruto de uma reflexão teórica e se opõe assim a uma arquitetura de tipo vernáculo, sem arquiteto, no quadro da qual uma mesma demanda social pode levar à realização de edifícios muito diferentes. Neste último caso, não há, na maioria das vezes, verdadeiro programa. O comanditário procede a uma leve formulação de seus desejos, referindo-se aos exemplos concretos que o cercam. Resulta daí a constituição de tipos de habitat regionais no seio dos quais se deixa amplo espaço às improvisações, que se inscrevem, entretanto, no quadro das possibilidades concretas oferecidas pelos dados locais, por exemplo, o clima ou os materiais disponíveis, que restringem a escolha.

Ao contrário, a arquitetura doméstica da época romana está livre desses dados em proveito de considerações sociais, estéticas, individuais que permitem a elaboração de um verdadeiro programa arquitetônico, pois as intervenções do comanditário e do arquiteto se referem a uma teoria muito elaborada. Existe com efeito uma reflexão muito antiga sobre a cidade e seus componentes, reflexão cujas consequências concretas são reais, dada a importância dos investimentos efetuados em proveito do mundo urbano. Não só grandes trabalhos modificam frequentemente as paisagens urbanas como estão sempre surgindo cidades novas — nesse último caso, a ideia da cidade tal como deve ser se materializa segundo um programa detalhado que pode incluir até uma planta típica das residências ou pelo menos determina *a priori* o espaço concedido a cada uma.

As teorias da cidade condicionam pois diretamente a natureza do habitat, ao qual são atribuídas localizações, dimensões e orientações. Isso não significa que a arquitetura doméstica seja apenas uma base secundária dos grandes planos do urbanismo. Estes não são concebidos de modo abstrato ou não se limitam a incorporar os dados topográficos e as necessidades da vida pública. Assim, de Hipócrates a Vitrúvio, passando por Aristóteles, considera-se que a orientação correta das construções constitui um fator decisivo da salubridade da cidade e da boa saúde dos habitantes. Tal aspecto das relações entre o público e o privado intervém, assim, desde o primeiro instante da história da cidade, no momento em que se concebe a planta do conjunto. Também é interessante ressaltar que as necessidades individuais pesam cada vez mais sobre as considerações dos que se preocupam com urbanismo: Aristóteles se interessa ainda essencialmente pelas construções coletivas; Vitrúvio engloba em sua reflexão todos os elementos que compõem a cidade e se debruça sobre os problemas próprios da arquitetura doméstica.

A essas reflexões sobre a cidade acrescentam-se teorias próprias de cada monumento que a compõe. Em sua obra, Vitrúvio apresenta as diferentes construções sob a forma de notícias de valor geral: a descrição da basílica que construiu em Fano, por exemplo, não constitui o ponto de partida para uma análise, mas, ao contrário, ilustra informações sobre essa categoria de monumentos. Doravante, a teoria precede as realizações: a ação dos comanditários e dos construtores inscreve-se na linha de uma reflexão secular.

Mandar construir uma residência ou reformar uma casa antiga constitui, pois, uma operação para a qual comanditário e construtores possuem sólidos pontos de referência. Dispõem de princípios gerais para organizar e orientar a construção, de uma tipologia das diferentes salas, incluindo as proporções desejáveis, e de princípios estéticos aptos a guiar tanto a organização dos detalhes da decoração como a realização de uma colunata. Tal realidade cultural, fruto da homogeneidade social e da cumplicidade política das elites mediterrâneas, explica a notável unidade de sua arquitetura doméstica. Por toda parte essas classes dirigentes adotam um quadro que lhes permite viver à romana, justo reflexo de sua participação na gestão do Império e o meio mais seguro de afirmar o próprio prestígio aos olhos de seus dependentes locais.

Esse papel decisivo desempenhado pela teoria confere à arquitetura privada uma evidente dimensão ideológica. No final da República romana, a introdução do luxo nas moradia dos poderosos constitui objeto de amargas críticas por parte da maioria senatorial que esconde sob argumentos de ordem moral seus receios políticos. Basta lembrar a emoção que suscitou nesses meios conservadores de Roma a introdução de colunas de mármore nas casas de um Crasso ou de um Escauro. A amplidão e o luxo das residências crescem paralelamente à personalização da vida política e à emergência, ao lado dos poderes institucionais tradicionais, de chefes cujo carisma pessoal concorre com a *auctoritas* [autoridade] do Senado. O considerável crescimento do luxo privado transforma radicalmente e por séculos o quadro doméstico. Ademais, essa transformação concerne ao conjunto das elites sociais: se a residência dos mais poderosos permanece de uma excepcional amplidão, todo burguês do Império faz questão de possuir uma casa que reflita sua posição social e lhe permita desempenhar suas tarefas.

É, portanto, no quadro de uma teoria muito elaborada da cidade e de seus diversos componentes que devem ser colocados os problemas próprios da arquitetura doméstica. Isso implica certo número de constatações precisas. A primeira é a natureza urbana de tal arquitetura. Na África, como sem dúvida nas outras províncias, nunca houve evasão das elites para os campos. Se é certo que elas constroem suntuosas *villae* [residências] no coração de suas propriedades rurais, nunca, até uma época que sai do quadro da Antiguidade no sentido mais extenso do termo, desertam das cidades onde se decide seu destino político — e, portanto, seu destino geral — e onde elas sempre conservam sua residência principal. Por conseguinte, negligenciando voluntariamente o habitat rural das elites africanas, rompemos, talvez, com uma parte da bibliografia tradicional, mas respeitamos as prioridades do que poderíamos chamar a "estratégia espacial" dessas elites. Tal procedimento é igualmente conforme as fontes disponíveis, pois bem poucas *villae* africanas foram pesquisadas e menos ainda ensejaram publicações.

A segunda constatação diz respeito à impossibilidade de avaliar a natureza de um espaço privado sem levar em conta seu ambiente urbano. Isso vale no nível mais simples, o dos problemas de vizinhança: o próprio Vitrúvio insiste na necessidade de modificar receitas arquitetônicas veneráveis em função dessas restrições e propõe, por exemplo, corrigir as proporções habituais de um aposento a fim de melhorar sua iluminação. Isso vale sobretudo em um nível mais global: o próprio funcionamento da casa depende, em larga medida, de arranjos coletivos. A existência de uma rede de distribuição de água graças à instalação de condutores sob pressão ou, em sentido inverso, a presença de esgotos modificam consideravelmente a vida cotidiana. Ora, tais instalações não existem em todo lugar, e, quando existem, sua construção raramente é contemporânea à fundação da cidade. Essas vastas obras públicas condicionam de forma bem estrita a natureza do conforto privado. Assim também não se pode avaliar com justeza a qualidade de uma casa urbana sem levar em conta múltiplas instalações coletivas, em particular termas e latrinas, que a cidade coloca à disposição dos habitantes. Nesse quadro, entre público e privado não há oposição, e sim complementaridade: a casa não pode ser isolada de seu contexto.

II
I
III
M. AU BASSIN TREFLE
M. DE VÉNUS
90º
PALAIS DE GORDIEN
90º
M. DES POMPEII
THERMES DU NORD
M. AU BAIN DES NYMPHES

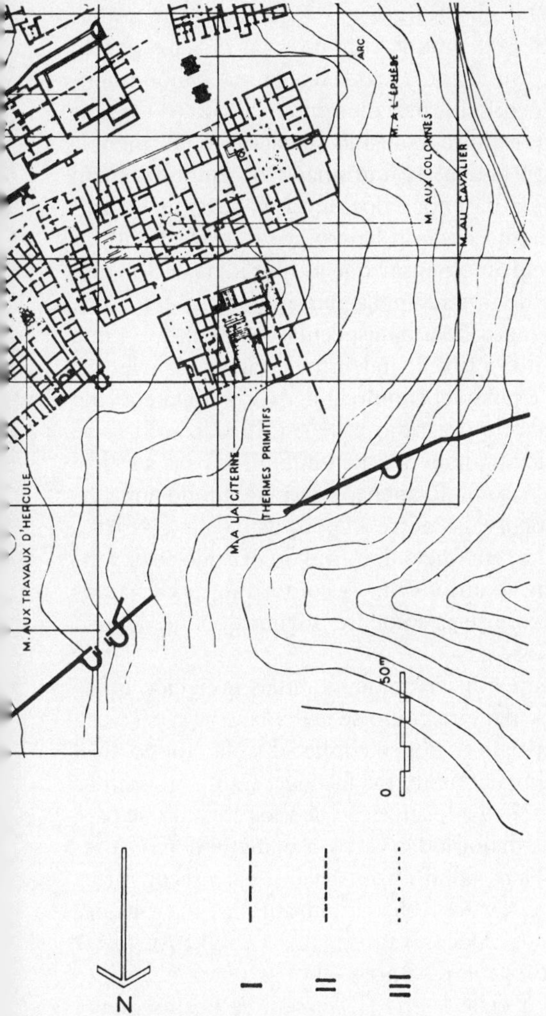

Figura 1. Volubilis, bairro nordeste (planta Hallier-Golvin-Lenne em R. Rebuffat, “Le developpement urbain de Volubilis [...]”, BAC, 1965-1966).

A terceira constatação refere-se à inserção de moradias no tecido urbano. Se a planta de conjunto das cidades parece essencialmente estruturada pela massa dos grandes monumentos públicos, com os edifícios privados preenchendo os espaços deixados livres, nem sempre, contudo, a relação é tão inequívoca. Em Timgad ou Cuicul as muralhas são demolidas e em seu lugar, sem dúvida na época dos Severos, surgem bairros residenciais. E ainda, no caso do bairro nordeste de Volubilis (ver fig. 1), parece legítimo pensar que as moradias não se inscrevem num espaço delimitado pelas muralhas, mas que estas, ao contrário, são o fruto de uma especulação imobiliária que assim valorizou o setor a fim de nele implantar residências luxuosas.[3] Nesse caso é possível compreender como uma enorme construção carregada de prestígio e de significado militar se desvia de seu sentido fundamentalmente público para servir a interesses privados: o exemplo apenas ilustra de modo contundente as mudanças ocorridas entre a época da cidade clássica e a do Império Romano, em que o domínio do privado se expandiu de tal forma que se apropriou — com razão, poderíamos dizer — do que outrora seria somente o fruto de uma decisão coletiva.

Sempre no tocante à inserção de moradias no tecido urbano, cabe notar que a maneira como se articulam os espaços da rua e da moradia permanece pouco conhecida. Não foi possível reconstituir integralmente nenhuma fachada; assim, ignoramos o número, as dimensões e a localização de vãos abrindo-se para a rua, bem como, na maioria das vezes, a maneira como se fechavam. Igualmente nos faltam informações para reconstituir hábitos. As janelas ficavam fechadas ou abertas? As pessoas saíam à janela, à sacada? Decoravam a fachada em dias de festa? Outras tantas questões interessantes sobre as relações entre o espaço doméstico e a vida da rua ficam sem resposta e sobre elas os textos são bem pouco elucidativos.

Há, porém, um ponto relativo à articulação dos espaços públicos e privados que a documentação arqueológica permite examinar. Trata-se da forma como entram em contato, no andar térreo, não por meio de uma fachada marcando uma brusca ruptura, e sim através de pórticos. Tal fórmula arquitetônica é ambígua: esses volumes de transição tanto podem resultar de uma concepção essencialmente pública, como, ao contrário, podem estar ligados de modo decisivo à esfera do privado. Assim, o breve pórtico que precede a entrada principal da casa de Sércio (ver fig. 16), em Timgad, faz parte da casa, cujo acesso enriquece. Em contrapartida, quando grandes colunatas, construídas no quadro de uma ambiciosa operação de urbanismo, invadem a rua, assumem um papel essencialmente público, que se constata em sua coerência arquitetônica e no fato de que se destinam sobretudo a facilitar a circulação dos pedestres pela cidade. Assim se afirma uma ideia unitária da cidade que supera a compartimentação dos espaços privados.

No detalhe, os partidos arquitetônicos adotados para a construção desses vastos pórticos à beira da rua revelam, entretanto, a ambivalência de tais volumes. Sua homogeneidade nunca é perfeita, inclusive ao longo de uma artéria essencial como o *decumanus maximus* [via principal] de Volubilis (ver fig. 1), onde verificamos, por exemplo, que o ritmo do intercolúnio muda diante da casa dos trabalhos de Hércules (ver fig. 22). Grandes arcadas repousam sobre nove pilares segundo uma composição claramente ligada à moradia: à direita dos muros que delimitavam esta última, pilares ainda mais importantes sustentam arcos perpendiculares ao eixo da rua. Esteticamente esse espaço assim se liga à casa, integrando seus limites. Funcionalmente tal ruptura é secundária: não quebra a coerência do conjunto e em nada impede uma utilização do pórtico complementar daquela da rua. A ambiguidade assim projetada sobre esse espaço público não deixa, contudo, de ter seu significado: numa rua paralela, a casa do cortejo de Vênus pôde anexar tal espaço sem a menor consideração pela circulação pública (fig. 19: primeiro vestíbulo de entrada V.1 e peça 19 servindo de vestiário para as termas da casa). Uma operação comparável parece ter se efetuado em Cuicul em proveito da casa de Europa (ver fig. 12): a extensão de uma parte de seus aposentos, sem dúvida após um

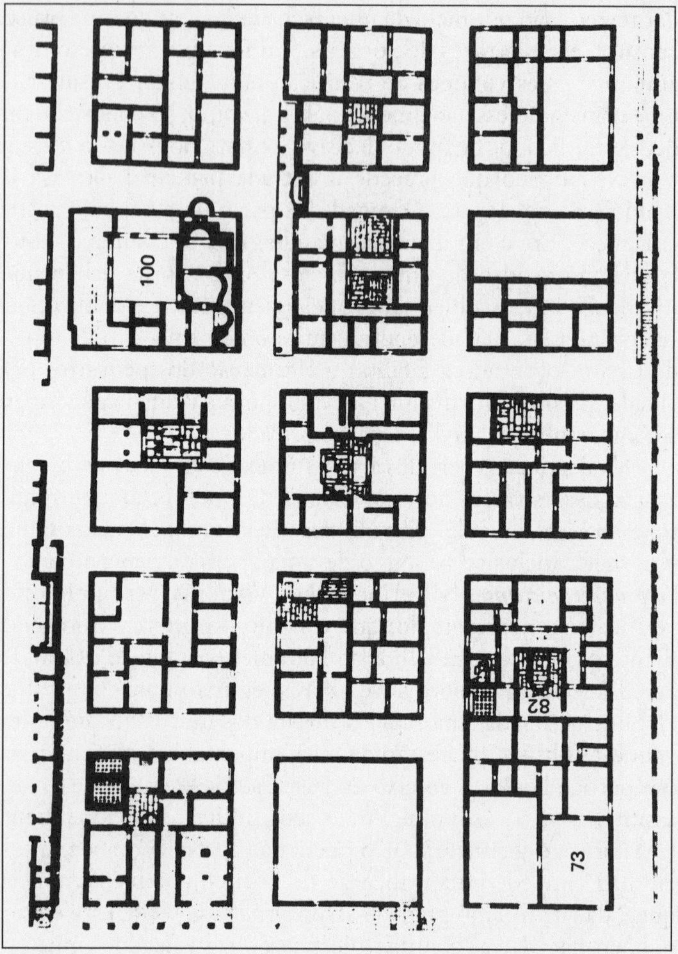

Figura 2. Parte da planta da colônia de Timgad (E. Boeswillwald, A. Ballu, R. Cagnat, *Timgad, une cité africaine sous l'Empire romain*, Paris, 1905, p. 337, fig. 166). A planta original compreende 132 *insulae* quadradas, cada qual com cerca de vinte metros de lado. Frequentemente ainda se distinguem as paredes de subdivisão, recortando ilhotas em vários lotes. As *insulae* 73 e 82 fundiram-se por anexação do espaço público da rua. A *insula* 100 cresceu invadindo esta última.

remanejamento, até o piso do grande *cardo* [artéria] interrompe o pórtico que aumenta esse eixo principal. O que resta então da colunata parece não ter sido completamente anexado. A fragmentação do pórtico, cuja função pública repousa em sua continuidade, transforma-o de fato num anexo da casa, integra-o de modo decisivo à fachada.

UMA ARQUITETURA UNITÁRIA

O que se deve entender por essa fórmula? Certamente há uma especificidade da arquitetura doméstica, na medida em que ela deve satisfazer necessidades originais, mas a característica decisiva para sua compreensão é a existência de estreitos vínculos entre monumentos públicos e privados. Essa realidade é antiga (a concepção das *villas* republicanas da Itália comporta, até no vocabulário utilizado pelos contemporâneos para descrevê-las, evidentes analogias com as construções oficiais) e não menos viva no Império. Comprovamo-la, em nível de decoração, no tocante aos mosaicos, não só no fato de o mesmo repertório de motivos geométricos servir para todas as construções como ainda em certos casos privilegiados, em que motivos mais complexos permitem apreender o impacto da arte oficial sobre a decoração doméstica. É o que ocorre na residência de Asínio Rufino, em Acholla, onde G. Picard pôde estabelecer a forma como a mística imperial contemporânea — no caso, a pretensão de Cômodo a ser o Hércules romano — influenciou diretamente os temas escolhidos para essa moradia.[4] O mosaico do *triclinium* [sala de jantar com três leitos] ilustra, com efeito, os trabalhos do herói, representado segundo um tipo criado sob o reinado de Cômodo e conhecido pelas figurações que ornam moedas dessa época. Sem dúvida, o imperador dedicara a sua divindade favorita uma estátua que está na origem dos temas tratados pelo mosaicista de Acholla.

Essa unidade não é menos real no que se refere à arquitetura, cujos setores se caracterizam pela mesma evolução. Nas

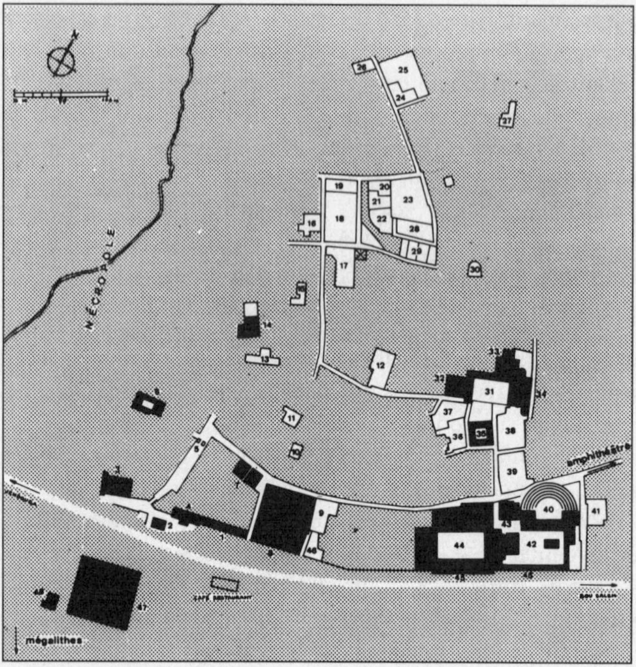

Figura 3. Bulla Regia (mapa por H. Broise em A. Beschaouch, R. Hanoune e Y. Thébert, *Les ruines de Bulla Regia,* Roma, 1977, fig. 3). 12: casa nº 3 (ver fig. 24); 18-19: insula da caça (ver fig. 5: o desenho muito regular da ilhota se opõe à organização muito mais flexível das outras partes); 23: casa da pesca (a extremidade ocidental foi construída às custas de uma rua). A presença de um peristilo é atestada nas casas com os números 10, 11 (?), 12, 13, 17, 18, 19, 21, 22, 23, 25, 28, 36 e 37. A presença de banhos privados é atestada nas casas 9, 18, 23, 25, 28 e 37 (?).

casas, assim como nas demais construções do Baixo Império, verifica-se uma idêntica tendência a multiplicar as absides ou a utilizar com frequência cada vez maior arcos sobre colunas em vez da tradicional arquitrave. A coerência da produção arquitetônica e decorativa é tal que, na ausência de inscrições, pode ser difícil identificar certos vestígios. Com efeito, no caso de edifícios públicos como a moradia oficial de uma autoridade, o local destinado a receber os hóspedes da cidade ou as sedes de colégios e confrarias que desempenham um papel tão grande na vida associativa, as necessidades assemelham-se muito às de um proprietário particular. Os numerosos debates a propósito da natureza privada ou pública de certas construções são muito reveladores da unidade profunda que caracteriza essa arquitetura. Em alguns casos privilegiados, tais controvérsias permitiram chegar a uma interpretação satisfatória, como em relação à casa dos Asclépios, em Althiburos. Essa residência, de planta ambiciosa, prestava-se a uma utilização coletiva, e a presença de um mosaico tardio, no qual há uma espécie de cesta com a inscrição Asclepeia, levou a crer que ela efetivamente conhecera uma mudança de finalidade, talvez uma transformação em edifício ligado ao culto de Esculápio. A interpretação correta do objeto com a inscrição (na verdade uma coroa agonística concedida a um vencedor de jogos colocados sob o patrocínio de Asclépio) tornou inútil tal hipótese.[5] Essa casa nunca deixou de ser utilizada por proprietários particulares, e um deles fez questão de comemorar a vitória numa das múltiplas competições que ocorriam em toda a bacia mediterrânea (ver fig. 9).

Vale a pena nos demorarmos um pouco na construção que ilustra de maneira notável essa unidade da arquitetura da época imperial. A basílica privada da casa da caça, em Bulla Regia, permite compreender a forma como a arquitetura doméstica participa dos problemas encontrados e das soluções elaboradas pelos outros setores da construção.[6] Esse monumento, acertadamente datado da primeira metade do século IV, foi construído segundo uma planta que conjuga uma abside, um transepto — cujo cruzamento é ressaltado pela utilização de pilares emoldurados — e uma longa nave ladeada por dependências que ocupam o lugar das naves laterais numa basílica civil ou religiosa. Enfileiradas e comunicando-se, na maioria, com a nave central, essas partes permitem modos de circulação comparáveis àqueles existentes nos grandes edifícios de três naves. O conjunto, concebido de um só fôlego, é perfeitamente coerente e facilmente reconstituível, malgrado os numerosos remanejamentos tardios (ver figs. 4 e 5).

Como vários desses partidos arquitetônicos evocam diretamente escolhas idênticas efetuadas no quadro das primeiras Igrejas cristãs, deparamos com um dos problemas mais difíceis da arquitetura antiga, o das origens do tipo de basílica paleocristã que repousa na combinação de uma sala retangular dividida em naves (a nave central, mais alta, recebendo a claridade acima da cobertura de suas anexas laterais), de uma abside e de elementos secundários, dos quais o transepto é um dos mais característicos.[7]

Essa documentação, particularmente vasta, repousa, em larga medida, num modo errôneo de colocar o problema. De um lado, o desejo de afirmar a originalidade da arquitetura cristã: isso não passa de um avatar da corrente de pensamento que sempre se preocupou em proclamar a autonomia do fenômeno religioso em lugar de situá-lo no contexto da evolução geral da sociedade. De outro lado, uma recusa justificada de tal procedimento, mas uma réplica centrada essencialmente na procura a qualquer preço de antecedentes e no postulado das influências. A resposta está alhures.

De fato parece evidente, apesar dos protestos de originalidade, que os monumentos cristãos herdam, em grande parte, soluções já elaboradas no quadro da arquitetura dos séculos precedentes. A utilização da abside com finalidade de glorificação é um dos temas mais corriqueiros da arquitetura civil e religiosa desde o começo do Império. O mesmo ocorre com a organização de um vasto espaço de reunião em naves hierarquizadas. Parece não menos evidente que esse repertório arquitetônico está vivo e que o Baixo Império constitui um período de mudanças particularmente importante. Entretanto, tais mudanças não têm por força propulsora o cristianismo: trata-se de uma evolução global da arquitetura que remete diretamente às modificações das relações sociais. O Baixo Império produz seus lugares de culto segundo os mesmos princípios que regem a produção dos outros edifícios. O termo arquitetura cristã só

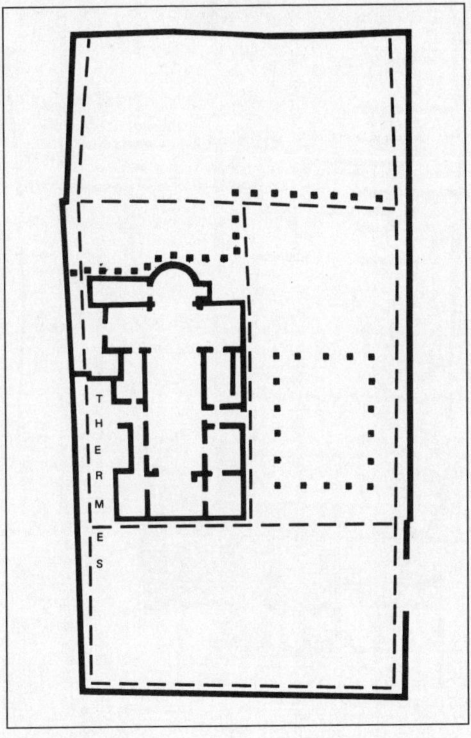

Figuras 4, 5, 6. Bulla Regia, a *insula* da caça e o andar subterrâneo sul (plantas de A. Olivier em *Les ruines de Bulla Regia*, figs. 44 e 46; A: pátio para carros; B: vestíbulo; C: escada de acesso ao andar superior; D: quarto de dormir, E: triclínio; F: peristilo; G: êxedra de recepção; H: basílica privada; I: latrinas; J: termas), com um esquema interpretativo da ilhota reconstituindo a basílica e o grande peristilo em seu estado inicial (as linhas interrompidas indicam o loteamento helenístico; o pontilhado indica a separação entre as casas da caça, ao sul, e a da nova caça).

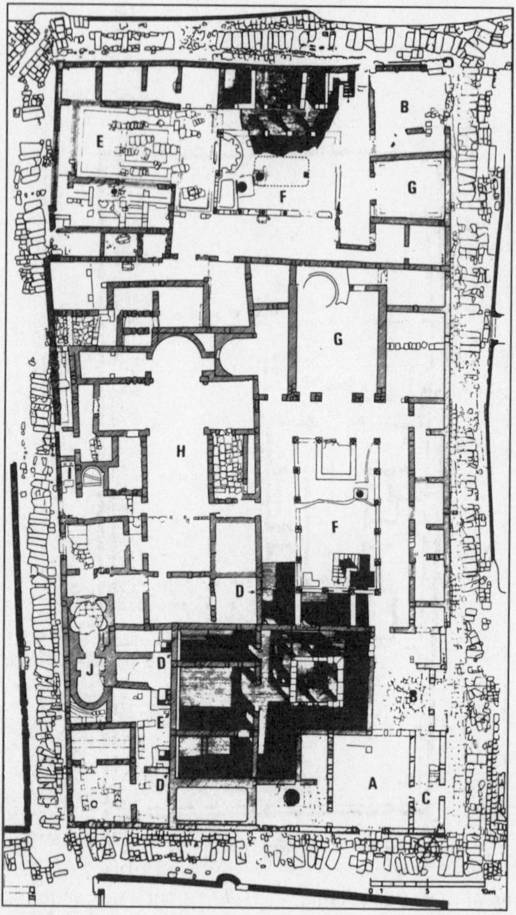

E
F
B
G
G
H
I
F
D
D
J
E
D
B
A
C
0 1 5 10m

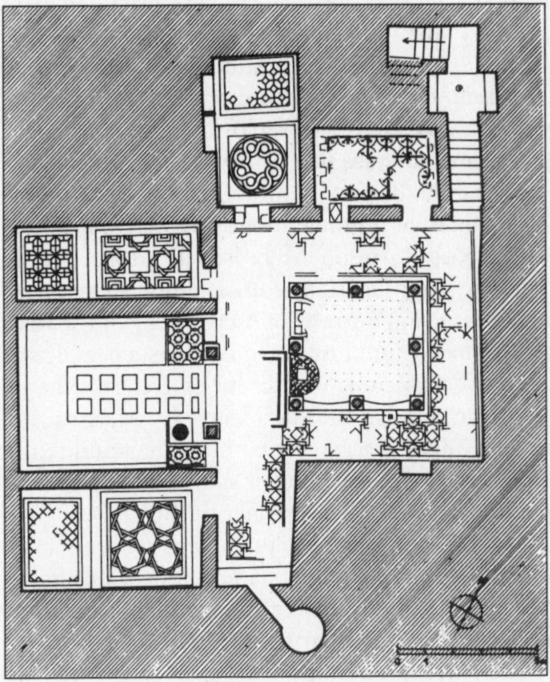

pode designar construções destinadas ao culto cristão e para isso equipadas de modo específico, e não uma corrente arquitetônica original, criadora de formas e planos.

A basílica privada de Bulla Regia ilustra de modo tanto mais evidente essa realidade quanto seu partido cruciforme corresponde a um tipo de planta cuja dimensão simbólica o cristianismo enriqueceu consideravelmente. Até aqui, apesar do texto de Vitrúvio descrevendo "calcídicos" — anexos transversais utilizados para equilibrar certas composições arquitetônicas —, nenhum testemunho arqueológico atestava a presença de transepto numa basílica pagã. Os primeiros exemplos conhecidos da basílica de transepto são as construções religiosas de Constantino, em Roma e Constantinopla. No âmbito do problema de origem da planta basilical cristã, as basílicas de transepto podiam, pois, aparecer como uma variante especificamente cristã correspondente à grandiosa transcrição do símbolo da cruz.

Na verdade, o debate nasceu morto. Ao descrever a igreja constantiniana dos Santos Apóstolos em Constantinopla, Gregório de Nazianzo destaca pela primeira vez a semelhança com a cruz. Como o culto da cruz se difundia justamente nessa época, tal paralelo conheceu fulminante sucesso, ilustrado no Ocidente pelas construções do bispo Ambrósio de Milão. No entanto, quando descreveu o mesmo edifício, cinquenta anos antes, Eusébio não assinalou o paralelo. A cronologia do aparecimento desse simbolismo, de um futuro tão rico, basta para desmascarar toda tentativa de procurar uma causa especificamente religiosa para a elaboração desse tipo de planta. O processo é inverso: aplica-se uma interpretação cristã a um tema arquitetônico originalmente desprovido de qualquer significado do gênero.

Por sua data, a basílica privada de Bulla Regia confirma essa análise. Até então não havia nenhuma construção do mesmo tipo entre os monumentos da época de Constantino e os outros exemplos de basílicas cristãs de planta cruciforme do século V ou VI. É particularmente interessante que esse vazio seja em parte preenchido por uma construção derivada da arquitetura doméstica. Tal fato confirma a necessidade de relacionar a utilização do transepto na arquitetura paleocristã com o uso que podia ter sido feito nos monumentos áulicos e na produção arquitetônica tomada no conjunto. Assim, é evidente que o transepto oferece uma solução perfeita para problemas de circulação nas práticas cerimoniais, quer se trate da deambulação dos fiéis ao redor das relíquias ou do deslocamento do clero ao redor do altar ou dos dignitários ao redor do soberano. Em Bulla Regia, o problema é o mesmo — o desfile do *dominus* diante de seus dependentes — e a solução arquitetônica, idêntica até nas proporções: o transepto, em suas partes salientes, forma dois quadrados, segundo um partido atestado na arquitetura cristã e, talvez, no palácio imperial de Ravena.[8]

Na realidade, o traço mais impressionante desses monumentos é a divisão do espaço por longas naves e pela criação de um eixo transversal, o que cria uma convergência para um ponto central onde se articulam todos os volumes. Essa estrutura espacial, que privilegia um lugar tornando-o dominante em relação aos locais onde se aglomeram figurantes e espectadores, é o inverso daquela de um lugar de deliberação que supõe não só uma planta centrada, mas sobretudo uma unidade espacial. Convém à relação de submissão que o imperador, o bispo ou o aristocrata impõe. As longas naves reagrupam assistentes que só podem olhar para a frente, para a abside; o transepto reforça essa focalização e facilita a disposição hierarquizada dos dignitários. Necessidades comparáveis, soluções arquitetônicas paralelas mergulhando suas raízes num repertório já muito elaborado e simplesmente modificado em função de exigências que não eram novas, mas se tornaram essenciais. A construção de Bulla Regia mostra que uma solução tão característica como a basílica de transepto não é própria das construções religiosas. Ilustra também de forma notável a unidade da produção arquitetônica: não há ruptura entre privado e público nesse domínio.

UMA ARQUITETURA EM MOVIMENTO

Considerando a arquitetura doméstica da África romana em sua longa extensão, abarcamos vários séculos nos quais se produzem mudanças profundas que não deixam de repercutir no quadro da vida privada. Uma evolução geral das plantas, volumes e decorações modifica o aspecto interior da casa à custa de trabalhos às vezes importantes. Os próprios limites da moradia podem ser objeto de retificações que, obtendo-se espaço suficiente, permitem repensar completamente a distribuição das peças. Tentando compreender como as elites constituem suas vastas *domus*, definimos também a noção de bairro, que ainda é difícil de apreender.

As condições são muito diferentes conforme a moradia se encontre num bairro densamente povoado ou num setor periférico que se desenvolve de modo progressivo. O contraste é particularmente evidente quando o núcleo da cidade resulta de um grande programa de colonização que conduz à criação de um centro urbano onde uma rede de ruas delimita ilhotas [*insulae*, ou quarteirões]. Tal quadro evidentemente se revela bem pouco favorável à criação de *domus* que exijam um mínimo de área: as vastas moradas surgem então nos bairros periféricos, onde as restrições são menores.

Desse ponto de vista, o exemplo de Timgad é significativo (ver fig. 2): nessa colônia, fundada no ano 100 de nossa era pelo imperador Trajano, o espaço urbano primitivo foi dividido em quadriláteros com cerca de quatrocentos metros quadrados — trama originalmente ultrapassada apenas pelo foro e por alguns grandes monumentos públicos que se estendiam sobre várias ilhotas. Em compensação, o habitat privado, que ocupa perto de três quartos do espaço assim loteado, é estritamente submetido ao quadriculado das ruas e às vezes até à subdivisão das ilhotas assim recortadas em lotes atribuídos a cada proprietário. A organização desse núcleo urbano, que reflete uma situação social relativamente homogênea, revelou-se resistente o bastante para impedir o desenvolvimento de vastas *domus*: só algumas casas conseguiram afirmar suas pretensões com a criação de um modesto peristilo.

As vastas moradas de Timgad, cuja área pode chegar a cerca de dez vezes a das *insulae* dos bairros centrais, só puderam ostentar sua magnificência nos bairros periféricos, que rapidamente ultrapassam a muralha original, ou no lugar desta última, demolida no decorrer das operações imobiliárias. Essa conquista do espaço público das fortificações em proveito do privado — no caso focalizado, em proveito de ricos personagens — foi estudada por J. Lassus.[9] Em todo o setor ocidental das muralhas (ver figs. 16 e 17), transformado em zona central, já que a cidade se estendeu essencialmente nessa direção, uma faixa de terreno com 22 metros de largura é colocada à disposição dos habitantes abastados. Tal fenômeno de privatização revela-se ainda mais vantajoso para os ricos na medida em que é acompanhado de um total desprezo pelas exigências da trama original: em vez de se prolongarem a fim de organizar o espaço recém-conquistado, as ruas terminam nesse espaço, sem atravessá-lo. Assim, o progresso da cidade se acompanha de uma diferenciação social dos bairros. As ricas moradas dos notáveis não se implantam na cidade primitiva, apertada numa trama que impõe a manutenção de certa homogeneidade social, mas se arrogam os espaços liberados pela destruição das muralhas e subtraídos às exigências coletivas ou se estendem pelos novos bairros periféricos.

Excepcionalmente, é possível acompanhar de maneira tão precisa a evolução de uma cidade africana. Entretanto, esse modelo não é único. Em Banasa, no Marrocos, a parte central da cidade organiza-se em função de uma trama ortogonal que sem dúvida deve remontar à época de Augusto, quando foi fundada essa colônia. A situação é comparável à de Timgad: a maioria das vastas residências surgiu na periferia, fora do traçado original.

A evolução não é fundamentalmente diferente nas cidades cujo centro nunca foi organizado segundo os estritos princípios de um urbanismo ortogonal. Nesse caso a flexibilidade maior de um tecido urbano menos estruturado e os acasos de uma longa evolução frequentemente favoreceram a criação de ricas moradias na proximidade imediata do núcleo da cidade. É o caso tanto em Thugga como em Bulla Regia: nas vizinhanças do foro, erguem-se casas com uma área suficiente para que os aposentos se distribuam ao redor de um peristilo. Não devemos, contudo, nos deixar enganar por essa verdade parcial: as *domus* centrais nunca possuem uma área comparável à das mais prestigiosas residências africanas.

De fato parece impossível deduzir as regras segundo as quais se constroem as casas mais ricas sem considerar a história urbana de cada *civitas*. Quando a cidade demonstra grande dinamismo, os bairros abastados se constituem na periferia do núcleo urbano, quaisquer que sejam a origem e a organização deste último. O exemplo de Volubilis, que nunca se sujeitou a um estrito urbanismo ortogonal, é comparável ao de Timgad. A cidade antiga permanece caracterizada, através dos séculos, por um habitat de dimensões modestas em que o peristilo constitui uma solução arquitetônica excepcional. Aqui também as vastas residências surgem na periferia (ver fig. 1), em particular no bairro nordeste, criado no quadro de uma ampla operação imobiliária que permite a cada proprietário dispor de cerca de 1200 metros quadrados, ou até mais. A evolução é idêntica à de Timgad: a extensão da área construída se faz acompanhar de uma diferenciação social dos bairros. Desistindo de remodelar em seu proveito o centro densamente povoado, a burguesia transforma um espaço suburbano em bairro da moda.

A situação é completamente distinta nas cidades mais modestas em que não existe tal dinamismo urbano. As elites locais veem-se obrigadas a encontrar o espaço de que precisam no âmbito da velha cidade. É assim sem dúvida que se explica por que, nessas cidadezinhas, os ricos proprietários se esforçam a todo custo para adquirir um terreno e instalam suas residências onde for possível, aceitando até os inconvenientes de lotes muito irregulares ou pequenos demais para suas ambições.

É nesse contexto que se deve situar um curioso problema de arquitetura doméstica que já fez correr muita tinta. Trata-se dos andares subterrâneos de várias casas ricas de Bulla Regia. Essa solução arquitetônica em si mesma não é extraordinária: corresponde a toda uma corrente da arquitetura romana e, se no presente caso mostra uma utilização excepcional em terreno plano, não deixa de ter paralelo. Atualmente, Bulla Regia é a única cidade romana a oferecer tantos exemplos de uma arquitetura que aumenta o espaço disponível mergulhando na terra.[10] Se as vantagens climáticas de tais construções são evidentes, não fornecem nenhuma explicação suficiente: muitos outros lugares são tão quentes ou tão frios e não suscitaram uma arquitetura comparável. A teoria da existência de uma escola local é mais interessante, porém nada faz além de recolocar o problema: por que essa escola em tal lugar? De fato, só a consideração da necessidade de espaço dessas elites locais confrontada com a estagnação da cidade parece oferecer resposta: se os ricos proprietários procuram ampliar por meio de trabalhos caros o espaço de que dispõem, é porque não têm outra solução. As pesquisas efetuadas na periferia dessa velha cidade púnico-númida demonstraram, com efeito, que, embora dotada de elites dinâmicas — pois fornece número de membros ao Senado de Roma —, Bulla Regia estagnou no âmbito de suas veneráveis muralhas. Nenhum bairro periférico de alguma importância se desenvolveu. A classe dirigente não pode instalar seu habitat em novos setores em franca expansão: a criação de andares subterrâneos inscreve-se nesse contexto.

Surgem assim alguns princípios gerais sobre a evolução das cidades africanas. Nas cidades que se desenvolvem, as elites tendem, por razões de espaço, a transferir suas casas para a periferia. Nas cidades com menor dinamismo, a oposição entre os diferentes bairros parece menos marcada e as casas ricas conseguem se desenvolver, bem ou mal, num quadro que não conhece dilatação. Não se deve superestimar a rigidez dos velhos núcleos urbanos. Apesar de sua capacidade de resistência, ao longo dos séculos eles conhecem remanejamentos. O procedimento mais simples e frequente consiste na fusão de propriedades contíguas. Em Bulla Regia (ver fig. 4), a *insula* da caça conservou os traços da subdivisão primitiva em quatro lotes de forma retangular e área comparável. Dois deles, orientados no sentido leste-oeste, situam-se nas extremidades da *insula*, enquanto os outros dois, orientados no sentido norte-sul, ocupam a parte central. Tal organização se integra numa operação de urbanismo que uma simples observação do mapa da cidade permite verificar: enquanto as ilhotas até aqui separadas apresentam contornos irregulares, em decorrência de uma rede de ruas implantada sem princípio diretor restritivo, a *insula* da caça, ao contrário, caracteriza-se por um desenho estrito baseado na criação de uma trama ortogonal. As escavações demonstraram que essa criação remonta à época helenística, no contexto da realeza númida, e concerne também à zona que se estende para oeste, sem que seja possível atualmente precisar a amplitude de tal operação.

Trata-se, pois, da reorganização de um bairro (pois o solo não era virgem de toda ocupação) segundo princípios diretamente inspirados no urbanismo grego e cujo rigor não deixa de evocar, em outro contexto histórico, o que caracteriza as colônias romanas posteriores. A área originalmente atribuída a cada proprietário — cerca de quinhentos metros quadrados — permitia, quando muito, a criação de um pequeno peristilo, e os vestígios da moradia instalada no lote meridional mostram que tal solução por vezes foi adotada. Durante três séculos, a trama helenística permanece o quadro do habitat: só na época severiana, provavelmente no começo do século III, efetua-se a fusão do lote meridional e do lote central oriental. Então pode-se modificar a planta da moradia: um grande peristilo é instalado ao norte, enquanto um pequeno peristilo secundário areja o setor meridional. Esse desejo de expansão constitui um fenômeno de longa duração que trai necessidades reais: em meados do século IV, o proprietário consegue anexar o segundo lote central, deixando apenas uma pequena parte para o proprietário subsistente no norte. Essa nova extensão permite-lhe criar termas e uma basílica privativas. Em um século e meio a área da moradia triplicou e sua planta reorganizou-se completamente: uma verdadeira *domus*, cobrindo uma área de cerca de 1500 metros quadrados, nasceu num bairro antigo e situado a pouca distância do centro da cidade.

Tal procedimento é frequente e constitui um dos meios mais eficazes de remodelagem de uma trama urbana. No centro primitivo de Volubilis, onde as casas dispõem, em média, de quinhentos metros quadrados, a única residência grande é a de Orfeu, cuja área ultrapassa 2 mil metros quadrados: resulta do reagrupamento de quatro ou cinco propriedades. Foi assim também que, em Cuicul, as casas mais imponentes puderam encontrar lugar no centro da cidade: a casa de Europa (ver fig. 12), que cobre cerca de 1400 metros quadrados, ainda conserva o vestígio dos lotes primitivos que aglutinou.

Outra possibilidade oferece-se ao desejo de expansão dos proprietários: invadir as ruas. A restrição dos eixos de circulação em proveito das moradias constitui um fenômeno frequente. A escavação da *insula* de caça permitiu acompanhar em detalhes a forma como ela realmente se dilatou. Dado que o estado final conservou a regularidade da implantação primitiva, poder-se-ia acreditar que essa ampliação do desenho inicial ocorreu de uma só vez ou, ao menos, que a transferência de cada uma das paredes da fachada constituía uma operação única. De fato não é nada disso, e a evolução de tal *insula* resulta do acréscimo de toda uma série de operações sucessivas. Mais precisamente, tudo ocorreu como se os proprietários tivessem se aproveitado de grandes trabalhos realizados nas vias públicas (como o calçamento após uma evidente elevação do nível das ruas a fim de facilitar a instalação de uma rede de esgotos) para empurrar uma parte de suas paredes externas. Esses avanços que passaram a integrar as fachadas foram sendo progressivamente reabsorvidos até a reconstituição da trama original. Tais usurpações não são, pois, incoerentes, e a operação parece ter sido conduzida com o aval das autoridades locais. Um indício nesse sentido é a tentativa abortada do proprietário da casa da caça de instalar um tanque para suas termas particulares à custa da rua ocidental. Estamos então numa data tardia, no mínimo bastante avançada no século IV; contudo, o tanque foi entulhado e nivelado, provavelmente após uma enérgica reação das autoridades. Portanto, até o século IV, pelo menos, os poderes locais aparentemente permanecem bastante fortes para controlar a maior parte dessas retificações do cadastro. Isso parece bastante provável no caso de vastas operações conduzidas de modo muito coerente: assim foi em Útica, onde as fachadas de várias *insulae* avançaram em detrimento da rua sem quebrar seu alinhamento.

É certo, no entanto, que tal solução introduz apenas uma limitada flexibilidade no centro petrificado das velhas cidades.

A longa dilatação da *insula* da caça permite verificar que, cerca de cinco séculos após a implantação da trama helenística, o espaço ganho corresponde a menos de duzentos metros quadrados, quer dizer, a um crescimento de cerca de 10% da área primitivamente disponível. Apresenta-se então outra possibilidade mais rentável: anexar a totalidade do espaço da rua, o que permite não só conquistar um espaço público mais vasto como ainda efetuar a fusão de terrenos outrora separados pelo eixo de comunicação. Esse gênero de operação inscreve-se violentamente na paisagem urbana. Em Bulla Regia, a extensão da casa da pesca transformou uma ruela em beco sem saída: doravante o pedestre esbarra numa parede atrás da qual se ampliou a moradia. No centro da colônia de Timgad, esse procedimento é o único que permite aumentar de modo considerável a área primitivamente atribuída a cada ilhota autorizando a fusão de algumas delas (ver fig. 2).

Tais episódios inscrevem-se no âmbito das relações entre espaços privados e espaços públicos no seio da cidade — relações cuja dimensão jurídica não se pode negligenciar. Desde a origem, o direito romano esforçou-se para refletir sobre o problema, essencialmente na óptica da harmonização dos direitos dos proprietários vizinhos. Com o Império, o papel do Estado cresce, conforme demonstra o senátus-consulto de 45 ou 46 legislando sobre a especulação imobiliária em Roma. Desde então, um novo tipo de interesse geral afirma-se perante os proprietários privados. Ao término dessa evolução, as legislações do Baixo Império mostram que relações complexas se instauraram entre o direito dos indivíduos e as prerrogativas do poder central.[11] Algumas disposições afirmam a primazia deste último: é assim que aparece de modo explícito, no fim do século IV, um verdadeiro processo de expropriação por motivo de utilidade pública.

Contudo, a situação não é tão simples: numerosas medidas mostram as autoridades na defensiva diante dos excessos de indivíduos que se instalam indevidamente ao lado ou dentro de edifícios públicos, assim desfigurados pelo acréscimo de paredes de madeira ou de alvenaria improvisadas. Já Ulpiano, jurista da época dos Severos, aborda esse problema: o cuidado de julgar se se deve expulsar ou taxar os particulares que invadem a propriedade pública é confiado ao governador da província, encarregado de decidir em função dos interesses da cidade. Um texto de 409 ilustra de modo espetacular, na capital, essa luta defensiva do poder central até em suas propriedades: "Todo local que, no Palácio de Nossa Cidade [Constantinopla], foi ocupado de maneira incongruente por edifícios privados deve ser restaurado o mais breve possível, demolindo todos os edifícios que se encontram no dito Palácio. O qual não deve ser reduzido pelos muros dos particulares, pois o Poder tem direito a grandes espaços afastados de todos" (*Codex theodosianus*, XV, 1, 47; tradução francesa de Y. Janvier).

Em geral, o Estado tenta elaborar medidas destinadas a harmonizar as relações do público e do privado, e as autoridades às vezes hesitam entre o desejo de reprimir as agressões infligidas ao patrimônio público e a preocupação de tirar um benefício fiscal de tais abusos, assim ratificados. Algumas disposições preveem até regulamentar a concessão de locais públicos, respeitando as necessidades e a beleza das cidades (*Codex theodosianus*, XV, 1, 4, 3). Se a evolução geral é clara, não é, pois, linear e não traduz uma destruição da propriedade privada pelos poderes oficiais. Sobretudo esses textos — cuja eficácia real e cujo campo de aplicação continuam em geral pouco conhecidos — não permitem captar a atitude das autoridades locais, às quais aludem certas passagens das leis imperiais (por exemplo, *Codex theodosianus*, XV, 1, 33, 37 ou 41). Na maioria das vezes as relações entre propriedades privadas e domínio público encontram soluções em cada cidade, no quadro de entendimentos ou de relações de força que variam consideravelmente segundo as épocas e as pessoas envolvidas. Excepcionalmente se dispõe de um texto referente a esses episódios, como a inscrição de Pompeia, datada do reinado de Vespasiano, que menciona um tribuno fazendo proceder à restituição de terrenos públicos usurpados por particulares. Em geral, porém, só a arqueologia permite perceber esses acasos: a história da *insula* da caça de Bulla Regia, com suas invasões bem-sucedidas mas contidas nos limites coerentes, com suas usurpações excessivas e reprimidas, sugere a complexidade do fenômeno.

A distribuição interna das *domus* suscita uma questão básica: no essencial, as classes abastadas vivem num quadro arquitetônico fixo, comparável aos palacetes dos notáveis da França moderna, que durante um longo período conheceram poucas transformações? De fato, existem constantes. Muitas paredes foram construídas para durar séculos e as linhas essenciais de uma residência podem permanecer por muito tempo sem mudanças. Isso é sem dúvida particularmente verdadeiro no tocante às moradias erguidas de um só fôlego num terreno bastante extenso. Arranjos mais frágeis, como a decoração em mosaico, também podem ser objeto de uma longa utilização: ao termo de sua evolução, em geral uma casa possui pisos de datas bem diferentes. Parece que até as peças preciosas do mobiliário se transmitem de geração a geração através de herança ou do comércio de obras de arte. Tal fenômeno se evidencia, por exemplo, nos estudos sobre o mobiliário de bronze do Marrocos.[12] Os fragmentos desses objetos luxuosos, em geral muito antigos, foram essencialmente encontrados nas camadas tardias correspondentes ao abandono das cidades. Num aposento da casa do cortejo de Vênus, em Volubilis (ver fig. 19, peça 11), encontraram-se diversos fragmentos provenientes, segundo toda probabilidade, de um mesmo leito, entre os quais dois adornos de bronze particularmente interessantes. O primeiro, que representa uma esplêndida cabeça de mula, é datável do século I; o segundo, que figura uma cabeça de sileno, é de qualidade medíocre e pertence a uma época posterior. Tal descoberta fornece, pois, um exemplo concreto da longa utilização de um móvel precioso: o leito foi reparado por um bronzista local cujo estilo contrasta com o de seus predecessores.

Essas diferentes formas de permanência não devem, contudo, mascarar uma realidade essencial: os espaços interiores das moradias permanecem fundamentalmente caracterizados pela multiplicidade de remanejamentos que só escavações precisas permitem apreender. Assim, à primeira abordagem, quem poderia suspeitar que o amplo peristilo da casa da caça (ver fig. 5), em Bulla Regia, com sua grande êxedra setentrional bem centrada na colunata, conheceu uma importante modificação de planta? Na origem, nenhuma peça se estendia a leste: o pátio (cercado por 6 x 5 colunas, e não, como atualmente, por 6 x 4) e os pórticos ocupavam toda a largura do lote recém-anexado. O espaço necessário para a criação de pequenos aposentos da ala oriental só foi obtido numa fase posterior, graças a uma redução do pátio do peristilo e ao avanço da parede externa para o leste, às custas da rua.

Na verdade não há casa que não tenha conhecido pelo menos múltiplos remanejamentos de detalhes, retificando o volume de uma sala ou modificando as circulações. Em alguns casos é até possível perceber um vasto programa de obras cuja realização transforma profundamente a moradia. Foi o que ocorreu na casa da nova caça em Bulla Regia: na segunda metade do século IV, o proprietário construiu um andar subterrâneo de dimensões moderadas que, no entanto, acarretou a destruição provisória de grande parte da ala setentrional da residência (ver figs. 5 e 6). Concomitantemente, procedeu à mudança da maior parte dos pisos de mosaico do andar térreo. Assim, transtornou não só a organização do espaço arquitetônico, como também a decoração do edifício.

A frequência e às vezes a extensão dos remanejamentos que afetam a arquitetura doméstica suscitam indagações sobre a forma como esses trabalhos eram concebidos e executados — indagações que só podem encontrar resposta no exame dos vestígios.

O andar subterrâneo da casa da caça em Bulla Regia foi construído na época severiana segundo uma planta bastante simples. Compreende um pequeno peristilo subterrâneo quadrado cujo pátio central é cercado por oito colunas (ver fig. 6).

As peças desenvolvem-se apenas em dois lados, ao norte, onde desemboca igualmente a escada de acesso, e sobretudo a oeste, onde se estende a ala principal. A composição desta última repousa em fórmulas derivadas de um classicismo simples: uma vasta sala com três vãos (trata-se de um triclínio, ou sala de refeições) é enquadrada por dois quartos cujas portas, deslocadas com relação ao eixo dessas duas peças, prolongam a composição do vão tripartido da sala de refeições. Trata-se, pois, de uma planta coerente, baseada em princípios de hierarquia e simetria. Ora, a construção revela irregularidades chocantes, sendo a mais evidente a maneira como se unem o peristilo e a ala ocidental. Esses dois elementos essenciais na verdade estão deslocados entre si, tanto que o princípio de simetria, que fundamenta a concepção da ala principal, não governa sua articulação com o espaço da colunata — hiato que enfraquece consideravelmente o efeito de conjunto.

Como interpretar essas irregularidades? Deve-se considerá-las negligências autorizadas pelo fato de que trabalhadores e proprietários se preocupavam pouco com detalhes da execução? Deve-se encará-las como a prova da incompreensão de uma composição arquitetônica clássica — reforçando-se tal explicação, pois estamos na África, com o recurso à noção de provincianismo? Trata-se de um problema tanto mais interessante quanto esse gênero de interpretações minimiza a maneira como numerosos estudos recentes abordam o exame da vida antiga.

Essa atitude consiste, primeiro, em delimitar melhor a noção de produção artesanal e, assim, em se recusar a considerar todo objeto antigo obra de arte. Posição inegavelmente justa na medida em que rompe com uma concepção demasiado estética da Antiguidade, mas que logo pode se tornar excessiva. Fórmulas sedutoras como a comparação dos pisos de mosaico aos carpetes contemporâneos ou de pinturas murais aos papéis de parede desmistificam essas produções, porém mascaram as diferenças essenciais e podem nos levar a perder de vista as capacidades de adaptação dos artesãos. Deve-se acrescentar que o aspecto repetitivo da produção arquitetônica e decorativa antiga não comporta em si um significado evidente: pode ater-se bem mais à identidade das necessidades das classes dirigentes mediterrâneas que ao aspecto mecânico do trabalho dos canteiros de obras.

Essa atitude consiste também em subestimar o papel do comanditário. A partir do momento em que este depara com uma produção essencialmente repetitiva, preocupa-se, quando muito, apenas com as linhas gerais do plano e da decoração. Por desinteresse, incompetência ou impossibilidade, o proprietário não poderia interferir com eficácia nos trabalhos que financia.

No total essas análises destroem a noção de programa que supõe exigência e controle preciso por parte do proprietário, mínima capacidade de adaptação por parte dos construtores. Nessa óptica, não cabe analisar as irregularidades do andar subterrâneo da casa da caça, mas apenas constatá-las e registrá-las de modo a definir os limites da qualidade do quadro de vida das classes dirigentes — limites inerentes à própria natureza da atividade dos canteiros de obras.

Ora, no caso do andar subterrâneo da casa da caça, as escavações permitiram compreender a razão real das irregularidades que afetam a construção — este na verdade não passa da ampliação de um subsolo anterior, completamente repensado. O peristilo atual ocupa a área de antigos aposentos que se abriam para o oeste, sobre o longo pórtico ocidental. As alas norte e oeste são criações novas no tocante ao essencial. É esse passado que explica particularmente a distorção maior, a saber, o desajuste existente entre o eixo do triclínio e o do peristilo. A lógica das obras é clara, portanto: o proprietário leva em conta o que existe e procede a um cálculo econômico: comparando o programa desejado e os custos, decide-se por um equilíbrio que lhe parece representar a melhor relação qualidade-preço.

O exame atento da arquitetura e da decoração mostra, aliás, a preocupação de atenuar, tanto quanto possível, as irregularidades decorrentes da retomada de uma parte das paredes anteriores. Para aproximar ao máximo os eixos principais, construiu-se um dormitório setentrional mais estreito que o quarto meridional, o que permitiu deslocar o triclínio o mais possível em direção ao norte. Com a mesma finalidade, o pórtico setentrional é mais largo que o meridional, aproximando a colunata de sua posição ideal. Ademais, diante do vão central do triclínio, o mosaico geométrico que orna os pórticos se interrompe para dar lugar a uma cena figurada, hoje bastante deteriorada. Ora, a borda norte desse quadro segue uma direção ligeiramente oblíqua, de modo a harmonizar o máximo possível o pilar do triclínio com a coluna do peristilo. Alhures notaremos que, se se mantiveram certas irregularidades herdadas da reutilização de paredes anteriores — por exemplo, a redução do pórtico ocidental em sua extremidade sul —, outros defeitos, julgados excessivos, foram corrigidos com a ajuda de trabalhos importantes. Assim, reconstruiu-se totalmente a parede meridional do peristilo, de maneira a regularizar a forma desse volume: a escavação revelou a parede correspondente ao primeiro andar subterrâneo, cuja orientação oblíqua não foi julgada suportável.

Todos esses esforços provam que, no caso em foco, não houve nem incompetência, nem indiferença, nem provincianismo. Trata-se de um programa que integra conscientemente dados contraditórios e se esforça para resolver da melhor maneira o problema colocado. O equilíbrio assim atingido é simbolizado pela forma como finalmente se articularam a ala ocidental e o peristilo. Sem poder fazer coincidir os dois eixos, os construtores manipularam os espaços de modo a harmonizar esses dois conjuntos segundo uma diagonal que une o ângulo nordeste do peristilo ao ângulo sudeste do triclínio, passando por duas das colunas de canto. Mesmo tendo desistido de um estrito princípio de simetria, a concepção continuava sendo rigorosa e os efeitos ópticos, de grande riqueza.

Não podemos, portanto, julgar a qualidade e o significado da arquitetura doméstica atendo-nos às aparências. Muitas incoerências se explicam pelas restrições e pela procura de uma solução tão harmoniosa quanto possível, mas cuja realização pode passar por múltiplas irregularidades incompreensíveis se são isoladas do programa do conjunto. Antes de criticar as imperfeições, precisamos nos assegurar de que elas não procedem da lógica que presidiu o projeto.

Seria possível conduzir uma análise idêntica do andar subterrâneo da casa vizinha à casa da nova caça, construído um século e meio depois e cuja concepção pode, numa primeira abordagem, levar a questionar a capacidade dos responsáveis, comanditário ou construtores (ver fig. 6). É igualmente nessa óptica que devemos situar as observações de certos escavadores, como J.-P. Darmon, que ressalta a maneira convergente como, na casa das ninfas de Neapolis, arquiteto e mosaicista concorreram — o primeiro pelo cuidado de deslocar ligeiramente a colunata, o segundo por sutis distorções impostas aos motivos dos pisos — para criar a ilusão de um peristilo retangular onde existia de fato um espaço trapezoidal.[13] O quadro de vida das classes dirigentes não é o resultado de uma produção mecânica que aliaria os defeitos da repetição e os inconvenientes da irresponsabilidade ou da incapacidade de se adaptar ao contexto. Na verdade, todas essas construções resultam de programas, certamente mais ou menos elaborados, porém nos quais o comanditário desempenha um papel essencial, decidindo em função de suas necessidades e de considerações financeiras.

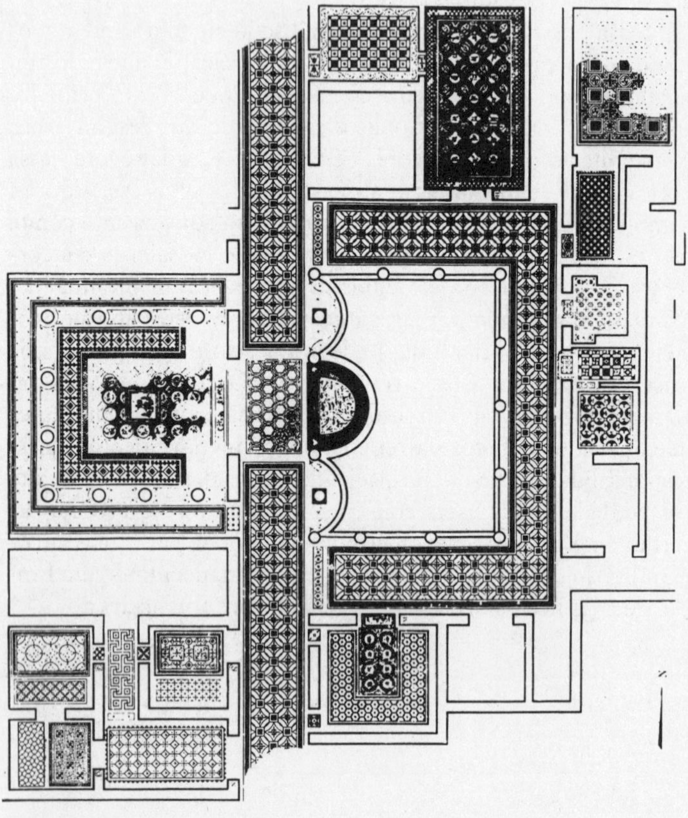

Figura 7. Acholla, casa de Netuno (S. Gozlan, *Karthago*, 16, 1971-2, fig. 2). Peristilo com *oecus* a oeste, triclínio ao sul e dormitórios servidos por antecâmaras ou corredores no ângulo sudoeste. Aqui devo agradecer a M. E. Vast, fotógrafo na UAV da ENS de Saint-Cloud, que me ajudou a organizar essa documentação.

ESPAÇOS “PRIVADOS” E “PÚBLICOS”: OS COMPONENTES DA *DOMUS*

Como destacamos na Introdução, todos os espaços interiores da *domus* fazem parte da esfera privada. Entretanto, assim como a vida no âmbito da casa conhece toda uma gama de modalidades, do isolamento individual à recepção de grande número de pessoas com as quais o proprietário pode não ter nenhuma relação íntima, assim também os espaços da residência caracterizam-se por um grau de opacidade muito variável em relação ao mundo exterior. É, portanto, cômodo utilizar a dicotomia privado-público para tentar apreender a natureza dos diferentes elementos que compõem a *domus*, tendo bem presente o fato de que, no caso, devemos entender por esses termos a natureza menos aberta de espaços que, segundo as modalidades diversas, dependem de um mundo privado.

ARTICULAÇÕES DENTRO E FORA

Lógica e topograficamente, o primeiro problema a enfrentar é o da maneira como se articulam o espaço da rua e o da moradia. Com frequência as grandes *domus* têm vários acessos, mas sempre existe uma entrada principal, e é precisamente nesta que se efetua de modo simbólico e concreto a comunicação entre o interior e o exterior. Foi aí que Trimálquio mandou colocar o cartaz estabelecendo que “todo escravo que sair sem ordem receberá cem chibatadas”. Em todos os textos, o lugar é carregado de múltiplos significados. Quando se trata de denunciar os maus costumes de uma família, o litigante declara que é só cantoria berrada sob as janelas e porta aberta a pontapés; o desrespeito ao local demonstra que a casa não passa de uma espelunca (Apuleio, *Apologia*, LXXV). Assim também nas múltiplas cenas de roubo que colorem as *Metamorfoses*, a porta de entrada desempenha um papel decisivo no sucesso ou fracasso da empreitada: uma vez transposta essa barreira, não há mais obstáculo à pilhagem — exceto a mobilização dos vizinhos. A porta preserva a propriedade, assim como a moral.

Esse lugar estratégico é objeto de particular preocupação por parte dos construtores. Frequentemente um alpendre, composto de duas colunas que suportam uma cobertura, destaca a importância do local: espaço ambíguo, que muitas vezes invade a rua e ainda não faz parte do interior da casa. A ruptura real é marcada pelos batentes da porta, e essa transição se efetua de modo complexo: em geral há não uma porta, e sim duas, até três passagens, claramente hierarquizadas. Um grande vão com dois batentes é ladeado por um ou dois acessos mais restritos. Contrariamente ao que por vezes se escreve, não se trata de uma porta para carros e outra para pedestres: a utilização das soleiras e a organização das peças não permitem pensar que algum veículo tenha se servido dessa passagem. Trata-se, na verdade, de uma compartimentação da entrada que revela uma prática diferente segundo os momentos: como regra geral, só se utiliza o acesso menor, cujas dimensões restritas destacam a ruptura existente entre o exterior e a moradia; em certos momentos, porém, escancara-se a entrada principal, sem dúvida quando o proprietário oferece uma recepção de alguma importância e talvez de manhã, para indicar que ele está disposto a receber a homenagem de seus clientes.

A entrada da casa é, pois, um lugar complexo, onde, segundo as horas, pode-se saber como esta é acessível. Também não surpreende que ela receba um tratamento arquitetônico cuidadoso em que se inscrevem as ambições do proprietário: muitos concidadãos nunca transporão esse limite, e convém indicar-lhes a riqueza da morada. Tal opção é sistemática num bairro abastado como o setor nordeste da cidade de Volubilis, e a casa dos trabalhos de Hércules oferece um belo exemplo: duas pequenas meias colunas enquadram a entrada secundária, estando o conjunto cercado de molduras; quanto à porta principal, é ladeada também por duas meias colunas gêmeas. O projeto sugere assim ao transeunte o luxo da moradia e impõe ao usuário, segundo as horas, a maneira como deve se apresentar.

Imediatamente depois de transpor a entrada principal, o visitante penetra no vestíbulo; trata-se, na verdade, de um espaço de transição já pertencente à casa, mas onde ele ainda está sujeito a controles. Desse lugar, em geral ele tem uma visão muito limitada da habitação. Principalmente porque o local está sob a vigilância de um guardião: o *ianitor* é muito citado pelos textos e com frequência as ruínas das moradas incluem um pequeno aposento que se abre para o vestíbulo e parece ter alojado os escravos encarregados da guarda da entrada. Espaço de transição também na medida em que o vestíbulo deve anunciar e refletir o fausto da morada. Ao descrever o palácio de Psique (trata-se de uma utopia, porém o valor do texto não é menor para nosso propósito), Apuleio informa que a natureza divina da construção salta aos olhos desde que se entra (*Metamorfoses*, V, 1): as casas ricas devem impor sua magnificência desde a porta. Vitrúvio coloca o vestíbulo entre os aposentos que, nas residências das pessoas de alta condição social, devem ser espaçosos e magníficos, e os vestígios corroboram perfeitamente tal princípio. Com efeito, é particularmente notável que na maior parte das *domus* ricas o vestíbulo de entrada constitua uma das peças mais vastas. Às vezes também — e essa decisão frequentemente é adotada no bairro nordeste de Volubilis — o vestíbulo se abre para o peristilo por um vão triplo cuja ampla composição corresponde à divisão das entradas (ver fig. 8). Uma pequena colunata erigida no vestíbulo também pode aumentar-lhe a nobreza, como na casa de Castório em Cuicul ou na de Sércio em Timgad (ver figs. 11 e 16). Um dos exemplos mais evidentes da importância muitas vezes atribuída ao setor das entradas nos é fornecido pela casa dos Asclépios em Althiburos, cidade do interior da Tunísia (ver fig. 9). Atrás de uma galeria com vinte metros de comprimento abrigada entre peças formando duas sacadas, estendem-se de fato três vestíbulos de entrada justapostos, correspondendo a três entradas hierarqui-

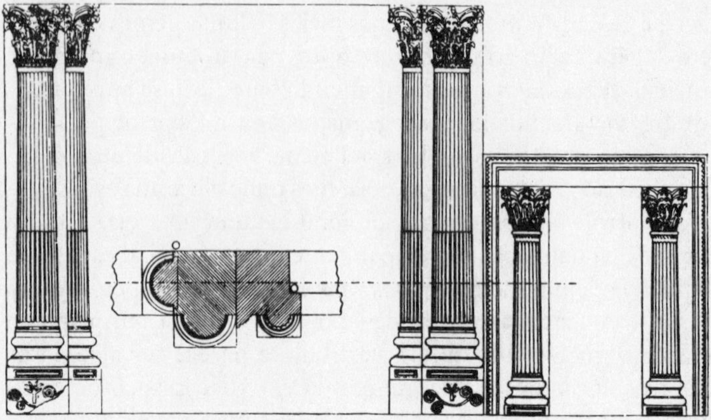

Figura 8. Volubilis, entrada da casa dos trabalhos de Hércules (Étienne, *Quartier nord-est*, pr. XXXIII).

zadas. A principal permite acesso à sala central, situada no eixo de simetria do edifício: com uma área de quase setenta metros quadrados, ela constitui a mais vasta área coberta do monumento. O cuidado com a decoração se coaduna com a amplidão arquitetônica: paredes ornadas de placas de mármore e piso coberto por um mosaico com uma grande composição de temas marinhos cuja qualidade e complexidade atestam a importância conferida ao local. Os dois vestíbulos laterais se apresentam na verdade como anexos do aposento central. Cada um comporta um tanque descoberto, voltado para este último, e ambos reduzem-se assim a uma espécie de passeio que permite o acesso aos aposentos nas duas extremidades. A composição, perfeitamente simétrica, estende-se por todo o comprimento do edifício.

Mas ressaltar o cuidado característico com que o proprietário tratou o lugar onde se produz a passagem do exterior para o interior não basta para encerrar o problema das relações entre esses dois termos na arquitetura doméstica. Com efeito, existem enclaves na massa da *domus*. Não se podem considerar como tais os locais destinados às atividades econômicas do proprietário e em geral acessíveis através de uma porta para veículos: a espe-

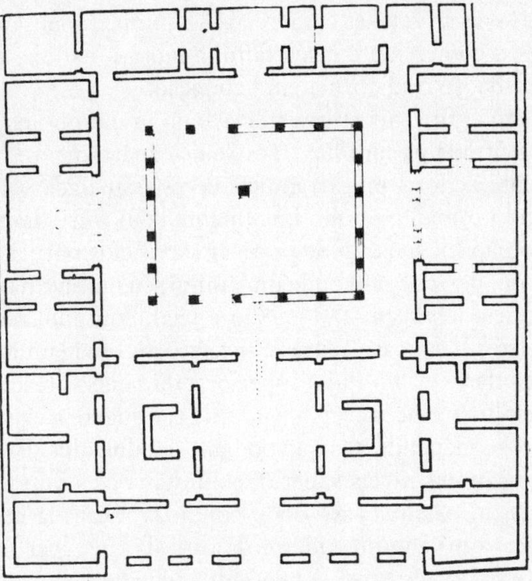

Figura 9. Althiburos, casa dos Asclépios, estado original (M. Ennaifer, *La cité d'Althiburos* [...], Túnis, 1976, planta V). Atrás da galeria de fachada, três portas: a maior dá acesso ao vestíbulo, as duas outras a pórticos que rodeiam um tanque. O pátio do peristilo é um jardim: os triclínios estão à esquerda e à direita; no fundo, ou seja, ao norte, a êxedra de recepção, cujo mosaico ostenta uma coroa agonística.

cificidade desse setor não o transforma num corpo estranho à habitação, à qual assegura o abastecimento. É diferente no caso das lojas, frequentemente localizadas na fachada das casas (ver figs. 5, 18 e 21). Se o proprietário não utiliza algumas delas para escoar uma parte de seus produtos (o que se evidencia quando se comunicam diretamente com a *domus*), muitas vezes as aluga a pessoas estranhas (ver figs. 20 e 21). A loja constitui então um espaço complexo, arquitetonicamente integrado à moradia (sobretudo quando sua distribuição simétrica se estende de uma parte a outra do vestíbulo de entrada), mas funciona de maneira autônoma (ver fig. 21). Ademais, acumula um aspecto público — as atividades comerciais — e uma dimensão privada: às vezes o comerciante e sua família moram na loja, que, uma vez fechada, se transforma em habitação.

Existe enfim um último enclave no mundo homogêneo da *domus* centrada na família: trata-se dos apartamentos alugados para gente de fora, prática muitas vezes assinalada pelos textos no mundo romano, porém igualmente bem atestada na África. Apuleio não foi acusado de praticar sacrifícios noturnos na *domus* de um personagem onde um amigo seu morava na condição de locatário (*Apologia*, LVII)? Não é fácil, contudo, reconhecer essas partes locativas. Textos e inscrições convidam a localizá-las de preferência no andar superior, tanto que a presença de escadas facilmente acessíveis a partir da rua sugere a existência de aposentos independentes que podiam ser alugados. Entretanto, a destruição dos níveis superiores muitas vezes impossibilita a investigação. Assim, para onde conduzia a escada cujo início se conserva no ângulo sudeste da casa da caça (ver fig. 5) em Bulla Regia? A terraços? A aposentos independentes da *domus*? Ou a apartamentos separados? Sua situação, na proximidade imediata do vestíbulo e da entrada de veículos, torna-a acessível a locatários sem prejuízo para a intimidade da casa, porém essa constatação evidentemente não basta. Em compensação é com grande probabilidade de acerto que podemos reconhecer um apartamento destinado a locação no ângulo nordeste da casa da moeda de ouro em Volubilis (ver fig. 20). Essa vasta moradia ocupa toda uma *insula*, e é pouco provável que não incluísse esse pequeno apartamento, organizado de maneira autônoma: a entrada, a partir da rua norte, é feita pelo corredor 36, que se comunica com as peças 1 e 16, a primeira das quais tem uma janela para a mesma rua. Ademais, o local 15 parece ter abrigado uma escada diretamente acessível a partir da rua oriental. Dois aposentos no térreo e três no andar superior são, assim, disponíveis para locação. Sempre em Volubilis, na casa a oeste do palácio do governador (ver fig. 21), há ao lado do vestíbulo uma escada que desemboca na rua através de uma das três portas: segundo toda probabilidade, conduzia a apartamentos locativos instalados sobre as lojas e o vestíbulo de entrada que forma a fachada da habitação. Disso resulta uma curiosa imbricação de locais, denotando posições sociais diferentes. A casa só alcança a rua por intermédio do vestíbulo, espécie de antena cercada de aposentos destinados a locação. Sem dúvida, deve-se presumir que o corredor de comunicação com os quartos situados no andar superior — que é preciso reconstituir acima do pórtico meridional — não dava para o pátio do peristilo a não ser por estreitas e altas janelas que preservavam a intimidade deste último.

PERISTILO

O peristilo constitui o núcleo das casas ricas. O pátio central, a céu aberto, é uma fonte de ar e luz para os aposentos vizinhos, mas a colunata que o rodeia torna-o também um dos lugares por excelência para o desenvolvimento de uma expressão arquitetônica de alguma amplidão. Às vezes, por falta de espaço, o proprietário teve de se contentar com um peristilo incompleto, suprimindo um ou dois pórticos. O mais das vezes, no entanto, preferiu dedicar-lhe uma grande parte da área disponível a amputá-lo ou reduzir-lhe excessivamente as proporções. Nas casas mais ambiciosas, o peristilo alcança vastas dimensões: mais de 350 metros quadrados na casa dos Asclépios em Althiburos ou na casa do pavão em Thysdrus; mais de quinhentos metros quadrados na casa da pesca em Bulla Regia; cerca de seiscentos metros quadrados na residência dos Laberii em Uthina.

A análise desse lugar apresenta, portanto, grande interesse; ela é mais delicada do que parece à primeira vista. Atualmente se tende a admitir que o peristilo constitui o núcleo da parte pública da residência: essa ampla composição arquitetônica serve para receber os visitantes. A planta das casas confirma tal asserção: não só o peristilo em geral é acessível diretamente a partir do vestíbulo de entrada, mas ainda e sobretudo é em sua

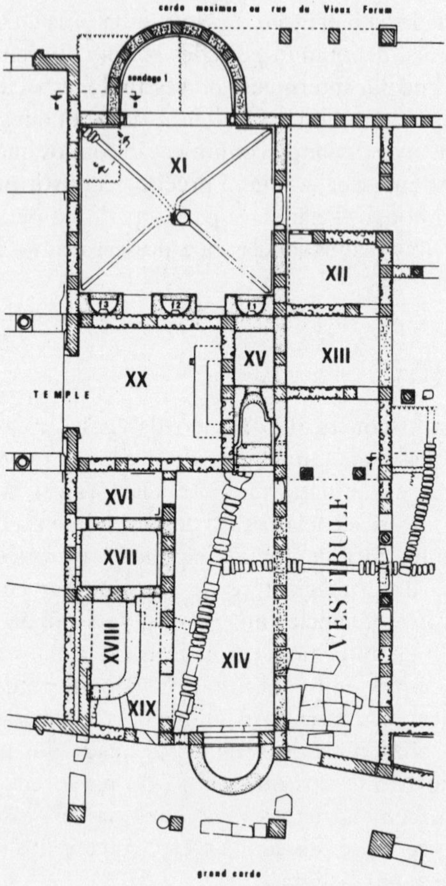

Figura 10. Cuicul, casa do asno (Blanchard-Lemée, *Quartier central*, fig. 4). XII-XIII: anexos do vestíbulo; XIV a XIX: termas criadas quando da extensão da residência em direção ao norte às custas de um templo cuja *cella* (XX) ficou encaixada entre os banhos e a sala XI, que decoram um ninfeu construído contra o pódio do santuário e uma abside avançando sobre a rua. Exemplo característico do transbordamento de construções privadas em detrimento dos espaços públicos.

periferia que se situa a maioria das salas de recepção. Com suas colunatas, parece, pois, um complemento essencial das salas destinadas a acolher os hóspedes.

Devemos então opor pura e simplesmente a casa africana, com seu peristilo de recepção, à casa de tipo pompeiano, provida do tradicional átrio destinado à recepção dos visitantes e cujo peristilo, na maioria das vezes disposto na outra extremidade da construção, aparece essencialmente limitado a um local de recreação para as partes íntimas da casa? Tal oposição parece excessiva. Na verdade é necessário distinguir dois tipos de visitante: os simples clientes que vinham prestar suas homenagens e receber suas espórtulas e os hóspedes recebidos na intimidade do dono da casa. Se o átrio da casa pompeiana é adequado à recepção dos primeiros, não permite de modo nenhum receber os segundos: cabe, então, recorrer às salas de refeição ou salões que, em geral, dão para o peristilo. Parece, pois, exagerado opor átrio e peristilo pompeianos no quadro de uma ruptura entre domínios público e privado.

O que acontece com a rica residência africana? O desaparecimento do átrio realmente contribui para reforçar a dimensão pública do peristilo? Para isso seria preciso que os clientes fossem recebidos aí, o que não atestam nem os textos nem a disposição dos lugares, que não se prestam a tais assembleias. Na verdade, as funções do átrio são assumidas, na residência africana, por outros aposentos distantes do peristilo: primeiro, pelas basílicas privadas — às quais voltaremos —, em seguida pelos vestíbulos de entrada. Acabamos de destacar a amplidão quase sistemática destes últimos: embora não haja nenhuma prova decisiva, parece que, situados quase no mesmo lugar do átrio tradicional, os vestíbulos de entrada herdaram parte de suas funções. O simples exame das plantas das habitações confirma a frequente adequação desses vestíbulos a cerimônias de saudações. Na casa do asno, em Cuicul, (ver fig. 10) o longo vestíbulo termina numa espécie de êxedra delimitada por duas colunas e atrás da qual se dispõem anexos que levam a pensar em armazéns provavelmente relacionados com o uso das espórtulas. A importância conferida aos vestíbulos é particularmente evidente quando as residências resultam da fusão de vários lotes. Nesse caso, em lugar de ganhar espaço conservando só uma entrada, preserva-se, ao contrário, a multiplicidade dos acessos, alguns dos quais ocupam uma área aparentemente muito excessiva se limitados a um papel de antecâmara. Assim, na casa de Europa, em Cuicul (ver fig. 12, vestíbulos 1 e 26), como se pode explicar a existência, longe do centro da moradia e por conseguinte numa posição de entrada secundária, do vasto vestíbulo meridional (1), que com tanta dificuldade se une ao peristilo? Apesar da pavimentação, não se pode admitir que se trata de um local descoberto: a amplidão da porta tripartite com vãos ornados de finas molduras basta para demonstrar a importância do local; ademais, embora o estudo da residência permaneça insuficiente, o exame da planta leva a pensar que não se trata da entrada primitiva conservada quando da fusão das casas vizinhas, e sim de uma criação autorizada pelo espaço obtido através de tal operação. Nessas condições tudo indica que tal vestíbulo funciona como uma verdadeira sala de recepção destinada aos clientes: é equipado de peças anexas necessárias, e a escada com patamar, diante da porta, pode servir de tribuna para o dono da casa ou ao menos lhe permite uma entrada solene. Assim, seria interessante conhecer melhor o local situado ao norte do anterior, que se abre para a rua através de um vão duplo (o pórtico que o precede basta para excluir a hipótese de que o mais vasto tenha sido uma porta para carros) e cujo piso de lajotas não poderia provar que se trata de uma sala descoberta. Tal espaço comunica-se com uma sala da qual é separado apenas por uma fileira de recipientes de pedra. Essas gamelas, fechadas com uma tampa, correspondem às necessidades de uma sala destinada mais particularmente às distribuições de espórtulas. Em tal hipótese, toda a parte sudoeste da moradia, que compreende igualmente as lojas, teria sido destinada a funções "públicas" (ver fig. 12, peças 27, 28 e 46).

Verificamos, pois, que a casa africana não é desprovida de salas situadas na proximidade imediata da rua e aptas, como o

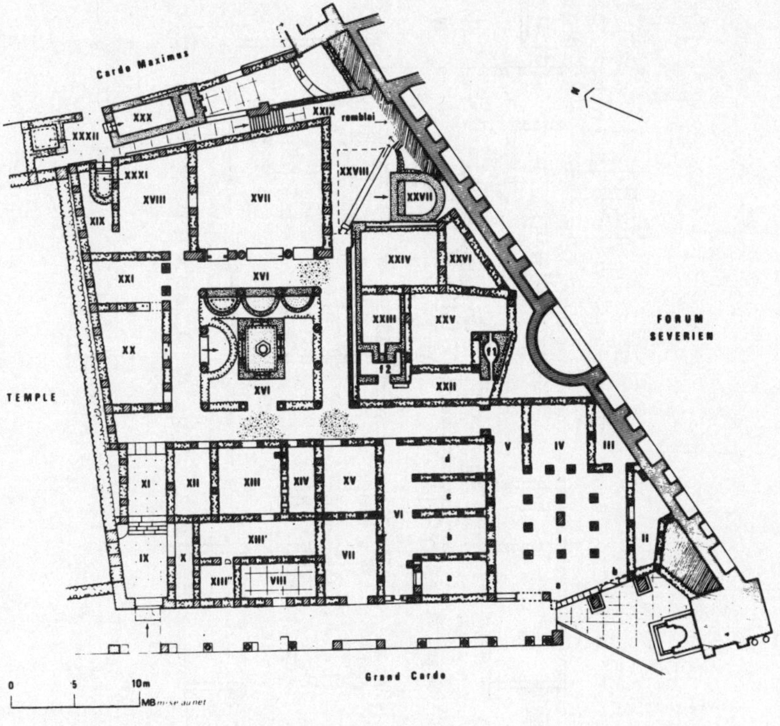

Figura 11. Cuicul, casa de Castório (Blanchard-Lemée, *ibid.*, fig. 62). Com seus 1500 metros quadrados, é a maior moradia do bairro central de Cuicul: resulta da fusão de vários lotes e da demolição da muralha primitiva. Planta em baioneta. I: vestíbulo (antigo peristilo de uma casa anterior?); IX: vestíbulo (com alojamento do porteiro em X?); XVI: peristilo; XVII: triclínio com vão tripartido fechado por portas; XXII-XXVIII: termas com latrinas; XXX--XXXII: banhos tardios instalados na calçada.

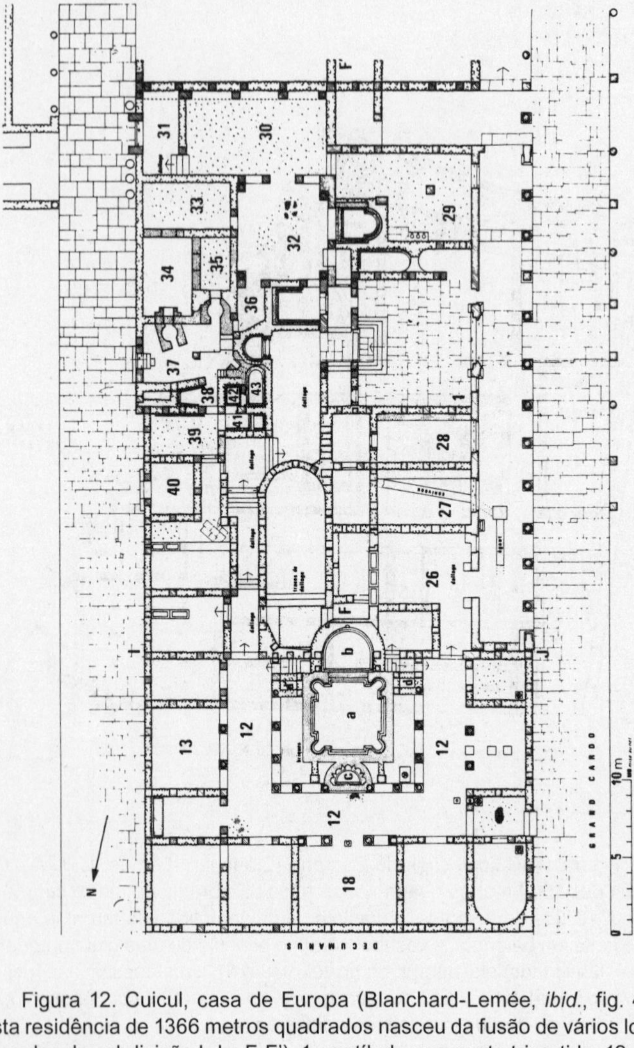

Figura 12. Cuicul, casa de Europa (Blanchard-Lemée, *ibid.*, fig. 49). Esta residência de 1366 metros quadrados nasceu da fusão de vários lotes (paredes de subdivisão I-J e F-F'). 1: vestíbulo com porta tripartida; 12: peristilo com pátio ocupado essencialmente por tanques (a, b, c) e jardineiras (d e d'); 13: triclínio; 18: triclínio ou êxadra; 26: vestíbulo; 27-8: lojas; 29-43: termas com latrinas em 29.

átrio, a acolher os diversos visitantes preservando a intimidade do resto da residência. O problema, portanto, parece que não se coloca, em relação à casa itálica tradicional, de modo tão radicalmente diferente como se quis afirmar: de um lado, o peristilo pompeiano não é reservado aos habitantes; de outro, o peristilo africano, apesar da ausência de átrio, não devia assumir a recepção de todos os visitantes. Essa impressão se confirma com o exame dos aposentos que se abrem sobre o pátio: as salas de recepção são vizinhas de numerosos locais de natureza inteiramente diversa, o que impede de considerá-lo apenas sob seu aspecto público.

Um caso particularmente interessante é o dos dormitórios, primeiro porque pertencem aos setores mais íntimos da moradia, em seguida porque são identificáveis com facilidade graças ao uso frequente de um estrado sobre o qual se instalava o leito — uma variação desse procedimento consistia no uso de pavimentação bipartida, em que um motivo mais simples indica a posição da cama (ver fig. 23). A justaposição de quartos de dormir e aposentos de recepção é, pois, ao mesmo tempo marcante e altamente significativa, além de frequente: a *Sollertiana domus*, em Adrumeto, possui dois quartos que ocupam uma ala inteira do peristilo (ver fig. 15, peças 4 e 6, esta última dotada de um estrado); também em Acholla, na casa de Netuno (ver fig. 7), um conjunto de locais ocupa o ângulo noroeste do peristilo entre duas salas de refeição: três desses aposentos provavelmente são quartos, como indica a bipartição dos motivos de seus mosaicos. Enfim, em Bulla Regia, a casa da caça oferece um exemplo espetacular de tal imbricação. A residência com efeito é provida de dois triclínios superpostos, um no térreo, outro no andar subterrâneo: ora, essas duas salas, que dão para o segundo peristilo da habitação, são ladeadas de dormitórios (ver figs. 5 e 6).

Tal justaposição de peças heterogêneas na periferia do peristilo evidencia a natureza complexa deste último: sua definição não pode se resumir à de um espaço de recepção. Ele é a sede de atividades tão diversas que se coloca o problema da maneira como estas podem coexistir: teremos de retomar a questão quando considerarmos não mais os elementos que compõem a moradia, e sim a maneira como se articulam.

A ambiguidade do peristilo manifesta-se igualmente na forma de seu arranjo. A dimensão utilitária não está ausente: às vezes o pátio é simplesmente de terra batida e, com muita frequência, nele se abrem um poço e o respiradouro de cisternas (ver fig. 5). A casa da nova caça em Bulla Regia ilustra perfeitamente tal partido. Na maioria das vezes, porém, utiliza-se esse vasto espaço de colunata para encenações decorativas cujo ponto comum é a introdução, no centro da moradia, de uma natureza privatizada. A variedade das soluções é infinita. Às vezes mosaicos recobrem inteiramente o piso do pátio: então é a arquitetura que se valoriza, às custas do elemento vegetal, cuja presença só é concebível sob a forma de plantas em vasos. Entretanto, dois temas complementares — a água e a vegetação — permanecem e às vezes são privilegiados de tal forma que o pátio do peristilo se transforma em jardim ornado de fontes e tanques ou em piscinas decoradas com plantas.

Na verdade, quase não existe peristilo de alguma importância que não seja adornado com fontes. Uma das formas mais usuais e simples consiste na construção, na beira de um pórtico, de um tanque frequentemente semicircular cuja borda às vezes contém orifícios. Como regra geral, esses orifícios não se ligam à existência de jatos de água: com algumas dezenas de centímetros de profundidade, são, na verdade, obstruídos na parte inferior. Sem dúvida permitiam a inserção de hastes de madeira destinadas a suportar uma parreira: sob uma forma reduzida, temos assim uma íntima associação de elementos vegetais e aquáticos.

Esse tipo de projeto às vezes recebe um tratamento de amplidão muito mais vasta. Há abundantes exemplos de moradias cujo pátio do peristilo é ocupado essencialmente por tanques e fontes. Em Cuicul, na casa de Europa, três tanques de desenho complexo são completados por duas jardineiras (ver fig. 12; tanques *a*, *b*, *c* e jardineiras *d*-*d'*). Na casa de Castório, quatro tanques semicirculares ladeiam os pórticos, enquanto uma piscina retangular ocupa o espaço central do pátio. Nas composições desse gênero o lugar disponível para a circulação torna-se, pois, bem restrito. Uma opção ainda mais radical condena totalmente o pátio, ocupado só por água. Basta-nos um exemplo: a casa da pesca em Bulla Regia.[14] No imenso peristilo com cerca de 530 metros quadrados, o pátio propriamente dito ocupa por volta de 270; ora, toda essa área é dedicada — exceto as entradas de ar e luz necessárias ao andar subterrâneo que se estende sob o peristilo — a tanques separados por muretas com orifícios que permitem a circulação da água. Ademais, no topo dessas muretas há vestígios de orifícios de encaixe que serviam para a fixação de postes de madeira ou pequenas colunas de pedra, algumas das quais ainda estão no lugar. É fácil imaginar que tais suportes sustentavam uma leve armação ornada de plantas.

O proprietário depara, pois, com vasta gama de possibilidades no tocante à introdução, no centro da residência, desses dois elementos naturais que são a água e os vegetais. Às vezes opta por um único tanque e algumas plantas em vasos; outras vezes, ao contrário, usa todo o espaço do pátio como um jardim adornado de fontes ou transforma-o em vastas peças de água, vedando o acesso a essa parte da casa. Frequentemente a decoração destaca a dimensão natural do peristilo: na casa da pesca, restos de pintura mostram pássaros e plantas, enquanto um pequeno tanque polilobado destinado a receber o excesso de água é adornado por um mosaico com figuração de peixes; na *villa* do viveiro, em Cartago, o mosaico dos pórticos representa diversos animais entre flores e frutos. Numerosos remanejamentos atestam, aliás, as mudanças de gosto, mas os estudos precisos continuam muito raros para se poder afirmar que existe uma tendência geral em conferir uma parte crescente a esse pedaço de natureza domesticada. De qualquer modo, não há casa rica africana em que o atrativo do peristilo não seja ampliado dessa maneira. Tal constatação, entretanto, não basta para nosso propósito, que visa a definir as funções desse local. É evidente que o encanto da residência convém perfeitamente à vida íntima dos moradores, porém é não menos evidente que tal encenação, às vezes suntuosa, se destina também aos visitantes. Fornece a prova disso a maneira como se dispõem os elementos decorativos do pátio. Em geral existe uma estreita ligação entre a localização dos tanques e as salas de recepção, os primeiros alinhados tanto quanto possível sobre o eixo dos segundos. Essa ligação é às vezes muito estreita: na casa de Castório, em Cuicul (ver fig. 11), três tanques correspondem aos três vãos da grande sala de recepção. A ligação entre a arquitetura do perstilo e a das grandes salas circundantes é às vezes ainda maior: na casa de tanque em forma de trevo de Volubilis, o ritmo da colunata foi completamente alterado a fim de alinhar-se com os três vãos da grande sala (ver fig. 18, sala 9). Esse caso extremo, em que todo o peristilo se encontra sujeito às necessidades do cerimonial de recepção, só faz confirmar uma evidência: o importante papel desempenhado por esse espaço na afirmação do prestígio do proprietário perante os visitantes.

O espaço do peristilo encarna, pois, perfeitamente a complexidade da esfera do privado: nesse lugar, cujo atrativo é acrescido pela imbricação de efeitos arquitetônicos e de uma natureza domesticada, inscrevem-se diferentes níveis de práticas, do recolhimento individual às recepções inerentes à posição do dono da casa, sem esquecer a atividade dos servos, para os quais o peristilo é sobretudo um local de circulação e de trabalho e uma reserva de água. Uma última constatação só faz reforçar esse emaranhado: os cultos domésticos nas residências africanas realizavam-se quase sempre na proximidade imediata do peristilo ou neste último propriamente dito. Em Banasa, no Marrocos, na casa de quatro pilares, o altar situa-se num aposento que se abre para o peristilo. Na Líbia, tanto na *insula* de Jasão Magno de Cirene como na casa de peristilo em D de Ptolemaida, um pequeno edifício cultual localiza-se no próprio pátio. O fato é igualmente atestado em Volubilis, na casa das feras ou na de Flávio Germano, onde um altar dedicado ao gênio da *domus* se abriga sob um dos pórticos. Esse dado, porém, em nada contribui para "privatizar" o peristilo às custas de sua dimensão "pública": na casa de Asínio Rufo, em Acholla, um cipo é dedicado por *cultores domus* [habitantes da casa], clientes que participam do culto doméstico dos Asinii, proprietários da residência. É claro que esses cultos privados, longe de estar reservados à família em sentido estrito, concernem aos dependentes e fazem parte das complexas redes de relações que o dono da casa tece em torno de sua pessoa. A esse título tais altares estão inteiramente em seu lugar no peristilo, cujas numerosas funções refletem os múltiplos papéis dessa religião.

SALAS DE RECEPÇÃO

Alguns aposentos da moradia distinguem-se pela amplidão, pela arquitetura e pela decoração. Muitas vezes é fácil reconhecer as salas de recepção, as quais, sabemos através dos textos, desempenham um papel muito importante na vida da casa, o dono devendo receber com frequência e luxo. Tal sociabilidade se exerce em particular durante as refeições, e não há casa nobre que não possua uma ou várias salas de refeições. A identificação desse local é muitas vezes facilitada pelo desenho do mosaico: enquanto o espaço central é ornado com um motivo escolhido, a posição dos leitos ao longo das paredes e destinados a receber os comensais é indicada por uma decoração mais simples. Também com muita frequência, a importância do lugar é destacada pelos três vãos que permitem seu acesso e por suas dimensões: muitas vezes trata-se da sala mais vasta e suntuosa. Para se ter uma ideia basta examinar as plantas das moradias, como a da casa do cortejo de Vênus (ver fig. 19, peça 11), em Volubilis, onde o triclínio, que se abre por três vãos, mede 7,80 por 9,80 metros — mais que o pátio do peristilo — e é decorado com um mosaico complexo cujo motivo central representa a navegação de Vênus. Em Bulla Regia, na casa da nova caça, a sala de refeições é igualmente o aposento mais vasto e luxuoso quanto à decoração, o quadro central representando uma cena de caça cercada de um rico friso com cabeças de animal (ver fig. 5).

Às vezes uma arquitetura particularmente complexa aumenta ainda mais a suntuosidade. Vitrúvio descreve vastas salas de refeições comportando uma colunata inferior, e as ruínas permitem constatar que esse partido arquitetônico, que o arquiteto romano denomina *oecus*, foi às vezes adotado na África. Na casa das máscaras, em Adrumeto (ver fig. 13), o triclínio, com cerca de 250 metros quadrados, é separado por pilares de uma galeria com 2,40 metros de largura que se abre para um jardim por intermédio de uma colunata. Em Acholla a casa de Netuno compreende uma sala de refeições com mais de cem metros quadrados, com os leitos separados de uma galeria periférica por uma colunata (ver fig. 7).

O luxo de tais aposentos demonstra o papel-chave que desempenham na residência. O cerimonial da refeição permite que o anfitrião manifeste sua fortuna; permite também afirmar princípios de vida e registra as mudanças das relações sociais e familiares. Não é o caso de retomar todas as informações que nos transmitiram textos bem conhecidos e que se referem em particular à Itália ou à metade oriental do Império. Se concentrarmos nossa atenção nas fontes mais propriamente africanas, constataremos sem dificuldade que, tanto nessas províncias como em Roma, o triclínio é, por excelência, o lugar da casa onde o dono elabora e exibe sua imagem distinta.

O tema central dessa propaganda é acima de tudo o luxo. A coincidência do poder e da riqueza afirma-se francamente, e os festins são concebidos com tal finalidade. Acompanhemos o herói das *Metamorfoses* de Apuleio:

> Ali encontrei grande número de convivas e, como sói ocorrer em casa de tão grande dama, a flor da cidade. Mesas luxuosas, onde brilham a tuia e o marfim, leitos recobertos de tecidos de ouro, cálices de grandes dimensões, diversos em sua elegância, todos igualmente preciosos; aqui, vidro de hábeis relevos; ali, cristal sem falhas; acolá, a prata de suave brilho e ouro de reluzente fulgor; o âmbar talhado

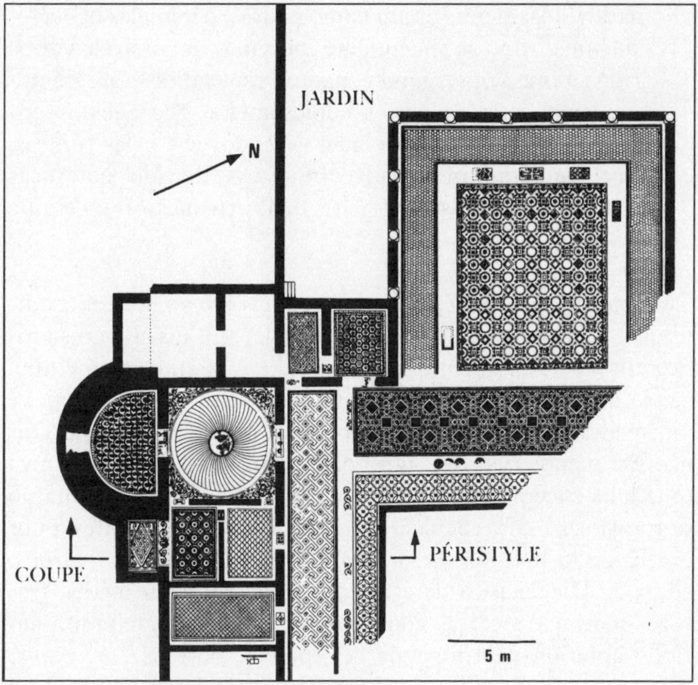

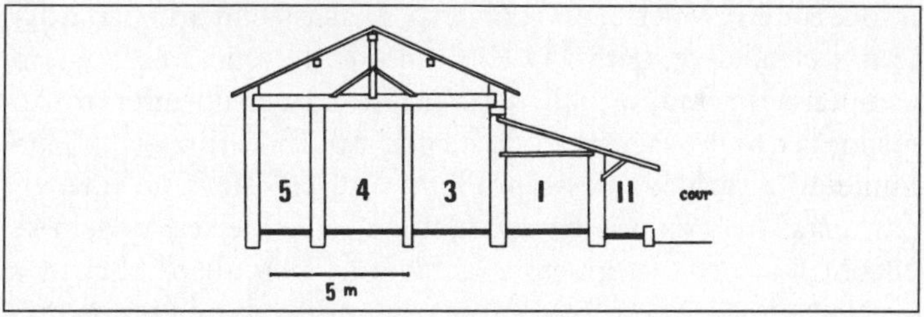

Figuras 13 e 14. Adrumeto, casa das máscaras (L. Foucher, *La maison des masques, à Sousse*, Túnis, 1965). Acima: um vasto triclínio, separado de um jardim por uma galeria, abre-se para o peristilo, a oeste. A êxedra de recepção, dotada de uma abside, localiza-se ao sul. Abaixo: corte reconstituído da ala sul passando sobre os aposentos situados a leste da êxedra (3-5) e sobre o pórtico meridional (1).

> maravilhosamente, assim como pedras, para nelas beber — em suma, tudo se vê aqui, até mesmo o impossível. Vários trinchadores, envergando mantos esplêndidos, apresentavam com destreza pratos copiosamente guarnecidos; jovens de cabelos encaracolados, vestidos em belas túnicas, continuamente ofereciam vinho envelhecido em taças feitas de gemas (*Metamorfoses*, II, 19; tradução francesa de P. Valette).

Com efeito, tudo isso é evidente, e, sem voltar ao luxo da arquitetura, da decoração e do mobiliário, deve-se insistir no significado social do alimento que é servido. A qualidade do vinho, cujos indícios exteriores são, como hoje, a origem e a idade, é indispensável a um festim digno de tal nome, porém os pratos não são menos ricos de significado. Um Trimálquio organiza toda uma encenação em torno de cada prato, cuja apresentação se transforma em espetáculo. Na África o peixe manifesta por excelência o luxo da mesa. Trata-se de um alimento caro: o édito de Diocleciano determina que ele vale, em média, três vezes mais que a carne, constatação corroborada, para um período anterior, pela fórmula de Apuleio sobre os "*gourmands* cujos recursos os pescadores devoram" (*Apologia*, 32; tradução francesa de P. Valette). O problema de abastecimento não existe nas cidades costeiras. O consumo de pescado fresco é, em compensação, muito mais notável nas cidades do interior. Ao responder a uma acusação de magia, Apuleio utiliza como argumento a raridade desse produto: "[...] eu estava no interior das terras, nas montanhas de Getúlia, onde peixes, podem-se encontrá-los, sim — graças ao dilúvio de Deucalião" (diríamos de Noé; *Apologia*, 41). Não é, pois, por acaso que os temas marinhos ou as representações de peixes e frutos do mar têm um lugar importante, ornam frequentemente as salas de refeição ou seus arredores imediatos. Na casa de Vênus, em Mactar, o triclínio é adornado exclusivamente com um catálogo de animais marinhos, todos comestíveis, que comportava, na origem, mais de duzentos itens e constitui, assim, "a maior obra antiga dedicada à fauna marinha".[15] Além do valor decorativo desses temas, além de seu significado profilático, o peixe supostamente preserva a morada de influências nefastas — deve-se, sem dúvida, reconhecer em tais pavimentos a função de lembrar e perenizar o luxo da mesa. Essa "propaganda" é, aliás, menos grosseira do que poderia parecer à primeira vista. Em sua *Apologia*, Apuleio nos informa que estuda os peixes, seguindo a linhagem dos maiores nomes da filosofia grega. Para tanto, disseca, descreve, resume e completa seus predecessores, cria termos latinos para traduzir os termos gregos. Essa preocupação científica de classificação e inventário não é ilustrada de modo notável pelo mosaico de Mactar, que representa os animais com exatidão suficiente para que os pesquisadores possam identificar quase todos com segurança e batizá-los com seus nomes científicos modernos? Talvez se deva até procurar nas pranchas que ilustram as passagens de Plínio dedicadas aos peixes uma das fontes desse ateliê de mosaicistas. Deve-se, entretanto, pensar que a dimensão culinária dada a tais representações nas ricas salas de refeição da África constitui pelo menos um desvio bem materialista de repertórios científicos afastados de sua função primeira para a glória do dono da casa? Seria, ainda aí, ignorar a maneira como esses diferentes pontos de vista coexistem na mais nobre tradição intelectual: Apuleio nos informa que Ênio, poeta helenístico do sul da Itália — sem dúvida imitando fontes gregas —, elaborou um poema com toda uma parte celebrando peixes e frutos do mar, "dizendo sobre cada um em que região e sob que forma de preparo — frito ou com molho — tem o gosto mais saboroso" (*Apologia*, 39).

Tal constatação atrai a atenção para os tanques do pátio do peristilo. Com efeito, estes frequentemente são adornados com temas marinhos, o que constitui uma forma de introduzir artificialmente na casa os prazeres do mar. Às vezes o proprietário não se contenta com essa ilusão. Em várias residências africanas, há peixes vivos numa piscina. Em Cuicul, na casa de Castório (ver fig. 11), pequenas ânforas são incrustadas na alvenaria do tanque central — dispositivo característico que atesta a presença de peixes e se encontra, sempre em Cuicul, na casa de Baco. Em Timgad, na casa de Sércio (ver fig. 16), a concepção do reservatório é mais complexa. No fundo da residência, com relação à entrada principal ao longo do *cardo maximus* [artéria principal], uma sala dá para o segundo peristilo por intermédio de uma antecâmara de duas colunas: talvez se deva ver aí um triclínio. O pátio do peristilo abriga um tanque composto, na verdade, de dois reservatórios superpostos que se intercomunicam através de dois orifícios. As paredes de alvenaria desse subsolo alojam vasos fixados horizontalmente. Tal dispositivo destina-se a oferecer aos peixes um abrigo para a desova. Nesses casos, e estão longe de ser únicos, trata-se de autênticos viveiros cuja função decorativa se acresce de um papel econômico: nas cidades do interior, garantem à mesa do dono produtos raros e muito apreciados. Não passa, talvez, de uma reprodução bastante medíocre das vastas criações que os aristocratas romanos monopolizaram, tanto que receberam de Cícero a alcunha de *piscinarii* (amadores de viveiros) e Tritões de viveiros. O objetivo é o mesmo, porém adaptado às possibilidades das fortunas e das condições locais.

A sala de refeições não é apenas o lugar onde o dono da casa afirma sua posição exibindo luxo; presta-se também a expressões mais sutis e ainda mais significativas da vida da residência. É assim que a participação das mulheres e às vezes até das crianças (por exemplo, em Agostinho, *Confissões*, IX, 17, onde as últimas comem à mesa dos pais) nesses banquetes em que os comensais ficam deitados constitui uma velha aquisição tanto na África como no resto do mundo romano: a evolução dos costumes familiares manifesta-se na organização das refeições, e isso até na morte, como mostra um mosaico funerário em que um casal se banqueteia no além segundo uma etiqueta estritamente idêntica. O velho costume de os homens comerem deitados, enquanto as mulheres ficavam sentadas, só se mantém entre conservadores atrasados: ao mostrar pela primeira vez o usurário Milon, conhecido na cidade inteira pela avareza e pela sórdida baixeza, Apuleio descreve-o prestes a cear, instalado num pequeno catre, a mulher sentada a seus pés e a mesa vazia. A pobreza da comida e do mobiliário comporta significados diversos, e a posição respectiva dos cônjuges basta para eliminar qualquer incerteza (*Metamorfoses*, I, 32).

A refeição serve também para assegurar a coesão da *familia*, no âmbito mais amplo do pessoal da casa. Escravos podem aproveitar os restos da mesa (*Metamorfoses*, X, 14) e, em alguns dias de festa, recebem o direito de se deitar para comer à maneira dos amos: a arte da refeição, graças ao jogo das proibições e autorizações excepcionais, marca as distâncias sociais, mas também contribui para a coesão de grupos heterogêneos. Não é, pois, por acaso que os banquetes se tornam igualmente uma forma de sociabilidade importante no seio das comunidades cristãs e, em particular, uma ocasião de exibir a prática da caridade. Na África essas refeições adquirem tal importância — essencialmente no quadro das refeições fúnebres tomadas sobre os túmulos em homenagem aos defuntos — que as autoridades eclesiásticas são levadas a adotar medidas para limitar tais práticas.

O triclínio constitui, portanto, um dos lugares essenciais da casa. Lugar de recepção por excelência, mas também teatro dos grandes momentos da vida da casa: aí o senhor devoto acolhe os sacerdotes itinerantes da deusa síria para uma refeição sacrifical (*Metamorfoses*, IX, 1); para aí é conduzido o asno maravilhoso que come os mesmos pratos que um homem para demonstrar suas capacidades, e a primeira coisa que lhe ensina o escravo encarregado de alimentá-lo é deitar-se à mesa apoiando-se no "cotovelo" (*Metamorfoses*, X, 16-7). É o lugar onde se exprimem mais abertamente as relações que tecem a esfera do privado, em todos os níveis, quer se trate do casal, da família no sentido estrito, quer do pessoal da casa ou do círculo dos convidados. De fato não só a leitura de tais relações é imediata no nível das práticas mas ainda o dono da casa utiliza conscientemente essa cena para expor sua concepção devida. O triclínio é com efeito um espaço muito codificado: o lugar que se ocupa indica o nível social, pois os leitos, e cada lugar de cada leito, são classificados conforme uma ordem hierárquica estrita que culmina na posição do dono da casa, a saber, o lugar da direita no leito central: ser o *magister convivio*, presidir os banquetes, é próprio do dono da casa (Apuleio, *Apologia*, 98). Os convivas tomam seus lugares sob a vigilância de um servo especializado, o *nomenclator*, e todo o festim se desenrola graças ao zelo de escravos também especializados, os *servi triclinarii*, cada um encarregado de tarefas precisas: os artesãos africanos não deixaram de figurá-los nos mosaicos que representam cenas de banquetes.

Nessas condições, a refeição serve para afirmar princípios de modo evidente. Vamos ler o africano Tertuliano:

> Nossa refeição indica sua razão de ser pelo nome: chamam-na com um nome que significa "amor" entre os gregos [*agape*] [...]. Como se origina num dever religioso, não suporta nem baixeza nem imodéstia. Só nos pomos à mesa [ou seja, só nós nos deitamos para comer] depois de degustar uma oração a Deus. Comemos tanto quanto a fome exige; bebemos tanto quanto a sobriedade permite [...]. Conversamos como gente que sabe que o Senhor a ouve [...]. A refeição termina como começou, pela prece. Depois cada qual vai para seu lado [...] como gente que à mesa recebeu mais uma lição que uma refeição (*Apologia*, XXXIX, 16-9; tradução francesa de J.-P. Waltzing).

A mesma preocupação da propaganda pela organização da refeição se manifesta, dois séculos depois, em Agostinho: seu amigo Pocídio relata que frases gravadas na mesa visam a preservar a qualidade das conversações, enquanto as pessoas se servem de talheres de prata mas de pratos de barro, certamente não por pobreza, e sim por princípio.

Na verdade, não há nenhuma ruptura entre essas atitudes cristãs e a arte da refeição nos séculos precedentes. Igualmente na ideologia pagã, ao lado da associação entre posição social e refeições suntuosas, se não até excessivas, sempre se desenvolveu o tema da temperança. Ao elogiar "uma mesa mais rica em

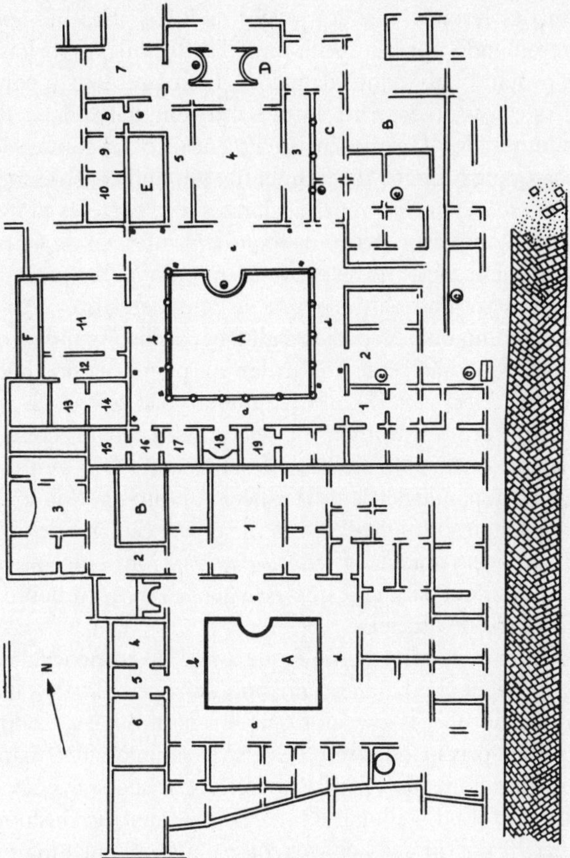

Figura 15. Thysdrus: casa do pavão (ao norte) e casa dita *Sollertiana domus* (L. Foucher, *Découvertes archéologiques à Thysdrus en 1961*, Túnis, s. d., planta I).

Casa do pavão (cerca de 1700 metros quadrados, planta em baioneta). A: peristilo com pátio (12,35 x 10,20 m) em jardim; 4: êxedra de recepção (10 x 8 m) com portas de serviço; 7 e 11: triclínios; 3 e 5: corredores; C: pequeno pátio; D: pequeno pátio com fonte; E: pequeno pátio com jardim; 9: dormitório (ver fig. 23); 18: capela?

Sollertiana domus. A: peristilo; 1: triclínio; B: pátio secundário; 3: êxedra de recepção; 4 e 6: dormitórios servidos pela antecâmara 5.

conversações letradas que em prazer da boca", Erasmo apenas estará retomando por sua conta uma das fórmulas favoritas dos antigos romanos, ao menos daqueles que se pretendem competentes nas coisas do espírito. Plínio, o Jovem, gabando as refeições do imperador Trajano, insiste no encanto das conversações e destaca que os únicos divertimentos são audições de música ou de comédia, o que se oporá às dançarinas, cortesãs tão valorizadas nos banquetes africanos e que um mosaico de Cartago nos mostra em ação no espaço delimitado pelas mesas dos comensais. Para desqualificar um de seus detratores, Apuleio descreve-o como uma "espécie de glutão, comilão sem-vergonha [...], homem que não teme chafurdar em pleno dia nos lugares de pândega" (*Apologia*, 57), e o argumento não se esgota: outro acusador "devorou" 3 milhões de sestércios recebidos como herança, tendo o cuidado de engolir essa soma "no ventre, de dilapidá-la em pândegas de toda espécie", tanto que "da fortuna bastante grande só lhe restam um miserável espírito de intriga e uma insaciável voracidade" (*Apologia*, 75). Confiemos na perspicácia de Apuleio para crer que esse gênero de argumento não era desprovido de eficácia.

O que aparece claramente é que a sala de refeições desempenha um papel fundamental no tipo de sociabilidade própria da moradia porque as práticas que abriga abrangem todos os níveis da vida privada, das relações entre cônjuges até a maneira como os moradores da residência concebem suas relações com as pessoas de fora. Esse lugar é carregado de significados porque é um teatro: possui suas convenções; mais, possui uma gama

Figura 16. Timgad, casa de Sércio. Entrada principal (primitivamente tripartida?) abrindo-se para o *cardo maximus*; vestíbulo pavimentado com colunata central; termas no ângulo superior direito: da direita para a esquerda, primeiro peristilo para o qual dava uma vasta sala (triclínio?); segundo peristilo com tanque-viveiro e um segundo triclínio (?) precedido de uma antecâmara. Como a seguinte, esta moradia, que ocupa mais de 2500 metros quadrados, foi construída no lugar das muralhas demolidas cujo traçado é reproduzido em pontilhado (a parte arredondada corresponde ao ângulo sudoeste das muralhas).

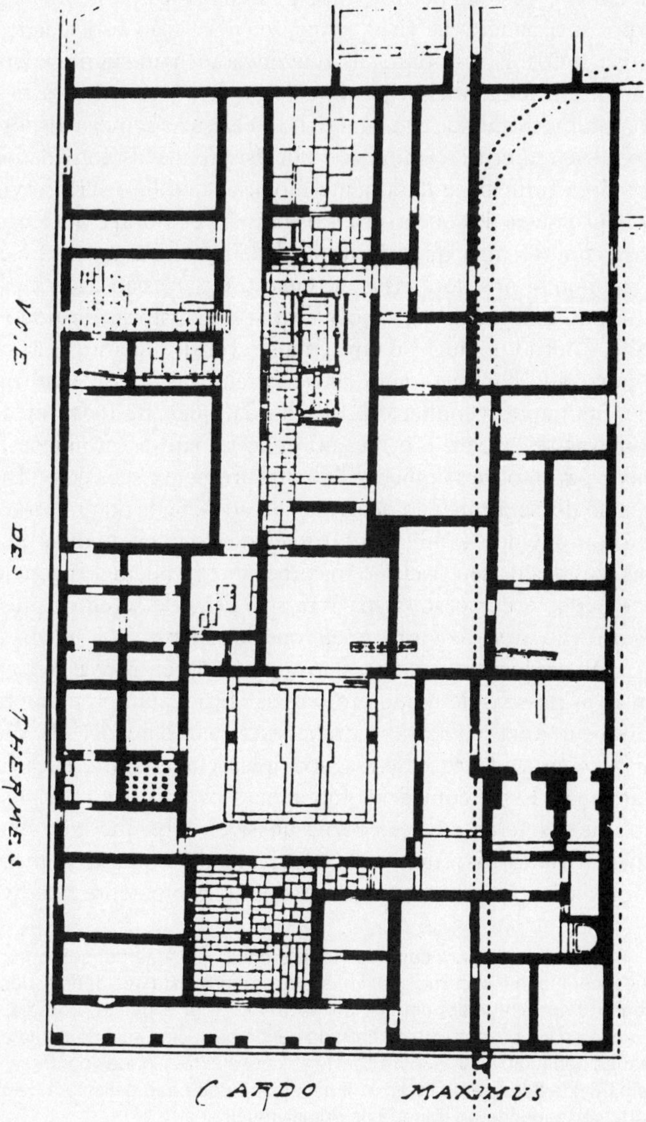

VOIE DES THERMES
CARDO MAXIMUS

de convenções que permitem ao dono da casa e aos convidados expor sua maneira de viver, situar-se em relação à sociedade e a seus hábitos. Esses pontos de referência tornam significativos a menor atitude, o menor prato, e de modo consciente. Basta ver como um Juvenal ou um Marcial, intelectuais sempre dispostos à análise e à crítica, anunciam por escrito a seus convidados o cardápio refinado e falsamente modesto que lhes será servido, com promessa de conversações de bom nível moral e intelectual, para compreender que não há verdadeira diferença entre eles e Trimálquio: nos dois casos, a refeição é a ocasião de professar e impor uma ética cuja mola última é a história do dono da casa. Contudo, o lugar é tanto mais revelador quanto perigoso: o prazer do banquete gera audácias temíveis, e isso também é perfeitamente reconhecido. Resulta daí que esse local onde os convivas se exibem é o mesmo onde reinam as proibições. O medo paira sobre as cabeças: Marcial promete a seus convidados que no dia seguinte não se arrependerão de nada do que tiverem dito ou ouvido (X, 48); um burguês de Pompeia manda pintar nas paredes de seu triclínio máximas que impõem aos convidados pudor e correção da palavra sob pena de serem expulsos; Agostinho priva de vinho quem ousa blasfemar.

Os prazeres da mesa estão assim no centro das relações entre as pessoas de modo tanto mais eficaz quanto podem materializar uma paleta de atitudes extremamente rica: da orgia mais organizada à ascese mais completa, não há diferença fundamental. Esses contrários são apenas os dois limites opostos do que a arte da refeição torna possível, e os que mantêm as duas atitudes extremas não se privam de explorar o mesmo campo de ação para obter resultados aparentemente tão diver-

Figura 17. Timgad, casa do Hermafrodita. À esquerda, sob o pórtico que acompanha o *cardo maximus* que separa esta residência das de Sércio, fileira de lojas; depois, da esquerda para a direita, ou seja, em direção ao leste, vestíbulo de entrada dando para uma sala contígua a um grande aposento (11 x 7,60 m) aberta nas duas extremidades por três vãos: sem dúvida trata-se do triclínio. A espessa parede que delimita a casa ao norte corresponde ao traçado da primitiva muralha.

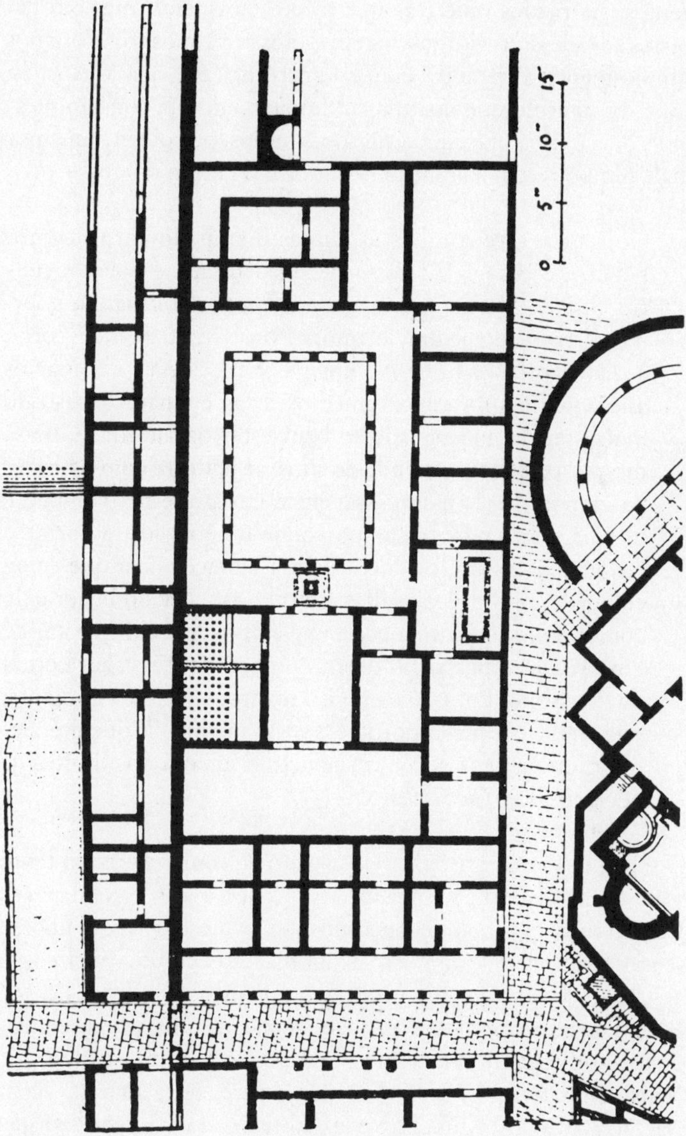
0
5
10
15

gentes. As razões objetivas que fazem da refeição um ato tão carregado de significados fogem a nosso propósito. Notemos simplesmente a maneira como Agostinho, em suas *Confissões*, trata do capítulo que intitula "O homem em luta consigo mesmo". Na rubrica que concerne aos sentidos, o problema que por mais tempo retém a atenção do autor é o perigo do gosto:

> Com efeito, reparamos as ruínas diárias do corpo com o beber e o comer [...]. Essa necessidade me é doce, e contra essa doçura luto para não me render: a cada dia guerreio através do jejum, e muitas vezes reduzo meu corpo à servidão [...]. O que me ensinaste foi chegar a tomar os alimentos assim como remédios. Mas enquanto passo do mal-estar da necessidade ao bem-estar da saciedade, nessa mesma passagem estende-se uma armadilha com as redes da cupidez. Pois essa passagem é em si mesma volúpia, e não há como não passar por onde a necessidade obriga a passar [...]. Assim, no meio dessas tentações em que estou colocado, luto todos os dias contra a cupidez do beber e do comer. Pois não é uma coisa que eu possa decidir cortar de uma vez e nunca mais tocar, como consegui fazer com a união carnal. Por isso é preciso manter o freio na garganta, relaxando-o e puxando-o com justa medida. E quem é, Senhor, que não se deixa um pouco levar fora dos limites da necessidade? (*Confissões*, X, 43-7).

O sábio, pagão ou cristão, analisa o ato de comer de modo tanto mais eficaz quanto é ao mesmo tempo necessário e condenável. Lembremos que o único pecado que o mesmo Agostinho se sentia no direito de imputar a sua mãe é o de uma inclinação algo excessiva, e logo reprimida, para o vinho (*Confissões*, IX, 18). Porém nada escapa a uma realidade social: há uma arte de comer, ou melhor, diferentes maneiras de comer, e nenhuma é inocente. Mais, a força desse ato reside numa verdadeira inversão com relação a um procedimento psicanalítico: não é *a posteriori* que eventualmente tomamos consciência das reais razões de nossos atos; os perigos morais da mesa são conhecidos e temidos ou assumidos: a tomada de consciência precede a inconsciência de atos ousados ou de palavras proferidas no calor dos banquetes. O perigo é tanto maior quanto sabemos que alguns não conseguirão se controlar: pior, alguns erigirão as "desordens" dos banquetes em modo de vida.

Se a sala de refeições desempenha, assim, um papel decisivo na recepção reservada à gente de fora, não esgota a questão. No estado atual de nossos conhecimentos, há outro lugar privilegiado em que o dono da casa preside às reuniões: as êxedras de recepção, ou pequenos aposentos de ostentação, de dimensões geralmente inferiores às da sala de refeições, mas que se distinguem dos outros aposentos pela relativa amplidão, pelo largo vão que as comunica com o exterior e pelo cuidado na decoração. Às vezes é fácil identificar a êxedra. Em Bulla Regia, na casa da nova caça (ver fig. 5), situa-se diante da sala de refeições e inicialmente se abria para um dos pórticos do peristilo através de três vãos; o partido arquitetônico é idêntico na casa da caça, onde a êxedra, particularmente ampla, cobre uma área superior à dos triclínios. Na casa do pavão (ver fig. 15, peça 4), em Thysdrus, trata-se igualmente do aposento mais vasto, o que atesta a importância atribuída pelo proprietário a esses lugares. Na mesma cidade, uma abside valoriza a êxedra da casa das máscaras. Na verdade, praticamente não há morada nobre africana desprovida dessa sala de recepção.

De fato, reservando-se o triclínio essencialmente às grandes refeições noturnas, o dono da casa precisa de outro local para assumir suas funções sociais. Em larga medida, a sala de ostentação das casas africanas herda funções do *tablinum* da tradicional moradia italiana: trata-se sobretudo do gabinete do dono — e compreendemos, assim, que seja precisamente o piso de mosaico desse aposento que nos informa, na casa de Fonteio, em Banasa, o nome do proprietário, S. FONTE(ius). É o lugar onde o dono da casa pode se recolher, longe da agitação cotidiana da residência. É também o lugar em que trata de seus

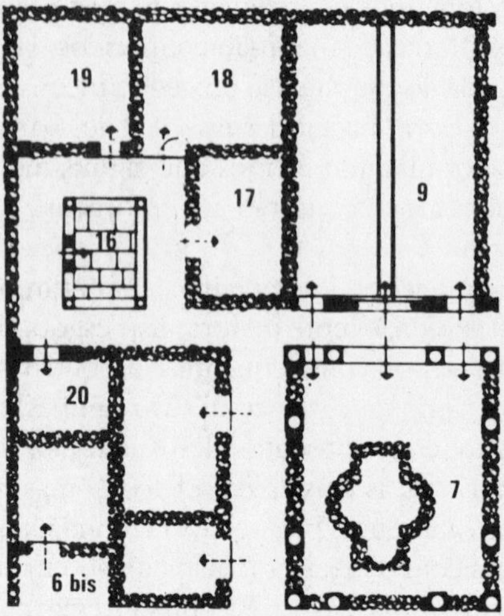

Figura 18. Volubilis, casa do tanque em forma de trevo (Étienne, *Quartier nord-est*, extraído da pr. XV). Plano axial. 7: peristilo com pátio de lajes; 9: triclínio? (11 x 7,40 m); 16: peristilo secundário (7,70 x 7 m), para o qual se abrem as peças 17 a 20.

negócios ou recebe os amigos, sendo, portanto, essencialmente destinado a atividades culturais, tanto simples discussões como leituras públicas. Sem dúvida não é por acaso que a decoração da êxedra muitas vezes se refere a atividades intelectuais: mosaico representando as Musas numa casa de Althiburos ou de Thysdrus, máscaras de comédia e figuração de um poeta trágico e de um ator na êxedra da casa das máscaras em Adrumeto (ver fig. 13). De fato, as relações culturais desempenham papel fundamental na vida social das elites, para as quais um dos modelos é o *vir bonus dicendi peritus*, o homem honesto hábil em falar, para retomar a fórmula de Apuleio (*Apologia*, 94): o encanto da conversação e a arte epistolar expressam por excelência as qualidades, inclusive morais, do autor. Os textos, aliás, dão a conhecer outras peças da residência, que não conseguimos reconhecer *in loco*, dedicadas à cultura: Apuleio descreve, por exemplo, uma biblioteca fechada a chave e guardada por um liberto (*Apologia*, 53, 55).

Há, entretanto, outro tipo de relações sociais para o qual a êxedra, muitas vezes situada no centro da residência e de dimensões modestas apesar de tudo, pode se revelar insuficiente. Trata-se das relações de clientela, que correspondem de fato à irrupção mais maciça de pessoas de fora dentro da casa. A importância desses vínculos de clientela, que estruturam a sociedade fazendo depender cada um de alguém mais poderoso no quadro de uma troca de serviços, é abundantemente atestada na Itália. Tudo leva a crer que tais vínculos desempenham um papel importante também na África. Apuleio se casa no campo para fugir à obrigação de distribuir espórtulas, víveres ou gratificações em dinheiro que o patrono deve dar a seus dependentes (*Apologia*, 87); Agostinho relata que Alípio, um de seus estudantes de Cartago, tinha o hábito de frequentar a casa de um senador, no quadro dessas visitas regulares que o verdadeiro rito das saudações matinais impõe aos clientes.

Essas cerimônias, nas quais se expressam as relações de dependência, aparecem igualmente nas representações simbólicas. Uma das expressões mais significativas é sem dúvida o mosaico do senhor Júlio, proveniente de uma residência de Cartago. Depois da nova leitura desse documento recentemente proposta por P. Veyne,[16] enfocaremos aqui apenas os pontos que interessam a nosso propósito. No centro da representação está a cidade, enquadrada por uma cena de partida para a caça. As duas outras faixas resultam, em compensação, de um espírito um tanto diferente: trata-se, na verdade, de representações simbólicas. Como pretende a interpretação tradicional, os quatro cantos são efetivamente ocupados por cenas que ilustram as estações: o inverno (derrubada das azeitonas e caça aos patos), o verão (colheita), a primavera (flores) e o outono (vindimas e pássaros aquáticos). Entretanto, como destaca P. Veyne, toda a faixa superior forma um único e mesmo conjunto coerente: as três personagens de pé caminham em direção à dama, que ocupa o centro da composição, levando-lhe oferendas. Como conciliar essa unidade espacial e essa diferenciação temporal? Simplesmente no âmbito de um significado simbólico: todas as estações apresentam seus dons, em todo tempo e para sempre. Essa mesma dimensão simbólica aparece na faixa inferior, em que o casal senhorial é situado numa vegetação eloquentemente fecunda: ele está sentado, um tamborete sob os pés, enquanto ela se apoia numa coluna perto de uma cadeira (*cathedra*) — detalhes que indicam que, na verdade, ambos estão no interior da casa. O que temos diante dos olhos é a representação alegórica dessas cerimônias em que os dependentes prestam homenagem a seu senhor. Nesse caso, não se trata apenas de vínculos de clientela, porém, mais precisamente, da representação simbólica de uma dependência econômica: são os colonos do senhor, os camponeses que arrendaram um lote de terra, aqui representados vindo não saldar seus compromissos, propriamente ditos, e sim — e aqui ainda seguimos P. Veyne — trazendo aos senhores as primícias de suas colheitas ou de suas atividades de caça e pesca. Para confirmar essa dimensão religiosa da cena, notar-se-á com efeito que o mosaicista claramente faz compreender que a derrubada das azeitonas apenas começou, que a colheita ainda está se processando e que a uva não foi vindimada.

Essa análise é confirmada pelo exame dos *xenia*, quer dizer, das representações de frutos, legumes e animais bem conhecidas na pintura italiana mas que constituem também um dos temas do mosaico africano. Segundo Vitrúvio, essas "naturezas-mortas" — que podem, de resto, compreender elementos bem vivos — reproduzem os presentes com os quais o dono da casa honra seus convidados. Não temos razão para recusar tal interpretação, mas parece de fato que na África (é pouco provável que o fenômeno seja puramente local) há toda uma rede de significados que se liga a esses motivos. O vínculo frequentemente estabelecido pelo viés da imaginária com Dioniso transforma os produtos da natureza em símbolos de uma fecundidade colocada sob os auspícios da divindade. Mais: essa ideologia religiosa ancora num contexto social bem preciso: os *xenia* são também,

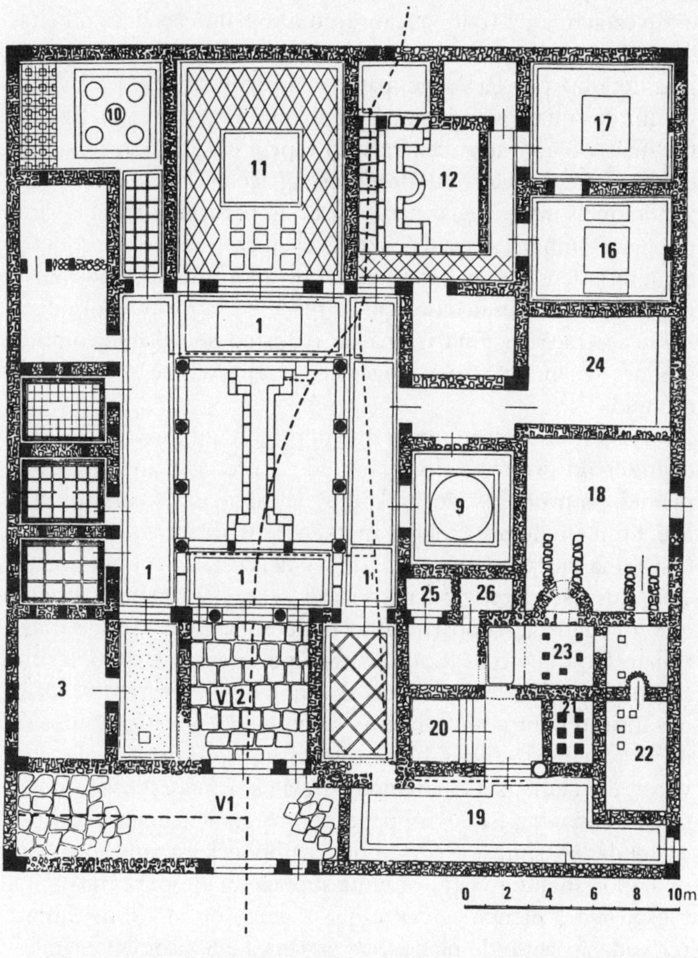

Figura 19. Volubilis, casa do cortejo de Vênus (Étienne, *ibid.*, pr. XVII). Plano axial. V.1 e V.2: duplo vestíbulo de entrada (15 x 3,80 m e 6 x 5,40 m); o primeiro e o local 19 foram obtidos em detrimento do pórtico público que acompanhava a fachada; 1: peristilo (14 x 13 m); 9: êxedra de recepção; 10: dormitório comunicando-se com o peristilo através de um corredor-antecâmara; 11: triclínio; 12: pátio secundário com tanque; 18-26: termas devidas a um remanejamento contemporâneo da anexação do pórtico público.

e talvez acima de tudo, a figuração das primícias das colheitas oferecidas aos proprietários pelos colonos. Este último aspecto, trazido à luz por P. Veyne, parece confirmado pelo pavimento de um dos quartos da casa do pavão, em Thysdrus (ver fig. 23). Os quatro quadrados centrais do tapete anterior trazem com efeito cestos cheios de produtos agrícolas comparáveis aos tradicionais *xenia*, mas, nesse caso, as naturezas-mortas simbolizam também as estações, pois cada cesto contém produtos característicos dos quatro períodos do ano. Encontramos pois a mensagem do mosaico do senhor Júlio: nessa fórmula preferiu-se a abstração a uma forma de realismo social que implica, embora de modo muito alegórico, a representação do ato da oferenda.

Esse tipo de cerimônia, que pontua o ano, exalta também o poder do proprietário, habilitado a oferecer aos deuses os primeiros produtos do trabalho de toda uma comunidade. Ele também lembra oportunamente os direitos do senhor: o sistema de colonato muitas vezes deixa larga autonomia aos camponeses, e a religião, nesse caso, serve para manter direitos que a organização do trabalho pode enfraquecer, pode questionar. Confiando ao *dominus* um papel central, a religião situa seu poder acima dos debates dos homens. Notaremos enfim um último ponto que concerne diretamente a nosso propósito: no mosaico do senhor Júlio, este último é representado duas vezes, em audiência e partindo para a caça; sua esposa também aparece duas vezes, e num papel central, pois é quem recebe as oferendas. Assim, se é certo que o camponês estende ao senhor um rolo em que mostra ou uma súplica ou as contas da exploração, não é menos evidente que a dama de modo nenhum é relegada ao segundo plano. Sua presença é basicamente simbólica, significando o fato de que ela também é proprietária? Ao contrário, deve-se ver nisso uma ilustração mais realista de suas funções, comportando sua participação efetiva nas cerimônias que exaltam o poder senhorial? A resposta a essa pergunta, que seria preciosa para nosso conhecimento da vida de um casal aristocrático no Baixo Império, infelizmente permanece muito

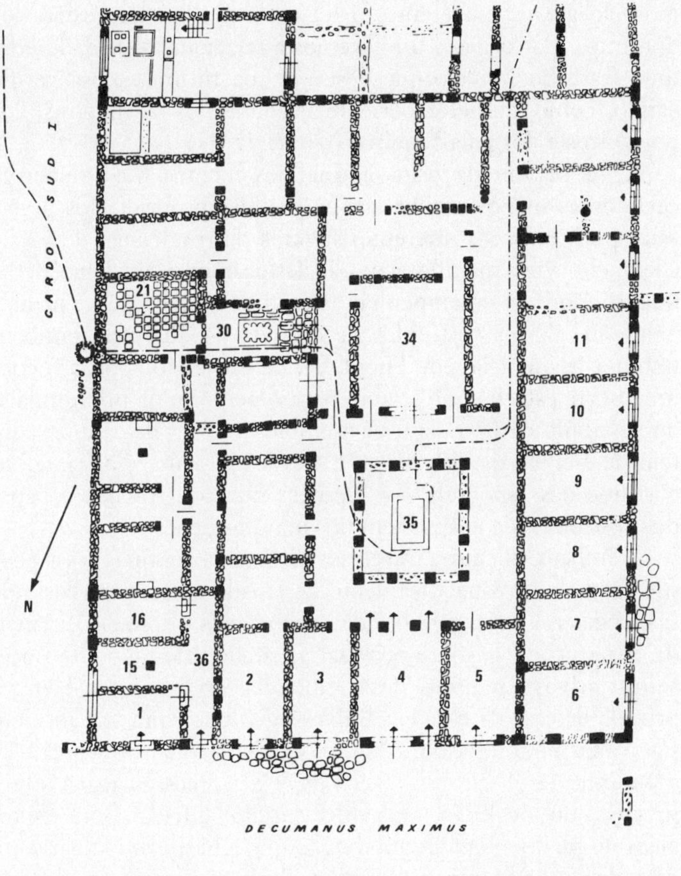

Figura 20. Volubilis, casa da moeda de ouro (Étienne, *ibid.*, pr. x). Esta moradia, uma das mais vastas de Volubilis, ocupa mais de 1700 metros quadrados. Plano quase axial. 1, 15, 16 e 36: apartamento independente; 4: vestíbulo (6 x 5 m); 2, 3 e 5: lojas comunicando-se com a casa; 6 a 11: lojas independentes; 35: peristilo quadrado (12,50 m); 34: triclínio (?) (7,40 x 6,50 m) com duas pequenas portas de serviço; 30: pátio secundário com tanque comunicando-se em particular com a peça 21 (5,60 x 4,30 m) com piso de mármore. Ao sul, fora do plano, estende-se um vasto setor econômico compreendendo uma fábrica de azeite e uma padaria.

incerta. Quaisquer que sejam suas modalidades concretas, esse mosaico atesta, entretanto, o lugar da mulher na gestão dos domínios. Por ora nos limitaremos a relacionar esse dado com uma frase de Apuleio que descreve sua futura esposa verificando "como mulher experiente as contas dos fazendeiros, dos boiadeiros e dos palafreneiros" (*Apologia*, 87).

Quer se trate da visita matinal dos clientes, quer de outras cerimônias menos cotidianas, os grandes proprietários precisam, pois, em seus diferentes lugares de residência, de locais adequados a tais manifestações. Já destacamos o papel que, nesse quadro, podiam desempenhar as êxedras de recepção e principalmente alguns vestíbulos de entrada. R. Rebuffat também notou a frequência, em Tingitane, de um vasto aposento com uma porta estreita que se abre para o peristilo na proximidade do vestíbulo de entrada (por exemplo, a sala 3 da casa do cortejo de Vênus, fig. 19). Propõe ver aí um armazém ligado ao costume das espórtulas — hipótese que confirmaria o papel dos vestíbulos de entrada em tais manifestações.

Também sabemos através dos textos que algumas casas possuem um local especificamente destinado às práticas cerimoniais ligadas a essas relações de dependência e ao qual Vitrúvio dá o nome de basílica privada. Já analisamos um dos mais significativos exemplos desse tipo de construção: a basílica privada da casa da caça em Bulla Regia, que, com sua abside e seu transepto, oferece um quadro particularmente adequado às apresentações do *dominus* (ver figs. 4 e 5). Nesse caso, a interpretação do local não nos parece suscitar dúvida. Com efeito, além do plano adotado, notaremos que a basílica, logicamente provida de uma entrada autônoma, ocupa o essencial do lote adquirido: nenhum outro tipo de arranjo pode corresponder a tal partido. Se a identificação de uma basílica privada nem sempre é tão fácil, parece, entretanto, que tal hipótese com bastante frequência é justificada. Não hesitaremos em formulá-la a propósito de uma longa sala próxima de uma entrada secundária da casa nº 3, sempre em Bulla Regia (ver fig. 24, sala B): a presença de uma abside, cujo valor arquitetônico sacralizante convém perfeitamente às funções de representação do proprietário, reforça tal identificação. É tentador explicar da mesma forma a enorme sala retangular da casa do Hermafrodita, em Timgad (ver fig. 17): situada na proximidade imediata da entrada, comunica-se indiretamente com o peristilo por intermédio do vasto triclínio que se abre para esses dois elementos através dos vãos tripartites. Nesse caso teríamos uma expressão arquitetônica, não despida de grandeza, articulando de modo sutil o peristilo e dois lugares destinados a dois níveis de recepção, a dois níveis de intimidade com a moradia: a massa dos dependentes só perceberia o centro da casa através dos jogos de vãos e colunatas que deixavam ver tornando inacessível. Mais que multiplicar os exemplos desse gênero, em que o grau de certeza da interpretação pode variar muito, basta assinalar um mosaico de Cartago que atesta claramente a presença de basílicas privadas nas grandes residências. Tal mosaico representa com efeito uma cidade marítima cujas diferentes partes são explicitadas por legendas entre as quais se pode ler o termo *bassilica*.

OUTRAS PARTES DA MORADIA

Entre os demais aposentos da residência, há pouca coisa que podemos identificar com facilidade, exceto os dormitórios. Certamente se trata de um dos espaços mais fechados da casa, e poderíamos retomar, com relação à moradia nobre africana, a frase de A. Corbin sobre a casa burguesa do século XIX, onde o quarto é um "templo da vida privada, espaço de intimidade construído como abismo no centro da esfera doméstica".[17] A conotação sexual do local é tão evidente como em todas as outras épocas. Trata-se basicamente do lugar mais íntimo dos casais e, por conseguinte, do lugar onde se transgride da forma mais violenta a moral dominante: lugar de adultério, de incesto, de união fora do comum (Apuleio, *Metamorfoses*, IX, 20-X, 3 e 20-2), cuja abertura a estranhos simboliza por excelência o deboche (Apuleio, *Apologia*, 75). Uma fórmula de Agostinho atesta talvez mais que qualquer outra a profunda intimidade do *cubiculum*. Para descrever suas emoções intensas, ele várias vezes usa comparações tomadas da arquitetura doméstica, comparações nas quais o quarto de dormir simboliza o lugar mais íntimo de sua pessoa: "Então, no meio desse grande combate que se travava em minha casa interior e que violentamente encetara em minha alma, em nossa câmara íntima, em meu coração... *cum anima mea in cubiculo nostro, corde meo...*" (*Confissões*, VIII, 19), ou ainda esta prece a Deus: "Tu, fala em meu coração com toda a verdade [...]. Quero deixar aqueles lá fora soprando no pó e levantando terra até os olhos, entrar em meu quarto, cantar-te cânticos de amor, gemendo com indizíveis gemidos em minha peregrinação [...]" (*Confissões*, XII, 23).

A riqueza e a complexidade da arquitetura doméstica expressam-se entretanto também nesse nível: entre as pessoas externas, não é só o amante que indevidamente "se esgueira" no quarto, "cheio de ávida esperança" (Apuleio, *Metamorfoses*, VIII, 11). O hábito de acolher viajantes de passagem, conhecidos ou pessoas munidas de recomendações, está solidamente implantado, e uma casa nobre deve dispor de quartos de hóspedes. Evidentemente é difícil distingui-los nas moradias, mas os textos demonstram sua existência (por exemplo, Apuleio, *Metamorfoses*, I, 23).

Por fim devemos abordar um último problema, o das termas privadas. Todas as cidades da África são equipadas de banhos públicos que ocupam um grande lugar na vida cotidiana dos habitantes. Não só oferecem um complexo programa

Figura 21. Volubilis, casa a oeste do palácio do governador (Étienne, *ibid.*, pr. VIII). Plano quase axial. 1, 2, 4 e 5: lojas (1 e 4 primitivamente se comunicavam com a moradia); 3: vestíbulo (7,35 x 6 m) com vão tripartido para a rua e o peristilo (a escada provavelmente levava a partes locativas); 11: êxedra de recepção; 13: muito provavelmente o triclínio, bastante amplo (11,60 x 8 m), com porta de serviço ao fundo; 22: pátio para carros; 23: peristilo secundário comunicando-se em particular com a sala de ostentação 27, cuja entrada é destacada por duas meias colunas; 24: latrinas?; 26 e 29: termas?

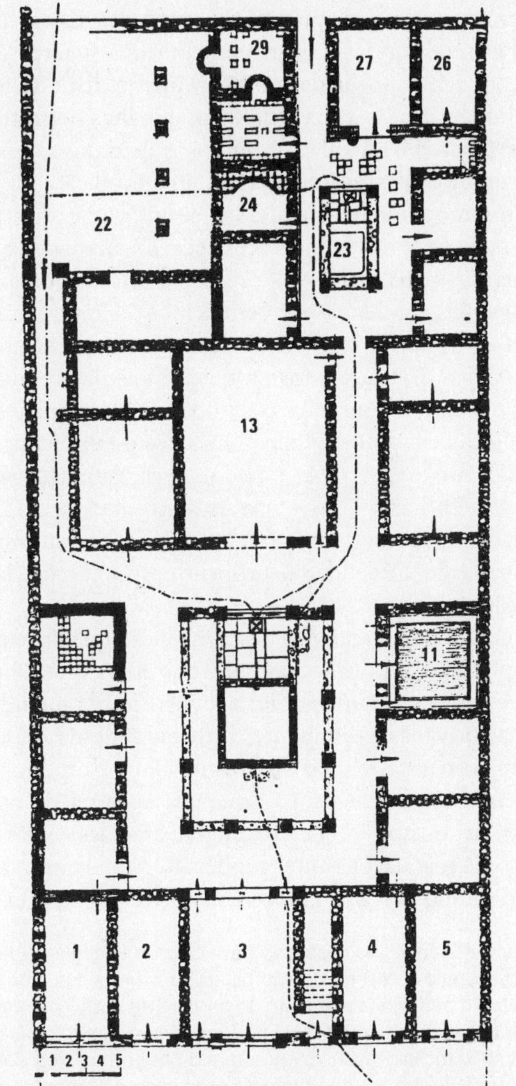

29
27
26
22
24
23
13
11
1
2
3
4
5
1 2 3 4 5
P1
2
3
4
5
6
7
8

balneário como são o quadro de atividades físicas e intelectuais. De modo geral, constituem um dos lugares da cidade onde se podem exercer de modo eminente diversas formas de sociabilidade, graças a sua amplidão, que lhes permite oferecer espaços capazes de acolher numerosos usuários em ambientes muito variados. Verifica-se, porém, uma evolução. Ao lado desses vastos monumentos tendem a se multiplicar as pequenas termas de bairro, talvez mais acessíveis e sem dúvida adequadas a um banho mais rápido. A causa poderia ser uma evolução dos costumes, ao menos se acreditarmos no autor gaulês tardio Sidônio Apolinário, cuja observação parece possível transpor para a África. Ele nos informa que depois das reuniões entre amigos em casa de uns e outros, todos se dirigiam aos banhos, não nas grandes termas públicas, mas nos estabelecimentos concebidos de modo a proteger o pudor de cada um (*Carmen*, XXIII, versos 495-9). Parece, pois, que essa atitude associa a necessidade aristocrática de se manter à distância da multidão e uma nova forma de apreender o próprio corpo caracterizada pela afirmação do pudor.

É sem dúvida no quadro dessa evolução que devemos situar a multiplicação das termas privadas nas nobres residências africanas. A expressão multiplicação se justifica na medida em que as termas privadas, certamente conhecidas desde muito tempo, parecem tornar-se mais correntes no Baixo Império: o estudo das casas mostra que com frequência se trata de acréscimos à planta primitiva — quer dizer, ou criações novas, ou uma extensão de instalações antes modestas. Ao término de tal evolução, o banho privado parece usual. Tomemos o exemplo da

Figura 22. Volubilis, casa dos trabalhos de Hércules (Étienne, *ibid.*, pr. IV, 1: vestíbulo (8 x 6 m) de vão bipartido sobre a rua (ver fig. 8) e tripartido para o peristilo (alojamento do porteiro ao norte?); 2: vasta sala de recepção (10,45 x 8,40 m), triclínio ou êxedra, com quatro pequenas portas de serviço; 5: triclínio (7,20 x 5 m) ornado com o mosaico dos trabalhos de Hércules; 6 e 8 a 11: apartamento precedido de corredor-antecâmara (tanque circular no local 10); 12 e 14: entradas secundárias; 17 a 24: lojas independentes; 26 a 33: termas devidas a um remanejamento.

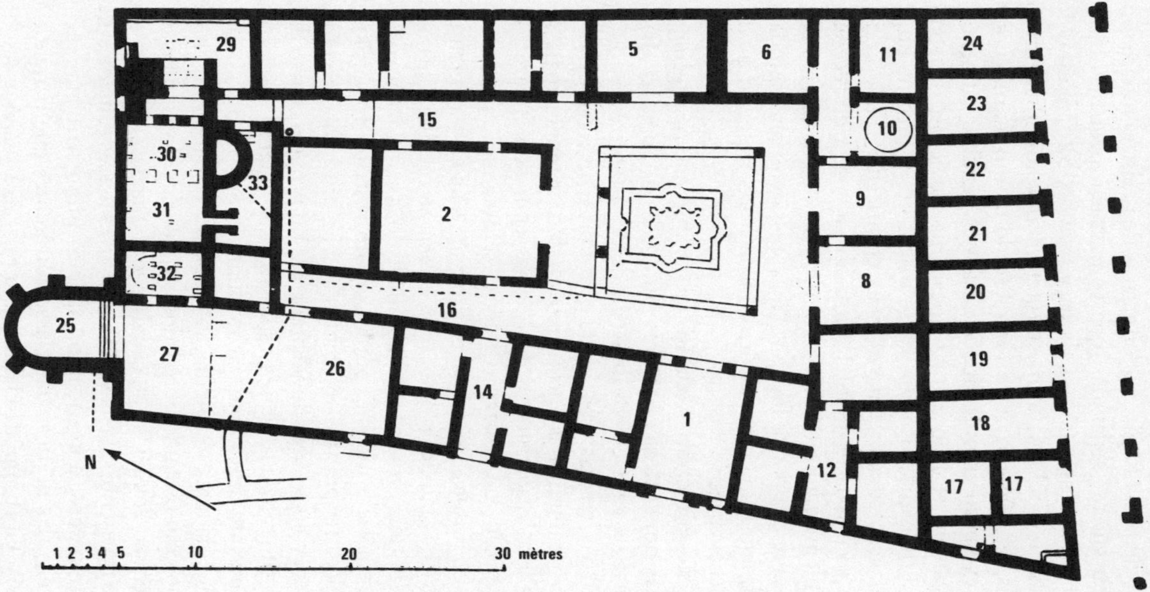
29
5
6
11
24
15
10
23
30
22
33
31
2
9
21
32
8
20
16
25
27
26
19
14
1
18
12
17
17
N
1 2 3 4 5
10
20
30 mètres

cidade de Bulla Regia: nas oito casas de peristilo inteira ou quase inteiramente separadas, quatro possuem pequenas termas, e sabemos, no caso da casa da caça (ver fig. 5), que estas foram criadas no século IV, ao mesmo tempo que a basílica privada.

Esse fenômeno de privatização do banho marca, portanto, uma evolução importante: a casa rica tende a aumentar sua autarcia em relação a uma noção mais coletiva do conforto. Cabe notar que tal mudança se insere no quadro de uma hierarquização social cada vez mais codificada: é tolerável, para quem se instala de manhã numa abside a fim de receber seus dependentes, juntar-se a eles à tarde na mesma piscina coletiva e numa nudez pouco favorável à expressão de sua dignidade? O crescimento do conforto privado permite preservar as distâncias necessárias.

É nessa mesma evolução que se inscreve o surgimento de latrinas domésticas existentes em algumas moradias africanas. Na casa da caça em Bulla Regia, são posteriores à concepção inicial das termas: sua instalação obriga a sacrificar o *frigidarium* [câmara fria] primitivo, deslocado então mais para o sul. Nesse caso trata-se de latrinas com dois lugares, e essa possibilidade de utilização coletiva se nota nas outras moradias assim equipadas. Portanto, encontramos na casa a ambiguidade das latrinas públicas, onde uma pessoa se recolhe, mas onde se mantém uma forma de sociabilidade do ato: doravante o círculo de pessoas admitidas é, porém, muito restrito. Evolução, pois, em relação a práticas referentes ao conjunto dos habitantes da cidade; evolução sem dúvida também no próprio centro da casa. O surgimento de lugares específicos, enquanto as pessoas se contentavam antes com vasos quando era pouco cômodo sair, sem dúvida marca a afirmação de um novo pudor, de uma nova relação com os ruídos e os odores corporais. As latrinas da casa da caça são equipadas de canalizações que desembocam diretamente no esgoto da rua vizinha. Através desses remanejamemos arquitetônicos, apreendemos apenas muito parcialmente uma mudança das práticas das classes dirigentes que parece evocar o que A. Corbin pôde chamar, em relação ao século XIX, "a desodorização burguesa", "a difícil batalha do excremento". Só um estudo mais aprofundado de tais arranjos permitirá definir melhor — e sobretudo datar melhor — o que parece ser uma evolução das elites, desse momento em diante mais atentas aos odores e à sujeira. Entre os textos que insistem sobre a sujeira das termas públicas ou que falam de pudor e da difusão, nas casas, de instalações antes essencialmente coletivas há um vínculo que é uma nova relação com o corpo. Esse feixe de atitudes parece remeter diretamente para o modo como as elites doravante afirmam seu poder, exercem seu poder — modo que se caracteriza por um distanciamento maior, por uma hierarquização crescente das relações sociais. A estrita codificação das cerimônias, que se desenrolam no quadro sacralizante das basílicas privadas, e a difusão dos banhos e latrinas domésticas têm a mesma causa. Disso resulta a privatização de certo número de atos, uma ampliação do papel devolvido ao espaço doméstico e, no interior deste, uma crescente especificação dos lugares.

Falta concluir sobre as partes desconhecidas da moradia. Numa casa africana, ignoramos a ou as finalidades de vários aposentos descobertos. É até difícil identificar com alguma precisão os serviços, em particular as cozinhas, o que demonstra que se tratava de instalações relativamente simples, o essencial da eficácia correndo por conta da importância numérica da mão-de-obra. Os textos são eloquentes quanto a isso. Assim, Apuleio: uma das tarefas essenciais do dono da casa é comandar a *familia* (*Apologia*, 98); a dona da casa não sai sem a companhia de numerosos domésticos (*Metamorfoses*, II, 2); uma abundante criadagem é indispensável à honra da casa: "Uma morada espaçosa abriga, é verdade, numeroso pessoal" (*Metamorfoses*, IV, 9 e IV, 29: *numerosa familia*; IV, 24: *tanta familia*); esse pessoal muitas vezes é encarregado de tarefas precisas: assinalamos aqueles que asseguram o serviço da sala de refeições, mas Apuleio nos fala de outros, como um muleteiro, um cozinheiro, um médico e um camareiro (*cubicularius*), todos mordidos por um cão raivoso que forçara as portas da casa (*Metamorfoses*, IX, 2); vários *cubicularii* estão a serviço de uma dama da alta sociedade (X, 28); vários cozinheiros, a serviço do senhor (X, 13); acrescentemos por fim o pedagogo (X, 5), e teremos apenas uma ideia relativa da importância desses domésticos. Ora, ignoramos quase totalmente a maneira como essa gente encontra lugar na casa. Os mais privilegiados provavelmente se alojam nas partes altas, hoje destruídas. Dois irmãos, escravos de um senhor para o qual cozinham, habitam um quartinho (*cellula*) grande o bastante para abrigar um asno além de suas duas pessoas (*Metamorfoses*, X, 13-6). Na maioria das vezes esses servos devem guardar suas coisas numa trouxa e dormir num catre que deslocam segundo as circunstâncias e as necessidades: quando Lúcio, o herói das *Metamorfoses*, recebido na casa de um anfitrião, precisa de intimidade em seu quarto, a cama do escravo que o acompanha na viagem é removida para um canto distante e colocada no chão mesmo (*Metamorfoses*, II, 15).

De um ponto de vista arquitetônico, o espaço da moradia, centrado no ou nos peristilos, parece, pois, muito coerente, muito unitário. De fato, abriga práticas complexas, diversificadas, resultantes de diferentes formas, de diferentes níveis da vida privada. Os dois polos extremos dessa diversidade podem ser ilustrados pelos lugares de recolhimento individual e pelos locais onde o senhor recebe a multidão de seus dependentes. Deve-se pois se perguntar sobre a maneira como podem coexistir, no centro da casa, práticas tão definidas, quer dizer, não se contentar mais com inventariar os principais componentes da casa, mas perguntar-se como eles se articulam.

FUNCIONAMENTO DA *DOMUS*

PLANTAS DE CONJUNTO

A maneira como se distribuem os diferentes elementos constitutivos da casa evidentemente é decisiva para compreender seu funcionamento. Há muito tempo distinguimos certo número de plantas características baseadas na respectiva posição do vestíbulo de entrada e das outras partes essenciais da moradia, a saber, o peristilo e o triclínio. Assim, tornou-se usual destacar a existência de uma planta axial, quando esses três elementos se alinham ao longo de um mesmo eixo; de uma planta em baioneta, quando os eixos desses elementos, sendo paralelos, não são idênticos; e enfim de uma planta ortogonal, quando o vestíbulo se dispõe em ângulo reto com relação à orientação principal da moradia.

Sem ser desprovida de interesse, essa tipologia parece, contudo, pouco explícita no tocante ao funcionamento da casa. Com efeito, não é de uma utilização tão cômoda quanto pode parecer à primeira vista. A distinção entre planta axial e em baioneta deve-se às vezes a pouca coisa: é assim que a casa a oeste do palácio do governador (ver fig. 21) pode, segundo os autores, ser classificada sob uma ou outra rubrica. O problema é ainda mais complexo em certos casos, como na casa da caça, em Bulla Regia (ver fig. 5): devemos privilegiar a planta axial (ou em baioneta) unindo o vestíbulo de entrada, o peristilo secundário e o triclínio, ou o esquema ortogonal ligando o vestíbulo, o peristilo principal e a êxedra de recepção? Sobretudo essa tipologia não esclarece a articulação dos elementos que compõem a moradia. Permite apenas observar que a planta axial, adotada com frequência na arquitetura doméstica de toda a África se quisermos tomar o termo "axial" no sentido lato, parece favorecer as relações entre o exterior e os espaços interiores da moradia permitindo a ordenação de uma enfiada de aposentos particularmente adequada à realização de recepções.

Quaisquer que sejam as reservas, essa tipologia chama a atenção para um ponto, a saber, a importância dos espaços de recepção na organização da casa. É a implantação desses espaços que impõe à moradia as grandes linhas de sua organização, que determina espaços residuais nos quais se confinam os aposentos mais íntimos. As necessidades sociais do senhor modelam a organização do conjunto. A arquitetura e a decoração destacam essa escolha fundamental. Os construtores dispõem, com efeito, de um repertório que lhes permite construir sequências culminando nos pontos cruciais da moradia: colunas ou pilares (pórticos ou vãos tripartidos), tanques, agenciamento de pavimentos de mosaico sublinham e reforçam a existência desses eixos essenciais (cabe notar a tal propósito que as escadas desempenham um papel muito secundário na arquitetura doméstica africana). Tal sequência afirma-se bem na casa de Netuno (ver fig. 7), em Acholla: a relação entre os vãos do *oecus* e a colunata do peristilo é sublinhada pelas absides que a mureta do pátio desenha; o eixo principal — o da sala de refeições — é valorizado pela interrupção do motivo do mosaico do pórtico, que deixa lugar a um tapete original, e pela supremacia conferida ao tanque central, mais vasto, mais profundo, mais ricamente adornado. Os exemplos desse tipo poderiam ser multiplicados: tais composições alinhadas ao longo do eixo de uma das grandes salas da casa e que exploram a ampla colunata do peristilo constituem o essencial dos efeitos perseguidos pelos construtores. Esse gênero de sequência evidentemente pode adquirir enorme amplidão nas casas concebidas segundo um projeto axial, a ponto de constituir sua verdadeira coluna vertebral. É o que ocorre na casa do cortejo de Vênus (ver fig. 19), em Volubilis, onde se transpõe sucessivamente as duas entradas bipartidas antes de passar a composições triplas: duas colunas instaladas sobre cubos desenham três vãos que se abrem para o peristilo, cuja colunata, alinhada sobre os longos muros do vasto triclínio, se subdivide em três intercolúnios nos lados menores de modo a anunciar os três acessos à sala de refeições. A composição se destaca e se enriquece com o longo tanque em posição axial e com o tapete de triclínio que precede o vão central deste último e mostra uma representação de animais atrelados. A decoração, por sua crescente riqueza (a sala de refeições organiza-se em torno do painel que representa a Navegação de Vênus), reforça, assim, o esquema ascendente inscrito na arquitetura: passagem de um ritmo binário a um ritmo ternário, pórtico precedendo o triclínio maior que os outros três e presença da mais ampla sala da moradia na extremidade da composição. Toda a construção ergue-se ao redor desse eixo, que determina os espaços residuais onde deverão situar-se os outros aposentos.

O dado essencial em função do qual se organiza a habitação não depende, entretanto, apenas dessas plantas de conjunto, mas também e sobretudo da maneira como se organiza a circulação. Esta compete essencialmente ao peristilo, em torno do qual se distribuem os diversos locais. Mais precisamente, o peristilo principal se completa em geral com espaços que, em menor escala, desempenham o mesmo papel: verdadeiros peristilos secundários ou simples pátios sem colunatas, porém frequentemente adornados por uma fonte ou um jardim. Os aposentos da casa aparecem, pois, dispostos em torno de vários centros hierarquizados. Esse partido policêntrico completa-se enfim com o frequente recurso a corredores que permitem aceder a uma ou várias peças distantes dos pátios. Resulta daí uma organização do espaço em que as peças só excepcionalmente se dispõem em fileira, uma comandando a outra, mas, ao contrário, são autônomas, quer dizer, acessíveis a partir de certo número de espaços comuns que servem à circulação.

Alguns exemplos permitirão ilustrar facilmente esses princípios gerais. Em Althiburos, no estado original da casa dos Asclépios (ver fig. 9), todos os locais se comunicam com o setor da entrada ou o peristilo. Em Thysdrus, na casa do pavão, duas

galerias acompanham uma vasta sala de recepção e conduzem a apartamentos dispostos ao redor do pátio. A planta é semelhante à da vizinha *Sollertiana domus* (ver fig. 15, corredores 3 e 5; pátio D com tanque e pátio E provavelmente junto ao jardim; corredor 2 em L completado pelo pátio secundário B). Notaremos também nessa moradia outro tipo de partido sistematicamente utilizado a fim de preservar a intimidade de um local situado na proximidade imediata de uma área de circulação como o peristilo, a saber, o uso da antecâmara (local 5 conduzindo à peça 4 e ao dormitório 6). A mesma disposição encontra-se na casa dos trabalhos de Hércules (ver fig. 22; peças 6, 10 e 11), em Volubilis, onde três aposentos são isolados do peristilo por uma antecâmara em forma de corredor. Nessa vasta moradia, a circulação igualmente se organiza através de dois corredores (12 e 14), que unem o peristilo à rua e comunicam a passagem com dois pequenos apartamentos, e de duas longas galerias (15 e 16), em ambos os lados do grande triclínio, a primeira conduzindo aos quartos, a segunda às termas privadas. As casas de Volubilis oferecem sobretudo numerosos exemplos de peristilos secundários que constituem o centro de uma parte retirada da moradia à qual se acede muitas vezes por um corredor: na casa a oeste do palácio do governador (ver fig. 21, espaço 23), o pátio, cercado de colunas, abriga um tanque e comunica-se com oito aposentos; na casa do tanque em forma de trevo (ver fig. 18), a ligação arquitetônica entre os dois peristilos deve-se ao fato de o pórtico sul de um se prolongar de modo a formar o pórtico norte do outro, segundo uma planta em tabuleiro que proporciona uma verdadeira autonomia a toda a parte sudeste da construção; na casa do cortejo de Vênus (ver fig. 19: espaço 12, peças 16 e 17), um pátio secundário, ornado de um tanque com desenho complexo, dá acesso a cinco aposentos, dois dos quais, decorados com belo piso de mosaicos,

Figura 23. Thysdrus, casa do pavão: mosaico do dormitório 9 (ver fig. 15, *ibid.*, pr. x). A colocação do leito é indicada por um motivo geométrico mais simples que o tapete anterior, único aqui reproduzido.

continham, colocados sobre pequenas colunas de tijolos, os bustos de bronze de Catão e de um príncipe com diadema; na casa da moeda de ouro (ver fig. 20; espaço 30), uma das mais vastas de Volubilis, com 1700 metros quadrados, a organização é facilitada pelos corredores que rodeiam o triclínio e por um pequeno pátio, com tanque e jorro de água, ao redor do qual se dispõem vários aposentos.

Esses exemplos, entre outros, mostram que o recurso sistemático aos peristilos, pátios e corredores permite garantir a independência de todos os aposentos. Devemos concluir a partir daí, como muitas vezes se escreveu, que essas grandes moradias compreendem uma parte pública (as salas de recepção agrupadas ao redor do peristilo principal) e uma parte privada (o apartamento retirado disposto em torno do centro secundário da casa)? É preciso matizar seriamente tal concepção. Já destacamos a heterogeneidade dos locais que rodeiam o peristilo principal: o mesmo ocorre com os aposentos que se abrem para os peristilos ou pátios secundários. O exemplo da casa da caça em Bulla Regia (ver fig. 5) é significativo desse ponto de vista: uma única sala de recepção dá para o grande peristilo, enquanto duas vastas salas de refeição se abrem para os dois níveis do pequeno peristilo. Nesse caso, o traço impressionante é a imbricação, ao redor dos dois centros da moradia, de locais íntimos e de espaços de recepção. Assim, as moradias de Volubilis que acabaram de ser examinadas, as dimensões e a decoração de algumas peças dispostas ao redor dos centros secundários deixam perceber que não se destinavam unicamente aos membros da família. A casa do pavão e a *Sollertiana domus*, em Thysdrus (ver fig. 15; salas 7 e 3), são igualmente muito significativas dessa realidade: um triclínio e uma êxedra de recepção abrem-se para pátios anexos.

Parece, assim, que corredores e peristilos não servem para separar as partes "públicas" e "privadas" da casa, mas, ao contrário, permitem a justaposição de peças de natureza muito diferente, tornando-as independentes entre si. O funcionamento da *domus* não repousa numa articulação de setores diferentes, e sim em outras formas de uso às quais a autonomia das diferentes peças confere toda a eficácia.

COMPARTIMENTAÇÃO DOS ESPAÇOS DA *DOMUS*

Uma primeira forma de compartimentação dos espaços da moradia pode se operar em função das horas do dia. A visita dos clientes ocorre pela manhã, e à noite o dono da casa recebe para o jantar. Entrementes, um espaço tão central como o peristilo pode ser essencialmente reservado para as atividades domésticas e o lazer dos moradores. Tal emprego evidentemente não deixa traços visíveis. Em compensação, há outros arranjos que ainda se podem perceber no local.

Um exame atento dos vestígios mostra com efeito que o espaço interior da moradia é fragmentado por um número considerável de portas, de forma comparável às realizações da arquitetura contemporânea, em que não há locais que não sejam separados dos vizinhos por um sistema de fechamento. Quando o estado de conservação dos vestígios permite, o resultado de tal investigação é dos mais surpreendentes: permite verificar o uso sistemático de batentes, fixados diretamente na alvenaria e nos blocos dos umbrais ou presos nas partes de marcenaria das quais subsistem discretos vestígios do encaixe. Em poucas peças o acesso dispensa batentes. Até os grandes vãos das enormes salas de recepção podem ser fechados: abre-se o triclínio para os festins vespertinos, mas, no resto do dia, essa vasta sala em geral permanece separada do resto da moradia. As escadarias que comunicam os diferentes níveis da casa são cortadas por portas que condicionam o acesso e até separam os lances sucessivos. Em alguns casos subsistem vestígios de batentes regulamentando a circulação entre os pórticos e o pátio do peristilo, onde a parede que isola os dois elementos se interrompe para abrir uma passagem. Esse fechamento sistemático aumenta consideravelmente a eficácia do projeto geral da residência, concebido de modo a garantir a independência das diferentes peças.

Outro procedimento, se deixa vestígios muito mais difíceis de reconhecer, desempenha um papel decisivo nessa compartimentação dos espaços: trata-se de tapeçarias que podem ser utilizadas não só em lugar de portas, mas sobretudo para quebrar os grandes volumes arquitetônicos. Tal disposição modifica profundamente o funcionamento de um espaço como o peristilo: reconstituindo cortinas para fechar os intercolúnios e cortar os pórticos a fim de regular a circulação, constatamos que elas permitem controlar com eficácia a penetração da luz e do calor, mas também e sobretudo autorizam utilizações simultâneas e diversas do vasto pátio, sem quebrar o efeito arquitetônico de conjunto que repousa essencialmente na colunata. Na verdade imaginamos muito bem, em tais condições, uma recepção no triclínio, de onde, pelas portas escancaradas, os convivas podem desfrutar a visão do peristilo, enquanto um jogo de tapeçarias preserva a intimidade de uma ala do pátio e garante certo isolamento às pessoas que não estão envolvidas nas festividades. Nessas condições compreendemos melhor a imbricação de espaços de natureza tão diversa que caracteriza as moradias.

A difusão dessas peças de tecido deve-se igualmente à evolução social: na verdade elas participam de uma encenação ligada à crescente hierarquização das relações. Quanto mais elevada a posição de uma pessoa, mais tapeçarias pendem em sua casa, ressalta Agostinho (*Sermão* LI, 5). O mesmo evoca a abside elevada e o trono recoberto de ricos tecidos no qual se assenta o bispo, segundo um aparato comparável ao do patrono ao receber seus clientes. Apuleio descreve uma cerimônia do culto de Ísis em que as cortinas brancas são abertas e dispostas de parte a outra da estátua (*Metamorfoses*, XI, 20). É claro que as cerimônias religiosas, pagãs e cristãs ou as representações dos aristocratas rodeados por seus fiéis para receberem a homenagem de seus dependentes resultam de uma mesma matriz, cujo produto mais acabado se deve buscar no complexo cerimonial progressivamente elaborado ao redor do soberano, ponto-chave dessa nova sociedade do Baixo Império, situado na intersecção ideal de suas dimensões política e religiosa. Isso importa para a compreensão da arquitetura privada. A cortina não é um mal menor, uma versão leve mas cômoda da parede ou da porta: é dotada de grande eficácia na medida em que passa a constituir o elemento-chave de um protocolo muito elaborado. Não se afasta uma tapeçaria como hoje: ainda mais que uma porta, ela veda a visão, fecha a passagem, pois constitui o objeto que, por excelência, esconde ou desvenda o que há de mais poderoso, o imperador, a divindade, os senhores. Sem dúvida essa dimensão sagrada condiciona pesadamente os hábitos, e nessa época as pessoas tentam abrir uma porta com menos preocupação do que se aventuram a erguer uma cortina. Não se deve negligenciar a dimensão ideológica desse pedaço de pano para compreender a eficácia com que ele pode compartimentar e hierarquizar os espaços interiores de uma moradia.

Além das portas e tapeçarias, também é preciso levar em consideração, a partir do Baixo Império, uma tendência nova que visa a fragmentar os grandes volumes arquitetônicos herdados da tradição. O lugar privilegiado dessa leitura é o peristilo; sua existência não é fundamentalmente questionada, mas ele se torna objeto de uma compartimentação tal que seu próprio funcionamento se altera. Utilizam-se dois procedimentos complementares: dissociar o pátio dos pórticos e desmantelar a coerência das galerias. Essa evolução manifesta-se no tocante à decoração, por exemplo na casa de Netuno (ver fig. 7), em Acholla: embora o motivo geométrico dos pavimentos seja o mesmo nos quatro lados, a composição foi interrompida de modo a separar a galeria que precede o *oecus* das três outras. Essa opção decorativa apenas reflete as escolhas arquitetônicas: a galeria ultrapassa em muito o quadro do peristilo e dele se dissocia. A disposição das decorações é concebida de maneira comparável na casa do cortejo de Vênus (ver fig. 19), em Volubilis: a compartimentação dos pavimentos dos pórticos atenua a unidade do pátio em proveito da composição axial que o atravessa.

O tratamento arquitetônico do peristilo participa, de modo ainda mais evidente, do mesmo movimento. Numa época já tardia, que é difícil precisar, frequentemente se instala nos intercolúnios uma mureta bastante alta para cobrir a parte inferior das colunas: em geral substitui um fecho mais leve, por exemplo, de simples lajes levantadas, e reforça de modo considerável a ruptura existente entre o pátio e as galerias. Outro procedimento consiste em valorizar o espaço dos pórticos: nichos, absides, às vezes até pequenos locais complicam bastante um volume arquitetônico primitivamente muito simples e de algum modo lhe proporcionam alguma autonomia. Assim é na *Sollertiana domus* (ver fig. 15) de Thysdrus, onde o corredor setentrional se completa numa das extremidades com uma pequena abside, e na casa de Dioniso e de Ulisses, em Thugga, onde um dos lados do peristilo é enriquecido por duas cavidades cheias de nichos. A casa das máscaras (ver figs. 13 e 14), em Adrumeto, revela outro procedimento: nesse caso, o espaço descoberto, cercado por uma mureta, está abaixo dos pórticos e separado destes por uma estreita galeria situada num nível intermediário: os elementos constitutivos do peristilo aparecem assim mais e mais dissociados.

Ao cabo da evolução, as salas circundantes anexam os pórticos que as precedem. O exemplo da casa da nova caça (ver fig. 5), em Bulla Regia, é tanto mais significativo quanto dispomos nesse caso de dados cronológicos relativamente precisos. Na segunda metade do século IV, o proprietário muda as pavimentações do triclínio e do pórtico vizinho. Essa concomitância dos trabalhos não se deve ao acaso: ao refazer-se o mosaico da êxedra de recepção, numa data não anterior ao final do século IV, renovam-se os pisos das galerias oriental e meridional. A evolução termina mais tarde, sem dúvida ao longo do século V: o mosaico do corredor oriental amplia-se às custas do pavimento meridional, e o espaço assim obtido é fechado por uma parede com dois vãos munidos de portas. Sem dúvida no mesmo momento uma compartimentação idêntica efetuou-se na outra extremidade do peristilo, cujas galerias sul e oeste são separadas por uma parede com um vão enquadrado de pilares emoldurados onde se veem ainda os vestígios de encaixe de um sistema de fecho. Já não se trata, pois, de um espaço unitário e centrado (um pátio cercado de pórticos para os quais se abrem as diferentes salas), mas de uma justaposição de volumes compartimentados em que as peças principais anexam pórticos inteiros e os transformam em vestíbulos.

O exame das relações doravante existentes entre o pórtico ocidental e o pátio confirma essa análise. Os dois elementos estão separados por um muro alto coberto de blocos imponentes que provavelmente suportava uma parede mais leve. Parece, de qualquer forma, que as aberturas para o pátio foram consideradas bastante secundárias para que se construísse um reservatório, desprovido de toda qualidade estética, que obstrui um dos intercolúnios. Mesmo o tanque situado no segundo intercolúnio não estabelece relação visível com o pátio: a mureta conserva os orifícios que serviram para a fixação de um suporte de parreira. Essa abside-fonte é apenas um anexo do pórtico que recebe a luz do pátio sem criar ligação com ele.

De certo modo, enquanto a casa de peristilo parecia um enriquecimento arquitetônico da moradia centrada num simples pátio, a evolução última do habitat das classes dirigentes africanas, mas também de outras províncias do Império, tende a voltar à concepção primeira. A vantagem, entretanto, é importante: as colunatas subsistem, embora não possam mais manifestar plenamente seu ritmo, cobertas que estão de múltiplas paredes; sobretudo as salas principais ganharam anexos que lhes aumentam a majestade.

O que significa essa nítida tendência a reforçar a compartimentação dos espaços interiores da moradia? Pode tratar-se de uma resposta à justaposição de locais cujas funções divergem consideravelmente. A explicação, contudo, não basta. Primeiro é preciso considerar a área disponível: o peristilo constitui uma solução arquitetônica luxuosa, que exige muito espaço e só vale a pena no caso de grandes residências. Assim, pode-se pensar que os moradores da casa da nova caça, cuja área habitável é relativamente restrita, não tiveram dificuldade em abrir mão do luxo de um peristilo clássico. Mas o argumento não convence totalmente na medida em que a transformação dos pórticos em espaços fechados se efetua em proveito das salas de recepção. Antes, pois, deve-se pensar que se trata realmente de uma mudança do espaço doméstico, e é de se temer que as escavações muitas vezes tenham acarretado o desaparecimento de paredes tidas como tardias: por certo o eram, mas correspondiam a uma evolução da moradia, não a sua decrepitude. Resta saber o que significa tal evolução. Parece revelador comparar a fragmentação de um vasto espaço unitário constituindo o núcleo da casa e o que foi dito anteriormente sobre a multiplicação dos banhos e latrinas privadas. Autonomia crescente do habitat em relação às instalações coletivas, compartimentação e especificação crescentes dos espaços internos da casa são fenômenos paralelos e parecem remeter à nova imagem da pessoa em construção no Baixo Império. Hierarquização das relações, divinização dos poderes, pudor pessoal constituem diferentes aspectos de um mesmo problema, do qual uma das modalidades mais compreensíveis é a regressão da racionalidade e do corpo nu em proveito do mistério sob todas as formas. É no quadro dessa evolução que o peristilo, espaço coerente que assume múltiplas funções, é desmembrado e transformado numa justaposição de locais.

AS MENSAGENS

Tem-se ressaltado como a arquitetura contém mensagens: a concepção de certos aposentos e a maneira como se organiza a planta de conjunto da moradia exaltam o poderio do dono da casa e lhe permitem assumir suas funções sociais num quadro prestigioso. Sem dúvida não é antes da Renascença que encontramos, nas cidades do Ocidente, um número tão grande de moradias privadas claramente concebidas para permitir a seus proprietários viver de modo luxuoso e satisfazer as exigências de sua posição social.

O significado desse quadro privado igualmente se explicita na decoração. Só excepcionalmente conhecemos a ornamentação das paredes ou dos textos de um aposento e, assim, devemos nos voltar, em essência, para os mosaicos do piso. De qualquer maneira, o problema é o mesmo: trata-se de decorações fixas, elaboradas na maioria das vezes no local, e por conseguinte indissociáveis de seu ambiente arquitetônico. Existe, aliás, um estreito vínculo entre uma sala e sua decoração. Vitrúvio destaca a forma como esta deve se adaptar à finalidade dos aposentos, e podemos acrescentar que sua riqueza é estritamente hierarquizada em função da importância atribuída ao local.

Cabe-nos, pois, abordar um problema teórico da mesma natureza que aquele encontrado a propósito dos trabalhos efetuados pelos proprietários. Que papel o comanditário desempenhava na concepção do programa decorativo? Devemos realmente aceitar o termo "programa" para qualificar os temas que adornam uma residência? As duas perguntas estão ligadas, e atualmente tendem a prevalecer respostas que resultam de uma mesma atitude negativa: o proprietário participa bem pouco da escolha dos motivos, os mosaicistas impõem seu repertório; tal repertório é quase nada carregado de valores simbólicos e sobretudo não se deve "superinterpretar" os temas, querer lhes dar um significado mais profundo que uma vaga referência a uma herança cultural que constitui o quinhão comum de todos e não envolve ninguém.

Tal procedimento se opõe com razão às especulações, tão abusivas quanto engenhosas, suscitadas por algumas pavimentações particularmente excitantes para a imaginação. Mas também parece excessivo. Com efeito, atribui ao artesão-artista da Antiguidade um papel que não lhe cabe: em sua relação com o comanditário, é este último que desempenha o papel determinante: está em posição de impor os temas que lhe interessam — ou até a maneira de tratá-los. Para nos convencermos disso, basta verificar como a evolução do estilo e dos motivos corresponde perfeitamente à evolução de toda a sociedade e de modo mais preciso às novas necessidades das classes dirigentes do Baixo Império. Ademais, nada permite rejeitar *a priori* o que aparece como uma evidência de bom senso, a saber, que um assunto figurado possui um sentido e não é escolhido sem razão.

O problema se coloca claramente quando a decoração compreende cenas da mitologia pagã. Tornou-se de bom-tom considerar que estas não traduzem em nada as tendências religiosas dos proprietários: seriam apenas as sequelas assépticas de uma cultura, no sentido menos significativo do termo. Tal abordagem antecipa em alguns séculos uma situação cultural em que o cristianismo dominante poderá com efeito retomar por sua conta, sem risco excessivo, os farrapos de uma cultura antiga desmembrada porém prestigiosa. Em compensação, ela não corresponde à situação política, cultural e religiosa do Baixo Império. Primeiro é preciso observar que, se muitas vezes se nega a mosaicos claramente pagãos uma dimensão religiosa, não ocorre a ninguém agir da mesma forma com relação aos pavimentos de motivos cristãos. O procedimento é curioso e só se justificaria caso se pudesse afirmar o desaparecimento no Império tardio de toda religião além do cristianismo. Da mesma forma, frequentemente se afirma que a justaposição de mosaicos cristãos e pagãos demonstra que estes últimos não possuem significado preciso. Tal raciocínio não permite explicar casos em que se verifica uma destruição voluntária desses motivos: numa residência recentemente escavada em Mactar, no coração da Tunísia, um mosaico de um tanque com cena marinha e o de uma fonte com uma Vênus foram escondidos sob uma camada de cimento, operação que tudo leva a crer ter sido obra de cristãos.[18] Surpreender-se com tais justaposições equivale a desconhecer a maneira como a religião cristã se difundiu no mundo romano. Essa difusão não é a fonte de uma mudança radical da sociedade e das pessoas: não passa de um dos aspectos de uma evolução geral que promove o cristianismo bem mais do que este a promove. Em tais condições, exceto para uma minoria entre a qual essa conversão corresponde a uma revolução espiritual e a uma subversão das práticas, as novas crenças se acrescentam às antigas bem mais do que as substituem. Nesse contexto devemos compreender a reunião de mosaicos de temas díspares, e não é por acaso se o espaço privado constitui um lugar que se presta à leitura de tais atitudes cumulativas. Seus proprietários com efeito são mais livres para desenvolver suas concepções pessoais: Agostinho condena com violência a opinião dominante segundo a qual o homem é inteiramente senhor do que se passa em sua casa (*Sermões*, 224, 3). Ora, sejam quais forem suas opiniões religiosas, todos os homens dessa época pensam que o mundo é presa de demônios maléficos: se a defesa do espaço coletivo compete à cidade, cada um deve proteger a própria morada. Nessas condições, nada tem de surpreendente o fato de acrescentar-se aos penates e a outras divindades pagãs que residem na casa e a protegem os símbolos de uma religião que, apoiada em milagres, passa o tempo a proclamar sua eficácia protetora. Seria muito mais surpreendente se o responsável pela família renunciasse deliberada e bruscamente a uma dessas garantias. Uma pessoa não muda sua visão de mundo porque se torna cristã, mas é o contrário que ocorre: a fase de transição só pode ser muito longa.

Na verdade, o traço mais marcante é a extrema raridade dos motivos claramente cristãos nos mosaicos tardios das ricas moradias africanas. Essa verificação leva a pensar na amplidão real da difusão do cristianismo nas classes dirigentes africanas antes de uma época muito tardia, de qualquer modo claramente posterior ao século IV. Tudo se passa como se, ao menos entre os notáveis locais situados a relativa distância do poder central e de suas exigências político-religiosas, a manutenção de uma cultura essencialmente clássica em suas referências se acrescesse de um tradicionalismo religioso, o espaço privado constituindo doravante seu lugar de afirmação privilegiado antes de se tornar o único possível.

Parece, assim, que, se é arriscado procurar nos temas escolhidos para a decoração de um mosaico mais do que eles podem significar, seria não menos errôneo não questioná-los. Às vezes há prova de que certos pavimentos se devem à preocupação de enviar uma mensagem e correspondem a uma ordem precisa do proprietário. É o caso de um mosaico encontrado numa habitação de Smirat, na Tunísia, comemorando o ato de evergetismo de um certo Magério, que ofereceu uma caçada no anfiteatro.[19] Os nomes dos gladiadores e dos leopardos são fornecidos pelas legendas. Dioniso, Diana e Magério presidem a esses jogos, enquanto um personagem central leva numa bandeja os prêmios — em numerário — da vitória. Uma inscrição demonstra que o mosaico comemora um fato preciso e que os duelos representados não são puramente simbólicos. Esse texto relata que, solicitado pela multidão, Magério concedeu aos combatentes uma gratificação digna de ficar na memória e admirada pelos espectadores: "Isso é ser rico! Isso é ser poderoso!". Tal feito foi eternizado no mosaico para a maior glória do dono da casa.

O vínculo entre decoração de mosaico e história factual de uma família também aparece muito bem na casa de Castório (ver fig. 11), em Cuicul, onde certo número de pisos traz inscrições. Duas delas estão bastante conservadas para ser inteligíveis. A primeira, situada no pórtico oriental, é cercada de uma coroa de louros e celebra, segundo toda probabilidade, o proprietário da casa, Castório, que decidiu refazer uma parte dos pavimentos. Evidentemente se ignora em que momento Castório ou seus ancestrais adquiriram essa residência de peristilo que é uma das mais belas do bairro, porém a qualidade dos mosaicos sugere um nível de fortuna e cultura inferior ao que se poderia esperar diante desse quadro doméstico. Deve-se ver aí o exemplo de enfraquecimento de uma família, de toda uma classe social, da decadência de um bairro? A segunda inscrição, embora mutilada, confirma tal impressão e oferece um exemplo evidente da vontade de glorificação social desses círculos que hoje poderíamos situar na média burguesia. "Esta casa (*haec domus*) é o lugar de onde saíram esses jovens ilustres [...], distintos, eles são assessores nos tribunais da *Libia* afortunada, [...] felizes os pais que assim mereceram."[20] A função celebrada, se atesta que se trata de jovens de boa família integrados ao séquito do governador da província, está longe de constituir um posto importante. Essa vontade de glorificação de um episódio em si bem secundário faz eco à passagem das *Confissões* de

Agostinho (III, 5) em que o autor evoca os esforços de seu pai para lhe permitir continuar os estudos:

> [...] lembraram-me de Madaura, essa cidade vizinha onde estive pela primeira vez fora de casa para me formar em letras e arte oratória; e durante esse tempo, para pagar uma viagem mais distante, a Cartago, reuniam-se fundos; meu pai contribuía mais com ânimo que com meios, sendo um cidadão de Tagaste muito modesto [...]. Quem, pois, não levava meu pai às nuvens, louvando um homem por ir além das possibilidades de seu patrimônio a fim de pagar ao filho, mesmo para uma distante viagem de estudos, todas as despesas necessárias? Pois muitos de seus concidadãos, bem mais ricos que ele, não se davam tanto trabalho pelos filhos.

Há meios mais discretos porém não menos eficazes de exaltar o esplendor da *domus*. Para responder às necessidades da propaganda aristocrática, os mosaicistas do Baixo Império criam novos temas, entre os quais as grandes cenas de caça ocupam lugar privilegiado. Atrás das múltiplas variantes que caracterizam as diferentes realizações, sempre ressurge o tema central do *dominus* e seus amigos cavalgando em perseguição a diversos animais, com a ajuda de numerosos servos que orientam os cães, estendem as redes, abatem a caça e carregam os despojos.

As casas adornam-se assim com a representação de prazeres aristocráticos cujas bases econômicas não são negligenciáveis e que desempenham um grande papel na sociabilidade entre homens — as mulheres, contrariamente ao que ocorrerá em outras sociedades, estavam excluídas desse gênero de divertimento. O elo íntimo entre o comanditário e a obra que lhe adorna a residência frequentemente é atestado pelas inscrições que legendam as cenas e nos informam o nome dos animais do senhor, cães e cavalos, sendo difícil acreditar que se trate de um vínculo puramente convencional.

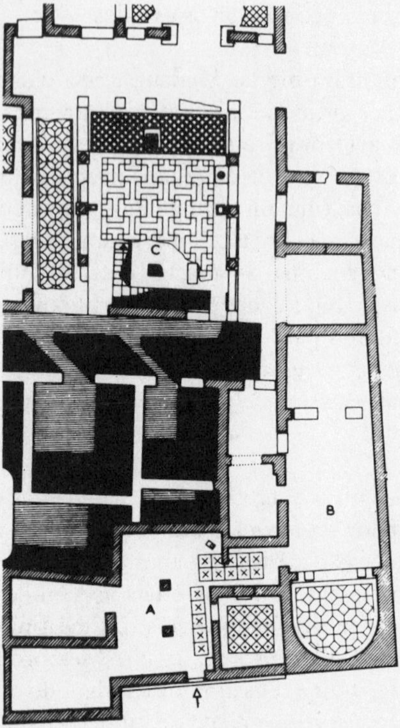

Figura 24. Bulla Regia, casa nº 3 (ver fig. 3; extraído do mapa de H. Broise, *Les ruines de Bulla Regia*, fig. 23). Outro exemplo de casa com andar subterrâneo, parcialmente separado. A: entrada secundária; B: basílica privada; C: peristilo.

Entretanto, ao lado da dimensão realista desses quadros, seu significado simbólico é essencial. Trata-se primeiro de um verdadeiro manifesto social: a superioridade do *dominus* e de seus comensais se afirma por seu equipamento (são os únicos montados), por sua atividade (são os únicos que enfrentam o animal, limitando-se os servos a ajudar os senhores ou a capturar animais vivos) e por sua roupa. Com efeito, apesar dos esforços que a caça supõe, os senhores ostentam suas vestes enfeitadas que, no Baixo Império, se tornam por excelência uma das manifestações externas do poder. A violência da atividade física não perturba a exibição das roupas "graças às quais se pode reconhecer a posição de cada um" (Agostinho, *De doctrina christiana*, II, 25). Mesmo que caia do cavalo, um *dominus* continua um *dominus*, imediatamente reconhecível.

Esse valor de manifesto social amplia-se com a dimensão mítica da caça. Às vezes a alusão é direta. Num mosaico procedente da cidade de Uthina, perto da atual Túnis, o artesão representou uma propriedade que serve de palco para atividades agrícolas, mas também para cenas de caçada. Ora, um dos caçadores, enfrentando um javali a lança, aparece nu, quer dizer, como os heróis míticos: o personagem é assimilado a Meléagro, o vencedor do javali monstruoso que devastava os campos de sua cidade.

Fora da arte funerária, tal processo de assimilação — sem dúvida porque despoja o senhor dos sinais exteriores de sua força, essenciais na nova concepção do poder — conhece pouco sucesso, e o valor glorificador da caça se afirma por outro viés, o da reprodução do modelo imperial. Há muito a habilidade na caça constitui um dos meios pelos quais o *imperator* [soberano] manifesta seu *virtus* [valor], ou seja, essa qualidade essencial que é resultado do favor divino e garante a prosperidade do mundo. Vencer a força animal, triunfar sobre a selvageria pelas próprias força, inteligência e habilidade tornou-se uma das marcas do poder. Talvez seja apenas uma retórica destinada à arte figurativa, porém não se excluem versões mais concretas dessa ideologia: Cômodo não hesita em descer à arena para crivar de flechas os leões que o defrontam.

Representando em sua morada essas grandes caçadas, e os riscos que elas comportam (as cenas de acidentes são frequentes), o aristocrata se beneficia das bases da ideologia imperial. Bases, pois tendo a caça ao leão se tornado monopólio imperial, o notável deve muitas vezes limitar-se a enfrentar o javali ou a perseguir lebre e chacal. O problema, contudo, não é tão simples: o senhor às vezes figura em lutas dignas de um imperador. É o caso no mosaico do triclínio da casa da nova caça em Bulla Regia, onde, entre os animais combatidos, aparecem não só o javali, mas também feras grandes, como a pantera e sobretudo o leão, representado duas vezes.

O estudo da decoração das moradas da aristocracia africana desemboca, assim, num problema de política geral referente à organização do poder em seus diferentes escalões. O príncipe, modelo por excelência, informa os outros níveis de poder. Mas trata-se de uma imitação respeitosa ou de uma concorrência em potencial? É evidente que o proprietário da (aliás relativamente modesta) casa da nova caça não posa como aspirante ao trono: os leões de seu triclínio, longe de ser uma usurpação de imagem, celebram sem dúvida as bases, fictícias ou reais, de uma dessas frequentes concessões aos senhores africanos, o imperador autorizando alguns de seus súditos a encurralar a fera imperial (*Codex theodosianus*, XV, 11, 1). Foi na falta desse privilégio, talvez, que o proprietário da casa do cortejo dionisíaco em Thysdrus teve de se contentar com a representação, em seu triclínio, de feras atacando outros animais em lugar de torná-las as vítimas de sua habilidade? A questão não pode se resolver tentando precisar o caráter lícito ou ilícito de tais representações, pois é muito mais fundamental. De um lado, o poder imperial, cuja dimensão mística só faz aumentar ao longo dos séculos, só pode ser o modelo de todo poder de alguma importância. Por outro lado, a dimensão cada vez mais mística, irracional, do poder o fragiliza e suscita a competição: a vitória não constitui, em última instância, o único meio de demonstrar que a força é justificada? Virtualmente essas caçadas ao leão que ornam as residências privadas expressam tal ambivalência referente a um problema eminentemente público: o do poder. Não devemos esquecer que por várias vezes essa aristocracia africana foi capaz não só de negociar um apoio bastante apreciado mas também de produzir seus próprios candidatos ao trono. O debate que desde decênios envolve a rica cidade de

Piazza Armerina, na Sicília, é característico dessas confusões que definem o novo tipo de sociedade em construção. Nesse caso a amplidão do programa, a utilização do pórfiro — privilégio do imperador, assim como a caça ao leão — suscitaram uma longa discussão sobre a identidade do proprietário, grande senhor ou personagem imperial. A simples possibilidade de colocar tal problema revela a ambição que anima a organização do espaço privado das elites. Os notáveis constroem um quadro que lhes permita não só viver por toda parte à romana, mas também viver como verdadeiros pequenos imperadores. Na enorme maioria dos casos, trata-se apenas da imitação respeitosa do modelo por excelência, porém a ambiguidade está sempre presente e, a longo prazo, não pode ser sem consequência que os aristocratas concebam seu poder local como a reprodução, até na imaginária e nos ritos cerimoniais, do poder central.

CONCLUSÃO

A moradia privada é um lugar social essencial, e o termo *domus*, que significa casa, sobretudo casa rica, serve também para designar outras realidades conexas, começando pela família. Há coincidência, no vocabulário, entre as pessoas e a casa: a *domus* são as paredes e os moradores, e essa realidade se manifesta tanto nas inscrições como nos textos, em que o termo pode significar uma e outra coisa e na maioria das vezes a totalidade concebida como indissolúvel. O quadro arquitetônico não é, aliás, só um continente inerte: o *genius* da *domus*, ao qual se presta culto, é também o dos lugares e o dos seres que os habitam. A ideia de *domus* mergulha, assim, suas raízes em todos os domínios: reveste-se de uma dimensão religiosa, social e econômica. Dessa maneira, inscreve-se no tempo, pois dispõe das bases materiais necessárias à sua reprodução e secreta a ideologia aferente. Assim como na Itália, as grandes famílias cultuam os ancestrais e o passado: conservam-se os quadros comemorativos de um evento (Apuleio, *Metamorfoses*, VI, 29), e alguns mosaicos também têm esse papel; uma descoberta recente, realizada em Thysdrus, num ateliê de escultor onde se encontraram máscaras funerárias moldadas diretamente sobre o rosto do defunto, prova que a prática das galerias de retratos dos ancestrais, no sentido mais realista do termo, não era desconhecida na África. A *domus* ancora, pois, no passado, e por isso o sentido do termo pode se dilatar até significar a pátria.

Não se deveria, entretanto, exagerar a força do vínculo entre morada e família. No tocante às elites sociais, ao menos à fina flor, as carreiras como os negócios desenrolam-se na escala do Império, e a casa se tornou, desde muito tempo, uma mercadoria que se compra, se transforma, se revende ao sabor das necessidades profissionais e matrimoniais ou econômicas. Esses ricos notáveis dispõem, na maior parte do tempo, não de uma verdadeira morada carregada de lembranças, mas de várias residências.

De fato, através do tempo, adivinhamos mais do que conhecemos as relações que esses notáveis mantêm com uma habitação precisa. Apenas casos privilegiados permitem conhecer o nome de um dos sucessivos proprietários, e nunca podemos acompanhar ao longo de gerações a maneira como se transmitem esses bens. Na verdade, trata-se apenas de um aspecto de uma ignorância bem maior, a saber, nosso pouco conhecimento da forma como essas elites sociais se reproduzem — em outras palavras, da parte de sangue novo e da parte de heranças que, segundo as épocas, caracterizam as sucessivas gerações de notáveis. Quando, graças à epigrafia, consegue-se reconstituir a ascensão de uma família e a rede de relações que ela então cria, em particular através de sua política matrimonial, é difícil saber se se trata de uma trajetória particular ou se tem valor de exemplo. Aliás, é impossível relacionar essas aventuras ainda isoladas demais e os vestígios arqueológicos.

Devemos, pois, nos contentar, por ora, com um elo teórico entre as ruínas das ricas moradas e as poucas famílias cuja história seguimos mais ou menos completamente. Por certo é insuficiente, mas permite destacar algumas observações de ordem geral que bastam para caracterizar claramente o habitat desses grupos dirigentes africanos. Notaremos de início a ambição arquitetônica dos programas. Essas residências ocupam, com efeito, uma área bem variável, porém todas demonstram a mesma ambição, que se manifesta na utilização de sequências arquitetônicas e decorativas cujos princípios diretores são idênticos. Seja qual for seu poder real, essas elites concebem o quadro de sua vida privada segundo um modelo idêntico.

A maneira como o espaço doméstico se organiza acentua igualmente princípios diretores uniformes. Dado o vasto leque de atividades que na sociedade romana depende da esfera do privado, esta deu origem a um quadro arquitetônico complexo que dois traços definem particularmente: a especificação dos diferentes locais e o cuidado com a articulação. Os peristilos recuperam um papel essencial, tanto nas composições arquitetônicas como na organização geral da casa: a multiplicidade de missões que eles assumem apenas reflete a pluralidade de funções do habitat. Esses pátios equipados de colunatas caracterizam por excelência as habitações ricas. Completados por corredores e antecâmaras, contribuem de forma decisiva para resolver um problema aparentemente insolúvel: oferecer um quadro homogêneo em que possam se exercer, sem excessiva dificuldade, atividades tão diversas. Poderíamos chegar ao pior num espaço incoerente, ao melhor na simples justaposição de setores "públicos" e "privados". Não foi nada disso: construtores e comanditários souberam elaborar um espaço unitário que reconstitui uma imagem fiel das elites africanas.

NOTAS

1. Ver em especial as análises de E. Goffmann em *Gender advertisements* ou *Relations in public*.

2. R. Etienne, *Le Quartier nord-est de Volubilis*, Paris, 1960, pp. 121-2.

3. R. Rebuffat, "Enceintes urbaines et insécurité en Maurétanie Tingitane", *Mélanges de l'École française de Rome-Antiquité*, 86, 1974, pp. 510-2.

4. G. Picard, "Deux sénateurs romains inconnus", *Karthago*, 4, 1953, pp. 123-5.

5. N. Duval, "Couronnes agonistiques sur des mosaïques africaines...", *Bulletin archéologique du comité des travaux historiques*, n. s., 12-4, 1976-1978, B, pp. 195-216.

6. As escavações da *insula* da caça em Bulla Regia, às quais nos referimos várias vezes, foram efetuadas recentemente por R. Hanoune, A. Olivier e Y. Thébert.

7. Para uma síntese clara mas erudita do estado dessa questão, ver N. Duval, "Les origines de la basilique chrétienne". *Information d'histoire de l'art*, 7, 1962, pp. 1-19.

8. G. de Angelis d'Ossat, "*L'aula regia del distrutto palazzo imperiale di Ravenna*", *Corsi di cultura*..., 23, 1976, pp. 345-56.

9. J. Lassus, "Une opération immobilière à Timgad", *Mélanges Piganiol*, pp. 1120-9.

10. Y. Thébert, "Les maisons à étage souterrain de Bulla Regia", *Cahiers de Tunisie*, 20, 1972, pp. 17-44.

11. Y. Janvier, *La Législation du Bas-Empire romain sur les édifices publics*, Aix-en-Provence, 1969.

12. Ch. Boube-Picot, "Les bronzes antiques du Maroc", II, "Le mobilier", *Études et travaux d'archéologie marocaine*, 5, Rabat, 1975.

13. J.-P. Darmon, *Nymfarum domus*, Leiden, 1980.

14. Y. Thébert, "L'utilisation de l'eau dans la maison de la pêche à Bulla Regia", *Cahiers de Tunisie*, 19, 1971, pp. 11-7.

15. G. Picard, "La maison de Vénus", *Recherches archéologiques franco-tunisiennes à Mactar*, I, Roma, 1977, p. 23.

16. P. Veyne, "Les cadeaux des colons à leur propriétaire...", *Revue Archéologique*, 1981, pp. 245-52.

17. A. Corbin, *Le miasme et la jonquille. L'odorat e l'imaginaire social...*, Paris, 1982, p. 269. [*Saberes e odores*, São Paulo, Companhia das Letras, 1988.]

18. G. Picard, *ibid.*, pp. 18, 20.

19. A. Beschaouch, "La mosaïque de chasse découverte à Smirat en Tunisie", *Comptes rendus de l'Académie des Inscriptions et Belles-Lettres*, 1966, pp. 134-57.

20. M. Blanchard-Lemée, *Maisons à mosaïques du quartier central de Djémila (Cuicul)*, s. d., pp. 166 ss.

4

ALTA IDADE MÉDIA OCIDENTAL

Michel Rouche

Três séculos se passaram. Clóvis foi batizado em 499 e recebeu as insígnias de cônsul de Roma (quer dizer, de Bizâncio, capital do Império Romano amputado em suas províncias ocidentais, que os bárbaros ocuparam). Aboliu-se o mundo greco-romano no Ocidente, onde começam os nossos tempos; como diz Maquiavel, "os homens, de César e Pompeu que se chamavam, tornaram-se João, Pedro, Mateus". No Oriente bizantino o sistema romano permanece intacto e, como todas as coisas, pouco a pouco vai mudar completamente; o helenismo torna-se o único senhor.

Barbarização do Ocidente, porém menos sob os golpes dos germanos, admiradores da grandeza romana, que em consequência de sua tomada do poder político; humilhada por não mais deter o comando, a velha aristocracia dos notáveis, ao mesmo tempo pais das cidades e nobreza funcional no aparelho romano, já não encontra sentido em nada, cruza os braços e perde o que fazia do mundo romano uma sociedade "civilizada": uma vontade inconsciente de autoestilização; apenas a Igreja, para seus próprios objetivos, mantém um pouco dessa vontade.

Barbárie, cultura: as sociedades ditas bárbaras têm uma cultura e as que se chamam civilizadas adquirem uma à custa de esforços, para o melhor ou para o pior; puritanos, estetas, sociedades altamente militarizadas ou espírito de empreendimento capitalista fazem parte também do segundo gênero. O drama das grandes invasões desenrolou-se menos na ruína do aparelho imperial, na economia ou na demografia que em outro campo, onde se distinguem, por exemplo, pessoas que leem e outras que não fazem disso uma questão de honra, populações treinadas para trabalhar duro e outras que não passaram por esse treinamento. Tal vontade inconsciente de se esforçar não se deve a escola ou a instituições, que são, antes, consequências disso; é inculcada pelo que erroneamente se denomina educação, ou seja, pelo exemplo que, sem querer, apresenta um grupo social em que se reproduz essa vontade de autoestilização. Sem querer, por certo, pois, à menor suspeita de que os pais formulam frases que não assimilaram, desfaz-se a evidência da ficção e os filhos já não os ouvem. Para terem crédito, os sermões paternos precisam da garantia de uma força real. Ora, no Ocidente, com as grandes invasões do século V, tal força se esvaece, interrompe-se portanto a tradição de autoestilização e inicia-se o que é para nós "a noite da Alta Idade Média". Isso desvenda um traço antropológico: o esforço cultural, esse trabalho de autoeducação que se pratica apenas em certas sociedades e, como toda tradição, não poderia se incutir deliberadamente ou à força. Esse esforço, pois, nada tem em comum com o que os críticos chamam de necessidade do trabalho e da repressão: nenhum voluntarismo pode substituir as realidades da força ou minorar a humilhação; seria antes um desastre. O esforço sobre si mesmo nada tem de necessário, ainda que permaneça eficaz; assemelha-se mais a uma ambição, a um jogo, a um luxo, até a um esnobismo. E alguns detestam a cultura por isso mesmo, por seu esforço contra a natureza, e não só por seu conteúdo de classe, o que quer que pretendam.

Paul Veyne

Em 584 o rei Chilperico teve um filho que "mandou criar no domínio de Vitry-en-Artois, para que, dizia, não lhe ocorresse uma desgraça se o vissem em público e não morresse". Em poucas palavras, Gregório, bispo de Tours, nos dá o tom exato da vida privada na Alta Idade Média. Um fato fundamental acaba de acontecer ao rei: nasceu-lhe um menino. Só o sexo masculino é digno de interesse. Silêncio sobre a mãe, da qual não sabemos sequer o nome. Talvez fosse uma concubina. Tão logo nasce, o menino é enviado, com uma ama-de-leite certamente, da cidade — Cambrai — para o campo. Deve-se esconder a infância — esses anos tão frágeis —, fazer com que seja vivida isoladamente, para evitar a desgraça. O mundo exterior é tão ameaçador! Mal ocorre o nascimento, e o pai já pensa na morte. Com efeito, dos cinco filhos de Chilperico só este sobreviverá, o futuro Clotário II, mas já nos permite delinear o cenário da vida privada na Alta Idade Média: amor, violência, angústia e morte, não obstante a busca da felicidade nos confins de uma propriedade agrícola.

Com relação à Antiguidade romana, a vida privada torna-se efetivamente um fator predominante da civilização, para não dizer o mais importante. A mais evidente prova disso é o eclipse da cidade diante do campo. Antes a alegria de viver estava nas ruas e nos grandes monumentos urbanos; agora se refugia nas casas e nas cabanas. Antes, com suas leis, tropas e edis, o Império se honrara em facilitar a vida pública como ideal de vida; agora, com os reinos germânicos, dilui-se o culto da urbanidade em proveito da vida privada. Para os recém-chegados, os germanos, quase tudo é do domínio privado. O leitor não se surpreenderá por me ver falar mais da Gália do

Norte que da Gália meridional, ao sul do Loire. Esta última, que até o século IX permaneceu mais romana em espírito, não deixou documentação sobre a vida privada. Bem poucos autores aquitanos ou provençais nos descreveram o casamento ou os funerais de seus contemporâneos, a mesa ou o leito. Tudo que conseguiram foi assistir, impotentes, à lenta destruição das estruturas públicas galo-romanas que nos pintam desolados, à intrusão de novos gêneros de vida que os deixam horrorizados, podendo apenas — os melhores dentre eles — reagir de imediato por um esforço de cristianização dos povos pagãos provenientes do norte ou do leste. Em contrapartida, estes últimos nos deixam perceber, por suas leis e suas querelas com a Igreja, quanto valorizam os bens pessoais, o alimento, o corpo, as mulheres, os grupos familiares, as vinganças e os medos, a agressividade e as esperanças, as concepções do sagrado, enfim, o acesso aos segredos do indivíduo. Na realidade esse desequilíbrio do quadro constitui a história, desde o norte até o sul, de uma invasão da privacidade.

A VIDA PRIVADA NA CONQUISTA DO ESTADO E DA SOCIEDADE

Por mais que tentem imitar o Império Romano, no plano tanto das instituições políticas como das estruturas sociais, os novos governos que se instalam na Gália no século V — sejam visigodos, burgúndios ou francos — não o conseguem. Por toda parte, da corte ao último funcionário, passando pelos grupos profissionais e religiosos, da cidade ao campo, pessoas privadas e espaços privados aparecem em primeiro lugar. Até a riqueza se torna assunto privado, e o indivíduo procura privatizar tudo, a casa e a mesa.

O Império tardio havia glorificado o Estado e desenvolvido o direito para criar a paz e burlar a guerra. As tribos germânicas que fundaram monarquias sempre foram vistas pelos galo-romanos como um bando de bárbaros e escravos cujo único dever se resumia a submeter-se à nova Roma, Constantinopla. Também Gregório de Tours, o excelente observador da monarquia e da sociedade nova, em sua *História eclesiástica dos francos* faz questão de reservar o termo república para o Império Romano do Oriente. Os bárbaros não podem compreender a *res publica*, a coisa pública, noção que requer certa capacidade de abstração. Não existe Estado bárbaro, pois a barbárie — noção subjetiva que não engloba forçosamente todos os germanos, mas pode também abranger os celtas da Bretanha e galo-romanos depravados — convém a soldados que estremecem à menor injúria e só conhecem sentimentos violentos. São de uma grosseria brutal, embriagam-se com facilidade, empanturram-se até vomitar e principalmente fazem pilhagens e a sua volta só deixam terra desnuda. Se passamos a uma análise mais fria das estruturas "estatais" dos francos e de outros, devemos confessar que tal avaliação não deixa de ter fundamento.

A IMPOSSÍVEL DISTINÇÃO DO PÚBLICO E DO PRIVADO PELOS GERMANOS

Nessas tribos em que o poder, ao mesmo tempo de origem mágica, divina e guerreira, é exercido pelo rei, chefe de guerra eleito, e pelos guerreiros livres, o instável amálgama de um *heer-könig* condenado a vencer para manter sua autoridade e a de guerreiros fiéis se seu líder é o mais forte constitui o que se deve chamar de "Estado" de um tipo novo, espécie de comunidade de pessoas militares sem domicílio fixo nem duração garantida. O cimento dessa organização não é, como em Roma, a ideia de salvação pública e de bem comum, porém, antes, a reunião de interesses privados numa associação provisória automaticamente reconstruída pela vitória. Assim se explica o fato de os francos terem hesitado entre um chefe de tribo, Childerico, que condenaram ao exílio, e um general romano, Egídio. Após o assassinato deste, chamaram Childerico, o pai de Clóvis. Egídio foi enterrado num cemitério galo-romano no meio de civis e militares com um mobiliário que revela ao mesmo tempo seus atributos privados germânicos e seus cargos públicos romanos. Clóvis restaurou o Estado romano, mas ao preço do massacre de todos os seus parentes a fim de eliminar os chefes de grupos privados que pretendiam a herança.

Com a morte do rei, dono do butim e da terra conquistada, todos os seus bens são divididos em partes iguais entre os herdeiros, como uma propriedade privada. É o princípio maternal da divisão entre todos os filhos. Sabemos que sangrentas guerras civis resultaram de tal redução do Estado à condição de simples bem imóvel e como se chegou à fragmentação da Gália merovíngia em regiões autônomas — Borgonha, Aquitânia, Provença, Bretanha etc. Não nos esqueçamos, porém, de que os carolíngios — outra família nobre que se apossou à força do poder — também praticaram a divisão do reino, fosse entre Pepino e Carlomano I, seu irmão, em 741, fosse entre Carlos Magno e Carlomano II em 768. O próprio Carlos Magno havia previsto uma partilha do Império entre seus três filhos, em

806, e só o acaso (dois deles morreram antes do primogênito, Luís, o Piedoso) permitiu que o Império permanecesse unificado de 814 a 840. Mas a pressão dos usos germânicos foi tal que, apesar dos conselheiros eclesiásticos que tentavam recolocar o Estado no domínio público, intitulando-o *Respublica christiana*, o círculo nobiliário do imperador — sem falar na insistência da imperatriz Judite por seu querido Carlos, o Calvo — conseguiu obter, entre 817 e 840, pelo menos quatro projetos de divisão do Império. A partilha de Verdun, em 843, que ainda hoje confere ao mapa da Europa seu aspecto de marchetaria barroca, é, pois, o resultado lógico do princípio de patrimonialidade do reino. A Lotaríngia foi vítima dessa prática, pois com a morte de Lotário I o reino foi dividido entre seus três filhos, despedaçando assim o eixo europeu do qual hoje restam apenas destroços, Países Baixos, Bélgica, Lorena, Suíça e Itália. Forçoso é reconhecer que essa concepção concreta e carnal de um Estado como propriedade pessoal de um potentado caracteriza todos os detentores do poder durante a Alta Idade Média. Os Capetos poderiam tê-la perpetuado se não tivessem finalmente reconhecido que a volta à noção de Estado como bem público — noção que lhes propunham os clérigos impregnados de direito romano — convinha melhor a seus próprios interesses.

Seus predecessores merovíngios e carolíngios não conseguiam compreender o que hoje nos parece evidente, porque as leis germânicas inconscientemente confundiam domínio público e domínio privado. Vejamos como essas leis foram elaboradas. Ao longo de suas peregrinações, visigodos, burgúndios e francos, desprovidos de escrita, afora algumas runas para uso religioso, confiaram suas normas de direito à memória de alguns especialistas que os francos chamavam de *rachimbourgs*. Eles decoravam cada artigo e acrescentavam as últimas decisões tomadas, fazendo jurisprudência. Espécie de bibliotecas ambulantes, eram a lei encarnada, imprevisível e terrível, pois bastava o juiz pronunciar em alto alemão antigo, por exemplo, *friofalto uaua buscho* — "homem livre mutilado na relva" —, para que se proferisse a sentença: "Cem soldos de ouro de multa". O primado da oralidade na justiça tornava o ato judiciário eminentemente pessoal e subjetivo, pois, exceto os especialistas, ninguém conhecia a lei. Ademais, de acordo com sua origem, todos eram passíveis de comparecer perante a justiça, submetendo-se à lei dos francos sálios, ou à dos francos ditos ripuários — ou renanos —, à dos burgúndios ou ainda à dos visigodos, mais conhecida como "Código de Eurico". A personalidade das leis reforçava o enclausuramento da sociedade e despojava a justiça de toda característica de universalidade — ponto fundamental para a lei romana, aplicável a todos os cidadãos do Império. Por isso foram escritas muito rapidamente: o Código de Eurico em 461, a lei dos burgúndios em 502 e a Lei Sálica, numa primeira redação, em 511. Nem por isso se deixou de decorá-las e de aplicá-las durante toda a Alta Idade Média, até o século X e ainda depois. Elas perpetuaram assim uma concepção do direito radicalmente diversa daquela do direito romano. Com efeito, dos 105 artigos da lei dos burgúndios apenas seis constituem estipulações de direito público. Na Lei Sálica a proporção é de oito para 78. Outros parágrafos estranhamente misturam os direitos do rei e do fisco com os das pessoas. Em compensação, o Código Teodosiano, promulgado em 438, comporta em dezesseis livros algumas dezenas de leis; só a metade do livro VIII e o livro IX são consagrados ao direito privado. A proporção, portanto, é inversa. Essa tradição romana ainda continuou na Gália através de um resumo, o Breviário de Alarico, publicado em 506 e aplicado aos galo-romanos do sul do Loire e ao clero cristão, pois o livro XVI concerne à Igreja católica segundo um direito sempre público que não se pode ainda qualificar de canônico. Por conseguinte, a generalização do direito privado à custa do direito público é bem uma inovação germânica. Os juízes francos se preocupam tanto com o roubo de um cão quanto seus colegas romanos com a responsabilidade fiscal dos conselheiros municipais, os curiais.

A justiça franca, merovíngia e carolíngia, privilegia, pois, os assuntos privados. Visivelmente as querelas de limites, os processos de anulação de testamento, os protestos contra os maus comerciantes, as disputas entre herdeiros se acumulam diante dos juízes, inclusive no tribunal real. Entre as raras atas da autoridade pública merovíngia que sobreviveram não é raro encontrar um julgamento como o de Dagoberto (629--639) confirmando a partilha das sucessões de Chrodolenus e Chaimedes entre seus herdeiros Ursinus e Beppolenus ou ainda o de Clotário III (657-673) organizando e decidindo a sucessão de um tal Ermelius. Por certo se trata em geral de poderosas famílias nobres, mas o fato de problemas de propriedades familiares terem adquirido tamanha dimensão indica uma generalização dos interesses privados. O fenômeno é ainda mais claro com a onipresença dos casos de roubos de bens móveis. Para os germanos — que, excetuando-se os visigodos, não conhecem a propriedade da terra — determina a posse essencialmente a conservação meticulosa e severa de objetos preciosos ou indispensáveis: joias, ferramentas, produtos comestíveis ou animais domésticos. Assim, assume proporções dramáticas o roubo de um pote de mel cometido por um escravo na região de Angoulême no século VI. O homem teria sido imediatamente enforcado se um recluso, Cybard, não houvesse intervindo em seu favor e salvado sua vida. Mais tarde, Teodulfo, bispo de Orléans, homem de civilização romana, durante uma viagem de *missus dominicus* [enviado real] que efetuou a Narbonnaise por volta de 798 queixou-se amargamente de ver o roubo punido com a pena de morte e o homicídio com o pagamento de uma soma em dinheiro. Era uma consequência inevitável da preferência de uma sociedade guerreira pelos bens pessoais. Para gente nos limites da sobrevivência, ter importa mais que ser. Santo Ambrósio chamava essa atitude de avareza; Gregório de Tours, de rapacidade. Todavia, para essas águias de alto voo que eram os germanos errantes e triunfantes, a morte constituía a melhor maneira de marcar as fronteiras intransponíveis de seus bens privados.

Com mais forte razão, pensavam, essas moedas de ouro que entravam nas caixas do rei, graças ao complicado sistema das tributações romanas, deviam fazer parte de um tesouro pessoal ao qual se acrescentava o butim. Ora, cada guerreiro tem direito a sua parte de butim e ninguém esquecerá o célebre episódio do vaso de Soissons.* Além disso, todos esperam do rei recompensas por seus serviços, e os merovíngios, assim como os carolíngios, mostraram-se generosos em presentes, moedas de ouro, joias em esmalte *cloisonné*, peças de cristal lapidado, armas com punhos incrustados de pedrarias retiradas dos cofres reais ou dos carros que transportavam as pilhagens, como aquele dos ávaros que, em 796, precisou de quinze atrelagens de carro com dois pares de bois! Esse intercâmbio entre o rei e seus nobres guerreiros reforçava com uma generosidade ostentatória e obrigatória os vínculos entre o poder real e as forças militares. Daí aos impostos houve alguns passos difíceis. Por certo os reis merovíngios reconheciam que o imposto do sangue derramado a seu serviço pelos francos os dispensava daquele que os vencidos galo-romanos pagavam, mas se obstinaram, com a ajuda de funcionários meridionais, em manter a elevação da capitação e do imposto territorial de seus outros súditos. A realeza saiu derrotada desse combate na época carolíngia, e o fenômeno de privatização do imposto público direto teve tal sucesso que hoje os historiadores não concordam quando se trata de saber se tal ou tal quantia paga pelos camponeses sobre as grandes propriedades carolíngias é de origem pública ou privada. Inevitavelmente, "franco" acabou significando "livre", portanto isento de imposto. A servidão vinculou-se a quem o pagava e a soma devida foi rebaixada ao nível de qualquer serviço privado. Assim desapareceu o imposto, e isso marcou a França até o final da Guerra dos Cem Anos. O rei devia viver do seu próprio

* Após a batalha de Soissons, os francos roubaram de uma igreja um vaso que são Remi pedira ao rei Clóvis. Mas um soldado quebrou-o com sua francisca, dizendo ao rei: "Terás somente o que o destino te deu". Algum tempo depois, ao passar as tropas em revista, Clóvis repreendeu esse mesmo soldado por apresentar mal as armas e jogou no chão a francisca do guerreiro. Quando este se abaixou para apanhá-la, o rei partiu-lhe a cabeça, exclamando: "Assim fizeste com o vaso de Soissons!". (N. T.)

trabalho como um simples proprietário agrícola. A vida privada asfixiara o Estado privando-o de suas finanças.

O Exército resistiu melhor e por mais tempo. Entretanto, as origens da realeza germânica já haviam comportado uma inovação de peso: a guarda pessoal. Chamada *hirdh* entre os escandinavos, *truste* entre os merovíngios, compunha-se de jovens guerreiros iguais entre si e que prometiam fidelidade ao chefe na vida e na morte. Entre os celtas, geralmente eram irmãos de leite que se comprometiam a defender o pai nutridor. A comunidade alimentar, o fato de ser o comensal do chefe de guerra — ou ainda, como diz a Lei Sálica, de partilhar o pão com ele — faz do companheiro (*cum panis*, donde *companio*) uma criatura com a qual desabrocha um parentesco quase carnal. Tal parentesco se fortalece com o sangue derramado nos combates comuns e mais do que nunca une esses iguais, verdadeiros "gorilas" protetores do poder. Por isso os membros da *truste*, os *antrustiões*, têm um alto valor. Quem matar um deles deverá pagar uma multa de seiscentos soldos de ouro, a taxa mais elevada que existe em matéria de assassinato. Desde o século V essa sanção ganhou todo o Império Romano por causa dos contínuos atentados contra os grandes personagens. Entre os romanos e entre os visigodos, esses guerreiros eram chamados bucelários, ou comedores de biscoito, pois recebiam o melhor pão do Exército. Sua fidelidade era tal que continuava existindo depois da morte do patrono. Assim o imperador Valentiniano III, que em 454 assassinou pessoalmente o general Aécio, cujas ambições temia, foi degolado em 455 por um bucelário de Aécio, Accila, e por seu cunhado, Trasila. Os dois parentescos, comensal e adotivo, são comparáveis, por seu comportamento, a um parentesco de sangue. A guerra tornou-se um assunto privado pela desmesura da extensão do carnal em detrimento do poder estatal.

Essa "monarquia absoluta temperada pelo assassinato", como dizia Fustel de Coulanges, essa limitação de onipotência pelo assassinato individual acompanhou-se de uma extraordinária confusão entre domínio público e domínio privado no que faz as vezes de governo central entre os reis bárbaros. O célebre prefeito do palácio, que acabou provocando a queda dos reis merovíngios e esteve na origem da grandeza dos reis carolíngios, não passava, a princípio, de intendente-geral dos domínios reais herdados do fisco romano. O Império distinguia os bens de Estado, o fisco, a fortuna privada — ou seja, os bens da Coroa — e, por fim, os bens do imperador a título individual; a administração merovíngia misturou as três categorias. O prefeito do palácio tornou-se no fundo o maior proprietário do reino. Por isso foi suprimido pelos carolíngios. Mas, em sua tentativa de restauração do Estado, estes mantiveram a conduta antiga. O senescal — *sinis kalk*, em alto alemão antigo —, o mais velho dos criados, podia ser qualificado de alto funcionário? Certamente não, se o vemos aplicar-se em suas tarefas de abastecer a mesa real. Assim, o encarregado do vinho nos pareceria um humilde copeiro se não soubéssemos do papel considerável "politicamente" desempenhado pelo vinho na época, bebida obrigatória para quem sabe honrar seus hóspedes e comensais. Quanto aos títulos prestigiosos de condestável e marechal, lembremos que significavam então responsável pelas estrebarias e cavalariço (*comes stabuli*; *maris kalk*). Em suma, eram o chefe palafreneiro e o ferrador, espertos companheiros indispensáveis nas viagens. A domesticidade caracterizava ainda o camareiro ocupado em trocar as tapeçarias e as roupas de cama reais, sem esquecer a guarda das arcas que continham os títulos de propriedade e as joias do rei e sobretudo a gestão das receitas públicas.

Tal confusão mental entre o público e o privado, semelhante incapacidade para sair das realidades concretas estritamente pessoais explicam que os funcionários da monarquia merovíngia não pudessem, exceto os clérigos de cultura romana, elevar-se à noção de bem comum. Os grandes aristocratas enviavam os filhos à corte de Nêustria ou Austrásia para aprenderem as responsabilidades que mais tarde exerceriam nas cidades ou nos campos. Os jovens recebiam o nome de "nutridos" (*nutriti*), pois eram integralmente aceitos, alojados, até limpos, poderíamos dizer, e mantidos sob o mesmo teto por esse pai adotivo em que se transformava o rei. O aspecto afetivo que adquiria a relação devida a tal comunidade alimentar demonstrava-se através de gestos precisos que encadeavam comportamentos de submissão filial. Como se comia com as mãos à mesa do rei (e, aliás, em todas as outras), uma função muito apreciada era segurar a toalha para enxugar as mãos do rei sempre que ele as lavava. O *mapparius* (portador de toalha) era, pois, um homem muito mais importante do que faz supor sua modesta tarefa. Tendo experimentado o afeto e a fidelidade do menino nesse período em que não se pode esconder nada e que vai dos sete aos catorze anos, o monarca podia então nomear conde ou duque o jovem assim educado. Curiosa escola, em que o coração contava mais que a competência! Muitas vezes chamada *schola* — ou comunidade de jovens aprendizes funcionários —, ela continuou na época carolíngia. Ora, como o coração tem razões que a razão desconhece, esses antigos companheiros do rei ou do imperador por sua vez confundiram cargos públicos e bens privados. A revolta dos quadros carolíngios a partir de 840 e sua monopolização dos direitos do rei levaram a uma generalização desses poderes locais que chamamos de feudalismo. Como disse um observador em 888, "cada qual quis então se fazer rei a partir das próprias entranhas". Não se poderia definir melhor esse triunfo do privado sobre o público, nem esquecer que suas raízes não foram apenas a ambição, mas, sobretudo, a preponderância dos sentimentos de ódio ou de amor pelo rei-pai. Para Reginon, o poder real é literalmente secretado pelas entranhas paternas, sede da ternura. Ninguém pode ser seu próprio pai. Mas não está aí, ao mesmo tempo, a afirmação absoluta do eu?

Esse fenômeno de privatização geral revela-se em vários outros setores. Um exemplo perfeito está num monopólio real por excelência: a moeda. Desde 560-580, os primeiros moedeiros privados não hesitam em colocar o próprio nome nas moedas de ouro em lugar do nome do rei. A partir de 790 Carlos Magno recuperou todos os seus direitos e suprimiu qualquer cunhagem individual. Mas com Eudes, o primeiro rei não carolíngio, a espoliação reapareceu, e temos certeza de que, alguns anos antes de 918, um ex-funcionário, Guilherme, duque da Aquitânia, mandou cunhar um denário de prata em Brioude. Assim abriu caminho para as inumeráveis moedas feudais. Outra prerrogativa real que remonta aos romanos era a manutenção das estradas e a construção de fortificações. Os reis merovíngios, e Brunehaut em especial, regularmente conservaram as vias romanas, algumas das quais ainda hoje cruzam os campos franceses sob o nome de "caminho Brunehaut". Carlos Magno conseguiu fazer o mesmo. Mas o choque das invasões escandinavas foi tal que ninguém reparou de imediato as pontes destruídas e os caminhos inundados. A partir do século X aparecem novas vias, chamadas estradas, em redes locais devidas à iniciativa privada. Assim também, enquanto Carlos Magno construía fortes cidadelas de madeira e barro para consolidar suas conquistas, Carlos, o Calvo, se queixa, em 864, de que alguns edificam, por iniciativa própria, "sebes e praças de guerra", quer dizer, fortificações feitas de árvores e espinheiros hermeticamente entrelaçados ou casas cercadas de paliçadas. Com efeito, desde 950, as praças-fortes se multiplicam no reino. Como bem notou Georges Duby, o feudalismo é nada mais, nada menos que o "fracionamento da autoridade em múltiplas células autônomas. Em cada uma destas, um senhor detém a título privado o poder de comandar e punir; explora tal força como parte de seu patrimônio hereditário".

A MULTIPLICAÇÃO DOS PEQUENOS GRUPOS

Passemos agora do Estado à sociedade e acompanhemos esse processo de desenvolvimento do privado. Vimos que as leis romanas do Breviário de Alarico em vão proíbem aos proprietários a construção de casas junto às muralhas no interior das cidadelas para economizar a quarta parede às custas da parede pública e da livre circulação da guarnição. Da mesma forma constatamos a criação de espaços privados e vínculos privados horizontais provocando um curto-circuito nas estruturas hierárquicas ou criando as suas próprias. Já vimos a importância do termo *schola*. Antigamente designava a guarda imperial; doravante se aplica a uma série de guerreiros domésticos, a um corpo de ofício, ao grupo de clérigos que rodeiam o bispo, ao dormitório monástico e, enfim, a um coral, mas antes do século IX não significa escola. O grupo dos antrustiões tinha seu paralelo na sociedade, os vassalos. A etimologia do termo é particularmente elucidativa. Trata-se de uma palavra céltica, *gwas*, que em francês originou *gars* (rapaz) e, no feminino, *garce*. Designa um jovem escravo, como prova sua forma latinizada *vassus* na Lei Sálica. Situa-se no mesmo plano que outros escravos domésticos — ferreiro, ourives, porqueiro. Mas já um grande proprietário pode possuir vários deles, às vezes uma dúzia. Esses jovens (*juniores*) entregavam-se a um ancião (*senior*, donde "senhor") durante uma curiosa cerimônia — a recomendação —, estendendo as mãos juntas ao senhor, que as segurava entre as suas. Essa doação de si mesmo permitia entrar num espaço novo de proteção e serviços mútuos. Por esse contato das mãos o chefe guerreiro transmitia ao outro como que um fluido magnético de origem sagrada, o *hail*. Transformado em tabu, o vassalo estava doravante sob o poder carismático de origem pagã do senhor, o *mundeburdium*, o *mainbour*, verdadeira potência ao mesmo tempo possessiva e protetora. Ultrapassou-se aqui a noção de proteção paterna e serviço filial. Esse novo tipo de relação, de inferior a superior, tira sua força de uma fé pagã na existência do mundo que é uma espécie de duplo ambivalente de um indivíduo adulto e que o torna poderoso, fecundo, mas também destrutivo. O mundo dos menores, das mulheres, dos escravos e dos servos é ao mesmo tempo possuído pelo pai ou pelo chefe. Este último exerce então por seu *mainbour* uma verdadeira estruturação interna, uma animação de seus vassalos. Sob o fogo dessas relações afetivas e religiosas, as diferenças sociais literalmente se diluíam, e o *freund* se tornava *frei* — o amigo escravo era libertado. Nada de surpreendente, pois, que na época carolíngia os vassalos se tornassem livres e que esses grupos de guerreiros domésticos alimentados sob o mesmo teto contribuíssem fortemente para que os carolíngios tomassem o poder. Carlos Magno considerou esses laços de homem a homem tão fortes e sólidos que resolveu usá-los para reforçar seu Estado. Também introduziu a vassalagem na sociedade política de sua época generalizando a concessão dos lucros de uma terra a cada vassalo e multiplicando vassalos do rei, dos príncipes, dos condes etc., numa pirâmide que deveria culminar em sua pessoa. Ora, ocorreu justamente o contrário. Por ocasião das guerras civis entre os filhos de Luís, o Piedoso, os vassalos obedeceram ao senhor mais próximo, e não ao senhor distante demais — o imperador —, pois temiam muito mais a vingança do vizinho poderoso que a do prestigioso soberano. Como dizia muito bem Robert Folz, "Carlos Magno [e seus sucessores] foram traídos pelos homens".

Isso coloca um problema pessoal fundamental: o da mentira e do perjúrio. Numa sociedade dominada pela juventude, como veremos no próximo capítulo, o respeito pela palavra dada nem sequer aflora o pensamento de um indivíduo firmemente empenhado em gozar o momento presente. Dominar o tempo não passa de uma pretensão de velho fraco. O falso testemunho e o perjúrio eram, pois, tão usuais que a Lei Sálica — que dedica em média duas ou três linhas a cada artigo — reserva três parágrafos a tais questões; um deles, referente ao indivíduo que se recusa a respeitar a palavra dada, comporta 38 linhas! O problema devia ser importante, e Teodulfo, assistindo a um processo, ficou completamente aturdido com a ladainha de falsos juramentos prestados pelos acusados, pelos acusadores, os que juraram junto vindo ao socorro dos precedentes, sem esquecer as testemunhas. E o que dizer do Campo da Mentira, esse Lügenfeld, a cinquenta quilômetros de Colmar, onde, numa noite trágica, os fiéis de Luís, o Piedoso, um a um, abandonaram o imperador, sorrateiramente, deixando-o sozinho, para ganhar os campos de seus filhos? A relação de homem a homem nunca revelou tanta fragilidade como nesses momentos de amizade aviltada, sobretudo quando Luís incita a partir os poucos irredutíveis que não querem deixá-lo "a fim de que não percam a vida ou algum membro por sua causa". Assim, a mentira individual era eminentemente subversiva. A Igreja o percebeu tão bem que quase todos os penitenciais da Alta Idade Média colocam o perjúrio no topo dos grandes pecados. No penitencial de são Columbano, o mais difundido e que fez escola, o culpado de perjúrio por conveniência devia ser confinado num mosteiro pelo resto da vida, e quem o cometera por temor devia fazer sete anos de penitência, sendo os três primeiros a pão e água e — coisa horrível para a época — sem arma no exílio, sem contar a obrigação de dar numerosas esmolas e libertar escravos! Em suma, se primitivamente a vassalagem equivalia a um viveiro de amigos, um falanstério de jovens dedicados ao velho ou uma tropa de choque, constituía também um ninho de cobras e um perigoso bumerangue.

A coesão dos vassalos era, porém, menos forte que a de outros grupos. As antigas corporações romanas não desapareceram em sua totalidade, e é muito provável que, por exemplo, as dos talhadores de pedra ou dos vidreiros tenham se perpetuado guardando cuidadosamente seus segredos e técnicas de fabricação. Gregório de Tours relata o caso de um arquiteto que perdeu repentinamente a memória de sua arte. A Virgem apareceu-lhe em sonho e restituiu-lhe os conhecimentos. Esse traço é revelador da importância que, mesmo entre os meridionais, de civilização romana, assumem a aprendizagem e a conservação de uma cultura e de um ofício por transmissão oral de pessoa a pessoa. Mais bem conhecidas são essas comunidades marginais que o clero denuncia sob o nome de "conjurações" e outros chamam de "guildas". Homens de toda espécie — camponeses, artesãos e sobretudo negociantes — juravam um ao outro, de igual para igual, manter-se juntos, custasse o que custasse. Tais juramentos ocorriam em 26 de dezembro, dia da festa do deus pagão Jul, quando podiam aliar-se aos espíritos dos mortos e aos demônios que subiam à superfície. Os futuros confrades preparavam então gigantescos banquetes onde todos se empanturravam até vomitar e bebiam até alcançar o estado no qual, mediante a perturbação de todos os sentidos, podiam entrar em comunhão com as forças sobrenaturais. E então cada um jurava solenemente matar Fulano, apoiar Beltrano numa questão etc. Muitos clérigos protestaram contra essas conjurações perigosas para a ordem pública, porém principalmente — o que era ainda mais grave a seus olhos — satânicas e imorais. Em 858, Hincmar tentou em vão cristianizá-los. Os concílios os proibiram. Na realidade, essas verdadeiras organizações de autodefesa revelaram-se às vezes úteis para lutar contra os vikings, por exemplo, em 859, entre o Sena e o Loire. As conjurações de mercadores muitas vezes eram necessárias para enfrentar os piratas no mar ou impor seus preços num porto estrangeiro onde desembarcavam. Essas guildas — nome derivado das quantias em dinheiro (*geld*) que cada um depositava num fundo comum — provavelmente eram muito eficientes. Sabiam impor suas leis econômicas, o que explica a persistente hostilidade da Igreja com relação aos mercadores e aos burgueses até depois do século XI. Ainda aí essas curiosas associações uniam estreitamente legítima defesa e razão do mais forte, fraternidade prandial e igualitarismo nivelador.

As comunidades judaicas eram ainda mais fechadas. Provindas da dupla diáspora romana dos séculos I e II, consolidaram-se nas cidades galo-romanas na época merovíngia, depois se fortaleceram na época carolíngia em Septimanie (baixo Languedoc), Renânia e Champagne. Centradas na Torá — a Lei, que, com a Bíblia, se tornou sua verdadeira pátria —, essas comunidades de lares judaicos se administram por meio da assembleia dos chefes de família, a qual não reconhece nenhum chefe espiritual. Os rabinos não passam de meros professores e cada crente tem um lugar preciso na hierarquia social. A comunidade designa um deles para negociar em nome de todos os pagãos — os *goyim*, ou, na verdade, os cristãos — a fim de resolver problemas de coexistência, taxas a pagar etc., tanto que a vida interior e íntima dos grupos judeus escapa totalmente ao conhecimento dos galo-romanos e dos francos. A solidão hermética e a superioridade intelectual dos judeus, que acumulam em altas doses comentários abstratos da Escritura, fazem delirar os cristãos diante dessas células autônomas, dessas solidariedades anônimas e desses negociantes viajantes que estão aqui pertencendo a outras comunidades — espanhola, egípcia, italiana etc.

Em contrapartida, os cristãos aceitavam muito melhor as comunidades monásticas como espaços de paz e trampolins para a eternidade. Ali o mistério já não era o estranho, e sim o microcosmo ideal, a antissociedade derrisória e microscópica em relação ao mundo de lobos que a circundava. Certamente as primeiras regras monásticas praticadas na Gália, desde o século V, ainda levavam a marca do alegre anarquismo dos atletas de Deus que eram os camponeses egípcios analfabetos, campeões do jejum e das flagelações físicas. Logo, porém, com são Columbano — monge irlandês que fundiu as regras antigas com as de são Bento de Nursia, morto por volta de 560 —, esse lugar fechado, guardado por um porteiro, tornou-se em toda a Gália um oásis característico da paisagem mental e física do país. Como diz são Bento, "o mosteiro deve ser construído, se possível, de tal forma que todo o necessário — quer dizer, a água, o moinho, o jardim e os vários ofícios — funcione no interior do mosteiro, de modo que os monges não sejam obrigados a correr para todos os lados lá fora, pois isso não é nada bom para suas almas". No entanto, ao contrário das comunidades judaicas, os cenobitas não cortam relações com o exterior e não se enquistam no tecido social. Hóspedes, peregrinos e noviços são ali acolhidos. Seu mundo é o máximo possível fechado aos que procuram Deus, porém permanece entreaberto para os irmãos leigos. O conselho dos irmãos monges é sempre recebido pelo abade pai, que deve consultá-lo a respeito de numerosas decisões. A comunidade é ao mesmo tempo horizontal e vertical. Seu espaço privado constitui na verdade uma ponte entre dois mundos, o terrestre e o divino. Por isso, Luís, o Piedoso, encarrega seu conselheiro, Bento de Aniane, de generalizar a regra beneditina no Império após a decisão do Concílio de Aix de 817. Multiplicam-se então autênticos micro-organismos sociais, utopias fraternas vivas, das quais Adalhard, abade de Corbie, disse em 822 que não devem ultrapassar quatrocentas pessoas, servidores leigos inclusive, senão caem no anonimato e na deterioração das relações humanas. Com efeito, para Bento o abade (*abba*, "papai" em aramaico) deve ser um pai atento que vigia e guia seus filhos espirituais no caminho do conhecimento de Deus ensinando-lhes as virtudes do silêncio e da humildade. Ao mesmo tempo e paradoxalmente — mais adiante veremos por quê —, os mosteiros tornam-se uma espécie de fazendas-modelo, ateliês artísticos, além de escolas de espiritualidade. Bento insiste tanto no papel da comunidade estável que vive segundo a regra que acaba por julgar severamente os giróvagos, esses monges de tipo egípcio ou irlandês que vagam de cela em cela sem controle, e exige que os eremitas só recebam autorização para viver na solidão depois de uma longa estada num mosteiro.

FRAGILIDADE DO HOMEM SÓ

Bento marchava, assim, claramente contra a corrente, pois uma das novidades mais surpreendentes das sociedades germano-latinas foi o desenvolvimento, em vagas sucessivas, do eremitismo. É surpreendente verificar o quanto esse movimento se desenvolveu num mundo de extraordinária violência, onde, como acabamos de ver, a pequena comunidade fraternal é indispensável para proteger o indivíduo. Ora, em certos casos este último não hesita em se enfurnar nas florestas solitárias da Gália, que deviam então cobrir mais de dois terços do país, e tornar-se um autêntico selvagem, um homem das florestas (*silvaticus*, "selvagem", deriva de *silva*, "floresta"). Essa busca de isolamento nada tem da misantropia feroz do homem superior que despreza a podridão moral de seus contemporâneos. Ela é, primeiro, perigosa, pois o eremita se equipara ao fora-da-lei, ao fora-da-lei abandonado por sua tribo que qualquer um pode eliminar como um cão raivoso. De fato foram numerosos os anacoretas assassinados. Esse abandono do mundo constitui realmente, como o demonstrou Jean Heuclim, um distanciamento, uma procura da relação pessoal com Deus, o qual então envia seu devoto, cheio de amor, à conquista do mundo. Pouco a pouco o deserto se povoa ao redor do eremita: florescem mosteiros e logo cidades. Só na Gália do Norte, do século V ao XI, mais de 350 eremitas assim transformaram, espiritual e materialmente, seu ambiente social, ecológico e sobretudo humano. Ocorreram três grandes ondas de eremitismo, a primeira no século V, a segunda nos séculos VI e VII, sob o impulso de aquitanos e irlandeses de alta cultura. Depois o movimento entrou em crise e deteve-se sob o golpe da legislação carolíngia, que, desejosa de construir uma sociedade de ordem, generalizou a desconfiança de Bento de Nursia com relação aos giróvagos. A normalização estendeu-se até os reclusos e reclusas que se encerravam em celas estreitas ou, como Hiltrude em Liessies, num oratório contíguo à igreja com a qual se comunicava através de uma pequena janela. A regra de Grimlaïc, da primeira metade do século IX, fixou completamente a prática, autorizando-a apenas para algumas pessoas a fim de afastar os loucos e os desequilibrados. Assim, o movimento eremítico só pôde reaparecer, numa terceira onda, depois de 850. Cabe destacar ainda que havia ocorrido uma importante modificação. Enquanto no século VII eram muito numerosas as pessoas do povo e as mulheres entre esses mendigos de Deus, no final da época carolíngia os nobres e os homens constituem a maioria. A solidão profética, marginal e, no limite, subversiva tornava-se difícil diante de uma Igreja cujas estruturas cresciam. Para fazer-lhes frente impunha-se o alto personagem. Contudo, a simpatia popular foi contínua com relação a esses homens extraordinários que simbolizavam o contrário da sociedade a sua volta. Pregadores, esclarecedores, cultivadores, eram sóbrios a ponto de se contentarem com ervas, raízes, nacos de pão seco e água parada. Sempre rezando em silêncio, curavam ao mesmo tempo a alma e o corpo e afugentavam os demônios, os velhos deuses pagãos. Enfim, nada possuíam em sua cabana de galhos. Sozinho, o eremita era uma antissociedade, outro modelo recusando a procura inquieta do ter para encontrar a alegria do ser.

Mas era preciso uma coragem pouco comum e individualidades excepcionais para enfrentar as dificuldades de tal itinerário espiritual e os riscos de uma solidão feita de abandono. Melhor era abrigar a própria fragilidade nos espaços fechados que a Igreja procurava oferecer aos "pobres", ou seja, àqueles que não contavam com protetores bem situados, para escapar ou às consequências de um crime ou a uma falsa acusação. Os miseráveis podiam encontrar refúgio junto a cada igreja, catedral ou paróquia rural, inscrevendo-se numa lista, a matrícula, que lhes assegurava casa e comida junto a uma dúzia (quantidade simbólica) de outros companheiros de infortúnio. O escravo fugitivo, o assassino empedernido, a mulher abandonada podiam se refugiar no território de asilo que constituía o "adro" dos santuários, quer dizer, uma tríplice galeria com colunas junto à fachada ocidental das igrejas. Esses perímetros eram sagrados, portanto invioláveis, porque eram terras do santo patrono. Autênticas zonas francas, acolhiam sem distinção famílias inteiras, lamentáveis farrapos humanos e crápulas declarados num verdadeiro pandemônio de vagabundos. De tanto permanecerem ali, alguns se entregavam à bebida e ao adultério, enquanto seus inimigos, furiosos por ver a presa escapar, aguardavam com impaciência o momento em que a vítima, distraída, pusesse o pé para fora do recinto sagrado para então eliminá-la de imediato. Gregório de Tours observa particularmente como em sua cidade, dentro e diante da basílica Saint-Martin, o duque Claude organizou uma autêntica emboscada contra um certo Eberulf — emboscada que degenerou num gigantesco entrevero entre escravos dos dois homens, vassalos e administradores da igreja, banhando o solo de sangue. Apesar dessas arestas e talvez por causa delas, o direito de asilo foi uma constante na sociedade da Alta Idade Média, um raio de esperança para os fracos e um lugar de repouso para os cínicos.

A mesma concepção de espaço protegido que abrigava os desarmados do furor de seus perseguidores armados inspirou o privilégio de imunidade. A pedido de um bispo ou de um abade, o rei concedia às terras que sua igreja possuía a faculdade de serem dispensadas de qualquer visita, inspeção, tributo etc. que o funcionário real pudesse legalmente realizar. Com as terras assim imunizadas contra o tiranete local, o bispo ou abade — que não podiam sacar da espada — estavam ao abrigo de toda exação e podiam utilizar seus ganhos nas múltiplas despesas de construção e assistência que lhes cabiam. Finalmente, nas civilizações merovíngia e carolíngia, a ideia e a realidade da clausura me parecem fundamentais no processo da conquista de seu pequeno território pessoal, de sua esfera de influência e de sua bula protetora. Quando se instalaram no Boulonnais, os saxões criaram aldeias de cabanas cercadas de uma sebe de espinheiros chamada *zaun*. A palavra deixou vestígios em topônimos atuais como Landrethun e Baincthun. *Zaun* originou *thun* e o inglês *town*, "cidade". Para os germanos, esta última constitui um cinturão isolante, uma ilhota de vida privada. Por isso não é raro ver a lei dos burgúndios ou a Lei Sálica falar de fileiras de árvores, marcos e sebes protegendo os campos. As vinhas em especial devem ser guardadas, e todo animal estranho que pisar e comer sarmentos e uvas será eliminado de imediato. Com procedimentos de extraordinária argúcia os *rachimbourgs* francos punem com multas diversas que vão de três a 45 soldos quem roubar feixes de colheita, cortar uma macieira ou uma pereira, carregar o feno alheio ou sobretudo quebrar a cerca. Para quem derrubar trechos de cerca, os carregar para seu próprio uso ou os esconder, a multa varia de quinze a 62,5 soldos. Somas enormes, já que um escravo ou um cavalo valiam então doze soldos! Os francos deviam valorizar muito suas propriedades privadas para protegê-las com tamanha energia! As leis dos bretões revelam a mesma tendência, e isso nos remete às origens célticas e germânicas das matas da Thiérache e do atual oeste francês.

Todavia, o espaço fechado mais querido era evidentemente

o jardim. Os francos possuíam jardins reservados à cultura exclusiva de nabo, grão-de-bico, fava e lentilha. Em geral, porém, cultivava-se de tudo. Fortunato, bispo de Poitiers, assim descreve num poema o jardim de um amigo:

> Aqui a primavera de tez púrpura faz crescer as relvas verdes e o ar é perfumado com a fragrância das rosas do paraíso. Lá, jovens sarmentos oferecem uma sombra protetora contra o calor do verão e servem de abrigo aos cepos carregados de uvas. Todo esse cercado é salpicado de mil flores diversas. Há frutas de cor branca, outras de cor vermelha. O verão é aí mais doce que alhures e a brisa de discretos murmúrios não para de agitar as maçãs penduradas nos galhos. Childeberto enxertou-as com amor.

Lugar de repouso íntimo e de trabalho pessoal, o jardim constitui, pois, um pequeno mundo onde cada um desfruta dos prazeres da vida e se apressa em degustar de antemão os legumes e as frutas de seu trabalho, muito mais deliciosos, como todos sabem, do que aqueles produzidos por outras mãos. O laço íntimo que o jardineiro tece entre a terra revirada e os alimentos que lhe reforçarão a saúde é de natureza ao mesmo tempo física — pelo suor vertido — e sensível, pela atenção dedicada ao crescimento das plantas. Jardins monásticos e jardins camponeses, tanto o do mosteiro de Saint-Gall como o que existia em toda grande propriedade carolíngia, todos precisam de numerosos preparativos, trabalho de enxada, semeaduras, transplantes, eliminação de ervas daninhas e conserto de cercas! Ao lado, com muita frequência, situa-se o pomar, onde às vezes se planta apenas um exemplar de cada espécie de árvore frutífera. Entre os monges recomenda-se reservar alguns canteiros para ervas medicinais: a aurônia que cura gota, o funcho que detém a constipação, a tosse e as moléstias da vista, o cerefólio para estancar as hemorragias e o absinto para conter as febres. Em suma, as delícias da sobremesa e os remédios para trazer a alegria de viver saíam desses jardins tão carinhosamente cultivados.

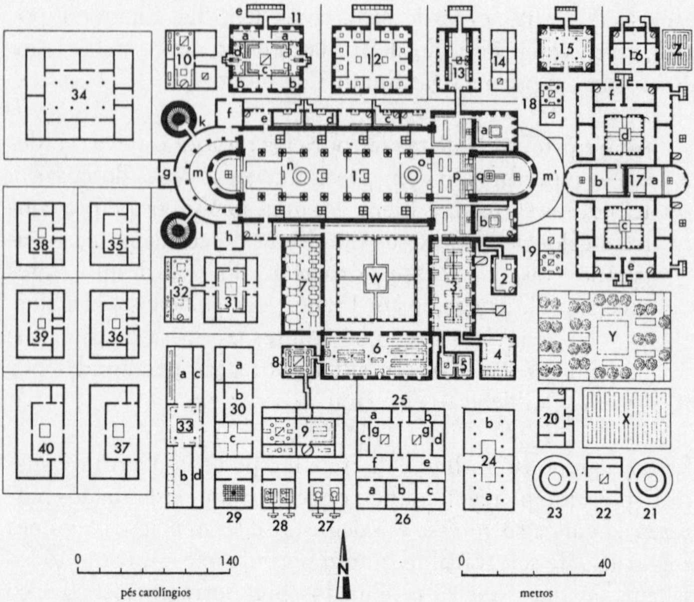

Figura 25. Planta do mosteiro de Saint-Gall. Desenhada por Heito para o abade de Saint-Gall, essa planta foi efetivamente realizada, conforme provaram as escavações arqueológicas. Em 11 se encontra a estalagem para hóspedes de posição e em 31 a estalagem para os peregrinos e os pobres, cada qual com suas dependências. (Exposição Carlos Magno, Aix-la-Chapelle, 1965, pp. 400-1.)

Eles eram, ademais, reservados muitas vezes ao hóspede de passagem. As fadigas e os perigos que ameaçavam o viajante, os bandidos e os pântanos que levavam o abade Loup de Ferrières a aconselhar um amigo a se fazer acompanhar de alguns homens fortes para se proteger das violências e das rapinas eram logo esquecidos no caloroso convívio da hospedaria monástica ou da casa do nobre franco. A hospitalidade é obrigatória. “Quem recusar um teto ou um lar ao hóspede que chega pagará três soldos de multa”, especifica a lei dos burgúndios. No inverno não se pode recusar-lhes o feno ou a cevada de que suas montarias precisam. Aliás, todo homem livre convocado ao Exército, que se dirige ao ponto geral de mobilização, deve pelo menos receber a água e a erva que lhe são necessárias, conforme especifica a Capitular Aquitana de 768. Carlos Magno insistiu em 789 na necessidade de organizar hospedarias "para os viajantes, lugares para acolher os pobres nos mosteiros e nas comunidades de clérigos, pois no ajuste de contas do grande dia o Senhor dirá: 'Eu era um hóspede e vós me acolhestes'". Trata-se de uma alusão ao Evangelho e à regra de são Bento. A hospitalidade, portanto, constitui um dever sagrado de essência religiosa, pagã e cristã. Com efeito, em Saint-Gall, a planta do mosteiro mostra, à direita da entrada, a casa dos peregrinos e dos pobres, uma peça quadrada com bancos, dois dormitórios, dependência com amassadouros, forno e cervejaria, enquanto à esquerda ergue-se a casa dos hóspedes, com dois aposentos aquecidos, quartos para os criados e estrebarias para as montarias. Tudo isso implica uma pesada carga financeira, quer se trate dos hospitais *stricto sensu*, chamados *xenodochia*, quer dos asilos para os monges peregrinos, sobretudo os irlandeses — os *hospicia Scottorum* —, que atravessam a Gália em direção a Roma e ao Oriente. As previsões eram difíceis. Em Corbie, contava-se (modo de dizer) com doze pobres por noite e a cada um se reservava um pão e meio para a refeição e a viagem, além de prever mais 27 pães para o caso de chegadas inesperadas. Em 829, Saint-Germain-des-Prés recebia 140 hóspedes diariamente! Na verdade cada bispo e cada abade acabaram criando uma estalagem para os pobres e outra para os ricos, condes-bispos e outros dignitários em viagens de negócios. Mas nem sempre havia essa acolhida ao estranho sozinho. De fato, são Bonifácio conta que por volta de 730 seus compatriotas anglo-saxões que partiram em peregrinação a Roma tiveram de se prostituir em cada cidade da estrada para chegar a seu destino. Diante dessa recusa da esmola que provocava um modo peculiar de mortificar o corpo, a Igreja viu-se obrigada a proibir a peregrinação de mulheres. A Lei Sálica punia com muita severidade (trezentos soldos) o assassino do conviva do rei, quer dizer, seu amigo íntimo, pois haviam partilhado o mesmo pão, e fazia pagar pelo homicídio de um hóspede todos que participaram da refeição com ele. Assim, em determinados casos, essa comunidade alimentar não chegava a "engolir", o estranho, sempre mais ou menos sinônimo de inimigo, e é fundamental para o futuro que a regra de são Bento estabeleça que "o abade e toda a comunidade lavarão os pés de todos os hóspedes". Estava aí o germe de uma extraordinária modificação de mentalidade.

CALOR DA CASA E DAS REFEIÇÕES

Com a hospitalidade chegamos agora ao limiar da casa, verdadeiro santuário da vida privada. As belas *villae* galo-romanas com piso de mármore e mosaicos de cubos pretos e brancos perpetuam-se nas regiões situadas ao sul do Loire. As descrições que delas fazem Sidônio Apolinário no século V e Fortunato no final do século VI provam que Aydat, em Auvergne, Bourg, Besson, Beaurech e Pregnac, em Bordelais, nada perderam da arte romana de viver, com o conforto da cidade no campo, que caracterizava a época de Plínio, o Jovem. Mas as escavações arqueológicas como as de Séviac, na Gasconha, revelam que em épocas diferentes, conforme as regiões, ocorrem abandono ou transformação. Erguem-se construções de pedra mais rústicas e os projetos das moradias senhoriais ou reais das grandes propriedades carolíngias são muito mais simples. O caso mais famoso é o de Annapes, que no começo do século IX comportava

> uma moradia muito bem construída, de pedra, com três peças: toda a casa, rodeada no primeiro andar de galerias de madeira, abriga onze pequenos quartos aquecidos; embaixo, uma adega; dois pórticos, dezessete outras casas de madeira aquecidas no interior do pátio com o mesmo nú-

mero de peças e dependências em bom estado, uma estrebaria, uma cozinha, uma padaria, dois depósitos de espigas de trigo, três celeiros. O pátio, fortemente protegido por uma sebe com portal de pedra e, por cima, uma galeria de madeira que serve de despensa. Um pequeno pátio, também cercado por uma sebe, com belo arranjo e árvores de essências diversas.

O leitor terá notado a importância dos recintos fechados e o surgimento de construções de madeira dentro e ao lado das construções de pedra. A maioria das casas devia ser de madeira, com as paredes complementadas por barro e telhado de palha. Italiano acostumado com pedra, Fortunato admira o que chama de "palácio de tábuas", no qual a mão que as uniu o fez de modo tão sólido "que não se percebem as fendas". Essa obra de carpintaria devia realmente ainda ser um luxo, pois as escavações permitiram reconstituir as verdadeiras cabanas habitadas pelos camponeses, "miseráveis habitações [...] cobertas de folhagem", como dizia Gregório de Tours. De fato, suas dimensões, como em Brebières ou em Proville, no norte, vão de dois a seis metros de comprimento por dois de largura. Os alicerces escavados são na verdade porões. As duas, quatro, seis ou oito vigas seguravam um telhado de palha que chegava até o chão. As cabanas menores ocupavam, pois, para um porão de 2,50 metros quadrados, cinco metros quadrados no chão. Não se encontrou vestígio de fogão nesses habitats, que deviam ser temporários ou reservados ao trabalho de tecelagem ou ainda servir de abrigo para ferramentas. Ao lado, numerosas fossas com detritos e silos para grãos em forma de garrafa espalhavam-se pelo chão. Só alguns sinais de fogão foram descobertos no exterior das cabanas. Ao lado dessas habitações bastante primitivas, em Dounai, o arqueólogo Pierre Demolon descobriu duas verdadeiras casas retangulares de madeira, uma merovíngia sobre uma carolíngia, com dezesseis metros de comprimento por quatro de largura. Esta última comportava grossos pilares de canto, feitos de carvalho, cravados no chão e com intervalos na base, prova de que a construção formava uma estrutura muito rígida. A análise dos restos de madeira e de excrementos prova que caminhos permitiam ir de um edifício a outro e cercas de aveleiras fechavam o conjunto. No prédio maior deviam viver juntos homens e animais. Bruscamente deparamos então com a intimidade desses homens e mulheres, escondendo seus grãos e vinhos em silos e celeiros, partilhando o calor animal, caminhando sobre o esterco e escorregando na lama. Construções similares, feitas de pedra, existiam no sul, como em Larina, na Borgonha, no século V, porém o telhado era de pedras planas, e não de palha.

É de se acreditar que os bens abrigados nos porões e nos celeiros atraíam os ladrões, pois a Lei Sálica prevê multa de quinze soldos para quem assaltar uma *screona*, ou seja, uma dessas tecelagens subterrâneas, se não estiver trancada a chave, e de 45 soldos se estiver. No entanto os utensílios eram bem pobres: alguns potes redondos de cerâmica vermelha, cinzenta ou preta, caldeirões suspensos pelas alças sobre o fogo, buris de osso e facas. Só a cerâmica decorada paleocristã fabricada no sul apresentava pratos enfeitados. Mais tarde as cerâmicas carolíngias ditas de Pingsdorf e de Badorf acrescentaram uma espécie de cabaça. Ainda que os ricos tivessem taças de vidro e pratos de prata e bronze, tudo isso era pouco diversificado. A única grande novidade refere-se à modificação operada na natureza dos utensílios de mesa: os pratos superam as taças e outras peças que se podiam segurar com uma só mão. A taça e o vaso troncônico se generalizam, sendo encontrados na cerâmica paleocristã a partir do século V. Isso prova que o costume gaulês de comer sentado ao redor de uma mesa predomina, mesmo no sul, sobre a maneira romana de banquetear-se deitado e apoiado no cotovelo. Assim era também entre os germanos havia muito tempo. Isso permitia usar colher e faca e sobretudo comer com as duas mãos, muitas vezes com os dedos — o que exige, como vimos, lavar as mãos com frequência, prática ao mesmo tempo pagã e higiênica.

As refeições — sendo a da noite sempre mais importante

que a do meio-dia — constituem verdadeiros rituais religiosos. Partilhar uma refeição com outrem torna a pessoa intocável. Participar dos banquetes une a comunidade e coloca-a em comunicação com os deuses, pois eles são regeneração e fonte de vida. A voracidade dos gauleses já era célebre na época do aquitano Sulpício Severo, no século IV. Com os germanos ela só faz aumentar. Os francos inventaram a sopa, cozido de carne com pão molhado servido no início da refeição. Para bajular Gregório de Tours, que o chamara de Nero e Herodes de nossa época, Chilperico ofereceu-lhe uma sopa mais refinada que a cotidiana, enriquecida de carne de aves e grão-de-bico. Gregório evitou tomá-la... Seria aprovar sua política! Entre os galo-romanos, o equivalente é o purê de legumes secos, o *pulmentum*. Em seguida vêm carnes com molho e grelhadas: de vaca, carneiro, porco e caça. O conjunto é acompanhado de couve, nabo e rabanete e temperado com alho, cebola, especiarias, pimenta, cominho, cravo, canela, nardo, pimentão amarelo, noz-moscada — tidos como ingredientes que facilitam a digestão. Os diferentes pratos muitas vezes são regados de *garum*, condimento salgado resultante da maceração de intestinos de escombro e esturjão em sal com ostras. Fortunato nos descreve refeições pantagruélicas das quais sai com a "barriga inchada como um balão". Gregório de Tours não para de se enfurecer ao falar de dois bispos, Salonius e Sagittaire, que passavam a noite a se banquetear e a beber, levantavam-se da mesa com o sol, dormiam e depois, à noite, "chafurdavam à mesa para cear até o raiar do dia". Em comparação, é fácil compreender que o jejum não constituía uma necessidade higiênica, mas um contravalor religioso destinado a denunciar o culto do estômago. O rico bretão Winnoch limitava-se a comer ervas cruas. Um monge de Bordeaux "não se alimentava nem mesmo de pão e bebia apenas a cada três dias uma taça de tisana". Pois alguns bebiam ainda mais do que comiam. No final de um banquete, em Tournai, "tirada a mesa, todos ficaram nos bancos onde se haviam instalado; beberam tanto vinho e se empanturraram de tal modo que os escravos [e os convivas] ficavam bêbados em todos os cantos da casa, segundo o lugar onde cada um tinha caído". Para mentes habituadas a considerar a embriaguez um dom dos deuses e um verdadeiro êxtase, a sobriedade não constituía uma qualidade. Ademais, o vinho era então — não nos esqueçamos — o único tônico à disposição de todos.

Seria ingenuidade pensar que comilança e bebedeira constituíam privilégios dos ricos. Acabamos de ver que os escravos participavam. Não, trata-se de um comportamento comum não só à toda a sociedade merovíngia mas também àquela da época carolíngia. São Columbano — que recomendava a seus monges comer "raízes [nabos, rabanetes etc.], legumes secos, farinha cozida com um pequeno biscoito, para que o estômago não pesasse e o espírito não se asfixiasse" — teria se surpreendido muito ao ver o enorme consumo praticado às mesas monásticas. Na onda devida à euforia da prosperidade carolíngia, as rações previstas aumentaram consideravelmente. Em média cada monge consome por dia 1,7 quilo de pão (mas cada monja, 1,4 quilo), 1,5 litro de vinho ou cerveja, de setenta a cem gramas de queijo e um purê de lentilhas ou grão-de-bico de 230 gramas (133 para as monjas). Quanto aos leigos, façam parte da criadagem do mosteiro ou sejam totalmente externos a ele, se se contentam com 1,5 quilo de pão, empanturram-se com 1,5 litro de vinho ou cerveja, mais de cem gramas de carne e mais de duzentos gramas de purê de legumes secos e cem gramas de queijo para terminar. Essas rações alimentares giram todas em torno de 6 mil calorias — o dobro do que hoje consideramos necessário a um homem de atividade média e um terço a mais do que um trabalhador braçal precisa. Esse ideal alimentar baseia-se na convicção de que só os pratos pesados e gordos, as sopas e principalmente o pão alimentam. De fato, tudo que acompanha o pão é secundário: "ervas", raízes, frutas e até carnes e purês. Aliás, quando não há pratos, cada qual devora seus acepipes em fatias de pão. Uma expressão caracteriza bem essa veneração pelo pão: o *companaticum*, o que acompanha o pão — e que mais tarde, em francês antigo, passou a ser o *companage*. O segundo elemento indispensável para ajudar a engolir esses pratos indigestos evidentemente é o vinho, um vinho provavelmente muito leve; havendo apenas cerveja, dobrava-se a quantidade de bebida. Enfim, diante da extraordinária monotonia dessas refeições, os condimentos, as especiarias e o *garum* eram indispensáveis para estimular o apetite e despertar as papilas entorpecidas.

Repito, tratava-se de um regime normal, e os camponeses, trabalhadores braçais, também o praticavam. Pois, quando havia festa, todos se excediam. As rações de festa para os monges, os cônegos e os leigos eram ainda superiores: um terço a mais. O calendário cristão incluía no mínimo uns sessenta dias de festas. Acrescentavam-se a eles alguns aniversários de santos particularmente venerados e, nos grandes mosteiros, refeições comemorativas em homenagem a membros da família carolíngia. Nesses grandes banquetes festivos os monges consomem a mesma quantidade de pão que nos dias comuns, porém a ração de vinho e os purês de legumes secos se duplicam, enquanto cada um recebe seis ovos e duas aves. Em determinadas festas, os cônegos do Mans recebiam um quilo de carne e "poções" — vinho aromatizado com funcho, menta ou sálvia — de cerca de meio litro. Durante a Quaresma, carne e aves eram substituídas por linguado, hadoque, enguias ou congro. No total, as rações chegavam a 9 mil calorias.

Nessas condições como e por que se ingeriam tais refeições? Excessivas em glicídios e proteínas, insuficientes em vitaminas, demandavam longas digestões acompanhadas de sestas, arrotos e flatulências expressas da maneira mais sonora possível, pois constituíam prova de boa saúde e de deferência ao anfitrião. O conviva só ficava contente depois de encher a barriga. Esses hábitos alimentares nada tinham de um grande banquete luxuoso e refinado, mas tinham tudo de um "grande empanzinamento" para lutar contra a sensação de fome sempre presente por causa da alimentação desbalanceada. Tais hábitos criavam tipos físicos gordos e barrigudos e atormentavam as pobres monjas velhas, que não conseguiam digerir e por caridade recebiam alguns leitõezinhos. Mas tal estado de coisas acabava por manter um contínuo sentimento de insatisfação. Carlos Magno tinha aversão aos médicos, que, por causa de sua compleição demasiado sanguínea, lhe proibiram as carnes assadas. Os receios dos gordos chegavam assim ao martírio do obeso.

A causa inevitável dessas comilanças pantagruélicas era um pressuposto religioso pagão reforçado pelo cristianismo. A prática germânica das refeições comemorativas dinásticas tem sua origem nas refeições sacrificais pagãs e nas conjurações e guildas que vimos anteriormente. Ademais, comer muito garantia a força genética e geradora. Destinadas a assegurar a salvação física e espiritual da família carolíngia, essas fabulosas comezainas, acompanhadas de orações obrigatórias, consolidavam a estabilidade dos reis e perenizavam a sucessão. Pois as orações eram proferidas também para que a rainha ou imperatriz se tornasse mãe. Por uma curiosa e pia alquimia gástrica, à pança estufada do monge correspondia o ventre cheio da rainha. A mentalidade da época é incapaz de separar ou mesmo de distinguir a mente do corpo, a fé da inteligência, o coração da razão. A esses banquetes dedicava-se um quarto ou dois quintos do tempo litúrgico. Através de tais orgias gastronômicas a piedade litúrgica da época queria mostrar concretamente que a alegria de viver material e o júbilo espiritual são uma coisa só. Por meio das preces e dos banquetes obtém-se a salvação do Império e do imperador, a saúde da esposa e da prole, a vitória do Exército e a abundância das colheitas: introduzindo-se nas entranhas dos fiéis, a piedade resulta numa verdadeira encarnação, ou melhor, numa verdadeira carnificação da fé em Deus e naqueles aos quais Ele deu o poder. Curioso amálgama que voltaremos a encontrar.

Esse verdadeiro culto do excesso alimentar próprio de homens e mulheres que só sabem experimentar sensações fortes desaparece ao longo do século X nas refeições diárias, porém os banquetes que duravam dois ou três dias continuaram existindo. De qualquer modo, os concílios do século XI severamente proibiram aos clérigos e aos monges o ideal alimentar carolíngio, que no entanto continuou sendo normal para as mães de família e seus maridos. Encontra-se no campo da avareza essa constância na avidez, que nem os médicos, que prodigalizavam conselhos de balanceamento alimentar no *De observatione ciborum* de Anthimus e nos calendários dietéticos, nem os guias espirituais e os legisladores religiosos que combatiam a obsessão pelo vinho conseguiram frear.

SEDE DE OURO

A sensação de poder associada à posse de ouro e prata dá asas aos que conseguem acumulá-los. Esse mal é denunciado por Gregório de Tours, que repete à exaustão os versos de Virgílio: "Mas a que não levas os corações dos homens, sagrada fome do ouro?". Deixemos de lado as fortunas principescas e examinemos as de certos grandes leigos. Mummolus, general merovíngio, ao morrer deixou 250 talentos de prata e mais de trinta de ouro sob forma de moedas ou de bacias e pratos de prata, um dos quais pesava 170 libras. Isso representava um total de 6250 quilos de prata e 750 quilos de ouro. Só a bacia de prata pesava quase 56 quilos! Um grande proprietário franco que recebera o filho de um senador meridional como refém e o reduzira a escravo exigia como resgate 3270 quilos de ouro — o preço de uns trinta escravos! Andarchius, um escravo culto, encarregado de dirigir os negócios de seu amo, era capaz de convencer uma nobre dama, cuja filha queria esposar, de que podia dispor de 16 mil soldos de ouro, ou seja, 68 quilos! A rapacidade não poupava ninguém. Gregório de Tours relata o caso de um camponês ao qual um santo apareceu em visão e ordenou que limpasse seu oratório. Como o camponês não obedeceu, o santo reapareceu, reforçando a ordem com algumas bastonadas. Esforço inútil! Na terceira vez, o santo preferiu deixar perto do leito do agricultor, bem evidente, um soldo de ouro. E — milagre! — este compreendeu imediatamente o que devia fazer. Assim se explica o grande movimento de entesouramento que caracteriza o final da época merovíngia e a acumulação de gigantescos tesouros pessoais ou eclesiásticos. Em 621, por exemplo, o bispo Didier d'Auxerre, originário da Aquitânia, legou a sua igreja cerca de 140 quilos de peças de ourivesaria litúrgica. A avidez por joias era tamanha que Fredegunda, que detestava sua filha Rigonthe, armou-lhe a seguinte armadilha:

> Tendo penetrado na sala do tesouro, abriu um cofre cheio de joias e ornamentos preciosos. Ao tirar lentamente diversos objetos e apresentá-los à filha, que se mantinha junto dela, falou: "Estou muito cansada; enfia a mão e lança fora o que encontrares". Ora, enquanto a filha, tendo introduzido o braço no cofre, retirava os objetos, a mãe agarrou a tampa do cofre e soltou-a sobre a nuca da moça. Como pressionasse com violência, a tábua inferior feriu o rosto da filha a ponto de quase vazar-lhe os olhos.

Rigonthe foi salva por suas escravas; contudo, ao casar-se com o rei da Espanha, obtivera cinquenta carroças cheias de ouro, prata e vestes preciosas! Na época carolíngia, os tesouros dos grandes leigos são menos importantes, porém sempre impressionantes, como prova a leitura de seus testamentos. Em 865, Evrard, fundador de Cysoing, possuía nove espadas de ponta e punho ornados de ouro, seis boldriés de ouro incrustados de pedras preciosas e com destaques de marfim, vasos de mármore ou de chifre revestidos de ouro e prata etc. Tocamos aí em outra tradição dessa civilização: a suntuosidade como qualidade de ser, que determina a posição social.

Também devemos reconhecer que a ourivesaria merovíngia e carolíngia foi provavelmente a mais bela de toda a história dessa arte pouco conhecida hoje em dia. Todavia, o aspecto estético não constituía a preocupação dos fundidores, gravadores e ourives, de cujas maravilhas só algumas conseguiram atravessar os séculos, como as fivelas de cinturões com incrustações de prata dos cemitérios parisienses ou o cálice de Tassilon. Tratava-se a princípio de amuletos protetores cuja função logo se tornou a ostentação. As placas-fivelas de cinturão, os boldriés com filigrana, miçangas *cloisonnées*, cabuchões de granadas, as fíbulas redondas ou arqueadas, os fechos de bolsa, os brincos e os alfinetes de cabelos viram suas dimensões aumentarem regularmente, do século V ao VIII. O anel sigilar, em especial, muitas vezes de ouro, colocado no polegar direito por Arnegunda, uma das mulheres do rei Clotário I, constituía a própria prova do poder pessoal. Pela marca que permitia imprimir no selo de cera ao final de uma ata pública, indicava a posição e a riqueza do autor. Outros anéis trazem entalhes antigos e a glíptica merovíngia não se encontra em regressão com relação à do século IV. Pouco a pouco, aliás, como testemunham as escavações de cemitérios, o uso de joias preciosas reservou-se às mulheres, embora as armas, privilégio masculino, ainda conservassem belos exemplos de ourivesaria. Deveríamos concluir que tal divisão dos ornatos funerários entre os dois sexos constituiria a prova inconsciente de que a violência estava reservada aos homens e a riqueza às mulheres?

Antes de dar o passo seguinte, que nos levará ao papel do corpo humano na vida privada, constatemos que esta última literalmente invadiu tudo: o Estado, o direito, a justiça, o Exército, as finanças, os funcionários, a moeda, as estradas; generalizou espaços fechados de intimidade ou de paz pessoais, os aposentos de guerreiros, as comunidades horizontais, como as dos judeus e das conjurações, horizontais e verticais, como as dos mosteiros, e multiplicou os jardins e as clausuras. Fez da casa e da cabana lugares onde as pessoas escondem seus tesouros. Mas essa vida privada que tudo enclausura e une os indivíduos entre si está dividida entre a alegria de ter e a felicidade de ser. Engendra a mentira e a voracidade, oscila entre acolher e rechaçar o estranho, admira o solitário ou o massacra e, prisioneira do apelo das tripas e da sede do ouro, desafia de maneira pagã seus instintos e desejos. Vimos a mesa e o cofre, agora passemos ao leito. Atrás da espada do guerreiro e das joias da mulher, precisamos agora descobrir o sexo.

O CORPO E O CORAÇÃO

Ao entrar para o episcopado, Urbicus, um bispo de Clermont-Ferrand, separou-se da esposa, conforme o costume.

> Mas a mulher, inflamada de desejo [...], aproveitando-se das trevas da noite, dirigiu-se para o palácio episcopal. Como encontrasse tudo fechado, pôs-se a bater nas portas da casa eclesiástica e a gritar: "Até quando dormirás, bispo? Até quando manterás as portas fechadas? Por que desprezas tua companheira? Por que, com as orelhas tapadas, te recusas a escutar as ordens de são Paulo? Ele não escreveu: 'Voltai-vos um para o outro a fim de que Satanás não vos tente?'." (I Cor., 7, 5). Por muito tempo assim falou, e o coração do bispo acabou por se enternecer. Ele ordenou que a deixassem entrar em seu leito e, depois de deitar com ela, despediu-a.

E, como por contraste, o mesmo autor, Gregório de Tours, cita pouco adiante a tocante história de dois jovens esposos que juraram observar a castidade e passaram a vida inteira na mesma cama. Depois de sua morte, os dois pesados sarcófagos, que foram colocados um diante do outro junto a paredes opostas, encontraram-se, um belo dia, lado a lado. O conjunto recebeu o nome de Tumba dos Dois Amantes. O lugar do corpo e do coração é assim definido por essa dupla oposição na cama: celibato contra casamento, libido exigente contra ternura casta. Para resolver a contradição, devemos primeiro saber qual era o lugar reservado ao corpo e qual era a situação demográfica das populações da época. Então poderemos compreender melhor como evoluem em torno do leito e no leito a criança, a mulher e o marido — em suma, toda a família.

CORPO VESTIDO, CORPO NU, CORPO DOMINADO, CORPO ADORADO

Constatamos inicialmente que o uso de roupas costuradas é geral, mas que elas continuam muito amplas, presas por fíbulas e cintos. Não há diferença nenhuma entre os galo-romanos e os francos. Todos usam uma camisa de linho até os joelhos e uma túnica de mangas curtas ou compridas (é a atual *biaude* de Auvergne), calças com faixas ajustadas às pernas pouco abaixo dos joelhos e botinas de couro ou tamancos, segundo o nível social. As mulheres usam sobre a túnica um vestido comprido até os calcanhares, aberto na frente ou erguido por uma pequena corrente para que possam andar. Quando faz frio, acrescenta-se um colete de couro ou de pele e principalmente um manto quadrado de lã — o *sagum* —, jogado nas costas e puxado para a frente e preso por uma fíbula que une as duas pontas sobre o ombro direito. Tudo que indica a diferença social é a qualidade do tecido, o uso das armas e das joias. Nudez só existe em dois casos: durante o banho e na hora de dormir.

Os banhos romanos mantiveram-se durante algum tempo até nos mosteiros, reservando-se, porém, cada vez mais aos enfermos. Restam os rios e as piscinas das estações termais, como a de Aix, onde Carlos Magno adorava nadar com seus convidados, muitas vezes mais de cem pessoas. Os príncipes carolíngios trocavam de roupa e tomavam banho no sábado. Cada sexo tinha seus rituais e seus instrumentos de toalete presos ao cinto: pente, fórfice e pinças de depilação.

Os francos, assim como seus reis, usam os cabelos compridos — os romanos os cortam à altura da nuca —, deixando livres a nuca e a testa, e depilam o rosto. Os escravos e os eclesiásticos, porém, devem raspar a cabeça, padres e monges mantendo apenas uma coroa de cabelos ou, como os irlandeses, uma mecha que vai de uma orelha à outra. O simbolismo é evidente: os cabelos longos significam força, virilidade e liberdade. Se os escravos veem sua condição assim indicada, os clérigos demonstram com isso que pertencem a Cristo. As cabeleiras femininas permaneciam intactas e deviam ser elegantemente presas com longos alfinetes. Tosar um rapaz ou uma moça livre custava 45 soldos conforme a Lei Sálica, 42 para a jovem segundo a lei dos burgúndios. Ela estabelecia que esse crime não seria punido se tivesse sido cometido fora de casa, em situação de batalha da qual a mulher teria participado.

A lei dos franco-sálios era terrível quanto aos delitos que envolviam toda a concepção pagã do corpo: se um homem livre tocava a mão de uma mulher, devia pagar quinze soldos; o braço até o cotovelo, trinta; acima do cotovelo, 35; e, se chegasse ao seio, 45 soldos! O corpo feminino, portanto, constitui um tabu. Por quê? Os textos de alguns penitenciais revelam que durante cerimônias pagãs a moça ou a mulher se desnudava completamente a fim de provocar a fecundidade dos campos, a chuva etc. Tocar uma mulher significava, portanto, atentar contra o processo da vida. O homem e a mulher só podiam ficar nus num único lugar: aquele onde procriavam, o leito. Então o nu era sagrado.

Ora, o nu cristão tinha um significado muito diferente. Até o começo do século VIII, homens e mulheres eram batizados nus na piscina octogonal contígua a toda catedral, na noite do sábado santo. Nus como Adão e Eva na Criação, saíam da água, mortos para o pecado e ressuscitados para a vida eterna. A nudez constituía então uma afirmação de sua condição de criatura boa mas dependente de Deus, antes do pecado ou sem este. O nu cristão representa um ser criado; o nu pagão, um ser procriador. O desaparecimento do batismo por imersão na época carolíngia suscitou a retomada, podemos dizer, do simbolismo pagão e deu à nudez um significado sexual e genital que ela não tinha. Já no século VI foi preciso desaparecer com os crucifixos em que Cristo figurava nu como todos os escravos condenados ao mesmo suplício. Um padre de Narbonne um dia teve uma visão desse Cristo que lhe pediu que o vestisse. De fato, era a época em que, em Bizâncio, se difundia o Crucificado vestido numa longa túnica, o *colobium*. Obviamente a sensibilidade da época começava a recusar esse espetáculo que parecia indecente e até perigoso, pois Cristo corria o risco de ser adorado pelas mulheres como um deus da fertilidade, à maneira de Príapo ou, mais tarde entre os vikings, de Freyr, cujas representações em postura itifálica não deixavam dúvida sobre sua função. Assim, o corpo vestido, banhado, penteado, enfeitado acabava sendo adorado. Para que não se tornasse idolatrado era preciso vesti-lo. São Bento tanto compreendera isso que em sua regra recomendou aos monges que dormissem vestidos. "Cada qual terá um leito para dormir" e "se possível for todos dormirão num mesmo local", "para que [...], ao soar o sinal, se levantem sem demora e se apressem em consagrar-se à obra de Deus." A noite do monge também deve ser consagrada, mas, nesse caso, ao amor de Deus pela oração.

Como sempre, essa adoração pagã do corpo inevitavelmente comporta seu contrário: o ódio e o medo do corpo. De fato, a Lei Sálica é obrigada a castigar o estupro e a castração. Mais adiante veremos o que acontece com o estupro, mas é curioso observar que nem a lei romana nem a dos burgúndios punem esse ato, enquanto Carlos Magno foi obrigado a acrescentar um artigo suplementar contra os que praticavam a castração, obrigando-os a pagar uma multa de cem a duzentos soldos, que subia para seiscentos se o castrado fosse um *antrustião*. Assim, o costume não havia desaparecido no século VIII, e no inconsciente coletivo dos francos a castração equivalia à morte, mesmo prevendo-se nove soldos para o médico que cuidasse da vítima. Os escravos ladrões podiam ser castrados, mas em geral eram açoitados, sendo às vezes torturados nos casos litigiosos. A lei romana previa a tortura para todos os criminosos condenados. Os relatos de Gregório de Tours revelam o extraordinário grau de sadismo que se manifestava no carrasco e na multidão. Abriam-se as chagas dos supliciados que acabavam de cicatrizar, chamava-se um médico para tratar do infeliz a fim de "poder torturá-lo num suplício ainda mais longo". Gregório conseguiu livrar o diácono Ricou da pena de morte, mas não da tortura:

> Nenhum objeto, nenhuma peça de metal pôde suportar tantos golpes como esse miserável. Com efeito, desde a terceira hora do dia [nove da manhã] ele ficou pendurado numa árvore, com as mãos atadas às costas, e até a nona hora, quando o estenderam sobre um cavalete, foi submetido a golpes de bastão, chicote e correias duplas, desferidos não só por uma ou duas pessoas, e sim por todos que puderam se aproximar de seus miseráveis membros.

Tais práticas continuaram na época carolíngia enquanto o sistema de ordálio, de origem pagã, parece mais usual que antes. A provação mais conhecida consistia em fazer o acusado caminhar descalço sobre nove relhas de arado incandescentes. A divindade protegeria o inocente de qualquer queimadura e este só tinha de apresentar as plantas dos pés róseos como ameixas para ser liberado. Assim, Deus passava através dos corpos puros, mas recusava qualquer contato com o corpo maculado pelo homicídio. E essa concepção pagã perdurou no cristianismo até o século XII, apesar de alguns bispos mas graças ao arcebispo Hincmar de Reims.

CORPO DOENTE, CORPO CURADO

O corpo humano era, pois, o lugar privilegiado de um verdadeiro combate entre o mal e o bem, entre a doença e o milagre, força divina muitas vezes obtida através da oração aos santos. As desgraças físicas não provinham unicamente dos homens. As epidemias, como a peste inguinal, devastaram a Gália nos séculos VI e VII. O surgimento de gânglios nas axilas anunciavam morte fulminante. Também, nos grandes santuários da Gália não há pestoso curado, mas sobretudo enfermos atacados por uma afecção de evolução lenta. Os numerosos processos de pessoas que receberam um milagre, redigidos às centenas tanto na época merovíngia como na carolíngia por monges médicos que sabiam expressar um diagnóstico à maneira de Hipócrates, permitem-nos delinear um quadro da saúde da população bastante revelador dos sofrimentos do período. Em qualquer região da Gália onde se encontram os grandes centros de peregrinação, é impressionante constatar, entre as curas, 41% de doentes afetados por paralisia, fraqueza física ou atrofia, 19% de cegos, 17% de enfermos de males diversos, 12,5% de loucos e possuídos, e, enfim, 8,5% de mudos, surdos-mudos e surdos. A importância das paralisias se explica pelas carências alimentares já assinaladas, notadamente as avitaminoses que provocam polineurites, tracomas ou glaucomas, e muitas vezes o raquitismo entre as crianças, numerosas no meio dos infelizes que frequentam os adros dos santuários. A falta de higiene devida ao abandono dos aquedutos, ao consumo de água parada, à multiplicação das zonas pantanosas quando se abandonam as terras cultivadas provoca inumeráveis poliomielites, cujos efeitos deformadores e paralisantes conhecemos, o paludismo ou febre quartã e todas as febres paratífícas. Um número considerável de crianças aleijadas por acidentes perinatais ou pós-natais permite perceber e compreender o quanto deviam ser usuais a mortalidade infantil e a das parturientes. Os casais e as mulheres que vêm implorar o fim de sua esterilidade ou o final feliz de um parto mostram como a procriação chega às raias da obsessão. Isso nos leva às doenças psicossomáticas e mentais. Muitas neuroses explicam algumas paralisias, como as mãos fechadas a ponto de as unhas penetrarem na carne das palmas, e numerosas deficiências sensoriais. Mas a isso se somavam neuroses histéricas com desdobramento da personalidade, estados maníacos acompanhados de logorreias muitas vezes de origem alcoólica. Os monges médicos descrevem bastante bem as manias agudas ou depressivas ligadas à epilepsia e que colocavam, para os religiosos, o problema das possessões diabólicas. Nesses casos, acreditando firmemente em tais fenômenos, os autores dos processos de comprovação de milagres consideram os possuídos como doentes infectados mental e fisicamente por Satanás. Ressaltam o fato de que a expulsão do demônio se acompanha de emissões de humores viciados, sanguinolentos ou purulentos, às quais se seguem exalações pestilentas. Assim, todos esses corpos enfermos eram corroídos pelo sofrimento e dominava-os uma culpa surda, preço inevitável das idas e vindas entre a adoração e a execração da carne. Pelo lugar concedido às vestes e aos cabelos, pelo tabu relativo à nudez, pelo gosto mórbido da castração e da tortura, pelas doenças orgânicas e pelos sintomas maníaco-depressivos, o estudo do corpo e das sensações que provoca revela, pois, que essa humanidade superestimava os valores de força, procriação e saúde física e moral, provavelmente porque lhe eram indispensáveis num mundo instável, ameaçador e incompreensível.

O IDEAL: FORÇA, PROCRIAÇÃO, SAÚDE

Com efeito, certos estudos da população de toda uma aldeia dos século V ao VIII reforçam essa constatação. A análise antropológica de Luc Buchet sobre o cemitério de Frénouville, na Normandia, permite reconstituir a demografia da época, confirmada por outros estudos parciais no norte da França. Em geral a taxa de mortalidade infantil é extremamente elevada: 45%. A expectativa de vida é bem baixa: quando muito trinta anos. A longevidade média situa-se em torno de 45 anos para homens e apenas entre trinta e quarenta para mulheres, que frequentemente morrem entre os dezoito e os 29 anos em consequência de partos impossíveis ou de febres puerperais. Assim, era preciso ter muitos filhos e muitas mulheres para sobreviver! De fato, as taxas de natalidade e de mortalidade estavam bem próximas, 45% nos dois casos, com violentas variações nesse curto termo. Os velhos eram raros, mas, depois de passar dos quarenta anos, suas chances duplicavam. Jean Heuclim pôde calcular que a média de idade dos eremitas girava em torno de 67 anos para as mulheres e 76 para os homens. É verdade que seu regime alimentar era mais balanceado, porém, como numerosos bispos do século VIII também chegam a idades respeitáveis, na realidade parece que estamos diante da doravante clássica longevidade dos celibatários consagrados, cuja vida é menos agitada que a dos leigos. De qualquer forma, o exame dos esqueletos mostra que a endogamia multiplicava as taxas elevadas de consanguinidade e que as doenças degenerativas aceleravam a morte. A estatura média era baixa: 1,67 metro para os homens, 1,55 metro para as mulheres, sem dúvida por causa da má nutrição. Essas populações camponesas não mudaram desde o neolítico, e até aqui só raramente se provou o vestígio de ocupantes estrangeiros com cerca de 1,80 metro de altura. Ora, apesar de todas essas desvantagens pouco comuns, parece que em algumas aldeias merovíngias do final do século VII a população duplicou, às vezes até quintuplicou. Os jovens caíam como moscas, e no entanto prosperavam. A aldeia vivia fechada sobre si mesma, e contudo se desenvolvia!

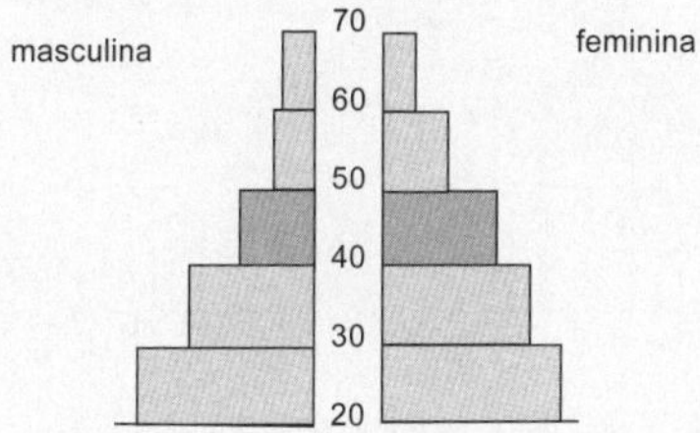

Galo-romanos
Média etária de mortalidade

adultos

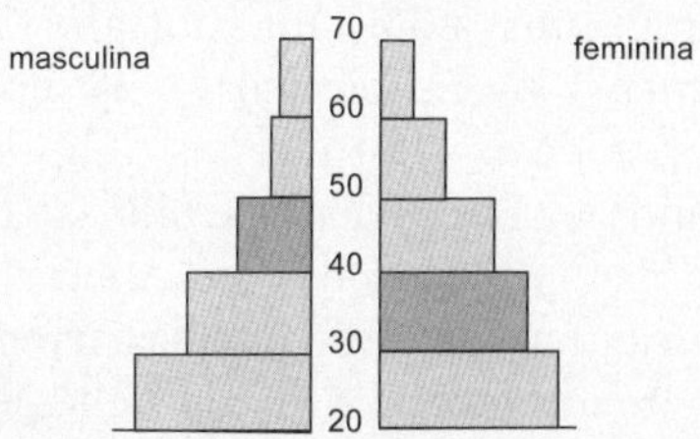

Merovíngios
Média etária de mortalidade

adultos
Resultados para cem indivíduos nascidos vivos

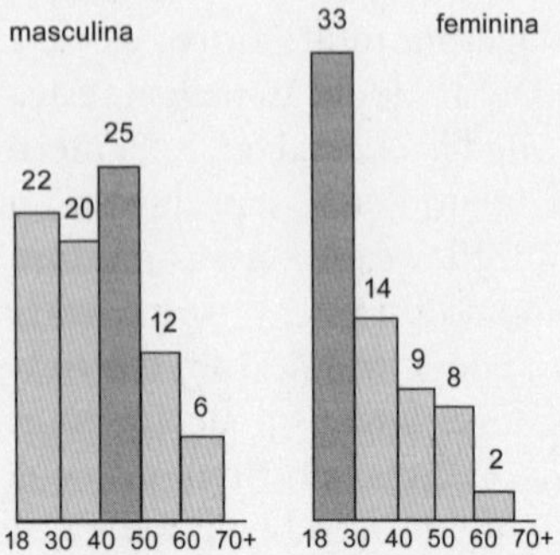

Mortalidade dos merovíngios. Diagramas de mortalidade adulta (idades estimadas)

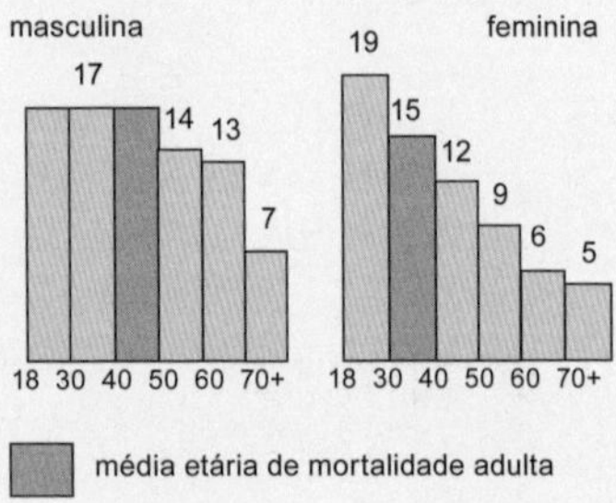

Mortalidade dos merovíngios Diagramas de mortalidade adulta (idades reais)

Essa vitória paradoxal da vida sobre a morte aparenta as sociedades merovíngias daquelas dos países do atual Terceiro Mundo, mas com uma mortalidade infantil que ignoraria as vacinas e os antibióticos, pois sua taxa é superior. Confirma tal paradoxo o estudo dos polípticos da época carolíngia. A senhora Zerner-Chardavoine analisou as cifras de inventário das propriedades de Victor de Maselha em 813-814. Constatou fortes retomadas irregulares da natalidade, com acentuada mortalidade de bebês e uma taxa de fecundidade elevada. Assim a população total comportava 22% de crianças menores de doze anos e 38% de jovens solteiros. A média de filhos era de 2,9 por família. Os débeis são cuidadosamente recenseados e as meninas, mais numerosas que os meninos. Enfim, os núcleos familiares não são do tipo conjugal, prova de que a célula de tipo cristão — pai, mãe e filhos — ainda não se generalizou. Em suma, uma sociedade que comporta 60% de pessoas com menos de 25 anos só pode ser — apesar da morte incessante — dinâmica, jovem, portadora dos valores dessa idade, quer dizer, os que descrevemos anteriormene. Nós os havíamos visto — força física, procriação, saúde física e mental — sob um aspecto negativo; agora os vemos sob um aspecto positivo.

A sociedade franca favorece eminentemente a procriação. Quem matar uma jovem livre em idade de procriar deverá pagar seiscentos soldos — o mesmo que para um *antrustião* —, mas pagará apenas duzentos se eliminar uma mulher que já passou da menopausa. Quem bater numa mulher grávida e com isso provocar-lhe a morte, pagará setecentos soldos de multa; se apenas sobrevier um aborto, a multa cairá para cem. No fim do século VI o rei Gontran incluiu mais uma cláusula, provavelmente porque tal espécie de delito se multiplicava: seiscentos soldos pela morte de uma mulher grávida e mais seiscentos se o feto for o de um menino. Não poderia ser mais explícito. Dado que um menino de menos de doze anos "vale" seiscentos soldos e a menina da mesma idade apenas duzentos, estabelece-se uma verdadeira hierarquia de valores: na base da escala, a menina e a velha incapazes de carregar um filho no ventre; no meio, o menino; no alto, a mulher grávida! Como, ademais, a idade do casamento sempre é muito próxima da maioridade — ou seja, por volta dos doze anos (Fortunato assinala o caso da pequena Vilitutha, casada aos treze anos e morta de parto pouco depois) —, como o rei Gontran houve por bem infligir 62,5 soldos de multa a toda mulher que desse a outra uma poção mágica de ervas e plantas abortivas a tal ponto que esta última nunca mais tivesse filhos, tudo finalmente converge para que a mulher só seja levada em consideração enquanto mãe, enquanto *genitrix* [genitora].

Religiosidade pagã e obrigação de sobreviver conduzem ao mesmo resultado: o filho.

A OBSESSÃO DA CRIANÇA: ESCRAVO OU PRÍNCIPE

"Uma mulher de Berry havia dado à luz um filho entrevado, cego e mudo, mais um monstro que um ser humano. Ela confessava, chorando, que o concebera numa noite de domingo e não ousava matá-lo, como muitas mães costumam fazer nesses casos; entregou-o a alguns mendigos, que o puseram numa carroça e o levaram para mostrá-lo ao povo." Aqui a cólera dos deuses se manifesta, literalmente se mostra através do monstro. É redobrada pelo conselho cristão de abster-se de relações carnais num dia consagrado. Na verdade continuam existindo as práticas pagãs relativas à criança, sobretudo o enjeitamento, porém o fato de largar na porta de uma igreja um bebê ainda sangrento não mais acarreta a morte. O padre no púlpito proclamava o ocorrido e, se ninguém reclamasse a criança, dava-a ao "inventor", o qual se tornava seu proprietário, criava-a e fazia-a seu escravo. Em geral, porém, a criança era bem acolhida, confiada a amas entre os ricos ou amamentada até os três anos se era o povo que a adotava. Poderíamos apresentar muitas provas do apego dos pais aos filhos, apesar da terrível mortalidade infantil. O mais característico ainda é o de Gregório de Tours, que confessa ter sofrido muito com a morte de pequenos órfãos que havia recolhido e alimentado a colheradas. A epidemia os ceifara. Essa proteção da criança se manifestava até de maneira paradoxal em caso de guerra. Esse bem precioso, tão precioso quanto a mulher, sempre fazia parte do butim. A cada tomada da cidade, os vencedores passavam pelo fio da espada "todos os que podiam urinar na muralha". Por conseguinte levavam consigo, como escravas, todas as mulheres e as crianças de peito e, em especial, os meninos com menos de três anos, pois os mais velhos eram mortos. Vem daí o costume de chamar "escravo" o menino, em latim *puer.* O menino pequeno era, pois, muito mais mimado que o rapazinho ou a mocinha, frequentemente tratados a bastonadas. A diferença é bem marcada nas regras monásticas, uma vez mais em sentido inverso ao do conformismo vigente. Certamente os monges aceitam que os pais ofereçam um de seus filhos ao mosteiro, como um penhor de felicidade para a família, pois se trata de dar a Deus o ser que mais amam. A regra de são Bento determina: "Se a criança é muito pequena, que os pais façam a petição da qual falamos acima e envolvam essa petição e a mão da criança na toalha do altar com a oblação e assim a ofereçam". Em todos os mosteiros existiam, portanto, numerosos oblatos, o que transformava as comunidades em autênticos berçários, em particular aquelas dos monges celtas, nas quais a paternidade adotiva de origem pagã naturalmente se tornara um valor cristão. Ao alcançar a maioridade, esses oblatos tomavam ou recusavam os votos perpétuos. Entrementes, porém, haviam recebido uma educação radicalmente contrária às práticas pedagógicas do século. Em lugar de criar os meninos para a agressividade e as meninas para a submissão, os pedagogos monásticos recusam a palmatória e procuram conservar as virtudes da infância vistas como fraquezas por seus contemporâneos. Beda, o Venerável, e com ele muitos outros admiram o menino: "Ele não persevera na cólera, não é rancoroso, não se encanta com a beleza das mulheres, diz o que pensa". Enfim e principalmente, é dócil ao ensinamento dos mestres. Em suma, ao invés de endurecer o coração, os monges o abriam. Mas ao mesmo tempo perdiam pé diante dos fenômenos próprios da puberdade. Diante do salto brusco que se operava então da infância à vida adulta, retomavam a boa e velha severidade. A condição da criança e seu lugar dentro da família variavam de um extremo ao outro. Cadáver que não deixava vestígios junto às tumbas do pai e da mãe nos cemitérios merovíngios, era querido e mimado na época carolíngia, conforme prova a primeira menção do berço. Escravo na casa, príncipe no mosteiro, no fundo é um ser duplo, ausente e presente ao mesmo tempo, mas também ocupa um segundo lugar sob o teto e no leito.

Poderíamos dizer o mesmo dos velhos, tão pouco numerosos, como vimos, tão pouco úteis quando não eram *seniores*, os anciães, senhores, chefes de clãs, de tribos, de parentelas ou de grandes famílias nobres. Brunehaut ter passado dos setenta anos constitui um prodígio diabólico que se deve exorcizar com a pena capital, mas Carlos Magno chegar aos 67 anos prova como foi grande a proteção divina. De qualquer modo, o velho só é aceitável se se comporta como homem maduro, sempre senhor de suas forças. Caso contrário, tudo que lhe resta é fazer doações a uma abadia e ali encerrar-se para, em troca, receber uma prebenda para seus velhos dias. Alguns contratos estabelecem assim o número de pães, a quantidade de vinho ou de cerveja e as roupas que receberão. Na época carolíngia muitas vezes as matrículas comportam apenas mulheres velhas e velhos avós (*nonnones*). Em compensação, as leis bárbaras não incluem nenhuma cláusula referente às pessoas idosas... mas pode explicar isso o fato de que, sobretudo na época merovíngia, os verdadeiros velhos no sentido em que hoje os entendemos deviam ser pouco numerosos. Ao contrário, já o vimos, as crianças eram majoritárias na sociedade, cuja característica dominante era a juventude. Assim, os fracos, os *pauperes*, os pobres, como se dizia (crianças e mulheres), eram os mais numerosos. Deviam corresponder, talvez, a três quartos da população! Tamanha desproporção em relação aos homens adultos impunha uma estrutura familiar muito ampla, englobando parentes distantes, viúvas e jovens órfãos ou sobrinhos e sobrinhas em comunidade com escravos de ambos os sexos, todos sob o poder do homem. Este descendia de uma *stirps*, de uma linhagem de origem familiar extensa, clânica ou dinástica, antiga e conhecida. Esse conjunto muito amplo, que alguns chamam "família grande", outros de "família patriarcal" e que os autores da Alta Idade Média denominam família, designa toda uma complexa comunidade, de múltiplas ramificações, cuja função essencial é proteger.

A PARENTELA, SALVAGUARDA E COLEIRA DE FERRO

A Lei Sálica esclarece muito bem que o indivíduo não tem direito à proteção se não faz parte da patentela.

> Se alguém quer sair de sua parentela, deve vir ao tribunal perante o juiz ou o centurião, deve quebrar na cabeça quatro varas de olmo e deve jogá-las aos quatro cantos do tribunal. Depois deve dizer que renuncia a toda proteção por juramento, a toda sucessão e a todo bem oriundo de membros de sua família. Se mais tarde algum de seus parentes falecer ou for morto, ele não receberá nem sucessão nem multa paga como indenização. Se ele próprio falecer ou for morto, a multa de indenização ou a sucessão não irão para seus pais, e sim para o fisco.

Verdadeira pessoa moral, a parentela franca constitui, pois, a célula protetora por excelência, ao preço de uma estreita dependência. Para conjurar a catástrofe que infalivelmente lhe ocorrerá, o culpado de individualismo quebra as varetas de olmo, essa árvore de infelicidade que viceja junto a águas traiçoeiras, essa madeira que queima tão depressa sem aquecer. Acredita-se que tal prática pagã lhe evitará uma morte repentina ou violenta. Mas pela expressão desse medo percebemos a sombria realidade. Ao contrário da família romana de tipo conjugal, que pode se contentar com fazer coexistirem sob o mesmo teto avós, pais, filhos e escravos graças a uma proteção mais forte dos tribunais, a família franca — ou aquela influenciada no sul do Loire pelas concepções célticas e germânicas — deve obrigatoriamente ser numerosa para poder transmitir a vida e a herança. Esse é o preço da incompreensão da noção de bem público, uma família ampliada para além do carnal pela parentela por adoção ou vassalagem.

Em contrapartida, as vantagens eram reais. Além da presença contínua de companheiros de armas prontos a proteger alguém, era possível a um pobre, incapaz de pagar uma grande multa, fazer toda a parentela ou a de seus íntimos participar do pagamento da dívida. A solidariedade pecuniária era obrigatória. Regras estritas de sucessão controlavam a passagem dos bens de uma pessoa a outra. Como cada parentela tinha um vínculo de terras coletivo que lhe marcava a origem, as mulheres não podiam herdar essa terra — chamada terra sálica —, senão a parentela, o clã ou a tribo se fundiria com aquela em que a mulher entrasse: por conseguinte não mais teria existência concreta. Esse artigo da Lei Sálica, mal compreendido pelos juristas reais, foi interpretado, quando da sucessão dos Capetos diretos, em 1316, como uma proibição às mulheres para herdarem e, portanto, sucederem no trono. Na verdade elas tinham a capacidade sucessória, a não ser quanto a essa terra ancestral sem a qual o sistema franco de proteção privada desmorona.

Assim se explicam esses casarões de madeira em forma de galpão nos quais viviam várias dezenas de pessoas ou as humildes moradas onde o leito é comum aos pais, tios e tias, primos e primas e seus filhos, aos escravos e aos servos, muitas vezes mais que uma dúzia de pessoas, nuas, promíscuas, no mesmo calor reconfortante. Por certo seu número vai diminuindo nos tempos carolíngios por causa da insistência da Igreja na família conjugal, mas os recenseadores que redigiram os polípticos apresentam números exatos por moradia que mostram que as cifras vão de uma a duas pessoas, para pular a oito, dez ou doze, criando assim a enganosa impressão de uma média próxima de quatro. Sendo um escravo qualificado de *familiaris*, membro da família, esta constitui, portanto, uma vasta unidade social de base com elos múltiplos. A comunidade monástica também toma, aliás, o mesmo termo "família" para englobar todos — monges e leigos — os que vivem no interior e no exterior da clausura.

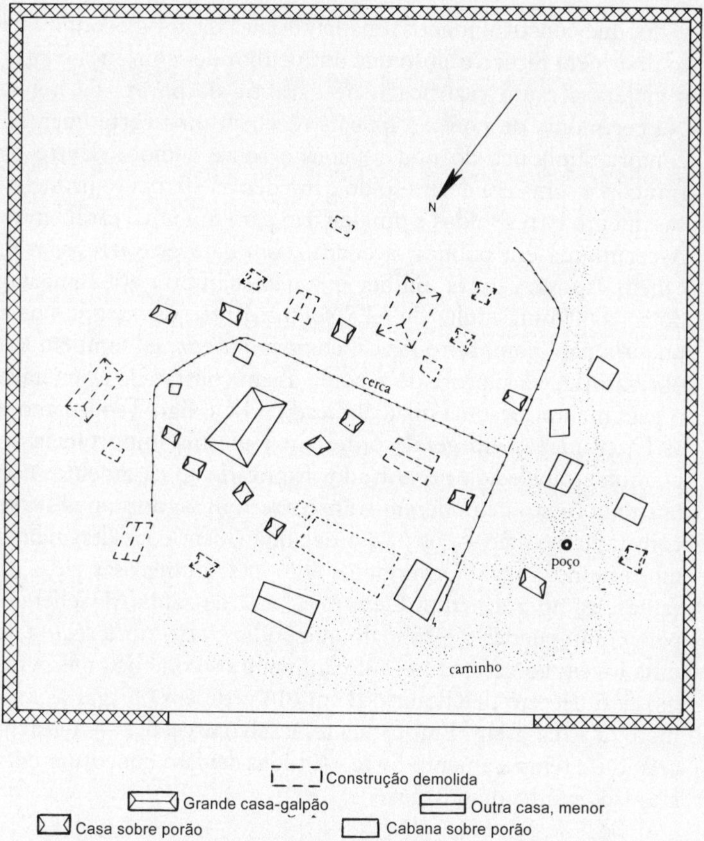

Planta da aldeia de Gladbach, séculos VII-VIII. Ao redor da grande casa-galpão encontram-se cabanas, celeiros, silos. Cada grande casa é fechada por uma cerca. (Bonn, Landesmuseum)

Assim, a família é grande para proteger, mas para se perpetuar precisa das mulheres. Ora, como já vimos, o homem, chefe de parentela ou de linhagem, é proprietário do *mund* de seus filhos, pois é o guardião da pureza do sangue e da autenticidade da descendência. Esse poder protetor passará às mãos do marido através do casamento, ou, mais exatamente, do noivado, que constitui menos uma lembrança da antiga compra da mulher pelo futuro esposo que um penhor de segurança contra a violência e um certificado de garantia da pureza da noiva. Na cerimônia de noivado os pais recebem uma certa quantia, compra simbólica do poder paterno sobre a moça. Entre os francos, a soma era de um soldo e um denário para um primeiro casamento e três soldos e um denário para um novo casamento. A cerimônia era pública; a doação, obrigatória e irrevogável. Quem esposava outra mulher que não sua noiva era condenado a pagar uma multa de 62,5 soldos. Entre os burgúndios a quantia para comprar o *mund*, chamado *wittimon*, também era obrigatória, e a ruptura do vínculo assim contratado acarretava o pagamento da soma quadruplicada. O Código Teodosiano e as leis romanas em geral conferiam a mesma importância ao penhor estabelecido no noivado. Equivalia ao casamento, não obstante o fato de poderem transcorrer um ou dois anos até se consumar a união — os pais o decidiam, sem consultar nem a moça nem o rapaz. Deveríamos aqui citar numerosas vidas de santas, como a de santa Genoveva ou a de santa Maxellende, para compreender o escândalo que podia constituir a recusa de uma jovem ao casamento. Oficialmente os concílios merovíngios e o decreto de Clotário II em 614 proíbem obrigar as mulheres a se casarem. Praticamente, e salvo exceções — algumas cristãs de temperamento forte —, todas deviam concordar com a união, assim como os jovens.

> Quando ele atingiu a idade adequada, os pais de Leobard, segundo o costume do mundo [a expressão mostra que tal prática não é cristã], obrigaram-no a dar o penhor a uma jovem, comprometendo-se a mais tarde tomá-la como esposa. O pai conseguiu facilmente convencer o filho, ainda muito jovem, a fazer o que lhe contrariava a vontade.

Esse relato de Gregório de Tours é confirmado, entre os burgúndios, pelas penas imputadas, por exemplo, à mulher de "nação bárbara que decide se unir espontaneamente e em segredo a um homem". A culpada é considerada adúltera, ou seja, definitivamente perdida. O culpado pagará aos pais duas vezes o "preço nupcial", quer dizer, o montante do *mund*, mas poderá se casar de novo! Assim também qualquer burgúndio, filho de um grande ou de origem medíocre, unindo-se a uma jovem sem a ordem de seu pai, "deverá pagar três vezes o *mund* ao sogro por não lhe ter pedido autorização, 150 soldos ao pai e 36 soldos de multa ao fisco". Em compensação, nesse caso preciso, o casamento é irreversível, pois ocorreu a união carnal por iniciativa do homem e porque a noção de impureza não se aplica à mulher.

Tudo isso, repetimos, diz respeito apenas ao noivado. A cerimônia era mais esplendorosa que a do casamento: havia um grande banquete, com bebidas, cantos e divertimentos deliberadamente obscenos para estimular a fecundidade dos futuros esposos. A noiva em seguida recebia uma doação. Escrita em país de direito romano ou atestada perante três testemunhas entre os germanos, sempre comportava animais domésticos, roupas, joias, pedras preciosas, moedas, um cofre, um leito com cobertas, ferramentas etc., ou seja, essencialmente bens móveis. Velho costume gaulês, a noiva também oferecia, como penhor de paz doméstica, um par de pantufas e sobretudo — mas aqui a tradição é romana — um anel de ouro, símbolo da palavra empenhada, pois o círculo sem começo nem fim representa a eternidade. Os romanos o usavam no dedo médio da mão direita ou no anular da esquerda, donde, segundo uma antiga concepção médica egípcia, um nervo partia diretamente para o coração. As mulheres da nobreza acrescentavam ao polegar direito o anel sigilar, frequentemente encontrado nos túmulos, prova da autoridade administrativa que elas possuíam sobre seus próprios bens. Enfim, os noivos trocavam um beijo na boca, símbolo da união dos corpos. Em suma, tudo podia ser dito antes das núpcias. Isso é verdadeiro entre os galo-romanos, para os quais a celebração do casamento continua segundo os costumes romanos e termina quando o casal é conduzido a sua

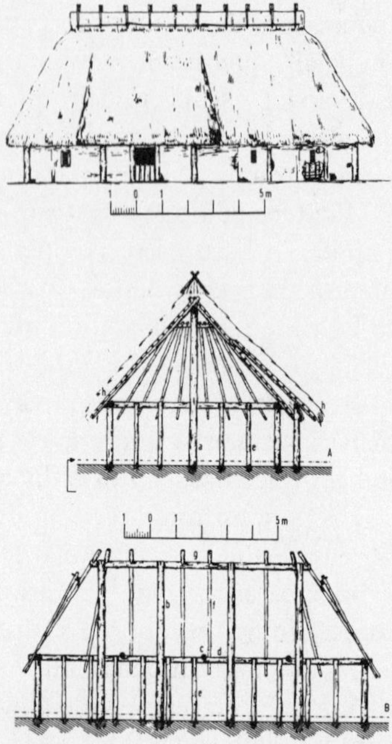

Reconstituição de uma casa-galpão de doze metros de comprimento inteiramente de madeira e recoberta de palha, segundo dados de escavações arqueológicas. (Bonn, Landesmuseum)

casa e a seu leito nupcial, pois, "conforme o costume, colocam--se os esposos no mesmo leito".

Parece que entre os francos e entre os germanos em geral o essencial do matrimônio consiste em sua consumação, sem nenhum alarde, e que a coabitação já constitui em si o casamento. Mas o importante continua sendo, na manhã seguinte às bodas, a doação suplementar que o marido faz à jovem esposa, a *morgengabe*. É atestada tanto entre os francos como entre os burgúndios. Trata-se de um agradecimento do marido por havê-la encontrado virgem e, portanto, de uma garantia de que as crianças que ela dará à luz serão realmente dele. A doação atesta a pureza do sangue da esposa. Assim, não ocorre num segundo ou terceiro casamento, pouco apreciados por essa razão, embora bastante usuais. Entretanto, a viúva fica com um terço e o resto volta para a família do falecido. Assim, a mulher só pode ser protegida sob a condição de estar intata, pois a descendência e a sucessão definitivamente importam mais que o casamento em si. Portanto, a pureza da mulher é fundamental por motivos ao mesmo tempo religiosos e sociais. Incute-se assim no inconsciente coletivo a íntima convicção de que a pureza é idêntica à limpeza e deve-se fazer de tudo para evitar que as mulheres se maculem. Isso compromete o próprio equilíbrio da sociedade inteira. Encontramos aqui a velha crença romana pagã do estupro, mácula indelével que torna o casamento impossível.

AMOR: IMPULSO OU SENTIMENTO?

Nesses tempos conturbados em que a violência predomina, como veremos, a virgem constitui, portanto, o futuro da parentela. Donde deriva toda uma série de medidas para reprimir a ruptura ou a impossibilidade do casamento. Realmente é necessário evitar o estupro e o rapto das mulheres, o incesto e o adultério. São incontáveis os artigos das leis germânicas e romanas a respeito desses delitos. Já assinalei que o corpo feminino constituía tabu entre os francos. A mesma coisa ocorre entre os burgúndios. A violação de uma escrava é sancionada, mas o resultado parece irreversível. As mulheres vítimas de tal ato são ditas "corrompidas". Entre os galo-romanos o estupro de uma mulher livre era punido com a morte; o de uma escrava, com o pagamento de seu valor. Em outras palavras, uma mulher corrompida não vale mais nada. Já não tem sequer o direito de ser proprietária de seus bens, como o Código de Eurico determina para os visigodos a propósito da viúva "que está convencida de se ter aviltado pelo adultério ou numa união desonesta". Podemos apostar que a única saída para essas mulheres era a prostituição, rigorosamente proibida e no entanto usual. Entre os francos, no século VI, a violação de uma mulher livre era passível de multa de 62,5 soldos, quantia que sob Carlos Magno passou para duzentos soldos — o que talvez indique maior frequência.

Muitas vezes o rapto se identificava com o estupro, embora se devesse a causas diferentes, ainda que terminasse em violação. Entre os galo-romanos tratava-se de uma verdadeira caça à herdeira, mas, entre os germanos, muitas vezes era um meio de arrancar o consentimento dos pais. Uma vez raptada a moça, mais ou menos com seu consentimento, e devidamente estuprada ou deflorada, o casamento era um fato consumado. Nada mais restava senão se curvar e receber do raptor o preço do *mundium* e 62,5 soldos. Convinha não provar que a moça consentira, pois, nesse caso, ela se tornava escrava. Assim, salvava-se a honra e protegia-se a pureza do sangue. Detalhes da lei dos burgúndios comprovam esse primado da virgindade. Se a jovem voltasse à casa paterna "não corrompida", o raptor pagava seis vezes o *mund* e doze soldos de multa. Se ele não tivesse a quantia exigida, quer ficasse com a moça quer não, era entregue aos pais, que podiam então castrá-lo. Para moça perdida ou desonrada, eunuco ridicularizado e sem herdeiro! Essa autêntica lei de talião prova como o rapto e a violação constituíam as duas únicas armas que restavam ao indivíduo para se apoderar de uma mulher e adquirir um poder, mas prova também que o tabu do hímen intato tinha por finalidade edificar literalmente a sociedade.

Ainda mais grave era a descoberta de um incesto ou de um adultério após a conclusão do casamento. Quanto a isso os textos impregnados de paganismo da Lei Sálica concordam com aqueles dos concílios merovíngios que proíbem muito severamente casamentos classificados de incestuosos, mas que não o eram no sentido estrito do termo, quer dizer, não se tratava nunca da união de pais com filhos ou de irmão com irmã. Já são Paulo em sua *Epístola aos coríntios* (5,1) entendia por incesto uma união com a mulher de um pai. Esses incestos *lato sensu* designam esponsais com parentes de sangue ou por afinidade: "uma parenta ou a irmã de sua esposa", entre os burgúndios; "a filha de uma irmã ou de um irmão, a mulher de um irmão ou de um tio", entre os francos. Essas bodas "celeradas" eram "marcadas pela infâmia" e os culpados eram separados. O rei franco Childeberto II reforçou essa condenação em seu edito do final do século VI. Assim como ordenava ao conde que matasse qualquer autor de rapto, estipulava que o incestuoso, já excomungado pela Igreja, fosse tido como um fora-da-lei, um estranho, e portanto destinado a ser morto mais cedo ou mais tarde. Portanto os dois delitos haviam aumentado em número. Nada de surpreendente, tendo em vista a endogamia habitual que nos demonstraram a paleopatologia dos cemitérios merovíngios, a extensão da família grande e a convicção bem arraigada de que o parentesco por casamento equivale ao parentesco de sangue. Essa endogamia chamada incesto reforçava sem cessar a solidariedade da parentela. Ademais, não é surpreendente ler num penitencial a frase seguinte: "Se na ausência de tua esposa, sem teu conhecimento e sem o dela, a irmã de tua própria esposa se deita em teu leito e julgas ser tua própria esposa e tens relações íntimas com ela [...]", pois provavelmente se tratava de um caso comum, tendo em vista a escuridão noturna do leito conjugal. Todas essas práticas "incestuosas" que faziam achar normal o viúvo se casar com a irmã da primeira esposa ou com a mulher de um tio ou ainda com sua prima-irmã praticamente foram mantidas na época merovíngia, pois os reis se recusaram a proibir as bodas no quarto grau de parentesco. Foi preciso esperar a época carolíngia e o Concílio de Mainz, em 814, para que esses casamentos impuros começassem a desaparecer.

MULHER PURA, MULHER IMPURA

Se o incesto com a parentela era tido como normal, o mesmo não ocorria com o adultério. O "fedor do adultério", para retomar a expressão da lei dos burgúndios, era de tal modo reprovado que significava a expulsão imediata da mulher casada, a qual era em seguida estrangulada e jogada num pântano lamacento. Quanto aos galo-romanos, uma lei do imperador Majoriano permitia ao marido que surpreendesse os culpados matá-los imediatamente, "de um só golpe". Entre os francos o costume era ainda mais estrito, pois não só o marido como também sua família e a família da adúltera consideravam que tal ato constituía uma verdadeira mancha sobre toda a sua linhagem e devia acarretar a morte da culpada. Gregório de Tours cita numerosos casos em que os próximos, quer dizer, a parentela, intervém junto ao pai da esposa infiel: "Ou justificas tua filha sob juramento ou ela morrerá". Seguiu-se uma briga entre as duas famílias, com mortes de ambos os lados; "quanto à mulher, chamada a julgamento poucos dias depois, acabou estrangulada". Em outros casos ela é queimada viva ou submetida ao ordálio da água para se inocentar. Com uma grande pedra atada ao pescoço, é lançada no rio. Se flutuar — caso bastante improvável —, é inocentada. Entre os burgúndios a noção de adultério estende-se à moça e à viúva que se unem a um homem de livre e espontânea vontade. São então consideradas maculadas e tornam-se infames. Os francos aplicam o termo ao homem livre que se diverte com a escrava de outro. Se a união se torna pública, acarreta a escravidão para o culpado; igualmente para a mulher livre em situação análoga. Assim, ao aspecto sórdido do adultério acrescenta-se a mácula servil. A conotação moral é idêntica, sexual e socialmente falando. Retoma o sonho premonitório de um padre da igreja de Reims que vira pousar duas pombas em sua mão, uma negra, outra branca. Na manhã seguinte, viu chegar dois fugitivos: um escravo e seu amo, ao qual ajudara a se evadir. Ora, tratava-se do filho de um senador. Imediatamente o padre associou a cor negra ao primeiro, escravo entretanto fiel, e a cor branca ao homem de alta posição. Deparamos aqui com um pensamento religioso abrangente do tipo maniqueísta. Mais que a violação ou o rapto — que apesar de tudo podem acabar levando ao casamento, pois um e outro são atos do homem —, o adultério constitui uma verdadeira profanação da mulher e da descendência, portanto da sucessão vindoura. Toda união que despreza as condições sociais é impensável, porque dissolve a sociedade, da mesma forma que a mulher espontaneamente adúltera destrói a autenticidade de seus filhos e suprime o carisma do sangue. O estuprador ou raptor é severamente punido, mas o adúltero não. Nos dois primeiros casos, com efeito, ele afeta diretamente o poder dos chefes de parentela, enquanto no segundo não causa nenhum dano a sua própria parentela, e os filhos que gerou na mulher adúltera pertencem ao marido. Enfim e sobretudo, ele não se macula com a própria copulação. A mulher, em contrapartida, é culpada de um verdadeiro crime, pois oblitera o futuro. Contrariamente à do homem, sua vida privada é totalmente pública, por causa das consequências que pode provocar.

Essa diferença de regime entre homem e mulher — um, senhor de seu *mund*; a outra, encerrada numa série de proibições — é ainda mais clara em caso de divórcio. Não sabemos se os francos autorizavam o divórcio. De qualquer modo, proíbem o rompimento do noivado, que equivalia ao casamento, e o punem com 62,5 soldos de multa. Em compensação, a lei dos burgúndios e a lei romana, apesar da Igreja, autorizavam-no de acordo com as cláusulas quase sempre desfavoráveis à mulher. Com efeito, o marido pode expulsar a esposa se ela cometeu "um dos três crimes seguintes: adultério, malefício [ou seja, uma bebida que provoque aborto ou impotência] e violação de sepultura". A lei romana substitui os dois últimos crimes por "envenenadora ou alcoviteira". Mas, se uma mulher ousar expulsar o marido, será estrangulada a lançada na lama, já o dissemos, pois ao cometer tal gesto só pode ser adúltera. Os galo-romanos podiam praticar o divórcio com consentimento mútuo. As esposas podiam repudiar o marido quando este cometera assassinato ou violara uma sepultura. Encontramos aqui uma distinção clássica entre as duas civilizações. Os romanos pensam em termos de igualdade de sexos, enquanto os germanos os hierarquizam em benefício dos homens. Mais adiante explicaremos a diferença, porém, de qualquer modo, em nenhum lugar se cogita do adultério masculino, o que atenua a distância entre esses dois mundos. A separação dos cônjuges seguida de novo casamento foi comum na época merovíngia. As fórmulas notariais de direito romano o atestam em todo o sul da Gália, em Tours, Angers e mesmo em Paris, até depois de 732, data da redação do Formulário de Marculfo. O texto de Angers do final do século VI é muito significativo:

> Fulana a Beltrano, seu marido, que, longe de ser afetuoso, mostrou-se insuportável e arrogante. Todos sabem que por instigação do demônio e não obstante a interdição divina, não podemos mais viver juntos. Concordamos entre nós e diante dos membros do conselho que devemos nos desligar reciprocamente de nossas promessas. Assim foi feito. Onde quer que meu marido quiser tomar esposa, terá o poder e a liberdade de fazê-lo. Assim também, onde quer que a mulher citada acima quiser tomar marido, terá o poder e a liberdade de fazê-lo. E se, a partir de hoje, um de nós tentar agir contra esta carta ou questionar suas disposições, pagará ao ex-cônjuge uma soma de tantos soldos a título de indenização legal de acordo com o juiz. Nada obterá do que reclamar. Esta carta permanecerá em vigor pelos anos vindouros.

A Igreja teve, pois, de tolerar o divórcio por mútuo consentimento e, particularmente, aqui o divórcio iniciado pela mulher, mesmo que os bárbaros o considerassem imoral e escandaloso. Tendo em vista outros testemunhos posteriores e que vão até o século VIII, é evidente que se tratava de favorecer determinados casos delicados. Por trás do desentendimento podiam se esconder espancamentos da esposa, seu desejo de ingressar na religião, a impotência do marido, sem contar a influência das concepções pagãs, adultério, esterilidade da mulher, lepra etc. Mais adiante veremos as causas de tais comprometimentos.

Ora, desde o dia em que a Igreja pôde introduzir na realidade social a proibição total do divórcio — quer dizer, a partir do reinado do imperador Luís, o Piedoso (814-840) —, ela colidiu com novos comportamentos privados. Os francos, que haviam sido instalados por Carlos Magno em colônias militares no sul, ali tomaram esposa. Voltando à Austrásia, tomaram outra. Muitos achavam normal manter as duas ou repudiar uma delas segundo seu próprio interesse. Na alta nobreza em particular — em que o aspecto social e político do casamento tornava-se cada vez mais importante, em que a endogamia sempre constituía uma vantagem reforçando a solidariedade da família ou da parentela, em que o rompimento de aliança com um clã nas guerras civis que eclodiram a partir de 830 podia ser facilmente resolvido com o repúdio, deixando à mulher seus bens próprios e sua *morgengabe* —, a monogamia e a indissolubilidade tornaram-se prisões intoleráveis para os nobres. Em seu relato épico sobre o cerco de Paris pelos vikings em 885, Abbon de Fleury avalia que uma das causas dos sucessos dos escandinavos residia no gosto imoderado dos nobres pelas mulheres e em seus numerosos casamentos com parentas. A relação de causa e efeito talvez não seja evidente, mas isso não anula a realidade dessas uniões múltiplas. Hincmar, arcebispo de Reims (840-882), não hesita em mostrar que meio elegante alguns grandes proprietários encontraram para se livrar de uma esposa molesta porque única. Mandavam-na inspecionar as cozinhas, onde, entre um porco e outro, o escravo açougueiro devidamente a degolava. Após o pagamento da indenização por homicídio à família ofendida, esse "divórcio à carolíngia" permitia um segundo casamento perfeitamente legal no plano religioso, pois o marido era viúvo.

Na realidade o grande obstáculo à indissolubilidade do casamento era, entre os germanos, uma prática poligâmica bem arraigada e, entre os galo-romanos, um contínuo concubinato com as escravas. Vejamos este último ponto. Todas as leis condenam e punem com multa o estupro, o rapto ou a união com uma escrava, mesmo com o consentimento da mulher, quando ela pertence a outro, pois se trata de um atentado à honra e ao capital do amo. Porém nada obsta a união do senhor com sua própria escrava. Esclarece-se apenas que não se trata de casamento, mas de concubinato. No direito romano, se o senhor não libertasse a criança nascida desse "amor", ela se tornaria escrava e, de qualquer forma, o filho de uma união entre uma pessoa livre e uma escrava tinha a mais baixa condição. Só o casamento permitia conservar a liberdade. Em suma, gerar filhos em escravas constituía, portanto, uma prática habitual em todos os níveis sociais e em todas as populações, galo-romanas ou germânicas. Em compensação, o regime poligâmico foi próprio dos recém-chegados, os francos, sem esquecer os vikings, que praticaram na Normandia até o século XI o que se convencionou chamar de casamento "à dinamarquesa" (*more danico*). Já vimos que tudo impelia à endogamia entre os germanos e que ninguém tinha interesse em tirar uma moça de uma parentela para fazê-la entrar em outra, pois ela levava consigo seus bens pessoais. Também os pais escolhiam para seu filho uma esposa oficial próxima da linhagem. Mas o marido podia tomar esposas de segundo nível, de condição livre, para reforçar os vínculos carnais já existentes. Elas eram chamadas *friedlehen*, penhores de paz. Enfim, sempre restava a possibilidade da ou das concubinas escravas. No total, havia um só casamento, porém várias mulheres. Oficialmente havia monogamia; na prática havia poligamia. Com efeito, essas mulheres tinham cada vez menos direitos à medida que passavam de esposas oficiais de primeiro nível a concubinas de segundo nível, as *friedlehen*, e a concubinas de terceiro nível, as escravas. Só a primeira esposa tinha todos os direitos, e seus filhos, a capacidade sucessorial. Sendo repudiada, a *friedlehe* partia sem dote. Seus filhos eram tidos como livres porém bastardos, sem direito a herança, a menos que a esposa de primeiro nível fosse estéril, e isso constituía uma inegável vantagem aos olhos dos contemporâneos. Quanto às escravas, seu único poder era o que lhes conferia a paixão amorosa do senhor. Se garantia o futuro, esse complicado sistema poligâmico tinha o inconveniente de desencadear terríveis batalhas de mulheres para obter o coração do homem... e o poder.

Essas batalhas de gineceu interessavam sobretudo à nobreza e às famílias reais. Ora tiveram consequências políticas catastróficas por causa da patrimonialidade do reino, ora se rebaixaram ao nível de sórdidos fatos corriqueiros. A partir de Clóvis quase todos os reis merovíngios tiveram várias mulheres. Clotário I (511-561), ao qual a esposa pedia que encontrasse um bom marido para sua irmã Aregunda, não achou nada melhor que torná-la sua concubina. Aqui a poligamia se complicava com o incesto no sentido amplo do termo. Teodeberto (543-548) tomara como concubina livre Deotéria, uma matrona romana de Béziers. Ela havia tido uma filha do primeiro casamento. Depois de alguns anos esta se tornou uma bela moça. Temendo que a filha lhe roubasse o favor do rei, Deotéria colocou-a num carro de bois que lançou no Meuse, em Verdun. Todos conhecem a célebre querela entre Brunehaut e Fredegunda, mas ninguém insiste no fato de que a guerra desencadeada por elas e que durou de 573 a 613 se deveu a um assassinato, o de Galeswinthe, esposa oficial de Chilperico e irmã de Brunehaut. Na verdade, Chilperico se apaixonara de tal modo por sua escrava Fredegunda que não hesitou em mandar estrangular a esposa para colocar no lugar esta sua favorita. Não nos esqueçamos de que a dinastia carolíngia foi fundada por um bastardo, Carlos Martel, filho de uma concubina que primeiro teve de lutar contra a sogra viúva e impedi-la de governar por intermédio dos netos. Foi o filho de uma concubina de Carlos Magno — Pepino, o Corcunda — que em 792 fomentou um regicídio duplicado de parricídio — aliás o último que a história francesa conheceu até Henrique III, em 1589. E não nos esqueçamos, enfim, de que Carlos Magno, esse mulherengo insaciável, teve quatro esposas oficiais sucessivas de primeiro nível e no mínimo seis concubinas. Com muita frequência a irmã, a prima ou a sobrinha de uma concubina aumentava o redil do senhor. Com a morte deste, ela passava ao leito de seu sucessor. Para a Igreja, que nada pôde fazer durante muito tempo, tratava-se de um duplo ou triplo incesto.

Também, para suprimir essa poligamia endogâmica, a Igreja retomou todas as vãs interdições dos concílios merovíngios sobre indissolubilidade e monogamia. Ampliou-se no Concílio de Mainz, em 813. A partir dessa data o casamento consanguíneo tornou-se proibido até para os primos em segundo grau. Tal legislação suscitou inumeráveis protestos. O mais grave partiu de Lotário II, rei da Lotaríngia, futura Lorena, que, não tendo filho de sua esposa Theutberge, quis repudiá-la para se casar com sua concubina, Waldrade, que lhe dera um filho. Esbarrou na intransigente oposição de Hincmar, arcebispo de Reims, e do papa Nicolau I. Como boa esposa preocupada com a sucessão, Theutberge confessou falsamente que fora violada e sodomizada pelo irmão, abade de Saint-Maurice d'Agaune, julgando que assim anularia o casamento por uma concepção pagã de impureza somada a incesto, porém de nada adiantou. Sem herdeiro, a Lorena foi dividida entre os tios. Pela primeira vez uma regra de vida privada — a proibição do divórcio — prevalecia sobre uma razão de Estado.

Na verdade a monogamia e a indissolubilidade só se tornaram prática geral no século X, primeiro entre o povo, depois no seio da nobreza, primeiro entre os galo-romanos, depois entre os francos. Os meridionais realmente parecem ter um comportamento muito diferente entre a época merovíngia e a carolíngia. No século VI, por exemplo, Gregório de Tours descreve um episódio que devia ser usual:

> O conde Eulálio tinha por mulher Tetradia. Mas esse homem fazia das escravas suas concubinas e passou a negligenciar a esposa; ao voltar do encontro com uma de suas prostituídas, dispensava-lhe os mais duros tratamentos [...]. Enfim, essa mulher colocada no meio de tais extremos e despojada de toda a honra de que desfrutara, tomou-se de concupiscência pelo sobrinho de seu marido, chamado Vir [...]; este prometeu unir-se a ela em casamento, porém, temendo a inimizade do tio, enviou-a para o duque Didier com a intenção de esposá-la mais tarde. Ela levou toda a

fortuna do marido, tanto em ouro como em prata e roupas e tudo que se podia carregar [...]. Aplacada a dor, Eulálio esperou um pouco, depois se precipitou sobre o sobrinho e o matou. Então Didier se casou com Tetradia. Eulálio então raptou de um mosteiro de Lyon uma jovem que esposou, mas suas concubinas, levadas ao que se diz pelo ciúme, tiraram-lhe o senso por meio de malefícios.

Esse relato contém tudo, em matéria de distúrbios da vida conjugal: concubinato eventual com o sobrinho, apropriação dos bens móveis do marido, assassinato do subornador, rapto de uma monja e, para terminar, loucura sexual desencadeada pelos talismãs das concubinas, que ficaram com a última palavra. Parece que nos séculos IX e X o mundo galo-romano meridional abandonou tais práticas, pois nenhuma fonte as menciona. Por certo o concubinato com as criadas, fenômeno inerente a toda sociedade rural, continua, porém o divórcio e a poligamia desapareceram.

AMOR, PAIXÃO DESENFREADA

Tentemos agora compreender o que era o sentimento amoroso na Alta Idade Média. Uma primeira constatação se impõe. Nenhum texto, de origem leiga ou clerical, emprega o termo *amor* num sentido positivo. Sempre se trata de uma paixão sensual, irracional, destrutiva. Pode aplicar-se tanto aos amantes como às relações entre pais e filhos. Nunca, pelo que sei, o termo amor se aplica ao casamento oficial. Para designar o sentimento amoroso conjugal, o papa Inocêncio I (411-417), dirigindo-se ao bispo Victrice de Rouen, chamou-o de *charitas conjugalis*, expressão difícil de traduzir, pois visivelmente se trata de graça conjugal e, ao mesmo tempo, uma mistura de ternura e amizade. Outros falam em *dilectio*, amor de escolha e respeito. No século IX, Jonas de Orléans constantemente usa *caritas* para designar o amor conjugal, que comporta ao mesmo tempo uma *honesta copulatio* — união carnal honrosa e comedida —, fidelidade e dedicação sensível e desinteressada. Não se trata de voto piedoso, de literatura moralizante ou de utopia cristã, mas de um verdadeiro combate para diminuir a prática usual de um amor feito de desejo violento. Essa nova concepção entra na prática de alguns leigos cultos. O *Manual* que Dhuoda, esposa do marquês Bernard, endereça a seu filho Guilherme revela perfeitamente tal sentimento respeitoso e terno com relação ao marido, mas ardente com relação ao jovem: "Eu, tua mãe, cujo coração arde por ti, meu primogênito". Aqui amor conjugal e amor materno formam um só. Em Eginhard, contemporâneo de Dhuoda, que perdeu a esposa em 836 e acabava de escrever a biografia de Carlos Magno, constatamos melhor ainda, conforme observou Stéphane Lebecq, como sua viuvez revela a profundidade de um sentimento amoroso inscrito em toda a sua pessoa, corpo e coração. Numa carta a seu amigo Loup, abade de Ferrières, ele revela esse amor de dileção por aquela que ao mesmo tempo foi sua mulher, irmã e companheira. Dor, tristeza, melancolia quase o lançaram em depressão nervosa, não obstante sua fé na ressurreição. Diante de uma análise psicológica tão arguta do choque resultante da perda de uma esposa bem-amada, não podemos negar que realmente se viveu o amor conjugal cristão. Já não é o casamento puro e desencarnado dos dois amantes citado por Gregório de Tours que relembrei anteriormente. Não se trata mais de um sonho de monge que odeia a carne ou de casais, como Melanie e Pinien, no século V, que, depois de cumprir o dever da procriação, alegremente se apressam em separar-se para enfim desfrutar do casamento místico com Deus na prece monástica. Trata-se, sim, de homens e mulheres que vivem as dificuldades e as alegrias de um amor físico e espiritual. Entretanto não tenhamos ilusões: com toda a evidência são casos excepcionais.

Agora compreendemos melhor por que a palavra amor sempre é extraconjugal na Alta Idade Média. Não se trata de nenhuma influência dos *Amores* de Ovídio sobre os autores da época, pois essa obra era então pouco conhecida, mas de uma convicção profunda de que o amor equivale a um irresistível impulso dos sentidos, um desejo devorador de origem divina, dizem os pagãos, satânica, afirmam alguns cristãos, e que de qualquer maneira só pode ser destrutivo e subversivo. Tal convicção estava arraigada tanto nas escolas como nas mentalidades germânicas. Um exercício escolar recentemente editado por Jean-Pierre Devroey, que o descobriu num manuscrito do século XI numa abadia belga, descreve os exageros e os contrários das virtudes teologais. O que redunda em: "amor, desejo que procura açambarcar tudo; caridade, terna unidade; ódio, desprezo pelas vaidades deste mundo". O amor é, portanto, o contrário da caridade, seu negativo. Para os germanos outro termo qualifica esse impulso irracional e possessivo, a *libido*. É sempre coisa da mulher. Gregório de Tours, como vimos, já o empregava para a pobre mulher abandonada pelo marido que se tornou bispo, Urbicus, bem como para Tetradia. Em 517, o rei burgúndio Sigismundo editou uma lei especialmente a propósito de uma viúva, Aunegilde, noiva de um certo Frédégiscle com o consentimento dos pais e dela mesma. Ora, "incendiada de ardente desejo (*libido*), ela rompeu a promessa feita diante do tribunal e correu a levar a Baltamod não tanto seus votos como sua vergonha". Teria merecido a morte, se a graça real, concedida por ocasião das festas da Páscoa, não a salvasse. Assim também toda viúva que, "livre e espontaneamente, vencida pelo desejo (*libido*), se uniu a alguém e o fato se tornou conhecido", perde seus direitos e não pode mais se casar com o homem em questão. Atitude vista como um ato vil, indigno do casamento, uma verdadeira mácula. O amor é destruidor. Reforça essa crença profunda, como vimos com relação às concubinas do conde Eulálio, a arte secreta dos malefícios, poções de ervas e filactérios e outras receitas mágicas que retêm o amor do marido ou provocam o do homem que se deseja conquistar — arte exclusivamente feminina. Aliás, as mulheres não são a propriedade do cosmo, forças infernais e noturnas, pois, como a Lua, têm um ciclo de 28 dias? Que terror se apodera das populações durante um eclipse lunar! O mundo vai parar, as mulheres não terão mais filhos. É preciso fazer toda uma série de barulhos para ajudar a Lua a sair das trevas. Crença e cerimônia, intituladas *vince luna* — "Lua, a ti a vitória" —, foram condenadas pelo Concílio de Leptines em 743; contudo, apesar de intelectualmente bem armado pelo opúsculo de Isidoro de Sevilha, *De natura rerum*, para explicar de maneira científica os eclipses lunares, o clero teve de se esforçar muito para fazer triunfar a noção da mulher como ser humano e não cósmico. De fato, o Concílio de Leptines esclarece que alguns acreditam "que as mulheres se entregam à Lua para poder tomar o coração dos homens como os pagãos". Para muitos a mulher continuava um mistério, ora benéfico, ora maléfico, fonte de felicidade e de desgraça, pureza assustadora mas impureza destrutiva. Para aplacar a angústia e os deuses, oferecia-se aos jovens nubentes uma taça de hidromel, álcool resultante da fermentação do mel. Esse tranquilizante, euforizante, antifiltro de amor, ao mesmo tempo forte e suave, devia lhes dar a coragem de penetrar os mistérios da carne. Daí provém a expressão muito reveladora "lua-de-mel", essa inevitável fase de fusão dos cônjuges, essa impressão de coincidência com o mundo no desaparecimento de si mesmo no outro que todos os jovens nubentes conhecem. Assim se exorcizavam os furores do amor para viver outras luas e salvar a ordem do mundo.

Esse longo itinerário, ainda pagão, do corpo ao coração mostrou-nos, pois, que o nu era sagrado e que o leito comum constituía o santuário da procriação e do afeto. Mas esse corpo venerado também é detestado; estupro, castração, tortura permanentemente o ameaçam, sem contar as inumeráveis enfermidades físicas ou mentais. Esse corpo adorado ou execrado, afligido pelos micróbios e pela angústia, obcecado pela sobrevivência, é o de uma população jovem na qual o velho ocupa pouco espaço, mas na qual tudo deve ser feito para proteger a mulher casada em idade de procriar. A criança é, pois, um bem precioso, não obstante seu desaparecimento sempre ameaçador. A parentela dirigida pelo chefe de família tem por objetivo proteger todos os fracos — homens sozinhos, mulheres casadas, crianças, escravos etc. É sempre o pai e sua esposa que decidem o noivado da prole. Os jovens nada podem fazer, e a noiva deve obrigatoriamente ser virgem para que a descendência seja autêntica e o sangue, puro. A fim de evitar o contrário, faz-se de tudo para impedir o rapto, o incesto, o adultério e, de modo menos claro, o divórcio. Porém a endogamia e a poligamia marchavam no sentido inverso e permitiam manchas horríveis, que deviam ser purificadas a ferro e fogo ou lançadas na lama e na água. A noção de impureza aplicava-se sobretudo à mulher, ainda que o homem fosse o autor de numerosos delitos sexuais. Vista como a fonte e a origem do amor, essa loucura destrutiva dos sentidos, ela devia ser arrancada ao cosmo ou pelo menos ao mundo mau, para viver com dignidade uma doce relação conjugal e materna, construtiva da sociedade. Assim se explica a posição da mulher, e da família em geral, pela sacralidade do corpo e pela exorcização dos sentidos, mas, para compreender por que a mulher e a criança deviam ser sempre protegidas, devemos agora explicar o papel do homem e a onipresença da violência privada.

A VIOLÊNCIA E A MORTE

"Nessa época cometeram-se muitos crimes", diz Gregório de Tours com relação ao ano de 585, pois, acrescenta o biógrafo de são Léger com relação ao ano de 675, "cada qual via a justiça em sua própria vontade". Não haveria melhor maneira de dizer que a violência se tornou um assunto estritamente privado e que, se o parto representa toda a feminilidade, o homicídio constitui a virilidade. Cabe aqui desmontar, peça por peça, o mecanismo que leva da agressividade, qualidade indispensável, à violência destrutiva e à morte; dos jogos inocentes à caça, às rixas, à paz dos cemitérios e ao imaginário do além.

A EDUCAÇÃO DA AGRESSIVIDADE

Se a educação intelectual do menino nas escolas monásticas ou catedrais não é mais, exceto o ensino com preceptor, um ato da vida privada, o esporte e a caça são aprendizados sempre internos à família. Geralmente começam depois da *barbatoria*, cerimônia que se segue ao primeiro barbear do rapaz. O crescimento do pêlo constitui a prova de que uma das qualidades fundamentais do homem, a agressividade, poderá ser cultivada. De fato, os francos só conseguiram vencer o Império Romano cultivando incessantemente as virtudes militares. Aliás, a palavra "franco" deriva do alto alemão antigo *frekkr*, que significa ousado, forte, corajoso. Também, desde a idade de catorze anos e até antes, nadar, correr, marchar e montar a cavalo são esportes que o menino aprende bem depressa, pois são indispensáveis. Deveríamos dizer saltar a cavalo, pois, não havendo estribo, até o século IX é preciso tomar impulso, pular com as pernas separadas e as mãos juntas na garupa do animal como hoje no cavalo com sela. Para descer, depois de abaixar uma perna, o cavaleiro se deixa cair no chão com os pés unidos. Bem cedo, portanto, estabelecem-se vínculos particulares entre o homem e o animal doméstico. E às vezes são tão fortes que em 793, durante um ataque muçulmano contra Conques, um jovem aristocrata aquitano, Datus, preferiu conservar sua montaria a trocá-la por sua mãe prisioneira. E os inimigos arrancaram os seios desta, depois lhe cortaram a cabeça sob os olhos do filho, horrorizado um pouco tarde demais. Tinha-se o mesmo apego à espada dada pelo pai ou pelo senhor após a cerimônia da sagração, prática que parece muito antiga. O termo francês *adoubement* deriva do verbo francônio *dubban*, "bater". Ao terminar o aprendizado militar — manejo da espada, do arco, do machado, que, bem lançado, podia arrebentar o escudo do inimigo antes da investida final —, o pai, de sangue ou adotivo, mandava o jovem se ajoelhar a sua frente e batia-lhe no ombro violentamente para testar-lhe a resistência. A sagração era um rito de passagem: garantia que o rapaz agora sabia combater e matar para proteger sua parentela. As verdadeiras batalhas podiam começar. Parece que os jogos não tinham importância nenhuma, a não ser os de dados, que os aristocratas galo-romanos conhecem na época de Sidônio Apolinário, no final do século V, e sobretudo o xadrez, que todos os nobres celtas e germanos praticam, pois ainda se trata de um aprendizado de estratégia e tática militares.

A caça continuava sendo o treinamento mais importante, atividade ideal para se aprender a matar animais de grande porte e agarrar presas pequenas. Instaurava-se uma dupla relação de familiaridade e amizade com os animais domésticos que ajudam a caçar, de hostilidade e agressividade em relação ao mundo selvagem, inculto ou não cultivado. Esse mundo misterioso e vazio de homens desde o século VII era chamado *for-estis*, termo do qual deriva o francês *forêt* [floresta], que no sentido primitivo designa a natureza selvagem exterior (*for*) à dominação humana. Na mente dos francos essa natureza só pode ser domada pela violência no momento em que se encontra mais descoberta, no outono, quando a vegetação enfraquece e os jovens já não precisam da mãe. Então se estabelece essa rivalidade entre o homem e o animal que permite saber se a lei do mais forte é a da natureza ou a da cultura, a do instinto ou a da inteligência. A finalidade da caça não consiste apenas em abastecer as cozinhas, mas também em treinar para a guerra, para a arte de matar. E muitas vezes o homem é a vítima. Foi durante uma caçada em 675 na floresta de Bondy, a leste de Paris, que o rei merovíngio Childerico II de caçador se tornou caça: rebelados sob a liderança de Bodilon, os nobres o degolaram como a um cervo, sem esquecer a rainha Bilichilde, apesar de grávida. Ao contrário, Carlos, o Menino (apodo revelador da precocidade desse aprendizado), filho de Carlos, o Calvo, morreu em 864 em consequência de um acidente de caça, assim como seu sobrinho Carlomano III, em 884, ferido por um javali. Quanto ao irmão deste último, o rei Luís II, vencedor dos vikings dois anos antes, achou melhor caçar uma presa muito mais doce, uma jovem, que correu a se esconder em sua cabana. Esquecendo-se de que cavalgava, o rei entrou a galope na choupana e quebrou o crânio como se fosse um ovo de encontro ao dintel evidentemente muito baixo. Os prazeres da caça tinham seus reveses.

Essa guerra entre o homem e o animal tinha a vantagem de proporcionar não só o prazer de matar, mas também a intimidade com o animal doméstico, cujo instinto devia ser treinado pelo homem. Na caçada a cavalo, os galo-romanos utilizavam cães de dois tipos, os umbros e os molossos, talvez o equivalente aos cães de corrida e aos dogues que agarravam a presa pelo pescoço. Os burgúndios empregavam o *vautre*, um cão rápido, o *segusiave*, que liderava a perseguição, e o *petruncule*, talvez outra espécie de dogue. Quem roubasse um cão era condenado a beijar-lhe o traseiro em público; caso se recusasse a tal desonra, devia pagar cinco soldos ao proprietário e dois soldos de multa. Entre os francos a soma era bem maior: quinze soldos. Um cervo doméstico roubado apesar da marca do dono, impressa a ferro em brasa, "valia" 45 soldos. Com efeito essa velha prática céltica, hoje intitulada "caça a gamo", consistia em esconder atrás das árvores e de redes em forma de U um cervo, preso por uma correia, que na época do cio se punha a bramar, infalivelmente atraindo corças e outros cervos. Igualmente preciosas eram as aves de rapina, de adestramento ainda mais difícil. Os francos infligiram quinze soldos de multa a quem roubasse um falcão do poleiro, portanto prestes a ser utilizado, e 45 soldos caso se tratasse de um falcão trancado na gaiola — o mesmo que por cervo amestrado e três vezes mais que por um escravo. Sempre para desencorajar tal roubo, os burgúndios acharam solução melhor: o falcão roubado devia devorar cerca de 1,5 quilo de carne fresca sobre o peito do ladrão. Daí a furar um olho era só uma bicada.

Essa paixão pela caça e pelos animais caçadores era comum a todas as populações da Gália merovíngia e carolíngia. Num capitular, Luís, o Piedoso, determinou que, quando um indivíduo não pudesse pagar o *wergeld* (indenização por morte) em dinheiro e quisesse pagá-lo em objetos, devia-se colocar fora de qualquer comutação a espada ou o gavião do culpado, pois este dava tal valor afetivo a seus dois companheiros indispensáveis nos bons e nos maus dias que exagerava o preço real. Como o cavalo, trata-se de objetos e animais necessários à sobrevivência e cujo valor supera qualquer vínculo familiar. Em contrapartida, duas armas de caça parecem menos valorizadas por seus proprietários, apesar de essenciais: o arco e a lança. O primeiro é utilizado, com a aljava cheia de flechas, para atirar numa ave em pleno vôo. Sidônio Apolinário mostra Teodorico II, rei dos visigodos (451-462), cavalgando na caça às aves; contudo ele só atira com total segurança e recebe o arco armado por um escudeiro que o acompanha. Avitus, um senador de Auvergne que se tornara imperador romano, utiliza a lança em 456, mas precisa descer do cavalo e, a pé, cravar a arma num javali, a caça mais perigosa que havia. Provavelmente essas duas armas deviam ser mais baratas e fáceis de fabricar. Não permitiam criar essa relação de afetividade que nascia da lembrança dos golpes bem desferidos com a espada franca, maravilha de flexibilidade e de corte, ou dos anos passados em adestrar o cão fiel ou o pássaro que nunca perdia a presa. Uma relação privilegiada de conivência se estabelecia entre o homem e o animal, ambos caçadores.

Outra relação se criava com o animal selvagem, mais complexa, feita ao mesmo tempo de medo e imitação. O lobo era então habitual nos campos. Quando o inverno era muito rigoroso, chegava a entrar, esfaimado, nas cidades fortificadas, como fez em Bordeaux, em 585, onde devorou cães. No Capitular *De villis*, do começo do século IX, Carlos Magno ordenou a seus monteiros que cavassem fossos para apanhar os lobos e, principalmente, no mês de maio, os filhotes de lobos. Frotário, o bispo de Metz, escreveu ao imperador Carlos Magno, cujas florestas elogiara: "Matei mais de cem lobos em vossas florestas"... A caça ao lobo era tão usual que entre as armadilhas colocadas "no deserto" — quer dizer, fora das terras cultivadas — havia uma composta de uma isca com um arco estendido; bastava tocá-la para disparar a flecha que matava o imprudente, animal ou homem. A fim de evitar esse tipo de acidente, a lei dos burgúndios estabelecia que três marcas indicassem a armadilha, uma no chão e duas no ar. É evidente que o lobo aterroriza as populações e parece tão perigoso quanto o javali, que, muito agressivo quando atacado, resiste e pode ferir gravemente com o focinho. Caçá-lo é tão difícil que quem roubar ou matar um javali perseguido por outros caçadores deve pagar quinze soldos. Mas nunca se fala de uma fêmea de javali morta em caçada. Ao contrário do macho, que ataca de imediato, a fêmea foge correndo, sem nunca parar. Como os francos não seriam tentados a estabelecer um paralelo entre esses machos agressivos e o homem, por um lado, e entre essas fêmeas, sempre fugitivas protegendo a prole, e a mulher, por outro lado? A natureza animal literalmente ditava aos humanos os papéis masculino e feminino, agressão e ternura, superioridade e inferioridade.

Do medo passava-se facilmente ao mimetismo. Depois da segunda metade do século V, os aristocratas galo-romanos e até o povo começam a abandonar o sistema de atribuição às pessoas de três nomes. Tomam apenas um. Os francos faziam a mesma coisa e escolhiam nomes compostos de dois radicais. Muitas vezes, a fim de atrair para a criança as qualidades do animal selvagem admirado, o nome composto identificava a este o futuro adulto: *Bern-hard*, urso forte, originou Bernardo; *Bert-chramn*, corvo brilhante, hoje é Bertrand; ou ainda *Wolf-gang*, o que anda como um lobo, ou seja, silenciosamente.

Como o nome é o homem, pouco a pouco os galo-romanos adotaram o mesmo modo de pensar. O duque Lúpus (lobo) tinha um irmão, Magnulfus (*magnus wolf*, grande lobo), e dois filhos, Jean e Romulfus (lobo romano, sutil alusão latino-germânica às origens de Roma). Depois, ante o sucesso dessa antroponímia no norte do Loire, os meridionais paulatinamente adotaram os nomes germânicos de consonâncias guerreiras e animais, até mesmo entre o clero. Enquanto no século VI só 17% dos bispos têm nome germânico ao sul da linha Nantes-Besançon, no século VII, 67% dos responsáveis por dioceses adotaram essa moda. Ela é reveladora da ascensão geral da agressividade na sociedade merovíngia e, ao mesmo tempo, da generalização da caça. Por certo nem todos os nomes de sonoridade germânica são totens para cultos antropomórficos, e o desconhecimento do significado exato desses termos devia ser quase geral fora das áreas de povoação franca. Basta ler as condenações repetidas por todos os concílios merovíngios e carolíngios contra os membros do clero que portam armas e caçam com cães e falcões para concluir que a arte de matar se tornara uma paixão avassaladora que atingia até quem deveria ter nascido para ser um pacato pastor. Desde a época da independência, no século VIII, o corpo episcopal da Aquitânia era famoso por sua habilidade em manejar a lança. Se essa realidade se atenua um pouco no século IX, Jonas de Orléans contudo protesta contra as pessoas que amam a caça e os cães a ponto de negligenciar a si mesmas e aos pobres. "Para matar animais que não alimentamos, os poderosos espoliam os pobres." Tais críticas não produziram efeito, pois a caça era ao mesmo tempo um exutório e um estimulante dos impulsos agressivos. Quando os vikings sitiaram Paris, em 885, alguns defensores levavam seu gavião, como outros hoje teriam seu lenço, e o combatente mais ardoroso, de capacete e couraça, espada em punho, desferindo golpes mortais sobre os pagãos, era Gozlin, o bispo da cidade.

Para encerrar essa parte sobre tal amor-paixão, tais medos e receios com relação ao animal, mencionemos mais dois pontos bastante elucidativos. O artigo 36 da Lei Sálica prevê que, se um quadrúpede doméstico matar um homem, seu proprietário pagará a metade da indenização prevista para um homicídio e o animal será entregue ao queixoso da parentela. Tal prática, que esteve na origem dos processos de animais na Idade Média, mostra bem a profunda crença na capacidade destrutiva do animal, mundo obscuro de violência que se deve dominar. Não se trata apenas de provar que o culpado é um animal para evitar suspeitas sobre um homem — raciocínio sensato próprio de nossa época —, mas de ver homem e animal como cúmplices e autores do mesmo impulso de morte. Do mesmo sentimento procede o hábito dos germanos de se vestirem de peles. A aversão dos romanos pelos bárbaros devia-se ao fato de estes, como os burgúndios, não só untarem os cabelos com manteiga rançosa e cheirarem a alho e cebola, como ainda se "vestirem de peles", indiscutível sinal de selvageria aos olhos de Roma. O colete de pele difunde-se entre todas as populações, tal como a antroponímia germânica. Carlos Magno o usava como qualquer camponês no inverno, mas — detalhe significativo assinalado por Robert Delort — com a pele para dentro. Desejava-se adquirir as qualidades do animal, porém arriscar-se a parecer com ele, de pelo exposto, não seria correr o grave perigo de se ver de repente habitado pelo animal? Tendo em vista esse medo, tratava-se, pois, de rebaixar-se ao nível do animal, de adquirir essencialmente suas qualidades e sua arte de matar.

Enquanto a caça cria um elo com a morte, a pesca, ao contrário, parece curiosamente ligada à vida. Não que as pessoas não queiram comer peixe, mas a pesca simplesmente não mobiliza as energias. A Lei Sálica considera o roubo de peixes tão grave quanto o de animais caçados ou caçadores, mas evita qualquer especificação. Os guardas-florestais imperiais devem ter o mesmo cuidado tanto com os rios e viveiros como com os mercados e as coelheiras, porém desconhecemos os conflitos que podem resultar de um roubo ou de um desvio de curso de água. Quem fala em peixe acaba falando em monges. A regra de são Bento determina: "Quanto às carnes de quadrúpedes, todos devem abster-se de ingeri-la, exceto os enfermos muito debilitados". O jejum litúrgico da Quaresma e da sexta-feira provocou entre os leigos a imitação do comportamento habitual dos monges, ou seja, comer peixe nesses dias. Lentamente o consumo de peixe de mar desenvolveu-se no século X a ponto de se tornar mais importante que o peixe de água doce; entretanto, no simbolismo alimentar e social o peixe permaneceu marcado pelos que o haviam lançado como alimento de paz de homens sem armas — os monges — e sobretudo por suas origens aquáticas, fonte da vida ligada ao mundo feminino. No limite, a pesca é vista como uma anticaça, uma atividade afinal aviltante e pejorativa, da qual a nobreza não poderia se ocupar.

A MORTE PARA O FOGO E O ROUBO

A associação caça-pesca, masculino-feminino etc. pode opor-se à do roubo e do incêndio, dois atos privados fundamentais na escalada da violência. A Lei Sálica foi obviamente redigida por velhos sábios obcecados pelo roubo. De setenta artigos pelo menos 22 — praticamente um terço — referem-se de algum modo a esse delito. A lei dos burgúndios, ao contrário, dedica ao assunto apenas treze artigos em 105. Detalhes desse tipo permitem avaliar como a prática da propriedade imobiliária privada era mais antiga entre os burgúndios e os godos em geral, enquanto, para os francos, a propriedade móvel privada era o essencial, a prova da riqueza, o instrumento da aparência. A minúcia na previsão dos delitos chega às raias da mania. Assim, passamos dos porcos aos bovinos, dos carneiros às cabras, dos cães às aves de caça — às quais se acrescentam o galo, a galinha, o pavão doméstico, o ganso, a rola e qualquer pássaro pego em armadilha. Em seguida vêm os roubos de colmeias ou de enxames de abelhas, na época únicas fontes de adoçantes, e de toda espécie de escravos, porqueiros, vinhateiros, escudeiros, ferreiros, carpinteiros, ourives etc. Em suma, como vemos, o legislador vai do roubo mais comum ao mais raro. Ao mesmo tempo nos fornece a hierarquia do valor dos bens. É surpreendente: 45 soldos por um pote de mel roubado, mas apenas 35 por um escravo ou uma égua; 62,5 se o escravo for um artesão qualificado. Só conta o valor utilitário; o valor do homem em si não existe. O cavalo que puxa um carro e o garanhão, ambos muito apreciados, "valem" 45 soldos, mais que um escravo comum. Tudo parece oportunidade de roubo: a sineta de uma porca ou o cincerro de um animal que conduz o rebanho, a farinha no moinho, ou ainda uma peça da aparelhagem da mó, uma rede de pescar enguia, um tonel de vinho, feno etc. Ergue-se a nossa frente o quadro de uma rude sociedade em que nada deve ser esquecido, em que a menor falta se torna uma ofensa pessoal, onde, como assinalei, o roubo em flagrante delito acarreta a pena de morte e o roubo cometido por um escravo, 120 ou 150 chibatadas, a tortura ou a castração, pois não se deve perder o capital, ainda que o dito indivíduo não valha mais que doze ou 25 soldos no mercado! Seria fácil demais emitir um julgamento moralizante, à maneira do clero cristão da época. Na realidade, trata-se de regularizar as relações entre francos, em função de sua concepção da riqueza e da inveja que desencadeia os pequenos roubos, em face de uma diferenciação social ascendente que cada vez mais afasta entre si os guerreiros primitivamente iguais e suscita o surgimento de parentelas mais poderosas que outras. Essa regulamentação draconiana tem como principal objetivo distinguir o butim e a razia, roubos legais às custas do inimigo, do roubo-delito, gerador de guerra entre os próprios francos. Divididos entre a guerra e a terra, esses soldados-camponeses não conhecem a diferença entre violência exterior e roubo ou violência interior. Podem se matar por nada. Prova disso é que, entre os burgúndios, os roubos que mencionamos e que parecem tão importantes para os francos são qualificados como menores e punidos com três soldos de multa. O único roubo importante é o de uma relha de arado ou de uma parelha de bois com o jugo. A condenação para o culpado é a escravidão. Aqui, portanto, destaca-se a importância da propriedade de terras privadas. (E com maior razão entre os galo-romanos, cujos textos jurídicos transbordam de problemas de marcos deslocados, atos de venda falsificados, títulos de propriedade queimados, terras invadidas etc. Mas isso nos afasta de nosso propósito, pois não se trata de assuntos privados, e sim de assuntos da alçada do notário.) Ademais, os bandoleiros, os ladrões — *latrones*, também chamados em gaulês *bagaudes* ("aqueles que se agrupam") —, frequentaram os campos gauleses desde o século V até o X. Por seus roubos e arrombamentos, esses grupos marginais eram condenados à escravidão ou à repressão oficial e à morte pelas tropas reais. Esses "celerados" que não temiam nem suplícios nem punições faziam pesar sobre a vida privada de todos uma atmosfera de angústia e inquietação e contribuíam para que cada um se trancasse em casa.

Se o roubo era visto como um ataque contra a pessoa, o incêndio atentava contra a comunidade familiar e a parentela. Traumatizava as pessoas ainda mais. Nada era mais fácil que atear fogo a uma casa coberta de palha, a um estrado para tamisar o sal, a um celeiro, um chiqueiro, uma estrebaria etc. A Lei Sálica prevê multas pesadas para quem cometia tais atos enquanto os moradores dormiam; devia pagar uma indenização sobre cada morto e cada sobrevivente. Como se vê, o incendiário não é atingido em sua pessoa. Em contrapartida, a lei romana o punia com o exílio se era nobre ou com os trabalhos forçados nas minas se era homem livre. Caso tivesse acarretado danos importantes, era condenado à morte. Ora, em ambos os casos trata-se claramente de incêndio por ódio ao vizinho, pois os romanos estabeleciam uma clara diferença entre o incêndio criminoso e o fogo que se propagava por acidente. Devemos avançar na explicação e não nos limitar a colocar tal oposição no nível das civilizações. Ela jaz no fundo da psicologia coletiva. O fogo é considerado um instrumento de purificação. Quem é ameaçado ou atingido na própria casa — lugar privilegiado do bom fogo — por um incêndio acidental ou criminoso considera-se maldito ou impuro. Entre os galo-romanos e os cristãos, uma cidade em chamas — Tours por várias vezes, Bourges em 584, Orléans em 580 ou Paris em 585 — só pode estar recebendo uma punição por suas falhas ou sendo destruída pelo demônio. Deve-se, pois, encontrar um paradeiro, uma proteção. Todos colocam a casa sob o signo da cruz ou do tau. Pode haver no interior uma imagem de são Martim ou relíquias num altar privado. "Numa época em que a cidade de Bordeaux estava tomada por violento incêndio, a casa do sírio Euphrôn não sofreu o menor dano, embora fosse cercada pelas chamas", pois ele havia colocado no alto de um muro um osso do dedo de são Sérgio. Segundo o rumor público, se Paris sofreu incêndios, foi a partir do momento em que, ao limpar os esgotos, "retiraram-se uma serpente e um leirão de bronze ali encontrados e que de algum modo a haviam consagrado". Esse relato de Gregório de Tours mostra bem que o fogo pode ser demoníaco e até ctônico, subterrâneo, parte integrante das forças obscuras do cosmo. Só se pode detê-lo com esses símbolos apotropaicos de animais provenientes da terra, como a serpente e o leirão, que passam uma parte do ano sob o solo. Os francos partilhavam esse ponto de vista, mas não concordavam com os galo-romanos quanto à culpa do incendiário. Por duas razões: primeiro acham que, se o incendiário é homicida, isso remete ao problema do assassinato, fato não repreensível conforme veremos mais adiante, e, por conseguinte, incluem o fogo entre as manifestações da agressividade masculina, uma das invenções do homem. Não nos esqueçamos de que, nos cemitérios merovíngios, o homem às vezes é enterrado com seu anel oval de ferro preso ao cinto; aberto num lado, era passado nos quatro dedos da mão e servia para acender o fogo quando friccionado energicamente sobre o sílex. Às vezes também encontramos nas mãos dos mortos esses sílices talhados. O fogo aceso por fricção remetia, por analogia, a outro método, ainda mais arcaico, chamado *nodfyr*, fogo de necessidade. Com a ajuda de uma cordinha, girava-se rapidamente uma vareta dura e seca sobre uma placa de madeira mole e também seca, o que, após algum tempo, provocava o surgimento de um ponto ardente, depois vermelho, que se tornava uma chama. Tal prática passava por mágica e o fogo assim obtido, como um dom dos deuses; foi condenada em 743 pelo Concílio de Leptines — inutilmente, aliás. O fato de que os homens assim armados de um fogo sagrado pudessem se dedicar ao incêndio explica o medo reverencial com relação a eles. Era melhor não tocá-los.

Em contrapartida, sem tomar consciência verbalmente, a Igreja encontrou uma réplica para esses incendiários intocáveis. Os penitenciais sempre preveem uma penitência para a masturbação. Suave para os jovens, chega a um ano para o homem adulto e três para a mulher. Ora, como observou o célebre psicanalista Carl Gustav Jung, quase todos os incendiários são onanistas, e os casos que ele cita provam o profundo parentesco entre essas duas manifestações de procura de um calor ao mesmo tempo destrutivo e criador. Os dois atos, aliás, eram simultâneos no autor do crime. O fogo literalmente brotava do corpo. A causa alegada pelos penitenciais para essa interdição é essencialmente o excesso do desejo (*libido*), sendo o das mulheres mais importante que o dos homens — ponto de vista também corroborado por Jung. A ligação com o incêndio não se explicitava. Mas a prática masturbatória era vista como perigosa, e agora voltamos ao roubo, tido como principalmente masculino, e ao incêndio, tido como basicamente feminino, nas origens sexuais da agressividade.

HOMICÍDIO, TORTURA, VINGANÇA

Na encruzilhada do sexo e da morte encontra-se a viúva. O viúvo é um personagem desconhecido na sociedade da Alta

Idade Média, provavelmente porque não existe, devido à alta mortalidade masculina provocada pelas violências privadas e públicas. As leis germânicas fazem de tudo para impedir que a viúva se case de novo, pois, como vimos, sua *libido* é perigosa. Por isso, é preciso que ela tenha uma verdadeira independência econômica. Assim, a viúva conserva seu dote e sua *morgengabe*. Os burgúndios preveem até que, se os filhos de uma viúva se casam, herdam apenas dois terços de seus bens, para que ela não fique na miséria. Dessa forma a viúva pode se tornar uma figura poderosa e dominadora, tanto mais que lhe cabe a tutela da família. Mas, se ela se casar, cairá sob o *mundium* do novo marido. Os francos em particular obrigavam o segundo esposo a pagar à parentela da mulher três soldos de ouro, soma chamada *reipus*, ouro da maturidade. Tal pagamento demonstra que, se pode existir uma mulher poderosa e respeitada — a viúva —, ela nunca é totalmente livre, pois, incapaz de exercer a violência por si mesma, sempre precisa dos homens para exercê-la em seu benefício. Sua sexualidade desabrochada e sua riqueza ratificada a tornam ainda mais vulnerável, atraente e poderosa.

Golpes e feridas levam à morte. Nessas últimas etapas que conduzem ao assassinato, devemos primeiro nos convencer de que tais atos são proporcionais à população da época e, portanto, bem mais comuns que hoje em dia. Haja vista a cansada indiferença de um Gregório de Tours em seus relatos, os protestos horrorizados de Teodulfo, bispo de Orléans, e de Hincmar, arcebispo de Reims, em cujas poesias e sermões percebemos como a violência é cotidiana. Que os leigos se matem ainda passa; mas o que dizer dos clérigos revoltados contra seu bispo, o que pensar das freiras do mosteiro de Santa Cruz de Poitiers que maltratam sua abadessa e seu bispo, perturbam um concílio a ponto de dissolvê-lo, reúnem "um bando de assassinos, feiticeiros e adúlteras" e assaltam o próprio mosteiro? Pierre Riché cita, no século IX, o caso de um bispo de Mans que, descontente com seus clérigos, mandava castrá-los. Carlos Magno precisou interferir e depor esse louco furioso. Mas nos enganaríamos se atribuíssemos todos esses atos a um desvio mental. São práticas agressivas habituais, como o assassinato do arcebispo Foulque de Reims, no começo do século X, por instigação do conde de Flandres. Os velhos sábios proprietários da Lei Sálica desfiam uma verdadeira litania dos golpes e feridas indenizados por uma multa, o *wergeld*, ou ouro do homem. A expressão é bastante significativa: só o ouro consegue impedir que corra sangue. Por isso cada caso está previsto, do mais perigoso — aquele em que o assassino tenta atingir o outro com uma flecha envenenada — até o golpe suficiente para arrancar sangue. Três murros custam nove soldos de multa; uma mão, um pé, uma orelha ou um nariz decepados, bem como um olho vazado, cem soldos; se a mão ou o polegar não forem totalmente arrancados, a soma será inferior. A fastidiosa aritmética se complica, pois um indicador cortado — dedo que serve para esticar o arco — vale 35 soldos, enquanto o mindinho custa somente quinze. Pior ainda, alguns chegam ao ponto de arrancar a língua do adversário, "de tal modo que ele não possa falar": cem soldos de multa. É fácil perceber a causa de tamanha violência: vingança! Pois para que se dar ao trabalho de realizar uma "operação cirúrgica" tão difícil, entre os urros do infeliz e com a ajuda de amigos que o seguram, senão por um desejo profundo de anular a parte do corpo que prejudicou o agressor? Apenas esse desejo explica tal atitude, já que é mais fácil matar sozinho outro homem — o que custa o mesmo preço, exceto no caso de *antrustiões* e de convivas do rei. Cada assassinato é codificado segundo a condição social do morto, sendo as multas pagas pelo criminoso à família da vítima rigorosamente iguais tanto para um franco como para um romano. Tudo que conta é sua posição na hierarquia social, homem do rei ou simples homem livre. Pela terceira vez deparamos com essa curiosa prática franca: a morte para o ladrão, a multa para o assassino. Ela ainda é mais surpreendente quando sabemos que entre os romanos e os burgúndios todo assassinato é passível da pena de morte. Apenas o homicídio em legítima defesa acarreta, entre os burgúndios, o pagamento da metade da indenização à família da vítima, variando conforme sua condição: nobre, livre ou de nível social inferior. Devemos levar mais longe nossa explicação sobre a vingança, "essa vingança de um parente a que chamamos faida", como diz Réginon de Prüm.

Cometido um assassinato, a linhagem da vítima tinha o imperioso dever religioso de vingar essa morte, fosse no culpado, fosse num membro de sua parentela. E esta, por sua vez, devia fazer a mesma coisa. Toda a educação para a agressividade culminava nessas intermináveis vinganças privadas que às vezes se prolongavam durante séculos e que conhecemos desde Gregório de Tours, no século VI, até Raoul Glaber, no XI. De fato era absolutamente vergonhoso não vingar a família. Sabendo da própria boca do assassino que seus pais foram degolados, o jovem Sicário, apesar de romano, declarou a si mesmo: "Se não vingo a morte de meus pais, não mais mereço o nome de homem, porém o de fraca mulher". E de imediato corta com uma serra a cabeça do outro adormecido. Depois do assassinato de Chilperico, o rei Gontran exclama: "Não devemos nos considerar homens se não somos capazes de vingar tal morte neste ano!". Ainda uma vez, o homicídio equivale a virilidade. Ninguém reprova o ato de matar. Mais, este se torna hábito. "Se alguém encontrar numa encruzilhada um homem que seus inimigos deixaram sem pés nem mãos [...] e o liquidar, será punido em cem soldos." Assim também, "se alguém tirar a cabeça de um homem que seus inimigos espetaram numa estaca sem a concordância de outro [...] será punido em quinze soldos". Realmente eram muito graves esses atos, incompreensíveis para nós hoje em dia. Em ambos os casos a vítima fora assim exposta em público num lugar sagrado — encruzilhada ou estaca de cerca — para significar a execução religiosa de uma vingança privada. A interferência de um terceiro desencadeava outra série de vinganças. Três parentelas passavam então a envolver-se na mesma faida! Esses casos eram tão complicados que a rainha Brunehaut só encontrou um jeito de resolvê-los: mandar seus sectários massacrarem a machadadas os membros de duas famílias envolvidas numa faida e previamente embriagados por ela!

No entanto havia, como ressalta Sylvie Desmet, um meio muito simples de interromper a cadeia de vinganças: a indenização, o *wergeld*. Pois cada ferimento, cada pessoa era literalmente "etiquetada" com um valor bem preciso em soldos de ouro; bastava a parentela exigir o preço do homem, ou o ouro do homem, e a do assassino aceitar pagá-lo para terminar a vingança privada. Numa sociedade em que a vida humana não conta, em que só importa o dano sofrido, tal solução evidentemente era sedutora, pois, tendo em vista as enormes quantias em jogo, seguia-se um enriquecimento imediato. Contudo, muitas vezes a capacidade era varrida pelo ódio, pelo medo de ser tido na conta de covarde ou de mulher. Ainda aí a sociedade era ameaçada em seu equilíbrio se um homem não se comportava como homem. Também, com muita frequência, não se utilizava a indenização, e a vingança prosseguia cada vez mais bela.

Ainda mais: constituía uma obrigação. Lembremo-nos daqueles banquetes nos quais as pessoas se associavam, os conjurados prestavam juramento de matar este ou aquele ou de defender seus companheiros em qualquer circunstância. Os redatores que no final do século VIII acrescentaram um capítulo à Lei Sálica sabiam disso. Sentiram a necessidade de esclarecer "que quando a lei foi escrita os francos não eram cristãos. Por causa disso prestam juramento com a mão direita e sobre as armas". Aceitaram, mais tarde, a maneira cristã de jurar. Mas o velho comportamento desencadeado sob o signo da morte ameaçadora não podia desaparecer rapidamente. Sempre era possível o reflexo de desembainhar a espada. Os burgúndios puniam tal gesto com multa, e no entanto a violência entre eles parecia menor, pois suas leis se referiam sobretudo a questões de dentes quebrados a murros. A mão e a arma formavam, pois, uma coisa só; nada refreava o ato instintivo de sangrar o outro. O reflexo e a vontade são uma só e mesma coisa, porque, principalmente entre os francos — mas isso se difundiu nas outras populações —, a palavra e a ação constituem também uma coisa única.

Por quê? O estudo das injúrias nos provará. A injúria torna a violência obrigatória.

Pode parecer irrisório e lastimável o fato de um legislador se rebaixar ao nível de taxar os insultos que todos se lançavam. Mas tratava-se da honra de cada um, ofensor e ofendido. Não responder significava aceitar a autenticidade do qualificativo infamante. Lançar uma acusação obscena era o único meio de um fraco aviltar e rebaixar um poderoso. Tudo isso procedia de uma crença íntima na eficácia da palavra. Os romanos limitavam-se a punir a ofensa proferida em público. Para os germanos, o insulto sempre é destrutivo porque se volta para as virtudes privadas que o ideal social e a moral pagã preconizam. O cúmulo da desonra é o qualificativo de prostituída: 45 soldos. Novamente deparamos com essa obsessão pela pureza das mulheres, das quais nunca se deve suspeitar. Depois vêm, de acordo com uma ordem reveladora porém com tarifas de apenas três soldos, vários insultos que desacreditam os homens. Só a acusação de pederastia acarreta uma multa de quinze soldos. Segue-se-lhe imediatamente o termo *concagatus*, que só podemos traduzir pelo velho adjetivo medieval *conchiê*.* A associação por proximidade dessas duas injúrias revela como, num mundo ao mesmo tempo guerreiro e rural, o homossexual masculino não é mais o honrado "penetrador" de antigamente, mas um ignóbil "vira-bosta" impuro. Quanto às virtudes reclamadas, são a probidade, pois os outros insultos são chamar alguém de raposa, traidor e delator, e a coragem física, pois é ignóbil proclamar que alguém jogou o escudo no campo de batalha para fugir ou qualificá-lo de poltrão. Reencontramos aqui a conivência com o mundo animal e seus vícios. Todo esse quadro do imaginário injurioso constitui a prova de uma mentalidade pré-lógica individualista, em que o ódio é criador de males e o inconsciente coletivo secreta sentimentos que engendram

* Termo registrado pela primeira vez por volta de 1150, nas obras de Wace; significa: sujar, cobrir de lixo, ultrajar, desonrar. (*JBN*)

a destruição da honra alheia. Ninguém discordará de que a palavra pode causar mal, porém, para as pessoas da Alta Idade Média, ela operava uma verdadeira transmutação psicossomática. A réplica era, portanto, obrigatória e a violência inevitável.

MEDO DOS MORTOS

Até aqui deixei de lado o insulto mais mortal, pois se refere aos poderes subterrâneos e nos faz penetrar no mundo do além. "Se alguém chamar outrem de servidor das feiticeiras ou portador de um caldeirão de bronze no qual as bruxas cozinham [...], será passível de 62,5 soldos." "Se uma bruxa comer um homem [...], será passível de duzentos soldos." Com efeito, temiam-se particularmente as feiticeiras que precisavam matar um homem para fazer suas previsões num caldeirão. Ligadas às forças infernais, como a sacerdotisa da cratera de Vix, elas prediziam o futuro através do sangue humano espalhado nas paredes internas do caldeirão. Dizia-se que sugavam sangue e eram canibais. A mulher criadora de vida podia, pois, ser ao mesmo tempo doadora da morte. Aqui se revela toda a ambiguidade da atitude franca e pagã com relação à morte. Ninguém deve temê-la, mas as que conhecem seus mistérios inspiram medo. Como o sexo, a morte faz parte do domínio do *sacer*. Suscita medo e tremor, pois nunca se sabe o mal que os defuntos podem fazer aos vivos, mas, ao mesmo tempo, é necessário matar para viver, como prova a prática dos sacrifícios humanos ainda em vigor entre os francos no século VI e sobretudo porque a guerra constitui uma obrigação para a sobrevivência da tribo.

O ritual da morte é, portanto, o do afastamento, da distância amedrontada e respeitosa. Os vivos criam então um mundo à parte, o cemitério, que, na época merovíngia, sempre se situa longe da cidade e dos lugares habitados. A prática romana, aliás, era idêntica, pois os túmulos se enfileiravam ao longo das estradas, fora dos muros. Mas os germanos desenvolveram cemitérios rurais de um tipo particular. Se possível, situam-se no meio da vertente sul de uma colina e perto de uma fonte ou ainda nos aluviões de um curso de água, nas ruínas de uma *villa* galo-romana. Os túmulos dispõem-se em fileiras, com orientações diversas, que até podem mudar de um século para outro. A moda se difundiu bem depressa do norte ao sul. Entre os francos, o corpo em geral era enterrado nu, às vezes rodeado de pedras, que, ao sul do Loire, costumavam assumir a forma de um sarcófago de pedra ou mármore. Também são muito utilizados os caixões de madeira. Às vezes enterram-se as crianças em grupo junto ao túmulo dos pais. Primitivamente a incineração era geral. Nos séculos V e VI ainda é praticada em certos cemitérios do norte, de origem saxã ou franca. Sua finalidade essencial era impedir que os mortos voltassem para atormentar os vivos. Também muitas vezes se plantavam arbustos espinhosos ao redor do túmulo para prender o morto em seu mundo. Os francos usavam um poste ou uma estela em forma de pequena ponte.

Tudo era previsto para criar um mundo privado dos mortos, e a generalização da inumação, antes mesmo da cristianização, acentuou esse aspecto. O cemitério rural recriava o mundo endogâmico da aldeia. Na totalidade dos casos, cada morto era enterrado vestido. Nos mais pobres sobraram apenas humildes fivelas de cinto ou, no final do século VII, pequenos colchetes de gancho prendendo a mortalha. Outros eram sepultados com suas ferramentas, sobretudo o ferreiro, como aquele de Hérouvillete, encontrado com todos os seus instrumentos. O fabro, como se dizia na Idade Média, conhecia a arte de dominar o fogo e dobrar o ferro com sua misteriosa sabedoria. Também era tido na aldeia como um homem à parte, ao mesmo tempo quase feiticeiro e curandeiro. Tinha um pé no campo do sagrado e, portanto, um lugar à parte no cemitério. Outros, em pequenos grupos, eram enterrados com suas armas (espada, *scramasaxe* ou punhal, lança, escudo) e todo o seu pequeno instrumental doméstico (pente, pinça de depilar etc.). As mulheres partiam para o além com suas joias — colares, braceletes, brincos —, fíbulas redondas ou arqueadas, longos alfinetes de cabelos, bolsa cheia de moedas de ouro, ponteiras de prata nas correias que prendiam as faixas das pernas etc. As tumbas principescas, como a de Hordain, no norte, ou a de Aregunda, em Saint-Denis, muitas vezes são de extraordinária riqueza. Uma parenta do duque Gontran Boson foi enterrada "com joias de alto preço e muito ouro". Acompanhados de seus objetos familiares, os mortos assim passavam de sua vida privada para sua morte privada, mas eram separados dos vivos por uma fronteira invisível.

As múltiplas modas funerárias da época merovíngia nos permitem perceber a ambígua relação dos vivos com os mortos: distância e aproximação ao mesmo tempo. Primeiro é necessário que o morto esteja bem enterrado e autônomo em seu próprio mundo. Uma meia dúzia de tumbas ao norte do Sena revela a presença de cavalos sacrificados e enterrados junto ao defunto. Tratava-se de Sleipnir, o animal dedicado a Wotan, um símbolo solar, o servidor do deus da guerra que uma vez por ano, na festa do Jul, em 26 de dezembro, trazia os mortos de volta. Mais raramente um cervo, símbolo da realeza, acompanhava o morto em sua tumba. Para que todos esses mortos ficassem em seu devido lugar, numerosos talismãs e filactérios os muniam de um arsenal mágico: colares de contas de âmbar, pingentes de bolas de cristal, presas de javali, caninos de ursos. As pedras raras tinham virtudes apotropaicas, afastavam os demônios; os dentes de animais selvagens possuíam poderes de conservação das forças pessoais. Acrescentemos saquinhos com cabelos ou unhas — portadores de força vital, pois crescem ainda depois da morte — e, às vezes, sob a influência do cristianismo, relíquias. Também acontecia de o óbolo a Caronte — a moeda colocada na boca do morto para garantir o pagamento de sua travessia do Estige — ser substituído por uma hóstia, não obstante as proibições da Igreja. Às vezes alguns vasos de cerâmica, taças ou frascos de vidro eram depositados aos pés do defunto, convite a ingerir alimentos terrestres na viagem para um além sem fim. Em alguns casos os arqueólogos encontraram essas oferendas alimentares: consistiam de carnes, sopas, avelãs. Acompanhavam-nas também símbolos da virilidade — varinhas de nogueira, sílices talhados (já vimos por quê) — e da feminilidade — conchas marinhas, cuja abertura branca e depois rosada era assimilada à vulva. Em suma, o morto comia, brigava, amava como o vivo. Sua vida era uma cópia material daquela de um vivo. Fazia-se de tudo para mantê-lo em paz em seu mundo. Alguns casos particularmente perigosos eram exorcizados de maneira cruel: empalava-se o natimorto, pois o inocente não podia ficar sob a terra: tendia a subir à superfície em direção ao céu e repreender os vivos por não ter vivido. Outros, talvez feiticeiros ou criminosos, eram pregados no fundo do esquife, mutilados, decapitados ou rodeados por um círculo de carvão purificador.

Quem fala em medo da morte fala também em tentativa de dominá-la. As vidas de santos e a arqueologia provam a existência de casos de embalsamamento com mirra e aloés. O corpo da rainha Bilichilde foi encontrado em Saint-Germain-des-Prés com uma almofada de ervas aromáticas sob a cabeça. Mas evidentemente tais práticas constituíam sobretudo apanágio das famílias ricas. Os outros davam aos mortos cuidados mais prosaicos e destinados essencialmente a tranquilizar a si mesmos, a fazer a vida triunfar sobre a morte de modo diferente de dar ao cadáver a aparência da vida. O corpo era levado da aldeia para o cemitério em cortejo, colocado numa maca, uma toalha ou um lenço no rosto para não ver seus olhos e arriscar uma maldição; era carregado à altura dos joelhos, a fim de que não escapasse à atração do mundo subterrâneo. Em seguida, a intervalos regulares, os pais realizavam sobre a tumba banquetes funerários. As escavações arqueológicas encontraram alguns restos dessa prática, contra a qual protestavam concílios como o de Tours, em 567: "Continuando nos antigos erros, alguns levam comida aos mortos na festa de São Pedro [22 de fevereiro] [...] e comem os legumes secos oferecidos aos demônios". Esses banquetes funerários estreitavam os laços familiares e tranquilizavam os mortos através da comunhão alimentar. Deles restaram vestígios até o século XI. Às vezes acrescentavam-se serões, danças e cantos noturnos para conjurar os mortos. Assim, graças a tais práticas de distanciamento e domínio, podia-se comprar e obter a paz dos cemitérios, suprimir a angústia dos vivos.

Mas era necessário tomar ainda uma última precaução: impedir eficazmente que os vivos violassem os túmulos. Tratava-se certamente de uma prática usual, pois quantos arqueólogos tiveram a decepção de encontrar sepulturas violadas e quantos sarcófagos vemos hoje em dia nos museus, quebrados ou esburacados para despojar o cadáver de suas armas ou de suas joias? Muitas vezes tais violações eram contemporâneas da inumação. Gregório de Tours cita vários exemplos, o mais conhecido dos quais é aquele da parenta de Gontran Boson, enterrada numa basílica de Metz, "cujos servos ali se introduziram, fecharam as portas, pegaram e levaram todos os ornamentos que puderam encontrar no corpo da defunta". Para os contemporâneos tal gênero de delito tinha duas consequências catastróficas. De um lado, o indivíduo despojado perdia sua qualidade. De outro lado, voltava à noite para atormentar os vivos. Aí estava a origem dos fantasmas noturnos, mortos descontentes que seguiam num cortejo, urrando a Diana e seus cães entre os galo-romanos, a Holda entre os germanos. E a origem do tema folclórico da perseguição da alma pelo demônio. Para suprimir tais pesadelos era necessário punir os ímpios que, levados pela cobiça, não temiam a morte. Alguns despojavam o corpo de um homem morto antes mesmo do enterro; outros, depois.

> Se alguém abriu a tumba de um homem já enterrado e o despojou, que seja um fora-da-lei até aceitar pagar uma indenização aos pais do defunto. Doravante que ninguém lhe dê pão nem lhe ofereça hospitalidade. Que ele pague aos pais ou à esposa ou a um próximo [...] quinze soldos. O autor de tal crime será punido em duzentos soldos.

A primeira multa ia para a parentela; a segunda, para o representante do rei. Esse crime lesa, portanto, não só a morte, mas também a parentela. A solidariedade continua além da morte, e compreendemos melhor os temores que afligiam os próximos quando um do seus fora roubado dessa forma. Porém o termo violação é mais adequado. Já vimos que tal crime cometido por um homem ou por uma mulher era causa de divórcio tanto entre os romanos como entre os burgúndios. A conotação sexual do termo, que exala certo cheiro de necrofilia, certamente sugeria que o culpado se tornara impuro. Considerava-se tal ato como um verdadeiro adultério com a morte. Não podia haver contato entre o sexo e a morte, entre dois tabus. Ademais, a última morada devia ser estritamente pessoal: o contato entre dois mortos também gerava desordem e tormentos para os vivos: "Se alguém colocar um homem morto sobre outro num caixão ou num sarcófago [...], será punido em 45 soldos". O rei Gontran estendeu a condenação aos que faziam a mesma coisa numa basílica funerária simples ou numa basílica que continha relíquias de santo. A batalha para aplicar tal lei deve ter sido árdua, pois as escavações arqueológicas revelam hoje muitos casos de dupla ou tripla inumação nas sepulturas. Era, pois, difícil conservar a intimidade de um túmulo. Esse feixe de proibições é finalmente mais cerrado que para o casamento, pois visa a categorias ao mesmo tempo públicas e privadas, o enterro e a morte, a posição social e o túmulo, enquanto, para a sexualidade, é mais fácil prender a mulher em normas precisas. Mas vá encerrar um morto... A dúvida podia substituir ainda mais por ser ele invisível.

Também é preciso ressaltar aqui a ação da Igreja, que procura tornar pública a morte para suprimir a angústia das manifestações infernais e fazer desse momento e desse estado uma passagem para outra vida, um ato de esperança. A grande mudança parece ter ocorrido na segunda metade do século VII. Os últimos hipogeus e mausoléus privados desaparecem por volta de 750, enquanto os cemitérios instalados na periferia do território da aldeia se deslocam para a igreja paroquial. Então o cemitério rodeia a igreja. O exemplo mais antigo e datado com maior segurança — entre 650 e 700 — parece ser aquele descoberto por Claude Lorren em Saint-Martin-de-

-Mondeville, na Normandia. Seu modelo fora sugerido desde o século VI pelas basílicas funerárias suburbanas. O enterro junto a corpos santos e ao altar principal criava uma proximidade e uma promessa de salvação que as velhas práticas funerárias pagãs eram incapazes de proporcionar. Ao mesmo tempo, as tumbas ditas privilegiadas, consagradas a um personagem importante, príncipe ou chefe de guerra, deixavam a sorte do comum dos mortais para se agrupar sob o piso das igrejas ou nas igrejas particulares. Assim a morte se tornava pública. Os fiéis rezavam com os pés sobre seus próximos. O mundo dos vivos e o mundo dos mortos formavam apenas um, separados somente pela fronteira simbólica do piso, num mesmo espaço sagrado. A angústia da morte privada se dissipava diante da calma da morte pública, ainda que em cada enterro as mulheres continuassem a chorar, dilacerando as faces com as unhas e arrancando os cabelos para apaziguar o morto. Na verdade, acabava-se de virar uma página definitiva da história da morte, e diante dessa mistura de mortos e vivos no santuário de aldeia, que durou até o século XVIII, os arqueólogos do século XX se frustram a cada escavação de um grande cemitério carolíngio. Os milhares de esqueletos depositados um a um nas necrópoles merovíngias agora se empilham à sombra dos bosques paroquiais. A morte foi integrada à humanidade.

O IMAGINÁRIO DO ALÉM

Correlativamente, essa luta contra os terrores da morte engendra um imaginário individual de tipo profético ou escatológico. O além tende a tornar-se uma categoria mental sempre presente, e o clero procura desenvolver uma imaginação religiosa transformando os terrores do mundo em receios sobre a vida eterna. Assim como desloca o morto exilado em terra inculta para um chão bendito, cada pastor procura transferir para fora do presente, num futuro ora próximo, ora distante,

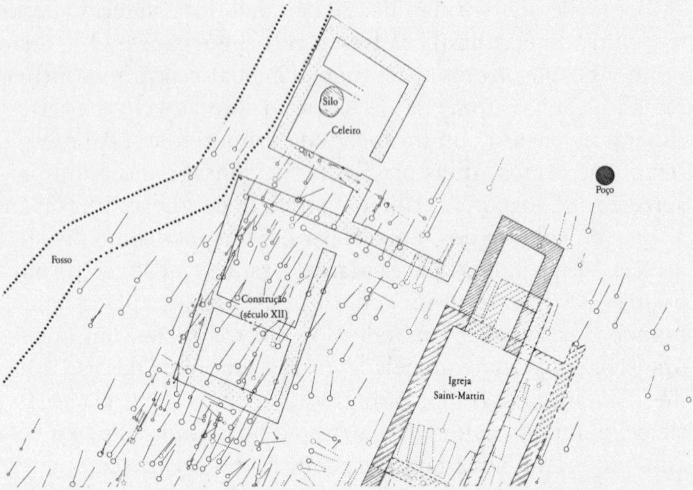

Planta do cemitério de Mondeville (Calvados). É o mais antigo exemplo conhecido de um cemitério construído ao redor da igreja paroquial (Saint-Martin de Mondeville, segunda metade do século VII. Assim a morte é aprisionada, misturada com os vivos. (Caen, CRAM, com a amável autorização de Claude Lorren)

a inquietação e o medo de ver o mundo parar. Essa solução tinha a vantagem de fazer as energias humanas se aplicarem não mais na consolidação de um cosmo ameaçador, e sim na transformação de um homem que se prepara para a vida eterna. A visão escatológica, ato de um autor privado, difundida pela pregação ou pelo livro, tinha então importantes consequências privadas em função do choque que criava sobre o psiquismo de cada um. Nisso era criadora de um novo imaginário. Já no século VI alguns líderes inspirados tentaram — inutilmente, aliás — anunciar um mundo novo. Mas no final do século VII e começo do VIII diversas visões procuram responder à angústia dos tempos presentes ligada à crise da monarquia merovíngia e aos progressos do islã no mundo mediterrâneo. Os momentos de crise de civilização sempre são favoráveis ao surgimento de individualidades místicas que cristalizam os receios e as esperanças secretas de cada um. Com efeito, aqueles são pessimistas e estas, otimistas. Citarei apenas dois exemplos: a visão do monge Baronte e as da monja Aldegunda.

O primeiro é um nobre franco convertido que, ao longo de sua viagem ao além, se vê reprochado pelos demônios "por haver tido três mulheres, o que não lhe era permitido, e praticado outros adultérios". Esse ex-funcionário cometera, pois, poligamia e concubinato, e tais faltas lhe pesavam na consciência. Em seu retiro monástico de Méobecq, em Berry, antes de 678-679, teve uma visão da vida eterna por intermédio de uma viagem ao inferno e ao paraíso. O inferno não é mais subterrâneo, como para os pagãos, e sim algum lugar no espaço, fora de nosso mundo. Portanto, é impossível que os mortos voltem para atormentar os vivos! Ademais, os danados não podem escapar: "Milhares de homens gemendo de tristeza, presos e garroteados pelos demônios que giram a seu redor como abelhas em torno da colmeia [...], esmagados pelos suplícios, emitem longos urros". Os diabos são negros. Despedaçam suas vítimas com unhas e dentes para melhor devorá-las. A angústia claramente se deslocou para fora do presente. Com a descrição aterrorizante da sorte que aguarda os pecadores e o choque mental provocado por essas imagens, Baronte espera criar, como nele próprio, a transformação interior da conversão. Em seguida, acompanhado pelo anjo Rafael, passa por três portas e chega à quarta, a do paraíso, guardada por são Pedro. Mas este o impede de entrar. Ainda não é hora. Assim, a viagem no imaginário esbarra numa felicidade indizível de que é preciso ser merecedor. A angústia do inferno tem como objetivo utilizar a espera para transformar o presente a assim forçar as portas de um futuro misterioso. A imaginação solicitada pelo além deixa o lugar livre para o realismo do cotidiano, a aceitação da história, que o paganismo recusava. Não esqueçamos que o cosmo pagão, sem origem nem fim, é presa de forças perpetuamente renovadas. Amedrontado com a danação — mais tarde, não agora —, o visionário levava a imaginação de cada um para fora do pesadelo incessantemente recomeçado — primavera, verão, outono, inverno, nascimento, crescimento, colheita ou razia, morte — e, ao mesmo tempo, quebrava o mito pagão do eterno retorno com a visão de um tempo linear irreversível.

A visão pessimista, obra de um homem, dirigia-se sobretudo a essas crianças grandes, a esses eternos jovens que formavam a sociedade merovíngia. Violentos como eram, eles só podiam compreender uma pedagogia da punição corporal. A visão otimista, obra de uma mulher, dirige-se a outro público e cultiva outro imaginário. Aldegunda, jovem nobre, várias vezes recusara o casamento. Acabou por impor sua vontade aos pais e fundou um mosteiro em Maubeuge, onde morreu, em 684. Ali teve doze visões, que contou às monjas para sua edificação espiritual. Enquanto Baronte utilizava as angústias das mentalidades pagãs com relação ao cosmo, Aldegunda retoma o imaginário sexual pagão para tirá-lo de seu dilema: destruição ou procriação. Mas faz isso identificando o itinerário amoroso da criatura rumo a Deus com aquele das relações entre o homem e a mulher. Num estilo muito pessoal, que lembra o tom do *Cântico dos cânticos*, descreve em termos bastante concretos, em vários quadros, sua busca do Ser amado. Na sexta visão ocorrem o encontro inebriante, uma inefável felicidade e a súbita perda do Outro. Segue-se então uma cena de noite escura, na qual Aldegunda nitidamente anuncia Teresa de Ávila, cena que lhe dá a oportunidade de descrever a impossibilidade do amor e seu inevitável fracasso ante a estranheza do Outro. Aos globos luminosos que iluminam seu mosteiro sucedem a sede, a palidez, a aflição, o fogo devorador, a fornalha ardente e a tentação de desistir dessa busca. Então, repentinamente, ocorrem o reencontro e as bodas definitivas com o esposo celeste, a aceitação livre, após o sofrimento; o impulso primitivo transformou-se numa aceitação de um ser amado diferente daquele que aparecera no começo. Projetando a terra no céu, esse otimismo é o de uma pedagogia que coloca no interior do casamento o que provocava sua morte: a paixão amorosa. O que era temido torna-se construtivo, com a condição de passar pela morte de si mesmo, de seus próprios impulsos. Esse imaginário nupcial é, portanto, o inverso do outro. Baronte se contentava em utilizar o medo da danação para bem agir e obter a salvação. Aldegunda transforma o amor-paixão num amor de liberdade, resposta a outro amor que salva. Não preciso evidentemente dizer que foi o apanágio de uma minúscula minoria, para não falar de alguns indivíduos, mas o fato de que imaginações pessoais puderam ampliar seu campo de investigação mental de semelhantes dimensões prova que a aculturação do cristianismo acaba de se realizar. A vida privada adquire uma nova dimensão, a relação do eu com o além, minha salvação, minha perda ou meu desabrochar definitivos.

Na época carolíngia a literatura visionária prolifera. Nela o sobrenatural aparece onipresente. Os sonhos premonitórios, as descrições de suplícios infernais ou de gloriosas entradas no paraíso se multiplicam e difundem-se fora do mosteiro. Muitos — para não dizer a quase-totalidade — seguem a linha pessimista de Baronte. Essas visões concernem quase exclusivamente à punição dos grandes. Por exemplo, conhecemos no mínimo três após a morte de Carlos Magno que giram sobre a eventual danação do imperador se não rezarem para que seus pecados sexuais — provavelmente numerosos concubinatos assimilados a incestos — acabem sendo perdoados. O além carolíngio é tão realista como o da época anterior: animais ferozes devoram os danados por onde pecaram, dragões sopram chamas, fornalhas de pez, enxofre, chumbo derretido e cera. Em suma, todo um arsenal de purificação está a serviço dos visionários e assim revela as obsessões de cada um. Provêm essencialmente, como depois de 675, de um fenômeno de consciência infeliz, tendo em vista as guerras civis e as derrotas ante os vikings, mais numerosas a partir de 830-840. Doravante cada qual está persuadido de que o fracasso já não se deve à ignorância das leis do mundo, mas a um chamado indireto do além. Céu e terra estão em comunicação. O sexo e a morte aparecem então sob outra luz: não seriam obstáculos à felicidade futura do homem?

Agora temos a resposta à questão formulada no capítulo anterior. A inferioridade da mulher e da criança deve-se à onipresença da violência privada. Esta última era indispensável num país onde a natureza incompreensível sempre ameaçava o homem. Ele julgava decifrar na luta feroz pela vida à qual se entregavam os animais um convite para cultivar a agressividade em si mesmo e proteger a fecundidade na mulher. A caça era, pois, o momento privilegiado para assimilar as leis da sobrevivência — ou melhor, a única lei, a do mais forte. Consequência natural, o roubo, autoafirmação, e o incêndio, autocompensação, fazem parte de uma contínua agressividade cuja origem sexual não se percebia. Com efeito, a lei da sobrevivência impunha a faida como um dever religioso para manter a linhagem. O sangue devia correr em troca daquele que devia se perpetuar. A morte constituía uma temida necessidade, porque remetia o indivíduo ao mundo subterrâneo, um mundo com suas leis privadas que as práticas funerárias não deviam transgredir. Assim, um vínculo profundo unia a violência, o sexo e a morte. A violência era normal, até obrigatória. Em compensação, temia-se tanto o sexo e a morte que se tornava necessário rodeá-los de proibições. Com suas fobias em relação a insultos, o imaginário pagão confirma que uma sexualidade de sangue pura, uma coragem física feita de probidade podem afastar uma morte ruim. O sangue não deve ser nem poluído nem sugado, mas simplesmente derramado. Em contrapartida, a transferência dos cemitérios para os arredores da igreja, tornando a morte pública, procura livrá-la de seus tabus. O imaginário cristão então pode responder à angústia referente ao sexo e à morte com seu deslocamento para o além. Para tanto, as visões utilizam uma pedagogia moralizante pessimista ou uma perspectiva mística otimista. Mas a violência, o sexo e a morte tomam outra coloração na vida privada de cada um. Das manifestações exteriores da vida privada agora devemos passar às crenças interiores. O que acontece com o sagrado?

SAGRADO E SEGREDOS

O peso da violência, o medo do sexo e da morte criavam em todos uma culpa surda. Remetiam então às relações pessoais com o sagrado. A relação individual com a esfera divina torna-se, com efeito, proeminente quando o cristianismo triunfa sobre o paganismo. A intimidade e a interioridade transformam-se em categorias mentais de conteúdo novo. O sagrado pagão — nas mãos da Igreja —, a escritura, o clero e o escriba tornam-se agentes fundamentais desses novos comportamentos interiores e mediadores entre o homem e Deus, portadores ou reveladores dos segredos de cada um numa ambiguidade pesada de contínuos questionamentos.

A partir de 392, na Gália e no Ocidente, o cristianismo tomou o lugar do paganismo como religião de Estado. Denunciada pelos santos taumaturgos, condenada pelos padres dos concílios, a prática religiosa pagã constantemente tende a se tornar privada e até cada vez mais oculta. O sagrado pagão procura se refugiar nos cultos noturnos, na predição, na magia, no folclore, ou, ainda mais, tenta se revestir de uma aparência cristã. Entendo por sagrado, nesse contexto, um amálgama de forças cósmicas que envolvem o mundo e o homem e podem ser utilizadas ora de maneira benéfica ora de maneira maléfica pelo e para o solicitante, graças a práticas rituais eficazes em si mesmas, segundo o princípio de uma rigorosa troca de oferendas e favores. Com o desaparecimento dos cultos oficiais — sobretudo a partir do século VIII, após o Concílio de Leptines, que, em 743, mandou fechar provavelmente os últimos templos rurais, os *fana* —, a fé pagã, reduzida aos meios camponeses, sofreu uma cristianização cada vez mais forte através dos penitenciais, textos-guia dos confessores. Contudo, embora mais adequados aos objetivos se os comparamos com os textos redigidos no século VIII, pouco influem numa mentalidade feita de medo e angústia.

REVIVÊNCIA DO SAGRADO PAGÃO

Com efeito, são mais ou menos constantes as queixas dos bispos e dos clérigos sobre a manutenção das práticas pagãs, no mínimo até o século X e com maior razão com relação a regiões como o norte da Gália, a Frísia ou a Saxônia, recém-conquistadas. Um conjunto de práticas privadas assim se mantém quase intacto e durante mais de cinco séculos, sem levar em conta festas públicas pagãs como a de 1º de janeiro, que sobreviveu durante muito tempo. A angústia do futuro perpetua as tradições da predição romana ou germânica. Uma gralha que voa à esquerda, cantando, anuncia a um viajante que tudo correrá bem. Grãos de cevada que, jogados nas cinzas quentes da lareira, se põem a saltar no ar significam um grande perigo. O estudo atento dos espirros ou dos excrementos dos cavalos ou dos bois permite prever, graças às emanações de suas forças, se o dia será bom ou mau. A predição pode recorrer até à evocação dos mortos. À noite, os adivinhos sentavam-se numa encruzilhada sobre uma pele de touro, o lado sangrento voltado para cima a fim de obrigar os demônios a sair do chão num espaço sagrado constituído pelo cruzamento das estradas. No silêncio noturno, recebiam misteriosas comunicações com os espíritos dos mortos, o que lhes permitia prever o desfecho desse ou daquele conflito ou a causa de uma catástrofe. Em 1008-1012, Burchard de Worms ainda assinala essa velha prática dos gauleses e dos celtas. O mesmo autor menciona também a longa sobrevivência da utilização de mulheres como médiuns. Acreditava-se que as *filida* célticas sabiam prever e proferir oráculos sobre as batalhas futuras. Entre os germanos elas eram detentoras de escrituras rúnicas que os vikings ainda utilizam nos séculos IX e X. O termo *rune* significa "segredo", mas também "terna amiga". A associação entre o segredo, a mulher e o mistério da escritura revela como o sexo feminino esconde riquezas desconhecidas. Cada letra era o receptáculo dos segredos dos deuses. A runa *y* significava riqueza, favor; *n*, miséria, desgraça; *t*, vitória; *j*, boa colheita, ano rico. Inscritas em bastões, com elas a mulher dizia a sorte. Mesmo após a cristianização, sempre eram tidas como eficazes. Mais, tal prática fora cristianizada a ponto de às vezes a considerarem lícita. Chamavam-na *sortes sanctorum*, as sortes dos santos.

Dos 46 penitenciais conhecidos 26 falam, sem grande desfavor, dessa predição que consistia em fazer uma criança ou um clérigo abrir a Bíblia ao acaso e ler a primeira linha que visse, a qual adquiria então o teor da autêntica profecia. Gregório de Tours cita numerosos casos. A aventura do pretendente Gondovald, que termina tragicamente em Saint-Bertrand-de--Comminges em 585, fora prevista por outro processo, a interpretação de uma catástrofe natural. Colocado sobre o broquel, esse escudo que os guerreiros levavam aos ombros, o novo rei quase caíra ao chão. Ademais, ocorreu um tremor de terra e surgiu uma coluna de fogo, tendo no topo uma estrela. O conjunto desses fenômenos só podia anunciar sua morte violenta. Assim, a predição feita por esses dois métodos, cristão e pagão, sempre supõe o medo de uma fatalidade desejada por Deus ou pelos deuses. Em ambos os casos, a liberdade do homem é nula. Cabe-lhe dominar as forças sagradas que detêm o segredo que lhe interessa pessoalmente. Além disso, e eis algo novo, o livro, e tudo que é escrito em geral, torna-se nessa civilização de tradição oral um objeto misterioso e sagrado. Os livros santos integram-se assim ao mundo do medo, e até os textos comuns assumem uma aparência de mensagem do além. A última manifestação desse estado de espírito se observa com o *Domesday book*, de nome significativo — "o Livro do Juízo Final" —, promulgado em 1087 por Guilherme, o Conquistador. Na verdade, tratava-se de um simples cadastro, enumerando os direitos do rei e dos senhores de maneira tão precisa que bastava ler a página referente a esse ou aquele assunto para eliminar qualquer contestação e tornar o julgamento definitivo. Assim, aos olhos dos analfabetos a palavra escrita é ao mesmo tempo mágica e divinatória.

O Concílio de Paris, em 829, novamente condenou tais crenças, que se infiltravam até no clero, e Pierre Riché descobriu manuscritos carolíngios com quadrados mágicos que previam "a cura de uma doença combinando as letras do nome da pessoa com os números dos dias em que está doente". Fórmulas encantatórias escritas num latim macarrônico eram usadas contra hemorragia, hidropisia, males dos olhos etc. Aqui entramos num segundo campo do sagrado pagão: os segredos funestos ou benéficos para agir sobre o outro.

Embora rigorosamente proibida, a magia torna-se o domínio ideal do sagrado pagão ambivalente e o meio de mudar relações interpessoais. Já falei dos amuletos e filactérios a propósito dos costumes funerários. Os vivos também os usavam, e o talismã de cristal que Carlos Magno levava ao pescoço é evidentemente o mais célebre. Nas fivelas de cinto figurava uma cena apotropaica contra a má sorte. Um maço de ervas era preso ao braço ou às pernas para dar sorte. Acontecia de se jurar pelos cabelos ou pela barba de alguém para, em caso de perjúrio, colocar-se sob a eventual punição da força vital oriunda da cabeça. Raban Maur assinala que alguns queimavam a cabeça de um morto até reduzi-la a cinzas, com as quais faziam uma beberagem que davam a um enfermo para curá-lo de seu mal. Uma verdadeira medicina mágica procurava captar todo eflúvio divino contido no cosmo. O que não se fazia para salvar uma criança doente? A mãe podia colocá-la numa encruzilhada dentro de um túnel de terra fechado por espinhos: o contato com a terra-mãe simulava o retorno ao ventre materno; o mundo subterrâneo de algum modo guardava o mal, e, se a criança parava de chorar, estava curada. Caso sofresse de coqueluche, era colocada no tronco oco de uma árvore. Sempre era preciso achar um meio de entrar em ligação com as forças ocultas e praticar uma troca, arrancar um eflúvio ou barrar-lhe o caminho.

Prefiro deixar de lado as coletas de ervas e plantas medicinais feitas com encantamentos nas calendas de cada mês. Foram facilmente cristianizadas com a recitação de um *Pater* e um *Credo*. É melhor passar às poções, pois incluem todas as concepções sobre o sexo e a morte que as populações da época tinham. Elas nos permitirão ver como a vida privada abrigava obscuros combates e obsessões constantes. Lembremos primeiro a crença geral, atestada por todos os textos jurídicos, nos malefícios — quer dizer, em grande parte, nas poções mágicas. A opinião geral está convencida de que esses filtros podem ser tanto maléficos como benéficos. Os penitenciais corroboram rigorosamente essa crença; 26 deles mostram que tais venenos obtidos por sábias misturas nas quais entravam beladona e bagas de madressilva podiam provocar a morte ou um aborto. Porém as citações mais numerosas (48) referem-se a poções destinadas a matar ou a despertar amor. Em 26 casos, eram preparadas por mulheres. Para tornar um homem impotente, não parecia suficiente a prática de atar um cadarço, uma fita a cada roupa dos cônjuges. A mulher que queria provocar tal incapacidade se despia, untava-se de mel e rolava num monte de trigo. Os grãos eram cuidadosamente recolhidos e moídos à mão com uma mó girada no sentido contrário ao normal, da esquerda para a direita. Com essa farinha fazia-se um pão que se dava ao homem que a mulher literalmente desejava castrar. Como o pão fora feito ao contrário, anulava-se o efeito procriador e excitante da nudez e do mel (cuja importância assinalamos no capítulo "O corpo e o coração"). O homem estava aniquilado. Por outro lado, a fabricação "normal" do mesmo pão levava ao resultado inverso, ainda mais que se fazia a massa nas nádegas da mulher, quer dizer, em suas partes genitais, a fim de conservar ou provocar o desejo no marido ou no homem desejado. Utilizava-se outro procedimento: a mulher introduzia na vagina um peixe vivo e ali o deixava morrer. Assim carregado de força geradora e afrodisíaca, o peixe era cozido, temperado e oferecido ao esposo. Tratava-se ao mesmo tempo de um remédio da mulher para impedir que o marido se ligasse a uma concubina. Mas também ocorria o inverso, como vimos. Não obstante, o objetivo inconsciente era a procriação mais que o prazer. Pois hoje bem sabemos que a vida nasce da água, que o peixe foi a primeira forma de vida e que o feto tem brânquias no começo do primeiro mês. Misteriosa conivência, surpreendente predição dessa mentalidade religiosa pagã! Não nos surpreendamos mais que os homens da Alta Idade Média estivessem convencidos de que as mulheres detinham os segredos do amor, essa loucura, as chaves da vida, esse tesouro. Por conseguinte, deve ter sido realmente operante o mito céltico do filtro de amor que, a sua revelia, uniu Tristão e Isolda — mito difundido oralmente muito antes de ser redigido, no século XII. Acreditar na loucura do amor é já vivê-la.

Não me demorarei, pois, nos outros tipos de poção mágica que, para suscitar o desejo, utilizam o sangue menstrual, o esperma do homem ou a urina de ambos os sexos. O princípio é sempre o mesmo: captar as forças vitais por tudo que emana do ser vivo. Aprisionar o sagrado, aproximar-se de sua perigosa radiação — esse é finalmente o grande segredo de tais adivinhos, feiticeiros e mulheres que à noite frequentavam os bosques sagrados (*nimidas*, *nemeton*), das multidões que realizavam danças rituais destinadas a provocar a fecundidade e a prosperidade, afastar os mortos ou conjurá-los.

NASCIMENTO DE UMA CONSCIÊNCIA INTERIOR

Que atitude se devia tomar então para que as mentalidades passassem do sagrado ao sacramento? Como cristianizar essas crenças tanto mais inatingíveis na medida em que eram domésticas e íntimas? Em suma, como perceber Deus no próprio coração, pois até agora se percebia a força divina como algo exterior? A criação de novos espaços sagrados, basílicas e santuários, o desenvolvimento do culto dos santos, as procissões e celebrações litúrgicas contribuíram para tornar pública a fé. Vimos em especial por que o culto dos mortos se tornou público. Mas para "privatizar" a crença havia somente duas soluções: ou atribuir o sagrado maléfico a Satanás, ou transformar o sagrado benéfico cristianizando-o. Já vimos como o imaginário cristão integrou o diabo em sua visão do além. Ele também foi integrado na vida cotidiana. O culto dos ídolos foi considerado uma manifestação satânica: o ídolo é um demônio. Assim também os filtros, os encantamentos, as *sortes sanctorum* e toda magia foram apresentados como demoníacos. Os concílios de Agde (506) e Orléans (511) condenaram os adivinhos e as pitonisas, "possuídas pelo demônio". Apresentados como ilusões, seres reais incorpóreos, simbolizados pelo leão ou pelas serpentes, os demônios tinham a vantagem de personalizar as forças obscuras oriundas do cosmo que os antigos pagãos temiam. O adversário tinha um nome, e isso já mudava a relação de forças. Capaz de todas as metamorfoses — vimos como nos santuários ele é expulso do corpo dos possuídos —, o demônio consegue, como diz Gregório de Tours, "macular a cadeira do bispo, na qual se senta por zombaria, vestido de mulher". Ele também se liga aos fracos: "As mulheres, criaturas medrosas, devem sempre temê-lo". Ele se infiltra nos maus sentimentos, na astúcia, no ciúme, e torna-se também um inimigo interior. O medo ao diabo passa a designar a angústia ante as forças malvadas do mundo, porém a proximidade dos santos e o poder de sua proteção ali estavam para aniquilá-lo. A ameaçadora imensidão de uma natureza indomada deixava lugar a uma relação dual, a um combate, e não mais a um contrato legal cheio de astúcias.

Contudo, faltam-nos testemunhos dessa evolução da percepção interior do diabo, pois a autobiografia, obra de um tipo novo inaugurado pelas *Confissões* de santo Agostinho, é um gênero literário abandonado no século VII. Só reaparecerá mais tarde, no século XII, com Raoul Glaber e sobretudo Guibert de Nogent. Se nos voltamos para as vidas de santos a fim de descobrir a interiorização do sentimento religioso, esbarramos nos mesmos obstáculos e deparamos apenas com testemunhos indiretos especialmente sobre casos de possessão. Em contrapartida, são numerosos os exemplos de cristianização dos comportamentos pagãos. Nas coletâneas de milagres, uma significativa porcentagem (às vezes 26%) refere-se a acidentes, enfermidades — paralisias em particular — que atingem homens e mulheres, muitas vezes de alta condição social, porque desobedeceram a uma ordem do santo, ou manifestaram ceticismo, ou ainda ocultaram uma falta. Esses "milagres" de castigo revelam nos interessados uma culpa surda, o que é particularmente evidente nos santuários carolíngios do norte da França. Tais fenômenos são mais raros na época merovíngia, e, quando há punição de um pecador, ela se manifesta por uma intervenção exterior ao santo: este só faz curar e não provoca o castigo. Aí está uma diferença essencial entre esses dois grandes momentos da cristianização, como se os indivíduos passassem de uma consciência exterior de seus males a uma consciência interior de sua responsabilidade.

Para melhor compreender esse fenômeno tão importante do surgimento de uma consciência interior, vejamos a forma como os sacramentos evoluem em sua relação com a pessoa. Já expliquei como, no começo da época carolíngia, o batismo se torna um sacramento unicamente destinado às crianças — a não ser, é claro, em regiões de missão. A aspersão substitui a imersão. O simbolismo da água regeneradora toma então o lugar da água fonte de vida, passagem da morte à ressurreição. Doravante vê-se o batismo como uma supressão do pecado, uma integração à Igreja, à sociedade, à cristandade, e uma promessa de salvação. Em certo sentido ele une, automática e quase magicamente, e essa concepção está na origem dos batismos forçados dos saxões por Carlos Magno, malgrado os protestos de Alcuíno. Também explica como os padrinhos e as madrinhas se ligam como compadre e comadre através de um verdadeiro parentesco espiritual que se torna um impedimento canônico a seu casamento. Após o Concílio de Roma, em 721, os contraventores tornaram-se puníveis de sete a quinze anos de penitência e deviam ser separados. Para todo o clero carolíngio tratava-se claramente de um verdadeiro incesto. Com efeito, padrinho e madrinha eram membros da mesma parentela da criança. Isso permitia insistir no novo nascimento, obra do batismo. Porém ao mesmo tempo devia impelir os pais espirituais a serem também pais carnais, a se casarem entre si, ainda mais que a paternidade adotiva era um sentimento muito forte e, tendo em vista as numerosas mortes da época, o padrinho e a madrinha muitas vezes se tornavam tutores do afilhado órfão. As uniões entre compadres devem ter se difundido paralelamente ao batismo das crianças, considerado pelas populações um meio de reforçar a solidariedade da parentela através de novas alianças que prolongavam os casamentos, os vínculos de vassalagem etc. A severidade das condenações visava, pois, a reduzir a endogamia pagã proliferante, em nome do princípio agostiniano segundo o qual o casamento é um *seminarium caritatis*, uma semente de amor, subentendido fora da parentela. Como o amor paterno, filial, espiritual já existe numa família, é inútil e perigoso reforçá-lo, indispensável e criador fazê-lo sair e semeá-lo alhures. Assim, um certo desvio do batismo, devido à impressão de que ele acarretava uma adoção imediata na comunidade, levava a uma reação contra a família grande e contra a atração mútua que uma cerimônia podia criar a exemplo de outras cerimônias pagãs.

Quanto à eucaristia, assinalemos também outra transformação significativa. Até o final da época merovíngia, o pão consagrado na missa era depositado na mão do fiel. Mas já o Concílio de Auxerre (561-605) exigira que, para receber o corpo de Cristo, as mulheres envolvessem a mão numa aba do vestido, como se pesasse sobre elas uma suspeita de impureza resultante da menstrução. A Igreja carolíngia não foi tão longe quanto a bizantina nesse aspecto, mas, quando adotou a reforma litúrgica romana, Alcuíno aproveitou para fazer admitir, com medo de um sacrilégio, o princípio da comunhão na boca com pão ázimo, ou seja, sem fermento. Este último ponto foi uma causa contínua de querela com a Igreja bizantina. Incontestavelmente, concretizava a crença numa sacralidade ainda pagã da eucaristia, alimento intocável e imperecível. O aspecto natural do pão consagrado era, pois, eliminado em favor de um sobrenatural fora do comum, e a relação com Deus perdia uma parte de seu aspecto humano. O salto que o cristianismo exigia de cada fiel — dos deuses distantes e terríveis a um Deus bom e próximo — era enorme. Com a entrada em massa dos germanos na Igreja, era preciso transigir, e o temor de um Deus transcedente devia ser a maneira pedagógica menos ruim de aproximar-se dele com respeito.

Se, com relação à Antiguidade tardia, a eucaristia se tornou distante, a penitência percorreu um caminho inverso. Até Cesário de Aries (503-542), oferecia-se livremente a penitência ao pecador que queria se libertar de seus pecados. Para tanto ele entrava num grupo especial, o grupo dos penitentes. Essa entrada era pública e a penitência concedida apenas uma vez na vida. Tal desonra oficial era inconcebível para os guerreiros germânicos. A angústia de morrer danado, se houvesse reincidência, era intolerável. Então, a partir do final do século VI, os monges célticos propuseram um novo tipo de reconciliação com Deus: a penitência privada com confissão auricular, confissão secreta das faltas e reparação tarifada como nas leis germânicas. O sucesso foi imediato e duradouro, pois o último penitencial, o de Alain de Lille, data de 1180. Assim como a morte, tornando-se pública, procurava suprimir o medo dos mortos, a penitência privada ia tentar eliminar o medo da própria morte.

À primeira vista os penitenciais parecem não mudar as mentalidades, considerando-se seu estreito parentesco com as leis germânicas, sobretudo aquelas redigidas antes do século IX. Com efeito, a cada pecado corresponde certo número de anos de jejum a pão seco ou recozido e água. Se o culpado não pode ou não quer jejuar, permitem-lhe comprar sua penitência à razão de tantos soldos por ano de jejum. Isso não podia fazer a consciência progredir, pois não se levava em conta a intenção, a reincidência sempre era possível e a comutação em dinheiro mantinha a ideia de que se podia comprar a salvação. Em suma, perpetuava-se assim o velho contrato pagão *do ut des*, eu te dou para que me dês. A misericórdia gratuita de Deus era totalmente negligenciada. Tanto que o Concílio de Paris, em 829, condenou os penitenciais, ordenou que fossem queimados e eliminados. No entanto, mais uma vez, o alto clero carolíngio estava em total desacordo com as populações. Praticamente, dos dois ou três livros que um padre de província possuía no século IX e mais tarde, um era sempre um penitencial. Por conseguinte, as prescrições contidas nesses livretos respondiam a uma necessidade profunda dos fiéis e deviam acalmar suas inquietações.

Fossem quais fossem as concessões dos penitenciais à religiosidade pagã, elas não impediam, em comparação com as leis germânicas, uma total subversão dos valores. Enquanto estas últimas consideravam o roubo mais grave que o assassinato, o estupro e o rapto mais perigosos que a poligamia e o concubinato, as prescrições dos penitenciais destacam três grandes pecados: a fornicação — termo que engloba toda espécie de pecados sexuais —, os atos de violência em geral e o perjúrio. Só este último é comum às preocupações dos legisladores leigos e dos clérigos. Ceder às tentações da carne, matar um homem ou jurar em falso eram os pecados cometidos com maior frequência e os mais repreensíveis aos olhos de todos. Outra novidade: se só os ricos podiam praticar a comutação de penitências em dinheiro, na verdade cada pecado era taxado sem levar em conta a qualidade social do pecador. Já não se tratava de considerar o fato de Fulano ser escravo, livre, nobre, *antrustião* real etc. Afirmava-se realmente a igualdade diante de Deus e denunciava-se a arbitrariedade dos senhores com relação aos escravos. A penitência para o mesmo pecado variava entre os leigos, considerados em bloco, e os eclesiásticos. Enquanto, do salmista ao bispo, a penitência aumentava e para a mesma falta sempre era muito superior à dos leigos, entre estes não se levava em conta nem sexo, nem profissão, nem origem étnica. A reparação do pecado era um instrumento de igualização dos leigos e de sacralização dos clérigos, haja vista a severidade com relação a eles. Os penitenciais difundiram a ideia de que padres e monges deviam ser absolutamente impecáveis e assim os afastaram do resto do povo cristão.

Por conseguinte, nada há de surpreendente se o assassinato

acarretava três a cinco anos de penitência para o leigo, mas a deposição e um jejum de doze anos para o bispo. Em matéria de combate à violência os penitenciais correspondem a um refinamento do senso da responsabilidade pessoal, a uma tendência à primazia do ser sobre o ter. Excetuando-se a pilhagem de santuários e sepulturas, que têm relação com os valores de um sagrado eterno, o roubo é sempre levemente repreendido e perdoado em comparação com o assassinato. De acordo com o Código de Eurico, o escravo que cometeu uma má ação por ordem do senhor não tinha por que se preocupar. Os penitenciais vão mais longe declarando que a responsabilidade do senhor foi envolvida e que o proprietário deve ser submetido à reparação. Tal afirmação teria sido impensável no século V. Com maior razão quando um senhor açoita o escravo até a morte e se vê obrigado a cumprir quatro ou cinco anos de penitência como se tivesse matado um homem livre.

Mas as verdadeiras novidades estão em outros setores. Algumas penitências parecem dirigidas contra a violência resultante dos laços de parentesco. O senhor que violava a própria escrava em certos casos era obrigado a libertá-la para reparar a falta. Novidade que devia fazê-lo ranger os dentes, pois minava o que ele considerava um direito seu. Com maior razão quando se tratava de assassinato por vingança, ou seja, de faida. No começo os eclesiásticos castigaram pouco, porém, a partir do século IX, o homicídio cometido por ódio foi punido muito mais severamente que os outros assassinatos. Tratava-se já de considerar a intenção subjetiva, ainda que não formulada. Em todo caso observa-se o mesmo aumento de penitências a propósito do assassinato do bispo, da esposa e do leigo por faida. Esses três movimentos simultâneos ocorrem após 800. Destinam-se a eliminar tais delitos. Nenhum dos três era novo. Mas deviam parecer intoleráveis com a renovação carolíngia. Isso me parece particularmente claro com relação ao assassinato da mulher pelo marido. Os penitenciais anteriores ao século IX silenciam quanto a isso. Longe de mim a ideia de achar que os merovíngios não dessem cabo de suas esposas.

Lembremos que Chilperico mandou estrangular Galeswinthe. No entanto a necessidade de se livrar da mulher, sobretudo entre a nobreza, era menor, tendo em vista a prática da poligamia. Generalizando-se a monogamia e a indissolubilidade, aumentou o que chamei de "divórcio à carolíngia". Assim, era necessário deter a qualquer preço a nova onda de assassinatos. Esse tipo de homicídio era considerado o mais grave de todos. Três penitenciais o equiparam ao do senhor e do pai, "já que a mulher é uma parte de si mesmo". No mesmo plano situava-se o inverso: a mulher que envenena o marido. Tratava-se, pois, de um esforço de igualdade entre o homem e a mulher, protegendo a mulher casada. A penitência para o adultério, que era de três anos antes da reforma carolíngia, passou para sete. Para o assassinato da esposa, passou de catorze anos, no século IX, para o resto da vida no XI. Se considerarmos as crônicas da época, tal severidade levou a uma nítida diminuição da prática. A nobreza viu-se obrigada a jogar com os graus de parentesco proibidos para escapar à esposa estéril, intratável, inútil e sabe-se lá mais o quê, obstáculo aos desígnios políticos do marido; assim ela esperava obter uma separação e um novo casamento canônico.

Em compensação, os autores de penitenciais são bem menos rígidos com relação ao estupro e ao rapto. A penitência não evolui (cerca de três anos), a não ser, obviamente, para o clero. Por quê? Essa relativa complacência devia-se à mesma concepção: permitir que a mulher manifestasse sua igualdade e sua liberdade no casamento. Já mencionei esses raptos e estupros fomentados por dois jovens para dobrar a proibição dos pais. É certo que as autoridades eclesiásticas começaram a interferir em tais casos para saber se a causa estava no consentimento dos interessados, em nome do adágio: "O acordo mútuo faz as núpcias". No norte da Gália até surgiu um costume muito curioso, o *stefgang*, a caminhada entre bastões. Se duas parentelas se queixavam de um rapto seguido de estupro, a moça era obrigada a colocar-se publicamente entre dois postes. Atrás de cada um destes ficavam a família do raptor e a da "estuprada"; então a moça devia dirigir-se ou para sua própria parentela ou para a do jovem. No primeiro caso, cabia desembolsar a indenização por rapto e violação; no segundo, ocorria o casamento oficial. Para assim validar o mútuo consentimento privado, era necessário torná-lo público. Ao mesmo tempo, a moça menor alcançava a maioridade, afirmando a autonomia completa de sua vida privada. Era um primeiro passo para uma certa igualdade.

A transformação da vida privada através dos penitenciais era, pois, bem real no nível dos comportamentos exteriores. Porém é mais delicado saber se a confissão auricular permitiu modificar os comportamentos da vida privada no interior do casamento, pois aqui o ideal cristão esbarra claramente nas crenças e práticas pagãs. O que as pessoas confessam ao padre que não tenha sido reprovado pelo paganismo? Toda uma série de faltas realmente cometidas e que o paganismo não sancionava. Por ordem de gravidade, parece, deve-se colocar em primeiro lugar a bestialidade, muitas vezes associada à sodomia, o sexo oral, o incesto no sentido extenso do termo, a indissolubilidade, e toda forma de separação dos esposos, sobretudo depois do século IX, em particular por esterilidade da mulher, interdição completamente incompreensível para os novos cristãos, bem como a condenação da homossexualidade feminina, sem gravidade aos olhos das religiões pagãs. Na verdade havia nessas duas atitudes um absurdo evidente, pois uma mulher estéril só podia ser maldita pelos deuses, enquanto uma lésbica permanecia pura, ao contrário de um pederasta, como vimos. Em seguida vinham as condenações passíveis de penitências muito menos graves — em geral algumas semanas, em lugar de três a sete anos — referentes à masturbação e a posições outras que não frente a frente. Por fim, os conselhos de abstinência sexual três dias antes do domingo, na Quaresma, no Advento e nos dias de festa etc. Em alguns penitenciais como o de Finnian, no século VI, pôde-se calcular que os esposos tinham por ano apenas duzentos dias em que lhes era permitida a união. Isso nos dá um primeiro aspecto do que os confessores absolutamente recusavam ou fortemente aconselhavam. De acordo com as santas Escrituras, opunham-se a toda união que não fosse uma reprodução da união monogâmica e indissolúvel de Cristo com a Igreja. Acrescentavam-lhe a busca da generalização na sociedade e nas mentalidades de uma ordem natural, ao mesmo tempo divina e humana. O que implicava uma certa proteção da mulher com relação ao homem, uma luta surda contra a parentela e um esforço para canalizar o desejo. O prazer da união carnal nunca é condenado em si, mas em sua busca exclusiva. Parece, aliás, que essa não constituía uma preocupação obcecante dos esposos na época. O sexo oral, por exemplo, é condenado na mulher não pelo prazer procurado, e sim porque ela o pratica com o marido "a fim de que ele te ame por teus atos diabólicos". Muitas práticas eróticas deviam ser consideradas pagãs, mágicas e demoníacas. Assim se explica a ausência, nesses textos puramente disciplinares, do termo pejorativo *amor*, paixão desenfreada, e de seu oposto, *caritas*, amor conjugal casto. Só uma vez, em 830, Halitgaire de Cambrai emprega em seu penitencial o termo *amor*. "Se alguém, por um malefício, procura obter o amor de alguém"... Mas, como vemos, ele usa o termo no sentido de paixão desenfreada. Em compensação, as palavras *libido*, *desiderium*, *concupiscentia*, *delectatio* — que podemos traduzir por vontade de prazer, desejo, desejo egoísta, deleite — são utilizadas com frequência e, diferentemente dos textos das leis germânicas, aplicadas a ambos os sexos sem distinção. Enquanto o paganismo acusa a mulher de ser o único autor do desejo passional, o cristianismo o atribui indiferentemente ao homem e à mulher. Assim podemos compreender melhor a oposição entre as duas ópticas religiosas e os choques particularmente graves entre a Igreja e a nobreza do século IX em relação ao casamento.

A mudança de mentalidade não podia, contudo, operar-se tão depressa, e a superioridade do homem sobre a mulher não podia ser eliminada por causa da violência vigente e também de um fenômeno linguístico pouco conhecido: a transformação do latim vulgar em protofrancês. Os concílios carolíngios proclamaram "uma só lei para os homens e para as mulheres", como o fez o de Compiègne, em 757, mas essa concepção não penetraria nas mentes. Como prova cito apenas a célebre intervenção de um bispo no Sínodo de Mâcon, em 585: "Ele se levantou para dizer que uma mulher não podia ser chamada de homem (*homo*), mas acalmou-se quando os bispos lhe explicaram que o livro sagrado do Antigo Testamento diz: 'Masculino e feminino Ele os criou e deu-lhes como nome Adão, que significa homem (*homo*) feito de terra; assim, isso designa ao mesmo tempo a mulher Euva (Eva, a que vive). Ele diz com efeito que os dois são homens'". Esse texto, que esteve na origem da célebre lenda do concílio que teria negado a existência de alma nas mulheres, revela na verdade uma alteração linguística que, ainda hoje, constitui a pobreza do vocabulário francês. Quando o bispo formulava essa questão, entendia de fato o termo *homo* no sentido de *vir*, homem ser masculino, e não homem em geral. Assim, sua questão era perfeitamente lógica, porém seu latim já era francês, pois esta última língua abandonou o termo latino *vir* e ainda hoje, ao contrário do inglês e do alemão, não tem um vocábulo específico para designar o homem como ser masculino. O duplo sentido de homem (ser humano, ser masculino) só podia perpetuar a convicção de superioridade de um sobre o outro, embora o texto bíblico implicasse sua estrita igualdade. A diferença entre mentalidade pagã e mentalidade cristã é patente, até irremediável ainda hoje em dia, tanto o significante pode ocultar o significado.

Se nos deparamos, pois, com oposições entre paganismo e cristianismo devidas à intransigência da Igreja em matéria de sexualidade e casamento, devemos agora passar aos pontos de acordo entre as duas mentalidades. Sempre através dos penitenciais, podemos constatar como as sociedades merovíngia e carolíngia procuram construir uma vida privada fecunda, livre de impureza. Sempre por ordem de gravidade, os pecados já considerados infâmias entre os pagãos são a sodomia e o adultério. Mas — e isso confirma o que acabei de mostrar — a partir do século IX a penitência para a mulher adúltera, até então superior à do homem adúltero, torna-se igual à do marido que engana a esposa. Trata-se de um abandono da ideia pagã de que o adultério macula a mulher, mas não o homem. Em contrapartida, a semelhança é perfeita quanto à condenação do aborto, aos contraceptivos confundidos com as poções abortivas e os filtros, às mutilações, em particular a castração, à proibição da nudez gratuita e às relações nos períodos menstruais, antes e depois do parto, por causa de impureza. Os penitenciais adotam, pois, duas grandes intuições religiosas pagãs: o objetivo do casamento é a procriação, que só pode ser alcançada se a pureza dos cônjuges é total. (Aqui, aliás, reaparece o preconceito misógino pagão. A mulher é tida como a única responsável pelo aborto, pelo infanticídio e pela contracepção. Nunca se aconselha um segundo casamento das viúvas.) A mulher é impura pelo sangue e por todas as substâncias que pode expelir. Choca-nos a contradição total entre essas prescrições e as do Evangelho de são Mateus (XV, 18), segundo as quais só macula o homem qualquer palavra má que lhe saia do coração. Aqui encontramos mais uma vez uma evidente confusão entre pureza e limpeza. A concepção pagã claramente influenciou o comportamento cristão. Mas como não fazer tal confusão numa civilização rural em que todos vivem na lama e no estrume? A vida cotidiana era suja, a vida privada devia ser também, por contaminação, e o moralismo podia florescer.

A INTERIORIDADE PELA ORAÇÃO

Tais eram os segredos trocados numa atmosfera de sacralidade ambígua, ora em oposição, ora em concordância com o confessor. Implicavam uma ação positiva em contrapartida às proibições pagãs confirmadas e a novas condenações, ou seja, a formação dos leigos na interioridade e mais ainda dos clérigos e dos monges. Já a severidade com relação aos pecados dos clérigos era muito superior àquela manifestada quanto aos pecados dos leigos. Já uma importante literatura destinava-se aos leigos para formar seu julgamento moral. Os *Espelhos* dos príncipes procuravam criar um julgamento político cristão à base de justiça e obediência. Já o *De institutione laicali* de Jonas de Orléans difundia um ideal de casamento cristão feito de comedimento e castidade. No manual dirigido a seu filho, uma mulher, Dhuoda, tentara ensinar ao futuro guerreiro a fidelidade, o sentido da esmola e a vida de oração. Halitgaire de Cambrai introduziu em seu penitencial toda uma lista de qualidades a desenvolver no cristão, ativo ou contemplativo: a fé, a esperança e a caridade — esta sempre definida como amor ("Quem não ama crê e espera em vão") —, a prudência, a justiça, a força e a temperança. Esse esforço culminou sobretudo na formação para a prece.

Na Gália, o iniciador dessa educação do coração foi João Cassiano, fundador de um duplo mosteiro em Marselha, em 417. Por seus escritos — *Instituições cenobíticas*, *Conferências dos antigos* e sobretudo *Colações*, este último lido constantemente nos mosteiros durante a refeição noturna (donde o significado atual do termo, refeição ligeira) —, pôs em prática um método baseado no estudo da santa Escritura para progredir no conhecimento de Deus: a *lectio divina*, a leitura divina.

A partir dos salmos e da experiência interior dos primeiros monges, a leitura divina constitui uma ruminação "de boca [quer dizer, em voz alta] e de coração". Chama-se divina porque é a palavra de Deus proferida na Sua presença ("Onde dois ou três rezarem em meu nome, ali estarei", diz Jesus). Permite escutar para melhor receber e entender através das palavras o que Deus é, da mesma forma que no decorrer de uma longa e profunda conversação cada interlocutor deixa entender e perceber o que é pelo que diz. Leitura e ruminação fixam e imprimem para sempre essa palavra no espírito de quem reza. Então pode brotar e subir das profundezas do ser, até em meio a atividades braçais, a meditação, espécie de diálogo e efusão afetiva, resultante da palavra gravada no coração. Cassiano acrescentava uma estratégia de luta contra os vícios e uma terapêutica: a libertadora confissão de todo mau pensamento ao ancião que espiritualmente dirige o monge. Essa profundidade de introspecção psicológica era radicalmente nova. Permitia interiorizar a consciência pessoal fazendo-a passar de uma culpa oriunda de alhures, vaga e surda, a uma simples análise do campo de batalha da qual ela é o teatro. Ela resgata a noção de responsabilidade...

São Bento de Nursia, cuja regra se generalizou em todos os mosteiros do Império Carolíngio a partir de 817, retomou as inovações de Cassiano e prolongou-as com a busca de um itinerário pessoal com Deus. Diz ele: "Devemos preparar nossos corações e nossos corpos [notaremos que não se trata de inteligência] para combater sob a santa obediência dos divinos mandamentos [...]. Vamos, pois, constituir uma escola onde ensinaremos o serviço do Senhor". Depois que o jovem monge aprendia a ler e escrever, decorando os 150 salmos, a "ruminação" lhe permitia passar à meditação. A regra o ajudava nessa atividade, tornando obrigatórios o canto e a recitação de todos os salmos semanalmente. Assim, a comunidade monástica canta os 150 salmos 52 vezes por ano. E ainda na ordem em que devem ser "salmodiados", como estabelece a regra num capítulo aparentemente fastidioso. Ao aconselhar esse ou aquele número de salmos agrupados, sugeria-se o itinerário interior de cada monge em sua relação pessoal com Deus, desde o louvor às grandezas divinas, passando pelo sofrimento e pelo abandono em que se encontra o pecador, até a ação de graças e os agradecimentos pelos benefícios recebidos. A linguagem poética desses textos permite sugerir por figuras e símbolos a existência de outra dimensão, a da eternidade, produzindo uma verdadeira erradicação com relação ao mundo circundante. A cultura espiritual torna-se então como que uma segunda natureza, e a renúncia ao mundo torna-se efetiva pela profunda mudança de mentalidade resultante da confiança no Outro. Enquanto a civilização franca e até galo-romana cultiva a violência, a comunidade monástica responde-lhe com o abandono e espera que outra força a ajude.

No entanto, essa conquista da interioridade não é um abandono do mundo. Ao contrário, leva a transformar o mundo. A ruptura primitiva, a luta dos três votos — pobreza, castidade e obediência — permitirá que, afastando-se do cosmo, o monge o reencontre em seguida, uma vez definida melhor a pessoa em sua personalidade. Todo o ideal beneditino pôde resumir-se na fórmula: "Reza e trabalha" (*ora et labora*). Isso é totalmente novo em relação a uma civilização romana que tinha como ideal de vida o ócio pessoal do homem culto, o *otium*. Ora, embora Bento seja de alta origem romana (ou seria justamente por sê-lo?), ele condena o *otium* em proveito do *negotium*, o não-ócio, o trabalho considerado sofrimento, Por quê? Porque "a ociosidade (*otiositas*) é a inimiga da alma. Também os irmãos devem ocupar-se em horários determinados com o trabalho manual e também em horários determinados com a leitura divina". Revolução radical! O penoso trabalho físico torna-se um ideal, e o trabalho intelectual solitário ou comunitário, de lazer que era, vê-se incluído no interior de toda atividade humana. Nada de surpreendente nessas condições se a vida interior monástica desemboca, quando é um equilíbrio evidentemente conquistado, numa nova construção do mundo.

Tais novidades eram importantes, pois colocavam em primeiro plano a convicção íntima como motor da ação, em lugar da reação instintiva, subjetiva, diante do perigo. Resultavam de intenso trabalho intelectual: leituras em comum, nas refeições e depois das completas, às vezes até durante o trabalho nas cozinhas ou em outros lugares. Lia-se também para os hóspedes do mosteiro. São Bento determinou com minúcias os tempos de leitura pessoal: duas horas todas as manhãs, da Páscoa até 1º de novembro, três horas no inverno. Durante a sesta, "se alguém quiser ler poderá fazê-lo, desde que não perturbe ninguém". Com efeito, quase sempre se lia em voz alta, por não haver separação das palavras e pontuação nos textos da época. Ademais, a leitura mental constituía um exercício difícil numa sociedade em que a solidão era rara, extraordinária e, para dizer tudo, segundo a expressão pagã, procedia de um "ódio ao gênero humano". Bento não hesita em encorajá-la e até em torná-la obrigatória. Durante a Quaresma o domingo lhe é inteiramente dedicado. No começo da Quaresma, todos os irmãos devem receber "um livro da biblioteca que lerão inteiro, revezando-se". No total, eram mais de vinte horas semanais de leitura pessoal. Era tão difícil impor essa disciplina que estavam previstos dois anciães encarregados de vigiar e repreender os tagarelas, os preguiçosos, os que se dedicam ao *otium* ou sofrem de acídia (aversão às coisas espirituais). Na situação oposta, quem desejasse ler à noite recebia um livro e luz. A finalidade essencial era impelir cada irmão ao oratório. "Se quiser rezar sozinho, na intimidade, entrará e orará sem ruído, não em voz alta, mas com lágrimas e aplicação do coração." A prece do coração constitui, assim, o resultado de uma intensa ascese, de um trabalho intelectual cujo rigor parecia extremo aos contemporâneos. E mais: é uma oração sem palavras, nem pronunciadas nem pensadas — outro sofrimento intolerável.

DESCOBERTA DO SILÊNCIO

A solidão da leitura devia, pois, levar ao silêncio. Trata-se de um valor novo indispensável ao recolhimento. "O nono grau de humildade", diz sempre a regra, "é que o monge proíba sua língua de falar e, guardando silêncio, espere para falar quando interrogado." "Durante todo o tempo os monges devem cultivar o silêncio, mas principalmente nas horas da noite." "Saindo das completas, ninguém mais terá permissão para dizer alguma coisa a quem quer que seja." Portanto, o silêncio tem por finalidade cultivar o homem interior, para retomar uma expressão agostiniana. Esse valor é, ainda aqui, novo. Bento às vezes chega a reclamá-lo com severidade e irritação, pois ele é essencial, a seus olhos, para chegar a desejar a vida eterna com "toda a sua cobiça espiritual" (*concupiscentia spiritualis*). O termo concupiscência é escolhido de propósito para mostrar como a relação com Deus constitui outra relação amorosa, não mais egoísta e limitada pela carne, porém englobando-a e ultrapassando-a. Com Bento e todos os que o seguiram elaborou-se assim no segredo dos claustros e dos oratórios uma abundante subjetividade em que a análise das afeições, dos sentimentos e dos progressos de cada um na vida espiritual prepara uma descoberta da pessoa humana em toda a riqueza, enfim livre de uma criação da qual o homem não é escravo e da qual pode se tornar senhor. A influência dos grandes monges como Bonifácio, Bento de Aniane, Odon de Cluny aí está para mostrar o nascimento desse novo tipo de homem, aparentemente frágil e sozinho, mas sempre forte, porque enfrentou o silêncio.

Esses incontestáveis progressos da vida interior encontravam-se somente em outro homem, o escriba. Esse monge, que não tem a oportunidade de ficar na sala aquecida como seus colegas e muitas vezes se queixa, através das inscrições que deixou na nota final dos manuscritos, de que tem frio, de que a hora da refeição ainda tarda ou de que a tinta congela no tinteiro, é um dos atores menos conhecidos da história. Sua tarefa havia sido facilitada no final da Antiguidade pelo abandono do rolo de papiro e pela adoção do códice, esse livro cujas páginas (então de pergaminho) folheamos ainda hoje. Tal invenção teve consequências psicológicas fundamentais. Permitiu dispensar um escravo leitor quando havia necessidade de tomar notas. Podia-se estudar o texto com uma das mãos e escrever com a outra. Doravante simultâneas, essas duas ações — ler e escrever — reforçam a possibilidade da leitura mental, que efetivamente parece comum na época carolíngia, e permitem um diálogo interior com o texto. Além dessa possibilidade de meditação, o códice oferece uma facilidade maior para recopiar um texto ou cotejar vários exemplares ao mesmo tempo.

O trabalho do escriba, entretanto, era penoso. Mesmo quando havia vários na mesma sala, deviam obrigatoriamente manter-se em silêncio para melhor se concentrarem. O livro ou o rolo a copiar encontrava-se numa estante. O escriba escrevia sobre os joelhos, uma prancha ou uma mesa, com um caniço cortado ou, mais comumente na época carolíngia, com uma pena de ave. Previamente havia traçado com ponta-seca linhas e traços verticais para determinar as margens e as colunas. Acrescentemos ao puro escriba outros trabalhadores solitários:

revisores, rubricadores, pintores, iluminadores e encadernadores. Quando a minúscula carolíngia foi inventada em Corbie, no final do século VIII, e depois se generalizou, essa letra muito legível (nosso atual "romano") teve de ser caligrafada, e não mais escrita de um só jato, como a cursiva merovíngia. Tal progresso aumentou o trabalho do escriba. Ofício duro, segundo um deles: "Embaralha a vista, causa corcunda, encurva o peito e o ventre, dá dor nos rins. É uma rude provação para todo o corpo. Assim, leitor, vira delicadamente as páginas e não ponhas os dedos sobre as letras". A cópia, portanto, constituía uma forma autêntica de ascese, da mesma forma que a oração ou o jejum, um verdadeiro remédio para curar as paixões e refrear a imaginação pela atenção dos olhos e pela tensão dos dedos que ela reclamava. Era necessário um ano de trabalho para copiar apenas uma Bíblia. Assim, graças aos escribas carolíngios, possuímos mais de 8 mil manuscritos. Entre eles se encontra a quase-totalidade dos autores antigos conhecidos.

O que se passava na cabeça e na imaginação desses escribas quando recopiavam um texto pagão, a seus olhos ora falso, ora licencioso ou indecente? Constatemos primeiro que eles nunca selecionavam ou censuravam. Os escribas eram fiéis ao texto. Poucos, porém, nos deixaram suas impressões. Só Hrostvita, monja de Gandersheim, no século X, que redigiu comédias imitando as de Terêncio, confessa que certas expressões do autor, mesmo transcritas fora de seu contexto obsceno, fazem-na corar. Mas os outros se calam. Como observa dom Leclercq, "resta uma parte de mistério que é melhor respeitar". Isso prova que todos esses textos eram estimados e respeitados e que nada era belo demais para valorizá-los. O livro custava muito caro. Para copiar Cícero ou Sêneca era necessário um rebanho inteiro de carneiros, à razão de quatro fólios por cabeça. A encadernação e a ornamentação das capas muitas vezes constituíam objeto de verdadeiros trabalhos de ourivesaria *cloisonnée* com cabochões de pedras preciosas, aparentando a obra aos relicários. O culto do belo levava assim a uma verdadeira sacralização do livro, o digno interlocutor da vida privada de um homem de letras da Alta Idade Média. Com relação aos monges, é mais fácil compreender isso, pois, sendo os prazeres vulgares ou refinados proibidos para eles, só lhes restava a admiração pelos belos versos. O abade Loup de Ferrières, que se comprazia em presentear um amigo com pêssegos sumarentos, não se cansava dos versos mais sonoros de Virgílio, enquanto na geração anterior Paul Diacre se divertia em escrever versos "suavemente satíricos". A solidão do escriba e do autor em geral desembocava assim na busca da beleza e na satisfação intensa que proporciona o sucesso estilístico às portas do indizível.

Chegando a tais cumes, uma vida do espírito tão densa podia ser transmitida a outros? Restava a velha solução da correspondência literária cujos mestres continuavam sendo Plínio, o Jovem, e principalmente Sidônio Apolinário, que morreu como bispo de Clermont-Ferrand, entre 486 e 491, após haver defendido a cultura e a fé contra os visigodos. No século IX, só Loup de Ferrières pôde elevar-se à altura de seus antecessores e com os mesmos êxitos estéticos. Mas foi uma exceção, e seu apostolado pela pena teve poucos ecos, exceto talvez junto a um leigo tão culto como ele, Eginhard. A correspondência muito mais frequentemente constitui uma oportunidade de ajuste de contas, como é o caso das ofensas trocadas pelos bispos Importun de Paris e Frodebert de Tours, por volta de 665, ou das repetidas intervenções de Hincmar, arcebispo de Reims, que incessantemente tentava recuperar as propriedades arrancadas de sua igreja. Outros, como Alcuíno, reclamam orações para o perdão de seus pecados e o repouso de sua alma. A descoberta da importância da oração tornou-se então a oportunidade para a formação de comunidades de padres e leigos. Comprometiam-se a rezar por um de seus irmãos enfermos, acompanhá-lo na morte e fazer celebrar missas após o falecimento. Igrejas e mosteiros mutuamente se enviavam rolos de pergaminho com os nomes de seus mortos para que todos rezassem por eles. Pierre Riché assinala assim a constituição, em 842, de uma associação entre Saint-Germain-des-Prés, Saint-Denis e Saint-Rémi-de-Reims. Quando morria um irmão, um dos monges recitava o saltério todos os dias durante um mês. Os padres celebravam missa no primeiro, no sétimo e no décimo terceiro dia após a morte. Assim se anuncia a prática das orações pelos mortos que no século X constituiu a grande especialidade dos monges de Cluny. Mas, pela recitação mecânica que a ameaçava, estava bem longe de se aparentar com a riqueza da vida interior dos grandes rezadores.

Isso prova que os monges e os padres são tidos por privilegiados mediadores que, através de seus laços pessoais com a divindade, podem ser muito úteis tanto para a vida cotidiana como para a do além. Esses homens, que criaram espaços sagrados, mosteiros, igrejas, terras de asilo, que são os guardiães das relíquias dos santos, os portadores de livros sagrados e que se abstêm de sexo, afastaram-se do resto da população. Assim, de maneira mais ou menos consciente, alimentam a confusão entre *sacer* e *sanctus*, entre tabu e santificado. Ademais, no final da época carolíngia, o retorno voluntário do clero à velha pedagogia do medo e do temor, única eficaz contra uma violência desenfreada, acentuou a impressão de que a Igreja era detentora do sagrado.

Assim, para obter a salvação pessoal, era preciso apoderar-se dela. Raciocínio simplista que está na origem do que se chamou a "Igreja privada", *Eigenkirche*. Desde os primórdios da missão na Gália, os aristocratas germanos ajudaram os recém-chegados concedendo-lhes terras e bens necessários para fundar os primeiros edifícios do culto. Mas em sua mente continuaram considerando-se proprietários da nova igreja, patronos do título e titulares. Para eles nada era mais fácil que tirar um escravo dos campos, libertá-lo para satisfazer as leis eclesiásticas e manter sua formação sacerdotal. O grande proprietário tinha então seu padre pessoal, o qual, através de preces e missas, lhe obteria a vida eterna. Os príncipes protetores dos mosteiros e dos bispados faziam o mesmo cálculo mais ou menos consciente. O sistema da "Igreja privada" transformava os padres em domésticos, principalmente no norte, em Francie. Como diz amargamente Jonas de Orléans: "Existem padres tão pobres e tão desprovidos de dignidade humana, tão desprezados por alguns leigos que estes não só os tomam como intendentes e contadores de seus bens (evidentemente porque são os únicos que sabem ler e escrever), mas ainda se servem deles como domésticos leigos e não os admitem como convivas a sua mesa". Esse domínio dos grandes leigos sobre o clero foi tal que chegou a uma intensa degradação ao longo do século X e provocou a reforma gregoriana, verdadeira liberação do clero. No final do século IX só alguns leigos piedosos, como Girard de Vienne ou Géraud d'Aurillac, tinham percebido o perigo. Fundaram mosteiros isentos de toda autoridade leiga. Mas Géraud era um dos raros nobres de sua época que tiveram uma vida pessoal de oração mesmo permanecendo no mundo. Enquanto se vestia, ao levantar-se da cama, recitava os salmos; à mesa, mandava ler textos bíblicos que comentava e explicava para os hóspedes. Em suma, a primazia da vida interior acarretava uma santificação das relações interpessoais entre leigos e clérigos. Porém a ausência de vida interior acentuava a sacralização do clero e a privatização da Igreja. Finalmente, uma cristianização incompleta da vida privada acarretava um retrocesso ao sagrado pagão. Assim se explica que a Alta Idade Média termine por volta do ano 1000 com o desejo dos grandes de se apoderarem dos segredos do clero e das receitas do sagrado para aplacar uma angústia que o exercício do poder político, enfim totalmente privatizado, não permite aliviar.

Assim, apesar de tudo, a cristianização, embora mais forte na época carolíngia que nos tempos merovíngios, não conseguiu eliminar esse conglomerado de crenças subjetivas que chamei de sagrado pagão. O saber pré-lógico, as intuições femininas, as receitas mágicas, poções, filtros e outros giram em torno das mesmas obsessões: o amor, a morte, o além. Os esforços de cristianização tentaram afastar o medo das forças más transferindo-se para o diabo a fim de libertar a consciência pessoal. Porém essa lenta passagem de uma consciência exterior ao homem a uma consciência interior mais pessoal permanece incompleta. A prática dos sacramentos, como o batismo e a eucaristia, não continua isenta de um certo toque de crença mágica. A penitência e o casamento foram provavelmente os meios mais eficazes de cristianização da vida privada. Com certeza, os penitenciais, em seu decorrer cronológico do século VI ao XI, revelam um incontestável progresso na consciência moral. Provam uma verdadeira intransigência com relação ao homicídio, à poligamia, ao divórcio, e reclamam igualdade de todos os leigos diante do pecado, assim como certa igualdade da mulher perante o homem. Ademais, privilegiam o ser em relação ao ter. Nisso contradizem completamente as leis germânicas e permitiram profundas transformações do comportamento pessoal e social. No interior do casamento, a abrupta reivindicação de indissolubilidade e de uma ordem natural nas relações sexuais ia contra recusas veementes das quais uma das menores foi o caso Lotário-Theutberge. Entretanto, o corpo episcopal tinha perfeita consciência dos pesados comprometimentos que os penitenciais permitiam estabelecer com as crenças pagãs, pois inutilmente tentou impedi-las. Com demasiada frequência, a conscientização do pecado aparentava-se mais à de um delito ou de uma impureza material que à de uma recusa do amor divino. A penitência automática mantinha a relação religiosa no nível de um contrato de igual para igual. A aceitação dos motivos pagãos de recusa de certas práticas levava a contradições com o Evangelho. Enfim, a não-consideração da intenção (exceto nos casos de ódio) deixava a consciência na total ignorância dos motivos do ato. Havia progresso, pois agora era julgado o resultado, em lugar do prejuízo sofrido, mas esse progresso demandava outro, que só ocorreu com a obra de Pedro Abelardo.

A consciência pessoal emerge lentamente, pois, da ação contraditória da Igreja. Essa mistura de intransigência e comprometimento explica o fato de o amor e a morte passarem, ao longo de dez séculos, do sagrado pagão aos segredos cristãos, sem desaparecer a mentalidade primitiva. Toda aculturação necessita, na verdade, dessa mistura de rigorismo e laxismo. O filósofo Jacques Maritain utilizou em seu último livro o conceito de "ajoelhar-se perante o mundo" para designar essa maneira ambígua da Igreja de respeitar os valores não cristãos capitulando diante deles. Tornando-se proprietária do sagrado pagão, a Igreja da Alta Idade Média como que brincou com fogo sob o risco de se queimar, porém libertou os indivíduos para que se tornassem eles mesmos.

A criação da interioridade pela prece, pela solidão e pelo silêncio constituía o único meio de dessacralizar a relação subjetiva com Deus. Aqui a ambiguidade não é mais admissível. A ascese deve substituí-la, a do corpo e a do coração, pelo trabalho manual e intelectual, pelo jejum e pela oração. Bento de Nursia introduziu uma verdadeira revolução mental generalizando a *lectio divina* e a leitura em geral. Assim como o escriba solitário diante de seu pergaminho, o homem em oração se impõe uma verdadeira violência trabalhando o cérebro e o coração sem cessar para abrir seu entendimento ao apelo de alguém. O prestígio do monge que reza, unido à sacralização em geral do clero criada pelas severidades dos penitenciais a ele relativos e à sacralização do livro em particular, leva a uma inversão de situação, pois então os grandes leigos se apoderam desses vestíbulos do além que eram os mosteiros e as igrejas. Aquele que ora ou o padre tornavam-se um meio mágico de assegurar-se o paraíso. O progresso interior, descoberta individual e intransmissível, transformava-se em receita vulgar.

CONCLUSÃO

Do Estado, propriedade privada, à Igreja privada o círculo se fecha. Do político ao religioso, a Alta Idade Média é a época forte das individualidades, da recusa do abstrato e dos grandes horizontes, dos pequenos grupos e das comunidades de calorosa afetividade. A instintividade constitui o valor primeiro: voracidade, rapacidade são as duas mamas de um mundo ávido de viver e gozar. O corpo e o coração estão em desacordo. A natureza parte para o assalto da cultura. O animal fascina o homem. O corpo é venerado, mutilado ou torturado. Só a violência permite sobreviver. A morte está atrás de todos.

Não se trata absolutamente de uma visão romântica, passada pelo crivo do *Grande dicionário histórico* de Louis Moreri, sobre o sangue, o ouro e a púrpura de nossas origens. Consideremos antes a Idade Média nosso inconsciente coletivo e a grande fase de dissimulação de nossas paixões espontâneas, aquela em que a recusa de toda estrutura pública desnuda os impulsos de cada um e permite uma nova educação do homem. Foi um combate entre duas religiões, pagã e cristã, a propósito da família, do sexo e da morte.

A obsessão dos povos que entraram na Gália e a transmitiram aos galo-romanos girava em torno da sobrevivência. Tal obsessão, legada pelos solos pobres e pelas florestas da Europa, impunha o dever de reduzir o homem à arte de matar e a mulher à de procriar. A sexualidade constituía, pois, um instrumento de construção da sociedade que era preciso utilizar em conformidade com os ensinamentos da natureza: lei do mais forte, pureza da mãe e da esposa. O amor, essa loucura destrutiva, devia ser banido. Era necessário captar as boas forças do cosmo misterioso e rechaçar seus maus impulsos. A morte era tão perigosa quanto o sexo, pois pertencia a outra parte do cosmo, ao subterrâneo invisível. Entre os dois a violência constituía uma obrigação para dominar um e apaziguar a outra. Assim se podiam formar, como bandos inquietos de feras aspirando o ar que veicula o cheiro do caçador, essas parentelas endogâmicas que enterravam os mortos nos confins de suas propriedades.

A essa religião do medo devia responder a da esperança. E ela responde, ao mesmo tempo de muito perto e de muito longe, na simpatia e na hostilidade. Aceitou toda a religiosidade pagã com relação à criança, à pureza do casamento, mas logo procurou quebrar a parentela para impor o casamento monogâmico. Compondo com o sagrado pagão, a Igreja das Gálias desviou-o para os sacramentos. Operou principalmente importantes transferências entre os dois setores: público e privado. Contra a angústia da morte, deslocou os defuntos para colocá-los à vista de todos, ao redor dos vivos. Contra o medo da punição, transferiu a penitência da praça pública para o ouvido do padre. Enfim, ao homem que só experimentava o sentimento de sua existência diante de um mundo hostil no interior de um grupo armado, ofereceu a loucura do eremita isolado ou o silêncio do monge em seu oratório. Quaisquer que fossem as ambiguidades profundas da ação da Igreja sobre a vida privada, essa lenta aculturação pontilhada de fracassos — o mais patente dos quais era o do Império Carolíngio — levava ao desprendimento, à autonomia de cada ser humano em relação a seu ambiente. Do medo do mundo, passando pelo desprezo ao mundo, o homem em breve partiria para a conquista do mundo.

5

BIZÂNCIO SÉCULOS X-XI

Évelyne Patlagean

Bizâncio significa um milênio de história, uma capital, Constantinopla, um império imenso na escala da época e uma sociedade trabalhada e modificada pelos séculos. Aqui decidimos focalizar o período que vai aproximadamente de 900 a 1060, o apogeu do século X, a virada para a modernidade iniciada no XI. Como todas as sociedades vigorosas, Bizâncio expressou-se então numa massa de textos, em que iremos vasculhar as categorias mentais e culturais que constituem o objeto do presente livro: os contornos de um espaço e de um tempo privados, as atividades que neles se desenvolvem, o discurso que a eles se refere. Primeiro, porém, cabe mostrar o lugar da ação, o cenário, os personagens. Assim o leitor apreciará a multiplicidade da questão colocada, antes de ver a distribuição desigual da documentação.

TERRITÓRIO E HISTÓRIA DE BIZÂNCIO, SÉCULOS IX-XI

O Império se apoia então a leste nos contrafortes armênios do Cáucaso e no alto Eufrates e a sudeste no maciço de Taurus. Nos Bálcãs, estende-se da margem esquerda do Danúbio, separado do curso inferior do rio pelo Estado búlgaro, nascido em 681 e convertido ao cristianismo em 864 pela missão bizantina. Depois do século IX, marcado pela emancipação política de Veneza e pela luta com os árabes, na qual estavam em jogo a Sicília, Creta e as ilhas do Egeu, o século X é aquele de um triunfal *élan* de reconquista. Bizâncio retoma Creta, restabelece uma província no sul da Itália, em torno de Bari e Tarento, volta à Mesopotâmia, onde se apodera de Edessa. No baixo Danúbio, alia-se contra o povo turco dos petchenegues, ao Estado russo de Kiev, com o qual comerciava desde o início do século e em cuja Igreja ingressa em 988; depois, em 1014, destrói o Império búlgaro. No século XI, o afluxo de mercadores italianos e mercenários ocidentais e a entrada em cena dos turcos seldjúcidas pouco a pouco mudarão o quadro. Mas dessa história, que não interessa a nosso propósito, reteremos apenas o fato de que sob o nome de Bizâncio se desdobra um espaço social e cultural variado, sobre o qual a documentação lança apenas luzes descontínuas. Deixa ver Constantinopla, não só a maior cidade do Império e da cristandade, mas a "cidade reinante", a capital, que em seu interior abriga essa outra cidade que é o palácio imperial; a leste, a fronteira, do Taurus à Armênia; ao norte, Tessalônica, "a grande cidade", a única a oferecer uma história urbana comparável à da capital, embora diferente, e, no plano de fundo, a península do monte Atos, onde a vida monástica se manifesta no final do século IX e se organiza no X; a oeste, enfim, a Itália meridional, as atuais Apúlia e Calábria, com suas cidades litorâneas — Bari, Tarento —, suas montanhas cobertas de bosques onde os monges se isolam, voltando as costas para as invasões dos árabes, cada vez mais longe rumo ao norte, a Roma. Não se poderia pensar que tantas paisagens e populações tão diversas partilhassem uma civilização uniforme.

No entanto, existe uma civilização bizantina comum, no quadro de uma história política que implica não só o palácio em sua capital como o Império inteiro. Em 867, o imperador Miguel III foi assassinado por seu favorito e coimperador Basílio, de origem provinciana pouco conhecida. Basílio fundou uma dinastia que terminaria em 1056 com a morte de Teodora, a última descendente. Desde o reinado do filho de Basílio, Leão VI, todavia, esboçam-se tensões políticas entre o palácio, sede da dinastia e centro do poder, e os grandes generais dos quais os imperadores precisavam para suas guerras. A ascensão de Basílio efetivamente assinala o início da política de reconquista e ofensiva que prossegue até a morte de Basílio II, em 1025, e cede lugar a um frutuoso esforço missionário em direção aos jovens Estados eslavos do sul e do leste. Donde o papel dos chefes de guerra, provenientes de linhagens cujo prestígio não remontava, no máximo, além do século VIII e cujo sucesso é consagrado pelo uso de um nome tirado ou de um adjetivo ou de alguma palavra familiar. As mais célebres são originárias do leste e do sudeste da Anatólia, até dos confins da Armênia. Indicava sua importância uma residência na capital, próximo ao palácio; mas suas bases estavam em propriedades e fidelidades mantidas na província. O próprio trono não lhes é inalcançável, embora se transmita, em princípio, de pai para filho, pois através da aliança têm a possibilidade de aceder a um poder que admite coimperadores. Foi assim que reinou Romano I Lekapenos (920-944), cuja filha se casou com o adolescente Constantino VII. Nicéforo II Focas, quarta geração de uma linhagem que atingira o nível social mais alto, casa-se, em 963, com Teófanos, viúva de Romano II, que por sua vez era filho de Constantino VII. É assassinado e substituído em 969 pelo filho de sua irmã, João I Tzimisces, amante da imperatriz, general brilhante e aparentado à importante linhagem dos Scleros. Com a morte de João I, em 976, Basílio II, filho de Romano II, tem a idade do poder pessoal, que deverá defender contra uma formidável sublevação no leste da Ásia Menor, durante a qual jogará um contra o outro os dois parentes, Bardas Focas e Bardas Scleros. Oficialmente associado a seu irmão Constantino VIII, reina sozinho e solteiro até sua morte, em 1025, seguida pela de Constantino, em 1028. Na falta de filhos varões, assegura a continuidade dinástica a filha deste último, Zoé, através de dois casamentos, com Romano Argyros (Romano III), que mandou matar em 1034, e com Miguel IV, irmão de um eunuco da corte (1034-1041). Então adota Miguel V, sobrinho do precedente, deposto em 1042, e em seguida divide o trono com sua irmã, a freira Teodora, esposando o aristocrata Constantino Monomachos (Constantino IX). Zoé desaparece em 1050, Constantino IX em 1055, e a dinastia termina com Teodora em 1056. Em 1057 o sucessor que ela escolhera, Miguel VI, é eliminado por Isaakios Comnenos (Isaac I). Com ele a linhagem dos Comnenos chega pela primeira vez ao trono, ao qual voltará em 1081, após os reinados de dois homens da linhagem Ducas, Constantino X (1059-1067) e Miguel VII (1060-1067, depois 1071-1078), de Romano IV (1068-1071) e de Nicéforo III (1078-1081). A ascensão de Alexis I, filho do irmão de Isaac, abre então o século dos Comnenos, uma outra época, na qual nos deteremos.

Se a trama cronológica da sucessão dos reinados foi indispensável, não se deveu à livre escolha do historiador, e sim a uma exigência das fontes cujas consequências estudaremos. Entretanto a dialética dos descendentes de Basílio I e das grandes linhagens evidentemente não esgota nossa informação sobre a história social da época. Em primeiro lugar, a fronteira oriental vive com vida própria, longe dos poderes políticos e culturais da capital e de sua ortodoxia, em contato com o islã fronteiriço. Por certo é administrada, dividida em distritos sob o comando de homens entrincheirados em suas praças-fortes, que às vezes são chefes locais integrados na defesa bizantina. Mas a organização oficial não justifica a liberdade dos guerreiros e uma originalidade de civilização que se extinguira lentamente no século XI com o recurso aos mercenários e a entrada em cena dos turcos. O palácio e a capital, por outro lado, reúnem os homens do poder civil e os do poder patriarcal, o pessoal do palácio, a administração central, os tribunais, assim como os escritórios e o tribunal do patriarca. Todos se definem e distinguem pelo domínio da língua culta, dos gêneros e regras da retórica, do patrimônio cultural da Antiguidade profana e cristã. Essa cultura, à qual eventualmente se acrescenta o direito, constitui objeto de um ensino que prepara para as carreiras do Estado e da Igreja e em cuja organização se empenham os imperadores do período. O meio dirigente ramifica-se nas províncias, para onde o poder imperial envia seus funcionários e o patriarcal, seus bispos.

O verdadeiro centro da sociedade e da atividade produtora é o campo, povoado de camponeses que são pequenos proprietários, rendeiros, às vezes ainda escravos. A maioria vive em aldeias, mas há os que se instalam nas regiões fronteiriças, desbravando terrenos. A classe social dos proprietários de terras também é muito diversa, tanto nos bens como no poder social e político. O caso da Anatólia central e oriental, região tradicional de grandes propriedades, não constitui a regra geral. Deve-se contar ainda o domínio monástico, no conjunto considerável mas também distribuído de maneira desigual. Por outro lado, ao longo desse período percebe-se uma renovação urbana, tanto em Bizâncio como em outros lugares, sustentada pelo artesanato e pelo comércio. O século X caracteriza-se em toda parte pelo progresso do grande comércio, dedicado a sedas e especiarias, peles e escravos. Se agora os atores muitas vezes são mercadores judeus, muçulmanos, de Amalfi e Veneza, os negócios centralizam-se em Constantinopla, Tessalônica, Trebizonda. Os comerciantes estrangeiros recebem concessões na capital, os russos desde o início do século X, os venezianos no final do mesmo século. O movimento se amplia na centúria seguinte, confirmando Constantinopla como uma enorme praça internacional. A capital do século XI cada vez mais apresenta os traços sociais de uma grande cidade, de uma sociedade urbana completa, diversificada e irrequieta.

O mundo eclesiástico acopla-se à sociedade civil, através de múltiplos vínculos familiares, locais e, por certo, culturais. A Igreja de Bizâncio superou uma crise decisiva em meados do século IX, quando se restaurou definitivamente o culto das imagens. Justificado pelo culto dos santos e, em última análise, pelo dogma da Encarnação, doravante imprime uma marca específica na devoção coletiva e individual. O aparelho da Igreja não mudará mais. Apoiado em seus gabinetes e em seu tribunal, o patriarca governa a Igreja dos bispos, das paróquias e dos leigos, também a dos monges, quando seus estabelecimentos não são autônomos, e respondem diretamente ao imperador. Mas, na realidade, são os monges que nessa época detêm o primeiro posto na Igreja e na cristandade de Bizâncio. As formas de fugir do mundo evoluíram desde seu primeiro florescimento entre o final do século III e o término do V. Os dois poderes — religioso e político — esforçaram-se para eliminar as mais livres e individuais dessas formas, e a própria sociedade sem dúvida seguiu a mesma tendência. Assim desapareceu, por exemplo, certo ascetismo doméstico. Assim igualmente a vida comunitária ou semicomunitária predominou em princípio sobre o eremitismo, tido sob suspeita, enquanto monges e mosteiros ocupavam um lugar cada vez maior dentro da sociedade urbana. O estatuto dos mosteiros varia: podem ser imperiais, patriarcais, submetidos ao bispo local, autônomos ou ainda, ressaltemos esse aspecto, privados — quer dizer, propriedade de uma pessoa, de uma linhagem, até de outro mosteiro. Os polos monásticos da época ainda são a região de Brousse e sobretudo, já, o monte Atos, "a santa montanha", república monástica da qual se esboça na Itália uma pequena réplica. Em Constantinopla, o mosteiro de Stoudiou, paladino do radicalismo religioso, conserva uma espécie de primazia oficial. Os imperadores, entretanto, têm suas predileções, principalmente aqueles que não pertencem à dinastia de Basílio I. Nicéforo II Focas e seu irmão Leão encontram-se, assim, na origem do mosteiro de Lavra, no monte Atos, enquanto Alexis I e sua mãe voltarão seus cuidados para São João de Patmos. Os particulares, grandes e pequenos, multiplicam fundações e donativos. Mas Bizâncio também é atravessada por uma antiga corrente de espiritualidade dissidente, cujo progresso, como veremos, marcou o século XI.

FONTES

O esboço geográfico e social que acabamos de ver explicará a tipologia dos documentos, escritos ou não, produzidos pela sociedade bizantina e dos quais, em parte, a história nos privou. Danos e atrasos são evidentes em dois campos: a arqueologia e os documentos de arquivos. A arqueologia medieval de Bizâncio ainda está longe dos resultados já obtidos no Ocidente. As destruições devem-se em parte aos tremores de terra, mas também ao fervor exclusivo dos arqueólogos clássicos, que no século XIX arrasaram os estágios bizantinos de Atenas. Atualmente, tende-se cada vez mais, onde é possível, a uma história longa dos sítios, da Antiguidade aos otomanos: é, por exemplo, o caso de Éfeso. Entretanto, os estágios bizantinos nem sempre são acessíveis, a começar pelo sítio de Istambul. A arqueologia dos vilarejos e fortalezas mal está começando, enquanto a exploração das célebres igrejas rupestres da Capadócia já apresenta algumas indicações. Em suma, sítios e monumentos serão aqui pouco eloquentes, diferentemente do que teriam sido para os séculos XIV e XV. Em compensação, não nos faltarão objetos, alguns usuais, outros preciosos, conservados em maior número, marfins, sedas, joias e notadamente os instrumentos da relação pessoal com o invisível — ícones, amuletos.

A época deixou grande número de imagens pintadas com as quais seríamos tentados a preencher as lacunas do material arqueológico: são as miniaturas de seus manuscritos, cuja utilização não é fácil. Ilustrou-se muito nos séculos X e XI, tanto em Constantinopla como nas províncias. Muitas vezes o livro resulta de uma encomenda e seus adornos dependem primeiro da vontade e dos meios do cliente, o qual pode ser o próprio imperador. Possuímos assim um saltério e um menológio (coletânea de notas sobre os santos para cada dia do mês) que teriam sido elaborados para Basílio II. Alguns textos exigem ilustração: os Evangelhos, o saltério, um ciclo litúrgico das *Homilias* de Gregório de Nazianzo, um dos Padres da Igreja grega. Mas o exemplar de um tratado sobre picadas de cobras também apresenta pinturas, e muitas vezes citaremos aqui um manuscrito madrileno da *Crônica* de João Scylitzes, elaborada no final do século XI e consagrada à história recente. Copiado no século XIII, parece que esse manuscrito reproduz em parte miniaturas contemporâneas à redação. Em todos os casos, interrogamo-nos sobre a atualidade das imagens. A ceia das Bodas de Caná, o demônio de pé junto ao sacerdote simoníaco, o camponês e seus trabalhos resultam de modelos conhecidos ou da inspiração da época? Ou seria supérfluo procurar essa alternativa numa civilização preguiçosa? Não constituiriam referências ao antigo, tão apreciado no século X? Seja como for, a pintura de manuscritos constitui uma fonte que não podemos dispensar.

Os documentos de arquivos sofreram ainda mais os tormentos da história. O que sobreviveu dessa época provém de bibliotecas monásticas, sobretudo das do monte Atos; outras ainda não revelaram, talvez, todos os seus segredos. Teremos de ler algumas atas de fundação com o regulamento (*typikon*) do novo mosteiro, doações com seus considerandos, testamentos. Entre outras circunstâncias, fazia-se um testamento às vésperas de ingressar no convento, pois um monge não podia ter nada de seu. Com a viuvez as mulheres adquiriam uma capacidade de gestão dos bens da família que se reflete nesses documentos. Em contrapartida, o único contrato matrimonial que enumera os presentes oferecidos pelo noivo é um documento judaico, redigido em 1022 em Mastaura, à margem do Meandro, e encontrado fora do Império, nos célebres arquivos de uma sinagoga do velho Cairo. A ausência de papéis privados é de algum modo compensada por um documento notável, o caderno das decisões do juiz Eustathios, o Romano, sediado na capital no primeiro terço do século XI. Os casos são bastante bem resumidos para que um dia possamos opinar sobre diversos litígios conjugais e familiares. Enfim, os próprios livros testemunham. Os copistas nem sempre se limitam a assinar, e os proprietários neles deixam seu nome, fazem anotações, às vezes transcrevem documentos nas páginas em branco. Por outro lado, na mesma época se esboça o helenismo moderno. A ele pertencem já a língua falada — da qual vários nomes de família constituem preciosos testemunhos —, as crenças, os provérbios, as canções, de que temos alguns vestígios.

A vida dos homens e das mulheres de Bizâncio devia estar sujeita às normas convergentes editadas pelo soberano e pela Igreja, através das quais algumas vezes percebemos a prática que elas ratificam ou que, ao contrário, lhes resiste. Para nossa época a coleção de *Novelas* (leis pontuais) de Leão VI manifesta, nos últimos anos do século XI, uma intenção de revisão sistemática da legislação — o que é menos verdadeiro com relação às *Novelas* dos séculos X e XI, aliás menos numerosas no total. A Igreja realiza então um trabalho contínuo e às vezes secular. O Concílio de 692 tomara providências importantes para reprimir um grande número de costumes e festividades que, com justeza, considerava impregnados do velho politeísmo. O segundo Concílio de Niceia, restaurador temporário do culto das imagens, em 787, erige um monumento fundamental para a disciplina dos clérigos, dos monges, dos leigos e das relações entre essas diferentes ordens da cristandade. O Concílio de 861, realizado em duas etapas em Constantinopla, trata das mesmas questões. O patriarcado de Constantinopla apoia-se, aliás, num sínodo permanente, cujas decisões conhecemos pelo menos indiretamente. A literatura penitencial ainda permanece em parte inédita e de qualquer modo não apresenta a riqueza do Ocidente na mesma época. No século XII, os concílios de 692, 787 e 861 recebem, como toda a série, os comentários de três canonistas: Teodoro Balsamon, o maior deles, jurista e funcionário do patriarcado, depois patriarca de Antióquia; João Zonaras e Alexios Aristenos. Dois opúsculos enfim denunciam os equívocos heréticos nos quais veremos uma mudança da devoção: um data do começo do século XI e traz a assinatura de um monge chamado Euthymios; o outro, de um homônimo, foi escrito sob o reinado de Alexis I Comneno.

Principalmente teremos de ler uma pilha de trabalhos assinados ou anônimos. Uns e outros enquadram-se em determinado gênero, ou seja, a informação é filtrada pelas regras que definem tal gênero. Ademais, uma lei comum a todos os procedimentos da cultura bizantina é a de reproduzir, ou melhor, pretender reproduzir, e sempre se legitimar pela referência a uma tradição, autêntica ou apócrifa, pouco importa. Não devemos acreditar, como já se fez muito, que esse aspecto fundamental a torne uma cultura fria, estática. Trata-se apenas da regra de seu jogo. Mas desde já pressentimos a dificuldade de reunir os dados que aqui buscamos, de pretender encontrar, ainda por cima historicamente, estados de alma que julgaríamos rebeldes a tais imposições. Para começar, vejamos como o conjunto se apresenta e que obras serão selecionadas, o que explicará nossa própria demarcação cronológica. Isso já equivale a abordar o assunto.

Restam-nos centenas de cartas dos séculos X e XI, preservadas graças às bibliotecas de Bizâncio, que as reuniram em coletâneas rotuladas de gênero epistolar, e ao mérito de alguns autores, como Miguel Psellos, protagonista político e cultural do século XI. Tais cartas constituem a expressão de um grupo social homogêneo e exclusivamente masculino: altos funcionários, bispos, colaboradores do soberano e até este mesmo, conforme as circunstâncias. Junto a elas colocaremos um escrito único pela forma e pelo tom pessoal: os *Conselhos e relatos* elaborados entre 1075 e 1081 por Cecaumenos, um aristocrata afastado do serviço em sua província. Não citaremos a poesia erudita dos letrados — erroneamente, sem dúvida. Em compensação, ficaremos com a gesta de Digenis Acritas, pois, sob o tecido romanesco posterior, encontramos a matéria épica das canções que músicos itinerantes executavam nos castelos da fronteira oriental desde o início do século X. Sem dúvida circula no século XI uma forma oral da gesta, veiculando modelos de heroísmo, sedução e amor bem distantes da capital.

As bibliotecas dos mosteiros e de particulares igualmente incluíam livros de uso familiar, para as preces em todas as ocasiões, a medicina doméstica, a interpretação dos sonhos. Aqui é mais árduo o problema da datação: o costume litúrgico de Constantinopla já está fixado num manuscrito do século VIII. A medicina de Hipócrates marca com sua tradição esse opúsculo ginecológico, aquele calendário de regime, indicando o que se deve comer ao longo do ano para se manter bem. A ciência dos sonhos remonta à Antiguidade greco-romana e segue em Bizâncio pelo menos dois caminhos. Aqui escolhemos o *Oneirokritikon* de Achmet: o personagem é misterioso, a obra foi elaborada entre 813 e o final do século XI, a matéria antiga vem à luz.

O leitor se perguntará se conservamos "histórias de vida" dessa época. Em Bizâncio, como no passado, são as *Vidas* de santos que desempenham tal papel, e bastante bem, pois desenvolvem, ao mesmo tempo, um modelo e uma biografia individual. Esta se destaca nas *Vidas* dos séculos X e XI, sem que o modelo perca sua importância. Aí temos, portanto, uma fonte apreciável. Essas *Vidas* são elaboradas para prestigiar um mosteiro ou um santuário ligado ao santo e à celebração de sua festa. Os autores, por conseguinte, são monges, salvo exceção, porém tal condição encobre certa diversidade cultural. Os próprios santos também são relativamente diversos. Contamos uns vinte deles nos séculos X e XI, entre os quais algumas mulheres, na maioria homens; não há protagonistas populares — seria inconcebível —, mas variadas carreiras leigas antes do ingresso no convento. Ainda mais que o modelo, a biografia situa-se em ambientes geográficos e sociais muito diferentes, às vezes inteiramente em Constantinopla, às vezes numa província da Ásia Menor ou da Itália meridional ou ainda nos caminhos do monte Atos. A historiografia da época não é menos rica, porém apresenta maior dificuldade de utilização. Na verdade, centraliza-se no palácio, quando não é diretamente inspirada por este. Ora, devemos considerar com prudência as informações relativas aos imperadores e não alinhá-los irrefletidamente com os outros em função de seu cargo ostentatório e simbólico. Contudo não poderíamos encontrar alhures dados sobre a aristocracia que gravitava em torno do poder supremo.

AS PALAVRAS

Temos aqui certamente não o quadro completo das fontes para os séculos X-XI, mas o material para uma pesquisa sobre as vidas privadas de Bizâncio nessa época. A língua grega do início nos conduzirá. Com efeito, ela reconhece a categoria do privado no sentido que queremos dar aqui. Os velhos termos continuam: os "negócios" (*pragmata*), no sentido mais amplo, em oposição ao "descanso" (*hesychia*) profano, político ou espiritual e ao "ócio" (*schole*); o "privado" no sentido patrimonial e social (*idios*, donde *idiazein*, "viver na privacidade"), o "próprio" (*oikeios*), pessoa ou bem que depende da casa (*oikos*). Todavia, a história modificou profundamente as oposições tradicionais. A "cidade" (*polis*) usualmente se tornou nas províncias uma aglomeração em princípio fortificada, um *kastron*, não mais povoado de "cidadãos" (*politai*), e sim de meros "habitantes" (*oiketores*). *Politikos* significa então "civil", notadamente na classificação fiscal, onde se opõe a *stratiotikos*, "militar". A verdadeira classificação social dos leigos opõe na verdade os "poderosos" (*dynatoi*) aos "pobres" (*penetes*). O "poder público" (*demosion*) resume-se há muito tempo ao do soberano e de sua administração fiscal e judiciária; o "povo" (*demos*) há muito tempo não passa, no século X, de uma figura da liturgia imperial, um grupo fixo que aclama o imperador nas cerimônias. O *demotes*, o "homem do povo", reduz-se então a um homem da rua, quando não a um marginal. Depois o século XI modifica este último aspecto. O progresso da vida citadina novamente faz da *demokratia* não mais a tirania da ralé, porém a pressão política, ao menos temporária, de um povo citadino de artesãos e comerciantes. Tais modificações na terminologia do "público" refletem claramente o declínio secular da cidade antiga como contexto social e político em proveito da forma imperial e de seu princípio de uniformidade centralizada e universal. A evolução é importante demais para não encontrarmos sua marca na categoria do "privado", sob a aparência intata do vocabulário. Quanto ao *laikos*, faz parte do "povo" cristão (*laos*). Nesse sentido, o "privado" pode ser o que escapa ao olhar autoritário da Igreja dos clérigos e dos monges, como por exemplo as festividades que esta não reconhece. Dito isso, só podemos partir de nossas próprias concepções, que nos acompanharão na presente investigação. O "público", portanto, não é apenas o Estado, e sim o exterior, a vida coletiva, em todas as suas manifestações, enquanto o "privado" designa ao mesmo tempo o círculo mais próximo, a intimidade, e ainda, no seio desta, o *eu* que nós somos. É assim que o entenderemos.

O ESPAÇO PRIVADO

A CASA LEIGA

Começaremos pelo espaço e pela demarcação que o divide em "público" e "privado", quer dizer, pela "casa". Esta sempre foi designada por dois termos gregos: *oikos*, o grupo que age e reside; *oikia*, o edifício que o abriga. O *oikos* define-se, assim, ao mesmo tempo por um espaço e por um grupo e seus relacionamentos. O fecho de uma intimidade interior, separada, murada destaca-se na *Chave dos sonhos*, de Achmet, que organiza suas interpretações de acordo com o significado onírico das partes do corpo. "A boca", escreve o autor, "é a casa (*oikos*) do homem, onde se encerra tudo que é seu [...] todos os dentes do homem se compreendem como os parentes deste", sendo que os molares significam os filhos: os superiores, os meninos; os inferiores, as meninas. Na verdade à primeira vista o *oikos* não parece inteiramente privado, porém situado entre os dois setores. Em alguns aspectos, a "casa" de fato depende do "público". Nas aldeias a assembleia dos "donos de casa" assume as responsabilidades judiciárias e sobretudo fiscais da comunidade rural, que se compõe do conjunto dos lares arrolados por ocasião dos recenseamentos fiscais. As "casas militares" constituem uma categoria de proprietários obrigados a fornecer, ao Exército, a título de imposto, um membro da família e seu equipamento. Enfim, a historiografia apresenta o *oikos* aristocrático como um grupo instalado na capital. Seu núcleo compõe-se de parentes, mas o grupo inclui os "familiares" (*oikeioi*), "servos", escravos ou não (*oiketai*), até "homens" (*anthropoi*) e "amigos" (*philoi*). Tal grupo atua na cena política do palácio, onde o introduzem o prestígio militar de seu chefe, a hereditariedade, a aliança de uma mulher da linhagem. Ao contrário, em caso de fracasso, de conspiração abortada, de mudança desfavorável, ele se isola em sua residência, de modo que a *hesychia* pode ser o "repouso" forçado de quem se viu assim despachado do círculo imperial. Tal *oikos* é um espaço ambivalente, pois, situado no antípoda do palácio, coração político do Império, serve de base ora à empresa política, ora ao recolhimento. A ambivalência estende-se às moradias provincianas das grandes famílias, que a qualquer momento podem adquirir um significado político. Assim, ao deter-se, durante uma viagem, na casa de Eustathios Maleinos, um dos magnatas da época, Basílio II vê a faustosa hospitalidade e as forças privadas de seu anfitrião como uma manifestação subversiva.

O *oikos* reúne apenas uma parte da parentela, quer dizer, do grupo que se pensa solidário em função de seus laços de parentesco. A partir do século IX, e mesmo do final do VIII, como vimos, esses grupos começam a ter nomes de linhagem transmissíveis. Assim, um historiógrafo, para melhor situar alguém, pode acrescentar a esse nome a menção de seu domicílio na capital. Os poucos levantamentos fiscais da época mostram parentelas camponesas reconhecíveis mas não reunidas sob um mesmo teto, pois se distribuem entre distintos chefes de família. A casa abriga uma família com três gerações na *Vida de Filaretos*, biografia de um proprietário rico mas santo, cuja elaboração se situa por volta de 821. A *Vida de Maria, a Jovem* (falecida em 902), posterior a 1025, e a de *Cyrillos de Filea* (falecido em 1110) apresentam uma família com duas gerações e filhos jovens. O registro do juiz Eustathios cita genros que moram na casa do sogro. Testamentos e levantamentos de lares camponeses mostram viúvas chefes da casa. Determinado epistológrafo morou com a mãe, que morreu depois de quarenta anos de viuvez. O meio dos epistológrafos inclui muitos celibatários do clero, que não mencionam nenhum parente.

Os servos não se distinguem do que hoje chamamos família. Sob a ambiguidade dos termos por vezes se encontram escravos. Teodoro, metropolita de Niceia, descreve-se numa carta deixando seu domicílio na capital no meio da noite para ir à Igreja dos Santos Apóstolos venerar são João Crisóstomo: um sobrinho o precedia com uma lâmpada, montado numa mula, e dois servos seguiam atrás, dois "simplórios" que não souberam defendê-lo dos assaltantes. Exilado, o mesmo Teodoro deixou sua casa sob a guarda de um "simplório" único, que diariamente fecha tudo e coloca barricadas. A libertação de escravos é comum o bastante para que os livros de orações contenham um ritual adequado e muitas vezes consta do testamento: em 1049, Gemma, viúva de um funcionário da Itália meridional, assim libera sua escrava Maria, que receberá a cama em que dormia e quatro medidas de trigo da futura colheita. Na casa há também outras pessoas. As *Vidas* de santos que chegaram a Constantinopla ainda meninos ou adolescentes com o objetivo de fazer carreira — Evaristo, monge do Studion; Nicéforo, bispo de Mileto — mostram-nos instalados na casa de algum parente ou "patrono" de alta posição. As "concubinas" (*pallakai*) às vezes moram com o homem que as têm e são substituídas quando certos sonhos assim aconselham. As grandes casas contam com um capelão, que celebra os ofícios. E quando Digenis deixou sua residência provinciana para ir a sua primeira caçada, em companhia do pai e do tio materno, escoltava-os o bando de "rapazes" (*agouroi*) que moravam perto deles. Na cidade, os documentos mostram uma habitação muitas vezes bastante complexa para aproximar proprietários parentes sem de fato reuni-los sob o mesmo teto: várias casas abrem-se para um pátio (*aulê*), cada andar é uma residência, com acessos distintos.

Os prédios de vários andares, também na cidade, abrigam diversas famílias; os artesãos moram, produzem e vendem em sua "oficina" (*ergasterion*). Há, contudo, menção a "casinhas" (*oikiskon*). Nesse nível modesto geralmente se trata de locatários. Em princípio a residência aristocrática é independente. Os pátios interiores com galerias, os terraços, as janelas com sacadas, as salas e os aposentos menores, os banhos constituem o quadro da vida privada citadina, na proporção das fortunas. No campo, a casa independente encontra-se nos dois extremos da classificação social: as "cabanas" dos escravos e dos meeiros residentes numa propriedade para sua exploração direta e a moradia do magnata. Esta última remonta ao final da Antiguidade e, graças aos mosaicos e às escavações, conhecemos belos exemplos na Síria e na Palestina dos primeiros tempos do islamismo. Daí o modelo retornou a Bizâncio, notadamente no leste, e o palácio voluptuosamente descrito na gesta de Digenis constitui sua fantástica reminiscência. Contudo não sabemos com que se parecia a residência onde Eustathios Maleinos recebeu Basílio II com uma pompa que lhe despertou suspeitas. Em Çavusin, perto de Urkup, ergue-se um castelo num rochedo, com uma torre fortificada, bem como uma igreja na qual os doadores, pintados na abside, são designados como o imperador Nicéforo II Focas; Teofano, sua esposa; Bardas Focas, seu pai; e Leão Focas, seu irmão. As habitações camponesas agrupam-se em vilarejos, nos quais vizinhanças, parentescos, meações misturam-se numa "proximidade" geradora de solidariedades ou de conflitos, que não atingem algumas moradias isoladas.

A casa média é incontestavelmente o porto de uma intimidade a propósito da qual podemos nos atrever a usar o termo conforto. Alexandros, metropolita de Niceia, reclamando em altos brados para sair de uma prisão onde o lançou um obscuro caso de libelo, queixa-se precisamente de não ter banho nem latrina. Teodoro, outro metropolita de Niceia, escreve a um correspondente que poderia contribuir para o fim de seu exílio:

> Possas tu devolver-me minha casa (*oikia*), da qual fui expulso, bem como da própria capital, como se eu fosse uma mácula, de modo que hoje moro ao relento, vivendo a vida dos animais selvagens, privado do necessário, eu, que diariamente luto contra minhas doenças e minha dor no fígado, que preciso de médicos e de cuidados; e que em recompensa o Senhor te dê uma casa no céu.

Fechada como a boca, lembramos, a casa é equipada com fechaduras e cadeados elaborados, dos quais restam exemplos. O espaço interno é cortado de reposteiros erguidos pelos personagens da *Crônica* de Scylitzes e que proporcionam não apenas separações internas, como uma proteção contra os ventos encanados dos quais se queixa amargamente o bispo Liutprand de Cremona, levado de sua embaixada junto a Nicéforo II para um palácio aberto a todas as correntes de ar. A época cobre as paredes com ladrilhos de cerâmica decorados com animais ou folhas de acanto e fabrica objetos pessoais e domésticos cuja diversidade transparece na lista das corporações elaborada sob Leão VI pelo *Livro do prefeito* (da capital). Conservamos cofres de mármore esculpido, peças de baixela. Em contrapartida não vemos facilmente se existia uma distribuição permanente dos aposentos de estar, o que constitui, no entanto, uma questão-chave para o propósito do presente livro. O equipamento doméstico não nos esclarece quanto a esse ponto, pois os documentos que chegaram até nós não apresentam nada que se pareça com um inventário do burguês medieval ou moderno, e isso evidentemente não é fortuito. Além de seu enxoval pessoal, a esposa judia de Mastaura leva para a nova casa, em 1022, roupa de cama e utensílios domésticos; infelizmente, seu contrato de casamento é um documento duplamente isolado. Os poucos testamentos do século XI que possuímos não detalham os móveis e objetos usuais. Em parte por preterição. Quando o rico provinciano Eustathios Boilas dispõe de seus bens, em 1059, o único inventário digno desse nome é o da doação à igreja local, que inclui ícones, livros sagrados e profanos e utensílios de metal precioso, mas não há nenhum detalhe sobre a partilha dos imóveis e objetos entre os filhos casados. Na mesma direção orienta-se o testamento, já mencionado, da viúva Gemma, em 1049. Com efeito deixa "a casa onde [ela] jaz inteira, tal como está, a Costas e Petros, filhos de [seu] sobrinho Leão". Em outras palavras, não pareceu necessário inventariar o conteúdo. Mais adiante, porém, a mesma Gemma distribui alguns móveis a esmo.

Portanto, não devemos concluir por uma indigência da vida material, que todas as fontes logo desmentiriam, e sim por uma elaboração limitada e talvez por certa plasticidade do espaço vivido. Essa hipótese explicaria por que as fontes narrativas não mencionam uma distribuição fixa. Não obstante, uma primeira exceção, e de peso, é a do palácio imperial do século X, cuja utilização cotidiana ou solene conhecemos através da historiografia e sobretudo do *Livro das cerimônias*, compilação de Constantino VII. Mas que vantagem tiramos disso? Salas de audiência, gabinetes, bibliotecas e oficinas de cópia, mas também salas de refeição, oratório, alcova conjugal dos soberanos — pode-se entender tudo isso como a adaptação imperial de um modelo mais geral, ou pelo menos aristocrático, que igualmente deixaria lugar para o banho ao qual se dirige a noiva do imperador na véspera do casamento e para a "morada púrpura", local que legitima os partos imperiais? Em seguida, a casa encerra um espaço que por definição continua exclusivamente privado e que é o das mulheres. Não que as mulheres de Bizâncio sejam reclusas. Thomaís dirige-se livremente ao santuário da Virgem de Blachernes, bairro da capital, e ali passa a noite em devoções. A mãe de Nicéforo, bispo de Mileto, enviado criança a Constantinopla, visita-o e o acompanha à escola para velar por sua pureza — atitude apresentada como exemplo pelo hagiógrafo. Mas uma ilustração da *Crônica* de Scylitzes mostra como viaja uma rica viúva, rigorosamente vestida da cabeça aos pés, instalada numa liteira, e sugere que pelo menos no topo da escala social o espaço da mulher se desloca com ela para fora da casa. No interior desta um rígido decoro separa as mulheres e as moças do visitante. A *Vida de Filaretos*, elaborada por volta de 821, descreve a indignação do biografado quando os emissários imperiais que procuravam uma esposa para o jovem soberano pediram para ver suas netas e sua esposa apareceu em seguida. Filaretos cedeu, visto que uma delas foi escolhida. A questão atormenta o velho Cecaumenos no final do século XI. Ele desaconselha vivamente admitir os hóspedes à mesma mesa das mulheres da família e mostra que é preciso servi-los à parte, contando uma história de esposa seduzida e marido enganado. O tema da honra aflora claramente quando ele escreve, por exemplo: "Uma jovem despudorada é culpada não só em relação a si mesma, mas também em relação aos pais e à parentela. É por isso que deves manter tuas filhas trancadas à chave, como culpadas e imprevidentes, a fim de evitar picadas de víbora". Certamente, ao desejar conhecer Cyrillos de Filea, Anna Dalassena, mãe de Alexis I, recebe-o no quarto, mas ela é velha, e ele, santo. A presença das mulheres e sua segregação dão uma ideia geral da distribuição do espaço doméstico. A *Cronografia* de Miguel Psellos atesta que, como a casa privada, o palácio do século XI abrigava um "apartamento das mulheres" (*gynaikonitis*). Desconhecemos a extensão social dessa distribuição. Em princípio, os estranhos não são levados à presença das mulheres, mas, a acreditar-se em Cecaumenos, isso nem sempre corresponde à realidade.

A cama, a mesa... A primeira atenção é para a mesa, por causa de sua complexa função de sociabilidade. A refeição de família assinala pelo menos os dias de festa. Quando Maria, a Jovem, foi falsamente acusada de relações culposas com um servo, sob o reinado de Basílio I, o marido se enfureceu de tal forma que, mesmo no primeiro domingo da Quaresma, não a deixou sentar-se à mesa, "mas ficou lá sozinho com seus irmãos [irmão e irmã, conforme o relato] e seus familiares, comendo e bebendo". Se aceitamos o exemplo, certamente carregado de valor político, da mesa imperial, constatamos a presença de Eudócia Ingerina, amante de Miguel III dada em casamento por este a Basílio, na ceia que terminou com o assassinato do imperador pelo mesmo Basílio. A ilustração dos manuscritos fornece informações. O Scylitzes de Madri apresenta a viúva Danielis como dona de casa entre o filho e o futuro imperador Basílio, ainda desconhecido, mas de cuja grandeza vindoura ela sabe: os dois homens, o hóspede a sua direita, comem no mesmo prato, o que a viúva não faz. Outra cena mostra a refeição oficial de Basílio, já imperador: ele está sozinho a uma mesa de canto, presidindo um grande grupo de comensais masculinos. Admite-se a presença das mulheres nas refeições, informam os canonistas, desde que não se trate de "bebedeiras" (*symposiai*), ou seja, banquetes entremeados de divertimentos pouco morais: neste caso, a presença de uma mulher fornece ao esposo motivo de divórcio, porém nenhuma reprovação cabe aos convivas masculinos.

No interior da casa a questão do leito põe em jogo o casal e seu círculo doméstico. Como testemunha o *Livro das cerimônias*, os esposos imperiais normalmente partilham o quarto e o leito. Scylitzes dá um exemplo em seu relato do assassinato de Nicéforo II Focas, em 969. O imperador, que reprimia uma vocação monástica, é apresentado como um asceta. Deixou a alcova conjugal nos períodos de abstinência prescritos pela Igreja. Seu assassinato ocorre durante o Advento, e os criminosos vagam a sua procura até encontrá-lo dormindo no chão de um aposento, sobre uma pele de urso que lhe dera o tio materno, o monge Miguel Maleinos, e com um gorro de púrpura na cabeça. O instigador do crime, João Tzimisces, senta-se no leito conjugal esperando o golpe de misericórdia. A imperatriz Zoé partilha o leito de seu esposo, Romano III, e o de seu jovem amante, o futuro Miguel IV. Mas Constantino IX encontra sua amante, Scleraina, fora do palácio, enquanto Leão VI dividia a cama com Zoé Zaoutzina numa casa de campo que a imperatriz não frequentava. A imperatriz dá à luz não no quarto onde o casal concebe os filhos, mas na "morada púrpura", reservada para isso, sem dúvida por causa da impureza inerente ao período do parto e incompatível com a sagrada dignidade do Império. Sabemos menos sobre os costumes conjugais depois da noite de núpcias. No século X, Lucas, o Estilita, ressuscita um bebê que os pais acidentalmente sufocaram na cama. O esposo de Maria, a Jovem, entra de manhã no quarto onde não dormiu e encontra a mulher deitada com um bebê nos braços. A Igreja determinava os períodos de abstinência dos cônjuges, em particular a Quaresma, os sábados e os domingos: não podemos saber se os respeitavam, embora fossem condição para a eucaristia. Igualmente ignoramos se a prática suspendia efetivamente as relações ou ao menos a partilha do leito durante a menstruação e até as *relevailles*,* o

* Cerimônia religiosa de purificação a que a mulher comparece logo após o parto. (N. T.)

que poderia ser a situação de Maria, a Jovem, na cena que acabamos de mencionar. Notamos todavia os catres estreitos em que os pintores de miniaturas colocam enfermos, moribundos, defuntos, parturientes. E enquanto esses leitos têm pés e cabeceira, o paralítico do Evangelho carrega nas costas um pequeno catre, com o qual sem dúvida se parecia a cama que a escrava da viúva Gemma ocupava e que o testamento desta última lhe deu juntamente com a liberdade.

A devoção privada exercia-se nos oratórios das casas dos grandes e nas igrejas que os proprietários construíam em suas terras a partir do século IV. Em testamento datado de 1059, Eustathios Boilas dota a sua de livros e objetos preciosos. Algumas igrejas da Capadócia também poderiam pertencer a uma linhagem, a julgar pelas efígies nominais dos doadores que nelas figuram. Essa era uma tendência antiga que durante muito tempo a Igreja olhou com suspeita, pois podia abrir caminho para uma incontrolável prática herética. Mas a velha tendência se impôs e foram autorizados párocos privados, mediante aprovação do bispo local, embora continuasse proibido afastá-los de sua paróquia. Observava-se a regra cada vez menos na medida em que a igreja privada autorizava abusos em matéria de oferendas, que estão fora de nosso propósito. A devoção privada deixou testemunhos: ícones portáteis, muitas vezes de pequenas dimensões, pintados sobre madeira, realçados com prata; ícones de pedra; cofres-relicário de marfim; e sem dúvida uma parte do material litúrgico de bronze ou de prata conservado. O lugar dos ícones nos interiores ortodoxos de ontem e de hoje é prefigurado numa ilustração do Scylitzes de Madri onde Teodora, esposa do último imperador iconoclasta, Teófilo, venera secretamente imagens santas dispostas num armário especial de seus aposentos.

A casa abastada inclui ainda um lugar cuja existência conhecemos, embora não possamos situá-lo exatamente nem determinar sua especificidade: o da leitura — e da escrita, conforme o caso. As numerosas representações dos evangelistas nos familiarizaram, talvez demais, com a imagem de um homem escrevendo, munido dos instrumentos necessários que são dispostos sobre um pequeno móvel, iluminado por uma lâmpada suspensa, junto a um armário aberto e cheio de livros. Imagem perigosa porque elíptica. Mas a biblioteca que vemos é sem dúvida nenhuma a do copista em seu gabinete e do leitor em sua casa. Leitura pessoal? Sim, se damos crédito aos fichários do patriarca Focio, no século IX, em que cada ficha se abre com a menção: "Lida... [tal obra]". Não, se acatamos a menção de um manuscrito conservado no mosteiro de Vatopedi, no monte Atos, e copiado em 1021 por Basílio, "leitor e cronógrafo, homem do sire Nikolaos"; é verdade que essa condição talvez não passe aqui de um nível clerical. De origem obscura, Basílio I mandava que lessem para ele e exercitava-se na caligrafia. Mas em geral a aristocracia e a classe média urbana sabem ler; as moças também, segundo o testemunho das *Vidas* de santos da época, ainda que não lessem a mesma coisa. A leitura constitui um lazer: Cecaumenos insiste nisso e certo epistológrafo assim desculpa o atraso de seu correspondente. As pessoas compram livros nas livrarias, sobretudo na capital, encomendam-nos aos copistas leigos ou monásticos. Os meios variam em Constantinopla, na fronteira oriental, na Itália meridional. Enfim, o palácio, as casas ricas, os mosteiros empregam copistas em domicílio. Por isso a relação do leitor com o livro, as modalidades de escolha e de constituição da biblioteca privada foram muito diferentes do que conhecemos. O que as pessoas liam? Tentaremos ver mais adiante.

O problema da escrita coloca-se de outra forma. Não que se trate de uma técnica subalterna, como em outras sociedades antigas, pois o imperador do século X pratica pessoalmente a caligrafia. Mas os epistológrafos da mesma época atestam a complexidade da comunicação escrita: levada por um mensageiro, a carta pode conter uma informação completa, porém com muita frequência apenas acompanha com uma composição eloquente e elegante as notícias que o mensageiro transmitirá de viva voz. Depois, nem sempre é escrita de próprio punho, e sim ditada a um secretário. Percebe-se assim um "homem da escrita" (*grammateus*, *grammatikos*), encarregado da correspondência do senhor e da ampliação de sua biblioteca, auxiliar de sua atividade criadora segundo o caso, como sugere a cena de ditado apresentada por um manuscrito dos *Atos dos apóstolos* copiado em 1045 (Paris, grego 223).

CASAS MONÁSTICAS

O mosteiro também é um *oikos*, segundo um dos termos que o designam, e um lugar de "repouso" (*hesychia*). Em princípio abriga uma família metafórica, a "irmandade" (*adelphotes*) dos monges, dos "irmãos" (*adelphoi*), colocados sob a autoridade de um higúmeno. Este é um "pai espiritual" (*pater pneumatikos*) não só para eles, mas para "filhos" (*tekna*) leigos, que permanecem ou não no mundo. O número mínimo exigido é de três monges, e o grande mosteiro de Atos pode contar então até setecentos. Caracteriza a época um fluxo de doações, fundações, tomadas de hábito e até de comunicação constante entre leigos e monges, como se o claustro fosse o horizonte de toda vida, a linha última de recolhimento, de "repouso" às vezes forçado. Tal situação interessa particularmente à questão da vida privada, e com relação a esta convém comentar a tipologia dos estabelecimentos e retiros individuais e cotejar os processos e as disposições da legislação e da Igreja com os modelos propostos pela hagiografia a fim de, se possível, ler nas entrelinhas as tonalidades e as nuanças da prática.

Como a "casa" militar, a "casa" monástica presta um serviço reconhecidamente de utilidade pública e, por conseguinte, goza de privilégios fiscais e proventos de origem variada. No século X, e mesmo no XI, a acumulação e as imunidades dos bens monásticos não se justificam basicamente pela assistência, mas pelo poder de intercessão e de direção que a sociedade, de um extremo ao outro, reconhecia nos monges. Por conseguinte, a condição monástica é desejável e vantajosa para os imóveis, e isso deve ser levado em conta no desenvolvimento tanto das fundações privadas como no progresso, no século XI, da gestão de proventos monásticos por leigos. No tocante à disciplina, o monasticismo grego da época sempre se fundamenta nos princípios elaborados no século IV por Basílio de Cesareia. Todavia, Teodoro do Studion estabeleceu para esse convento da capital, cujo período glorioso teve início no começo do século IX, uma regra que inspirará o monasticismo do monte Atos, bem como fundações diversas e até mosteiros criados pelos soberanos nos jovens Estados eslavos. Os concílios de 787 e 861 acrescentam especificações. Contra esse pano de fundo comum, todo fundador, monge ou leigo, cria a regra de seu estabelecimento, referente a regime material, orações a ser feitas, fins caritativos.

O monge não deve possuir nada de seu e tem de permanecer definitivamente ligado ao mosteiro que escolheu. Antes de tomar o hábito, faz seu testamento, se é o caso, e às vezes paga sua entrada, mas a seguir vive, em princípio, de seu trabalho na comunidade — ou seja, muito frequentemente, das rendas do mosteiro. Poemas satíricos elaborados em Constantinopla no século XII ridicularizam o luxo da mesa e do leito dos higúmenos, seus banhos semanais, os médicos que lhes acorrem à cabeceira, enquanto o pobre-diabo do monge vive num regime de desconforto e privação. Mais sobriamente, o acordo feito em 1030 entre o mosteiro de Lavra, no monte Atos, e o monge Atanásio ilustra um regime derrogatório. Sobrinho do higúmeno anterior, Atanásio doou seu convento privado de Bouleuteria, com as celas, a igreja e as vinhas, a Lavra, que o aprimorou. Em troca, pediu para participar da comunidade na qual tomara o hábito. O acordo garantiu-lhe alojamento a sua escolha, a manutenção de três criados pessoais e de sua barca, um cavalo para o resto da vida e rações anuais, além de estipular que, após a morte de Atanásio, a família herdará o conteúdo de sua cela. Assim será, mesmo que o imperador conceda o usufruto de um mosteiro a um leigo que se tornou monge, segundo uma tendência geral à devolução de rendas pelo poder público no final do século XI. Em 1083, Alexis I Comneno assim ordena que se restitua a Stephanos, transformado no monge Simeão, o usufruto do convento de Xenofonte, no monte Atos, e de todos os seus bens. Esse personagem, eunuco e almirante do soberano precedente, Nicéforo III, desejara deixar a vida laica. Fora acompanhado de três "meninos" e seus "familiares" (*oikeioi*) e recompensado por seus serviços com tal concessão. Todos efetivamente se tornaram monges, como demonstra o fato de haverem trocado de nome no momento da tonsura. Para pôr fim à espoliação subsequente, o documento lembra isso e apresenta o inventário dos imóveis dependentes do mosteiro, ícones e acréscimos feitos ao acervo de 130 volumes.

Porém o que mais de perto diz respeito a nosso propósito é o mosteiro privado, característica fundamental da sociedade bizantina da época. É comum transformar a própria morada em mosteiro. Entre outros, citemos na capital a casa do estratego Manuel, a partir de 830; a de um certo Mosele, cuja linhagem, de origem armênia, era próxima ao palácio desde o final do século VIII; e a do próprio Romano I, a qual, depois de sua ascensão como coimperador, se tornou o convento do Myrelaion. Um documento de Lavra, com data de 1016, lembra que para esse fim Glyceria, depois viúva e monja, e seu falecido esposo haviam dado sua "pobre casa" ao convento. Na capital e nas províncias, grandes e médios proprietários construíram muitos mosteiros em suas terras com essa finalidade. Os Argyroi possuíam um "mosteiro patrimonial" consagrado a santa Elisabeth na circunscrição de Charsianon, onde tantos aristocratas tinham raízes; era uma fundação do *tourmarchos* (comandante de um contingente) Leão, avô de um certo Eustathios Argyros, contemporâneo de Leão VI. Euthymios, o Jovem, proveniente de uma "casa militar" de médios proprietários e falecido em 898, construiu um convento de homens e outro de mulheres para seus próprios descendentes. Contudo, tais estabelecimentos também podiam ser modestos. Uma lei de 996 constata que habitantes de comunas rurais constroem, junto a pequenas moradas conventuais, igrejas privadas para si mesmos e mais duas ou três pessoas, conforme o caso. Os mosteiros privados podem ser vendidos ou doados, nem é preciso dizer, e os arquivos do monte Atos conservam os vestígios de tais operações. De resto, nem todas as fundações de particulares se destinam a permanecer privadas. Citemos o exemplo do mosteiro de Backovo, na Bulgária atual, criado e dotado em 1083 por dois georgianos que fizeram carreira em Bizâncio, o grande *domestikos* Gregorios Pakourianos (Bakouriani) e seu irmão; o mosteiro é declarado independente, mas a prioridade de entrada cabe à parentela dos dois irmãos — a seus "homens", enfim, a seus compatriotas. Em 1077, o juiz Miguel Attaleiates escolhe uma fórmula que equivale a manter sua fundação no domínio privado: o testamento que a cria lega-a ao Criador, ao qual constitui "herdeiro [...] administrador e dono" desse pequeno convento de sete monges na capital; mas a administração efetiva cabe, nos mesmos termos, aos descendentes diretos do juiz, incluindo as mulheres, no caso de não haver homens.

O mosteiro privado preenchia funções de sepultura e de comemoração familiares. O corpo de Eustathios Argyros é levado ao "mosteiro patrimonial" citado acima. Miguel Attaleiates prescreve orações para os parentes, para si mesmo, para suas duas esposas sucessivas, algumas pessoas que apenas cita e os imperadores. Sem dúvida a sepultura monástica constituía um privilégio espiritual, que as pessoas assim garantiam para si e estendiam a seus protegidos: Basílio, o Novo, estranho vidente que em meados do século X frequenta as grandes casas da capital, é sepultado no mosteiro pertencente a um de seus adeptos. Então compreendemos por que, ao tomar a direção do mosteiro de são Mamas, em Constantinopla, Simeão, o Novo Teólogo, ali encontra tantas sepulturas de leigos e por que, ao executar sua reforma, expulsa esses defuntos indevidamente enterrados em solo monástico. O mosteiro privado às vezes aparece como uma dependência da residência leiga: o eunuco Samonas, muito dedicado a Leão VI, certa vez recebe este num estabelecimento que lhe pertence. Mas também é verdade que um homem se tornava monge em seu próprio mosteiro ou residência transformada. O Concílio de 861 havia denunciado práticas sociais correntes e notórias. A criação de conventos privados por transformação ou construção podia ser apenas uma hipocrisia proveitosa, e a tonsura recebida na própria casa, um gesto que não alterava os hábitos e prazeres do dia-a-dia. O concílio exigira, pois, no primeiro caso o assentimento do bispo local e o depósito de um inventário junto a ele; no segundo caso, a recepção por um higúmeno. Por seu turno, a hagiografia cuida de orientar seus relatos de casos autênticos para uma conclusão correta. O exemplo extremo é fornecido pela história de Cyrillos, o Fileota, contemporâneo de Alexis I. Chamado pela vocação após um tempo de serviço na Marinha, primeiro cede às súplicas da esposa, que lhe implora que não a abandone, não torne órfãos seus filhos ainda jovens e não alimente a malevolência dos vizinhos. E ela lhe diz: "Repousa junto a nós". Assim, durante algum tempo ele arranja uma cela em sua própria casa, antes de entrar num mosteiro. O fio condutor de toda a obra é a procura da *hesychia*, do "repouso", que introduz na experiência espiritual. Entretanto, a maioria das *Vidas* de santos associam o "repouso" ao claustro e não deixam de contar a ardente espera do herói, antes que o "pai espiritual" escolhido enfim lhe conceda o "hábito" — a veste negra com capuz — e a tonsura e lhe confira, como vimos, um novo nome.

E isso nos leva, depois dos residentes privilegiados e do monasticismo em domicílio, à condição monástica comum. Nas *Vidas* de santos e nos regulamentos dos séculos X e XI não faltam informações sobre o espaço interno da casa monástica como quadro de uma forma particular de "repouso". O alojamento tradicional é o *cellion*, a cela que o monge ocupa sozinho, mesmo que tenha um criado. Na cidade, o conjunto das *cellia* é normalmente integrado ao edifício monástico, separado da rua por um espaço cercado. No monte Atos os documentos às vezes mencionam celas isoladas ou em pequenos grupos, mas continuam sendo satélites do mosteiro no tocante à disciplina e à liturgia. As partes comuns comportam o refeitório, a capela ou igreja — aberta nas cidades à devoção dos leigos —, a biblioteca e o tesouro, os arquivos, confiados a um conservador, um banho e uma enfermaria. Os conventos de mulheres apresentam uma disposição análoga. Sabemos também como esse espaço é vivido. O *typikon* regulamenta a alimentação comum e das festas, o regime dos enfermos e às vezes as distribuições aos pobres, assim como a roupa anual: já vimos como se torciam as normas. O princípio do trabalho monástico é observado de forma desigual. No começo do século IX, a regra do Studion queria que este fosse um organismo produtivo completo. Porém os monges da época vivem cada vez mais das rendas do solo, enquanto Lavra, em meados do século XI, se distingue por uma atividade comercial baseada em barcos de transporte e de pesca. Os mosteiros também recebem estudantes, evidentemente mantidos à parte.

Entretanto chegamos ao que interessa mais diretamente a nosso propósito. A comparação do mosteiro com o *oikos* leigo leva a destacar duas características. Primeiro, o princípio do espaço reservado às mulheres encontra uma transposição, ou melhor dizendo, uma extensão na exclusividade atribuída a um só sexo. Os mosteiros de homens são rigorosamente interditos às mulheres e a tudo que pode induzir uma tentação semelhante: fêmeas de animais — os penitenciais são explícitos quanto a isso — e criaturas imberbes. Assim, as crianças são mantidas à parte, como já dissemos. Sob o patriarcado de Nicolau III (1084-1111), um escândalo explode em Atos por causa dos vlacos, pastores nômades: descobre-se que suas esposas e filhas, disfarçadas, apascentavam as ovelhas e serviam os mosteiros. Os eunucos têm seus próprios conventos. Miguel Attaleiates destina-lhes o seu e dispõe que as únicas exceções a esse recrutamento serão ou dos próprios parentes ou dos homens irrepreensíveis, proprietários rurais e com mais de cinquenta anos de idade. A aplicação do princípio era mais difícil nos mosteiros de mulheres, que, aliás, os homens também fundavam, porque a autoridade sacerdotal só podia ser masculina. As monjas e as fundadoras colocarão o problema com maior precisão quando se inaugurar a época do monasticismo feminino, a partir do século XII; ainda não chegamos lá. O penitencial implica, é fácil perceber, que nem todos os monges e monjas respeitavam escrupulosamente a segregação. O que não diminui em nada o significado desta no modelo e para nosso propósito. Em segundo lugar, e como consequência, o espaço do convento se fecha sobre seus ocupantes: o monge só pode sair com a autorização do superior. De concílio em concílio repete-se a interdição da andança monástica. Vemos que perfeita figura da transgressão constituía o trio que valeria ao patriarca Miguel Cerularios severas críticas na ata de acusação preparada contra ele por Miguel Psellos depois de 1058. Devido a um interesse cheio de culpa pela magia e pela predição, ao qual voltaremos, o patriarca teria acolhido em sua casa uma pitonisa disfarçada que percorria o país acompanhada de dois monges.

O "repouso" monástico levado ao extremo encontra-se na solidão da cela, onde os regulamentos prescrevem que cada qual faça seu trabalho, mas proíbem qualquer conversação ou ocupação a dois e não admitem que ninguém passe o tempo "em seu particular" (*idios*) segundo a fórmula do *typikon* de Pakourianos. Por outro lado, a hagiografia da época fala de reclusos e reclusas. Mas sobretudo veremos adiante como a espiritualidade de Simeão, o Novo Teólogo, representa, desde a primeira metade do século XI, a preparação de uma modernidade.

O EU E SEUS OUTROS

A nossos olhos hoje em dia as relações do eu, do outro e de alguns outros definem eixos, ou melhor, círculos da vida privada. Evidentemente, não eram assim na sociedade bizantina dos séculos X e XI. E tampouco o limite entre território público e privado na relação com outrem situa-se onde o colocamos hoje, pelo menos conforme nossos padrões. Com efeito, aqui e agora a família deve proceder inteiramente do privado patrimonial e afetivo e, portanto, restringir-se à estreita rede concêntrica de cada um. Todos os dias o Ocidente contemporâneo desmente um ou outro ponto, ou ambos, em diferentes lugares de sua prática social. Mas o princípio, certo ou errado, permanece na base de nosso exame das sociedades distantes de nós no tempo e no espaço.

Nos séculos X e XI e em Bizâncio as relações entre as pessoas se organizam de outra forma. Uma primeira distinção separa as relações desiguais — com os criados, escravos ou não, e os "homens" — daquelas que unem iguais. Sem levar o sexo em consideração, estas últimas classificam-se em duas categorias cuja denominação nos é familiar, mas cujo sentido bizantino na verdade ultrapassa infinitamente o nosso: o parentesco, determinado por critérios reconhecidos, segundo o nascimento, a adoção, a aliança, o ritual; e a "amizade", que engloba as associações exteriores a essas numerosas rubricas de parentesco e que por conseguinte qualificaríamos de livres, se às vezes não fossem sancionadas por um pacto jurado. Esse agrupamento de várias pessoas em torno de uma reencontra o espaço doméstico sem coincidir com ele, e já o assinalamos. Cabe destacar que, se o "criado" (*oiketes*) logo encontra seu lugar, o "familiar" (*oikeios*) ocupa uma posição menos clara entre o desigual e o igual. Por outro lado, a demarcação do público e do privado, acrescida da que separa o religioso do leigo, atravessa todo o quadro.

A PARENTELA E SUAS ESCOLHAS

A parentela constitui então um grupo consciente de si mesmo, horizontal e verticalmente, e muitas vezes extensível através de diferentes processos. Sua importância remonta, na verdade, a longínquos antecedentes greco-romanos e nunca foi desmentida. Todavia, foi mais ou menos manifesta, mais ou menos pertinente, segundo os momentos da história social de Bizâncio — história definível num de seus sentidos como uma dialética da parentela e do Estado, sendo este último o poder legislativo, fiscal e judiciário designado pelo termo grego *demosion*. Os séculos X e XI pertencem a um período iniciado ao longo do século VIII, quando muito, em que as parentelas apareciam claramente nas estratégias agressivas do Estado e de sua Igreja. Assim, não podemos examinar a parentela como centro de vida privada sem traçar os limites além dos quais ela desempenha ainda outro papel. Dois exemplos, escolhidos em níveis sociais diferentes, ilustrarão tais limites. O primeiro, muito conhecido, situa-se no topo do jogo político do século X. Um entrelaçamento matrimonial reúne nessa época as três linhagens dominantes: Focas, Scleros, Maleinos. Nicéforo II Focas, que se tornou imperador em 963 graças a seu casamento com Teófano, viúva de Romano II, é bisneto do Focas fundador da linhagem, um homem cuja "força extraordinária", como diz um cronista, lhe abre a fortuna das armas. Seu filho, Nicéforo, o Velho, faz uma bela carreira militar no começo do século IX, e seus netos, Bardas e Leão, logo se veem em altos postos do serviço público. Bardas, pai do futuro imperador, casa-se com uma Maleinos. Os Maleinos encontram-se então em sua terceira geração, ilustre dos dois lados. Manuel Maleinos, irmão da esposa de Bardas, torna-se, sob o nome monástico de Miguel, um mestre espiritual do monte Atos e notadamente do fundador de Lavra, o convento que atrairá a devoção de seus sobrinhos Leão e Nicéforo antes mesmo de este último subir ao trono. Ademais, os Maleinos são confirmados como grandes proprietários na Capadócia. Do casamento de Bardas Focas com a moça Maleinos — as mulheres nunca são designadas pelo primeiro nome, exceto as esposas, irmãs e filhas de imperadores — nascerão, pelo que sabemos, Nicéforo II, Leão e duas meninas. Uma delas, casada com o sobrinho de um general de primeira linha da época, João Curcuas, será a mãe de João Tzimisces, assassino e sucessor do tio em 969. Ao esposar a imperatriz, Tzimisces é viúvo de uma primeira mulher da linhagem Scleros, de origem armênia como várias outras, mas presente na alta hierarquia militar pelo menos desde o começo do século IX. Todo o final do século X é marcado por uma sublevação na Ásia Menor, que coloca as clientelas provincianas dos Focas e dos Scleros contra Basílio II, imperador desde 976. Este joga Bardas Focas, filho de Leão, irmão do imperador assassinado, contra Bardas Scleros, irmão da primeira esposa de Tzimisces e também da esposa de Bardas Focas. Compreendemos assim a nota irritada, ou talvez simplesmente objetiva, da *Novela* de 996 dedicada por Basílio II à repressão dos diversos abusos dos "poderosos" em detrimento do poder central e de seus contribuintes. A menção a esses "poderosos" aparece na margem: "Phokades, Skleroi, Maleinoi"...

Nosso segundo exemplo, menos sensacional e contudo muito semelhante, é exposto na *Vida de Teodora de Tessalônica*. Nascida em 812 e falecida em 892, Teodora é filha — a terceira da prole — de um padre da ilha de Egina. Tendo perdido a mãe ao nascer, foi confiada pelo pai à madrinha, sua "mãe espiritual", depois prometida em casamento a um notável local desde a idade legal de seis anos completos. Teodora está casada e é mãe de três filhos quando, em 826, uma incursão árabe expulsa a família para Tessalônica. A irmã mais velha, já falecida nessa época, havia sido monja; o irmão, massacrado na luta, era diácono, portanto engajado na carreira clerical. Em Tessalônica, o pai terminará seus dias vestido no hábito monástico. A futura santa perde os dois filhos mais jovens e então, como "primícias", oferece à Igreja a filha mais velha, na mesma idade de seis anos. A menina é conduzida à monja Catarina, irmã do arcebispo de Tessalônica, "parenta" da família. Viúva, a heroína ingressa num convento, ao qual leva uma parte de seus bens e cuja abadessa também é sua "parenta". Mais tarde encontrará a filha, sua irmã em religião e depois superiora em seu convento. O hagiógrafo, um clérigo de Tessalônica contemporâneo da santa, não tem outro objetivo senão a edificação dos fiéis e o prestígio da cidade e do convento de Teodora. Mas em seu relato podemos ler também como uma parentela provinciana média se introduzira inteiramente na Igreja, colocando os filhos no clero e parte das filhas nos conventos, até em sua direção. Esses dois exemplos característicos bastarão para definir as parentelas da época como grupos de origem privada, que atuam num território e visam a conquistas públicas. O simples enunciado da questão das relações entre família e vida privada já se modifica antes de começarmos a respondê-la. Estaria fora de nosso propósito examinar aqui mais a fundo as estratégias que, de resto, igualmente recolocam em questão a categoria do público. Concluamos apenas que a parentela cruza o limite entre público e privado e examinemos a tipologia e a constituição dos laços de parentesco, bem como sua prática privada, a única que aqui nos interessa.

A eficácia social das parentelas explica por que o parentesco multiplica suas formas, por que se torna até a metáfora de tantas outras relações e por que sua rede se explicita com maior detalhe a respeito das interdições de casamento. A aliança a concluir na verdade constitui motivo de uma tensão significativa no interior da própria prática.

A Igreja, cujas decisões são ratificadas pelo legislador imperial, aplica o princípio, existente desde o século IV, de "não confundir os nomes", ou seja, de não superpor as relações entre dois indivíduos. O tomo do patriarca Sisinnios estabelece em 997: são proibidos os casamentos de primos-irmãos e descendentes de primos-irmãos; de dois irmãos (ou duas irmãs) com primos-irmãos (primas-irmãs); de um tio e seu sobrinho com duas irmãs, de uma tia e sua sobrinha com dois irmãos — havia muito que era proibido o casamento de tio/sobrinha (tia/sobrinho) —; de um mesmo homem com duas irmãs sucessivamente e com uma filha e depois a mãe. A filiação adotiva e aquela criada pelo batismo endossavam as interdições da filiação biológica. A interdição de casamento entre padrinho e afilhada remontava ao século VI, mas o Concílio de 692 dera um passo decisivo proibindo as uniões entre os pais carnais e espirituais da mesma criança, ou seja, a mãe e o padrinho; a justificação apresentada era a superioridade do "parentesco pelo espírito" sobre o "parentesco pela carne". A doutrina da Igreja se harmonizava perfeitamente com o objetivo de extensão máxima da rede de solidariedade que toda parentela perseguia. A prática fabricava até interdições de casamento consecutivas à adoção como irmão, que não era reconhecida pelo direito canônico. Também é verdade que no século X a aristocracia procura e ainda encontra sem maiores dificuldades alianças de linhagem a linhagem, ou de linhagem a recém-chegado marcante, porque sua fase ascendente não terminou e ela continua, portanto, aberta. No exemplo culminante dos Focas/Maleinos/Scleros, o círculo parece mais fechado na última geração do século X.

Questões dirigidas ao patriarcado mostram famílias obscuras que tentam reforçar seus laços em lugar de multiplicá-los ou pelo menos buscam alianças num círculo estreitamente definido. Eis, por exemplo, um caso apresentado ao patriarca Alexis, o Studita (1025-1043). A união de Georgios com Teodota, uma menina de cinco anos e meio, é abençoada e pouco depois Teodota falece; o patriarca invalida a bênção por insuficiência de idade — voltaremos a isso — e autoriza o casamento que a mãe da menina, viúva, queria contratar com um primo descendente de um primo-irmão de Georgios. O cotidiano fechado da parentela reflete-se não só nas decisões do patriarcado como também no medo obsessivo da "mistura de sangue", da relação sexual incestuosa, conjugal ou não. Percebemos isso na minúcia com que o penitencial repete a enumeração canônica. Os relatos de historiografia e hagiografia não vão além dos laços usuais. Irmãos sobretudo, sogro/genro, irmão/esposo de irmã surgem como associados na história política, onde a parentela inteira (*syggeneia*) ou pelo menos "a casa" não ascende toda ao mesmo tempo. O tio materno muitas vezes abre ao sobrinho a via monástica, eventualmente a carreira de patriarca. O resto mais frequentemente é classificado sob o termo geral de "parente". Porém as respostas dos patriarcas mostram com que precisão se sabia situar os indivíduos onde era necessário. Em alguns testamentos conservados, sobrinhos herdam, na falta de descendência direta: assim dispõe Gemma em 1049, sem esquecer dos criados. E certo epistológrafo deu a um sobrinho o lugar do filho que não teve.

A filiação adotiva aparece pouco nos casos práticos; é mais frequente na legislação. Leão VI estende a capacidade de adotar às mulheres e aos eunucos — não obstante a incapacidade deles de gerar —, em virtude do princípio já citado que colocava o carnal depois do espiritual na criação do vínculo de parentesco. Obscuramente percebemos também o costume antigo da adoção como irmão, reprovada pela Igreja, talvez por suspeita de homossexualidade; quase ausente dos relatos historiográficos e hagiográficos, ela foi, no entanto, corrente demais para que, não obstante a negação canônica, os livros de oração previssem um ritual especial, que se propunha provavelmente a substituir por uma bênção na igreja o gesto imemorial da troca dos sangues. A adoção como irmão perdurou numa área extensa do antigo domínio bizantino, notadamente nos Bálcãs. A escolha dos padrinhos, por seu turno, é mencionada na historiografia, onde o fato de ser compadre do imperador assinala para o padrinho da criança imperial uma etapa no favor do soberano ou na própria carreira. O avô ou o tio podiam ser padrinhos, mas em todo caso a honra devia ser recíproca e a situação de compadres constituía uma solidariedade socialmente reconhecida que as sociedades do Mediterrâneo cristão não esqueceram. Essa validade de um vínculo entre homens é o contrário da proibição do casamento e mesmo de qualquer relação carnal entre padrinho e mãe. Este último ponto retorna com insistência não só no penitencial, mas também nos textos sobre o outro mundo e a punição dos pecadores e na *Carta caída do céu*, um texto apócrifo e mutável que, desde seu surgimento, no século V, reunia em suas diferentes versões gregas as injunções do discurso clerical comum. O padrinho de batismo devia ser também padrinho de casamento, encarregado de segurar sobre a cabeça do afilhado a coroa nupcial do rito grego. E isso talvez lhe conferisse um papel nessa peça mestra da estratégia familiar que era a conclusão da aliança, mas não o sabemos.

Peça mestra porém não única. O pivô da história familiar em cada geração é a decisão que marca o destino das crianças. Pelo menos é o procedimento das famílias cujos litígios se encontram no registro do juiz Eustathios, cujas questões estão nos registros dos patriarcas e cujos casos figuram, em parte, nas *Vidas* de santos: uma aristocracia atraída para a capital e uma classe média, às vezes clerical, frequentemente bem situada no serviço público, em todo caso citadinos na esmagadora maioria, até gente de Constantinopla. O casamento é uma das vias abertas e não exclui o clericato dos meninos e implica a procura da aliança. O convento é outra. Enfim, a castração dos meninos ainda pequenos era evidentemente praticada, a despeito da interdição que a limitava a uma indicação médica, e combinava o celibato com uma carreira clerical ou leiga. A história do eunuco bizantino ainda está por ser escrita, e essa época é a de sua maior importância: ele nada tem de um personagem que fará sorrir o Século das Luzes, num Oriente romanesco. Apresenta-se antes como uma terceira espécie, em que a natureza foi inteiramente abolida, em que a cultura subsiste sozinha: e dessa abolição decorrem consequências diversas, que teremos oportunidade de mencionar.

A família, portanto, determinava o futuro de seus jovens e com ela a parentela toda. A idade em que ocorriam essas escolhas constitui objeto de informações divergentes em nossas fontes. A maioria das *Vidas* de santos mostra adolescentes ou jovens adultos que tomam sua decisão ascética ao recusar um projeto de casamento. Euthymios, o Jovem, falecido em 898, aceita o casamento aos dezoito anos para garantir a continuidade de sua casa — proprietários "militares" de província — e refugia-se na vida monástica quando se constata a gravidez da esposa e da irmã, também casada. Thomaís de Lesbos, que, em meados do século X, coloca a obediência aos pais acima do próprio desejo de virgindade, só se casa aos 24 anos. Mas em geral os jovens eram pressionados pela urgência ou por uma oportunidade que deviam aproveitar. Os impúberes podiam, se não casar, pelos menos noivar, mas o consentimento, matrimonial ou monástico, exigia, em princípio, a idade da razão. A antiga teoria das idades da vida vem em socorro das pressas familiares, e a capacidade de consentir é fixada no sétimo ano, ao final da primeira educação, elementar e relativamente indiferenciada — as letras, o saltério. Um consentimento tão precoce evidentemente não era confiável. Continuou-se a mandar crianças para o claustro, notadamente meninas. O Concílio de 692 e as leis de Leão VI fixaram como aceitável o limiar dos dez anos. Sem dúvida a prática nem sempre o levou em conta. Num relato que se apresenta como exemplar, vimos a filha de Teodora de Tessalônica ingressar no convento aos seis anos de idade. Os problemas levantados pelas uniões precoces são de outra complexidade.

Ao término de uma longa evolução, uma lei do final do século VIII fazia da bênção nupcial o passo necessário e suficiente para a celebração do casamento. No entanto, pelo menos desde o século VI, o noivado adquirira crescente importância até produzir efeitos comparáveis aos do casamento. Oferecia, pois, uma solução às famílias apressadas demais para esperar a nubilidade legal, classicamente fixada em doze anos para as meninas e catorze para os meninos, pois podia-se celebrá-lo a partir da idade requerida para o consentimento. O registro do juiz Eustathios reúne litígios que dão uma ideia da prática, ao menos para a aristocracia, e que explodem na ocasião de rupturas. Vemos que o noivado constituía objeto de um documento notarial que fixava uma data, o montante do dote e eventualmente uma multa por rescisão de contrato. O consentimento dos pais era indispensável no caso de filhos não emancipados, qualquer que fosse a idade destes: assim, um menino em tais condições unia-se a uma menina na casa desta última e em seguida ambos eram conduzidos à igreja, porém o casamento não podia ser válido devido à recusa apresentada pelo pai do noivo. As viúvas da família, mãe e avó, normalmente têm capacidade para contratar alianças. Muitas vezes, o domicílio dos noivos consta da documentação. O pai de uma menina ainda impúbere acolhe em sua casa o futuro genro sem realizar o noivado, porém com uma bênção: a situação é julgada nula e invalidada sem dificuldade. O tribunal observa que uma menina só se torna esposa legítima após completar doze anos, mesmo que tenha passado pelo noivado e pela bênção nupcial e more com o marido. Na verdade ignoramos se tal casamento precoce se consumava, como desconhecemos a idade usual da puberdade feminina nessa sociedade: a insistência do tribunal em lembrar a norma legal levaria a pensar que era infringida. Eis um caso curioso do domicílio junto à moça que envolve um rapaz da linhagem Comneno. Ele assinara uma promessa e depois voltou atrás, alegando pouca idade — dezoito anos na época. O juiz não lhe dá razão e censura-o por haver se introduzido numa casa aristocrática e "ter visto a moça, passado o tempo com ela, morado na casa, prometendo concluir o noivado". Nesse caso também não podemos dizer até onde fora a coabitação. Cabe notar que o mesmo registro trata do caso de uma noiva "deteriorada" por ocasião da consumação. O marido expulsou-a de maneira ilegal, pois em tais circunstâncias deveria deixar o quarto de imediato e chamar por testemunhas "os próximos e os pais da mulher". Um opúsculo ginecológico da época indica, aliás, como simular a virgindade perdida.

A escolha da aliança usualmente cabia aos pais ou a algum membro da parentela. Nesse aspecto, as *Vidas* de santos confirmam o registro do juiz Eustathios. A mãe viúva de Eusthymios, o Jovem, procura uma moça de boa família para continuar a sua; o marido da irmã de Maria, a Jovem, oferece sua aliança a um amigo, e assim por diante. A lei impunha aos pais o dever de casar os filhos, tanto que uma moça solteira de 25 anos adquiria o direito de exigi-lo. Alguns litígios do juiz Eustathios mostram que a vontade dos jovens nem sempre era inoperante. O *protospatharios* Himerios "enamorou-se de uma moça de condição senatorial [...], uniu-se a ela, deflorou-a sem o consentimento do pai; depois, a moça engravidou, o pai tomou conhecimento da situação, e Himerios e a jovem correram para a igreja"; o casamento, portanto, realizou-se, porém Himerios estava então sob a autoridade legal de seu pai e após a morte deste procura desfazer a união, razão pela qual houve o processo. Cecaumenos sabia bem, talvez nos lembremos, que as moças não eram realmente inacessíveis. Ao lado da sedução em domicílio, o rapto podia constituir uma solução e sempre se pressupunha um acordo secreto. Com maior severidade ainda, no século XII Teodoro Balsamon, numa de suas respostas canônicas, resolve o caso de uma jovem que leu o documento preparado pelo pai com vista a um casamento que ela não queria. A moça avisou então seu apaixonado, que a raptou, e Balsamon declara o casamento impossível, mesmo com o consentimento do pai. A moral da fronteira e de sua gesta é muito diferente, veremos ainda mais de uma vez. É assim, com efeito, que se unem os pais do herói Digenis: um jovem emir se apaixona por uma cristã de família importante e a rapta; a parentela entra em cena, primeiro os irmãos da moça, depois os pais do casal.

Em sua busca da aliança, a parentela visa aos bens e apoios dos futuros aliados. Feita a escolha, espera do casal a produção de uma descendência. A hagiografia o mostra, a liturgia do casamento evidentemente insiste nisso, e a *Chave dos sonhos*, de Achmet, destaca tal preocupação em todos que dormem. O que sabemos, porém, de mais pessoal sobre a experiência conjugal dessa época?

Desde a Antiguidade, com o apóstolo Paulo, a Igreja ensinava que o casamento era a única solução para aqueles que não podiam alcançar o nível superior da virgindade ou da continência, mulheres ou homens. A vida conjugal continua sendo objeto de um discurso eclesiástico que, sob uma aparente constância, na realidade se modifica, sem dúvida de acordo com a evolução social e a ênfase que esta coloca nas parentelas e suas solidariedades. A Igreja mantém-se reticente com relação à sexualidade, ainda que legítima, e por isso justifica a interdição de terceiras núpcias e o valor da viuvez feminina. Continua propondo modelos hagiográficos coroados pelo ingresso no mosteiro. Mas acontece que este é precedido de um período de vida conjugal, o que é novo, se não nos fatos, ao menos no gênero. A santidade feminina recebe um lugar não desprezível na hagiografia. Em certos relatos o próprio casamento torna-se ocasião de mérito e felicidade, por exemplo na *Vida de Thomaís de Lesbos*, elaborada entre o nascimento e a ascensão de Romano II. Kale (Bela), mãe da santa, "tomou para si o jugo de ouro, carregando na harmonia o jugo três vezes feliz, bem-aventurado, evangélico, e observando os mandamentos divinos". Ela e o marido rivalizam em mérito espiritual numa harmonia perfeita. Sua união foi motivada "não pelo prazer corporal, mas pelo desejo de um filho virtuoso", tema que o autor desenvolve longamente. Após a espera, tradicional em muitas *Vidas*, nasce Thomaís.

A pobrezinha terá menos oportunidade e ainda mais mérito. Preferia a virgindade, aceita o casamento — "dois objetos do louvor e do respeito de todos" — e torna-se santa em função das pancadas do marido. Maria, a Jovem, também é maltratada depois de uma falsa acusação de pecar com um doméstico. O marido a prende e interroga sua criada favorita, "olhando com raiva e engrossando a voz"; não obstante as negações da criada, Maria é espancada, arrastada pelos cabelos, surrada até morrer. Aí está talvez uma insistência monástica nos infortúnios do casamento, os quais encontram eco no registro do juiz Eustathios sobre os bens da mulher que se abriga num convento para fugir do marido: este tem seis meses para convencê-la a voltar, e ninguém, nem mesmo os íntimos da mulher, podem impedi-lo de falar com ela; cabe-lhe "agradá-la com palavras, colocar a sua frente uma mesa servida, fazer de tudo para reacender o sentimento de outrora, sem violência nem ataque"; uma terceira pessoa, aparentemente uma monja local, assiste aos encontros e intervém em caso de agressão.

O uso de "concubinas" (*pallakai*) devia ser comum, embora reprovado pela Igreja. Os sonhos as prometem, enquanto o penitencial identifica a concubina do pai a sua esposa (*metruia*) na transgressão das interdições sexuais. Imaginamos essas mulheres de condição social geralmente inferior, o que colocava dificuldades para sua descendência. O juiz Eustathios é encarregado de um litígio que opõe o filho de uma falecida à filha de uma criada que seu pai engravidara e acabara por esposar. Antes de ingressar no convento, Genesios, filho de Faklon, elabora um testamento em 1076 confirmando a liberdade concedida a Loukia (Lúcia), "minha escrava comprada a preço de dinheiro", e a herança deixada para a filha desta, Anna, à qual acrescenta duas vinhas, "por causa do cuidado e da atenção que ela demonstrou" sem saber que era herdeira. Se observamos que todos os outros herdeiros são sobrinhos e sobrinhas, somos tentados a identificar Anna, primeira nomeada junto com a mãe, como a própria filha de Genesios. Romano I, sogro de Constantino VII e coimperador, tem um filho de uma concubina, do qual não sabemos nem o nome, ao lado da numerosa prole legítima. Ele será castrado, o que o impede de fundar uma descendência concorrente, mas não de fazer uma carreira política, incentivado por alguns de seus sobrinhos. O triângulo imperial que Psellos descreve apresenta outro caso. Zoé, detentora da legitimidade após a morte de seu tio Basílio II e de seu pai, Constantino VIII, era velha — quinquagenária — quando esposou Constantino Monomachos. Este último viveu publicamente com uma certa Scleraina, da linhagem Scleros, já mencionada, sobrinha de sua segunda esposa. Via-a na casa dela e com ela contratou uma "amizade" (*philia*), união inédita que escandalizou o Senado, esperando que a morte de Zoé lhe permitisse esposá-la; mas a amante morreu primeiro. Sob o aspecto político podemos considerar usual uma situação que Psellos justifica pela idade da esposa.

A má conduta feminina é definida por critérios precisos, que fornecem motivos de repúdio. O juiz Eustathios lembra os banhos e os festins com estranhos à família, as saídas para assistir às corridas do hipódromo. A lei previa, de resto, causas de divórcio que acabaram se restringindo: múltiplas relações sexuais da mulher, impotência do marido, atentados contra a vida do cônjuge, lepra. Em princípio, um casal adúltero é punido com a mutilação do nariz, e a mulher é mandada para o convento; o marido dispõe de um prazo de dois anos para retomá-la. Evidentemente, a prática se revela um pouco diferente. Os cônjuges se separam de comum acordo para ingressar no convento, mas também, como vimos, há esposas que se refugiam na vida monástica. Basílio I repudiou sua primeira mulher sem nenhuma forma de processo para se casar com Eudócia Ingerina, e da mesma forma agiu Romano III Argyros para se unir a Zoé: tais procedimentos foram admitidos pela Igreja, que condenara com tanto rigor o quarto casamento de Leão VI e colocara obstáculos ao de Nicéforo II com a viúva imperial por serem compadres: quer dizer que não eram excepcionais? Enfim, os litígios dos quais citamos um ou dois exemplos mostram bem uma estratégia matrimonial, com escolhas sucessivas, que as pessoas se esforçavam para fazer através de um processo de invalidação. A viuvez igualmente constitui a abertura de uma nova possibilidade: é difícil dizer o uso que dela se fazia na prática. A Igreja proibia as terceiras núpcias — com o apoio do legislador — e não aprovava o segundo casamento. Nota-se a existência de viúvas como chefes de família nos levantamentos fiscais das aldeias, como donas dos bens da comunidade nos testamentos, como curadoras responsáveis notadamente, como vimos, pelo casamento dos filhos e netos. Ressalte-se que Eustathios Boilas, cujo testamento autobiográfico ainda citaremos com frequência, não se casou de novo, depois de perder a esposa em plena mocidade, e destaca tal fato. Evidentemente todas essas situações tinham um aspecto patrimonial, e a escolha da aliança era prioritária. "A falta de fortuna rompeu o noivado", constata um dos processos do juiz Eustathios. A capacidade legal da viúva facilita as coisas, que, em contrapartida, todas as formas de ruptura complicam: não entraremos em detalhes.

Neste ponto, o leitor espera que a análise da estrutura familiar se anime com a pintura dos sentimentos. Eis uma questão impossível, ou quase. Não que inexistam — proposição absurda —, mas por duas razões históricas convergentes. Primeiro, a esfera familiar compunha-se de um conjunto de valores sociais publicamente reconhecidos e de escolhas e comportamentos ditados por esses valores. A *História* de Leão Diácono, historiógrafo do final do século X, lê-se, assim, no nível político, como a crônica dos reinados de João Tzimisces e do jovem Basílio II e do grande levante aristocrático na Ásia Menor; contudo, no plano da linhagem, a obra mostra o jogo das solidariedades e vinganças. Mais puramente privado, o tema da honra das parentelas ameaçada pelas mulheres e moças, como vimos no caso de Cecaumenos, não deixa de ser íntimo. A finalidade e a tipologia das fontes em que aparecem as parentelas não implicavam a expressão individual, salvo exceção. É preciso ainda investigar gênero por gênero e não se enganar quanto às intenções dos textos. Entretanto, os do século XI expõem o sentimento com uma liberdade que se aproxima da modernidade futura mais que da austeridade clássica do século X e atestam talvez, veremos, manifestações efetivamente mais livres.

Há tempo se tem examinado a hagiografia desse período e encontraram-se as infâncias dos santos e santas dos séculos IX e X, com as idades, informações sobre a educação e projetos familiares. Entretanto, o objetivo de tais relatos não é nem documental, nem anedótico, nem inteiramente biográfico, no sentido de que a biografia obedece aos padrões restritivos do modelo de santidade, pois é esta que pretende demonstrar, e tudo, portanto, deve anunciá-la, até que os milagres a provem em definitivo. Assim, a grandeza premonitória do herói transborda sobre os pais, na verdade sobre a mãe. Seu desejo de ter filho é na verdade um desejo de edificação: isso é explicado na *Vida de Thomaís* e nas palavras com as quais a Virgem lhe anuncia o nascimento vindouro. A hagiografia atesta o papel da mãe na primeira educação, inclusive dos meninos, o que, aliás, é de tradição antiga. A mãe de Nicéforo de Medikion, falecido em 813, é apresentada como exemplo ao leitor de sua *Vida*, elaborada entre 824 e 827, pois foi ela que escolheu a boa educação para os três filhos. Ela lhes deu mestres para que "aprendessem as letras santas" e afastou-os dos divertimentos contaminados pela fidelidade aos velhos cultos — as farândulas carnavalescas, os espetáculos do hipódromo e do teatro, em suma, diz o autor, de tudo que constitui as delícias dos meninos. No século X, a mãe de Nicéforo de Mileto, criança sob o reinado de Romano I, troca sua camisa por uma veste mais longa e o acompanha à escola para proteger-lhe a pureza; assim prepara, desde a infância, o futuro mérito do filho — cuja castração precoce com fins de carreira evidentemente não suscita nenhuma observação. Também o lugar-comum da criança velha, indiferente aos divertimentos da idade, apresenta essa característica como um prodígio. Quanto ao santo adulto, seu mérito deve ser máximo: assim o querem tanto a retórica do elogio como a supervalorização a que se dedicam os hagiógrafos. Por isso Euthymios, o Jovem, deixa sem um suspiro sua jovem esposa grávida. E assim passam na *Vida de Teodora de Tessalônica* a inquietação que a agita diante do regime severo ao qual sua filha é submetida no convento e na *Vida de Maria, a Jovem*, a tristeza de perder os filhos. Depois de morta, Maria aparece a um recluso pintor, ao qual inspira seu próprio ícone, onde figura rodeada pelos dois filhos falecidos e por sua fiel criada. Certamente os tons pessoais às vezes se fazem ouvir, segundo os temperamentos. Quando o monge Nicetas, em torno de 821, escreve a hagiografia de seu avô e padrinho Filaretos, êmulo de Jó, cumpre um projeto de crônica familiar ao qual este último o destinara. Porém lhe confere a inegável coloração intimista das infâncias felizes.

Os textos de uso privado sem dúvida esclarecem mais. No entanto, não há nada de menos revelador que os trechos de bravura fiéis às regras da retórica antiga, as condolências ou celebrações nupciais. Ricos de informações sobre os modelos sociais e culturais, decepcionam muito — salvo exceção — quem procura confidências bizantinas. Em contrapartida, o gênero epistolar permite que o autor fale de si mesmo e de seu destinatário, na medida em que os trechos reunidos em coletâneas — escritos, aliás, exclusivamente por homens — destacam a amizade (*philia*), quer dizer, uma relação profana e determinada pela livre escolha de cada um. Para se desculpar, os epistológrafos explicam as razões de um silêncio ou de uma demora em responder. É o que permite a Constantino VII exprimir ao *logothetos* e *magistros* Simeão, um de seus correspondentes, as preocupações que lhe provocam os filhos, em especial uma doença do caçula. Os testamentos e as fundações monásticas dos particulares podem expressar afeições familiares, pois utilizam uma redação mais solta, sem atentar para a retórica. Eustathios Boilas abre seu testamento, em 1059, com um esboço autobiográfico. Em seguida lembra que, pouco depois de a família se instalar na nova residência, "meu filho, que acabava de completar seu terceiro ano, deixou a vida na sexta indicção; e na nona (três anos depois), sua mãe, minha esposa, com os cabelos cortados e vestida no hábito monástico, seguiu o filho, pela providência divina, deixando para trás nossas duas filhas e, pelo resto da vida, a mim mesmo". É tudo. E basta. Genesios, filho de Falcon, tomado pelo "desejo" da vida monástica, distribui seus bens, nos arredores de Tarento, num testamento datado de 1076. A um legado para Falcon e Gemma, filhos de um de seus irmãos, acrescenta um "para Gemma sozinha, que amei por suas belas maneiras e pelo respeito com que aprouve me rodear". Certamente há aí uma indicação — mas qual? E

Gemma seria uma figura de Greuze ou de Maupassant? Nunca o saberemos.

Conjugal ou não, o casal ganha vida nos textos do século XI. Não porque passa a existir, e sim porque agora se admite vê-lo e ouvi-lo, o que é muito mais significativo. As maneiras amorosas são reconhecidas, mesmo que constituam o objeto de zombaria ou censura. Com crua exatidão Psellos descreve as manobras de sedução que antecedem o casamento do jovem e belo Miguel com a madura e inflamável Zoé, detentora da legitimidade imperial. "Ele desempenhava o papel de apaixonado; tomando-a nos braços, dava-lhe beijos repentinos, tocava-lhe o pescoço e a mão, instruído quanto a isso por seu irmão [o eunuco João] [...] depois os beijos levaram à união e eles se deixaram surpreender por muitos dormindo juntos no mesmo leito." Cecaumenos também sabe como se ganham os favores de uma dama e por que não se deve deixar as mulheres da família na presença de um visitante: "Se ele encontrar a impunidade, dirigirá à tua esposa uma apaixonada inclinação de cabeça, lançar-lhe-á olhares desenfreados e, se puder, chegará a maculá-la". O severo provinciano conta então a história autêntica de um marido da capital, enviado para longe num alto cargo, e do sedutor que encontrou em casa ao voltar três anos mais tarde e que se apresentou como um parente da esposa. O erro da mulher lançou na aflição e na desonra o marido e sua parentela: "Quanto ao jovem, vangloriou-se disso como de um dos trabalhos de Hércules".

O mesmo Psellos descreve a paixão que unia Constantino IX Monomachos e a Scleraina: "Estavam ligados com tal amor (*eros*) que nenhum dos dois queria se ver privado do outro, mesmo nas circunstâncias em que pareciam infelizes". A gesta de Digenis tal como a lemos envolve o herói na plenitude de um amor conjugal desabrochado, celebrado, depois fulminado pela morte, mas também nas delícias irresistíveis e cheias de remorso das relações adúlteras. Todavia não poderemos citá-la aqui, pois não temos certeza sobre a data das versões escritas conservadas. A matéria em si, se apresenta vestígios de acontecimentos do século IX, pode datar dos séculos XI e XII e, portanto, traz um testemunho no mesmo sentido.

A doença, a velhice e a morte dos leigos nem sempre se confinam ao ambiente doméstico. A pobreza citadina os joga nas instituições de caridade. O modelo destas últimas fora elaborado entre o século IV e o final do VI principalmente nas cidades grandes do final da Antiguidade, para as quais afluíam os despojados e os excluídos. De fundação imperial ou particular e gestão monástica, tais instituições voltam a ser assunto, depois de um eclipse secular, a partir do século XI, e sobretudo do XII, num movimento que corresponde evidentemente ao renascimento urbano iniciado no final do século IX e à amplidão da própria Constantinopla. A fundação hospitalar de Cristo-Todo-Poderoso, provida de um regulamento detalhado por João II Comneno em 1126, oferece o exemplo mais célebre e acabado. Mais modestamente, um certo Miguel Attaleiates, no testamento de 1077 já mencionado, fundou ao mesmo tempo um asilo e um mosteiro. Contudo, nas residências abastadas das cidades, como sem dúvida nas dos camponeses, as pessoas vêm ao mundo, sofrem e morrem em casa. Os epistológrafos atestam que o médico comparece à cabeceira do enfermo. A parteira também, e, se miniaturas mostram o quarto da parturiente no nascimento da Virgem ou de Cristo, algumas representam o próprio parto: Raquel ou Rebeca dão à luz sentadas ou de pé. A *Vida de Maria, a Jovem* conta a morte da protagonista entre os seus, após uma série de maus-tratos que lhe infligira o esposo: eles explodem em pranto antes de preparar o banho fúnebre — cena que as ilustrações também mostram.

IRMANDADE NO CLAUSTRO, PATERNIDADE ESPIRITUAL

Como já vimos, o *oikos* monástico é a metáfora de um *oikos* familiar. A parentela monacal, cuja realidade é atestada por seus efeitos patrimoniais e judiciários, apresenta uma estrutura de parentesco peculiar, no sentido de que lhe falta a aliança. Composta de um só sexo, resume-se a uma "irmandade" (*adelphotes*), domiciliada num *oikos* que admite residências secundárias (*metoikia*) e colocada sob a autoridade de um "pai" (*pater*). Uma evolução que aqui não interessa estendeu consideravelmente o sacerdócio entre os monges. O "pai" é escolhido segundo modalidades diversas, previstas pela regra do mosteiro e nas quais intervêm os monges responsáveis e os descendentes dos fundadores. A "irmandade" se renova e se amplia através de procedimentos individuais, em princípio voluntários, muitas vezes forçados no caso de crianças, esposas rejeitadas e perdedores no jogo político. Admitido depois de um noviciado, o postulante recebe a tonsura — negação simbólica da sexualidade — e o hábito das mãos de um pai que lhe dá um novo nome para sua entrada numa nova vida. A irmandade feminina está sob a autoridade de uma "mãe", privada por sua natureza do poder sacerdotal, o que impede o convento de mulheres de se fechar perfeitamente sobre si mesmo. Essa dificuldade recebe várias soluções.

A parentela monástica constitui, assim, o reflexo ideal, pois despojada da carne, da parentela social. Logicamente exclui como reservados à vida secular os laços criados pelo batismo entre compadres e as adoções fraternas, bem como a propriedade de escravos: tais são pelo menos as interdições estabelecidas no regulamento de fundação do mosteiro de Lavra em 963 e que se encontram em outros conventos. A realidade evidentemente era sujeita a alguns retoques, que já mencionamos: manutenção de criados livres e de relações de parentesco inerentes à transformação das moradias em mosteiros privados, porém reconhecidas mais amplamente também pela hagiografia. Os relatos referentes ao mosteiro de Studion, por exemplo, atestam ingressos de irmãos, tios e sobrinhos. A *Vida de Teodora de Tessalônica*, já citada a esse propósito, apresenta o encontro de mãe e filha e ressalta que o sentimento profano característico de tal relação cedeu lugar ao de uma monja por outra e em seguida — mérito ainda maior — à obediência da mãe à filha, que se tornou abadessa. Por outro lado, acontece de leigos penetrarem na parentela monástica mediante adoção espiritual. Em 1014 Constantino e Maria Lagudes assim legam seus bens ao mosteiro de Lavra, ao qual os une uma filiação espiritual, porque não têm descendentes nem outros herdeiros. Mas o "pai espiritual", entendido como diretor de consciência individual, adquire extraordinário destaque sobretudo a partir do século IX e estabelece um vínculo de capital importância entre o mundo e o claustro.

Tal personagem sempre é um monge-padre (*hieromonachos*), embora a confissão propriamente dita não constitua o motivo da relação e a filiação espiritual o una tanto a monges como a leigos. Este último caso acarreta, segundo as circunstâncias, proveitos patrimoniais para o mosteiro. Fornece um excelente exemplo a doação feita em 1012 a Eustratios, monge e mais tarde higúmeno de Lavra, por um casal sem filhos, o *koubouklesios* (camareiro patriarcal) João e sua esposa Glyceria. Depois de uma tentativa de captação pelo bispo local, Glyceria, que entrementes se tornara viúva e monja, assina uma confirmação em 1016: o poder real da metáfora paterna aparece explicitamente nesse documento. A relação em si define-se a nossos olhos através dos modelos e exemplos propostos pelos autores monásticos dos séculos IX, X e XI. Seu desenvolvimento segue com efeito a linha de uma época em que a Igreja dos monges reivindica cada vez mais alto a prioridade de seu modelo de vida e portanto a primazia de seus membros na cristandade de Bizâncio.

Desde a *Vida de Pedro de Atroa*, elaborada poucos anos após a morte do biografado, em 837, a confissão constitui um tema central. Pedro discrimina as faltas escondidas. Por um momento ressuscita um monge que morreu em sua ausência — e portanto não pôde se confessar como desejava — e que lhe declara: "Pai, nunca me permiti olhar para ti e te ouvir como um simples ser humano; eu te olhei, eu te escutei como um anjo celeste, e em toda a minha vida recebi as palavras que me endereçavas como diretivas de origem divina". Pedro igualmente ouve as confissões dos leigos, aos quais impõe penitência. Há aí uma evolução que ultrapassa as penas espirituais, cuja escala remontava ao século IV. A *Vida do patriarca Euthymios*, redigida por um monge do mosteiro também poucos anos após a morte do herói (917), apresenta-se em certo sentido como uma crônica do reinado de Leão VI, mas seu verdadeiro objetivo é colocar em cena a autoridade soberana do "pai" sobre o próprio imperador e seu círculo, através das dificuldades e das crises do palácio e acima de toda regra sacramental. Outro texto do século X prossegue a mesma demonstração, pois a obediência de um imperador a tal autoridade constitui o argumento mais forte que existe. Esse texto é o regulamento (*typikon*) de Atanásio, fundador do mosteiro de Lavra, no monte Atos, em 963. Atanásio lembra a participação no projeto de Nicéforo II Focas antes de sua ascensão ao trono e a vocação monástica que este manifestava; depois informa que na verdade Focas se tornou imperador e parte para a capital a fim de criticá-lo com ardor: "Assim eu censurava o mais piedoso imperador, pois sabia que ele aceitaria sem dificuldade tudo que eu lhe dissesse". E Focas com efeito se desculpa. Apesar dos floreios da forma, os epistológrafos do século X apresentam um testemunho mais prosaico da afeição pelo "pai espiritual", embora algumas cartas levem a crer que na verdade aludem ao padrinho. Nosso último caso, enfim, de outra data e outro alcance, leva-nos ao interior de um convento de homens, o Studion, na passagem do século X para o XI.

O laço da paternidade espiritual une o monge Simeão e seu discípulo Simeão, o Novo Teólogo, que, nascido por volta de 949 ou 950, faleceu em 1022 como higúmeno do Convento de São Mamas, na capital, e é uma das figuras-chave da modernidade do século IX bizantino e da mística bizantina. Conhecemo-lo por sua obra, algumas páginas da qual na verdade são atribuídas a seu mestre, e pela *Vida* que seu próprio filho espiritual, o monge Nicetas Stethatos, redigiu depois de 1054. Nicetas coloca no centro do relato a revelação que Simeão, o Novo Teólogo, recebeu diretamente do Espírito Santo, sua doutrina e seus hinos litúrgicos, e a paternidade espiritual que fez de sua formação monástica um estreito relacionamento com o monge Simeão. A relação entre ambos foi tão ardente que após a morte do mestre o Novo Teólogo mandou pintar seu ícone e para honrá-lo como santo instituiu uma festa pública que obteve grande sucesso. Os dois motivos sem dúvida estão ligados na acusação que o faz comparecer perante o tribunal patriarcal, onde se explica longamente, nos termos da Vida, sobre a festa em questão e sobre o culto dos santos homens. Sem comentar toda a riqueza da mudança histórica promovida pelo Novo Teólogo, observaremos que uma mesma ruptura, uma mesma quebra, uma mesma libertação no seio da "irmandade" monástica encontram-se na reivindicação de uma revelação pessoal e na exaltação sem precedente do pai espiritual, da obediência e da confissão total que lhe são devidas. Aliás, Nicetas retoma por sua própria conta esse segundo tema. Jovem eunuco de boa família provinciana, o Novo Teólogo renuncia, ainda adolescente, a uma carreira palaciana para pedir a tonsura ao monge, do qual receberá também o nome, e que já era seu pai espiritual na vida secular. A intimidade de ambos é tal que o postulante dorme na cela do mestre, "por falta de lugar". No final do relato, Nicetas terá uma visão do Novo Teólogo, então falecido, estendido no leito de uma residência imperial. O pai espiritual "estreitou[-o] nos braços e beijou[-o] na boca", antes de lhe confiar um escrito que deveria divulgar. Esses contatos físicos demonstram ao leitor da *Vida* a "insensibilidade" (*apatheia*) que os santos homens em questão receberam como recompensa e graça. O tema é paralelo ao da morte real ou simbólica do corpo, que na meditação ascética do Novo Teólogo ocupa um lugar destacado por seu biógrafo.

Tais exemplos, como vemos, são puramente masculinos. Todavia, o penitencial prevê — nem é preciso dizer — confissões de mulheres, monjas ou leigas, e a filiação espiritual feminina se estabelece pelas mesmas vias, como testemunha o vínculo do patriarca Nicolau I com a imperatriz Zoé, mãe de Constantino VII, quando ele lhe confere a tonsura e um novo nome. O modelo entretanto esbarra na assimetria fundamental instaurada pelo poder sacerdotal masculino e pela segregação das mulheres: nem o sacramento da penitência nem o dever da confissão à madre superiora conseguem vencer a dificuldade.

OS AMIGOS

Por primordial e absorvente que seja, o parentesco não cobre todas as relações de origem privada, pois não mais teria um valor distintivo à altura de uma sociedade tão complexa. Fora do parentesco, distinguimos primeiro os laços que fazem de um indivíduo o "homem" de alguém que Boilas designa em seu testamento como seu "senhor" (*authentes*). Passaremos por cima dessa relação. Não que ela não se refira à esfera privada, até a relação do público e do privado, como o próprio parentesco. Mas não é esse privado nem seu confronto com a força pública do poder central que suscitaram as questões de nosso livro. Depois, o "parentesco" é acoplado com a "amizade" (*philia*), a qual se reveste de um sentido complementar e por assim dizer residual: reúne as relações que, em comum, têm o fato de não serem ordenadas pelo parentesco biológico, pela aliança ou pelos parentescos metafóricos resultantes do ritual.

Nossas fontes referem-se, na maioria dos casos, à amizade entre homens, entendida, pelo menos à primeira leitura, no sentido que usualmente lhe damos hoje em dia. Somente ela mereceu a declaração escrita de sentimentos pessoais encontrada no gênero epistolar. Está implícito que, nos níveis sociais em que o escrito então se produz, o exercício da amizade uma vez mais põe em jogo a demarcação do público e do privado. A historiografia mostra a "amizade" como o preâmbulo, muitas vezes jurado, parece, das conspirações palacianas: então pode unir parentes, por exemplo os sogros de um casal, como um laço suplementar livremente escolhido e tanto mais eficaz. No mesmo contexto, designa a aliança ilícita que liga o eunuco Samonas, homem de confiança de Leão VI, aos interesses de dois mercadores gregos a propósito do proveitoso monopólio dos intercâmbios com a Bulgária.

Num contexto mais cotidiano, a amizade desencadeia recomendações em favor de terceiros, que às vezes são parentes do remetente, como ilustração da complementaridade mais avançada. Os correspondentes também trocam notícias, boas ou más, sobre sua própria carreira nos gabinetes ou no episcopado e a de amigos comuns. Tudo isso é perfeitamente tradicional, como podemos verificar abrindo as correspondências do século IV. Menos tradicional é a inesperada ausência de reserva quanto ao humor e às enfermidades dos epistológrafos. Enfim, o leitor de hoje fica francamente desconcertado com a expressão ardente, mesmo em seus estereótipos, dos sentimentos que lhes inspira a ausência do amigo, razão de ser das cartas conservadas. Desconcertado, esclareçamos, na justa medida. Fragmentos de cartas privadas julgadas dignas de figurar numa antologia ou em obras completas não podem ser considerados textos intimamente individuais: devem obedecer a uma retórica da qual proporcionaram exemplos notáveis, pela personalidade dos correspondentes, mas também, podemos pensar, pelo próprio sucesso do desenvolvimento. O que temos a notar é, pois, o privilégio de expressão concedido à amizade entre homens numa sociedade que não deixou nenhum monumento epistolar de uma amizade feminina ou de uma relação amorosa. Não sabemos nada de sua prática nesses dois casos, mas em compensação observamos que a amizade entre homens se exprime de um modo que hoje não deixaria de suscitar equívocos. O *magistros* Simeão, alto funcionário financeiro em pleno século X, escreve a alguém que pode ser um monge ou um "filho" de um pai espiritual comum: "Constantemente te trago comigo na alma, meu irmão desejado, rememorando tua tão doce companhia". O mesmo Simeão escreve alhures: "Recebi tua caríssima carta e quanto mais mergulhava nos caracteres, mais sentia um amor (*eros*) proporcional". Poderíamos multiplicar as citações e também inventariar o vocabulário do coração. O "desejo" (*pothos*) é o do ausente, deriva da saudade e não da sexualidade; a "ternura" (*agape*) é intensa mas não específica; o "amor" (*eros*) parece levantar uma questão, porém desaparece na leitura do conjunto. Esta simplesmente leva a pensar que, na boa sociedade formada nas boas escolas, o discurso sobre os sentimentos seguia outras linhas de demarcação diferentes das nossas e, como veremos, diferentes também das linhas dos monges da época.

Dito isso, o *eros* como "amor" afinal não encontra um lugar específico em nossa exposição. As observações que fizemos ordenavam-se de um modo ou de outro ao redor do casal conjugal, a propósito da escolha do cônjuge, do concubinato como adição ou substituição, ou de paixão adúltera. Aquelas que virão mais adiante mostrarão as relações entre a consciência individual e os próprios desejos. Mas nada de amor como jogo e como competição. Nenhuma alusão a mulheres livres, veniais, como a um tipo de parceira. E tampouco nada de homossexualidade masculina como uma categoria definida na sociabilidade, além das conjeturas que pesam sobre os monges e sobre os estudantes bonitos demais, que o penitencial tem como responsáveis a partir dos doze anos, e portanto cúmplices, não vítimas.

O EU E ELE MESMO

Já é hora de passarmos ao eu e à interioridade individual. Sobre isso temos testemunhos que, mais uma vez, são de homens, adultos, notáveis, e que nos informam, nas entrelinhas, a respeito de outros. Devemos nos conformar e ousar crer, mesmo assim, que, em larga medida pelo menos, expressam a condição humana à bizantina.

CONSCIÊNCIA DO CORPO

À primeira vista, o discurso desses homens sobre o próprio corpo parece livre de censura. Já vimos Teodoro de Niceia descrever suas mazelas a fim de voltar para casa. João, monge de Latros, desenvolve no mesmo sentido o lugar-comum da desculpa por não ter escrito: "Tem certeza, caríssimo e desejado, que um só dia sequer vi a luz bem pura, nem comi, nem bebi com apetite, nem dormi, embora tivesse todo o tempo disponível, aflito que estou e atormentado por uma enfermidade, não sei como dizer, invisível; aos que me veem pareço estar com boa saúde; na verdade, não me sinto nada bem". Teodoro de Niceia descreve-se com um escárnio realmente literário em seus termos, "a barba densa, o pescoço grosso, o ventre proeminente e inchado", a cabeça calva, o olhar de soslaio, porém inocente, não obstante a aparência pouco favorável, das faltas de que o acusam. Os sonhos interpretados por Achmet acionam todas as partes, secreções e emissões do corpo. Mas não devemos confiar muito nisso.

Um exame mais atento mostra a tensão da cultura erudita incutida na elite dividida entre a herança antiga e a prática contemporânea. A presença visível do corpo sexuado sem dúvida foi um dos pontos em que ela teve mais força. Pode-se ver nos cofres de marfim a nudez exata de Adão e Eva e de figuras mitológicas ao gosto antigo. Porém as pinturas de manuscritos mostram uma conduta bem diferente: a silhueta totalmente embuçada da viúva Danielis em viagem, no Scylitzes de Madri; a roupa luxuosa cobrindo de alto a baixo as dançarinas de um saltério pintado em Constantinopla no final do século XI, as mãos escondidas dentro de mangas compridas e largas, a cabeça coberta por grandes gorros. Quanto aos homens, na guerra e no trabalho dos campos aparecem com as pernas nuas, porém na cidade não se veem mais que os tornozelos dos leigos da alta sociedade. Devemos também examinar de perto as maneiras de explicitar o desejo sexual. Algumas páginas leigas demonstram uma crueza na qual entra de fato menos franqueza pessoal que fidelidade a uma tradição literária antiga. Testemunho disso é a carta — surpreendente para o leitor desavisado de hoje — que o sério Teodoro Dafnopates, secretário de Romano I, escreveu em nome do *protospatharios* Basílio a um amigo deste que se casara na véspera. Conta-lhe como acompanhara mentalmente o desenrolar da noite, seguindo a metáfora guerreira de rigor, e como tal atenção acabara por lançá-lo numa perturbação física cuja violência ele ressalta, indicando-lhe a exata natureza. Na verdade, devemos compreender que o texto faz as vezes de cumprimento nupcial (*epithalamios*) e que Teodoro transpõe o tema antigo bem conhecido do homem que assiste à noite de amor de um amigo. O escritor utilizou livremente essa reminiscência clássica para um fragmento tão pouco íntimo e confidencial que foi copiado na coletânea de suas cartas, ou, em outras palavras, publicado.

Entretanto é sem dúvida a tradição médica, e não a literária, que fornece o essencial das atitudes da cultura erudita, monástica ou leiga, com relação ao corpo e ao sexo. As bibliotecas privadas possuem livros de medicina doméstica, em particular calendários de regime, distribuindo os alimentos ao longo do ano em conformidade com as concepções de Hipócrates sobre os quatro humores do corpo que teriam prevalecido alternadamente. A mesma referência venerável garante a existência de um desejo e de um prazer femininos, tidos como indispensáveis para a concepção. As noções e os usos decorrentes são expostos num escrito sobre "a patologia feminina do útero", elaborado numa data imprecisa entre os séculos VI e XII e assinado por uma certa Metrodora, cujo nome parece eloquente demais para ser autêntico. O autor fundamenta seu argumento no papel primordial do útero na saúde das mulheres. Ele (ela?) expõe, por exemplo, os distúrbios espetaculares e variados daquelas "que ficaram viúvas na flor da idade ou de virgens que deixaram passar o momento necessário do casamento" e explica-os pelo fato de que "o desejo natural não teve utilização". O tratamento recomendado por esse opúsculo leigo não é a atividade sexual, e sim remédios cuja composição o autor explicita. O escrito fornece receitas para doenças do útero e dificuldades de concepção ou de parto, mas também meios de constatar a virgindade sem exame local e de fingi-la quando não existe, de fazer confessar o adultério, de impossibilitar qualquer relação com um terceiro, de estimular o prazer da mulher ou do casal. Finalmente oferece receitas para a beleza dos seios e para "a alvura e o brilho" do rosto. No total, as observações precisas e a farmacopeia, sem dúvida tradicional em grande parte, integram-se num quadro escrupulosamente conforme à distinção em vigor entre a mulher que tem um cônjuge e aquela que não o tem.

O desejo masculino também constitui objeto de atenção médica, quando se trata de sua repressão ascética. Esse motivo sempre esteve tradicionalmente presente na exposição hagiográfica dos obstáculos vencidos no caminho da santidade. O hagiógrafo de Nicéforo de Mileto, monge e depois bispo, é levado a desenvolvê-lo para justificar sua presença na *Vida* de um personagem castrado na infância. Sua pureza era tal que ele não permitia que nem seus familiares o tocassem ou sequer olhassem. Isso parecerá pouco, prossegue o autor, para aqueles que são naturalmente imunes aos combates com o desejo.

> Mas aqueles que, em conformidade com a condição humana e com as leis estabelecidas pelo Criador para a geração,

> conhecem a violência e a luta desse pedaço de carne, assaltados por pensamentos impuros, castigados pela penosa resistência às ideias e às vontades carnais, julgarão grande demais e digno demais de ser relatado

um fato que prova que o santo nem sequer dera acesso ao pensamento do prazer. E o hagiógrafo acrescenta: "Que não se objete à remoção dos testículos, pois os fisiologistas sabem muito bem que o impulso da conjunção carnal é mais forte e selvagem nesses do que nos que têm o corpo ileso e intacto"; e fundamenta tal afirmação em referências antigas. No original grego, a *Vida* de Nicéforo de Mileto propõe uma terminologia dos lugares psíquicos do desejo sexual cujos valores são impossíveis de perceber numa tradução. Reencontramos a relação erudita entre medicina e ascese em outra questão clássica da disciplina monástica: o julgamento das poluções noturnas. Um *Ensaio sobre o governo das almas*, dirigido por Leão VI ao monge Euthymios (talvez o futuro patriarca), superior de seu mosteiro imperial, trata do tema com base nas noções de Hipócrates. João Zonaras dedica-lhe um pequeno tratado, *Aqueles que consideram uma mácula a emissão natural do sêmen*, escrito depois de ter tomado o hábito. Ele refuta esse ponto de vista como excessivo em termos de fisiologia e prejudicado por uma conformidade judaizante às prescrições do Velho Testamento. Não se devem afastar indistintamente, escreve, todos os seres dos sacramentos e do contato com os ícones, e, sim, examinar cada um deles com consciência: não cabe censurar a emissão natural de um supérfluo, mas somente o caso em que o desejo por uma mulher foi alimentado até satisfazer-se em sonho.

Essa tradição situa-se em primeiro plano na perspectiva imposta pelos textos transmitidos, porém não é única na relação do eu bizantino com seu corpo. A *Chave dos sonhos* de Achmet aborda objetivos sexuais de seus leitores sem considerar os estados de alma. Ninguém se surpreende com o fato de os cabelos e pelos significarem ao mesmo tempo poder político e potência viril: numerosos parágrafos são dedicados a seu crescimento ou a sua perda nos diferentes pontos do corpo. A linha dos ombros pressagia concubinas mais desejadas que as esposas legítimas; um sinal de cabeça a uma mulher, conjunções futuras — era, lembramos, o gesto esperado pelo mau humor de Cecaumenos. Quem calça sandálias novas mas não anda com elas encontrará esposa ou, se já for casado, uma nova concubina. Os sonhos podem incluir beijos e até sexualidade bestial, que o intérprete não se perturba. Por outro lado, as *Vidas* de homens e mulheres dos séculos IX e X continuam a ilustrar o antigo tema da fuga ao casamento, do desejo e da opção pela virgindade. Estaríamos errados em ver aí apenas um lugar-comum dos autores monásticos. A escolha desses personagens autênticos tem uma relação demasiado evidente com o ideal da *hesychia*; o atrativo feminino deveria de resto ser apreciado em função da ou das condições de vida das mulheres. Porém vamos além, à riqueza do século XI, que fala sempre mais e, talvez em parte, tem discursos diferentes.

Zombar do corpo era uma tradição antiga e censurada pelo cristianismo, assim como o riso que provocava. Parece que essa censura foi levantada quando Miguel Psellos traçou o retrato de Constantino IX Monomachos, na verdade o de um aristocrata da capital, que em meados do século XI ascendeu ao trono através de um casamento tardio. "A alma do monarca sorria a todos os divertimentos e ele incessantemente queria distração." Nada o divertia mais que os defeitos da fala, e ele transformou num grande favorito um homem que acentuava comicamente o próprio defeito e que se tornou a coqueluche dos homens e mulheres do palácio, por seus discursos inconvenientes sobre as duas velhas irmãs que graças ao nascimento possuíam a legitimidade imperial: Zoé, esposa de Constantino IX, e a monja Teodora. "Ele afirmava ter sido posto no mundo pela mais velha e jurava por tudo que era sagrado que a mais nova havia dado à luz, com as circunstâncias do nascimento. E como se relembrasse sua própria vinda ao mundo, fazia sucederem-se as dores e evocava sem pudor o útero feminino." Após a morte da Scleiriana, sua amante querida, como vimos, o mesmo soberano aparece

> girando em suas conversas íntimas ao redor do amor (*eros*): ele se perdia em numerosas imaginações, fantasiando extravagâncias. Pois era de natureza curioso pelas coisas do amor (*erotika*) e não conseguia pôr termo a sua perturbação por uma conjunção fácil, mas sem cessar desencadeava impulsos em direção a um primeiro abraço.

Psellos enrubesce, garante ele. O quadro não deixa de contrastar com a grandiosa austeridade do século precedente.

Na mesma época o discurso ascético apresenta novidades no tom, a despeito das referências que sempre é possível encontrar. Já falamos de Simeão, o Novo Teólogo, e sua reivindicação de uma relação pessoal com o Espírito Santo na solidão da cela. Sua ascese se apresenta tão pouco inovadora que encontra um ponto de partida numa frase do tratado de João da Escada (Climacos) sobre a vida contemplativa. Durante uma estada junto aos seus, ele descobre na biblioteca da família um exemplar dessa obra muito lida do século VII e aí encontra que "não mais sentir é fazer a alma morrer, é a morte do espírito antes da do corpo". Impressionado com a ideia, Simeão passa noites rezando sobre túmulos, "pintando no coração a imagem dos mortos". Ali vai sempre que o domina o "desalento" específico do asceta: "Ele se sentava e representava mentalmente os mortos sob a terra; ora ficava no luto, ora, lamentando-se com voz cheia de lágrimas [...] imprimia no espírito a visão desses corpos mortos como se os pintasse na parede". Logo todas essas percepções mudam a tal ponto que tudo lhe parece "efetivamente morto". A morte dos sentidos procurada pela imaginação muito concreta da morte individual é um tema que, sejam quais forem suas referências, influencia toda a hagiografia contemporânea. Como influencia também o puritanismo dos heréticos bogomilos, herdeiros de uma longa tradição de reprovação radical da carne e repúdio da instituição eclesiástica e de uma tradição não menos longa de desconfiança que lhes imputava transgressões e torpezas. A seita é encontrada sob esse nome entre os búlgaros desde o século X, mas só no XI irrompe na cena bizantina. Como Simeão, os bogomilos anunciam então um porvir, ou pelo menos se conscientizam do presente muito mais do que continuam um passado. A importância e a coerência do movimento são tais que não poderíamos esmiuçá-lo aqui: o leitor os encontrará como conclusão desta exposição. Vejamo-los apenas como os descreve Anna Comneno quando se manifestam sob o reinado de seu pai, Alexis I: "A espécie dos bogomilos é temível por fingir a virtude. Não verias um fio de cabelo num leigo bogomilizante, o mal está escondido sob a casaca e o capuz. O bogomilo tem a expressão sombria, cobre-se até o nariz, anda de cabeça baixa, murmura". Um ascetismo de leigos? "Por dentro, em compensação, é um lobo que não se pode conter", conclui a princesa.

IMAGINÁRIO

O eu bizantino é tradicionalmente atento a seus sonhos. Estes ocupam amplo lugar na experiência cotidiana, pois são considerados mensagens premonitórias recebidas durante o sono. Numa carta inquieta, Romano I conta a Teodoro Dafnopates que na noite anterior se viu num santuário primeiro esplêndido, claro e repleto de tesouros, depois escuro, oscilante, cheio de animais mortos e de negros etíopes de espada sangrenta. O secretário responde com uma interpretação edificante a partir do homem como templo divino. A historiografia anota os sonhos dos imperadores e dos protagonistas políticos: a iconografia os representa. De resto, a sociedade marca também o sonho privado, que se explica em função da posição social e do sexo do interessado. Quanto à marca cultural, não surpreenderá ninguém. O manual de Achmet dedica uma série de parágrafos aos animais, que se aproximam da literatura de bestiário, representada em Bizâncio pela tradição do antigo *Physiologos*: ao lado dos bichos em geral — burros, porcos, pardais, lobos —, a águia e o leão tomam lugar nos sonhos imperiais com o dragão, enquanto o camelo e o elefante abrem o catálogo para o exotismo. O sonhador de Achmet pode também ver personagens da religião, como o profeta Elias, Maria, Cristo e outros. Hoje continuamos a conceber o sonho, pois cada um de nós o experimentou, e não concebemos mais a visão, então considerada o modo de presença normal e relativamente familiar de toda uma categoria de seres, desde que fossem preenchidas determinadas condições. Para um bizantino a visão não resultava do imaginário, e sim da experiência religiosa, a propósito da qual a reencontraremos. Portanto não havia diferença, para o público de Achmet, entre sonhar com um ser vivo, por exemplo, e com Cristo, pois o sonho restituía ao sonhador, num caso como no outro, a presença específica diante da qual ele se encontraria em estado de vigília. Assim, o limiar do imaginário, quer se abrisse para o assustador ou para o encantamento, não se encontrava então onde o colocamos hoje em dia.

As histórias que as pessoas contam para os outros ou para si mesmas são todavia do imaginário indiscutível. E com isso voltamos ao problema das leituras pessoais e à divisão entre público e privado. Aqui não se trata, com efeito, da leitura obrigatória dos palacianos ou da Igreja, ligada a esse desenvolvimento público — ou, melhor dizendo, político — da cultura clássica que lembramos no início, mas de uma leitura privada, ocupação do tempo ocioso e da escolha de livros. O programa de um leitor dedicado aos negócios é traçado na *Vida de Basílio I*, obra inspirada ou escrita por Constantino VII, neto do biografado: relatos históricos, conselhos políticos, exortações morais, textos patrísticos e espirituais, mas também costumes, vidas e altos feitos dos generais e dos imperadores, vidas dos santos homens.

Reencontramos esses elementos na biblioteca de Eustathios Boilas, a cujo testamento, com data de 1059, já nos referimos. Ao lado de exemplares das Escrituras, ele menciona volumes de historiografia e hagiografia. Mas possui também uma *Chave dos sonhos* e um *Romance de Alexandre*. Este é sem dúvida um bom exemplo de biblioteca privada aristocrática. O programa de leitura de Cecaumenos é em parte comparável, e leitura privada não significava, pois, estritamente diversão. De modo mais exato, supomos aí uma segunda demarcação no próprio âmbito da leitura privada, separando a instrução espiritual da profana. No entanto é significativo constatar como uma tal demarcação na realidade nos escapa. Sem entrar no quadro da literatura dessa época, escolheremos aqui dois exemplos que o mostram: o *Romance de Barlaam e Ioasaph* e o *Romance de Alexandre*.

Barlaam e Ioasaph desenrola peripécias não desprezíveis na "Índia", o continente tão deleitável quanto grande situado em qualquer lugar para o qual a imaginação bizantina gosta de se evadir. Conta a história de uma missão cristã bem-sucedida e da vocação monástica insuflada no jovem Ioasaph, filho do rei do país e depois também rei, pelo monge Barlaam, que chega disfarçado de mercador do deserto de Senaar. Há semelhanças com a história de Buda, pois toda a narrativa greco-romana, depois bizantina, muitas vezes se serviu do tesouro oriental. Mas isso pouco importa para nós, pois o tema do rei-monge é muito atual na Bizâncio do século X. Ora, tradicionalmente atribuída a João, o Damasceno, doutor da Igreja grega no século VIII, a obra na verdade poderia ser dessa época, tanto na versão grega como numa versão georgiana. E isso pouco importa ainda para nosso propósito. Em contrapartida, ressaltemos que as obras bizantinas sempre anunciam o gênero ao qual pertencem e que esta leva como subtítulo "História (*historia*) útil à alma", o que a classifica entre os relatos tão edificantes quanto maravilhosos sobre os anacoretas do deserto, que deliciaram o final da Antiguidade e ainda eram lidos, como testemunham seus manuscritos. Vemos a dificuldade de compreender hoje os componentes do prazer de ler bizantino suscitado nesse caso pela edificação e pela aventura; acrescentemos que *Barlaam e Ioasaph* muitas vezes era ilustrado. O *Romance de Alexandre* oferece um exemplo ainda mais complexo e impressionante, pois desde os séculos III e IV a incomparável envergadura do herói suscita relatos que o conduzirão não só à Índia, de onde ele escreve a seu preceptor, Aristóteles, mas também ao fundo do mar, ao outro mundo, ao céu. Forma-se assim uma tradição de excepcional riqueza, cuja elaboração, de resto, continua tanto em Bizâncio como em outros lugares durante toda a Idade Média. Evidentemente não sabemos em que estado a conservava a biblioteca de Boilas. De qualquer modo, *Alexandre* inspira as mesmas observações de *Barlaam e Ioasaph*, ainda que a matéria seja diferente: ele também, a sua maneira, une o encanto das figuras heroicas, a aventura em país distante e o piedoso brilho da sabedoria cristã.

É difícil saber até onde podia ir o prazer literário das mulheres. A literatura edificante sem dúvida lhes era permitida, e a relativa importância da hagiografia feminina nesse período poderia confirmá-lo. Ora, o registro narrativo da edificação era muito mais extenso, acabamos de ver, do que pensaríamos. Em compensação, as moças e as mulheres, pelo menos em princípio, eram privadas do acesso à cultura clássica. Quando, em meados do século XII, Jorge Tornices compõe o elogio fúnebre de Anna, filha de Alexis I Comneno, isso ainda é verdadeiro. Com efeito, ele destaca que a princesa começou a estudar a literatura clássica (*grammatike*) sem o conhecimento de seus pais, pois estes temiam, como deviam, o cortejo dos mitos "de vários deuses e portanto sem deus" que a acompanha e o dano moral que poderia resultar para a pureza feminina. Anna vence o obstáculo, mas a exceção é evidente. De resto, ela não transpõe os limites da reclusão doméstica imposta a seu sexo na alta sociedade citadina. Se aprende medicina, exerce-a somente em casa. No máximo dá um toque erudito a uma competência familiar sem dúvida usual, a julgar pelas coletâneas de conselhos de saúde às quais já aludimos. Como, pois, as mulheres geralmente passavam o tempo nesse meio? Alguns decênios antes, a imperatriz Zoé dedicara-se com paixão à confecção de cosméticos: lembramos que receitas de beleza e de remédios se emparelhavam na obra de Metrodora. Psellos acrescenta que Zoé, em contrapartida, nunca praticara os "trabalhos de mulher", fiar e tecer. Bordar também, aliás, embora os bordados conservados sejam posteriores ao século XI.

FORA

Nossa pintura da vida privada até agora não ultrapassou a porta das residências leigas ou monásticas, que entretanto vimos mais ou menos abertas aos visitantes. Isso está de acordo com a definição estrita do privado que escolhemos, no nível social a que nos restringem as fontes escritas. Estas na verdade nos mostram pouco da sociabilidade citadina aberta nos séculos X-XI. E silenciam sobre a rua. Os ofícios menores de restauração aparecem no *Livro do prefeito* (da capital), promulgado no século X. Os pórticos com seus infelizes, as tabernas com seus canalhas fornecem episódios para a *Vida de André, o Louco*, mas essa obra, geralmente datada do século X, utiliza talvez um quadro mais antigo de ascese na cidade. Para saber mais é preciso esperar o século XII, a importância ainda maior da sociedade urbana e a abertura do gosto literário para um realismo não despido de afetação.

Por outro lado, a maioria de nossas fontes são citadinas e não se referem a um espaço privado aberto para a natureza — citadinas não só de fato, mas pelos valores culturais herdados da Antiguidade clássica. O desconforto e a selvageria do campo provinciano e de seus rústicos constituem um lugar-comum nas cartas dos exilados, dos letrados enviados a dioceses distantes, como é o caso de Teofilactos, titular da sede de Ohrid de 1090 até sua morte, em cerca de 1108. Nesse mesmo momento, em seu retiro, Cecaumenos não se interessa pela natureza em si mesma, e sim pela exploração de sua propriedade, o que também está na tradição antiga. Só o caçador e o asceta têm com a paisagem uma relação em que o solitário e o inculto se revestem de um valor positivo. A caça no entanto contém um duplo sentido, público e privado. Ou melhor dizendo, privada ou pública, ela é encarregada do mesmo sentido: a glorificação do caçador por sua vitória. Isso explica tanto o elaborado protocolo da caça imperial e o valor premonitório dos acidentes que ocorrem como o rito de passagem constituído pela primeira caçada do jovem Digenis. Sabemos de tudo isso. Entretanto, a vida ainda vibra nesses textos. Basílio I, já velho, afasta-se de sua escolta para perseguir um cervo gigantesco que o enfrenta, ergue-o pela cintura e o arrasta sem que ele consiga se desvencilhar. Digenis, adolescente, suplica ao pai que enfim lhe permita a prova, e uma manhã os dois deixam o castelo, com o tio materno do menino e o grupo de "jovens companheiros" (*agouroi*).

A ascese suscita uma observação comparável. Desde que a santidade cristã pusera em prática seu modelo antigo, no século IV, o "lugar deserto" (*eremos*) era o de sua conquista, através da mortificação do corpo, da renúncia à civilização e da luta contra os demônios. A santidade voltava as costas à cidade, salvo exceções marginais, se não francamente heréticas. As *Vidas* de santos dos séculos V e VI — na realidade, a maioria deles eram fundadores de mosteiros — desenvolvem seu relato em dois planos: o da experiência espiritual inicial do herói, realizada na solidão, e o da crônica do mosteiro, do qual ele é a glória. O quadro mudou nos séculos IX e X. O velho e venerável modelo do combate espiritual na natureza selvagem é excluído pelas virtudes conventuais, vindo a obediência em primeiro lugar. No entanto subsiste, ao mesmo tempo na narração e na prática. Assim, Paulo, filho de um comandante de esquadra e fundador do importante mosteiro do Latros, na região de Mileto, encerra-se primeiro na montanha com um único companheiro e "amigo" (*philos*), que o deixará em seguida; alimenta-se de glandes e suporta os assaltos dos demônios e a "solidão" (*monosis*), embora esteja próximo de um estabelecimento monástico semiconventual (*lavra*). Toda a história de Paulo, até sua morte, em 955, consiste de uma sequência de recuos e retornos, num território cada vez mais extenso. Na realidade, a Igreja monástica é cada vez mais desfavorável à vida inteiramente solitária em razão da liberdade individual que permite. Assim, Atanásio, que em 963 fundou no monte Atos o convento de Lavra, reintegra na disciplina comum um eremita procedente da Calábria, Nicéforo, dito o Nu. A origem desse homem é significativa? De qualquer modo o faroeste de Bizâncio produziu sem querer os relatos mais eloquentes sobre o atrativo e a beleza que os homens dessa época podiam encontrar na natureza selvagem. A obra-prima é a *Vida de Nilo de Rossano*, personagem falecido em 1004. Num quadro ascético e narrativo que lembra a *Vida* de Paulo de Latros, o texto conta a lenta viagem de Nilo desde o golfo de Tarento até Roma, em cujos arredores ele funda o mosteiro de Grottaferrata — viagem que se desenrola através da montanha coberta de bosques, longe das costas ameaçadas pelas incursões árabes. O modelo é exclusivamente masculino, suspeitamos, ainda que no século IX se componha uma nova versão do personagem de Maria Egipcíaca com a história de Teoctiste de Paros: a ênfase edificante recai, aliás, no retorno do próprio corpo feminino ao estado de natureza.

A CRENÇA PRIVADA

DEVOÇÕES

O mundo humano pensa-se então no seio de um mundo bem mais vasto, cuja representação os séculos anteriores elaboraram. Eleitos e réprobos têm seus lugares próprios. A sociedade dos vivos se encontra constantemente em presença das personagens de sua crença, de modo que esse campo também é marcado pela divisão entre público e privado, sem no entanto perder sua unidade fundamental. O culto público, imperador e patriarca à frente, visa a obter a proteção celeste sobre a coletividade e suas armas. É por isso que Leão VI prega em Santa Sofia ou lidera o povo da capital que vai procurar no porto as relíquias de são Lázaro, ao som de um hino composto pelo soberano. O papel litúrgico deste em diferentes circunstâncias e a intercessão exigida aos monges pelo poder alinham-se do lado público. É também o caso de algumas devoções: o Império inteiro publicamente venera Cristo em sua majestade, Maria, protetora dos exércitos, são Miguel, guerreiro e condutor das almas no outro mundo. São Demétrio vela sobre Tessalônica, segunda cidade do Império. A casa de Basílio I dedica um culto ao profeta Elias, cuja personalidade solar bem se harmoniza com a simbologia tradicional do poder imperial. Público ainda, em outro nível do termo, o culto prestado a diversos santos sobre seus túmulos e diante de seus ícones. Público, enfim, um conjunto de tradições seculares, desde o horóscopo elaborado para o infante imperial até os carnavais colocados sob o signo de Dioniso, sempre proibidos pela Igreja e sempre celebrados pela turba: homens e mulheres mascarados executavam juntos danças licenciosas pelas ruas e riam — coisa grave, pois o antigo Dioniso descera ao nível dos demônios, e são os demônios que gostam de rir.

Todos esses elementos se encontram no campo do privado. Já mencionamos os lugares e os ritos da casa familiar ao tratar de seu espaço interior. Os poucos inventários para doação ou testamento confirmam a posse privada de objetos litúrgicos, livros santos e ícones. Podemos pensar que alguns dos livros e objetos de culto que conhecemos serviram ao uso privado. Temos certeza disso quanto aos ícones e relicários preciosos de diversos tipos, cruzes e medalhões com a efígie de santos para levar ao pescoço. O ícone encontra na devoção pessoal um papel tão grande como na religião pública. Representação estritamente conforme a um cânone e ao mesmo tempo indefinidamente reproduzida, refere-se ao dogma da Encarnação e ao carisma dos santos. Transcendência cristã, visão, ícone, presença física do santo vivo compõem um sistema de correspondências claramente desenvolvido na hagiografia. Desde o século VII relatos piedosos mostravam ícones atuando e interferindo nos assuntos humanos, como em conclusões de contrato, por exemplo. O fiel mantém, pois, uma relação privada, cotidiana, familiar com a imagem apresentada a seus olhos, em sua casa. Psellos conta como a imperatriz Zoé falava a seu ícone de Cristo. Os cultos são aqueles mesmos que mencionamos antes no setor público, entre os quais Maria ocupa um lugar importante. As *Vidas* de santos a fazem anunciar os nascimentos desde muito desejados; à noite as mulheres da capital rezam para ela em seu santuário de Blachernae. Mesmo na intimidade, porém, Maria ainda não é a figura feminina e maternal que conhecemos alhures. A devoção privada, leiga ou monástica, dispersa-se entre os santos, com uma liberdade que entretanto conhece limites. A organização oficial, no século X, da coletânea das *Vidas* tradicionais e o cânone iconográfico imposto aos pintores de ícones — em geral monges — canalizam a piedade.

Novos cultos podem surgir a cada dia. Os milagres efetuados por um vivo já lhe atraem a veneração, mas o culto propriamente dito se organiza quando se produz na tumba. As *Vidas* de santos ilustram, por definição, cultos tornados públicos, quer dizer, ao mesmo tempo coletivos e autorizados. O controle da autoridade aparece no processo de Simeão, o Novo Teólogo, relatado por seu biógrafo Nicetas Stethatos. Simeão instaura um culto em honra de seu pai espiritual, o monge homônimo do mosteiro de Studion: fixa um dia de festa, manda fazer um ícone, promove a reunião dos fiéis. Mas seguiu uma inspiração que recebeu e por isso é convocado pelo tribunal patriarcal. O caso ilustra a tensão que podia nascer na primeira metade do século XI entre o poder eclesiástico e a reivindicação de uma espiritualidade pessoal.

DEMÔNIOS E PENSAMENTO SELVAGEM

A crença privada é também a coexistência cotidiana com os demônios, muito mais complexa e doméstica ao mesmo tempo que as festividades de rua já mencionadas. Pois os demônios (*daimones*) estão em toda parte, mas sobretudo na casa e também nos lugares desertos, nas ruínas e na água. Nas *Vidas* de santos dos séculos IX e X já não ocupam o lugar ao mesmo tempo primordial e indistinto que tinham nos relatos das asceses e dos milagres do final da Antiguidade. Em compensação assumem, se podemos dizer, uma figura que já anuncia a crença grega moderna. Muitas vezes têm um nome, um lugar, uma competência particular e, como os anjos, revestem-se de um corpo. Quanto a isso não há incrédulo em Bizâncio, em nenhum nível da sociedade. Testemunham-no os amuletos montados em ouro que mulheres do século X usavam como *pendentif* e sobretudo o lugar que os demônios ocupam na obra de Miguel Psellos e de seus contemporâneos do século XI, depois da grande renascença da cultura antiga como cultura erudita dos séculos IX e X. Na época de Psellos, realmente, uma erudição de tipo humanista, longe de corrigir por algum racionalismo a crença comum, aviva-a e a enriquece com interrogações, referências, leituras clássicas. A mesma crença é marcada desde essa época — e sem dúvida antes — por influências eslavas que explicariam a importância dos demônios aquáticos ou alguns procedimentos de predição. Mas conservará também até o século XX figuras antigas como o horrível Gyllu, que ataca as mulheres em trabalho de parto. As velhas divindades, reduzidas então e desde muito tempo ao nível dos demônios, já vimos, mantêm um papel nas operações mágicas dos particulares e no século XI despertam o perturbado interesse dos doutos. Sobre esse ponto o pensamento erudito da época é um pensamento selvagem: sua sabedoria visa a ser eficaz. Astrologia, magia, alquimia fazem parte da perspectiva intelectual, tanto para Psellos como para seu contemporâneo, o patriarca Miguel Cerularios, contra o qual, após sua deposição, em 1058, elabora um requisitório de surpreendente ambiguidade, destinado ao sínodo. Por seu lado, os livros de orações do século X ao XII contêm trechos que atestam as mesmas preocupações de eficácia. Cecaumenos reprova as "pessoas sem instrução" que procuram adivinhos para saber o futuro: mas tal preocupação não era exclusiva dessa classe.

EXPERIÊNCIAS RELIGIOSAS DIFERENTES

Na passagem do século X para o XI, o monge Simeão, o Novo Teólogo, e a seita dos bogomilos introduzem nas relações estabelecidas entre a Igreja e os cristãos rupturas que não deixam de ter precedentes e contudo são inovadoras. Os dois procedimentos permanecem distintos e no entanto apresentam impressionante semelhança histórica. Já vimos sucintamente as posições de Simeão e gostaríamos de voltar aqui ao sentido que a prática dos bogomilos apresenta para nosso propósito. O *Tratado* do padre búlgaro Cosmas, que surgiu em 972 ou pouco depois, ataca os que se encontravam então nesse país, profundamente penetrado por todas as correntes da cultura bizantina. Mesmo em Bizâncio, inspiram no século XI dois opúsculos ortodoxos, elaborados por monges do mosteiro da Virgem *Peribleptos*, na capital, ambos chamados Euthymios. O primeiro escreve por volta de 1050, o segundo no reinado de Alexis I Comneno (1081-1118).

Os bogomilos abolem todas as distinções que fundamentam a estrutura cristã: as igrejas são a seus olhos "casas comuns"; o batismo não passa de água e óleo; a eucaristia, de pão e vinho. Não reconhecem nem o sacerdócio nem a santidade, não veneram a cruz, não admitem outra oração além do *Pater*, rejeitam o casamento e incitam os cônjuges a se separarem. Consideram que o batismo de Cristo se fez pelo espírito e entendem reproduzi-lo para seus neófitos. Estes, depois de investigação, recebem a imposição do livro dos Evangelhos e das mãos dos assistentes, homens e mulheres juntos. De resto praticam a confissão mútua e mista. Enfim, todos aqueles que o Espírito Santo habita merecem o apelativo de "genitor de Deus" (*Theotokos*), que designa normalmente a Virgem, pois, diz a seita, também geraram o Verbo. Facilmente se mostraria que todos esses detalhes se ordenam ao redor de uma posição dissidente sobre a Encarnação, princípio fundamental da ordem social cristã. A seita vive em consequência de uma vida religiosa que pode se definir como privada no seio da sociedade bizantina. Entretanto isso não é tudo.

Os bogomilos com efeito participam da vida religiosa comum, e plenamente, porque cada um deles em seu íntimo lhe altera o sentido. Seus mestres divulgam assim uma ciência da Escritura e dos Padres que, por essa razão, procede do diabo. Não os incomodam nem o batismo ortodoxo, pois o julgam nulo, nem o hábito monástico, que alguns usam. Assistem aos ofícios nas igrejas, a fim de se dissimularem melhor. Consideram que o termo "pecador" designa os ortodoxos, que Belém, berço natal do Verbo divino, significa sua própria Igreja e a Jerusalém ainda submetida à lei mosaica, a confissão oficial. Sua dissidência não é nova na medida em que dá continuidade a tendências muito antigas do cristianismo oriental, seguidas, antes dos bogomilos do século X, pelos paulicianos do IX. No século XI o movimento manifestamente adquire um vigor teórico e uma importância social sem precedente, os quais seríamos tentados a associar ao progresso da sociedade urbana. O primeiro Euthymios realmente menciona cidades, na Trácia e na região de Esmirna, como o terreno das missões bem-sucedidas de João Tzourillas, bem conhecido, diz ele, "por haver deixado a esposa depois de fazê-la uma falsa monja, tendo ele próprio se tornado um falso monge". A repressão desencadeada em seguida por Alexis I Comneno revela o lugar ocupado pela seita na capital. Em consequência, a dissimulação e a restrição mental afirmam-se sobre um modo, parece, mais elaborado que anteriormente. Por certo as fontes são mais explícitas. Isso, porém, parece típico de uma nova época, em que os bogomilos praticam uma forma fascinante de privatização e interiorização da experiência religiosa, como o faz, repetimos, Simeão, o Novo Teólogo.

CONCLUSÃO

Aqui, no limiar do século XII, nos detemos. O que tínhamos a demonstrar não era a existência de uma vida privada em Bizâncio nos séculos X e XI, pois se tratava de uma evidência inicial. Todas as sociedades do mundo e da história, desde que tenham um mínimo de complexidade, encerram um campo do privado. Mas este é, por um lado, delimitado e estruturado diferentemente pelas variáveis do poder, da religião, do espaço habitado e da família e, por outro, é definido, em princípio, pelo discurso da cultura. Através do escrito dos poderes e das elites sociais, o único conservado, aparece a vida privada do Mediterrâneo oriental cristão por volta do ano 1000: Bizâncio no coração da época que chamamos de medieval, termo sem dúvida pouco defensável em seu enunciado, porém bem preciso em seu conteúdo histórico. Todavia verificamos que uma alteração de tom separava o século X do XI. Presa no classicismo do primeiro, a experiência pessoal pareceu se libertar ao longo do segundo, numa sociedade que se recompunha mais largamente. Mudança do discurso, mudança da consciência, nossa leitura inutilmente procuraria distinguir. O século XII continuará o movimento com mais força e o levará mais longe.

BIBLIOGRAFIA

1. O IMPÉRIO ROMANO

REALIDADES

BLANCK, H., *Einführung in das Privatleben der Griechen und Römer*, Darmstadt, Wissenschaftliche Buchgesellschaft, 1976.

BLÜMNER, H., *Die römischen Privataltertümer* (*Handbuch der klassischen Altertumswissenschaft*, IV, 2, 2), Munique, 1911.

CAGNAT, R., Chapot, V., *Manuel d'archéologie romaine*, 2 vols., Paris, 1916.

DILL, S., *Roman society from Nero to Marcus Aurelius*, Nova York, 1904 (reimpresso em Meridian Books, Nova York, 1957).

FRIEDLÄNDER, L., *Darstellungen aus der Sittengeschichte Roms in der Zeit von August bis zum Ausgang der Antonine*, 4 vols., 9ª ed. por G. Wissowa, Leipzig, 1920. Há uma tradução francesa da primeira edição.

GAGÉ, J., *Les classes sociales dans l'Empire Romain*, 2ª ed., Paris, Payot, 1971,

MACMULLEN, R., *Roman social relations, 50 B.C. to A.D. 284*, Yale University Press, 1974. *Les Rapports entre les classes sociales dans l'Empire Romain* (*50 av. J.-C.-284 apr. J.-C.*), Seuil, 1986.

MARQUARDT, J., *Das Privatleben der Römer* (*Handbuch der römischen Altertümer*, VII), 2 vols., 2ª ed. por A. Mau, Leipzig, 1886. Há uma tradução francesa no *Manuel des antiquités romaines*, publicado em Paris no fim do século XIX.

PAOLI, U. E., *Vita romana, la vie quotidienne dans la Rome antique*, ed. francesa por J. Rebertar, Paris, Desclée de Brouwer, 1955.

SCHNEIDER, H. (ed.), *Sozial- und Wirtschaftsgeschichte der römischen Kaiserzeit* (Wege der Forschung, 552), Darmstadt, 1981.

WACHER, J. (ed.), *The Roman world*, 2 vols., Londres, 1986.

DIREITO E RELIGIÃO

CROOK, J., *Law and life of Rome*, Cornell University Press (Thames and Hudson), 1967.

DE MARCHI, A., *Il culto privato di Roma antica*, 2 vols., Milão, 1896-1903.

GRAF, F., *La Magie dans l'antiquité gréco-romaine*, Paris, 1994.

JACQUES, F., *Le privilège de liberté: politique impériale et autonomie municipale* (École Française de Rome, 76), 1984.

KASER, M., *Das römische Privatrecht*, t. I: *Das altrömische, das vorklassische und klassische Recht* (*Handbuch der Altertumswissenschaft*, III, 3, 1), 2ª ed., Munique, Beck, 1971.

____, *Das römische Zivilprocessrecht* (*Handbuch...*, III, 4), Munique, Beck, 1966.

MACMULLEN, R., *Paganism in the Roman Empire*, Yale University Press, 1981.

NILSSON, M., *Geschichte der griechischen Religion*, t. II, *Die hellenistische und römische Zeit* (*Handbuch...* V, 2), 2ª ed., Munique, Beck, 1961.

NOCK, A. D., *Essays on religion and the ancient world*, 2 vols., Oxford, Clarendon Press, 1972.

ULANSEY, D., *The origins of mithraic mysteries*, Oxford, 1989.

VERSNEL, H. S. (ed.), *Faith, hope and worship, aspects of religious mentality in the ancient world*, Leyde, Brill, 1981.

WISSOWA, G., *Religion und Kultus der Römer* (*Handbuch der Altertumswissenschaft*, IV, 5), 2ª ed., Munique, Beck, 1912 (reimpresso em 1971).

DICIONÁRIOS, COLETÂNEAS COLETIVAS

Aufstieg und Niedergang der römischen Welt, Geschichte und Kultur Roms im Spiegel der neueren Forschung, herausgegeben von H. Temporini und W. Haase, numerosos volumes a ser lançados por W. De Gruyter, Berlim e Nova York.

DAREMBERG, Saglio et Pottier, *Dictionnaire des antiquités grecque et romaine*, Paris, 1877-1918.

PAULY-WISSOWA, *Realencyclopädie der klassischen Altertumswissenschaft*, Stuttgart, 1893-1981.

ALGUNS TRABALHOS RECENTES

ALFÖLDY, G., *Die Rolle des Einzelnen in der Gesellschaft des römischen Kaiserreiches: Erwartungen und Wertmassstäbe*, Sitzungsberichte der Heidelberger Akademie, 1980, VIII.

AMELING, W., *Herodes Atticus*, 2 vols., Hildesheim, 1983.

ANDRÉ, J., *L'alimentation et la cuisine à Rome*, Paris, Les Belles Lettres, 1981.

ANDRÉ, J.-M., *Les loisirs en Grèce et à Rome*, Paris, PUF, col. "Que sais-je?", 1984.

ANDREAU, J., *Les affaires de Monsieur Jucundus*, École Française de Rome, 1974.

BAILAND, A., *Fouilles de Xanthos, VII, Inscriptions d'époque impériale du Létôon*, Paris, E. de Boccard, 1981 (sobre o evergetismo).

BLEICKEN, J., *Staatliche Ordnung und Freiheit in der römischen Republik*, Frankfurter Althistorische Studien, Heft 6, Kallmünz, Lassleben, 1972.

BOULVERT, G., e MORABITO, M., "Le droit de l'esclavage sous le Haut-Empire". *Aufstieg und Niedergang*, II, t. XIV, p. 98.

BRÖDNER, E., *Die römischen Thermen und das antike Badewesen*, Darmstadt, Wiss. Buchgesellschaft, 1983.

____, *Wohnen in der Antike*, Darmstadt, 1989.

BRUNT, P. A., *Aspects of the social thought of Dio Chrysostom and Stoics*, Proceedings of the Cambridge Philological Society, 1973, p. 9.

____, "Charges of provincial maladministration under the early principate", *Historia*, X, 1961, p. 189.

____, *Social conflicts in the Roman Republic*, Londres, Chatto and Windus, 1971.

____, *Stoicism and the principate*, Papers of the British School at Rome, XLIII, 1975, p. 7.

BUTI, I., *Studi sulla capacità patrimoniale dei "servi"*, Pubblicazioni della Facoltà di giurisprudenza dell'università di Camerino, Nápoles, Jovene, 1976.

CANAS, B. A., "La femme devant la justice provinciale de l'Égypte romaine", *Revue Historique de Droit*, 1984, p. 358.

CHRISTES, J., *Bildung und Gesellschaft: die Einschätzung der Bildung und ihrer Vermittler in der griechisch-römischen Antike*, Darmstadt, Wiss. Buchgesellschaft, 1975.

COCKLE, H., "Pottery manufacture in Roman Egypt", *Journal of Roman Studies*, LXXI, 1981, p. 87.

CORBIER, M., "Les familles clarissimes d'Afrique proconsulaire", Tituli, V, 1982, *Epigrafia e Ordine senatorio.*

____, "Idéologie et pratique de l'héritage (Ier siècle av. J.-C-IIe siècle apr. J.-C), *Index*, 1984 (Actes du colloque 1983 du GIREA).

COTTON, H., "Documentary letters of recommendation in Latin from the Roman Empire", *Beiträge zur klassischen Philologie*, Hain, Königstein, 1981.

CRAWFORD, M., "Money and exchange in the Roman world", *Journal of Roman Studies*, LX, 1970, p. 40.

D'ARMS, J., *Commerce and social standing in ancient Rome*, Harvard, 1981.

DAVID, J.-M., "Les orateurs des municipes à Rome: intégration, réticences et snobismes", *Les bourgeoisies municipales italiennes*, Centre Jean Bérard, Paris e Nápoles, 1983.

DENIAUX, E. *Clientèle et pouvoir à l'époque de Cicéron* (École Française de Rome, 182), 1993.

DE ROBERTIS, F., *Lavoro e lavoratori nel mondo romano*, Bari, Laterza, 1963.

DUNBABIN, K., *The mosaics of Roman North Africa. Studies in iconography and patronage*, Oxford, 1978.

ETIENNE, R., *La vie quotidienne à Pompéi*, Paris, Hachette, 1966.

EYBEN, E., "Family planning in graeco-roman antiquity", *Ancient Society*, XI--XII, 1980-1, p. 5.

FABRE, G., *Libertus, recherches sur les rapports patron-affranchi à la fin de la République romaine*, École Française de Rome, 1981.

FINLEY, M. I., *L'économie antique*, Paris, Éd. de Minuit, 1973 (tradução francesa de Higgs).

FINLEY, M. I., *Esclavage antique et idéologie moderne*, Paris, Éd. de Minuit, 1979 (tradução francesa de Fourgous).

FLORY, M. B., "Family and 'familia', a study of social relations in slavery", dissertação de Ph.D., Yale, 1975.

FOUCAULT, M., *Histoire de la sexualité*, t. II : *L'usage des plaisirs*; t. III, *Le souci de soi*, Paris, Gallimard, 1984.

FRIER, B. W., *Landlords and tenants in Imperial Rome*, Princeton University Press, 1980.

GAAZDA, E. (ed.), *Roman art in the private sphere*, Ann Arbor, 1991.

GABBA, E., "Ricchezza e classe dirigente romana", *Rivista Storica Italiana*, XCIII, 1981, p. 541.

GALBRAITH, J. K., *Théorie de la pauvreté de masse*, 1980 (tradução francesa).

GARDNER, J., *Family and "familia" in Roman law and life*, Oxford, 1980.

____, *Women in Roman law and society*, Londres, 1986.

GARNSEY, P., "Independant freedmen and the economy of Roman Italy under the principate", *Klio*, LXIII, 1981, p. 359.

GARNSEY, P. (ed.), "Non-slave labour in the graeco-roman world", *Cambridge Philological Society*, Supplement VI, 1980.

GOLDSCHMIDT, V., *La doctrine d'Épicure et le droit*, Paris, Vrin, 1977.

____, *Le système stoïcien et l'idée de temps*, Paris, Vrin, 1953.

GOMBRICH, E., *L'écologie des images*, 1983, p. 291 (tradução francesa), cf. p. 94: "L'action et son expression dans l'art occidental".

GOUREVITCH, D., *Le triangle hippocratique dans le monde gréco-romain; le malade, sa maladie et son médecin*, École Française de Rome, 1984.

HADOT, I., *Seneca und die griechisch-römische Tradition der Seelenleitung*, Berlim, W. De Gruyter, 1969.

____, "Tradition stoïcienne et idées politiques au temps des Gracques", *Revue Des Études Latines*, XLVIII, 1970, p. 133.

HADOT, P., *Exercices spirituels et philosophie antique*, Paris, Études Augustiniennes, 1981.

HANDS, A. R., *Charities and social aid in Greece and Rome*, Londres, Thames and Hudson, 1968.

HELEN, T., *Organization of Roman brick production in the first and second centuries A.D.*, Helsinque, 1975.

HENGSTL, J., *Private Arbeitsverhältnisse freier Personen in den hellenistischen Papyri bis Diokletian*, Bonn, Habelt, 1972.

JERPHAGNON, L., *Vivre et philosopher sous les Césars*, Toulouse, Privat, 1980.

KAMPEN, N., *Image and status, Roman working women in Ostia*, Berlim, Mann Verlag, 1981.

KELLY, J. M., *Roman litigation*, Oxford University Press, 1966.

KLEINER, D., *Roman group portraiture, the funerary reliefs of the late Republic and early Empire*, Londres e Nova York, Garland, 1977.

KOCH, G., e SICHTERMANN, H., "Römische Sarkophage", *Handbuch der Archäologie*, Munique, 1982.
KRENKEL, W., *Der Abortus in der Antike*, Wissenschaftliche Zeitschrift der Universität Rostock, XX, 1971, p. 443.
LA ROCCA, E., DE VOS, M. e A., COARELLI, F., *Guida archeologica di Pompei*, Milão, Mondadori, 1976.
LAUBSCHER, H. P., *Fischer und Landleute, Studien zur hellenistischen Genreplastik*, Mayence, von Zabern, 1982.
LEVEAU, Ph., *Caesarea de Maurétanie, une ville romaine et ses campagnes*, École Française de Rome, 1984.
LEWIS, N., *Life in Egypt under Roman rule*, Oxford, 1983.
LILJA, S., "Homosexuality in Republican and Augustan Rome", *Societas scientiarum Fennica, Commentationes humanarum litterarum*, LXXIV, 1982.
LINTOTT, A. W., *Violence in republican Rome*, Oxford University Press, 1968.
MACMULLEN, R., "The epigraphic habit in the Roman empire", *American Journal of Philology*, CIII, 1982, p. 233.
MALLWITZ, A., *Olympia und seine Bauten*, Munique, Prestel, 1972.
MARROU, H.-I., *Histoire de l'éducation dans l'Antiquité*, 6ª ed. ampliada, Paris, Éd. du Seuil, 1965. Para uma abordagem metodológica diferente e não funcional da história da educação, M. Nilsson, *Die hellenistische Schule*, Munique, 1955, que também chega a conclusões factuais diferentes.
____, *"Mousikos Anêr", étude sur les scènes de la vie intellectuelle figurant sur les monuments funéraires romains*, Roma, L'Erma, 1965, reimpressão.
MARTIN, R., *La vie sexuelle des esclaves d'après les "Dialogues rustiques" de Varron* (J. Collart, ed., *Varron, grammaire antique et stylistique latine*, Paris, Les Belles Lettres, 1978, p. 113).
____, "Pline le Jeune et les problèmes économiques de son temps", *Revue des Études Anciennes*, LXIX, 1967, p. 62.
MOCSY, A., "Die Unkenntnis des Lebensalter im römischen Reich", *Acta antiqua Academiae scientiarum Hungariae*, XIV, 1966, p. 387.
MOREAU, Ph., "Structures de parenté et d'alliance d'après le *Pro Cluentio*", *Les bourgeoisies municipales italiennes*, Centre Jean Bérard, Paris e Nápoles, 1983.
NARDI, E., *Procurato aborto nel mondo greco-romano*, Milão, Giuffrè, 1971.
NERAUDAU, J.-P, *Être enfant à Rome*, Paris, Les Belles Lettres, 1984.
NÖRR, D., "Zur sozialen und rechtlichen Bewertung der freien Arbeit in Rom", Zeitschrift der Savigny-Stiftung, *Roman. Abt.*, LXXXII, 1965, p. 67.
PICARD, G.-Ch., *La civilisation de l'Afrique romaine*, Paris, Plon, 1959.
PLEKET, H. W., "Collegium juvenum Nemesiorum, a note on ancient youth organisation", *Mnemosyne*, XXII, 1969, p. 281.
____, "Games, prizes, athletes and ideology, some aspects of the history of sport in the greco-roman world", *Arena*, I, 1976, p. 49.

PLEKET, H. W., *Urban elites and business in the Greek part of the Roman Empire* (Garnsey, Hopkins, Whittaker, *Trade in the ancient economy*, Londres, 1983, p. 131).

____, "Zur Soziologie des antiken Sports", *Mededelingen van het Nederlands Instituut te Rome*, XXXVI, 1974, p. 57.

____, e VITTINGHOFF, F., *Wirtschaft und Gesellschaft des Imperium Romanum*, em *Handbuch der europäischen Wirtschafts- und Sozialgeschichte* (W. Fischer, J. van Houtte, ed.), vol. 1, Klett-Cotta, 1990.

POHLENZ, M., *Die Stoa, Geschichte einer geistigen Bewegung*, , 5ª ed., Göttingen, Vandenhoeck und Ruprecht, 1978.

POMEROY, S. B., *Goddedesses, Whores, Wives and Slaves: women in Classical Antiquity*, Nova York, 1975.

PRACHNER, M., *Die Sklaven und die freigelassenen im arretinischen Sigillatagewerbe*, Wiesbaden, Steiner, 1980.

QUET, M.-H., "Remarques sur la place de la fête dans le discours des moralistes grecs", *La fête, pratique et discours*, Annales Littéraires de l'Université de Besançon, Centre de Recherches d'Histoire Ancienne, 1981, t. XLII, p. 4l.

RABBOW, P., *Seelenführung, Methodik der Exerzitien in der Antike*, Munique, Kösel, 1954 (fotocópia na biblioteca da Sorbonne).

RAEPSET-CHARLIER, M.-Th., "Ordre sénatorial et divorce sous le Haut-Empire", *Acta classica universitatis scientiarum Debrecenensis*, XVII-XVIII, 1981-2, p. 161.

RAMIN, J., e Veyne, P., "Les hommes libres qui passent pour esclaves et l'esclavage volontaire", *Historia*, XXX, 1981, p. 472.

RAWSON, B., "Family life among the lower classes at Rome", *Classical Philology*, LXI, 1966, p. 71.

____, "Roman concubinage and other de facto marriages", *Transactions of the American philosophical Association*, CIV, 1974, p. 279.

____, *The family in Ancient Rome, new perspectives*, Londres, 1986.

____, e WEAVER, P. (ed.), *The Roman family in Italy, status, sentiment, space*, Oxford, 1987.

ROBERT, J. e L., *Bulletin épigraphique*, na *Revue des Études Grecques* desde 1938 (reunidos em volumes e indexados, Paris, desde 1971); contém numerosos fatos e ideias, na maioria referentes às regiões gregas sob o Império Romano e à dominação romana.

ROBERT, L., *Opera minora selecta*, 4 vols., Amsterdã, Hakkert, 1974.

____, *Dans une maison d'Éphèse, un serpent et un chiffre*, Académie des Inscriptions et Belles-Lettres, comptes rendus, 1982, p. 126.

SALIER, R. P., *Personal patronage under the early Empire*, Cambridge University Press, 1982.

____, *Patriarchy, property and death in the Roman family*, Cambridge, 1995.

SAN NICOLO, M., *Aegyptisches Vereinswesen zur Zeit der Ptolemäer und Römer*, Munique, Beck, 1972.

SCHMITT-PANTEL, P., "Le festin dans la fête de la cité hellénistique", *La fête* [...], op. cit. (ver Quet M.-H.), p. 85.

SCHULLER, W., (ed.), *Korruption im Altertum*, Munique, Oldenburg, 1982.

SYME, R., *Roman papers*, Oxford University Press, 1979.

____, "Greeks invading the Roman government", *Brademas Lectures*, Hellenic College Press, Brookline, Mass., 1982.

THOMAS, Y., *Paura dei padri e violenza dei figli: immagini retoriche e norme di diritto* (Pellizer e Zorzetti, *La paura dei padri nella società antica e medievale*, Bari, Laterza, 1983).

____, "Remarques sur le pécule et les *honores* des fils de famille", *Mélanges d'archéologie et d'histoire de l'Ecole Française de Rome, Antiquité*, XCIV, 1982, p. 529.

____, "Parricidium", *ibid.*, XCIII, 1981, p. 529.

TOYNBEE, J. M. C., *Death and burial in the Roman world*, Londres, Thames and Hudson, 1971.

TURCAN, R. A., *Mithra et le Mithriacisme*, Paris, PUF, col. "Que sais-je?", 1981.

VALLAT, J.-P, "Architecture rurale en Campanie septentrionale", *Architecture et Société*, École Française de Roma, 1983, p. 247.

VEYNE, P., *L'elégie érotique romaine*, Paris, Éd. du Seuil, 1983.

____, "Le folklore à Rome et les droits de la conscience publique sur la conduite individuelle", *Latomus*, XLII, 1983, p. 3.

____, "Suicide, fisc, esclavage, capital et droit romain", *Latomus*, XL, 1981, p. 217.

____, "Les saluts aux dieux et le voyage de cette vie", *Revue Archéologique*, 1985, p. 47.

____, "Mythe et réalité de l'autarcie à Rome", *Revue des Études Anciennes*, LXXXI, 1979, p. 261.

VILLE, G., *La gladiature en Occident, des origines à la mort de Domitien*, École Française de Rome, 1981.

WEBER, W., *Die Darstellung einer Wagenfahrt auf römischen Sarkophagdeckeln*, Rome, Bretschneider, 1978.

ZANKER, P., *Pompei: società, immagini urbane e forme dell'abitare*, Turim, 1993.

____, "Die Barbaren, der Kaiser und die Arena", em Sieferle, R. P., e Breuninger, H. (ed.), *Kulturen der Gewalt*, Frankfurt, 1996.

ZIMMER, G., *Römische Berufsdarstellungen*, Berlim, Mann, 1982.

2. ANTIGUIDADE TARDIA

Que o leitor não tenha ilusões: a historiografia recente do Império tardio, que produziu muitos estudos sérios sobre a história política, social e religiosa da Antiguidade tardia, não propõe obras que tratem desse período segundo o ponto de vista adotado na presente coleção. *Décadence romaine ou Antiquité tardive?*, de H.-I. Marrou (Paris, 1977) é o breve trabalho de um mestre que mais se aproxima de tal visão geral. Inevitavelmente, pois, a bibliografia refletirá a experiência pessoal do autor. Exprime uma dívida de reconhecimento com relação a livros e artigos que lhe abriram novas perspectivas ou que reúnem uma documentação mais comumente dispersa. No mundo de língua inglesa, William Lecky resume com vigor um modo tradicional de pensar em sua *History of European morals from Augustus to Charlemagne* (Londres, 1869). *The later Roman Empire*, de A. H. M. Jones, t. II (Oxford, 1964), especialmente as páginas 873 a 1024, contém muita documentação, mas pouco ou nenhum comentário. Sem o trabalho de Paul Veyne, citado mais adiante, eu não teria nem a informação necessária para me aventurar nesse novo caminho, nem a coragem que devo em grande parte a sua vasta erudição e a seu vigor no manejo de temas raramente abordados dessa maneira pelos especialistas.

Sobre o mundo da cidade: *Le pain et le cirque*, de P. Veyne (Paris, Éd. du Seuil, 1976), e *Paganism in the Roman Empire*, de R. MacMullen (Yale, 1981).

Sobre a educação e a socialização na cidade, a *Histoire de l'éducation dans l'Antiquité*, de H.-I. Marrou (Paris, 1948), não tem equivalente (cito-o conforme a reedição na coleção "Points Histoire", 2 vols., Éd. du Seuil, 1981); assim também *Antioche païenne et chrétienne*, de A.-J. Festugière (Paris, 1959), especialmente as pp. 211-40. "From Ausonius' schooldays? A schoolbook and its relatives", de A. C. Dionisotti, in *Journal of Roman Studies* 82 (1982), p. 83, apresenta um novo e cativante documento.

Sobre a sexualidade, o comportamento e as imagens médicas do corpo, "La famille et l'amour sous le Haut-Empire romain", in *Annales* 33 (1978), p. 35, e "L'homosexualité à Rome", in *Communications* 35 (1982), p. 26, de P. Veyne, representam um novo ponto de partida para a discussão desse assunto. *Porneia: de la maîtrise du corps à la privation sensorielle*, de Aline Rousselle (Paris, 1983), esclarece de modo excepcional questões abordadas ao longo do presente ensaio. Ver também sobre a estabilidade dos valores normativos nas inscrições *Hellenica* 13 (1965), pp. 226-7, de L. Robert, bem como as numerosas outras passagens dedicadas a essas questões por um conhecedor incomparável do mundo grego sob o Império.

Sobre a distância social: *Roman social relations*, de R. MacMullen (Yale, 1974), é sucinto e convincente.

Sobre a *popularitas* e a qualidade moral dos espetáculos: *Les gladiateurs dans l'Orient grec*, de L. Robert (Paris, 1940): uma matéria sórdida vista com infalível precisão. Sobre o período posterior não existe estudo de qualidade semelhante, mas ver também Georges Ville, "Les jeux de gladiateurs dans l'Empire chrétien", *Mélanges d'archéologie et d'histoire*, École Française de Rome, 1960, p. 273.

Sobre a democratização dos ideais filosóficos nos círculos cristãos, *The Sentences of Sextius*, de H. E. Chadwick (Cambridge, 1959), e a introdução profundamente humana e erudita assim como as notas de H.-I. Marrou (com M. Harl) de *Clément d'Alexandrie: le Pédagogue*, Éd. du Cerf, col. "Sources chrétiennes", nº 70 (Paris, 1960).

Sobre o "coração" e a "má inclinação" no judaísmo tardio, *Penchant mauvais et volonté libre dans la sagesse de Ben Sira*, de J. Hadot (Bruxelas, 1972), é uma introdução a um assunto extenso; *Judaïsm*, de G. F. Moore (Harvard, 1950), pp. 474-96, reúne a documentação rabínica. A sociologia da primeira comunidade cristã foi estudada de modo muito criativo por G. Theissen, particularmente em *Zeitschrift für neutesta-mentliche Wissenschaft* 65 (1974), p. 232, *Novum Testamentum* 16 (1974), p. 179, e *Evangelische Theologie* 35 (1975), p. 155: esses e outros artigos estão reunidos numa tradução inglesa, *The social setting of Pauline Christianity* (Filadélfia, 1982). *The first urban christians: the social world of the apostle Paul*, de Wayne Meeks (Yale, 1983), representa um salto no aperfeiçoamento sociológico. Para os outros séculos deve-se confiar no trabalho de um *Altmeister*: *Mission und Ausbreitung des Christentums*, de A. Harnack (Leipzig, 1902). "Kallist vom Rom", de H. Gülzow, in *Zeitschrift für neutestamentliche Wissenschaft* 58 (1968), p. 102, e *The rich Christian in the Church of the early Empire*, de L. W. Countryman (Nova York, 1980), são significativos.

Sobre a esmola e as mudanças na moral popular, *Le pain et le cirque*, de P. Veyne, pp. 44-50, e observações em "Suicide, Fisc, esclavage [...]", *Latomus*, 1981, são os melhores pontos de partida.

O celibato e o rigorismo conjugal na Igreja primitiva: *L'Église dans l'Empire romain*, de C. Munier (Paris, 1979), pp. 7-16, constitui um resumo claro; *Etica sessuale* e *Matrimonio nel cristianesimo delle origine*, R. Cantalamassa, ed. (Milão, 1976), contém alguns ensaios excelentes, sobretudo o de P. F. Beatrice, "Continenza e matrimonio nel cristianesimo primitivo", 3; *Les Actes apocryphes des Apôtres: christianisme et monde païen*, F. Bovon, ed. (Genebra, 1981), aborda questões relacionadas.

Sobre a questão das origens e das causas da expansão da prática da renúncia sexual na Antiguidade tardia, não concordo com o trabalho luminar de E. R. Dodds, *Pagan and Christian in an age of anxiety* (Cambridge, 1965).

Sobre a estrutura social e a vida das cidades no Império tardio, *The Making of late antiquity*, de Peter Brown (Harvard, 1978; tradução francesa:

Genèse de l'Antiquité tardive, Paris, Gallimard, "Bibliothèque des histoires", 1983), propõe uma interpretação e reúne muita literatura secundária sobre esse tema, ao qual constitui um adendo definitivo *Les Cités de l'Afrique romaine au Bas-Empire*, de C. Lepelley (2 vols., Paris, 1979-81); ver também *Three Christian capitals: topography and politics*, de R. Krautheimer (Berkeley, 1983).

Sobre a vestimenta: "Some pictures in Ammanius Marcellinus", in *Art Bulletin* (1964), p. 49, de R. MacMullen, e "Recherches sur l'origine des ornements vestimentaires du Bas-Empire", in *Karthago* 16 (1973), p. 107, de G. Fabre; particularmente penetrante e concreto, H.-I. Marrou destaca a importância de tais mudanças em *Décadence romaine?*, pp. 15-20.

O cerimonial urbano e a mística do poder: *Le calendrier de 354*, de H. Stern (Paris, 1953), continua sendo fundamental; em *La Fête des Kalendes de janvier* (Bruxelas, 1970), M. Meslin descreve uma mudança significativa do folclore pagão; *Voluptatem spectandi non perdat sed mutet*, de J. W. Salomonson (Amsterdã, 1979), ilustra a continuidade de uma mística dos jogos nos círculos cristãos.

A relação entre os palácios dos *potentes* e a ideologia de seu poder descrita nos mosaicos foi recentemente estudada por K. M. D. Dunbabin em *The mosaics of Roman North Africa* (Oxford, 1978). Os mosaicos da *villa* de Piazza Armerina, na Sicília, suscitaram numerosas discussões; a esse propósito ver "Per l'interpretazione di Piazza Armerina", in *Mélanges d'archéologie et d'histoire: Antiquité* 87 (1975), p. 873, de S. Settis; a descoberta em Tellaro e Patti de *villas* dotadas de mosaicos tão extensos acrescentará muito a nosso conhecimento sobre tal problema; para uma discussão completa, ver *La Sicilia tra Roma e Bisanzio: storia di Sicilia*, de Lellia Cracco Ruggini, t. III (Nápoles, 1982).

Sobre a cidade e a basílica, *Rome: profile of a city*, de R. Krautheimer (Princeton, 1980), constitui um suplemento topográfico e arquitetônico magistral ao estudo monumental de C. Pietri: *Roma cristiana* (2 vols., Paris, 1977).

Sobre algumas mudanças significativas ligadas ao cerimonial eclesiástico e à esmola, ver, de Peter Brown, "Dalla plebs romana alla plebs Dei. Aspetti della cristianizzazione di Roma", in *Passatopresente* 2 (1982), p. 123, e *The cult of the saints: its rise and function in Latin Christianity* (Chicago, 1981; tradução francesa: *Le culte des saints dans la chrétienté latine*, Paris, Éd. du Cerf, 1983).

Sobre o pano de fundo social e o novo sentido da pobreza e da esmola, *Pauvreté économique e pauvreté sociale à Byzance*, de E. Patlagean (Paris, 1977), marca um ponto de partida totalmente novo para o estudo da sociedade romana tardia e da influência do cristianismo sobre a imagem da comunidade urbana.

A particularidade dos espitáfios pagãos é bem apresentada por R. Lattimore em *Themes in Greek and Latin epitaphs* (Urbana, 1962). Os cuidados com os mortos nas comunidades cristãs foram recentemente tratados de modo eminente por P. A. Février em "Le culte des morts dans les communautés chrétiennes durant le IIIe siècle", in *Atti del IX Congresso di Archeologia Cristiana*, t. I (Roma, 1977), p. 212; em "À propos du culte funéraire: culte et sociabilité", in *Cahiers Archéologiques* 26 (1977), p. 29; e por R. Krautheimer em "Mensa, coemeterium, martyrium", in *Cahiers Archéologiques* 11 (1960), p. 15; esses artigos, entre outros, contribuíram para a interpretação proposta por Brown em *Le culte des saints* [...], op. cit.

"Paganisme, christianisme et rites funéraires mérovigiens", in *Archéologie médiévale* 7 (1977), p. 5, de B. Young, constitui uma contribuição importante para o estudo de uma região no final do Império Romano e no começo da era medieval; *Loca sanctorum Africae*, de Y. Duval (École Française de Rome, Roma, 1982), é uma coletânea magnífica referente a outra região. *Morts, martyrs, reliques en Afrique chrétienne*, de V. Saxer (Paris, 1980), informa sobre as atitudes clericais.

Sobre os antecedentes distantes da espiritualidade monástica, "Monachisme et éthique judéo-chrétienne", in *Judéo-Christianisme: volume offert au cardinal J. Daniélou: recherches de science religieuse* (1971), p. 199, de A. Guillaumont. O impacto do paradigma monástico é mais bem abordado nas obras de seus principais intérpretes num ambiente urbano: *Jean Chrysostome: la virginité*, B. Grillet, ed., col. "Sources chrétiennes", nº 125 (Paris, 1966), e *Grégoire de Nysse: traité sur la virginité*, M. Aubineau, ed., col. "Sources chrétiennes", nº 119 (Paris, 1966); esta última obra é particularmente útil. Não surpreende que o radicalismo teórico do paradigma monástico, conforme o analisaram os admiradores dos monges, possa prestar-se a sérios exageros do rigor das práticas ascéticas dos ditos monges; é um exagero do qual não estão isentas as melhores exposições, notadamente *Antioche* [...], de Festugière, pp. 291-310, e *A history of asceticism in the Syrian Orient*, de A. Vööbus, t. I e II (Louvain, 1958 e 1960). D. Chitty, em *The desert a city* (Oxford, 1966), opúsculo excepcionalmente erudito e humano, e E. A. Judge em "The earliest use of 'Monachos'", in *Jahrbuch für Antike und Christentum* 20 (1977), p. 72, atenuam isso.

A pobreza monástica e sua relação com a autoimagem da sociedade cristã, descritas como cruciais por Patlagean em *Pauvreté* [...], foram estudadas no caso das comunidades pacomianas por B. Büchler em *Die Armut der Armen*

(Munique, 1980). O caso de Oxyrhynchos é esclarecido pela documentação procedente dos papiros recentemente publicados, discutidos em "Les distributions alimentaires dans les cités de l'Empire romain tardif", in *Mélanges d'archéologie et d'histoire*: *Antiquité* 87 (1975), p. 995, de J.-M. Carrié, e em "L'Église dans la société égyptienne à l'époque byzantine", in *Chronique d'Égypte* 47 (1972), p. 254, de R. Rémondon.

A educação monástica e a cidade: Festugière, em *Antioche* [...], pp. 181-240, e H.-I. Marrou, em *Histoire de l'éducation*, pp. 149-61, veem claramente tais questões. *Jean Chrysostome*: *sur la vaine gloire*, A.-M. Malingrey, ed., col. "Sources chrétiennes", nº 188 (Paris, 1972), é a fonte mais reveladora.

Sobre a introspecção monástica e a sexualidade: "Rêves et vie spirituelle d'après Évagre le Pontique", in *La vie spirituelle*: *supplément* 14 (1961), p. 470, de F. Refoulé; "Le combat de la chasteté", in *Communications* 35 (1982), p. 15, de M. Foucault, e *Porneia* [...], pp. 167-250, de A. Rousselle, são abordagens novas e fecundas de um tema que mais frequentemente se viu recoberto de elegantes banalidades nas obras eruditas sobre o primeiro monasticismo; *Évagre le Pontique*: *traité pratique ou le moine*, A. e C. Guillaumont, eds., col. "Sources chrétiennes", nºs 170 e 171 (2 vols., Paris, 1971,), é uma incomparável edição comentada.

Sobre a moral conjugal bizantina e as condições urbanas: "Ideale conjugale e familiare in san Giovanni Crisostomo", in *Etica sessuale* [...], p. 273, e as contribuições de C. Scaglioni a *Jean Chrysostome et Augustin*, C. Kannengiesser, ed., (Paris, 1975), são um começo, mas nada além de um começo.

Barsanuphe et Jean de Gaza: *correspondance*, tradução francesa de L. Regnault (Solesmes, 1971), apresenta um quadro delicioso dos problemas morais sobre os quais monges e leigos procuravam o conselho do santo homem local.

Sobre a sexualidade como remédio para a mortalidade no pensamento grego cristão, "Marriage and virginity, death and immortality", de Ton H. C. van Eijk, in *Epektasis*: *Mélanges J. Daniélou* (Paris, 1972), p. 209, é o estudo mais importante.

"Continuity and discontinuity in Byzantine history", de A. Kazhdan e A. Cutler, in *Byzantion* 52 (1982), p. 429, é um artigo exemplar que a propósito da sociedade bizantina medieval levanta questões que poderiam ser colocadas com proveito sobre os séculos V e VI d. C.

Em "Eastern and Western Christendom in late antiquity: a parting of the ways", in *Society and the holy in late antiquity* (Berkeley, 1982), p. 166, Peter

Brown sugere os contornos de divergências possíveis entre o Oriente e o Ocidente numa perspectiva diferente e tratando de temas diferentes dos que foram adotados neste ensaio. Em contrapartida, a atitude de Agostinho foi estudada de modo muito extenso, mas sem que o autor nem sempre tivesse em mente os temas levantados no presente livro.

O *De nuptiis et concupiscentia* de Agostinho, escrito em 418 a um leigo, o conde Valerius, é um texto fundamental, assim como o livro XIV da *Cidade de Deus*, de 420: o *De nuptiis* [...] foi editado com um excelente comentário de A. C. de Veer em *Premières polémiques contre Julien*, col. "Bibliothèque augustinienne", nº 23 (Paris, 1974). A carta VI (descoberta recentemente) de Agostinho ao patriarca Atticus de Constantinopla, datada talvez de 421, consiste numa exposição excepcionalmente clara de suas ideias mais tardias sobre a sexualidade de Adão e Eva e sobre a natureza da concupiscência em sua época: *Corpus scriptorum ecclesiasticorum latinorum* 88 (Viena, 1981), J. Divjak, ed., *Die Lehre des heiligen Augustins von der Paradiesche und ihre Auswirkung in der Sexualethik des 12 und 13 Jahrhunderts*, de M. Müller (Regensburg, 1954), é, em minha opinião, a obra mais confiável referente à posterior acolhida da doutrina agostiniana pelos canonistas e pelos autores medievais de manuais de confissão.

3. VIDA PRIVADA E ARQUITETURA DOMÉSTICA NA ÁFRICA ROMANA

Complementando estudos citados no texto, apresentamos aqui algumas obras em que o leitor poderá encontrar informações essenciais e uma bibliografia mais completa.

URBANISMO

MARTIN, R., *L'urbanisme dans la Grèce antique*, 2ª ed., Paris, 1974, com um capítulo dedicado ao habitat que pode servir de introdução aos problemas colocados pela história da casa grega. Podem-se esperar os mesmos serviços com relação ao Ocidente etrusco-romano e ao Império Romano de:

BOËTHIUS, A., e WARD-PERKINS, J. B., Etruscan and Roman architecture, Penguin Books, 1970.

CLAVEL, M., e Lévêque, P., *Villes et structures urbaines dans l'Occident romain*, Paris, 1971.

Histoire de la France urbaine (sob a direção de G. Duby), t. I, *La ville antique des origines au IXe siècle*, Paris, Éd. du Seuil, 1980, é uma preciosa síntese que expõe uma problemática cujo alcance ultrapassa em muito as fronteiras da Gália.

Sobre a África nossos conhecimentos são comodamente resumidos por:

ROMANELLI, P., "Topografia e archeologia dell'Africa romana", *Enciclopedia classica*, Turim, 1970.

Pode-se também consultar:

LASSUS, J., "Adaptation à l'Afrique de l'urbanisme romain", *8ᵉ Congrès International d'Archéologie Classique, Paris, 1963*, pp. 245-59, Paris, 1965.

Doravante, para o conjunto do mundo mediterrâneo, é preciso fazer referência a:

GRECO, E., e TORELLI, M., *Storia dell'urbanistica. Il mondo greco*, Laterza, Roma-Bari, 1983, e
GROS, P., e TORELLI, M., *Storia dell'urbanistica. Il mondo latino*, Laterza, Roma--Bari, 1988.

ARQUITETURA DOMÉSTICA

Uma mudança importante das moradias gregas, pelo menos nas mais ricas, caracteriza-se pela transformação do pátio interior em peristilo, com o espaço descoberto cercado de pórticos. Esse aumento considerável do luxo da casa privada ocorre sem dúvida no século IV antes de nossa era. Encontraremos uma publicação detalhada de tais moradias do final do século II anterior a nossa era em:

BRUNEAU, Ph., et al., *L'îlot de la maison des comédiens, Délos XXVII*, Paris, 1970.

No mundo grego ocidental, poderemos acompanhar essa evolução da arquitetura privada, por exemplo, graças a:

MARTIN, R., e VALLET, G., "L'archittetura domestica", *La Sicilia antiqua*, a cura di E. Gabba e G. Vallet, I, 2, pp. 321-54.

O peristilo é rapidamente adotado no mundo púnico, como demonstram as escavações de Cercouane, no cabo Bon tunisino, assim como as pesquisas realizadas em Cartago:

PICARD, G. C., e C., *Vie et mort de Carthage*, Paris, 1970, em especial pp. 220 ss. (a cidade de Cercouane é destruída em 256 antes de nossa era).

LANCEI, S. (dir.), *Byrsa I et II*, col. do ÉFR, nº 41, Roma, 1979 e 1982. Esse passado pode explicar parcialmente o fato de a casa romana da África ter adotado de imediato a planta com peristilo.

A casa itálica tradicional ignora o peristilo e recorre ao *atrium*, vasta sala com a parte central descoberta, o que permite arejar e clarear o local, assim como as peças que se abrem para ele, mas também recolher as águas da chuva num tanque (*impluvium*) colocado sob a abertura (*compluvium*). Se existem pontos comuns entre o átrio e o peristilo, este último prestando igualmente, sob outras formas, os serviços que acabamos de descrever, os dois locais diferem contudo profundamente, tanto no tocante a suas funções sociais como em sua concepção arquitetônica (o pátio do peristilo, proporcionalmente muito mais vasto que o *compluvium* do átrio, permite o desenvolvimento de amplas colunatas).

Na época helenística, a casa romana evolui rapidamente incorporando na parte posterior um verdadeiro peristilo, cujo pátio muitas vezes consiste num jardim, em vez de ser calçado de lajes, como é usual no mundo grego. É o estado que conhecemos graças aos sítios campanianos atingidos pela erupção do Vesúvio em 79. Encontraremos numerosas informações em:

LA ROCCA, E., DE VOS, M. e A., *Guida archeologica di Pompei*, Verona, 1976.
DE VOS, A. e M., *Pompei, Ercolano, Stabia*, Roma, 1982.

Somente ao término de uma longa evolução, concluída no século IV de nossa era, o antigo átrio desaparecerá completamente da casa italiana, a partir de então centrada no peristilo, o que percebemos bem em Óstia:

BECATTI, G., "Case ostiensi del tardo impero", *Bolletino d'Arte*, 33, 1948, pp. 102-28 e 197-224.
VAN AKEN, A. R. A., "Late Roman domus architecture", *Mnemosyne*, 1949, pp. 242-51.
PAVOLINI, C, *Ostia*, Roma, 1983.

Esse sítio nos permite estudar também outro tipo de habitat, propositadamente negligenciado em nosso estudo, o das classes médias e populares, que se apresenta sob a forma de grandes imóveis com vários andares (ditos *insulae*), geralmente ordenados ao redor de um pátio interno:

PASINI, F., *Ostia antica. Insule e classi sociali*, Roma, 1978.

É claro que esse tipo de moradia não esgota o problema do habitat popular.

Encontraremos preciosas observações sobre as residências africanas, bem como sobre seu contexto socioeconômico em:

PICARD, G., *La civilisation de l'Afrique romaine*, Paris, 1959 (2ª ed. atualizada, 1990).

Nas notas ou nas legendas das figuras citamos alguns estudos dedicados mais especificamente à arquitetura doméstica das classes dirigentes. Aqui nos limitaremos, portanto, a chamar a atenção para a importância de:

REBUFFAT, R., *Thamusida II*, col. do ÉFR, nº 2, Roma, 1970, em que a publicação de várias moradas constitui a oportunidade para uma reflexão profunda sobre a arquitetura privada africana à qual devem muito nossas observações. Citemos igualmente uma compilação bastante cômoda do mesmo autor:

——, "Maisons à péristyle d'Afrique du Nord, répertoire de plans publiés", *Mélanges de l'Ecole Française de Rome*, 81, 1969, pp. 659-724 e 86, 1974, pp. 445-99.

Estudos recentes, posteriores à redação do nosso trabalho, levam cada vez mais em consideração o funcionamento da moradia, como nós mesmos tentamos fazer. Para a casa grega, pode-se citar:

PESANDO, F., *Oikos e ktesis. La casa greca in età classica*, Roma, Éd. Quasar, 1987.

Para a moradia romana, pode-se recorrer a:

WALLACE-HADRILL, "The social structure of the roman house", *PBSR*, 56, 1988, pp. 43-97.

DE ALBENTIIS, E., *La casa dei romani*, Milão, Longanesi, 1990.

GAZDA, E., ed., *Roman art in the private sphere*, Ann Arbor, The University of Michigan Press, 1994.

4. ALTA IDADE MÉDIA OCIDENTAL

Até agora nunca se tratou realmente desse assunto, a vida privada na Alta Idade Média. Só o tocaram ligeiramente as obras de Charles Lelong, *La vie quotidienne en Gaule à l'époque mérovingienne* (Paris, Hachette, 1963), e de Pierre Riché, *La vie quotidienne dans l'Empire caroligien* (Paris, Hachette, 1973), que aborda de modo mais nítido a vida estritamente privada no nível da casa e da alimentação. Jean Verdon, *Les loisirs au Moyen Âge* (Paris, Tallandier, 1980), dedica a nossas preocupações apenas algumas linhas.

Assim, é forçoso recorrer às fontes em latim, com exceção da tradução francesa, geralmente ruim, da *Histoire ecclésiastique des francs*, de Gregório de Tours, por R. Latouche (2 vols., Paris, Les Belles Lettres, 1963-5). As únicas boas traduções utilizáveis com texto latino em comparação são as seguintes:

DELAGE, M.-J., *Sermons au peuple de Césaire d'Arles*, 2 vols., Paris, Éd. du Cerf, 1972-8.

FARAL, E., *Poème sur Louis le Pieux et épître au roi Pépin par Ermold le Noir*, Paris, Champion, 1932.

HALPHEN, L., *Vie de Charlemagne par Eginhard*, Paris, Champion, 1923.

LATOUCHE, R., *Histoire de France par Richer*, 2 vols., Paris, Champion, 1930.

LAUER, Ph., *Histoire des fils de Louis le Pieux, par Nithard*, Paris, Champion, 1926.

LEVILLAIN, L., *Correspondance (829-862) de Loup de Ferrières*, Paris, Champion, 1927.

LOYEN, A., *Poèmes et lettres de Sidoine Apollinaire*, 3 vols., Paris, Les Belles Lettres, 1960-70.

MOUSSY, C., *Poème d'action de grâces et prière de Paulin de Pella*, Paris, Éd. du Cerf, 1974.

RICHÉ, P., *Manuel pour mon fils, par Dhuoda*, Paris, Éd. du Cerf, 1975.

VOGUÉ, A. de, *La règle de saint Benoît*, 7 vols., Paris, Éd. du Cerf, 1972-8.

As outras fontes indispensáveis mas disponíveis em latim constituem apenas a base desta pesquisa:

Code théodosien, T. Mommsen e P. Meyer, 2 vols., 2ª ed., Berlim, 1905.

Código de Eurico, E. Alvaro d'Ors, ed., Madri, 1960.

Concilia aevi Karolini, A. Werminghoff, ed., 2 vols., Hanover, MGH, 1904-8.

Concilia Galliae, C. Munier e C. de Clercq, 2 vols., 2ª ed., Turnhout, 1963.

Corpus consuetudinum monasticarum, F. Schmitt, ed., Siegburg, 1963.

Flodoard, annales, Ph. Lauer, ed., Paris, Picard, 1905.

Formulae Merowingici et Karolini aevi, K. Zeumer, ed., Hanover, MGH, 1886.

Fortunat, F. Léo, ed., Hanover, MGH, 1881.

Fredegaire, J. Wallace-Hadrill, ed., Londres, 1960.

Leges burgondionum, L. R. de Salis, ed., Hanover, MGH, 1892.

Lex Ribuaria, F. Beyerle, R. Buchner, ed., Hanover, 1954.

Marculfe, "*Formules*", A. Uddholm, ed., Upsala, 1962.

Pactus legis salicae, K. A. Eckhardt, ed., 2 vols., Hanover, 1962-9.

Prosper d'Aquitaine, C. Hartel, ed., Viena, 1894.

As vidas de santos são numerosas e dispersas demais para citá-las aqui. Os sete volumes de B. Krusch e W. Levison, *Passiones vitaeque sanctorum aevi Merowingici* (Hanover, MGH, 1920), podem oferecer uma primeira abordagem desse gênero de literatura, difícil de utilizar, mas sempre muito interessante, sobre a vida privada dos principais patronos das Igrejas das Gálias. Os penitenciais também são de manuseio delicado. Foram editados por F. W. H. Wasserchleben, *Die Bussordnungen der Abendländischen Kirche* (Halle, Graz, 1958, reedição). Mais recentemente, R. Köttje publicou dois penitenciais importantes: *Die Bussbücher Halitgars von Cambrai und des Hrabanus Maurus* (Berlim, Nova York, 1980). Uma obra interessante para conhecer as preocupações higiênicas e médicas foi editada por E. Baehrens, *Liber Medicinalis de Q. S. Sammonicus* (Leipzig, 1881).

As fontes arqueológicas sobre a vida material e doméstica são publicadas de maneira esparsa nas diversas revistas regionais. Só a revista *Archéologie médiévale*, publicada em Paris pelo Centro de Pesquisas Arqueológicas Medievais de Caen, oferece regularmente, desde seu t. I, em 1971, uma crônica das escavações medievais realizadas na França e vários artigos importantes. Essa revista permite não mais considerar como definitiva a síntese de E. Salin, *La Civilisation mérovingienne* (4 vols., Paris, 1950-9).

Alguns estudos importantes permitem situar melhor a contribuição da arqueologia à vida privada:

BEILANGER, G., e SELLIER, C., *Répertoire des cimetières mérovingiens du Pas-de--Calais*, Arras, 1982.

DEMOLON, P., *Le village mérovingien de Brebières*, Arras, 1972.

JAMES, E., *The Merovingian archeology of South-West Gaul*, 2 vols., Londres, 1977,

JOFFROY, R., *Le cimetière de Lavoye*, Paris, 1974.

TREVENIN, A., *Les cimetières mérovingiens de la Haute-Saône*, Paris, 1968.

São muito raros os estudos que abordam pontos particulares da vida privada. Em 1976 o Centro de Estudos sobre a Alta Idade Média de Spoleto dedicou dois volumes ao casamento em sua 24ª sessão (Spoleto, 1977). A École Française de Rome organizou o colóquio *Famille et parenté dans l'Occident médiéval*, em 1977, que contém em especial um artigo de R. Manselli, "Vie familiale et éthique sexuelle dans les pénitentiels", pp. 363-78. Infelizmente o autor não classificou suas fontes por ordem cronológica. Assim, não podemos saber se houve progresso ou retrocesso no ideal proposto aos penitentes. Jean Devisse, em sua tese sobre *Hincmar, archevêque de Reims (845-882)* (3 vols., Genebra, 1976), dedica numerosas páginas (367-468) ao problema do casamento cristão e sua prática, que devemos completar com G. Fransen, "La lettre de Hincmar de Reims au sujet du mariage d'Étienne", *Pascua mediaevalia*, Louvain, 1983, pp. 133-46.

Ainda sobre o casamento e a mulher, o velho estudo de H. Simonnot, *Le Mundium dans le droit de famille germanique*, (Paris, 1893), continua válido. F. L. Ganshof, "Le statut de la femme dans la monarchie franque", *Recueil de la Société Jean Bodin* (1962, pp. 5-58), apresenta um bom estudo dos textos sobre as questões relativas às diversas condições da mulher. Acrescentaremos de S. Kalifa, "Singularités matrimoniales chez les anciens Germains, le rapt et le droit de la femme à disposer d'elle-même", *Revue Historique du Droit Français et Étranger* (1970, pp. 199-225); E. R. Coleman, "L'infanticide durant le haut Moyen Âge", *Annales* (1974, pp. 315-35); S. F. Wemple, *Women in Frankish society. Marriage and the coister, 500 to 900* (Filadélfia, 1981).

Para a sociedade em seu modo de vida privada, o velho estudo de S. Dill, *Roman society in Gaul in the time of Merovingian age* (Nova York, 1926, reimpresso em 1966), é sempre útil. A obra coletiva *Women in medieval society* (S. M. Stuard, ed., Filadélfia, 1976) contém vários artigos interessantes. O de K. F. Drew, "The Germanic family of the lex Burgondionun", *Medievalia et Humanistica* (1963, pp. 5-14), é sempre sólido. L. Theiss, "Saints sans famille? Quelques remarques sur la famille dans le monde franc à travers les sources hagiographiques", *Revue Historique* (1976, pp. 3-20), mostra bem a insistência do cristianismo na família nuclear ainda que sua existência não seja comprovada na época merovíngia. Dois estudos sobre uma santa darão ao leitor a concepção do ideal cristão da mulher: *Sainte Geneviève de Paris*, de dom J. Dubois e L. Beaumont-Maillet (Paris, 1982), e, de Otto Dittrich, *Sainte Aldegonde, une sainte des francs* (Kevelaer, 1976, edição bilíngue em alemão e francês).

Os problemas estritamente domésticos ainda são pouco explorados. As conclusões de J. Chapelot e R. Fossier, *Le village et la maison au Moyen Âge* (Paris, 1980), são contestadas pelos arqueólogos. O artigo da sra. Zerner-Chardavoine "Enfants et jeunes au IXe siècle, la démograhie du polyptyque de Marseille, 813-814", *Provence historique* (1981, pp. 355-84), corrobora o de Luc Buchet, "La nécropole gallo-romaine et mérovingienne de Frénouville (Calvados), étude anthropologique", *Archéologie médiévale* (1978, pp. 5-53).

Procurei preencher algumas lacunas da pesquisa sobre a vida privada com meus artigos seguintes: "La matricule des pauvres", *Études sur l'histoire de la pauvreté*, Paris, 1974, t. I, pp. 83-110; "Francs et gallo-romains chez Grégoire de Tours", *Congresso sulla spiritualità medievale, Gregorio di Tours*, Todi, 1977, pp. 143-69; "Miracles, maladies et psychologie de la foi en Francie", *Congrès sur l'hagiographie*, Paris, Études augustiniennes, 1981, pp. 319-37. No campo de rações alimentares, completei meu artigo "La faim à l'époque carolingienne: essai sur quelques types de rations alimentaires", *Revue Historique*, 1973, pp. 295-320, com outro: "Les repas de fête à l'époque carolingienne",

Congresso de Nice, *Boire et manger au Moyen Âge*, Nice, 1982, Les Belles Lettres, 1984, t. I, pp. 265-96.

Enfim poderemos nos reportar a diversas teses de mestrado realizadas sob minha direção na Universidade de Lille-III:

BROUTIN, J.-L., *La femme dans le monde germanique païen*, 1975.
DESMET, S., *Vengeance et violence privée d'après les pénitentiels*, 1984.
LEDUC, R., *L'Église et la sexualité d'après les pénitentiels*, 1980.
OGER-LEURENT, A., *Conceptions du mariage en Gaule aux époques mérovingienne et carolingienne: pratiques franques et doctrine chrétienne*, 1984.
PIOTROWSKI, A., *Le paganisme germanique durant le haut Moyen Âge*, 1980.

Publicações posteriores a 1982:

ANGENNENDT, A., *Geschichte der religiosität im Mittelalter*, Darmstadt, 1997.
CHELINI, J., *L'aube du Moyen Âge*, Paris, 1991.
FLANDRIN, J. L., *Un temps pour embrasser. Aux origines sexuelles de la morale occidentale. VIe-XIe siècle*, Paris, 1983.
____, *La vengeance. Vengeances, pouvoirs et idéologies dans quelques civilisations de l'Antiquité*, t. 3, Paris, 1984.
____, *Histoire de la famille* (Burguière, A., Klapisch, C., Segalen, M., e Zonabend, F., dirs.), t. 1, Toubert P., Paris, 1986, pp. 273-360.
____, *Les relations de parenté dans le monde médiéval*, CUERMA, Aix-en--Provence, 1984.
CORBET, P., *Les saints ottoniens, sainteté dynastique, sainteté royale, et sainteté féminine autour de l'an mil*, Sigmaringen, 1986.
DUVAL, N., e PICARD, J. C., *L'inhumation privilégiée du IVe au VIIIe siècle en Occident*, Paris, 1986.
GAUDEMET, J., *Le mariage en Occident*, Paris, 1987.
LE JAN, R., *Famille et pouvoir dans le monde franc*, Paris, 1995.
MATHON, G., *Le mariage des chrétiens*, t. 1, Paris, 1993, pp. 129-59.
____, *Moines et moniales devant la mort*. Colóquio de Lille, Créteil, 1993.
ROUCHE, M., "Le mariage et le célibat consacré de sainte Radegonde", in *La riche personnalité de sainte Radegonde*, Poitiers, 1987, pp. 79-98.
____, *Des mariages païens au mariage chrétien, sacré et sacrement*, in *Segni e Riti*, Semaines de Spolète, Spoleto, 1987, pp. 835-80.
____, "Le Haut Moyen Âge", in BARDET, J. P., e DUPÂQUIER, J. (dirs.), *Histoire des populations de l'Europe*, Paris, 1997, t. 1, pp. 133-67.
____, e HEUCLIN, J., *La femme au Moyen Âge*, Maubeuge, 1990.
WERNER, K. F., *Naissance de la noblesse*, Paris, 1998.

5. BIZÂNCIO

HISTÓRIA E CIVILIZAÇÃO

BECK, H. G., *Das byzantinische Jahrtausend*, Munique, Beck, 1978.

BRÉHIER, L., *Le monde byzantin*, 3 vols., Paris, Albin Michel, col. "Évolution de l'humanité", 1946-50, (reedição com suplemento bibliográfico por Gouillard, J., 1969-70: I. *Vie et mort de Byzance*; II. *Les institutions de l'Empire byzantin*; III. *La civilisation byzantine*).

GUILLOU, A., *La civilisation byzantine*, Paris, Arthaud, col. "Les grandes civilisations", 1975.

HUNGER, H., *Reich der neuen Mitte. Der christliche Geist der byzantinischen Kultur*, Graz-Viena-Colônia, Verl. Styria, 1965.

KAZHDAN, A., e CONSTABLE G., *People and power in Byzantium. An introduction to modern Byzantine studies*, Washington D. C., Dumbarton Oaks Center, 1982.

KIRSTEN, E., "Die byzantinische Stadt", *Berichte zum XIe internationalen Byzantinisten-Kongress*, Munique, 1958, v. 3.

MAGDALINO, P., *Constantinople médiévale. Études sur l'évolution des structures urbaines*, Paris, De Boccard, 1996.

Mercati e mercanti nell'alto Medioevo: l'area euroasiatica e l'area mediterranea. Centro Italiano di Studi sull'Alto Medioevo, *Settimane di studio*, 40, 1992. (Patlagean, E. "Byzance et les marchés du grand commerce, vers 830-vers 1030: entre Pirenne et Polanyi", pp. 587-629; Oikonomidès, N. "Le marchand byzantin des provinces [IX-XI séculos]", pp. 633-60.)

The Byzantine aristocracy. IXth-XIIIth centuries, Angold, M., ed., Oxford, BAR International series 221, 1984.

The Byzantine Empire (2ª ed.), *Cambridge medieval history*, t. IV, J.-M. Hussey, ed., Cambridge University Press, 1967-8. Parte 1: *Byzantium and its neighbours*; Parte 2: *Government, Church and civilization*.

TEXTOS, IMAGENS, OBJETOS, MONUMENTOS

L'art byzantin, art européen, Atenas, 1964.

The glory of Byzantium. Art and culture of the Middle Byzantine era, 843-1261 A.D., H. C. Evans, e W. D. Wixom, eds., The Metropolitan Museum of Art, Nova York, 1997.

BECK, H. G., *Kirche und theologische Literatur im byzantinischen Reich*, Munique, Beck, 1959.

_____, *Geschichte der byzantinischen Volksliteratur*, Munique, Beck, 1971.

Byzantine books and bookmen, Washington D. C., Dumbarton Oaks Center, 1975.

GRABAR, A., *La peinture byzantine*, Genebra, Skira, 1953.

GRABAR, A., *L'iconoclasme byzantin*, 2ª ed., Paris, Flammarion, 1984,

HUNGER, H., *Die hochsprachliche profane Literatur der Byzantiner*, 2 vols., Munique, C. H. Beck, 1978,

MANGO, C., *The art of the Byzantine Empire. Sources and documents*, Englewood Cliffs, N. J., 1972.

OS SÉCULOS X E XI E SUAS ABORDAGENS

Centre de Recherche d'Histoire et Civilisation Byzantine. *Travaux et mémoires*, Paris, E. de Boccard, 1976, t. VI (*Recherches sur le XIe siècle*).

HARVEY, A., *Economic expansion in the Byzantine Empire, 900-1200*, Cambridge, 1989.

HENDY, M. F., "Byzantium, 1081-1204: an economic reappraisal", *Transactions of the Royal Historical Society*, 1970, pp. 31-52.

LEMERLE, P., *Cinq études sur le XIe siècle byzantin*, Paris, CNRS, 1977, cf. A. Kazhdan, "Remarques sur le XIe siècle byzantin. À propos d'un livre récent de Paul Lemerle", *Byzantion*, 1979, t. XLIX, pp. 491-503.

PATLAGEAN, E., *Structure sociale, famille, chrétienté à Byzance. IVe-XIe siècle*, Londres, Variorum reprints, 1981.

Proceedings of the 13th International Congress of Byzantine Studies, Oxford University Press, 1967.

Sociedade

BECK, H. G., "Byzantinisches Gefolgschaftwesen", *Sitzungsber. Bayer. Akad. d. Wissensch. Philos.-Histor. Kl.*, 1965, H. 5.

KAPLAN, M., *Les hommes et la terre à Byzance, du VIe au XIe siècle*, Paris, Publications de la Sorbonne, 1992.

MORRIS, R., "The powerful and the poor in X[th] century Byzantium: law and reality", *Past & Present*, 1976, t. LXXIII, pp. 3-27.

OSTROGORSKY, G., "Observations on the aristocracy in Byzantium", *Dumbarton Oaks Papers*, 1971, t. XXV, pp. 3-32.

VRYONIS, Sp., "Byzantine *Dêmokratía* and the guilds", *Dumbarton Oaks Papers*, 1963, t. XVII, pp. 287-314.

Crença

HACKEL, S., ed., *The Byzantine saint*, Londres, Fellowship of St. Alban and St. Sergius, 1981 (R. Morris, "The political saint of the XIth century", pp. 3-50; E. Patlagean, "Sainteté et pouvir", pp. 88-105).

Histoire du christianisme, t. 4, *Évêques, moines e empereurs* (*610-1054*) [G. Dargon]; t. 5, *Apogée de la papauté et expansion de la chrétienté* (*1054-1274*) [E. Patlagean], dir. A. Vauchez, Desclée, s.l., 1993.

MORRIS, R., *Monks and laymen in Byzantium, 843-1118*, Cambridge, 1995.

OBOLENSKY, D., *The Bogomils. A study in Balkan NeoManichaeism*, Cambridge, 1948.

PATLAGEAN, E., "Byzance et son autre monde. Observations sur quelques récits", in *Faire croire. Modalités de la diffusion et de la réception des messages religieux du XIIe au XVe siècle*, École Française de Rome, 1981, pp. 201-21.

SVOBODA, K., *La démonologie de Michel Psellos*, Brno, 1927 (mas cf. P. Gautier, "Le *De daemonibus* du Pseudo-Psellos", *Rev. Ét. Byz.*, 1980, t. XXXVIII, pp. 105-94).

Família

DAUVILLIER, J., e DE CLERCQ, C., *Le mariage en droit canonique oriental*, Paris, Sirey, 1936.

LAIOU, A. E., *Mariage, amour et parenté à Byzance, XIe-XIIIe siècle*, Paris, De Boccard, 1992.

Cultura

KAZHDAN, A. (em colaboração com S. Franklin), *Studies on Byzantine literature of the XIth and XIIth centuries*, Cambridge University Press/Maison des Sciences de l'Homme, 1984.

ÍNDICE REMISSIVO

COMPANHIA DE BOLSO

Jorge AMADO
Capitães da Areia
Mar morto
Carlos Drummond de ANDRADE
Sentimento do mundo
Hannah ARENDT
Homens em tempos sombrios
Philippe ARIÈS, Roger CHARTIER (Orgs.)
História da vida privada 3 — Da Renascença ao Século das Luzes
Karen ARMSTRONG
Em nome de Deus
Uma história de Deus
Jerusalém
Paul AUSTER
O caderno vermelho
Jurek BECKER
Jakob, o mentiroso
Marshall BERMAN
Tudo que é sólido desmancha no ar
Jean-Claude BERNARDET
Cinema brasileiro: propostas para uma história
Harold BLOOM
Abaixo as verdades sagradas
David Eliot BRODY, Arnold R. BRODY
As sete maiores descobertas científicas da história
Bill BUFORD
Entre os vândalos
Jacob BURCKHARDT
A cultura do Renascimento na Itália
Peter BURKE
Cultura popular na Idade Moderna
Italo CALVINO
O barão nas árvores
O cavaleiro inexistente
Fábulas italianas
Um general na biblioteca
Por que ler os clássicos
O visconde partido ao meio
Elias CANETTI
A consciência das palavras
O jogo dos olhos
A língua absolvida
Uma luz em meu ouvido
Bernardo CARVALHO
Nove noites
Jorge G. CASTAÑEDA
Che Guevara: a vida em vermelho
Ruy CASTRO
Chega de saudade
Mau humor
Louis-Ferdinand CÉLINE
Viagem ao fim da noite
Sidney CHALHOUB
Visões da liberdade
Jung CHANG
Cisnes selvagens
John CHEEVER
A crônica dos Wapshot
Catherine CLÉMENT
A viagem de Théo
J. M. COETZEE
Infância
Joseph CONRAD
Coração das trevas
Nostromo
Alfred W. CROSBY
Imperialismo ecológico
Robert DARNTON
O beijo de Lamourette
Charles DARWIN
A expressão das emoções no homem e nos animais
Jean DELUMEAU
História do medo no Ocidente
Georges DUBY
História da vida privada 2 — Da Europa feudal à Renascença (Org.)
Idade Média, idade dos homens
Mário FAUSTINO
O homem e sua hora
Meyer FRIEDMAN,
Gerald W. FRIEDLAND
As dez maiores descobertas da medicina
Jostein GAARDER
O dia do Curinga
Maya
Vita brevis
Jostein GAARDER, Victor HELLERN,
Henry NOTAKER
O livro das religiões
Fernando GABEIRA
O que é isso, companheiro?
Luiz Alfredo GARCIA-ROZA
O silêncio da chuva
Eduardo GIANNETTI
Autoengano
Vícios privados, benefícios públicos?

Edward GIBBON
Declínio e queda do Império Romano
Carlo GINZBURG
Os andarilhos do bem
História noturna
O queijo e os vermes
Marcelo GLEISER
A dança do Universo
O fim da Terra e do Céu
Tomás Antônio GONZAGA
Cartas chilenas
Philip GOUREVITCH
Gostaríamos de informá-lo de que amanhã seremos mortos com nossas famílias
Milton HATOUM
Cinzas do Norte
Dois irmãos
Relato de um certo Oriente
Patricia HIGHSMITH
O talentoso Ripley
Eric HOBSBAWM
O novo século
Albert HOURANI
Uma história dos povos árabes
Henry JAMES
Os espólios de Poynton
Retrato de uma senhora
Ismail KADARÉ
Abril despedaçado
Franz KAFKA
O castelo
O processo
John KEEGAN
Uma história da guerra
Amyr KLINK
Cem dias entre céu e mar
Jon KRAKAUER
No ar rarefeito
Milan KUNDERA
A arte do romance
A identidade
A insustentável leveza do ser
A lentidão
O livro do riso e do esquecimento
A valsa dos adeuses
A vida está em outro lugar
Danuza LEÃO
Na sala com Danuza
Primo LEVI
A trégua
Paulo LINS
Cidade de Deus
Gilles LIPOVETSKY
O império do efêmero
Claudio MAGRIS
Danúbio
Naguib MAHFOUZ
Noites das mil e uma noites
Norman MAILER (JORNALISMO LITERÁRIO)
A luta
Janet MALCOLM (JORNALISMO LITERÁRIO)
O jornalista e o assassino
A mulher calada
Javier MARÍAS
Coração tão branco
Ian MCEWAN
O jardim de cimento
Heitor MEGALE (Org.)
A demanda do Santo Graal
Evaldo Cabral de MELLO
O negócio do Brasil
O nome e o sangue
Luiz Alberto MENDES
Memórias de um sobrevivente
Jack MILES
Deus: uma biografia
Ana MIRANDA
Boca do Inferno
Vinicius de MORAES
Antologia poética
Livro de sonetos
Nova antologia poética
Fernando MORAIS
Olga
Toni MORRISON
Jazz
V. S. NAIPAUL
Uma casa para o sr. Biswas
Friedrich NIETZSCHE
Além do bem e do mal
Ecce homo
A gaia ciência
Genealogia da moral
Humano, demasiado humano
O nascimento da tragédia
Adauto NOVAES (Org.)
Ética
Os sentidos da paixão
Michael ONDAATJE
O paciente inglês
Malika OUFKIR, Michèle FITOUSSI
Eu, Malika Oufkir, prisioneira do rei
Amós OZ
A caixa-preta

José Paulo PAES (Org.)
Poesia erótica em tradução
Georges PEREC
A vida: modo de usar
Michelle PERROT (Org.)
História da vida privada 4 — Da Revolução Francesa à Primeira Guerra
Fernando PESSOA
Livro do desassossego
Poesia completa de Alberto Caeiro
Poesia completa de Álvaro de Campos
Poesia completa de Ricardo Reis
Ricardo PIGLIA
Respiração artificial
Décio PIGNATARI (Org.)
Retrato do amor quando jovem
Edgar Allan POE
Histórias extraordinárias
Antoine PROST, Gérard VINCENT (Orgs.)
História da vida privada 5 — Da Primeira Guerra a nossos dias
David REMNICK (JORNALISMO LITERÁRIO)
O rei do mundo
Darcy RIBEIRO
O povo brasileiro
Edward RICE
Sir Richard Francis Burton
João do RIO
A alma encantadora das ruas
Philip ROTH
Adeus, Columbus
O avesso da vida
Elizabeth ROUDINESCO
Jacques Lacan
Arundhati ROY
O deus das pequenas coisas
Murilo RUBIÃO
Murilo Rubião — Obra completa
Salman RUSHDIE
Haroun e o Mar de Histórias
Oriente, Ocidente
O último suspiro do mouro
Os versos satânicos
Oliver SACKS
Um antropólogo em Marte
Tio Tungstênio
Vendo vozes
Carl SAGAN
Bilhões e bilhões
Contato
O mundo assombrado pelos demônios
Edward W. SAID
Cultura e imperialismo
Orientalismo
José SARAMAGO
O Evangelho segundo Jesus Cristo
História do cerco de Lisboa
O homem duplicado
A jangada de pedra
Arthur SCHNITZLER
Breve romance de sonho
Moacyr SCLIAR
O centauro no jardim
A majestade do Xingu
A mulher que escreveu a Bíblia
Amartya SEN
Desenvolvimento como liberdade
Dava SOBEL
Longitude
Susan SONTAG
Doença como metáfora / AIDS e suas metáforas
Jean STAROBINSKI
Jean-Jacques Rousseau
I. F. STONE
O julgamento de Sócrates
Keith THOMAS
O homem e o mundo natural
Drauzio VARELLA
Estação Carandiru
John UPDIKE
As bruxas de Eastwick
Caetano VELOSO
Verdade tropical
Erico VERISSIMO
Clarissa
Incidente em Antares
Paul VEYNE (Org.)
História da vida privada 1 — Do Império Romano ao ano mil
XINRAN
As boas mulheres da China
Ian WATT
A ascensão do romance
Raymond WILLIAMS
O campo e a cidade
Edmund WILSON
Os manuscritos do mar Morto
Rumo à estação Finlândia
Simon WINCHESTER
O professor e o louco

1ª edição Companhia das Letras [1989] 19 reimpressões
1ª edição Companhia de Bolso [2009] 9 reimpressões

Esta obra foi composta pela Verba Editorial em Janson Text
e impressa pela Gráfica Bartira em ofsete sobre papel Pólen
da Suzano S.A. para a Editora Schwarcz em março de 2025

FSC
www.fsc.org
MISTO
Papel | Apoiando o manejo florestal responsável
FSC® C105484

A marca FSC® é a garantia de que a madeira utilizada na fabricação do papel deste livro provém de florestas que foram gerenciadas de maneira ambientalmente correta, socialmente justa e economicamente viável, além de outras fontes de origem controlada.